Les rebelles

DU MÊME AUTEUR

Histoire du progrès social, Rencontre, 1974.
Staline, le communisme et la Russie, Denoël-Gonthier, 1974.
Chacun son tour, Stock, 1975.
Complot contre la démocratie, Flammarion, 1977 et Denoël, 1982.
La Guerre civile : essai sur les stalinismes de gauche et de droite, Le Seuil, 1982.
Et si on essayait autre chose ? (Essai sur une autre voie), Le Seuil, 1983.
L'Extraordinaire Métamorphose, ou cinq ans de la vie de Victor Hugo : 1847-1851, Le Seuil, 1984. Réédition Fayard, 2002.
Esquisse d'une philosophie du mensonge, Flammarion, 1989 et Livre de Poche, 1990.
Poèmes politiques, Fayard, 1990.
Tout change parce que rien ne change : introduction à une théorie de l'évolution sociale, Fayard, 1994.
La Pensée unique, Fayard, 1995 et Hachettes Littératures, 1996.
Le Retour sur terre de Djid Andrew : critique de la raison capitaliste, Fayard, 1997.
Tout était faux, Fayard, 1998.
De la révolution, Flammarion, 1999.
Moi, l'autre et le loup : pistes pour une phénoménologie politique de l'altérité, Fayard, 2001.

Jean-François KAHN

Les rebelles

Celles et ceux qui ont dit non

Plon

ISBN 2-259-18888-5

Dédicaces

À mon frère disparu, Olivier Kahn, chercheur jusqu'au bout, qui a dit « non » à toutes les facilités et compromissions.

À mon père, Jean Kahn-Dessertenne, pédagogue et philosophe, qui a dit « non » à toutes les médiocrités et à toutes les bassesses, et qui en est mort.

À ma mère, dont le « non » s'est affirmé au cours du temps.

Aux glorieux déserteurs des sales guerres.

À ces femmes dont les rébellions ont permis d'ébranler tant de tyrannies, y compris celles qu'exerçait sur elles l'autre moitié de l'humanité.

Aux victimes des inquisitions qui permettent, aujourd'hui comme hier, aux castes dominatrices d'imposer l'unicité de leur discours.

Aux héros de l'éternel combat contre les obscurantismes et les cléricalismes.

Aux gens de foi qui ont, de tout temps, opposé les paroles de Dieu aux tenants oppresseurs de l'ordre marchand.

À tous les dissidents qui refusent de plier devant le terrorisme des nouvelles vulgates.

Aux journalistes libres qui rejettent les censures, y compris celles de l'éternelle bien-pensance.

Aux volontaires de la République.

Aux authentiques libéraux.

Aux penseurs qui ne s'inclinent pas devant la dictature de l'idéologie dominante.

Aux mânes de Victor Serge et de tous ceux qui rejetèrent d'emblée tous les totalitarismes.

À tous les « justes » martyrisés par l'État ou le capital.

À tous ces initiateurs géniaux de la révolution informatique qui ont préféré être exclus par le marché plutôt que de se soumettre à l'impérialisme monopoliste et mercantile de Bill Gates.

Travellings

Cela se passait au mois d'avril de l'an 73 à Massada. Là, à quatre cents mètres d'altitude, en surplomb de la mer Morte, sur ce pont de navire de 1 100 mètres de long et de 500 mètres de large taillé à même le roc qui enfonçait sa proue dans le désert de Judas, les Zélotes, ces desperados de l'Insurrection nationale juive, regroupés autour de leur chef Eléazar, résistaient depuis sept ans à tout, y compris l'establishment d'Israël, au bon sens et à l'air du temps qui leur ordonnaient d'accepter le fait établi de l'impérialisme romain. Il fallait, pour être dans le vent, qu'ils acceptassent l'inéluctable, ce qu'ils refusaient. Leur jusqu'au-boutisme pétri de nationalisme intraitable et de religiosité sectaire (Simon, l'un des disciples de Jésus, fut l'un des leurs), n'avait-il pas entraîné la destruction du Temple par Titus, après que la plupart de leurs chefs eurent été crucifiés ?

En contrebas, la dixième légion, commandée par le légat Flavius Silva, avait réparti ses forces en huit camps, munis d'un matériel de guerre redoutable, qui enserrait les rebelles pris au piège comme les chiens de chasse le loup traqué dans le poème d'Alfred de Vigny. Le siège avait commencé un an plus tôt. La place forte n'était plus défendue que par un petit millier d'insurgés, de tous âges, de tous sexes, épuisés, affamés, confrontés à la meilleure armée du monde. Allaient-ils pouvoir défier le destin plus longtemps ? Les Romains avaient érigé avec du remblai une rampe d'attaque qui leur permettait de hisser leurs catapultes jusqu'au pied de leurs fortifications. Le dernier assaut de la puissance impériale ne pouvait qu'être vainqueur. Pas de fuite possible. Une ultime occasion de faire leur soumission s'offrait au moins aux femmes et aux enfants.

On se concerta. Et on trancha à la quasi-unanimité : on dirait collectivement « non » à la reddition. On mourrait debout et libre.

Lorsque les Romains entrèrent dans la forteresse, ils ne trouvèrent que sept survivants : deux femmes et cinq enfants. Tous les autres s'étaient donné la mort.

Héroïsme ? Fanatisme ? Personne n'a encore trouvé la clé qui permet d'élucider cette question, de résoudre cette contradiction.

*

« Rendez-vous et vous aurez la vie sauve. »

À cette ultime proposition, ils avaient répondu comme Cambronne, sinon avec les mêmes mots que lui.

En conséquence, le 6 mars 1836, en un dernier assaut, après deux mois de siège et un intense pilonnage d'artillerie, les troupes mexicaines de Santa Anna, 4 000 hommes opposés à 187 défenseurs commandés par le colonel William Barret Travis, submergent les ruines d'une ancienne mission franciscaine transformée en « Fort Alamo ». À ce réduit jonché d'éboulis et matraqué par le soleil, avait été confié un rôle d'abcès de fixation devant permettre aux rebelles texans dirigés par le général Houston de rassembler leurs forces. Chaque jour gagné avait été une victoire. Il ne restait plus qu'à solder sa peau au meilleur prix. Quand le clairon sonne la fin des corps à corps, un silence de mort s'abat sur le champ de carnage.

Parmi les défenseurs, indépendantistes et aventuriers venus se joindre à leur équipée, tel Davy Crockett ancien trappeur et membre du Congrès, accompagné de son ami James Bowie, il n'y a que six survivants qui sont aussitôt exécutés. Tous les autres ont péri, la plupart achevés à la baïonnette.

L'héroïsation posthume de Davy Crockett qui, pour le commun des mortels, s'apparente à un personnage de bandes dessinées créé par la firme Walt Disney, peut faire sourire. Frimeur quasi inculte, grand ripailleur et buveur devant l'Éternel, se vantant d'avoir, au cours des guerres indiennes, abattu deux cents Indiens Creeks « comme des chiens », Crockett (qui, élu à la Chambre des représentants par l'État du Tennessee se présenta effectivement au Congrès vêtu comme la légende l'a immortalisé, bonnet à queue de coyote compris) n'avait apparemment aucune raison personnelle de se porter volontaire pour El Alamo à la tête de son « régiment de volontaires montés du Tennessee », qui n'était en fait composé que de onze hommes pas forcément recommandables.

Faut-il alors le croire lorsqu'il déclare, dès son arrivée dans le fort, qu'aucune autre cause ne l'anime que celle de la défense des libertés de la nation ? L'officier mexicain Ramon Caro, membre de l'état-major de Santa Anna, affirmera plus tard, pour ruiner le mythe qui commençait à naître, qu'en réalité Crockett ne fut passé par les armes qu'après s'être rendu avec certains de ses compagnons. Mais ce témoin soutint aussi, sans jamais en démordre, que l'événement eut lieu le 30 février, ce qui, même dans une année bissextile, est proprement stupéfiant.

On refusera d'autant moins à l'ami virtuel de tous les enfants du monde le bénéfice du doute que le 24 mai 1830, à Washington, alors que le congrès des États-Unis était saisi d'un projet de loi scélérate tendant à parquer les Indiens dans des réserves de l'ouest du Mississippi, il fut l'un des rares à s'opposer à ce qu'il qualifia d'« infamie ». Ce pourquoi il fut battu aux élections suivantes.

Ce premier « non » ne suffit-il pas à expliquer et à authentifier le second ?

On ne fait que déshumaniser la gloire en la purgeant de ses ambiguïtés. Certains des « martyrs » d'Alamo, inscrits au mémorial des combattants de la liberté, ne s'y étaient-ils pas installés avec leurs esclaves noirs ?

*

Au départ, il s'agissait de dire « non » à une viande de bœuf bouilli que l'apparent grouillement des asticots blancs avait rendue complètement folle. « Ce n'est rien, avait affirmé le médecin major Smirnov, il suffit de la laver avec de l'eau et du vinaigre ! » Mais la majorité des 751 marins du *Kniaz Potemkine Tavuchevsky*, cuirassé jaugeant 7 600 tonnes, commandé par le capitaine de vaisseau Eugène G. Golikov, n'en avait pas moins refusé de consommer le bortsch confectionné avec cette charogne. Ce qui, aux yeux du commandant en second Hippolyte Giliarovski, un jeune dandy parfumé aussi souple qu'une oukase impériale, s'apparentait à une insurrection. Il fait donc arrêter douze fortes têtes choisies au hasard, que l'on isole par une bâche, ce qui, selon la tradition maritime, signifiait qu'ils étaient promis à une exécution sommaire. C'est alors que, ce 25 juin 1905, à l'instigation du matelot Matuchenko, membre du parti social-démocrate, l'équipage laisse exploser son indignation et sa fureur.

Confronté à cette désobéissance Giliarovski abat l'un des présumés meneurs, Vakulinchouk. Ce qui déclenche la mutinerie et l'exécution, en représailles, d'une brochette d'officiers supérieurs, ainsi que du pope aumônier qui avait systématiquement béni tous les excès répressifs du commandement. Le navire, aux mains des rebelles, arbore le drapeau rouge, s'empare d'un torpilleur qui croisait à proximité et dont l'équipage a rallié les mutins, puis se dirige vers Odessa, le port le plus proche sur la mer Noire. Le 27 juin, la ville s'embrase ; des milliers de grévistes, accompagnés de femmes et enfants, se massent sur les quais et tout le long du monumental escalier qui y mène pour acclamer les insurgés. En début d'après-midi, sur ordre du général Kokhanov, commandant de la place, les cosaques chargent et sabrent à l'aveuglette. Les lames s'enfoncent dans les chairs, les chevaux piétinent les blessés : 1 500 morts au moins. Une boucherie, dont un pogrom antijuif organisé en catastrophe dans la nuit ne suffira pas à dissimuler l'horreur. La mutinerie fait tache d'huile. D'autres navires se révoltent. Dans tout le pays la grève s'étend. Les manifestations populaires prennent de plus en plus d'ampleur. Un peu partout on élit des soviets d'ouvriers et de soldats. Les paysans occupent les terres.

Quelques mois plus tard, confronté à un pays qui a massivement fait sécession, le tsar publie un manifeste (qui, pour le plus grand bonheur de Lénine, connaîtra, hélas, le sort de toutes les promesses envolées) en vertu duquel sont reconnues les libertés de conscience, de réunion, de parole, de presse, d'association, et annoncée l'élection d'une assemblée législative.

De tous les « non » emblématiques de l'Histoire, comment ne pas accorder une place particulière à celui-là, aussi cinématographique que les deux autres, et qui – car la raison gastronomique est souvent une composante de la raison dialectique – commença par un refus de manger des asticots ?

Mais une autre raison préside à ce choix : car si, douze ans plus tard, le « non » révolutionnaire des marins (de la Baltique, cette fois) donna le signal du putsch bolchevique d'octobre 1917 à Petrograd, si, en 1919, le « non » solidaire des marins français de la mer Noire, conscientisés par André Marty et Charles Tillon, contribua à desserrer l'étau autour de la jeune « patrie du socialisme », en 1921, en revanche, les marins de Krondstadt, dont l'insurrection allait être écrasée dans le sang par Trotski sur ordre de Lénine, furent les premiers prolétaires du monde à se soulever contre la tyrannie déjà implacable du pouvoir soviétique : qui dira ce que l'authentique esprit de révolte doit à la marine !

*

Placés sous les ordres du général Bor Komorowski et de Jan Jankowski, ils étaient 50 000 combattants dont 4 000 femmes. Avec eux, en appui, des volontaires civils, vieillards et enfants mêlés. Et en soutien, la population tout entière, contre laquelle s'acharna l'occupant. Mais 10 pour cent de ces insurgés étaient armés. Aucune arme lourde. Des munitions pour cinq jours seulement.

Et pourtant, opposés à 55 000 soldats allemands suréquipés, en majorité des unités d'élite de la Waffen SS, attaqués de tous côtés par des centaines de chars « Tigres » et « Panthères », accablés par l'artillerie lourde retirée du front, pris en tenaille par des trains blindés, mitraillés par les stukas et pilonnés par les chasseurs bombardiers, les insurgés de Varsovie, qui s'étaient soulevés le 1er août 1944, ne capituleront que le 2 octobre, après avoir fait subir à l'ennemi plus de pertes que ne lui en occasionna l'ensemble de la résistance française.

Au déluge de feu qui s'abattait sur eux, comment répondre ? Ils transforment des obus non explosés et récupérés au risque de leur vie en mines et en grenades ; avec des canalisations arrachées aux conduites d'eau ils bricolent des bazookas de fortune ; des pneus découpés servent à fabriquer des catapultes pour projeter les cocktails Molotov ; des tuyaux et des bombes à incendie deviennent des lance-flammes. On se détend le jour, on attaque la nuit. À l'arme légère, donc à courte distance. On surgit, on frappe, on s'évanouit tandis qu'à l'arrière, c'est-à-dire partout, les épouses et les mères s'occupent de la logistique et de l'intendance. Pour relier entre eux les différents pôles de l'insurrection, les égouts sont transformés en systèmes souterrains de communication, avec signalisations, agents de la circulation, sens giratoires et horaires de déplacements planifiés.

Et tandis que l'énorme machine de guerre allemande accentue sa pression, que les Panzerdivisions SS détruisent au canon ou brûlent au lance-flammes des quartiers entiers à mesure qu'ils les reconquièrent, que les insurgés défendent chaque rue, se battent pour chaque maison, s'accrochent à chaque étage, les patriotes polonais parviennent, dans leur espace libéré de plus en plus exigu, à réunir leur parlement clandestin et à faire paraître quinze journaux de sensibilités différentes.

Le 2 octobre, quand les derniers guérilleros urbains rendent les armes dans une ville presque entièrement détruite, le monde, stupéfait, découvre le terrifiant bilan : 20 000 combattants tués, 40 pour cent des effectifs, et 180 000 civils massacrés. Les Allemands ont perdu 10 000 hommes, sans compter 7 000 disparus et 9 000 blessés graves.

Les Soviétiques, alors, avaient déjà atteint les faubourgs de Varsovie. Ils y étaient restés l'arme au pied. Ou presque. La résistance nationale avait voulu que son « non » à l'occupant précédât son « oui » contraint à l'ancien oppresseur devenu un libérateur ambigu.

Un an plus tôt, beaucoup de ces héros étaient, eux aussi, restés l'arme au pied quand, sous la conduite de Mordekhai Anielewicz, âgé de vingt-trois ans, et du sioniste Maurice Apfelbaum, les Juifs du ghetto avaient déclenché la première grande insurrection antinazie en territoire occupé.

Il n'y a que dans les rêves qu'il arrive à tous les « non » du monde de se donner la main !

*

Il se prénomme Mahomet. Une balle lui a fracassé la tête. Sa main s'est définitivement refermée sur la pierre qui portait son refus. Là-bas, David, face à une foule hostile, a osé brandir sa pancarte qui disait « non » à la haine à laquelle on sacrifie des enfants !

1

De Thèbes à la place Tianan Men

La soumission à l'ordre terrestre nécessitait que le cadavre de Polynice, frère rebelle d'Antigone, mort pendant la bataille aux portes de Thèbes, fût interdit de sépulture. Le respect de l'ordre céleste, qui s'exprimait en elle plus qu'il ne pesait sur elle, exigeait au contraire qu'elle l'ensevelît, pour éviter à son âme une éternelle errance.

Deux instances : l'une extérieure, l'autre intérieure. Au service de l'une, le bras séculier de l'État. Au service de l'autre, l'œil virtuel du remords. Antigone choisit de dire « non » à la raison d'État : celle-ci avait en ce temps-là le visage de son oncle Créon, roi de Thèbes, qui la fit condamner à être emmurée vivante. Le bras avait frappé, mais l'œil n'était pas dans la tombe.

Lui, l'étudiant chinois, plusieurs milliers d'années plus tard, se dressa seul face à l'armée des dragons, mais, contrairement à l'archange saint Michel, il était désarmé.

Quelle référence emblématique choisir ? Antigone qui, au nom de la loi morale, se libère de la loi civile, qui comme Jeanne d'Arc défie le temporel au nom du spirituel, désobéit pour mieux obéir, enfreint la règle dictée par le pouvoir pour se conformer à celle que lui dicte sa conscience ? Ou lui, le résistant chinois, qui seul, les mains nues, se dresse devant l'un de ces monstres d'acier qui investissent la place Tianan Men ?

Au choix. Mais, dans les deux cas, un « non », simple, carré, sombre et lumineux à la fois, porte en lui un discours qui finit par infuser dans l'histoire de l'humanité.

Car c'est d'abord de ces « non », ensemencés au gré des siècles, souvent arrosés du sang de ceux qui les prononcèrent

– Socrate, Spartacus, Jeanne d'Arc, Jean Hus, Giordano Bruno, Thomas More, Gandhi, Jaurès, le pasteur Martin Luther King –, que le meilleur de notre civilisation est le fruit : le « non » de De Gaulle, le 18 juin 1940, de Zola lançant son *J'accuse* à la tête des « bien-pensants », de Lazare Carnot refusant l'Empire, de Victor Hugo préférant l'exil à toute caution donnée au coup d'État de Badinguet, de Voltaire proclamant l'innocence de Calas, de Simon Bolivar au colonialisme espagnol, de l'abbé Grégoire ou de Victor Schœlcher à l'esclavage, de Soljenitsyne opposant son *Archipel du goulag* à l'autisme de la nomenklatura soviétique, de Nelson Mandela aux crimes de l'apartheid, de Violeta Chamorro à la dictature corrompue de Somoza...

Mais aussi le « non » de Galilée à la tyrannie de l'apparence, de Spinoza au terrorisme du dogme, de Jean-Jacques Rousseau à l'inégalité sociale, de Jules Ferry à l'emprise cléricale. Des « non » presque toujours héroïques parce qu'ils impliquent que l'on affronte aussi son propre camp : Bernanos stigmatisant les crimes du franquisme, Trotski affrontant Staline, le conservateur Kérillis dénonçant à la tribune de l'Assemblée nationale les accords de Munich qu'applaudissait la droite.

C'est cette épopée que nous avons voulu raconter. Parce que aucun film ne réunira jamais un tel casting, parce que aucun roman ne brassera autant d'extraordinaires destins personnels, parce que aucune cause particulière n'atteindra la majesté de l'immense cause du progrès humain, parce que nous devons tout à ces rebelles mais que l'histoire officielle, avec eux, n'a pas toujours été équitable.

TOUS LES REFUS NE SE VALENT PAS

Les mots, pas plus que les actes, ne se valent.

Entre l'amour du petit salé aux lentilles et l'amour du genre humain, il n'y a pas d'égalité. Entre Landru et le colonel Fabien, qui ont tué l'un et l'autre, il n'y a pas équivalence. Et l'on ne placera pas sur le même plan le refus pour convenances personnelles et celui qui implique le sacrifice de ses propres intérêts. Marie-Antoinette avait tout à craindre de ce qu'elle récusait, mais Victor Schœlcher rien à gagner à l'abolition de l'esclavage qu'il réprouvait.

Par excellence, le pape Pie IX, l'auteur du *Syllabus*, fut un champion toutes catégories du « non » : « non » à la liberté de la presse, « non » à la tolérance, « non » à la démocratie, « non » à la république, « non » au pluralisme, « non » au libéralisme, « non » au rationalisme, « non » à la Déclaration des droits de l'homme, « non » à la philosophie et à la science, « non » au progrès et à la laïcité. Or, derrière tous ces « non »-là, que trouvait-on ? La soumission à la dictature des dogmes, à l'ordre établi, à la pesanteur des traditions, à la prégnance des hiérarchies sociales, à l'intangibilité des privilèges.

D'autres, un siècle plus tard, s'opposeront à l'esprit de résistance, ou, plus près de nous, refuseront tout ce qui est susceptible de bouger les lignes. Rien ne doit devenir qui ne correspond exactement à ce qui est : pas touche à l'orthographe, gardons nos départements pour l'éternité, congelons la République comme on congela la monarchie, ne sacrifions aucun pouce de notre souveraineté nationale sur l'autel d'une chimère, conservons l'école telle que nous l'a léguée Jules Ferry, ne changeons rien à des institutions qui ont fait la preuve de leur nuisance, vénérons un Sénat qui ne représente plus que quelques îlots détachés de l'Atlantide, refusons d'accorder le droit de vote aux prolétaires d'importation – les ouvriers émigrés –, élisons imperturbablement des académiciens sans œuvre et épinglons des Légions d'honneur aux boutonnières de la vacuité notabiliaire.

Quels fruits ces « non »-là ont-ils jamais portés ? Les blocages de Guizot n'accouchèrent de rien – sinon d'une révolution –, non plus que l'archaïsme têtu de Charles X, les anathèmes de la Sorbonne scolastique, les veto de Louis XVI, les hurlements des contempteurs du romantisme ou des censeurs de l'impressionnisme, les rejets de Charles Maurras ou les refus du général Salan. Pourquoi ? Parce que ces « non » enfermés en eux-mêmes, recroquevillés sur leur seul énoncé, sans autre horizon que celui de leur refus, ne disaient finalement « oui » à rien. Ils dirent « non » à *Hernani*, aux *Fleurs du mal*, à *Madame Bovary* et à *Carmen*, à *Pelléas* et aux *Nymphéas*, au *Bateau ivre*, à *Tristan*, aux *Demoiselles d'Avignon*. Mais ce qui triompha, finalement, toujours, c'est le « non » que leur lançaient, à eux, ces œuvres qui, elles, en existant, disaient « oui ».

Les « non » ne se valent pas. En soi, un tableau n'égale pas un tableau, ni une partition, une partition. Écrire comme Rameau sous Berlioz, peindre comme David sous Cézanne, n'est comparable ni à Rameau, ni à Berlioz, ni à David, ni à Cézanne. De même que dire « non » comme Jeanne d'Arc sous Tony Blair, ou comme de Gaulle sous Schröder, ne vaut comparaison avec Jeanne d'Arc, ou avec de Gaulle. Il n'y a pas d'« en soi » qui se jugerait en dehors du contenu et du sens. Certains ont dit « non » aux Juifs, d'autres à l'antisémitisme. Ce n'est pas pareil. Le « non » du Ku Klux Klan a le même son que celui du pasteur Martin Luther King. Entre ces deux apparentes similitudes, il y a cependant autant de radicale différence qu'entre l'énergie – la même – qui produit de l'électricité et celle qui a détruit Hiroshima, qu'entre deux livres imprimés de la même façon, l'un contenant *Mein Kampf* et l'autre l'Évangile selon saint Jean. Pourtant Jésus et Hitler ont dit « non ». Le premier à la haine, le second à l'amour. Le diable seul songerait à les faire courir dans la même catégorie.

LE « NON » COMME PARAVENT DU CONFORMISME

Taper rageusement du pied, refuser de manger sa soupe, casser son jouet en signe de défi, n'importe quel enfant de cinq ans en est capable. Il y a des « non » qui ne sont que des postures. Des conforts. Ou des lâchetés. Il suffit parfois de se mettre à l'écoute du discours dominant pour s'en convaincre : les lynchages à répétition, les bouffées de nihilisme petit-bourgeois, les défis lancés à des adversaires virtuels ou fantasmés, les assauts donnés à des ennemis déjà à terre, les hallalis et les aboiements, autant d'alibis gesticulatoires destinés à justifier l'acceptation de tout, y compris parfois du pire.

Le héros, aujourd'hui, aux yeux de la « bien-pensance », est trop souvent celui qui déclame son « non » à Le Pen pour mieux se prosterner devant le Veau d'or, qui hurle les articles du dogme pour faire croire qu'il s'agit d'une rébellion. On dit « non » parce qu'on ne sait pas dire « oui », ou, plus exactement, parce qu'on n'ose pas formuler les termes de sa propre soumission ; dès lors, le discours unique consiste à décliner l'acceptation de l'ordre établi sur le mode d'une négation factice de ses tares les plus périphériques : « Oui » au pancapitalisme ! « Non » à l'exclusion ! Vive la mondialisation néo-libérale ! À bas la misère en Afrique ! On accepte sans réticence une logique en feignant de refuser les moins présentables de ses retombées. Parce que, souvent, dans sa jeunesse, on a été gauchiste avant de se mettre au service d'un affairisme triomphant, on mobilise le négativisme formel dont on est issu au profit de la dynamique destructrice que l'on a ralliée. Et ainsi les « non » répétés à la nation, à la République, à la raison, à l'État, à la laïcité, au concept même d'égalité, d'universalité, de sécurité ou d'intérêt public, fonctionnent comme un gigantesque « oui » à la mécanique normative qui tend à imposer au monde une nouvelle dictature qui, pour être souvent immatérielle, n'en est pas moins implacable. Pour dire « oui » à la régression sociale et aux bas salaires, on dit « non » à toute politique de restriction de l'immigration clandestine ; on ringardise les « petits patrons » pour mieux servir le « grand capital » ; on dénonce les « tentations sécuritaires » parce qu'on s'est en réalité rallié au « darwinisme social » de la « loi de la jungle ».

Combien qui ont déserté tous les combats positifs, renoncé à tous les projets, abandonné toutes leurs anciennes espérances, trahi tous leurs anciens engagements, qui n'envisagent plus de pouvoir transformer, construire, ou même concevoir un autre monde que celui dont ils ont intériorisé les règles en les décrétant indépassables, combien de ceux-là s'accrochent à des « non » sans risque – ni perspectives – qui nécessitent simplement que l'on gonfle ce que l'on refuse encore, ou ce que l'on feint de refuser, pour ne point s'avouer à soi-même qu'en réalité on ne refuse presque plus rien.

Ainsi soufflera-t-on sur les braises du racisme pour mieux s'ancrer à un antiracisme de convenance ou « fascisera »-t-on toute « mal-pensance » pour mieux s'installer dans un « antifascisme » de confort.

À l'inverse, les Pinochet, les Suharto ou les Videla ne furent possibles que grâce à une survalorisation d'un danger communiste qui leur permit d'investir, dans la résistance qu'ils étaient censés lui opposer, toutes les turpitudes qu'impliquait leur propre tyrannie.

Comment certains intellectuels, aujourd'hui, retrouveraient-ils leurs marques, s'ils n'étaient plus en mesure de ressusciter à l'infini des Hitler et des Staline à qui ils peuvent impunément dire « non » pour faire oublier qu'en vérité ils ne disent plus « non » à grand-chose ? Il faut sauver les soldats BHL et Glucksmann !

DIRE « NON » POUR DIRE « OUI »

Un « non » qui n'induit pas, qui ne sous-tend pas, un « oui », n'a finalement aucun intérêt. Il est inconsistant parce que irresponsable, médiocre parce que sans danger : il en résulte que la force et la richesse d'un « non » dépendent à la fois de la nature du « oui » qu'il implique et du risque que l'on prend en le proférant.

Le « non » du général de Gaulle fut un « oui » à la France ; le « non » de Victor Hugo, un « oui » à la République ; le « non » de Thomas More, un « oui » à sa foi ; le « non » de Thomas Becket, un « oui » à sa conscience ; le « non » de Mirabeau à Dreux-Brézé, un « oui » au droit du peuple, comme le « non » de Maurice Audin à ses tortionnaires fut un « oui » au droit des peuples. Le « non » de Zola fut un « oui » à la démocratie ; les « non » de Clemenceau, autant de « oui » à la nation ; le « non » de Jean Moulin, un « oui » à la fois à la démocratie, à la nation et à l'honneur.

L'inverse est également vrai : des « non » tonitruants portaient des « oui » épouvantables. Le « non » de Polyeucte aux « idoles » est implicitement un « oui » à l'intolérance totalitaire ; le « non » souvent glorieux des sudistes américains portait un « oui » à l'esclavage ; le « non » des martyrs communistes, un « oui » au totalitarisme stalinien ; le « oui » à l'impérialisme colonial est en partie contenu dans le « non » des croisés aux infidèles.

D'autres « non » pathétiques exprimèrent le refus obscurantiste de la terre qui tourne. Ainsi, parmi beaucoup d'autres, le « non » de Rivarol et de ses disciples à toute réforme de la langue française, de Bonald ou de Joseph de Maistre à l'humanisme et aux droits de l'homme, ou encore le « non » de Staline au « réel » tout simplement.

Y a-t-il, à cet égard, « non » plus magnifique que celui qui se met en travers d'une oppression, d'une répression ou d'une régression ? Fût-ce parfois, avec Soljenitsyne et même Jeanne d'Arc, en travers d'une oppression, au nom d'une régression.

Or, tous ces « non » emblématiques, comme ceux de Galilée, de Jean Hus, de Giordano Bruno ou de Campanella, de Bacon ou de Michel Servet, de Lorca ou de Rushdie, eurent au moins en commun de leur valoir le martyre ou la proscription dès lors que se déchaînèrent contre eux les foudres conjuguées de l'Inquisition et de la raison d'État.

Si le « non » d'Antigone à un pouvoir temporel par fidélité à un pouvoir spirituel fut, en quelque sorte, muré vivant avec elle, le « non » du chevalier de la Barre à un pouvoir spirituel qui prétendait imposer sa loi par la terreur fut, lui, brûlé avec le corps décapité du blasphémateur.

Combien sont-ils encore, aujourd'hui, de par le monde, dont les « non » à l'absolutisme clérical, à la dictature militariste, à la tyrannie féodale, au fanatisme intégriste, à l'oppression oligarchique, sont purement et simplement « emmurés » comme celui d'Antigone ou « brûlés » comme celui du chevalier de la Barre ?

Les mœurs, chez nous, sont devenues plus dociles. On n'enterre plus vives les sorcières que l'on chasse. Les tenants du dogme n'envoient plus expressément à l'échafaud les récalcitrants qu'ils diabolisent. Sans doute les gardiens du temple de la bien-pensance n'ont-ils plus assez peur pour en venir à de telles extrémités. Même Régis Debray a survécu. Certains « non » libérateurs valent certes l'ostracisme, mais, désormais, il y a encore une vie après l'enterrement ou le bûcher. Fût-ce au prix d'un exil intérieur.

Ceux qui ont dit « non » ont transformé le monde. Il est rare que, de leur vivant, le monde leur en ait été reconnaissant.

2

Le « non » emblématique de Simon Bolivar

Dans la matinée du 26 octobre 1825, une cohorte chamarrée gravit les pentes du Cerro Rico, qui domine la ville bolivienne de Potosi, haut lieu de l'extraction de l'argent et de l'extermination des Indiens. Au centre, Simon Bolivar. Autour de lui, Carlos de Alvear, héros de l'indépendance argentine, et le général Antonio José de Sucre, l'homme qui, à la bataille d'Ayacucho, a donné le coup de grâce au règne des Espagnols en Amérique latine. Arrivé au sommet, celui qu'on appelle El Libertador plante solennellement les drapeaux des nouvelles républiques qui viennent de s'émanciper du joug colonial et s'écrie : « Que vaut tout l'argent que recèle cette montagne comparé à la gloire d'avoir emmené jusqu'ici, depuis les plages brûlantes de l'Orénoque, l'étendard victorieux de la liberté ? » Ce que marque, en effet, cette cérémonie, c'est l'écroulement définitif de l'un des plus vastes Empires que l'histoire ait connus et l'avènement d'un nouveau monde représenté par trois jeunes nations, d'où, hélas, sécession après sécession, en surgiront beaucoup d'autres.

À l'arrière-plan, un étrange personnage, vêtu comme l'as de pique, semble perdu dans ses rêveries. Il s'appelle Simon Rodriguez. Pédagogue de son état et philosophe d'occasion. Une solide réputation d'hurluberlu bohème. Nul ne saura jamais à quoi il pensait en ce moment épique. Il n'est pas difficile cependant de l'imaginer.

Vingt ans plus tôt, en effet, en août 1805, sur un autre sommet, plus modeste, bien que plus prestigieux encore, le « mont sacré » de Rome, il avait fait prêter au jeune homme de bonne famille, originaire du Venezuela, dont il était le précepteur, ce serment historique : « Je jure que je ne prendrai pas de repos tant que je n'aurai pas brisé les chaînes qui nous oppriment par la volonté du pouvoir espagnol. »

C'est Rodriguez qui rapporta plus tard l'épisode ; on peut estimer qu'il l'a largement enjolivé. Scène délirante, en effet : rien ne permet à cette époque d'envisager un instant que ces deux hommes qui n'étaient strictement rien viendraient un jour à bout d'un empire qui avait été tout. Scène qui eût été impossible si Simon Rodriguez, directeur dans les années 1790 de l'école primaire de Caracas, n'avait pas réussi à se procurer les œuvres, totalement interdites par les autorités coloniales et ecclésiastiques, de Voltaire et de Jean-Jacques Rousseau. L'*Émile* surtout, dont il avait fait son livre de chevet et qui inspira sa façon de mener l'éducation du jeune Bolivar. Lectures dangereuses puisqu'elles conduiront Rodriguez à participer aux côtés de deux autres idéalistes vénézuéliens, Gual et España, à une conjuration visant à proclamer d'un coup l'indépendance, la république et l'abolition de l'esclavage, et dont l'échec programmé l'obligera à s'exiler en Europe où il retrouvera justement son élève Bolivar, qu'il initiera à son tour à l'œuvre des philosophes des Lumières et aux principes de la Déclaration des droits de l'homme.

En 1804, Bolivar qui, comme tous les rejetons de la bonne société, faisait sa tournée d'initiation européenne, tomba, à Paris où il menait dans la plus totale insouciance une vie de patachon, sur son maître Rodriguez.

Or, à Paris, se trouvait à la même époque un autre Vénézuélien, nettement plus âgé, dont les idées n'avaient pas été sans influence sur les comploteurs auxquels s'était joint Rodriguez. Il s'appelait Francisco Miranda. Il avait d'abord embrassé la carrière des armes ; avait participé à ce titre à la guerre d'Indépendance américaine dans le camp des Insurgents. Ce qui lui avait donné des idées : pourquoi ne contribuerait-il pas à la libération de l'autre Amérique, celle du Sud ? Muni de « recommandations », il s'en était ouvert à George Washington et à Jefferson, qui l'avaient reçu et ne l'avaient pas découragé. Attiré à Paris par les « événements », il y débarque en 1792, fréquente les milieux républicains girondins, en particulier Pétion de Villeneuve, s'enrôle pour participer à la défense de la patrie en danger, est nommé général par ce même Pétion, se distingue à la bataille de Valmy, conquiert la ville d'Anvers. Cependant, il a des ennuis sous la Terreur, puis s'enthousiasme pour Bonaparte, avant d'être déçu par l'Empire.

Ainsi la ville où s'installe en 1804 le jeune Bolivar est-elle pour lui à la fois celle des philosophes et de la Déclaration des droits de l'homme, de Danton et de Bonaparte, de Miranda et de Rodriguez, et même celle du grand savant allemand Alexandre de Humboldt qui, s'y étant installé lui aussi, le reçut, approuva ses rêves émancipateurs mais le trouva quelque peu délirant. Les activités mondaines du « Latin lover » l'amenaient régulièrement à rencontrer Mme de Staël, qui s'opposait déjà à Napoléon, et l'économiste Sismondi, qui récusait déjà les théories libérales. Bolivar se trouva en quelque sorte au centre d'une farandole de « non », fédérant la rébellion philosophique de Jean-Jacques Rousseau, idéologique des « républicains » de 1792, émancipatrice de Miranda, politique de Mme de Staël, économique de Sismondi et militaire de Bonaparte.

Pour la petite histoire, on a parfois prétendu que, des amours parisiennes du fringant Bolivar, naquit Flora Tristan, ancêtre du féminisme et du socialisme, la prophétesse de l'« union ouvrière », dont le peintre Gauguin sera l'un des petits-fils.

Entre-temps Miranda, jugé subversif par le ministre de Napoléon, Fouché, et expulsé de France, avait réussi à intéresser l'Angleterre à sa cause et entrepris, à la tête d'une poignée de volontaires, deux expéditions libératrices sur les côtes vénézuéliennes, qui s'étaient soldées par autant de lamentables fiascos, ce qui lui avait valu d'être excommunié par le tribunal de l'Inquisition, et brûlé en effigie sur la grand-place de Caracas.

C'est alors que se produit un événement inouï : les troupes françaises ont placé un Bonaparte sur le trône d'Espagne. La monarchie a été renversée. Une « junte » dirige la résistance tandis que, profitant de cette confusion et de cette vacance du pouvoir, une autre junte s'est installée à Caracas. Celle-ci, sur les conseils de Bolivar qui a rejoint sa patrie, envoie notre héros à Londres pour convaincre Miranda de venir se placer à sa tête. Le 15 décembre 1810, en effet, ce dernier aborde les rives du Venezuela qui, dans la ferveur de ces retrouvailles, en juillet 1811, se déclare république indépendante. Pas pour longtemps.

Les royalistes fidèles à l'Espagne reprennent facilement l'avantage. Bolivar, chargé de défendre la petite ville de Puerta Cabello, est écrasé à la suite d'une trahison et de la débandade de sa maigre troupe. Miranda, découragé, beaucoup plus fait pour l'action diplomatique que pour la guérilla, accepte les termes d'une capitulation qui suscite chez ses lieutenants, dont Bolivar, une telle indignation qu'ils le mettent aux arrêts et le livrent... aux Espagnols !

Il sera transféré dans une prison de Cadix et il mourra sans avoir jamais été jugé, le 14 juillet 1816.

Bolivar, lui, pris dans le sauve-qui-peut général, s'embarque en catastrophe sur une goélette en direction de l'île de Curaçao, où on lui confisque ses bagages. Il se retrouve sans le sou et quasiment sans vêtement.

C'est donc grâce à des emprunts qu'en novembre 1812 il rejoint la ville de Carthagène, située sur la façade atlantique de l'actuelle Colombie, où des forces républicaines ont réussi à se maintenir. Pour combien de temps ? Elles sont pressées de tous côtés par des troupes espagnoles et royalistes largement supérieures en nombre et en armement.

Bolivar, qui n'est alors qu'un petit colonel parmi d'autres, propose ses services. On le relègue dans un trou perdu, nommé Baranca, situé sur les bords du fleuve Magdalena. Avant de gagner ce poste obscur, constitué de trente cabanes et de quelques bâtiments officiels, il rend public un manifeste dans lequel il préconise la reconquête du Venezuela et l'élaboration d'un mouvement de libération panaméricain – ce qui, compte tenu de la situation, apparaît totalement surréaliste.

Le voilà donc installé, à la lisière de la jungle, dans une caserne à moitié moisie par l'humidité où végètent quelque deux cents soldats déliquescents. Un cul-de-sac... ou une chance. Car le 21 décembre 1812, Bolivar, après avoir envoyé des missions de reconnaissance repérer le dispositif des forces de reconquête espagnoles, embarque une petite centaine de combattants sur une vingtaine de radeaux et remonte le fleuve. Il s'empare deux jours plus tard de la petite place de Tenerife, puis le 26, de Manbox où il se renforce de trois cents volontaires, ce qui lui permet de battre successivement les corps hispano-royalistes dans quatre petits combats qui deviendront mythiques, et de s'emparer de la ville d'Ocaña. Il franchit ensuite la cordillère des Andes par des chemins que même les muletiers empruntaient avec prudence, et tombe par surprise sur l'ennemi dont le gros des forces est taillé en pièces après qu'un de ses jeunes lieutenants, José Felix Ribas, à la tête de ses hommes, les a chargées à la baïonnette, coiffé d'un bonnet phrygien.

C'est alors que Bolivar, dont le corps expéditionnaire ne compte que cinq cent soixante-treize hommes en tout et pour tout, lesquels ressemblent d'ailleurs plus à des « supplétifs » en guenilles qu'à des soldats, décide d'entamer la campagne de libération du Venezuela. Il fait son entrée le 23 mai à Merida, évacué par les Espagnols qui sont convaincus qu'ils ont affaire à une armée considérable. Nouveau ralliement. La troupe grossit, s'enrichit des armes prises à l'ennemi et des uniformes taillés par les femmes des villes et villages libérés. Elle avance toujours, prend Trujillo. D'abord enthousiastes, les populations terrifiées par les représailles espagnoles font preuve de plus en plus de réserve. Ce qui rend le ravitaillement et le recrutement plus difficiles. Moment délicat. Faut-il poursuivre ? Bolivar n'a aucunement reçu mandat de marcher sur Caracas. Il est devenu en quelque sorte son propre chef. Ce qui s'apparente à une rébellion. Il hésite, il tranche : en décrétant la guerre à mort. L'ennemi doit être terrorisé autant qu'il terrorise. Il faut couper les ponts. Ce sera crimes de guerre contre crimes de guerre. On se remet donc en marche. Nouvelle série de victoires. Ce sont désormais deux mille hommes qui entrent à San Carlos et affrontent l'infanterie espagnole en terrain découvert. Laquelle est écrasée, ce qui ouvre la route de Caracas. Au passage, on a passé tous les prisonniers par les armes. Plus de pitié. Le 6 août, El Libertador fait son entrée dans la capitale vénézuélienne. Il vient de parcourir plus de deux mille kilomètres, de franchir deux chaînes de montagnes, de libérer six provinces et, avec une poignée de rebelles « dépenaillés », de bousculer cinq corps d'armée. « Fuyez le pays où un seul homme exerce tous les pouvoirs, c'est un pays d'esclaves ! » s'exclame-t-il au terme de sa chevauchée. Il n'en accepte pas moins d'exercer la dictature... à titre provisoire.

Très provisoire, en l'occurrence, puisque le 6 juillet 1814 il doit de nouveau prendre le chemin de l'exil. L'Espagne débarrassée des troupes napoléoniennes, revenue dans le giron d'une monarchie d'un autre âge, a envoyé d'importants renforts qui ont profité sur place du soutien de tous ceux qui refusaient le « joug » d'une république créole : les monarchistes bien sûr, les conservateurs, les prêtres, les opportunistes, les fonctionnaires, mais aussi les esclaves noirs et les ouvriers agricoles, les *llaneros*, sortes de cow-boys en plus frustes et en plus sauvages, employés dans les grands domaines, dont le colonisateur a encouragé la révolte. Renversement total du rapport de force. Un désastre. Une fuite éperdue. Un prestige dont il ne reste presque plus rien. Le héros humilié, dont s'éloignent la plupart de ses lieutenants, se demande, en écho à cette philosophie rousseauiste dont il est imprégné, comment il est possible de lutter « contre le vice armé, la licence effrénée, convertis soudain par la grâce du prestige religieux en vertu politique et charité chrétienne ». Et pourtant, aussitôt il se redresse. Dans un nouveau « manifeste » – qui constitue sa façon à lui de se refonder au milieu du désarroi –, il ose ce défi fou : « Il n'y a pas une puissance humaine sur la terre qui puisse arrêter le cours que je me suis proposé de suivre pour venir une deuxième fois vous libérer. » Et il ajoute, comme halluciné : « Ne comparez pas vos forces physiques avec celles de vos ennemis, car on ne peut comparer l'esprit et la matière. Vous êtes libres, ils sont esclaves, combattez et vous vaincrez ! »

Sur ces fortes paroles, Bolivar rejoint une fois de plus Carthagène, reprend du service, se heurte malgré la situation désespérée à toutes les rivalités d'ambition, se voit rejeté par ce qui reste de pouvoir civil républicain, et offre sa démission qui est acceptée. Le 9 mai 1815, de plus en plus isolé, de plus en plus affaibli, de plus en plus mortifié, de plus en plus incompris, la plupart de ses compagnons des premiers jours ayant été tués – Ribas, pris, a été décapité, sa tête frite dans l'huile et exposée dans une cage de fer coiffée du fameux bonnet phrygien –, Bolivar se retire à la Jamaïque.

L'Espagne – elle-même libérée – triomphe partout. Bientôt elle reconquerra la Nouvelle-Grenade – la Colombie actuelle – et reprendra Carthagène. Au Mexique, le curé Michel Hidalgo, grand lecteur de Voltaire et des encyclopédistes, qui a appelé contre l'occupant à un soulèvement des parias, indiens et métis, et rassemblé derrière lui jusqu'à cent mille combattants surtout armés d'arcs et de flèches, a été finalement vaincu et exécuté. Son successeur, le prêtre Morelos, a été écrasé lui aussi – et passé par les armes – après avoir proclamé une éphémère république égalitaire.

Ailleurs, l'ordre colonial a été peu à peu remis en place. Le Pérou ne bouge pas. Les patriotes chiliens ont été défaits, ceux d'Équateur sont en déroute. Bolivar, lui, ruiné, rejeté, en est réduit à supplier des amis de lui consentir des avances. Il ne trouve même pas de travail. Il songe parfois au suicide. Il échappe à une première tentative d'assassinat : un esclave par lui affranchi avait été soudoyé par les Espagnols pour le poignarder pendant son sommeil mais, comme un autre avait pris place dans son hamac au dernier moment, c'est celui-là qui fut frappé à mort.

Lorsque l'occasion lui est enfin donnée de regagner la Nouvelle-Grenade où, en plein chaos, on s'est souvenu de son existence, il apprend la chute de Carthagène. Et se déroute sur Haïti. Il y rencontre le président de cette première république noire dont les esclaves, à l'appel de Toussaint-Louverture, se sont émancipés du joug colonial : Alexandre Pétion, qui a pris ce nom justement en référence au républicain girondin Pétion de Villeneuve qui fut le bienfaiteur de Miranda. Le président haïtien, bien que lui-même confronté à des menaces de reconquête, accepte de lui apporter son soutien, à la seule condition qu'il s'engage à abolir l'esclavage dans les territoires qu'il parviendra à libérer.

Ainsi, en cette année cruciale où les vieilles monarchies sont restaurées partout en Europe, où prend forme ce pouvoir idéologiquement hégémonique que sera la Sainte-Alliance, où l'Espagne retrouvée reconstitue son empire, où l'esclavage règne sur presque tous les continents, Bolivar, sans moyens, sans troupes, déjà deux fois vaincu et deux fois rejeté par les siens, lance quatre défis articulés à quatre « non » dont l'irréalisme a de quoi consterner les esprits les plus raisonnables : « non » à la monarchie, « non » à l'impérialisme colonial, « non » à l'esclavage, « non » à la balkanisation du continent sud-américain.

Pendant ce temps, à Bogota, où on avait rétabli le tribunal de l'Inquisition, les chefs indépendantistes montaient les uns après les autres sur l'échafaud et avec eux une jeune femme de vingt ans, Policarta Salavarrieta, dite la « Pola », qui avait refusé de renier ses idées républicaines. Face au peloton d'exécution – sa beauté lui ayant épargné la décapitation –, elle avait lancé à la foule, après avoir évoqué le souvenir de Bolivar : « J'ai pitié de vous qui ignorez que la liberté seule peut vous apporter le bonheur ! »

Grâce à l'aide de Pétion et au renfort de quelques corsaires, Bolivar met sur pied une petite expédition et débarque sur la côte vénézuélienne à Carupano. Après quelques jours d'isolement, lâché une fois de plus par ses lieutenants, boudé par la population, il doit rembarquer. Il se dirige alors vers la crique de Ocumare, proche de Caracas... Une trahison – encore – précipite la catastrophe. Nouveau sauve-qui-peut. Bolivar en réchappe de justesse, après avoir une nouvelle fois songé à se tirer une balle dans la tête. Il rejoint Guiria, situé en face de l'île de Trinidad. Là, il est pris à partie par la foule, insulté et même menacé par d'autres « petits chefs » républicains que sa prétention au leadership exaspère. Pour la troisième fois, humilié, abandonné, désavoué, il reprend la mer. Va-t-il baisser les bras ? Il s'y serait peut-être résolu s'il n'avait reçu un message de son bienfaiteur, le président Pétion : « Vous avez échoué. Ces choses-là arrivent dans la vie, mais quelque chose me dit que la prochaine fois vous réussirez ! »

Alors, en décembre 1816, après avoir réussi à remettre sur pied un petit corps expéditionnaire, à se procurer des armes, à intéresser quelques corsaires à sa cause, il jette l'ancre de nouveau au large des côtes vénézuéliennes et investit la petite ville de Barcelona. Là, après avoir invité tous les chefs de bandes qui mènent encore des actions de guérilla à le rejoindre, il concocte une proclamation « très napoléonienne » qui aurait pu faire douter de son bon sens : « Vous volerez avec moi jusqu'au riche Pérou, nos destins nous appellent aux extrémités du monde américain ! » On a rarement tenu propos plus emphatiques, plus ambitieux, plus prophétiques aussi, dans une situation aussi désespérée. D'autant que de nouveau tout s'annonce fort mal, les « petits chefs » ne manifestant aucun désir de se rallier au plumet du Libertador. Certains s'acharnent même à précipiter sa perte. Il tente une percée vers l'intérieur du pays. Il est défait par un chef indien. Coincé comme un rat dans son enclave. Rembarquer ? Non ! Cette fois, Bolivar choisit de brûler ses vaisseaux. Barcelona va d'ailleurs bientôt tomber aux mains des Espagnols. Il a échafaudé un plan fou : tromper la vigilance de l'ennemi, s'infiltrer à l'intérieur des terres, rejoindre l'Orénoque, au cœur du pays réel, y constituer une base libérée, une petite république rebelle qui attirerait à elle tous les dissidents et servirait de base révolutionnaire à l'épopée rêvée. Première esquisse en quelque sorte de ce qui deviendra, avec Tito, Mao Tsé-toung, Hô Chi Minh, un classique des guerres dites « de libération ».

Il rallie donc quelques résistants éparpillés, met le cap sur le sud, à travers la forêt tropicale, atteint l'Orénoque, échappe de justesse à une embuscade en plongeant dans une lagune au milieu des caïmans et en y laissant son uniforme, puis, à l'issue d'une opération amphibie d'une témérité rare, s'installe dans la ville « libérée » de Angostura – aujourd'hui Ciudad Bolivar. Il en fait la capitale d'un État virtuel, un embryon de nation, constitué de maquis disséminés, souvent très éloignés les uns des autres, qu'il dote d'esquisses d'institutions politiques, commerciales et judiciaires. Il met sur pied un semblant d'économie de guerre.

Ayant ainsi consolidé ses arrières, y compris en faisant fusiller un de ses lieutenants qui avait entrepris une action dissidente, il tente une poussée vers Caracas. Nouvel échec. Battu, il doit se replier sur Angostura. La route de la capitale lui est barrée. Il décide donc de contourner l'obstacle : en descendant jusqu'à la vallée de l'Apure, afin d'y rejoindre les troupes de cow-boys – ou gauchos – *llaneros*, que José Antonio Paez a réussi à rallier à la cause républicaine.

D'où, le 31 décembre 1817, son départ à la tête de trois mille hommes pour une expédition qui semble être celle de la dernière chance. Mille kilomètres parcourus, souvent à travers la forêt vierge qu'il faut pénétrer en s'ouvrant le chemin à la machette : scène baroque que celle qui voit se rencontrer Bolivar, en grand uniforme napoléonien, entouré de sa garde d'honneur, et Paez, torse nu, habillé d'un seul pantalon de coton effrangé, flanqué d'Indiens armés d'arcs, montant son cheval à cru et brandissant une lance de picador à rallier le bétail. Alliance du génie conceptuel et de la force brutale ? N'empêche que Paez, alors totalement analphabète, ouvert aux humanités par Bolivar, se fera élire à trois reprises président de la République vénézuélienne, avant de se retirer aux États-Unis où il deviendra la coqueluche de l'intelligentsia new-yorkaise.

Pour l'heure, la jonction fait pencher la balance en faveur des républicains, forts de près de cinq mille hommes. Bolivar franchit l'Apure, surprend et bat les Espagnols à Calaboza. Au moment où il croit ouverte la route de Caracas, tous les éléments se conjuguent pour que le désastre soit de nouveau au rendez-vous. Paez, qui déteste s'éloigner de sa pampa, exige de regagner son fief. Les Espagnols en profitent pour se dégager, regrouper leurs forces et recevoir des renforts. Bolivar, au lieu de battre en retraite, ce qui eût été raisonnable, tente l'impossible : il est écrasé près de la rivière El Semen par des forces supérieures en nombre et laisse sur le terrain huit cents morts et blessés, tous achevés par les Espagnols, soit plus du quart de ses effectifs. C'est un miracle qu'il ne soit pas tué dans la bataille. Il ne lui reste plus qu'à faire demi-tour avec les effectifs squelettiques qui lui restent ; à échapper de justesse à un énième attentat, à ruminer son désespoir, tant il paraît évident qu'il s'est laissé enfermer dans un cul-de-sac, qu'il n'y a plus de perspectives, que le destin lui est décidément contraire.

S'ensuit une grave dépression, un effondrement physique qui le cloue au lit, fiévreux et délirant, au point qu'il semble soudain avoir vieilli de vingt ans. Cela dure huit jours. Mais, à l'heure de sa quasi-résurrection, il a un nouveau plan. Plus démentiel encore que les précédents. Il ne s'agit plus de marcher sur Caracas, mais de se diriger vers le sud, de parcourir des milliers de kilomètres, de franchir la cordillère des Andes en son point le plus haut, le plus escarpé, le plus enneigé, de tomber par surprise sur les troupes espagnoles de Colombie, de prendre Bogota et de couper les troupes coloniales du Venezuela de leur base de ravitaillement.

Au moment où il élabore cette stratégie, il n'a plus que quatre cents hommes environ avec lui, les autres ayant été incorporés aux troupes de Paez. Pourtant, très vite, il va pouvoir remettre sur pied une armée : d'abord parce que, d'un peu partout, des patriotes ont convergé vers Angostura ; ensuite parce que, avec la complicité tacite de la Grande-Bretagne, mais aussi le soutien du leader nationaliste irlandais O'Connel, de véritables brigades internationales se sont constituées en Europe pour venir en aide aux révolutionnaires bolivariens. Parmi eux, l'Irlandais James Rooke, qui prendra la tête d'une « légion britannique ». Signe de l'ampleur de ce mouvement de sympathie : le président des États-Unis James Monroe fait savoir officiellement qu'il considère les républicains vénézuéliens non comme des rebelles mais comme des belligérants – au même titre que les Espagnols –, et envoie un observateur à Angostura. La propagande que n'a cessé de déployer un Bolivar maître de l'action psychologique a fini par payer.

Avant de se lancer dans sa longue marche, digne de celle d'Hannibal faisant franchir les Alpes à ses éléphants, c'est d'ailleurs à ce front psychologique qu'il consacre toute son énergie : en convoquant dans son réduit de Guyane un « congrès » issu d'un vote populaire – autant qu'il était possible d'organiser un tel scrutin dans un pays aux trois quarts occupé par l'ennemi –, en créant un journal, *Le Courrier de l'Orénoque*, chargé de porter la bonne parole dans tout le pays, sinon dans tout le continent, et en y faisant publier une « apostrophe à la Sainte-Alliance » dans laquelle il avertit l'Europe monarchique que toute intervention en faveur de l'Espagne se heurterait à une résistance du peuple jusqu'à la mort.

Comment mieux impressionner et galvaniser ses propres troupes qu'en lançant ainsi, du fond de sa jungle, un défi à l'ensemble des têtes couronnées de la vieille Europe ?

Reste à mettre en scène le dernier acte du feu d'artifice propagandiste : la réunion du mini-congrès devant lequel El Libertador prononce un grand discours, dont il attend qu'il contribue à donner une dimension continentale à un pouvoir qui ne s'exerce en réalité que dans le périmètre d'une vallée. Il y réaffirme que la gouvernance républicaine implique l'équilibre des pouvoirs, la souveraineté du peuple, la suppression des privilèges, l'abolition de l'esclavage, la séparation de l'Église et de l'État, la distribution aux patriotes des biens nationaux confisqués aux monarchistes. Il y recommande la création d'un « quatrième pouvoir » moral – une Cour suprême en somme –, appelle à un respect de tous les contrats conclus avec les créanciers de sa république virtuelle et recommande de s'inspirer de la Constitution britannique – « dans ce qu'elle a de républicain », précise-t-il – sans pour autant la plaquer mécaniquement sur une réalité latino-américaine nécessairement spécifique. Après quoi, selon une méthode éprouvée, il feint de refuser le pouvoir dictatorial qu'on lui propose pour mieux l'accepter en dernière instance. Ainsi, refait à neuf, malgré la succession de déconvenues qu'il a dû affronter, il prend la tête d'une cohorte hétéroclite de deux mille cent combattants, suivie d'une longue file d'épouses ou de fiancées de soldats volontaires pour assurer l'intendance. On ne compte pas les fleuves, les rivières, les marécages, les lacs, les mares qu'il doit traverser, la plupart du temps sous la pluie, avant de parvenir au pied de la cordillère des Andes, où Francisco Santander – qui deviendra président de la république de Colombie – a été envoyé en avant-garde pour y entreposer des réserves de provisions.

Alors commence la prodigieuse épopée du franchissement des cols les plus élevés, les plus escarpés, réputés les plus inaccessibles de la cordillère. Ascension en file indienne, au milieu des mugissements des bœufs et des hennissements de chevaux apeurés, par des sentiers à peine tracés dans le roc, souvent recouverts d'éboulis, qui longent des ravins dont on ne devine le fond qu'au bruit des torrents qui les creusent. Surgissement de pics neigeux à travers la brume, rafales de blizzard, tempêtes glacées qui griffent les visages, atmosphère de plus en plus oppressante à mesure que l'oxygène se raréfie et que disparaît la végétation.

La barrière franchie, la petite armée est si peu présentable qu'elle doit, dans le premier village traversé, avec l'aide du curé, réquisitionner les vêtements des paroissiens pour sauver les apparences.

Le 6 juillet 1819 l'impossible pari est gagné : les Espagnols totalement pris au dépourvu, convaincus – comme le déclare l'un de leurs généraux – qu'ils n'ont affaire qu'à « une bande de mendiants », Bolivar peut en profiter pour refaire ses forces et recruter des volontaires. Le premier choc se déroule, le 15 juillet, au lieu dit du Pantano de Vargas.

Il commence très mal. Tous les assauts des républicains se brisent contre une infanterie d'élite dont la puissance de feu fait des ravages dans leurs rangs. Un ultime assaut échoue. Convaincu que la victoire lui est désormais acquise, le général espagnol fait donner toute sa réserve. Mais Bolivar a dissimulé, jusqu'au dernier moment, sa légion britannique et sa cavalerie *llanero* qui, surgissant soudainement sur le champ de bataille, font basculer le sort des armes. Persuadé qu'il n'aurait plus d'autre chance, que tout allait se jouer là, conscient que cette fois il ne lui restait plus aucune possibilité de retraite, El Libertador avait décidé de se brûler la cervelle en cas de défaite. En fonction de quoi le miraculé, à l'issue d'une marche de nuit conduite dans le silence le plus total, s'empare de la ville de Tumpa par surprise, encercle et écrase à Boyaca les troupes espagnoles qui avaient échappé au premier combat et entre le 10 août à Bogota, abandonné en catastrophe par son vice-roi.

Il laisse alors Santander sur place et décide de rejoindre Angostura – où les factions rivales, profitant de la rumeur de sa défaite, s'étaient emparées du pouvoir – pour faire approuver par le congrès la réunification du Venezuela et de la Nouvelle-Grenade sous l'appellation de république de Colombie.

Reste à libérer effectivement le Venezuela : ce que permet, le 24 juin 1821, la bataille de Carabobo, suivie de l'entrée triomphale à Caracas. Couronnement d'une lutte sans cesse recommencée qui se poursuit depuis plus de vingt ans.

Cependant, à l'exaltation succède la dépression. Trop d'intrigues, de clanisme, de rivalités d'ambitions. Certes, on l'encense, on l'idolâtre, on l'accable de titres ronflants, mais il sent bien qu'on l'écoute de moins en moins, que ses conseils en matière constitutionnelle n'ont pas été entendus, qu'on hésite à abolir totalement l'esclavage. Bolivar, au zénith de sa gloire, est tenté de tirer sa révérence. Qu'a-t-il à gagner à poursuivre cette chevauchée sans fin ? Il s'interroge, il hésite. Finir en bouddha vivant ? Cependant l'Équateur, le Pérou sont encore aux mains des Espagnols. Il ira donc jusqu'au bout de sa tâche. Avec l'aide de celui qu'il estime le plus brillant de ses jeunes lieutenants : Antonio José de Sucre, un créole dont un frère a été assassiné par les royalistes, un autre fusillé par les Espagnols et dont la sœur s'est suicidée pour échapper à la soldatesque coloniale. Les deux hommes entament la campagne de libération de l'Équateur. Bolivar est victorieux, mais de justesse, alors que Sucre remporte un triomphe. Les républicains entrent à Quito. Le terme de l'épopée ? Non ! Car une fois de plus, à la fin de l'année 1823, la situation se retourne. Requinqués par l'expédition de la Sainte-Alliance qui a permis la restauration, à Madrid, de la monarchie absolue, les Espagnols se sont renforcés, ont reconquis toutes leurs positions péruviennes, alignent désormais trente mille soldats de métier, à quoi s'ajoutent plusieurs bataillons républicains qui ont fait défection.

Cet énième revers de fortune atteint physiquement et moralement Bolivar qui, malade, au seuil du désespoir, n'en trouve pas moins l'énergie, depuis son lit de souffrance, de lancer un appel aux Péruviens : « Ne désespérez pas de la République. Elle est sur le point d'expirer, mais elle n'est pas morte. »

Depuis la ville de Trujillo, où il s'installe, il décrète le service militaire obligatoire sur le territoire péruvien qu'il contrôle encore, taxe le clergé et les grands propriétaires, procède à des réquisitions, organise des séances d'entraînement accéléré pour les nouvelles recrues. Mais il décide également la fondation d'une université du Pérou, l'ouverture de collèges de garçons et de filles, la création d'Écoles normales.

En juin 1824, il se met en marche ; en août, il bat les Espagnols à Junin, à l'issue de charges de cavalerie, sans tirer un coup de feu. Le 7 décembre, il entre à Lima, et deux jours plus tard, Sucre met définitivement fin à la domination espagnole par la victoire d'Ayacucho.

L'apothéose sera la cérémonie de Potosi, aux confins de la future Bolivie, mais aussi les messages d'admiration de La Fayette, les offres de service du poète Byron, les arcs de triomphe que l'on dresse partout sur son passage, les cadeaux qu'on lui offre... Courtes satisfactions, en vérité, car tout va bientôt se détériorer. Bolivar avait dit « non » à l'impérialisme colonial, en vertu du droit des peuples à disposer d'eux-mêmes, « non » à la monarchie par adhésion à l'idéal républicain, « non » à l'esclavage, « non » à l'emprise de l'Église catholique – sur ce point, il avait déjà dû battre en retraite –, mais aussi « non » à la balkanisation du continent latino-américain. Ce pour quoi il avait lancé un appel à la convocation d'un congrès continental à Panama, afin d'y jeter les bases d'un système confédéral. C'est un fiasco : le Brésil, l'Argentine, le Chili, influencés par l'Angleterre, s'abstiennent d'y participer et les États-Unis s'évertuent à saboter le projet. Bientôt la grande Colombie elle-même éclate en quatre pays rivaux, tandis que Paez, à Caracas, et Santander, à Bogota, deviennent des ennemis implacables.

La suite ne sera qu'une succession d'échecs, d'intrigues, de complots, de coups de force, d'attentats, d'exécutions. Constatant que les factions ne se retrouvent que pour dénoncer ses dérives dictatoriales, Bolivar se retirera, choisira une dernière fois l'exil, non plus outre-mer, mais à l'intérieur des terres qu'il avait libérées. Il y mourra, rejeté, abandonné, aigri, démoralisé ; non sans avoir stigmatisé dans son journal – son testament – « les libéraux, cruels, sanguinaires, fanatiques intolérants, qui couvrent leurs crimes avec le mot liberté qu'ils ne craignent pas de profaner ».

Plusieurs années plus tard, celle qui avait été l'un des grands amours de Bolivar – homme à femmes s'il en fut –, Manuela Saenz, retirée dans un petit port péruvien, reçut un étranger de passage venu l'interroger sur son héros. Elle lui demanda son nom. Il s'appelait Giuseppe Garibaldi [1].

Extraordinaire aventure que celle qui commence par Jean-Jacques Rousseau et se termine par Garibaldi, en passant par Washington, Jefferson, les révolutionnaires girondins, Miranda,

1. Gilette Saura a consacré aux éditions J.-C. Lattès un admirable ouvrage à Bolivar.

Rodriguez, Bonaparte, les libéraux espagnols, le président haïtien Pétion, Sucre, Paez, O'Connel, San Martin, le libérateur du Chili, La Fayette, Byron et beaucoup d'autres qui tous, à leur façon, articulèrent un destin à un refus originel, à une rébellion première ! Comme si les refus de chacun avaient ensemencé les refus des autres.

Bolivar formula quatre « non » fondateurs. Mais il ne s'enferma jamais dans un « non » global. Détruire était éventuellement un moyen, construire était son but. Aucune trace de négativisme chez ce combattant qui ne cessa, malgré toutes les vicissitudes, d'ouvrir les vannes de l'espérance. Il fut radical en ce sens que sa démarche – ou sa marche – impliquait une rupture, mais non extrémiste en ceci que cette rupture était une nécessité, non une finalité ; qu'il l'eût négociée si les circonstances ne l'avaient pas contraint de l'imposer par la violence et la force. Non pas révolutionnaire par rejet du réformisme, mais révolutionnaire parce que réformiste. Le pragmatisme au service des principes. Patriote mais non nationaliste. Le régionalisme lui était aussi étranger que l'irrédentisme ethnique. De même qu'il s'était libéré de sa classe, il s'était émancipé de sa communauté tribale. Aucune armée ne fut plus multiraciale, multiculturelle, que la sienne qui regroupa des créoles, des Noirs, des Indiens, des hispaniques, des Britanniques, des Irlandais, des métis, qui intégra peu à peu les fils de famille qui avaient quitté leur hacienda, des esclaves affranchis et des gardiens de troupeaux prolétarisés.

Bolivar ne fut pas un saint. Au regard de la morale traditionnelle, ses mœurs étaient dissolues. Il répondit à la terreur par la terreur. Il laissa commettre des crimes, il ne détesta pas que montât vers lui l'encens des flatteries hyperboliques. Profondément démocrate, il ne s'en laissa pas moins convaincre que les circonstances, fortement exceptionnelles, exigeaient qu'on lui confiât la dictature.

Mais qui, en ouverture de cet ouvrage, pouvait mieux symboliser, incarner, exprimer, l'activité démiurgique de ces personnages qui forgèrent un destin parce qu'ils surent récuser une fatalité ?

3

Quand la pensée dit « non »

Qu'il y ait des cycles du « non » – ou des dialectiques si l'on préfère – est évident, de même qu'il y a, à des moments donnés, des lieux ou des espaces du « non ». Ainsi le « non » de Jean-Jacques Rousseau à l'oppression oligarchique – et au désordre social –, puis le « non » de Hume à toutes les formes de dogmatisme métaphysique se retrouvèrent-ils synthétiquement chez Emmanuel Kant, dont on peut faire légitimement le père de l'idéologie des droits de l'homme.

Ainsi n'est-ce pas non plus un hasard si le jeune Locke entreprend un voyage en Hollande où s'était installé Descartes et d'où écrivait Spinoza. En d'autres temps, Hegel ouvrit un cycle et l'Angleterre – celle de Bacon et de Locke, mais aussi de Jeremy Bentham et de Stuart Mill – offrit un espace. Sans le rejet de l'obscurantisme par la philosophie française des Lumières, il n'est pas sûr qu'aurait pu se dérouler – du moins pas sous cette forme – le processus qui, en passant par Paine et Franklin, permit Jefferson, puis, par la filière La Fayette, revint à son point de départ avec les Barnave, Lameth, Miroteau et autres constituants de 1789. Et l'on a vu que Bolivar était le produit collatéral de ce cycle.

De même que la mutation de Spinoza, après son excommunication rabbinique, doit quelque chose à sa découverte du « non » prodigieux à la clôture du monde qui valut le bûcher à Giordano Bruno, de même la science doit en partie aux « non » coagulés d'Helvétius, de D'Holbach ou de La Mettrie à toutes les illusions mystiques, d'avoir pu prendre son envol en rompant le cordon ombilical qui la reliait encore aux comptines « créationnistes ». L'évolutionnisme darwinien s'oppose au transformisme lamarckien, mais en disant « non » au dogme de la fixité des espèces – les animaux étaient censés être restés tels qu'ils étaient en embarquant sur l'arche de Noé –, le premier déblaya le terrain devant le « non » révolutionnaire du second aux mythes fondateurs de la Genèse. Buffon, lui, n'avait pas osé, par peur de s'attirer les foudres de l'université de Paris, confirmer sa conviction selon laquelle l'histoire, fût-elle biblique, avait été précédée d'une préhistoire.

On connaît le fameux conte d'Andersen qui fait dire à l'enfant naïf que le « roi est nu », alors qu'on avait fait croire à son bon peuple qu'il était vêtu de vêtements aux fils tellement fins qu'on ne les voyait pas. Et la foule, soudain libérée de son illusion, de se rallier à cette évidence : le roi en effet est nu !

Au regard de l'histoire des idées, cependant, les choses se passent assez différemment : d'abord parce que toute « vulgate », ou mythologie, finit par créer sa propre réalité. On peut, certes, souligner qu'il est totalement absurde d'imaginer qu'un cheval puisse voler ou impossible de faire du vin sans une goutte de jus de raisin : des millions de gens n'en continueront pas moins de croire que Mahomet est monté au Ciel sur sa jument ailée et que le Christ a transformé l'eau en romanée-conti.

L'ascendance simiesque de l'*homo sapiens*, *via* Cromagnon, est a priori beaucoup plus évidente, même et surtout à première vue, que la fabrication de Madame avec un morceau de la fesse de Monsieur, ou l'irruption de l'intelligence dans un morceau de terre glaise. N'empêche. D'aucuns préféreront toujours avoir été créés qu'être descendus de qui que ce soit. D'où la difficulté de dénoncer, y compris ce qui heurte l'expérience et l'apparence, dès lors que cette radicale étrangeté a été sacralisée sous l'appellation de « mystère ». Au début du siècle, un professeur de la Sorbonne, sorte de Rushdie avant la lettre, fut quasiment lynché parce qu'il avait osé contester le caractère divin des voix entendues par Jeanne d'Arc.

En vérité, le « non » à l'irrationnel est à la fois héroïque et inutile, puisqu'il ne concourt pas dans la même catégorie que ce qu'il récuse. Outre que l'esprit enfantin – et infantile – a besoin de dragons et de loups-garous, le miracle de Lourdes, par exemple – ou de Fatima –, ne ressortit pas à une certitude, mais à une croyance. Autrement dit, on ne prétend pas que c'est vrai, on affirme simplement son désir et sa volonté que ce le soit.

Généralement, on sait fort bien que les horoscopes sont de la pure foutaise, mais pourquoi ne se donnerait-on pas l'illusion de se faire du bien, puisque de toute façon cela ne peut pas faire du mal ? Qui oserait aujourd'hui lancer la campagne du « non au Père Noël » ? Et si ça plaît à mon beau-père de croire que Jonas est vraiment sorti du ventre de la baleine !

Mais que dire lorsque l'illusion se donne comme rationalité – on ne saurait donc la dissiper sans élaborer une rationalité alternative – tout en bénéficiant du concours de l'expérience et de l'apparence ? Comment récuser une idée fausse qui ne se contente pas de se réclamer d'une révélation divine ou de se couvrir du manteau du dogme, mais qui correspond en outre effectivement à ce que l'on perçoit, à ce que l'on constate et à ce que l'on éprouve ?

Quand Fontenelle, après Giordano Bruno, évoque la « pluralité des mondes », il imagine, autant qu'imaginaient les concepteurs des licornes ou des sphinx ! Qui en a eu jamais, en effet, la moindre expérience ? Ainsi, non seulement cela heurtait l'enseignement de l'Église, censée relayer la parole de Dieu, non seulement cela ne correspondait pas à ce que nous avaient appris les grands « maîtres », mais en outre cela échappait à toute appréhension – ou expérience – directe, donc au sens commun.

LE « NON » DE GALILÉE À L'APPARENCE

C'est à ces trois murailles, à ces trois barrages – la révélation, le dogme et l'apparence –, que se heurta Galilée. Mais il osa.

Pour avoir dit « non » à Aristote qui représentait alors la borne indépassable de la philosophie, « non » à Ptolémée qui avait établi une fois pour toutes la place d'une terre ronde et immobile au centre de l'univers, « non » à la scolastique qui, depuis saint Thomas d'Aquin, prétendait définir pour l'éternité les canons de toute vérité acceptable, « non » à l'Église qui faisait reposer son dogme sur une certaine représentation du monde, Galilée mériterait déjà d'incarner, aux yeux de toutes les générations, la pensée résistante.

Mais l'homme qui osa braver l'Inquisition lança à la face de ses contemporains un « non » beaucoup plus subversif encore : un « non » gigantesque à l'apparence.

Car, enfin, tout le monde voit bien que le soleil, qui se lève à l'est et se couche à l'ouest, tourne autour d'une terre qui, elle, ne bouge pas, sans quoi nous nous retrouverions la tête en bas ; qu'un kilo de plomb tombe plus vite qu'un kilo de plumes ; que l'immobilité est l'état naturel des choses et que seul un choc peut mettre en mouvement, avant que, tout naturellement, elles s'immobilisent de nouveau ; que les objets tombent parce qu'ils ont tendance à se diriger du haut vers le bas.

Or, qu'a dit Galilée ? Que tout cela n'est qu'illusion. Que, contrairement à tout ce que l'on ressent, à tout ce que l'on observe, à tout ce que proclame le sens commun, c'est la terre qui tourne autour du soleil, tout en tournant sur elle-même ; qu'un corps lourd tombe à la même vitesse qu'un corps léger ; que le mouvement est aussi naturel que l'immobilité, et qu'un objet en action, loin de s'arrêter mécaniquement, persévère éternellement dans son être à une vitesse constante (loi d'inertie) ; qu'il n'y a enfin – puisque la terre tourne – ni haut, ni bas, et donc aucune propension à se diriger de l'un vers l'autre.

De tout cela Galilée, qui n'eut jamais l'occasion d'opérer dans le vide, ne pouvait avoir aucune expérience sensible car, dans la réalité telle qu'on la perçoit, la résistance de l'air ne permet pas l'application de ces principes. Son « non » était un « non » théorique, abstrait, qui se heurtait de front à la façon dont n'importe qui appréhendait concrètement le réel. Il opposait le raisonnement à la perception. Jusqu'au bout, il osa cependant dire « non » à ce qui se passe « comme si », au nom du devoir de lucidité et de vérité qu'il devait à ce qui se passe « comme ça » !

DIRE « NON » À SON PROPRE MONDE

Dire « non » à l'apparence, cela revient à dire « non » à son monde. C'est-à-dire pour Galilée celui d'Aristote, des clercs scolastiques, celui qu'enseignait sa religion, celui de l'expérience sensible. Mais aussi celui de sa « communauté » pour Spinoza, celui de son Église pour Luther, celui de sa classe pour La Fayette ou Mirabeau ; celui de sa caste pour de Gaulle, celui de son milieu pour Victor Hugo ; celui de ses pairs pour Émile Zola ; celui de son parti pour Trotski. Et bientôt Bohr et Einstein devront, à leur tour, dire « non » au monde de Galilée et de Newton.

C'est peut-être là la différence entre la révolte et la rébellion. La révolte porte à l'incandescence sa propre évidence. Elle renvoie à sa propre frustration. La rébellion, au contraire, implique un dépassement de ses propres intérêts pour parvenir à un renversement des évidences.

Pierre Poujade, Gérard Nicoud, Marcellin Albert – l'homme du soulèvement des vignerons du Midi en 1907 – étaient des révoltés. Ils exprimaient avant tout la fureur catégorielle de leur propre corps social. Ils ne se projetaient pas au-delà, pas plus d'ailleurs que les profs anti-Allègre de 1999 ou les fonctionnaires des impôts opposés à la réforme de leur administration, en 2000. Même légitime, même éventuellement « exemplaire » – ainsi la grève des mineurs de 1963 –, un refus ne s'identifie pas pour autant à une rébellion.

Bolivar en revanche fut un rebelle qui sacrifia toute sa fortune à un combat dont le succès impliquait une radicale transcendance. Ou encore le Zola de *J'accuse* qui rompit avec une grande partie de son corps social; ou le jeune Arthur Rimbaud qui refusa même d'être porté par la révolution poétique qu'il avait entreprise; ou Jean Moulin, dont la résistance constitua l'exception de sa caste; ou Gandhi qui se donna moins aux siens qu'à l'idée qu'il proposait aux siens; ou le « Che », qui fut si peu esclave de sa base qu'il mourut au nom d'une cause dépourvue de toute base. Ou, avant tous ceux-là, Socrate, qui ne pouvait rien attendre, sinon une mort assumée, de son refus de se plier aux diktats de la bien-pensance du temps.

Le « non » qui transforme est aussi celui qui dépasse.

Il y a certes des riches qui refusent l'impôt sur la fortune. Et il y a des pauvres qui récusent le système qui les a empêchés d'être riches. Mais ceux qui ont été à l'origine des grandes bifurcations de l'histoire furent soit les riches qui dirent « non » à un système socialement injuste dont pour leur part ils profitaient largement, soit des pauvres qui menèrent, sous le drapeau de quelques principes, un combat dont ils savaient qu'ils ne seraient pas nécessairement les premiers bénéficiaires.

4

Le « non » de De Gaulle qui disait « oui »

Dire « non » est toujours une façon de dire « oui », avons-nous montré plus haut.

En réalité c'est, à des moments clés de l'histoire de nos civilisations, la seule façon de dire « oui ».

Imagine-t-on un instant le général de Gaulle se contentant, le 18 juin 1940, de proclamer que, contre vents et marées, il continuait de dire « oui » à la République et à la France ? Dans le premier cas, on l'aurait identifié au régime failli, emporté par la défaite, et dans le second, on l'aurait perçu comme le double « extérieur » du maréchal Pétain.

Cela, au demeurant, n'aurait eu aucun sens, puisque ces deux professions de foi se seraient heurtées à l'évidence d'une réalité qui les rendait caduques : la France était envahie et la République en quenouille. Ces deux « oui » ne pouvaient donc prendre une signification que si, préalablement, était niée cette évidence. Non point l'instantanéité de l'évidence – son instance – mais son devenir.

Le 18 juin 1940 donc, le général de Gaulle bouscule la conception empirique – ou pragmatique – de l'histoire en refusant la réalité de la seule dynamique perceptible, c'est-à-dire en disant « non » à l'apparence : l'Allemagne a certes gagné la bataille, mais il est inéluctable qu'elle perdra la guerre. Il n'exprime en l'occurrence ni un souhait ni une espérance, mais une certitude. Ce qui, aux yeux des sages, des réalistes, des opportunistes ou des cyniques, ne peut que le faire passer pour un fou.

Et il est fou en effet. Il doit l'être, puisque rien de ce qui se passe effectivement ne conforte l'analyse, par lui assenée, de ce qui – forcément – se passera. Puisque, déjà, il a décidé de substituer à un réel observable et mesurable un réel de rechange qui n'existe que dans sa tête. La France vaincue ? Non, puisque, réincarnée en lui, elle a réussi à échapper à l'anéantissement ; à franchir le Channel : « Rome n'est plus dans Rome, elle est tout où je suis. » C'est-à-dire à Londres. À un constat qu'il nie – ou plutôt qu'il récuse –, de Gaulle oppose une anticipation qui ressemble à une hallucination. C'est vrai, la France est défaite, écrasée, envahie, dépecée, désarmée, déshonorée, sans ressort, tout acquise à celui qui lui explique que sa régénérescence passe par l'acceptation passive de la juste punition venue du ciel. L'Europe est allemande. La modernité fasciste a eu raison de la ringardise libérale-démocrate, dont la République tricolore était l'un des fleurons. Le vieux monde croule. Qui peut faire obstacle à l'ouragan du devenir ? Déjà l'Italie, l'Espagne, l'Autriche, la Hongrie, la Roumanie, le Japon ont basculé. Albanie, Hollande, Belgique, Danemark, Norvège, Pologne, Tchécoslovaquie : les dominos sont tombés les uns après les autres. Aveuglant est le sens de l'histoire : l'Europe est allemande. Staline lui-même en a pris acte. Il a tendu la main à Hitler. Reste l'Angleterre qui, pathétiquement, s'accroche à la seule bouée qui lui reste : son insularité. Une goutte de terre dans l'océan. Et la mer monte. Aucune chance.

Cessons, dit l'homme « raisonnable », de prendre nos rêves pour la réalité, de nous enfermer dans nos nostalgies, de nous accrocher à nos archaïsmes. C'est le train du futur qui vient de nous passer sur le corps. Il suffit d'ouvrir les yeux ; de comparer leur efficacité à notre débandade, leurs technicités planifiées à nos impuissances improvisatrices ; leur ordre à notre inorganisation, leur discipline à notre laisser-aller, leur foi à notre je-m'en-foutisme ; leur exigence à notre laxisme.

La page ouverte en 1789 a été tournée. La tension conquérante des devoirs l'emporte enfin sur l'obsession émolliente des droits. Les derniers feux de la philosophie des Lumières s'éteignent dans la pénombre crépusculaire de l'humanisme finissant. Revanche de la volonté de puissance sur le relativisme sceptique. Schopenhauer l'emporte sur Voltaire et les siens.

Or c'est l'homme qui serait peut-être par nature, par caractère, le plus susceptible de penser de cette façon, de ressentir, sinon d'assumer, ce retournement, de rationaliser cette dynamique-là, qui va en récuser le plus radicalement les évidences en lui opposant un « non » d'acier.

Dès lors, que signifie ce « non » ? Que, pour de Gaulle, l'instant n'est qu'un épiphénomène, un impondérable qui ne saurait se substituer à la vérité d'un processus ; que ce moment, aussi traumatisant soit-il, n'efface pas plus ce qui l'a précédé qu'il ne peut changer ce qui, de toute façon, adviendra. À ses yeux, l'Union soviétique ne fut jamais qu'un accident qui n'effaçait que marginalement la sainte permanence de la « Grande Russie » ! En comparaison, Vichy ne pouvait s'apparenter qu'à un dérapage. Un hoquet. Une quinte de toux. Une minable parenthèse.

Donc le « non » de De Gaulle exorcise. Il dissout. Il dit au réel cette chose inouïe : qu'il se trompe sur lui-même, qu'il se prend au piège d'une apparence qui ne reflète en rien son essence, qu'il est un faux réel, comme il y a des faux dieux : une ruse du diable ! Mais que lui, de Gaulle, sait ce qui se concocte derrière cette hallucination collective.

En fait, le « non » de De Gaulle exprime aussi une dénégation : refus de ce qui se passe parce qu'il n'est pas acceptable – ou pire, pas supportable – que cela se passe ainsi. Ce qui fait sa singularité, sa puissance, c'est que l'homme du 18-Juin articule cette pure irrationalité – nous n'avons perdu qu'une bataille, ce qui ne change rien au sens de l'histoire – à une rationalité prospective quasiment prophétique : l'analyse totalement objective, implacable, matérialiste, des raisons pour lesquelles « notre camp », auquel se joindra nécessairement l'Amérique, gagnera immanquablement cette guerre.

Ainsi, outre que le « non » qui dénie porte un « oui » qui projette, l'irréalisme radical du combat annoncé déclenche un processus analytique hyperréaliste : « Voilà pourquoi, dès maintenant, et malgré l'énormité d'un déferlement qui paralyse l'entendement je peux vous affirmer, moi, général de Gaulle, que l'Allemagne n'a strictement aucune chance de gagner cette guerre. En fonction de quoi, au-delà même de l'honneur qui l'exige, j'ai décidé de placer la France, que j'incarne par défaut, dans le camp des vainqueurs. »

Celui qui dit « non », en définitive, ne fait que refuser un mirage : parce qu'il sait que les prairies reverdissent au-delà du désert. Une manière de pragmatisme transcendantal en somme. Mais, contrairement au « oui » de Pétain et de sa cour, d'autant plus pathétique qu'il se veut partiel et calculateur, le « non » de De Gaulle est total, global, absolu : « non » à la démission, au déshonneur, à l'hypocrisie, à la lâcheté, au double jeu, à la trahison. Il est purificateur. Il nettoie en raturant, en même temps il renverse la donne : car paradoxalement l'appel de De Gaulle – ce « non » décisif – n'est pas le négatif, mais le positif de l'appel de Pétain. C'est le « oui » du Maréchal qui est négateur en cela qu'il prend goulûment acte de la victoire de l'occupant pour mieux escamoter un siècle et demi d'histoire, alors que le « non » gaullien ressuscite ce que le « oui » vichyssois efface : les grandes heures de l'épopée française ; c'est le « oui » qui brade et le « non » qui maintient. Et qui sauve. Deux France : l'une qui se dit « oui » en disant « non », l'autre qui se dénie en criant « oui ». Celle-là s'épanouit à travers son refus, celle-ci, par son acceptation, divorce d'avec elle-même. Ici, c'est le « non » qui ouvre les portes et le « oui » qui les cadenasse à double tour.

De Gaulle n'en restera pas là. Plusieurs fois encore il exorcisera la pesanteur de l'évidence pour lui substituer la dynamique d'un projet. Ainsi lorsque, à Franklin Roosevelt qui estimait que Vichy représentait aussi une certaine face de la France, il répliquera avec morgue : « Non, la France est tout entière où je suis ! » Lorsqu'il refusera toute autre légitimité – ou légalité – que celle qu'il incarne et exclura totalement l'accident vichyssois d'une continuité historique qu'il assume et prolonge. Attitude à laquelle Jacques Chirac tournera le dos en assumant, au nom de la France et de la République, la responsabilité de la rafle du Vel'd'Hiv'.

Posture délirante d'une certaine manière que celle du Général, et seule façon cependant de métamorphoser en un tout sa propre réalité qui, au début, ne représente quasiment rien. Le « non » gaullien acquiert alors une fonction magique. Il change la citrouille en carrosse. Ou, plus exactement, il anathématise a priori toute expression d'un doute, d'un soupçon, sur la nature du carrosse qui, à y regarder de trop près, ressemblerait quelque peu à une citrouille.

Non, quoi ? Non, la France subjuguée, hébétée, assommée, n'a pas baissé les bras, perdu définitivement le match par abandon. Non, elle n'a pas accueilli un armistice infâme avec un lâche soulagement. Non, elle n'a pas remis sans un murmure son destin entre les mains d'un vieillard sénile. Non, elle n'a pas accepté d'un cœur presque léger de brader, au profit de son vainqueur, les engagements qu'elle avait pris à l'égard de son principal allié. Non, elle n'a pas en quelques jours, tout à fait légalement, par le vote massif d'un Parlement démocratiquement élu, renié plus de soixante-dix ans de république. Non, son armée, son Église, son administration, ses notables ne se sont pas massivement mis au service d'un régime dont l'acte de baptême fut une forfaiture. Cela ne doit pas être, donc cela ne sera pas, même si cela est.

C'est ce « non » mystificateur, illusionniste, qui, en substituant une réalité rêvée à une réalité vécue, amènera la France, miraculeusement ressuscitée, à la table des vainqueurs, au grand effroi d'un général Keitel incrédule.

Ainsi, le « non » gaullien, justement parce qu'il s'installait d'emblée hors du champ de toute réalité empirique, à la fois au-delà, en deçà et ailleurs, a fonctionné comme la baguette des fées de légende. Il ne s'agissait pas de modifier le réel à la marge – de Gaulle savait qu'il n'en avait pas les moyens – mais de formuler le sésame magique, le déclic chimique qui enclencherait le processus de sa radicale métamorphose. Plutôt que de prendre en compte « les faits », il s'agissait de les ostraciser et de les transformer en méfaits. Les défaire en quelque sorte ; faire place nette afin d'édifier sur cet espace vide – car vidé de toute contingence – une cathédrale virtuelle construite à partir d'une infinité de petits faits de remplacement. De même que le 18-Juin dissout le 17 juin, Bir Hakeim efface Sedan, Leclerc fait oublier Gamelin, Jean Moulin annihile Laval, la libération de Paris annule la capitulation de la France. Cela n'a, à la fois, rien à voir et tout à voir, puisque le moins, à la fin, s'installera seul à la place du plus. Le verbe s'est fait chair. Comme s'il induisait d'emblée sa future incarnation. Le « non » gaullien s'est révélé démiurgique.

5

Le « non » qui conduit à l'exil

VICTOR HUGO OU LE « NON » QUI VIENT D'AILLEURS

Le « non » de Victor Hugo à l'Empire – cette indiscutable, prégnante et épaisse réalité – fut pour l'essentiel du même ordre que celui de De Gaulle à la défaite. Le contraire du « non » de Danton à ceux qui le pressaient de choisir l'exil, parce que, s'exclamait-il, « on n'emmène pas sa patrie à la semelle de ses souliers ».

Hugo, lui, comme plus tard de Gaulle, ne doute pas un seul instant qu'il en soit capable : en s'installant à Guernesey il y installera en même temps la République et cette part de la patrie qui, pour échapper au viol, devient, grâce à lui, universelle.

Il y a d'un côté l'Empire, et de l'autre Hugo à Guernesey, une île battue par l'océan. Choix génial d'un propagandiste visionnaire. Ce que le poète suggère, de la sorte, c'est que la partie est égale : empire contre empire, puissance contre puissance... Contraste hugolien. Dix millions de « oui » contre un seul « non » : le match est jouable. Ici, une armée, une police, une administration, une Église. Là, un homme. Un poète et sa famille. Le rapport de force est équilibré. La proscription grandit l'écrivain. *Les Châtiments* rapetissent Napoléon III. Le premier peut échapper à la police du second, mais pas le second aux alexandrins du premier. Qui rayonne le plus de Napoléon-le-Petit depuis Paris ou de Hugo-le-Grand depuis Guernesey ? L'un règne sur les corps, l'autre sur les esprits. Celui-ci subjugue la France, celui-là fascine le monde.

L'auteur des *Misérables* ne contrôle aucun appareil d'État, il constitue à lui tout seul un contre-appareil d'État. Il est à la fois sa propre armée, sa propre administration, son propre ministère de la Culture, de la Propagande et des Affaires étrangères. Quand Badinguet s'enlise au Mexique, il correspond, lui, avec Abraham Lincoln, mobilise l'opinion universelle contre les confédérés esclavagistes, exalte la résistance grecque, vole au secours des insurgés bulgares ou serbes, fustige l'action assassine des Turcs en Bosnie, stigmatise les pillages coloniaux, se solidarise avec les patriotes de Benito Juarez, exige la liberté de la Pologne, tend la main aux démocrates hongrois, cloue au pilori le bourreau de toutes les Russies, démasque le mauvais pontife romain, cautionne la guerre d'indépendance italienne. Pour des millions d'hommes et de femmes qui, sur tous les continents, luttent contre une oppression, il est l'homme qui dit « non ».

« Et s'il n'en reste qu'un... » L'autoproscription durera vingt ans et, pendant vingt ans, un seul « non » réitéré, réaffirmé, légitimera les milliers de « oui » – « oui » à la République, « oui » à la démocratie, « oui » à la liberté, « oui » à l'émancipation – qu'il jette à tous les vents de la planète.

Une posture ? Sans doute, mais qu'il a métamorphosée en action.

Hugo, combien de bataillons ? Innombrables. Comme si un nouveau révolté surgissait au bout de chaque rime. Le Second Empire n'y résistera pas. Ce n'est pas Hugo qui l'a renversé. Mais c'est lui qui l'a définitivement arraché à sa propre mythologie, anéanti dans les mémoires, expulsé de la légende.

Et cependant, il revenait de loin. Comme de Gaulle, il n'avait nullement été programmé pour devenir un rebelle. Et de même que le Général avait été, entre 1914 et 1918, à mille lieues d'excuser et même de comprendre la moindre mutinerie ou insurrection morale contre cette boucherie, de même le jeune Victor avait-il passé une partie de sa jeunesse à l'ombre d'un autre général, son père, employé à écraser dans le sang l'insurrection du peuple espagnol. Après quoi, pour mieux donner libre cours à ses ébats de jeune prodige lâché dans le champ de la modernité, il s'appliquera à dire « oui » à tout : « oui » à Louis XVIII, « oui » à Charles X, qui le pensionnera en échange de quelques odes, « oui » à Louis-Philippe, dont il fut presque un affidé et qui le fera nommer à la Chambre des pairs, « oui » à l'éphémère régence, « oui » à la droite antirépublicaine dont il fut député, « oui » à la république bourgeoise, « oui » à Louis-Napoléon Bonaparte.

Qui aurait pu soupçonner que cet homme-là allait clamer à la face du monde l'un des plus tonitruants, des plus gigantesques « non » de l'histoire, dont l'écho s'étirerait sur deux décennies ?

Pourtant il avait tout. Déjà. La fortune, le succès et la gloire. Il était reçu par le roi au palais des Tuileries, siégeait à la Chambre des pairs, trônait à l'Académie française, accumulait les charges honorifiques et les marques de reconnaissance, vivait des rentes que lui procurait l'incessante reprise de ses pièces – *Hernani*, *Le roi s'amuse*, *Ruy Blas*, *Lucrèce Borgia* – dont le rayonnement européen était tel que la plupart des grands musiciens du temps s'en étaient déjà emparés pour en faire des opéras. Victor Hugo, en janvier 1848, s'apparentait à une manière de bouddha notabilisé, confit dans le conformisme et l'autosatisfaction, qui, entre femme et maîtresses, représentations et mondanités, menait une vie à la fois de patachon et de coq en pâte.

La révolution de février 1848 le prend par surprise. Il ne la comprend pas. Loin de se rallier à la république, il milite pour la régence. Ronchon à l'égard de la démocratie naissante, il s'avoue épouvanté par la montée du mouvement social. Il se présente aux élections sur les listes de la droite conservatrice. Entre deux niaiseries bien-pensantes, il se comporte en bon petit soldat du parti de l'ordre. À l'Assemblée, il parle peu et vote bien. Il stigmatise le communisme, dénonce le terrorisme rouge, se déchaîne contre les Ateliers nationaux, prend la défense de l'épargne et en appelle au sursaut des honnêtes gens. En juin 1848, il paie de sa personne pour sommer les ouvriers insurgés de déposer les armes. Il justifie la répression, mais réprouve les excès de la vengeance. En décembre de la même année, il fait activement campagne en faveur de l'élection de Louis-Napoléon Bonaparte à la présidence de la République. Comme, dans la foulée, la droite monarchiste remporte haut la main les élections législatives et qu'il en est, il se retrouve de nouveau du côté du manche.

Or, dans le programme de l'« union libérale », dont Hugo est l'un des cinq cents élus – face à cent soixante-quinze républicains modérés et cent quatre-vingts républicains de gauche ou d'extrême gauche –, il est prévu que des mesures devront être prises pour « soulager la misère ». Le 9 juin 1849, l'auteur comblé de *Notre-Dame de Paris*, pour qui on ne saurait vaincre le socialisme que par l'assistance et la générosité, prend la parole à l'Assemblée pour suggérer que de telles bonnes intentions ne soient pas jetées aux oubliettes. Il fait rire. Se risque-t-il, naïvement, à affirmer que, s'il est sans doute impossible d'abolir la pauvreté, « il est possible de détruire la misère », que ces trois mots déclenchent aussitôt un ouragan de quolibets. On lui fait comprendre que certaines professions de foi ne sont pas à prendre au pied de la lettre. Le choc est brutal. Se serait-il trompé de camp ?

Quatre mois plus tard, le 19 octobre, convaincu d'exprimer les intentions profondes du président de la République – le futur Napoléon III – et d'autant plus que ce dernier le lui avait fait croire, Hugo s'insurge contre l'action du corps expéditionnaire que la France a envoyé à Rome pour rétablir l'absolutisme temporel du pape Pie IX, mis à mal par une insurrection républicaine – dont Garibaldi était l'un des animateurs. La droite explose. Les bonapartistes le lâchent. On veut le faire taire. Il résiste, hausse le ton, s'arc-boute à la tribune et suscite soudain les acclamations de la gauche, dont Montalembert dira qu'elles constituent son châtiment !

Il expliquera plus tard, en se mettant en scène à la troisième personne : « Une morte était à terre, on criait : " C'est la République ! ", il alla à la morte et reconnut que c'était la liberté. Alors il alla vers ce cadavre et l'épousa. Il vit devant lui la chute, la défaite, la ruine, l'affront, la proscription, et il dit : " C'est bien. " »

C'était grandiloquent, mais c'était vrai. De ce jour, il fut de tous les combats et il exacerba toutes les haines. Il avait boudé la République victorieuse, il la rallia vaincue. Quand le comte de Falloux en vint à proposer une loi d'étranglement de la laïcité, il se jeta avec fureur dans la bataille. Face aux rugissements du parti clérical, il fut immense. Il était célèbre, il devint populaire. La liberté de la presse opprimée, le suffrage universel piétiné, la Constitution violée trouvèrent en lui si ardent défenseur que rien ne lui fut épargné, même pas l'incarcération de ses deux fils et de ses principaux collaborateurs, la saisie puis l'interdiction de son journal, les procès à répétition, pour tenter d'étouffer cette voix gigantesque sous l'opprobre, le mépris et la calomnie.

En juillet 1851, sous les hurlements, il stigmatise d'avance le coup d'État. Il aura lieu en effet le 2 décembre. Paris est livré à la soldatesque. Plus de Parlement, plus de presse libre, plus de droit de réunion. D'abord la dictature militaire, ensuite l'Empire. Hugo prêche la résistance, il paie de sa personne. Il va aux barricades, du côté cette fois des insurgés. Ils sont trop peu. Il appelle aux armes, il brave la fusillade. Sa tête est mise à prix. Il entre dans la clandestinité. Juliette Drouet, extraordinaire de courage et d'abnégation, lui sauve la vie. Elle le cache et l'aide à gagner la Belgique. D'où il sera expulsé. L'exil commence. Mais aussi un combat sans merci, sans trêve, sans répit, impitoyable, pour la liberté et le droit. Vingt ans et jamais la moindre faiblesse, le moindre fléchissement, le moindre désespoir. Hugo reprend la plume, elle lui sera une arme. À lui seul désormais, il sera parti, armée, peuple, Parlement, opinion publique. Face à la dictature, il symbolisera l'œil de la conscience. Contre ses écrits, contre ses idées, contre sa parole, il faudra entretenir, mobiliser un appareil policier plus considérable que celui que la monarchie avait opposé dans le passé à la subversion républicaine.

Et les livres s'ajouteront aux livres, les romans aux romans, les poèmes aux poèmes, les essais aux essais, comme autant de régiments, de divisions, de commandos qui viendront prendre part aux combats épiques, formidables, héroïques, pour la démocratie et le progrès. Pierre par pierre, un édifice immense, inouï, considérable, se constituera sur les ruines de toutes les illusions mortes.

À l'œuvre, terminée quasiment en 1844, viendra s'en ajouter une autre, cent fois plus forte, plus profonde, plus considérable, plus grandiose. Lorsque, en 1885, s'éteindra Victor Hugo, les contemporains effarés découvriront que cet homme, à lui tout seul, défiant l'espace et le temps, était à la fois un monde et un siècle.

Ce monde, on commence aujourd'hui à l'explorer.

Ce siècle, on commence aujourd'hui à le comprendre.

Cet homme, on commence aujourd'hui à le découvrir.

Parce que le « non » qui fut son chef-d'œuvre, non pas seulement le « non » au coup d'État, à la dictature, mais également ce « non » au confort qu'eût représenté la proposition qui lui fut faite de devenir, s'il rentrait en France, un chantre officiel, accepté, choyé et intégré, ce « non »-là n'a finalement rien perdu de sa verdeur subversive.

Au fond, Hugo et de Gaulle eurent en commun d'avoir défié le pire adversaire qui soit : le réel. De s'être eux-mêmes éjectés du présent, pour s'investir tout entiers dans un futur rêvé, dont eux seuls étaient convaincus qu'il était plus réel que le réel.

ÉMILE ZOLA OU LE « NON » CATHARTIQUE

Émile Zola, lui, fit la démarche inverse. À la manière de l'enfant du conte d'Andersen, qui, on l'a vu, dit une nudité que la société ne veut pas voir.

Rien ne le préparait, lui non plus, au « non » qu'il incarna, sauf peut-être justement son « naturalisme », cette exacerbation du rapport au concret.

Que dit-il, que crie-t-il dans son fameux *J'accuse* ? Que le capitaine Dreyfus n'est pas coupable. Il ne suffit pas, cette fois, d'une projection qui permettrait d'exorciser la réalité : c'est au contraire le constat froid d'une réalité qu'une grande partie de la société cherche à exorciser en projetant sur elle ses fantasmes. Le « non » de Zola signifie tout simplement : revenons sur terre, réveillons-nous, regardons la vérité en face, finissons-en avec cette ronde hallucinatoire de mensonges autoprotecteurs.

Car lorsque Zola rédige son *J'accuse*, on sait fort bien :

– que l'écriture du fameux « bordereau » qui a fait condamner le capitaine est celle du commandant Esterhazy et non celle de Dreyfus ;

– que la correspondance coupable entre l'attaché militaire allemand à Paris et un officier félon français – en l'occurrence ce même Esterhazy – se poursuivait alors que Dreyfus était enfermé à l'île du Diable ;

– que le suspect, contre lequel n'existait aucune preuve tangible, avait été condamné sur la foi de prétendues pièces secrètes qui n'avaient même pas été communiquées à la défense.

L'auteur de *Germinal* ne fait donc que décliner une évidence en énumérant des faits incontestables. Il commet un acte révolutionnaire. Non point seulement parce que, de la sorte, il dissipe brutalement un mirage collectif, tire le voile qui dissimule la vérité nue, mais parce que ce sont l'ensemble des institutions sociales, le Parlement, l'Église, l'armée, la grande presse, l'Académie, qui ont concouru à l'élaboration de ce mirage, au tissage de ce voile.

Ce qui claque le plus fort dans le *J'accuse* de Zola, ce n'est pas le « oui » à la justice et à la vérité, mais le « non » au mensonge ; ce qui induit le procès en rebond de toutes les institutions qui l'ont cautionné. Extraordinaire électrochoc en attendant la cure de désintoxication.

Zola assène : il y a eu forfaiture, et en voilà les artisans, tous placés au plus haut niveau de l'armée ou de l'État. Ce faisant, il n'hésite pas à dire « non » à la quasi-totalité d'une nomenklatura sacralisée, parce que c'est la seule façon de donner tout son sens au « oui » qu'il adresse aux protestations d'innocence d'un officier juif, qui en toute autre occasion lui eût été indifférent.

Et voilà bien où réside l'exceptionnalité de l'acte. Car monte du tréfonds d'une large fraction de la société cette exhortation : il en va de l'honneur de l'armée, de la crédibilité de l'État, de l'image de la patrie, de la hiérarchie sociale ; vous n'allez pas sacrifier tout cela au sort d'un homme sans importance ; faut-il que sa petite innocence pèse plus lourd que le risque que représente la mise à nu d'une culpabilité collective ; que le tout soit livré à la plus infime de ses parties ; qu'une dérisoire injustice soit réparée au prix d'un gigantesque désordre ? En patriote responsable, renoncer à une aussi monstrueuse prétention ?

C'est précisément à quoi Émile Zola, après d'autres, mais de façon plus directe, plus concrète, plus brutale, plus « naturaliste », va dire « non » ! Et, ainsi, il sauve et la crédibilité de l'État et l'image de la patrie et l'âme de la République, et peut-être aussi un peu l'honneur de l'armée.

Le romancier prétendait qu'il ne suffisait pas de décrire, qu'il convenait également d'expérimenter. Ce que va faire le journaliste pamphlétaire. Car le *J'accuse* est un acte de rébellion qui appelle une répression. La dimension didactique de cette répression est même induite dans l'acte de rébellion. Et en effet il sera poursuivi, il y aura procès. Et ce procès, exemplaire parce que scandaleux, imposera le débat public qui avait été jusqu'alors occulté. Et cela malgré le juge qui répétera cent fois, ce qui déjà valait victoire des dreyfusards : « La question ne sera pas posée ! » Les officiers supérieurs qui défileront à la barre accumuleront provocations, menaces, contradictions et ambiguïtés. Ils seront utiles parce que odieux ! Des experts se ridiculiseront, en particulier celui qui expliquera que si l'écriture du bordereau n'était apparemment pas celle de Dreyfus, c'est qu'il l'avait déguisée, ce qui prouvait bien sa culpabilité. Zola, devenu dans le monde entier l'image lumineuse de l'« autre France », sera condamné à un an de prison ferme. Jugement confirmé quelques mois plus tard. Il s'exilera à Londres. Moins pour fuir le cachot que pour échapper à la haine féroce, glauque, assassine, dont il sera désormais la cible. On mettra en doute sa morale, ses mœurs, sa nationalité, on fera feu de tout bois pour l'atteindre à travers sa famille, on prétendra faussement que son père, en Algérie, avait été chassé de l'armée pour malversations, on accumulera contre lui pamphlets nauséabonds et caricatures puantes, la presse catholique le diabolisera, les journaux dits « nationalistes » le lyncheront à longueur de colonnes. On lui construira avant terme un mausolée d'immondices, on brûlera ses effigies sur des bûchers. Qu'importe ! Son « non » purificateur eut valeur de catharsis ; il souda une résistance, ouvrit des yeux qui brilleront désormais comme des consciences au plus profond des tombeaux.

En dévoilant l'imposture, il réveilla la Belle au bois dormant. Mais, en même temps, ce « non » salvateur va rendre fous ceux dont il arrache les masques. Il les cloue en quelque sorte à leur forfaiture. Il les empêche de ruser. Les accule à l'aveu. Alors, retranchés dans leur bunker, ils vont, de vomissements en vomissements, dégorger tout l'indicible que leur inconscient dissimulait derrière le discours de l'honneur. Le colonel Henry, ce responsable des services secrets qui avait lui-même confectionné, pour accabler Dreyfus, des faux utilisés au cours du procès Zola, est confondu. Il se suicide en prison. Ils en font un héros. Face au « non » à l'injustice, il devient licite de fabriquer des preuves qui disent « oui » à la culpabilité. On lance une souscription pour élever un monument virtuel au falsificateur. Ceux qui versent leur obole lui rendent grâce d'avoir tenté d'établir qu'un Juif, par définition, ne pouvait pas être innocent. Esterhazy, l'authentique traître, s'enfuit à l'étranger après qu'eurent été publiées des lettres écrites de sa main dans lesquelles il exhalait sa haine de sa patrie d'adoption. Qu'importe... Il ne s'agissait pas de punir un vrai traître, mais de se débarrasser d'un vrai Juif. Le « non » de Zola a eu cet effet stupéfiant que les nationalistes se sont ouvertement faits les complices de l'anti-France. Ce n'est pas un hasard si, contre eux, se sont levés les patriotes : un Clemenceau, un Péguy, un Picard. Ils ne peuvent plus reculer, même devant le ridicule.

D'où, cerise sur le gâteau, un nouveau conseil de guerre dont les membres connaissent désormais le nom du coupable et savent qu'il n'existe contre le déporté de l'île du Diable aucune preuve qui ne soit un vulgaire montage, mais vont cependant le condamner de nouveau... avec circonstances atténuantes !

La victoire de Zola n'en est que plus totale, la clarification que plus lumineuse. Ainsi ne s'agit-il plus de démontrer que Dreyfus est un traître, mais qu'il est idéologiquement nécessaire qu'il le soit. Comme, quarante ans plus tard, les accusés des procès de Moscou. Et c'est justement ce que le *J'accuse* avait d'avance révélé.

6

Ils ont dit « non » à leur propre camp

De Gaulle, Victor Hugo, Zola : les deux premiers, avons-nous dit, exorcisent une insupportable réalité, alors que le dernier la dévoile.

Leurs trois « non » se rejoignent cependant, d'abord en cela qu'ils sont lancés à la face de la même engeance. Peut-être – qui sait ? – de Gaulle aurait-il été, culturellement au moins, anti-dreyfusard. N'empêche : ceux qui le récusent en 1940 – et le condamneront à mort – sont les héritiers directs des lyncheurs de Dreyfus qu'avait démasqués Zola. Au point que Charles Maurras analysera sa condamnation à la Libération comme une vengeance du capitaine !

Et ce sont les mêmes forces, exactement les mêmes, qu'avait stigmatisées Victor Hugo dans *Les Châtiments*, et qu'il retrouvera d'ailleurs à son retour en France en 1870. D'abord parce que ces « nationaux » n'hésiteront pas à brader l'Alsace-Lorraine à la Prusse pour se recentrer sur leur objectif principal, l'écrasement de la subversion intérieure. Ensuite parce que, provisoirement majoritaires au Parlement, ils exigeront et voteront l'invalidation du député Garibaldi, pourtant largement élu dans cinq circonscriptions dont celles de Paris en hommage à l'héroïsme dont il avait fait preuve en venant mettre à soixante-trois ans son épée au service de la France – alors même qu'un général français comme Bazaine, lui, la trahira. Mais Garibaldi était étranger. À son patriotisme de cœur, les « nationaux » préférèrent donc une trahison « nationale ».

À cela, comme à l'abandon de l'Alsace-Lorraine, Victor Hugo devait dire encore doublement « non ». Et comme sa défense de Garibaldi lui avait valu à l'Assemblée, où les électeurs parisiens l'avaient envoyé siéger, une épouvantable charretée d'insultes, que de nouveau on lui avait reproché de ne « pas parler français », il refusa de siéger plus longtemps dans un Parlement qui usait de l'intolérance pour camoufler son déshonneur.

Entre Hugo, Zola et de Gaulle, dont il n'est pas certain qu'ils se fussent appréciés, il existe une autre spectaculaire convergence : c'est que tous les trois, par leur refus, qui fut d'abord moral, se heurtèrent à l'ensemble d'un système, à une totalité interactive : armée, Église, institutions, administration, establishment, Académie, intelligentsia installée, pouvoir économique et financier. Et bien qu'eux-mêmes représentassent des exemples parfaits de réussite personnelle et d'intégration sociale, ils ne fédérèrent, dans un premier temps, que des dissidences, dont il apparut ensuite que leurs convergences pouvaient constituer une nouvelle majorité ; et que, autour d'elles, il devenait possible de construire un nouveau système, exprimant rien moins qu'une nouvelle totalité.

Mais, surtout, ce qui caractérise la rébellion de ces « insurgents », c'est qu'elle est dirigée pour l'essentiel contre leur propre camp. Beaucoup de ses disciples ou confrères en naturalisme, Daudet, Goncourt, Margueritte, Huysmans, rompront avec Zola, et de nombreux lecteurs du *Figaro* – son journal de prédilection avant que *L'Aurore* ne le récupère – se désabonneront en signe de protestation. Auteur à succès, joué au théâtre et même à l'opéra, devenu président de la Société des gens de lettres, officier de la Légion d'honneur, il est en passe, enfin, après une succession d'échecs, d'être admis à l'Académie française. Cet écrivain à scandale a mis vingt-cinq ans à se construire une honorabilité, fût-elle encore un peu sulfureuse. Il n'a négligé aucune ruse pour amadouer la « bien-pensance », il a dans ses derniers romans calomnié les socialistes et applaudi a posteriori la répression versaillaise de la Commune. Et, d'une seule bourrade provocatrice, il va tout remettre en question : sa carrière, son devenir, sa soif d'honneurs et de notabilité. Il va lui-même, en somme, se proscrire, s'ostraciser. Et beaucoup estimeront que sa mort suspecte – qui ne lui permettra pas d'assister à sa revanche – ne fut pas étrangère à cette diabolisation.

Or de Gaulle, lui aussi, le 18 juin 1940, rompt avec tout ce qui constitue sa matrice. Il est militaire dans l'âme et il s'exclut de l'armée. Il est plutôt conservateur, homme d'ordre, traditionaliste, et rompt cependant, au moment où ceux-ci triomphent sur les ruines d'une république en dépôt de bilan, avec la quasi-totalité des tenants de la tradition, des obsédés de l'ordre et des nationaux autoproclamés. Dans un même mouvement, il bouscule son éducation, récuse sa classe, rejette sa caste et se coupe de son milieu. Il s'éjecte lui-même de tout ce dont il est issu, pour regrouper autour de lui, hors quelques « doubles » comme Leclerc, les rescapés d'un monde qui jusqu'ici lui était parfaitement étranger. Et il est inouï que ce soit ce clérical, sympathisant de l'Action française, plus proche de Maurice Barrès que d'Émile Zola, républicain par devoir plus que par conviction, qui finisse par incarner seul – parce que au moment fatidique n'étaient au rendez-vous ni les fils de Jaurès, ni les disciples de Karl Marx – non seulement la résistance républicaine, mais aussi les idées de rébellion, d'insurrection et de révolution. Au point que ses adversaires, déboussolés, n'hésiteront pas à identifier ce monarchiste rallié à ses antithèses : fasciste un jour, communiste un autre, anarchiste même parfois.

Autour de lui, soudés par le même rejet de l'asservissement, de l'humiliation et du déshonneur, quoi ou qui ? Des déclassés, des aventuriers, des têtes brûlées, des boute-feu, des marginaux, une poignée d'aristocrates perdus, de Juifs, plus tard de militants de gauche basiques ; mais aucun grand patron, aucun pontife de la défunte République, aucun hiérarque de l'armée, hormis un amiral et un général, aucun seigneur de la banque, aucun roi de la finance, aucun haut fonctionnaire, aucun académicien. Ceux qui, dans la résistance extérieure, ont déjà un nom ou un statut préféreront gagner l'Amérique... où ils ne feront rien pour servir la cause gaullienne. Ainsi André Maurois, Kérillis, Lazareff ou Alexis Léger, *alias* Saint-John Perse. Le connétable de France n'est qu'un chef de bande. Ceux qui ont dit « non » derrière lui et avec lui sont presque tous des marginaux, ce qui est un pléonasme dans la mesure où en choisissant la dissidence, ils se sont arrachés à leur classe, à leur caste, à leur clan ; qu'ils ont dû se déraciner, se libérer de leur propre terreau : mais les marginaux d'hier ne contribuent-ils pas toujours à refonder l'establishment de demain ?

Ce qui, ici, est proprement inouï, c'est que, confronté à cette contradiction, pour être fidèle à soi, il fallait divorcer d'une partie de soi, faire sécession d'avec son camp, répudier paradoxalement sa sève pour rester debout; de Gaulle n'a sans doute hésité que quelques heures et peut-être même n'a-t-il pas hésité. Alors que Léon Blum, pourtant principale cible des revanchards de 1940, ne parvint pas à assumer une telle rupture; que Mandel, qui en mourra, ne va pas jusqu'à inscrire son propre refus dans un acte de totale rébellion; que Jean-Paul Sartre intériorisera et bridera sa révolte jusqu'à se faire publier et jouer dans la France occupée.

Il y avait des rebelles proclamés dans les années 30, où sont-ils, où vont-ils, que disent-ils en 1940 ? Qui aurait dit, à la fin des années 20, qu'un de Gaulle réveillerait l'esprit de révolution face à un Doriot, l'ex-ultra du parti communiste, qui conforterait, lui, le réflexe de contre-révolution ?

Le gaullisme, en ses prémices, c'est d'abord une formidable solitude. L'intelligentsia dominante, déjà médiatique, s'est abîmée dans son propre silence. Comme si les plumes n'avaient plus de voix.

Victor Hugo, lui, est un intellectuel. Mais son rapport à sa confrérie sera du même ordre que celui de De Gaulle à sa caste. Aucun des phares de la génération romantique, sauf un temps Eugène Sue, ne s'associera à sa proscription. Tous se normaliseront : Lamartine, le héros de 1848, George Sand, l'ex-gauchiste, Delacroix et sa *Liberté guidant le peuple*, Berlioz. Théophile Gautier deviendra barbon et Mérimée caniche.. Et celui qui rompt est précisément celui qui s'était normalisé le premier. Le seul qui avait hésité, pour ne point se dédire, à se rallier à la République sera donc le seul à dire jusqu'au bout « non » à la dictature au nom de la République.

Là encore, la dissidence épouse une fidélité. Certes, dans les catacombes de l'Empire, la jeune garde sera hugolienne. Louise Michel, l'anarchiste, écrit elle-même des poèmes à sa façon, et aussi Rimbaud encore en barboteuse. Mais imagine-t-on avec quelle hargne l'intelligentsia installée, soumise, salonnarde, celle qui chronique dans la bonne presse, participe de son exclusion ? Lamartine tient à rompre avec l'auteur sulfureux des *Misérables*, dont les médias bien-pensants se gaussent à longueur de colonnes, tandis que les prêtres fulminent en chaire contre le mécréant incendiaire. On stigmatise sa « vulgarité », on fustige son « mauvais goût », on condamne ses « outrances populacières » – on ne dit pas encore « populistes » –, les petits marquis corrompus qui tournent autour de l'Élysée moquent son « archaïsme », sa littérature est à l'image de la provocation qu'exprime son auto-enfermement : elle n'est pas distinguée, trop bruyante, pas assez svelte, susurre-t-on au Jockey Club. Pas assez pasteurisée non plus : trop d'odeurs ! Quand Victor Hugo lancera contre l'Empire, avec ses *Châtiments*, le bélier épique de son « non » ravageur, sous les hourras murmurés du peuple réel, la bien-pensance feindra de lui opposer la froideur de son très confortable mépris. Il n'est à ses yeux qu'un « ringard » qui, enfermé dans son « cercle de la déraison », fulmine contre la « modernité », s'insurge bêtement contre l'inéluctable, s'accroche à des vieilleries démocratiques pour mieux justifier ses utopies. Un bougon qui s'est lui-même éjecté du sens de l'histoire. Et sans la défaite de Sedan, en effet il serait mort en exil, seul ou presque.

Certains prennent des postures dont ils savent qu'elles leur vaudront reconnaissance, adhésion de leur communauté, de leur milieu, de leur parentèle, de leur lignage, de leur tribu, de leur clan, de leur classe, de leur peuple, de leur corporation, de leur confrérie : ceux-là émettent des « non » catégoriels. Courageusement parfois. Pas toujours. L'histoire fourmille de ces refus-là. Le « non » des grands féodaux au renforcement du pouvoir royal dont Saint-Simon se fit si talentueusement l'interprète ; de l'aristocratie à toute instauration de l'égalité fiscale, telle que Calonne et Turgot s'en voulurent les prudents champions ; des prédicateurs de la Sainte Ligue à la promulgation de tout édit de tolérance. Le « non » des conducteurs de diligence aux chemins de fer ; des principaux dignitaires de l'Église à la Constitution civile du clergé ; des émigrés de Coblence à l'abolition des privilèges ; des élus des pieds-noirs à l'émancipation de l'Algérie ; des colonels de l'armée coloniale à la dissolution de l'Empire ; des viticulteurs du Midi à la concurrence du pinard algérien ; des élites académiques à la réforme de l'orthographe ; des retraités à l'instauration d'une contribution sociale qui n'épargne pas leurs pensions ; du corps enseignant à toute réforme éducative qui bouleverse ses habitudes pédagogiques ; des dockers à la fermeture, fût-elle nécessaire, de certains chantiers navals ; des conservateurs communistes aux réformes de Gorbatchev.

Quelques-uns de ces « non »-là peuvent être héroïques. Par rejet épouvanté de la Déclaration des droits de l'homme, on marche fièrement à l'échafaud ; sous le drapeau à fleurs de lys, les chouans vont au martyre en chantant. Louis XVI est-il si lâche, dont le triple « non » lui vaudra immolation publique ? Les viticulteurs insurgés de Montpellier tombent sous les balles des fusilleurs de Clemenceau ; Bastien-Thiry qui pousse son « non » à de Gaulle jusqu'au prétendu « tyrannicide », offre sa vie à cette France fantasmée qui va jusqu'à Tamanrasset. Il y a chez lui du Cadoudal. Jacques Clément, et Ravaillac avant lui, n'ignoraient point, lorsqu'ils poignardèrent à travers Henri III et Henri IV l'idée même de tolérance religieuse, qu'ils affronteraient d'épouvantables supplices. Tel tortionnaire stalinien qui dira « non » à la déstalinisation refusera sous la torture de se charger de crimes imaginaires et finira à l'état de légume avant d'être passé par les armes.

Combien sont-ils, parmi les sudistes américains qui disaient « non » à l'abolition de l'esclavage, à être tombés sur ce qui leur apparaissait des champs d'honneur ? Combien d'effrayants sectaires se sont-ils sacrifiés au refus de toute laïcisation ? Et que dire du dernier carré de ces nazis qui préférèrent tenir dans les ruines de Berlin plutôt que d'accepter l'inéluctable ? De ces criminels de guerre japonais qui choisirent le suicide plutôt que d'admettre la capitulation ? De ces terroristes qui vont jusqu'au bout de leur nihilisme suicidaire, parce qu'ils entendent dire « non » à toute paix qui n'induit pas leur triomphe sans partage ? Ici la négation implique toujours que l'on aille jusqu'à la négation de soi.

Mais tous ces personnages, fascinants, fulgurants, inquiétants, épouvantables, ont cette particularité qu'ils rompent avec tout, sauf avec les leurs. Au contraire, ils poussent jusqu'au bout la logique du système dans lequel ils se sont volontairement enfermés. Ils s'identifient à leur camp jusqu'à la folie ; ils mettent leur vie en jeu, mais rien en cause de ce qui a structuré leur vie. Ils expriment, fût-ce en les radicalisant, les sentiments de la tribu. Ils font corps avec leur corps.

De Gaulle, Victor Hugo, Émile Zola, en revanche – on l'a vu –, prennent le risque formidable de quitter leur port d'attache, de larguer les amarres, de se couper de leur propre base. Ils ne se sacrifient pas à l'intangibilité de leur système. Au contraire, ils sortent de leur tranchée et montent au feu sans appui, en première ligne, sans même être sûr qu'il y en a une seconde. Eussent-ils péri, à ce moment-là – ce qui était possible –, que leur tombeau se serait refermé sur leur solitude. Il est significatif que tous trois durent s'astreindre à l'exil. Comme si leur « non » les expatriait. Comme Soljenitsyne, comme Trotski, comme Bolivar à plusieurs reprises, comme Mazzini, le prophète du républicanisme italien, comme Thomas Mann, cet Allemand qui refusa l'hitlérisme, comme le peintre Courbet, comme Henri Heine, comme Antonio Machado ou Pablo Casals, comme l'interprète Rostropovitch ou le compositeur Xenakis, comme Charlie Chaplin, comme Salman Rushdie, comme Voltaire...

VOLTAIRE, OU LE « NON » À L'INJUSTICE

Ce dernier avait tout : la gloire et la richesse. Il aurait pu vivre tranquille, comme un roi à côté du roi. Chez lui, dans la capitale du monde, au milieu de sa cour, Lulli des belles-lettres, Cherubini de la philosophie, savourant dans le luxe et le confort ses triomphes théâtraux, il en rêve, il s'y risque parfois. Or, cet homme qui consacrera une énergie farouche à accéder au bonheur matériel, que les honneurs enivrent, contrairement à Jean-Jacques Rousseau, passera sa vie à jouer tout ce qu'il a acquis sur le coup de dé d'un refus ou d'un rejet. Il construit son propre temple sur un socle d'approbations et, parce que soudain une réprobation s'impose à sa conscience, prend le risque d'en livrer les colonnes aux coups de boutoir de ses contempteurs. Sa fatuité ne cesse de construire ce que son instinct rebelle déconstruit.

Déjà patriarche confit dans la dévotion que les institutions lui portent, qu'a-t-il de commun avec le petit nobliau de dix-neuf ans, ce garnement irresponsable, le chevalier de la Barre qui, au cours d'une virée de potaches provocateurs, s'est laissé aller à mutiler un crucifix ? Rien. Si ce n'est qu'on a trouvé dans la bibliothèque du blasphémateur le *Dictionnaire philosophique* portatif de Voltaire. Le tribunal d'Abbeville l'a condamné pour son forfait – à quoi s'ajoutait une « irrévérence envers le saint sacrement, le jour de la Fête-Dieu » – à avoir le poing coupé, la langue arrachée et à être brûlé vif. En plein siècle des Lumières. Le parlement de Paris, dans sa grande miséricorde, lui accordera, mais après plusieurs séances de tortures, d'être décapité avant d'être jeté au bûcher. Voltaire, indirectement visé par cette immolation infâme, aurait pu se faire oublier. Au contraire. Il n'hésite pas un instant. Il fonce, il fustige, il ameute, il mobilise. Il se donne tout entier à cette cause. Sans succès. Mais non en vain : le chevalier de la Barre, devenu un martyr de l'intolérance, sera réhabilité sous la Révolution.

Cette fois, l'auteur de *Zadig* avait sans doute une raison personnelle d'intervenir. Mais rien en revanche ne le prédisposait à se sentir directement, totalement, concerné par le sort du commerçant en gros Jean Calas.

Ce dernier, de confession protestante, était établi à Toulouse. Dans la nuit du 14 au 15 octobre 1761, il découvre son fils aîné Marc-Antoine, pendu. Pour lui assurer tout de même un enterrement chrétien, il maquille ce suicide en crime. Or, très vite, c'est lui, le père, qu'on accuse d'avoir assassiné son propre enfant pour l'empêcher de se convertir au catholicisme. Son procès se déroule dans une atmosphère de fanatisme et d'intolérance. Calas est condamné à mort. La sentence est confirmée par le parlement de Toulouse. Il est roué vif, puis étranglé, le 9 mars 1762. Sa veuve choisit de se réfugier en Suisse où elle rencontre Voltaire. Et cet homme, qui se tue à la tâche, multiplie les activités industrielles et financières, tout en noircissant chaque jour des pages et des pages, à s'en paralyser le poignet, qui produit sous son nom et sous d'innombrables pseudonymes, mêle le théâtre à la philosophie, rédige tout à la fois, entre une tragédie en vers et une digression épistémologique, une étude historique, un poème épique, deux contes et trois pamphlets, accueille chez lui des délégations de la terre entière, cet ancêtre déjà, reçoit cette femme, l'écoute et décide de se jeter à corps perdu dans ce nouveau combat.

En intervenant prudemment, respectueusement, auprès des hautes autorités ? Non ! Mais en prenant l'opinion publique à témoin. En inondant le pays de ses protestations cinglantes, en fustigeant avec une violence incroyable le parlement de Toulouse dont il taille en pièces l'ensemble des attendus, en recommençant l'enquête de zéro à la manière d'un détective dont le cerveau serait le laboratoire, au point d'y pouvoir reconstituer virtuellement les lieux du crime.

Cette fois, l'activisme effréné du philosophe paie : le 4 juin 1764 l'arrêt du parlement de Toulouse est cassé. L'année suivante, Calas est réhabilité.

C'est encore à Voltaire que s'adresseront Pierre Paul Sirven et sa femme, condamnés à mort par contumace par la justice seigneuriale de Mazamet. Protestants eux aussi, on les accusait d'avoir, par représailles, assassiné leur fille, une simple d'esprit, après qu'elle s'était réfugiée au couvent des Dames noires de Castres. Le patriarche repart en guerre. Et la justice de Mazamet reviendra, en 1769, sur son premier jugement. De même que le Conseil du roi cassera, en 1778, le jugement qui avait envoyé à l'échafaud, douze ans plus tôt, Lally de Tollendal, vieux baroudeur borné et obtus qui, parti en Inde pour mener contre les Anglais une guerre impossible, accablé par un adversaire supérieur en nombre, avait eu le tort de capituler à Pondichéry en amenant l'étendard à fleurs de lys. L'homme n'était ni emblématique ni sympathique. Voltaire, cependant, ne ménagera pas ses forces pour arracher au moins sa mémoire à l'injustice qui l'avait accablé. Comme si dire « non » à l'iniquité était devenu pour lui une façon de dire « oui » à la vie dont il savait que, le temps s'écoulant, l'indifférence en était la plus implacable négatrice.

Comme de Gaulle ou Victor Hugo, Voltaire ne se contenta pas de domicilier le centre de leur refus à la périphérie de leur patrie. Tous trois firent en sorte qu'avant même de pouvoir revenir à elle, celle-ci se fasse peu à peu un devoir de revenir à eux. De leur exil, ils firent une France de substitution. Presque un monde. Étrange retournement qui fait que celui qui a rompu avec les siens est à la fin presque toujours récupéré par tous. Paradoxalement consensualisé par sa « trahison » première.

DE BERNANOS À KÉRILLIS : LA RUPTURE PAR FIDÉLITÉ

Ainsi Georges Bernanos. Ce catholique fervent, monarchiste traditionaliste, pamphlétaire à la Léon Bloy ou à la Léon Daudet, est pétri d'idéologie réactionnaire. Il s'est d'abord éloigné de Maurras, puis s'est rapproché de lui, presque par provocation, parce que l'Église a condamné l'Action française. Pour prendre de nouveau ses distances, à l'heure où la poussée d'extrême droite tendait à devenir hégémonique.

Quand éclate la guerre d'Espagne, cet éternel errant, trop libre pour ne pas être presque partout en exil, réside aux Baléares. Il soutient donc tout naturellement le bon camp, celui de l'ordre et de Dieu : le franquisme. Mais l'horreur de la répression antirépublicaine à Majorque l'horrifie. Le rôle qu'y jouent certains prélats le bouleverse. Il en résultera un cri, un refus sublime. Une décharge meurtrière contre l'idéologie de la mort. Ce chef-d'œuvre s'intitule *Les Grands Cimetières sous la lune*. Une répudiation fulgurante de tout ce dont sa jeune gloire était issue. Rupture radicale. Pas nous, pas ça ! Au risque d'être crucifié par ses propres amis qui n'épargneront aucun crachat à sa mauvaise conscience. « Il n'a aucun goût pour la vérité, tranche Kléber Haedens, critique de sa paroisse, ce qui est intolérable chez un polémiste. On peut se demander s'il sera longtemps possible de lire Bernanos. La réponse est douteuse. » À quoi s'oppose cet hommage de Simone Weil : « Vous êtes royaliste, disciple de Drumont. Que m'importe ! Vous m'êtes plus proche, sans comparaison, que mes camarades des milices d'Aragon. Ces camarades que pourtant j'aimais ! »

Un premier pas ayant été franchi, Bernanos, cet antisémite, choisira, sans l'ombre d'une ambiguïté, de s'engager, intellectuellement au moins, du côté de la Résistance.

Dans le monde politique il eut d'ailleurs son double, trop injustement oublié aujourd'hui : Henri de Kérillis.

Grand bourgeois, ce dernier était député ultraconservateur de Neuilly. Journaliste droitier et sans complexe, il traquait le socialisme à longueur d'éditoriaux et voyait des bolcheviques partout. Pourtant, le 4 octobre 1938, lorsque le Parlement français est invité à ratifier les accords de Munich qui livrent un tiers de la Tchécoslovaquie à Hitler, alors que cinq cent trente-sept députés, toute la droite, la quasi-totalité des socialistes et radicaux, approuvent avec un « lâche soulagement » cette impensable ignominie, seul de son camp, conscient d'être totalement incompris de son électorat, avec les communistes et un unique socialiste, il se lève et il dit « non ». Seul, répétons-le, absolument seul parmi ceux – les siens – qui se qualifient pourtant eux-mêmes de « nationaux » et professent volontiers – ou du moins professaient avant l'avènement du fascisme – un anti-germanisme quasiment xénophobe.

Pourtant le dilemme n'était pas de ceux qui doivent jeter les consciences dans les affres du doute. La France, comme l'Angleterre, s'était engagée, par traité, à garantir l'existence et l'indépendance de la Tchécoslovaquie, unique démocratie exemplaire au cœur de l'Europe centrale.

Or, soudain, s'avisant que plus de trois millions d'Allemands peuplaient la région tchèque dite des Sudètes, et attisant leur nationalisme ethnique, suscitant leur irrédentisme, Hitler avait exigé le démantèlement du pays et le rattachement de cette province au Reich. Habilement, il avait d'abord alterné professions de foi pacifiques et menaces. Puis, à la fin septembre 1938, après plusieurs mois de préparation psychologique, jugeant le fruit mûr, il avait assorti son ultimatum d'une mobilisation de la Wehrmacht, à quoi la France avait répondu, le 24, par un rappel de réservistes et la Grande-Bretagne par une mise en état d'alerte de la Royal Navy. Une psychose de guerre s'emparait de l'Europe. Or, le 30 septembre, tout était terminé. La paix avait été « sauvée » au prix d'une capitulation totale devant les exigences nazies.

Convoqués à Munich, sur proposition de Mussolini, le Français Édouard Daladier et le Britannique Neville Chamberlain avaient accepté de livrer à Hitler un tiers des territoires et de la population tchèque, ainsi que les lignes de défense de ce pays dépecé. La pusillanimité et la bêtise le disputaient à la haute trahison. Pourtant, des centaines de milliers de Parisiens faisaient un triomphe à Daladier à son retour. Léon Blum écrivait dans son journal *Le Populaire* : « Il n'y a pas un homme et pas une femme en France pour refuser à Chamberlain et à Daladier leur juste tribut de gratitude. La guerre est écartée. Le fléau s'éloigne. On peut reprendre son travail et retrouver son sommeil. On peut jouir de la beauté d'un soleil d'automne. »

De grands intellectuels de gauche, comme Alain et Giono, par pacifisme, applaudissaient à cette reculade. L'extrême gauche socialiste, représentée par un certain Marceau Pivert, n'était pas en reste : « C'est la paix qui vaincra Hitler. » La droite ne cachait pas son enthousiasme, toutes tendances confondues. L'ennemi, c'était Moscou, ce n'était pas Berlin. Se battre, au nom de la démocratie, contre un régime d'ordre qui avait su mettre ses communistes et ses socialistes au pas, c'eût été une absurdité, un suicide ! L'écrivain conservateur Thierry Maulnier l'écrivait sans ambages : « Une défaite de l'Allemagne signifierait l'écroulement des systèmes autoritaires qui constituent le principal rempart à la révolution communiste et peut-être à la bolchevisation immédiate de l'Europe. » La presse, presque unanime, cautionnait la forfaiture. Le monde libre venait de se déconsidérer aux yeux des peuples d'Europe centrale qui n'en seraient que plus fortement fascinés par le volontarisme allemand ; l'Union soviétique, notre allié virtuel, abandonné sur la touche, même pas consulté, risquait en catastrophe de se laisser séduire par un retournement d'alliance. Qu'importait ! À part quelques « démocrates-chrétiens », quelques antifascistes de conviction, les communistes seuls avaient pris en charge la faible mobilisation antimunichoise. Pour beaucoup cela suffisait à rendre la cause suspecte, voire diabolique.

Paradoxalement, le président du Conseil français, celui-là même qui ce 4 octobre va demander l'aval de la Chambre des députés, sait qu'au prix d'un reniement et d'une semi-capitulation, au prix de l'abandon d'un pays allié et d'une violation de la parole donnée, au prix d'un affaiblissement des capacités défensives du camp démocratique et d'une atteinte à la résistance morale de la nation, il n'a pas sauvé la paix, mais simplement gagné un peu de temps. Il le reconnaît à demi-mot. En échange, qu'apporte-t-il ? Un soulagement momentané, éphémère. C'est tout ! Mais c'est assez pour que le Parlement l'acclame et, massivement, lui apporte son soutien. Certains dissimulent à peine qu'ils disent « oui » à une lâcheté nécessaire, ou qu'ils approuvent une faute grave, simplement parce qu'en cet instant le peuple fait un triomphe à ceux qui l'ont commise. Un François Saudubray reconnaît que « la volonté allemande l'a emporté », mais s'en réjouit presque, car il en tire prétexte pour préconiser le retour à une philosophie qui sera deux ans plus tard celle du régime de Vichy. Un Michel Walter prône – déjà – une politique de collaboration et un Gaston Bergerie se fait ouvertement le défenseur des thèses nazies.

C'est alors que, des bancs de la droite, un homme se lève, Henri de Kérillis. Son isolement limite son temps de parole. Il ne parle strictement qu'en son nom propre. Il sent qu'un climat de lourde hostilité le cerne ; que les siens sont exaspérés par son cavalier seul ; que, à mesure qu'il développe son argumentation implacable, la réprobation se transforme en haine : « Et si, s'exclame-t-il, au printemps prochain l'Allemagne, reprise de ses accès de fringale, vous adresse de nouvelles sommations, comment résisterez-vous mieux cette prochaine fois, puisque vous n'avez pas pu le faire lorsque vous ne subissiez pas la pression des quarante divisions hitlériennes immobilisées sur le front tchèque ? »

Déjà le député conservateur Pierre-Étienne Flandin, qui sera ministre de Pétain, l'interrompt en le sommant de conclure. Il ne se trouble pas. Il poursuit : « J'ai lu *Mein Kampf.* Nous avons la chance que le maître de l'Allemagne ait pris le soin de nous prévenir de son programme et de ses méthodes. Or la paix que vous venez de signer consacre le triomphe de l'Allemagne et celui du fascisme international [*exclamations à droite*] ! Cette paix fait du IIIe Reich un empire colossal qui va établir sans obstacle désormais, et par étapes foudroyantes, son hégémonie sur l'Europe. En disant cela, je vais contre le courant des sentiments populaires. Mais ce ne sont pas des illusions trompeuses qu'il faut déverser dans le cœur des Français, c'est la vérité qu'il faut leur montrer. » De nouveau la droite – son camp – s'ébroue, murmure, proteste, tente de l'interrompre. Il n'en a cure. « Il est normal, il est juste, rétorque-t-il, que, dans un débat aussi dramatique, vous ne me refusiez pas cinq minutes lorsque je veux, obéissant à ma conscience, contre mon intérêt politique le plus évident, contre le sentiment de certains de mes meilleurs amis, exprimer ma conviction. J'accomplis un devoir douloureux. À l'heure où retentit le bruit des moteurs de l'armée allemande victorieuse sans avoir combattu dans les montagnes de Bohême, à l'heure où monte la plainte douloureuse d'un peuple martyr, il ne convient pas d'inviter le peuple à chanter son allégresse. »

Il se passe alors quelque chose d'exceptionnel. L'extrême gauche tout entière applaudit celui qui fut toujours l'un de ses plus virulents adversaires. Et cet « antimarxiste » viscéral, ce libéral sans état d'âme qui avait déjà affirmé qu'en lui le grand bourgeois ne ferait pas taire le « patriote », hausse le ton et lance soudain, à la stupeur de ses amis dont certains explosent de rage : « Quand le peuple s'aperçoit, à la lueur des événements, qu'il a été trompé, alors son réveil est terrible, alors il exige des règlements de compte et alors apparaît le spectre atroce de la révolution sociale. La Commune de Paris est sortie, en 1871, des entrailles d'un Paris populaire qui n'acceptait pas la défaite et l'humiliation devant les Prussiens. À ceux qui m'accusent de recevoir je ne sais quelle inspiration de Moscou, je rappelle ces révoltes de l'orgueil national et je leur dis : Prenez garde qu'en livrant l'Europe à Berlin on n'ait préparé la matière explosive d'une terrible révolte de l'orgueil populaire blessé. »

Kérillis, dès juin 1940, choisira tout naturellement le camp du refus. Il n'en sera pas récompensé puisque, dénonçant les tendances « césariennes » du général de Gaulle, il s'éloignera de la France Libre et mènera sa résistance personnelle à partir du territoire américain. Un « non » de trop ?

CES QUELQUES « NON » DANS LA NUIT DE 1940

L'épisode de Munich, avec le recul, est proprement hallucinant. Comment tant de personnalités, a priori honorables, comment non seulement Léon Blum, mais également Georges Mandel, Pierre Mendès France, Pierre Cot, Jean Zay, Paul Reynaud, Marx Dormoy, Édouard Herriot, Léo Lagrange – qui mourra au champ d'honneur – ont-ils pu se résoudre à cautionner une telle félonie, doublée d'un tel suicidaire aveuglement ? Pourquoi, après la dénonciation irréfutable de Henri de Kérillis, cette absence de sursaut ? Pourquoi ce misérable consentement au déshonneur et à la démission ?

La hantise du massacre de 14-18 sans doute. Mais aussi, déjà, la trouble fascination qu'exerçait, sur des démocraties rongées par un doute existentiel, l'apparente dynamique des régimes totalitaires.

Hors les communistes, qui se déjugeront un an plus tard en approuvant l'alliance Hitler-Staline, peu de voix s'élèveront sur l'instant pour relayer les avertissements de Henri de Kérillis. Il y en eut cependant, à gauche, au centre – pratiquement pas à droite – qui résonnèrent avec plus de force encore dans la nuit de la France asservie.

Ainsi celle de Jean Moulin. Préfet à Chartres en 1940, à l'heure de la débâcle, alors que l'ensemble de l'administration française, dont Maurice Papon deviendra l'un des symboles, se rallie à l'ordre de capitulation lancé par le maréchal Pétain, il refuse de signer une déclaration que veulent lui imposer des officiers allemands et qu'il juge infamante pour les soldats noirs de l'armée française. On le menace. On le frappe. Il tente de se suicider en se tailladant la gorge. Cela se passe avant le 18 juin 1940. Moulin aura dit « non » avant de Gaulle.

Révoqué – l'ensemble des autres préfets prêtant serment au Maréchal –, il sera le premier administrateur de haut rang à se rallier à la France Libre. Dès 1941, parachuté à quarante-trois ans dans la zone Sud, il organisera les premiers embryons de résistance active.

De Gaulle, Jean Moulin : combien furent-ils d'autres, en ces mois fatidiques où les battus de l'affaire Dreyfus louaient leurs services à l'envahisseur pour assouvir leur soif de revanche, à dire « non » à une capitulation honteuse ? Une poignée ! Les communistes avaient fait volte-face sur ordre d'un Staline dont Hitler était devenu le complice d'occasion ; les socialistes s'étaient autodissous, l'immense majorité d'entre eux s'abandonnant corps et âme aux vagues déferlantes qui leur semblaient figurer la fatalité ; les radicaux, par conviction, s'étaient couchés, le centre, par tradition, s'était évaporé ; la droite seule s'était ressaisie : très vite, elle s'était avisée que la défaite représentait peut-être une « divine surprise ». L'occasion inespérée d'effacer les déplorables acquis d'un demi-siècle de gestion républicaine. De raturer 1789. Au-dessus de la France crucifiée, se dégageait pour elle un horizon d'azur : les syndicats dissous, l'école privée restaurée dans tous ses privilèges, l'éducation nationale purgée de ses hussards noirs qui se croyaient les héritiers de Voltaire, de Hugo et de Zola, les francs-maçons livrés aux anathèmes de l'Église, la censure partout rétablie, le pluralisme criminalisé, le dogme rétabli dans sa majesté, le suffrage universel à tous les niveaux aboli, toutes les séquelles de fonctionnement démocratique éradiquées, le pouvoir exécutif débarrassé de tout contrôle et de tout contrepoids, régression même par rapport à 1815, retour à l'autocratie d'avant 1788. Eh bien, cela, ils ne furent qu'une minorité, mais héroïque phalange, à le refuser d'emblée !

Le 10 juillet 1940 – on y reviendra – quatre-vingts députés et sénateurs seulement votent contre les pleins pouvoirs exigés par Pierre Laval au nom du maréchal Pétain. Léon Blum une fois de plus reste muet. Quelques autres, qui ne veulent cautionner ni l'armistice ni le coup d'État, font ce choix à la fois sublime et dérisoire de tenter de rejoindre par le Maroc la France coloniale plutôt que de rallier Londres. Ils y seront évidemment cueillis et livrés par les plus vichystes des vichystes. Parmi eux, deux très belles figures : Georges Mandel, ancien chef de cabinet de Clemenceau, farouche républicain, patriote de centre droit, exécré par l'extrême droite parce que le nationalisme de ce Juif lui fait honte, nature de chêne qui refuse de se laisser abattre et que la milice fasciste exécutera, en 1944, parce que sa seule existence, loin du champ du déshonneur, brille comme l'œil de Caïn dans le caveau de sa forfaiture ; comme elle assassinera également le radical Jean Zay, lumineux ministre de l'Éducation nationale du Front populaire, qui ne conçoit même pas que l'on puisse accepter de trahir à la fois son idéal et sa patrie.

Mais, pour ces quelques dissidents, dont beaucoup – un Jean Moulin, un Pierre Brossolette, socialiste antimunichois qui se suicidera pour échapper à la torture, un royaliste comme Honoré d'Estienne d'Orves, fusillé par les Allemands – paieront de leur vie cette insurrection morale, combien préféreront préserver leur petit confort de notables, en jouant sagement leur partition dans le grand orchestre de la servitude ?

Au point que, au lendemain de la Libération, faute, non de résistants, car ceux-là furent quoi qu'on en dise innombrables, mais de hauts cadres résistants vivants, il fallut, d'Antoine Pinay en Maurice Papon, de général Juin en président Coty, de cardinal Suard en Jean Prouvost, recycler les soumis pour les remettre en service.

Quelque chose, dans les lignes qui précèdent, a-t-il choqué le lecteur ? Il faut l'espérer... Car pas un seul moment nous n'avons évoqué la législation obsessionnellemnt et furieusement antisémite du régime de Vichy, ni même cette poignée de mains de Montoire qui entraîna la France dans l'ignoble politique de collaboration qui se termina pathétiquement à Sigmaringen. Ce n'est pas un oubli, mais l'évidence est là : ceux qui dirent « non » à cette immense saloperie le firent dès juillet 1940. Avant le pire. Parce que, à cette date, déjà, tout était dit, fait et consommé. Le reste allait quasiment de soi. Ou bien ils tournèrent casaque fin 1943, lorsqu'il apparut clairement que les carottes étaient cuites. Ce qui revint d'ailleurs à ajouter une lâcheté à une ignominie. Mais on ne trouve pratiquement aucune personnalité qui entre en résistance en réaction aux lois antisémites ou à la forfaiture de Montoire. Comme si avoir cautionné, fût-ce par son silence, les mauvaises actions du 17 juin et du 10 juillet 1940, l'armistice et les « pleins pouvoirs », induisait qu'on acceptât mécaniquement tout ce dont ces actes étaient porteurs, c'est-à-dire nécessairement le « plus ». Le « oui » ouvrait toutes les portes, au même titre que le « non » les verrouillait d'emblée toutes. Ceux-ci avaient dit « non » à une dynamique, à une pesanteur, ceux-là en revanche s'y soumettaient comme à un destin.

L'armistice stipulait qu'on livrât aux tortionnaires nazis les antifascistes allemands réfugiés en France. Dès lors qu'on avait toléré cela, pourquoi se serait-on insurgé contre la rafle de Juifs étrangers ? Celui qui justifie que l'on lance la torche dans la grange est-il innocent de l'incendie de la ferme ? Les pleins pouvoirs contenaient tout ce pourquoi Laval avait exigé les pleins pouvoirs. D'ailleurs, dans les mois qui suivirent, nul ne fit savoir qu'il s'estimait grugé. Or, avoir été pétainiste en 1940, et plus encore en 1941, impliquait que l'on se soit rendu au moins passivement complice d'un acte de haute trahison, d'un racisme d'État et d'un assassinat de la République, quels que soient les retournements de veste qu'on ait opérés par la suite. En somme, face aux révoltés de la première heure, qui avaient dit « non » tout de suite, immédiatement, se bousculait non point l'autre minorité qui avait dit « oui », et qui le paiera souvent très cher, mais l'immense cohorte de ceux qui ne savaient pas dire « non ». Jamais. Les pires. Mais qui s'en tireront, pour la plupart, justement parce que, aux vainqueurs et aux nouveaux maîtres américains ou soviétiques, ils ne sauront toujours pas dire « non », non plus. Combien de terroristes de 1794 deviendront barons d'Empire, avant d'être nommés à la Chambre des pairs par Louis XVIII ? A-t-on le droit d'estimer l'attitude de Drieu la Rochelle, qui se nie en se suicidant, plus digne que celle d'un Paul Claudel qui modifie en l'honneur de De Gaulle l'ode qu'il avait dédiée au maréchal Pétain ? Osera-t-on considérer la démarche de Maurice Papon qui, la page vichyssoise tournée la veille de son pseudo-ralliement à la Résistance, mettra son ardeur répressive au service de tous les pouvoirs, plus crapuleuse que celle de Marcel Déat qui s'obstinera dans la folie d'une dérive assumée jusqu'au bout ?

7

Le « non » sublime de Winston Churchill

Se dresser ou se coucher. Gambetta ou Bazaine, Jeanne d'Arc ou l'évêque Cauchon, Danton ou Fouché, Jaurès ou Millerand, Pierre Mendès France ou Guy Mollet. L'histoire retiendra que deux hommes incarnèrent, quand le monde libre tout entier vacillait sur ses bases, ces deux pôles du comportement humain : Churchill et Chamberlain.

Qui, en juin 1940, aurait parié sur l'homme, de soixante-six ans déjà, dont on se souvenait surtout qu'il avait été le responsable du désastre des Dardanelles, en 1915 ? L'Angleterre n'avait plus d'allié en Europe : l'Italie avait basculé du côté allemand, la France l'avait trahie, la Belgique, la Hollande, la Norvège étaient devenues des bases de la Wehrmacht, son armée de terre, ses forces blindées, son aviation étaient très largement surpassées par l'implacable machine de guerre allemande. Arrivé inopinément à la tête de ce pays encerclé, il ressemblait de loin, lui, Churchill, à un gros bébé qui agitait de ses mains tremblantes un sabre de bois. Pas un sage pour parier un kopeck sur cet homme du XIXe siècle qui servait déjà dans la cavalerie contre les Soudanais mahdistes à la bataille d'Omdurman. Dans l'esprit maquignonnesque de Pierre Laval, le sort de la Grande-Bretagne était déjà scellé. Les Blum, les Mandel, les Paul Reynaud n'auraient-ils pas tenté de gagner Londres s'ils avaient pensé que l'Angleterre avait quelque chance de l'emporter ? Les plus opportunistes se seraient-ils livrés à toutes les exigences de l'ennemi si l'Empire britannique leur avait semblé constituer une issue ?

D'ailleurs, la perfide Albion ne s'apprêtait-elle pas à tirer les leçons de la victoire allemande ? Hitler, que fascinait ce peuple nordique et son Empire, n'avait-il pas cent fois exprimé son rêve d'un partage du monde entre les deux nations conquérantes ? Quel intérêt l'Angleterre avait-elle, désormais, à défendre des démocraties qui s'étaient elles-mêmes immolées ? Le réalisme exigeait à l'évidence que la Grande-Bretagne assiégée, pour ne pas sombrer à son tour, alors même que les subversions gagnaient du terrain aux quatre coins de son empire, proposât à l'autre Reich de conclure avec lui une paix de compromis.

Winston Churchill au début des années 30 n'avait-il pas affiché une certaine admiration à l'endroit du régime de Mussolini ? Son impérialisme militant ne s'était jamais encombré de considérations moralisto-humanitaires. Le droit des peuples à disposer d'eux-mêmes ne figurait pas dans les tables de sa loi. Homme d'ordre, le conservateur sans complexe qu'il était devenu, anticommuniste patenté ne dissimulant pas sa phobie de l'intellectualisme anarchisant, ne s'était jamais illustré par un démocratisme exacerbé. Cependant, avec Anthony Eden, Cooper et une poignée de dissidents, il avait été l'un des rares, au sein de son parti, à comprendre très vite que ce que représentait Hitler allait à l'encontre de tout ce qui avait fait la force et la gloire de la civilisation britannique. De la civilisation tout court. Sa réaction aux accords de Munich avait été la même que celle d'Henri de Kérillis : on n'avait nullement sauvé la paix, on avait simplement mis l'adversaire en situation de déclencher, dans de meilleures conditions, la prochaine guerre.

Lorsque les troupes allemandes déferlent sur la France, enfoncent partout les défenses alliées, raflent des prisonniers par millions, encerclent le corps expéditionnaire britannique à Dunkerque, c'est donc naturellement à Churchill que l'on fait appel en catastrophe pour remplacer le calamiteux Chamberlain. Devant le désastre, va-t-il tenter de prendre langue avec l'ennemi, d'opposer à l'armistice honteux signé par la France un armistice honorable ? Hitler en veine d'ouverture n'a-t-il pas laissé les troupes de Sa Majesté se dégager de la poche de Dunkerque ? Que peut faire l'Angleterre, isolée, confrontée à une alliance qui va de Calais à Vladivostok – et même à Tokyo –, de la Sicile au Grand Nord ? La croix gammée flotte sur Paris, Bruxelles, Amsterdam, Prague, Varsovie, Oslo, Copenhague, Vienne. Le fascisme a mis la main sur l'Italie, l'Espagne, la Hongrie, la Roumanie, la Slovaquie, l'Albanie, bientôt la Croatie. La démocratie ne règne ni au Portugal ni en Grèce. La Turquie ne cache pas sa sympathie pour Berlin. L'Union soviétique – qui a félicité l'Allemagne nazie pour ses victoires – se déchaîne contre les capitalistes de la City. L'Amérique de Roosevelt, sous la pression des isolationnistes, proclame sa neutralité. Le Japon poursuit sa conquête de la Chine. À Londres même, Churchill le sait, les partisans d'une entente ou d'un arrangement avec le Reich nazi, puissants dans la haute société, caquettent et complotent. Ils ont leurs relais au sein de la famille royale. L'horizon est bouché : non pas noir, mais brun. Que va faire Churchill ?

C'est tout simple, il va dire « non ». À la défaite, à la compromission, au doute, à la désespérance.

La France est déshonorée, qu'importe ! Avec l'insupportable de Gaulle, il assumera l'honneur de la République. La Belgique, la Hollande sont envahies. Il assumera la légalité de la Belgique et la continuité de la Hollande. Comme il assumera la résurgence de la Tchécoslovaquie et la résurrection de la Pologne. Il assumera l'Amérique avant qu'elle ne bascule totalement dans son camp. Il assumera même le communisme soviétique qu'il mettra en garde, sans succès, contre le sort tragique qui l'attend.

Cet homme autoritaire, ce traditionaliste, ce réac va même plus loin : il assume aussi la gauche européenne défaite, dont les rescapés trouveront à Londres un refuge, le socialisme démocratique en quenouille qu'il remettra en selle et auquel il permettra de resurgir, repeint à neuf, dans l'Europe libérée.

Sept ans plus tard, avec la même force, la même intransigeance, il dira « non » au totalitarisme stalinien : mais en 1941, alors que le dauphin du Führer, Rudolf Hess, tente une ultime mission pour le convaincre de se joindre, lui, le bouffeur de rouges, à la grande croisade antibolchevique, c'est à Staline, à un Staline acculé et effondré, qu'il tendra la main. Au « non » qu'il a lancé à la face de Hitler, nul n'est interdit de ralliement, mais il n'y a aucune place pour les « ni oui, ni non ». D'où Mers el-Kébir. Acte stupéfiant. Lamentable. Héroïque parce que lamentable. L'armistice a été conclu trois semaines plus tôt. L'escadre française de l'amiral Gensoul est rassemblée dans ce port algérien. L'amirauté anglaise la somme, soit de rallier un port britannique, soit de se saborder. Ne pas prendre le risque que l'Allemagne s'en empare. Ou qu'elle bascule dans son camp. Le Français rejette l'ultimatum. Les Anglais ouvrent le feu. Pas de sentiments. Mille deux cents marins de la « Royale » périssent. Churchill, qui a donné l'ordre, sait qu'on ne lui pardonnera pas cette forfaiture ; qu'il coupe ainsi les ponts avec la France de Pétain – mais à l'époque, c'est la France –, dont l'opinion publique sombrera un temps dans l'anglophobie la plus virulente. Il s'agit d'un crime. Il l'assume également. Parce qu'il n'envisage pas un seul instant, lui qui a en charge une île, de laisser une flotte puissante à la portée de Hitler. Et le général de Gaulle, que cette tragédie a moralement terrassé, qui n'hésitera jamais par la suite à affronter sir Winston chaque fois qu'il soupçonnera le moindre empiétement de la souveraineté nationale, de Gaulle, le patriote irascible et intransigeant, conscient pourtant qu'il s'aliène ainsi une grande partie de ceux au service desquels il a placé son destin, lui apportera son appui. Réaction juste : qui peut en douter, puisque lorsque les troupes nazies tenteront effectivement de s'emparer de la flotte française de Toulon, celle-ci, cette fois, plutôt que de lever l'ancre pour rejoindre le camp allié, préférera se saborder, c'est-à-dire se couler elle-même.

Rarement dans l'histoire un « non » aura fédéré autant d'autres « non » que celui de Winston Churchill. Il les active, les aimante, les intègre au sien. Et d'abord le « non » collectif de son peuple qui, même sous les bombardements terroristes de la Luftwaffe, ne fera preuve d'aucune défaillance, à l'image du bouledogue qui incarne son refus de l'oppression.

Jusqu'en juillet 1941, date à laquelle l'Allemagne envahit l'Union soviétique, pendant un an donc, sans l'énergie farouche et butée du grand bonhomme au gros cigare, sans cette lueur au loin qui clignote dans la nuit, c'est sans doute l'Europe tout entière et au-delà d'elle l'idée démocratique, qui se seraient dissoutes dans les ténèbres de la désespérance.

Mais il restait ce phare allumé. Ces voix qui se relayaient à la BBC et en projetaient le scintillement jusqu'au tréfonds du crépuscule. Et cela fut suffisant pour que, un peu partout, sur le continent asservi, les maillons du refus reforment la chaîne de la résistance. Même au cœur du Reich où, pourtant, deux cent mille réfractaires avaient déjà, avant 1939, été jetés dans des camps de concentration. Sacrifice exemplaire des étudiants de la Rose blanche – Hans Scholl, vingt-quatre ans, et sa sœur Sophie, vingt-deux ans, qui seront décapités – et du cercle Solff.

Milliers de martyrs inconnus parce que trop vite broyés et trop menus.

Dès août 1941, Churchill rencontrant Roosevelt à Arcadia évoque l'assistance à apporter aux groupes de résistance dans les pays occupés. De Londres partent trente-cinq heures d'émissions quotidiennes à l'attention de dix-huit pays. Mais aussi des petits avions Lysander, des vedettes, des sous-marins qui déposent aux quatre coins des territoires nazifiés les milliers d'agents du « non » churchillien. Londres est à la fois la banque, l'arsenal et le PC de la dissidence continentale.

Ce qui va tout rendre possible : les deux tiers de la flotte danoise rallièrent les ports britanniques. L'opposition à la déportation des Juifs, le roi en tête, fut unanime. Une grande partie des bateaux de commerce norvégiens prirent le large vers l'Angleterre. Pratiquement aucun homme politique n'accepta de collaborer avec le gouvernement pro-hitlérien d'Oslo. La reine de Hollande suivit la même route que le général de Gaulle. Dès 1941, les déportations de Juifs déclenchèrent une grève massive à Amsterdam. En Yougoslavie, le nationaliste serbe Mihajlovic et le communiste croate Tito n'attendirent pas que le vent tourne pour préparer l'insurrection libératrice, même si le premier eut ensuite une attitude plus ambiguë. Pratiquement toute la Pologne, où les actions de sabotage furent entreprises dès 1940, entra d'emblée en résistance, au point qu'il fut impossible d'y constituer même un gouvernement fantoche. Et, en août 1944, soixante-dix mille habitants de Varsovie, dont cinquante mille n'étaient même pas armés, participèrent à un soulèvement impossible : douze mille furent tués, sept mille blessés; la ville quasiment rasée.

Il faudrait encore citer les soulèvements de la Grèce et de l'Albanie, de la Slovaquie, l'héroïque guerre de partisans menée en Union soviétique occupée, le refus froid et déterminé des Tchèques.

L'ampleur de ce « non » collectif, en France en particulier, a souvent fait débat. Sous sa forme active, il fut naturellement minoritaire. Il l'est toujours. Comment un père de famille de quarante ans ayant femme et enfants à charge et dont l'existence dépend de son maigre salaire peut-il quitter tout à coup son travail et abandonner à lui-même tout son petit monde pour monter au maquis? Comment pratiquer la guérilla dans la plaine des Flandres? Échapper, quand on est déjà repéré et fiché, à la double pression de l'armée d'occupation et des milices collaboratrices ? Plonger dans la clandestinité quand on est dépendant d'un environnement où tout le monde se connaît et éventuellement se surveille ? Où se procurer des armes, comment contacter un réseau ?

La résistance armée de masse est évidemment un mythe. Partout. Même en Algérie où la guerre d'indépendance ne fut menée que par une avant-garde. Mais derrière l'imagerie romantique du FFI brassarisé, proclamant la république du Vercors, du terroriste de la MOI qu'héroïse l'affiche rouge qui devait le criminaliser, de l'enfant grec qui exige de la poudre et des balles, du moudjahid en djellaba crapahutant dans le djebel ou montant à l'assaut de la ligne Maurice, du Pasdaran enturbanné de la cause kurde, du Viet en pyjama noir qui surgit de son trou, fusil à la main, du dynamitero irlandais à casquette de gentleman-farmer, du jeune talmudiste juif qui affronte toute une armée SS dans les ruelles du ghetto de Varsovie, du forcément révolutionnaire mexicain qui chante *La Cucaracha* en attaquant des trains blindés à cheval, du fedayin idéalisé, derrière ces glorieuses images d'Épinal, combien, en réalité – et en particulier en France durant les années noires de l'Occupation –, de « non » ordinaires, au jour le jour, concrets, à ras de terre ! Tracs jetés à la volée, slogans écrits sur un mur, journaux clandestins glissés dans les boîtes aux lettres, coups de sifflets lancés au moment des actualités dans une salle de cinéma, livres interdits diffusés sous le manteau, libelles imprimés en dehors des heures ouvrables ou ronéotypés dans des arrière-salles, messages transmis aux clandestins, nourriture fournie aux maquis, pneus crevés, morceaux de sucre jetés dans un réservoir d'essence, grèves perlées, machines mises volontairement en panne, processus de production bloqués par des accidents intentionnels, mini sabotages à la sauvette, informations de la BBC retransmises à la cantonade, aviateurs alliés abattus cachés dans une grange, enfants juifs recueillis dans des familles, *Marseillaise* entonnée à l'issue d'un banquet, blagues assassines colportées de bouche à oreille, discours de distribution des prix parsemés de références patriotiques, milliers de groupes qui se forment pour communier dans le culte de la même espérance !

À côté des lâchetés, des bassesses, des lettres de dénonciation, à côté des atrocités commises par les supplétifs fascito-mafieux de l'occupant, à côté de cette boue de petites magouilles et de grandes compromissions dans lesquelles s'engluèrent les classes dirigeantes, à côté de la trahison mercantile dont se rendirent coupables les élites économiques, mais à côté aussi des sacrifices de dizaines de milliers de martyrs sans visage, du surgissement spontané de milliers de héros venus de nulle part, des assauts improbables et des faits d'armes insensés, des fulgurances anonymes, des initiatives sublimes et folles, des pages de gloire que la chronique d'après guerre parfois amplifia, il y eut – ce que trop souvent l'histoire occulte parce que le manichéisme n'y trouve pas sa pitance – cette infinité de refus au quotidien, de « non » minuscules et enchevêtrés comme une puissante chevelure, qui irriguèrent ce pays comme autant de réseaux de résistance capillaire.

C'est par millions, quoi qu'on en ait dit après coup pour justifier la capitulation mentale de bien des clercs et pasteurs, que ces obscurs et ces sans-grade européens firent alors ce que les deux jeunes étudiants chrétiens allemands de la Rose blanche écrivaient dans leur premier tract en juin 1942, un mois avant l'échafaud : « Il n'est rien de plus indigne d'un peuple civilisé que de se laisser, sans résistance, régir par l'obscur bon plaisir d'une clique de despotes... Où que vous soyez, organisez une résistance passive. Et empêchez que cette grande machine de guerre athée continue sa course. »

8

Le « non » à l'esclavage

Dire « non », c'est cela aussi. C'est cela surtout. Un « V » tracé sur une vitre, un cri lancé dans la foule : qu'importe ! Cela ne se juge pas au poids. Mais toujours, à l'origine de cette porte qui claque, il y a la conviction qu'en soi, à travers soi, c'est toute l'humanité qui se consumerait si, fût-ce avec un seau d'enfant, on ne se portait pas au-devant de l'incendie. Que si j'acceptais cela, que si je me résolvais à cela, que si je fermais les yeux sur cela, je me ferais complice d'une entreprise de dénégation de mon être, de destruction de ma propre nature.

Emmanuel Kant parle d'impératifs catégoriques : « Agis selon des principes tels que tu puisses vouloir qu'ils deviennent des lois universelles. Agis de telle sorte que tu uses de l'humanité en ta personne et en celle d'autrui, toujours comme fin et jamais simplement comme moyen »

Exigences éthiques qui ont cette particularité qu'en réalité elles ne sont jamais ni assez impératives, ni vraiment catégoriques, ou plutôt qu'elles ne le sont qu'au tréfonds de la conscience de ceux qui seront en mesure, un jour, de s'investir dans le combat qu'exigera la nécessité de nier leur négation.

LAS CASAS

Ainsi Bartolomé de Las Casas qui s'en va convertir les Indiens à Cuba et découvre qu'il s'agit moins de les livrer comme esclaves à Dieu que de les rendre libres à eux-mêmes, et va dès lors tout sacrifier à cette cause. Il sera l'un des premiers à dénoncer, au risque de déclencher la vindicte des colons espagnols qui s'enivrent d'or et de sang, la logique du génocide. C'est lui qui, en 1531, envoie au Conseil des Indes cette lettre terrifiante : « Les Indiens ont été massacrés sans aucune justice par nos compatriotes espagnols, lesquels les ont brûlés ou rôtis sur des grilles, jetés aux chiens sauvages, passés au fil de l'épée sans épargner les enfants, les vieillards, ni les femmes enceintes, choisissant quelquefois les sujets les plus gras pour pouvoir leur enlever la graisse réputée efficace pour guérir les blessures des meurtriers. »

Il contribuera au premier chef à faire adopter par Madrid une législation plus protectrice des vies indiennes. Elle visera moins d'ailleurs à s'inspirer de l'humanitarisme chrétien qu'à stopper ou à freiner un processus qui risque de déboucher sur l'extermination totale d'une main-d'œuvre gratuite. Les colons, essentiellement intéressés à maximiser la « création de valeurs pour l'actionnaire », quitte à exterminer des populations entières dans les mines qui engloutissaient les autochtones à la peau cuivrée, ne le lui pardonneront pas. Simplement, lorsque du million d'indigènes qui peuplait Hispañola – Haïti –, il n'en resta plus que quelques milliers, ils les remplacèrent par des esclaves africains. Las Casas qui, croyant bien faire, le leur avait imprudemment conseillé, s'en repentit.

Las Casas ne sera pas le seul à dire « non » à la destruction programmée d'un peuple. Ce fut l'honneur de l'ordre des Dominicains, que lui-même rejoignit en 1522, que d'avoir tout de suite stigmatisé le gigantesque crime qui se perpétrait à l'ombre de la croix, comme en témoigne, dès 1511, un virulent sermon de Fray Antonio de Montesinas. Des théologiens thomistes, comme Vitoria, Melchior Cano, Domingo de Sato, inspirèrent à Charles Quint des lois émancipatrices qu'il dut malheureusement édulcorer, après qu'elles eurent provoqué une révolte armée des esclavagistes espagnols du Pérou. Mais Las Casas, qui fut un temps évêque du Chiapas, contribua plus que quiconque à la radicalisation et à la popularisation universelles d'une croisade qui annonçait tous les combats anticolonialistes à venir.

C'est ainsi que, en 1547, il soutint, à Valladolid, face au docteur Sepulveda, qui affirmait dans la tradition d'Aristote que la barbarie intrinsèque des Indiens en faisait des esclaves par nature, une célèbre controverse sur la légitimité des guerres de conquête et l'évidence de la liberté naturelle de toutes les créatures de Dieu. Son ouvrage tardif, *Brèves Relations de la destruction des Indiens*, implacable pamphlet dont la violence prophétique porte anathème de tous les holocaustes et témoigne en faveur du droit de tous les peuples à la libre disposition d'eux-mêmes, eut un tel retentissement qu'en 1963 encore, dans l'Espagne franquiste, un certain Ramon Menendez Pidal publia un important ouvrage pour démontrer que Las Casas n'était qu'un paranoïaque dont le témoignage n'avait aucune valeur.

À quoi Las Casas opposa-t-il un « non » catégorique ? Au plus immense, au plus achevé, au plus radical, au plus total génocide de toute l'histoire et de tous les temps.

Il ne fut pas seul, avons-nous précisé. Il est cependant singulièrement troublant de constater que le crime des crimes, l'abomination des abominations, l'horreur des horreurs, se heurta à une si faible résistance que la mécanique d'anéantissement ne put être stoppée qu'après qu'elle fut pour l'essentiel parvenue à ses fins.

GIDE CONTRE UN GÉNOCIDE

On peut, hélas, élargir le constat. Le « non » opposé à la logique de « déférencement » de pans entiers de l'espèce humaine – sans quoi l'impérialisme colonial eût perdu toute justification – fut d'autant plus héroïque qu'il resta longtemps tout à fait exceptionnel. Sans la publication, à la fin des années 20, du *Voyage au Congo* d'André Gide, ce réquisitoire impitoyable contre l'entreprise criminelle qui se déroulait en Afrique noire sous le paravent de la bonne conscience colonialiste, aurait-on pris la mesure de l'effet exterminateur du travail forcé ?

Ce « non »-là, ainsi que son « non » à Staline, marquèrent l'un et l'autre la double rébellion éthique d'un homme qui, en 1915, fut attiré par l'Action française, et dans les années 30 s'avoua fasciné par l'Union soviétique, et font de Gide un digne émule des Insurgents qui figurent dans ces pages, malgré ses tristes hésitations de 1940.

Vingt-cinq ans avant André Gide, un consul anglais, Roger Casement, avait dénoncé, lui, l'espèce de génocide rampant qui se déroulait en cette partie du Congo devenue propriété personnelle du roi des Belges, dans le sillage d'une exploitation capitalistique sans butoir ni garde-fou : il est remarquable que ce juste devint plus tard un martyr de la lutte pour la liberté irlandaise.

Quelques autres, comme le missionnaire Georges Grenfell, au début du XXe siècle, le publiciste Edmund de Morel, un peu plus tard, contribuèrent à révéler au monde cette entreprise familiale d'asservissement destructeur, mais l'indignation que provoquèrent leurs témoignages ne fut jamais à la dimension de la tragédie.

CROISADE CONTRE LA TRAITE

Le principe même de l'esclavage, cette réduction de l'homme à l'état de chose, cette transformation de l'être en simple avoir, ne fut-il pas communément admis pendant des siècles, Platon et Aristote eux-mêmes s'en faisant les idéologues, Chrysippe, Cicéron et les stoïciens, les défenseurs ? Un recensement officiel révélait qu'en Attique, au IIIe siècle avant Jésus-Christ, on comptait quatre cent mille esclaves pour cent cinquante mille individus libres.

Malgré les révoltes d'Eunous, en 136 avant J.-C., et surtout du gladiateur Spartacus, en 73 avant J.-C., qui regroupa autour de lui jusqu'à soixante-dix mille insurgés et contre lequel le richissime consul Crassus dut conduire dix légions – forces considérables à la mesure de la panique provoquée par cette rébellion –, il fallut attendre Sénèque pour que soit évoquée, dans une lettre à Lucilius, la nature foncièrement humaine de l'esclave : « Né, dit-il au maître, d'une même origine que toi, qui jouit du même ciel, qui respire, qui vit, qui meurt comme toi. Tu peux le voir libre, il peut te voir esclave ! »

Le philosophe hégélien de gauche Feuerbach dira plus tard : « Le Christ a vaincu parce que Spartacus a été vaincu. » Et c'est vrai que l'échec sanglant du « non » armé laissa le champ libre à l'annonciation d'un « non » à la fois pédagogique et abstrait.

Ainsi, sous l'empereur Trajan, Dion Chrysostome proclama-t-il, l'un des premiers sans doute aussi clairement, que l'esclavage était contraire à la loi de la nature, ce qui incita les jurisconsultes à reconnaître au moins à l'esclave la qualité d'être humain.

On remarquera que si les chrétiens contribuèrent puissamment à cette évolution, puisque tous les hommes étaient égaux devant Dieu, ils se gardèrent bien, lorsque leur religion devint idéologie d'État, d'abolir l'institution que saint Augustin continua de légitimer. Et ce sont d'ailleurs des chrétiens qui lui donnèrent une nouvelle dimension en justifiant, presque sans réserve, l'exportation massive d'une main-d'œuvre africaine asservie vers les nouvelles populations d'Amérique et des Antilles.

Vers 1790, cette traite concernait presque quatre-vingt-dix mille individus par an. Le code noir français de 1695, rédigé dans un esprit « humaniste », considérait encore l'esclave comme un meuble que l'on peut négocier à sa guise. Ce n'est qu'au XVIIIe siècle, sous l'influence des idées philosophiques, que s'esquisse puis se développe un mouvement abolitionniste conséquent dont, à la suite de Thomas Clarkson, auteur d'un essai sur l'esclavage, l'Anglais William Wilberforce fut l'une des plus fortes figures. Membre de la Chambre des communes, résolument conservateur, il s'investit totalement, dès 1784, dans ce combat pour des raisons essentiellement éthiques, après d'ailleurs s'être préoccupé du sort des enfants pauvres et des prisonniers. Malgré des efforts toujours renouvelés, il n'obtint en 1807 que l'abolition de la traite et mourut avant que sa cause ne triomphe en 1834. Le paradoxe voulut qu'à cet homme, que l'on rangerait aujourd'hui à droite, la Révolution conférât en 1792 la nationalité française.

LE MAGNIFIQUE ABBÉ GRÉGOIRE

En France, c'est un prêtre, mais singulièrement atypique, l'abbé Grégoire, qui incarna le mieux cette croisade émancipatrice à laquelle quelques grandes figures de la Révolution, comme Pétion, Brissot, Robespierre, apportèrent également toute leur force de conviction.

Personnalité particulièrement emblématique que cet abbé Grégoire, dont le « non » à l'esclavage s'inscrit dans une longue chaîne de refus de l'imposture et de l'iniquité. Elles en font, au même titre que Voltaire, Hugo, de Gaulle ou Zola, l'archétype de ceux qui ont contribué à changer le cours de l'histoire parce qu'ils ont su dire « non » au moment où il dépendait de cette inacceptation que s'esquisse un renversement.

Né en 1750, ordonné prêtre à vingt-quatre ans et nommé en Lorraine, il se signale déjà, à la veille de la Révolution, par un écrit où il prend la défense des Juifs.

Élu député du clergé aux états généraux, il est l'un des premiers à refuser que chaque ordre se réunisse séparément. Le 4 août, c'est lui qui propose l'abolition du droit d'aînesse, puis vote en faveur de la suppression des privilèges. Député à la Convention, il se prononce contre la monarchie, fait restituer aux Juifs la plénitude de leurs droits civils et politiques, et surtout propose et obtient le 14 février 1794 l'abolition de l'esclavage.

Il avait estimé Louis XVI coupable, mais refusé de se prononcer en faveur de la peine de mort. Tout naturellement, il se retrouva l'un des rares à s'opposer aux visées césariennes du Premier consul Bonaparte. Ostracisé par la Restauration, il fut élu député libéral en 1819 mais invalidé par les ultraroyalistes.

Lorsque ce héros sublime meurt en 1831, refusant au moment de rendre son dernier souffle la rétractation que tentaient de lui arracher des oiseaux de nuit, l'archevêque de Paris interdit qu'on lui administre les derniers sacrements et lui refuse la sépulture chrétienne. Ainsi, au plus chrétien d'entre les chrétiens, on récusera le droit de mourir chrétiennement.

N'est-il pas significatif qu'il ne soit parvenu à faire passer le message universaliste du Christ, proclamant l'égalité de tous les hommes devant Dieu, qu'à travers une continuelle dissidence ? Comme avant lui les Quakers de Pennsylvanie qui, dès 1776, avaient décidé d'exclure de leurs rangs tous ceux qui refuseraient d'émanciper les esclaves qu'ils détenaient. Comme, toujours en Amérique, John Woolman et Anthony Benezet, descendants de huguenots français, qui avaient dû fuir les persécutions absolutistes Et refusèrent l'idée qu'on puisse aliéner son prochain.

Mais la cause abolitionniste, le « non » à l'hérésie absolue que représente la transformation par l'homme de son semblable en animal domestique ou en outil, fut pour l'essentiel véhiculée par la grande vague libératrice issue de la philosophie des Lumières. Comme s'il avait fallu la cohérence d'un « non » plus total à l'obscurantisme, au fanatisme, à l'intolérance, à l'absolutisme, à l'autocratisme, pour que soit efficacement porté jusqu'à son terme ce « non » particulier. Comme si, surtout, seule la logique du refus global de l'oppression conduisait à désigner ses plus honteuses composantes, à nommer le crime à travers une réfutation générale de l'indicible. Rousseau, Montesquieu, Voltaire furent sur cette ligne. Bernardin de Saint-Pierre avec plus de virulence encore. Diderot remit en cause les racines mêmes de cette perversion, c'est-à-dire le système colonial.

N'empêche : pour que l'abbé Grégoire parvienne à transformer l'essai, après bien des tâtonnements et des tergiversations de la part du législateur, il faudra la pression extérieure d'un « non » collectif, l'insurrection des Noirs de Saint-Domingue menés par l'esclave Toussaint-Louverture. Lequel devait son nom à la bravoure dont il faisait preuve pour « ouvrir » des brèches dans les rangs ennemis.

Succès provisoire. En 1802, coup sur coup, Bonaparte rétablira l'esclavage et enverra l'armée du général Leclerc soumettre Saint-Domingue. Toussaint, l'homme qui avait réussi là où Spartacus avait échoué, et qui avait ensuite généreusement offert son épée à la France révolutionnaire, fut trahi, vaincu, puis déporté et enfermé dans un fort du Jura, dont la température ne lui laissait aucune chance de survie. C'est au lendemain de sa mort que l'indépendance de Haïti, la première nation construite par des esclaves noirs insurgés, fut proclamée. C'est son œuvre que poursuivirent tant bien que mal, après avoir chassé les Français, ses compagnons Dessalines, Christophe et Pétion.

VICTOR SCHŒLCHER, LE JUSTE DES JUSTES

En France même, cependant, tout était à recommencer. À l'abbé Grégoire il fallait un successeur et continuateur qui reprît le flambeau, alors que des libéraux comme Tocqueville ne préconisaient que des mesures transitoires : ce fut le magnifique Victor Schœlcher.

Lorsque la révolution de février 1848 éclate, Schœlcher se trouve à Saint-Louis du Sénégal, où il enquête justement sur les méfaits du système esclavagiste. Le gouvernement – celui de Guizot qui vient d'être renversé – a écrit en janvier à son sujet : « Il recueille par-ci, par-là quelques exemples de sévices exagérés. Il y a une grande exaltation dans ses actes toutes les fois qu'il est question des Noirs. »

Quelques mois plus tôt, en mai 1847, malgré les combats harassants que menait Schœlcher, le Parlement avait une fois de plus refusé d'envisager l'abolition pure et simple de l'esclavage. Une pétition lui avait été présentée. On trouvait parmi les signataires l'évêque de Nancy, plusieurs ecclésiastiques de son diocèse et du diocèse de Paris, des pasteurs, des maires. « L'esclavage est un crime, proclamait cette adresse. Contre le droit, il n'y a pas de droit. Contre la loi divine qui déclare tous les hommes égaux et libres, aucune loi humaine ne peut prévaloir. »

À la Chambre des pairs, le rapporteur avait expliqué qu'il ne fallait surtout rien précipiter ; qu'il s'agissait d'abord de « rendre meilleur l'état moral et matériel des esclaves, en les initiant peu à peu à la jouissance des droits civils et aux habitudes de famille, en leur communiquant, avec la faculté de posséder, le goût du travail et de l'ordre ». Certes, il y a des excès mais, souligne le rapporteur, « l'émotion publique les a hautement flétris ».

Au nom du lobby colonial, le baron Dupin en avait rajouté : « La tranquillité la plus complète, affirmait-il, règne dans nos colonies. Un échange mutuel de bienveillance de la part du maître et de soumission ainsi que de dévouement de la part de l'esclave consolide l'ordre et lui donne une nouvelle force. » D'ailleurs, on a même vu « des femmes de colons panser de leurs mains des esclaves malades et les consoler ».

Ce qu'il proposait ? Que l'on encourage « dans certaines limites » l'affranchissement tout en exigeant des affranchis, et dans leur intérêt, « cinq années de travail forcé comme retour d'un bienfait ». Le baron de Bussière avait tenu à préciser : « L'émancipation des Noirs ne peut pas être un acte indépendant de leur moralisation et de leur instruction religieuse. » Le ministre de la Marine avait tranché : « Que veulent les pétitionnaires ? Que tous ceux qui la veille s'étaient endormis esclaves se réveillent libres ? Ces choses-là peuvent s'écrire. Mais pour ceux qui connaissent les colonies, un tel système est le renversement complet de l'ordre établi. Il menace toutes les existences et compromet toutes les fortunes. »

Quelques jours plus tard – on était en 1847, quatorze ans après que l'esclavagisme avait été aboli dans toutes les colonies britanniques –, le débat avait rebondi à la Chambre des députés. Les pétitionnaires étaient soutenus par Ledru-Rollin, député républicain radical, ultra-minoritaire, qui ne se doutait évidemment pas que dix mois plus tard il serait au pouvoir.

Il était monté à la tribune en tenant à la main un épais dossier, dont il avait l'un après l'autre extrait les documents dont la lecture résonna ce jour-là comme un impitoyable acte d'accusation. Écoutons.

Ledru-Rollin : « Voilà un fait : Une vieille mère est attachée par les quatre membres. Nue. Elle reçoit dix-neuf coups de fouet. Son sang rejaillit sur qui ? Sur son propre fils qu'on a contraint à tenir les mains de sa mère pendant le supplice. »

Lamartine : – C'est vrai !

Ledru-Rollin : – Cela n'est rien encore, écoutez ! Qu'une fois, enfin, la voix de l'humanité venge tant de victimes ! Vingt-neuf coups de fouet sont appliqués à une femme enceinte de cinq mois. Dans quelle position ? On la place en croix sur une échelle, on lui pose un billot de bois gros et court sous le ventre pour que son corps repoussé en arrière et rendu saillant reçoive plus sûrement les coups terribles qui lui sont assenés. L'avortement s'en suit. Et cette malheureuse est retirée presque mourante. Ce n'est pas tout : les meurtrissures qui lui sont faites à la tête lui cassent trois dents, son œil droit est perdu, son oreille n'entend plus, et l'homme qui s'est montré envers elle plus cruel que le bourreau, cet homme est traduit en police correctionnelle, et est condamné à quinze jours de prison [*vives sensations*] ! Quinze jours de prison aux colonies, c'est pour un meurtre commis par un Blanc presque le maximum de la peine. »

Et Ledru-Rollin – l'homme qui ce jour-là s'est levé pour dire « non » à ces horreurs – de poursuivre son terrifiant réquisitoire :

« Un colon a fait appliquer vingt-neuf coups de fouet à une femme grosse, puis a versé dans ses blessures une composition de piment et de jus de citron. Le même homme a tué un jeune nègre. L'un de ses frères a fait manger à deux enfants des excréments d'hommes et d'animaux mêlés. Pire : un jeune nègre étant allé prendre quelques fruits dans un verger, il lui a coupé le bout de l'oreille avec un canif et l'a forcé à avaler. Les deux frères tortionnaires ont été acquittés. Un jeune esclave ayant été soupçonné d'avoir empoisonné un bœuf, un autre colon a fait couper la tête de l'animal, l'a fait attacher au cou du jeune nègre afin qu'elle y reste jusqu'à ce que la putréfaction l'en fasse tomber. Au bout de quelques jours, le jeune esclave était mort. Le gendarme qui a rappelé cet acte de barbarie a été expulsé et, une fois revenu en France, mis à la retraite. »

On apprend encore, par la bouche de cet orateur tonitruant, que quatre millions cinq cent mille francs dépensés par la métropole n'ont en réalité servi qu'à apprendre à lire à douze enfants noirs, que les évêques sont remplacés par des « préfets apostoliques » recrutés au séminaire du Saint-Esprit où l'on enseigne que la servitude n'offense ni la loi divine ni la loi naturelle : ce qui permet à certains prêtres de posséder eux-mêmes des esclaves qu'ils n'hésitent pas à faire châtier.

Ces révélations avaient impressionné. Elles n'avaient pas changé le vote de la Chambre. Un député libéral nommé Levasseur avait même affirmé en réponse que « les choses évoluent dans le bon sens, car l'esclave commence à se faire une idée de la sainteté et de l'indissolubilité du mariage, et les maîtres consentent peu à peu à ce que les quelques heures d'instruction religieuse soient prises sur le temps destiné aux travaux ».

Telle est donc la situation lorsque éclate la révolution de février 1848, à l'issue de laquelle le gouvernement républicain provisoire s'installe en lieu et place des ministres de Louis-Philippe. Schœlcher, lui, qui a publié sa première condamnation de l'esclavage en 1840, arrive à Paris le 3 mars, malade et vieilli de dix ans tant il a dépensé d'efforts, souvent incompris. Il trouve un message à en-tête du ministère de la Marine, ainsi rédigé : « Venez, on a besoin de vous. Signé : Arago. »

Il se précipite aussitôt au ministère, un ami lui racontant en chemin tout ce qui s'est passé en son absence. Arago est hésitant : le lobby des colons a déjà commencé son travail d'intoxication. Des amis bien intentionnés se succèdent, qui viennent expliquer au nouveau ministre que l'abolition rapide entraînerait un massacre généralisé. Ne convient-il pas d'ajourner toute décision, d'attendre au moins la convocation d'une nouvelle assemblée ?

Schœlcher ne se laisse nullement impressionner : fort de sa connaissance du terrain, de la mission qu'il vient d'entreprendre, il démonte, avec cette passion froide et rentrée qui le caractérise, que c'est au contraire un retard qui risquerait de provoquer une explosion, que les colons n'ont rien à craindre d'une abolition immédiate ; qu'il faut trancher tout de suite le nœud gordien : « Eh bien, dit Arago, conquis, en lui tendant une feuille de papier, écrivez vous-même ! » Et, dans la nuit du 3 au 4 mars, Schœlcher rédige l'un des plus beaux décrets de l'histoire : « Le gouvernement provisoire de la République, considérant que nulle terre française ne peut plus porter d'esclave, décrète : une commission est instruite pour préparer dans les plus brefs délais l'acte d'émancipation immédiate dans toutes les colonies de la République. »

Le lendemain, tous les membres du gouvernement provisoire, que domine la personnalité de Lamartine, apposent leur signature sous le texte de Schœlcher, lequel devient sous-secrétaire d'État chargé spécialement des colonies. Jamais sans doute, en si peu de temps, en si peu de lignes, on n'aura pris une décision qui porte en elle une telle potentialité libératrice. En cinq lignes, des millions d'êtres sont rendus à leur humanité. Or, de cette révolution de février 1848 qui, d'un trait de plume, immédiatement, sans tergiversation, abolit la servitude en même temps qu'elle instaure le suffrage universel, c'est-à-dire traduit dans les faits, en un même mouvement, l'essence du libéralisme et l'essence de la démocratie, il sera de bon ton de prétendre, avec une pointe de mépris, qu'elle a échoué.

Il est vrai que l'affirmeront avec le plus de force ceux qui, au nom de la Révolution, la « vraie », aboliront le suffrage universel et restaureront la servitude. Or, ce qu'a réalisé Lénine s'est effondré. Personne en revanche n'a jamais pu remettre officiellement en cause ce qu'ont obtenu Victor Schœlcher et Ledru-Rollin.

Faut-il s'en étonner : Schœlcher sera l'un des rares, aux côtés de Victor Hugo, à tenter de résister au coup d'État du 2 décembre 1851 et, proscrit comme le poète, à préférer demeurer dix-neuf ans en exil plutôt que de cautionner la dictature impériale. À cette camarilla crapuleuse qui, après avoir déshonoré le drapeau tricolore au Mexique, le livrera à l'ennemi à Sedan – mais que certains aujourd'hui n'hésitent pourtant pas à réhabiliter – Schœlcher dira « non », comme il a dit « non » à l'esclavage. Comme ensuite, car la résistance est un état d'esprit, il dira « non » à la peine de mort et prendra la tête, toujours aux côtés de Victor Hugo, des premières grandes campagnes pour l'émancipation de la femme.

Rien de ce qui concernait la dignité humaine ne lui fut étranger. Il était républicain « de gauche ». Dès lors qu'il s'agit de l'application effective du message de l'Évangile, ce détail ne devrait avoir aucune importance. Et pourtant, par quelle aberration l'esclavage fut-il justifié par plusieurs générations de conservateurs libéraux dont la plupart se réclamaient de l'enseignement de Jésus-Christ ?

On peut au demeurant s'interroger : l'acceptation ou le refus de la logique de l'esclavage, quelque forme qu'elle prenne, ne constitue-t-il pas, aujourd'hui encore, une ligne de clivage ? Comment qualifier la généralisation de rémunérations qui permettent tout juste l'entretien d'une force de travail ? Les délocalisations destinées à exploiter, partout où n'existe aucune protection sociale, un labeur à bas prix, les pressions constantes pour faire sauter le verrou du salaire minimum au nom d'une réduction des coûts ? Entre la justification, en vertu d'un impératif de compétitivité sans butoirs, d'une course à la précarisation et à la flexibilisation, et l'assimilation de l'homme démiurgique à un simple outil, y a-t-il une véritable différence de nature ?

Et ceux qui disent « non » aujourd'hui à cette réification de l'être sont-ils à cet égard très différents de ceux qui, comme l'abbé Grégoire ou Victor Schœlcher, disaient « non » hier ?

LE COMBAT DES ANTIESCLAVAGISTES AMÉRICAINS

Le combat de ces derniers ne se termina d'ailleurs pas en 1848 : l'esclavage ne fut aboli aux États-Unis, dans les États du Sud, qu'en 1865, et là encore il fallut que des personnalités d'exception se donnassent tout entières à cette cause : l'ouvrier typographe Garrison qui, dès 1831, fonda le journal *The Liberator*, Wendell Philipps, Susan B. Anthony, Elizabeth G. Stanton, Prudence Grandall, Lucrecia Molt, des femmes en majorité. Comme Miss Beecher-Stowe, l'auteur, en 1852, de *La Case de l'oncle Tom*, dont l'impact fut considérable au point qu'on peut dire de cette œuvre-acte – comme le *J'accuse* de Zola – qu'elle eut la puissance d'une armée.

Abraham Lincoln fut élu président des États-Unis en 1860, huit ans plus tard. En 1859, le militant puritain John Brown, descendant d'un émigrant du *Mayflower*, père de vingt enfants, organisateur en Virginie de maquis pour esclaves fugitifs, avait été jugé, condamné et pendu après s'être emparé de l'arsenal de Haper's Ferry, afin de s'y procurer des armes.

« Tous les hommes sont nés égaux », proclamait la déclaration d'Indépendance des États-Unis. Mais, dans le fameux arrêt

Scott de 1858, la Cour suprême déclarait que les Noirs ne faisaient pas partie du « peuple souverain » et n'étaient donc pas concernés par l'expression « tous les hommes ». Généralement, les antiesclavagistes étaient assimilés à des gauchistes, à des anarchistes, à des « jacobins ». Mais on ne répugna pas non plus à justifier l'esclavage d'un point de vue « progressiste ». Ainsi James Hammono, sénateur de Caroline du Sud, en 1858 : « La classe mercenaire de travailleurs manuels et d'ouvriers prétendument libres du Nord est composée essentiellement d'esclaves. La différence entre vous et nous, c'est que nos esclaves sont engagés pour la vie et bien rémunérés, alors que les vôtres sont employés à la journée, laissés à l'abandon et chichement payés. » Ou encore Albert G. Brown, sénateur du Mississipi : « L'esclavage est un immense bienfait moral, social et politique ; et pour l'esclave, et pour le maître. Il accorde à l'esclave une sécurité qui ne le quitte plus du berceau à la tombe, et peut se comparer favorablement à la pauvreté lamentable des travailleurs " libres " de Grande-Bretagne. Il élève en outre la main-d'œuvre blanche et la protège d'une concurrence dégradante ; il favorise ainsi l'égalité entre les hommes libres et préserve par la même les institutions républicaines. » À quoi l'écrivain virginien George Fitzhgh ajoute, en 1817 : « Accorder aux hommes des droits égaux revient ni plus ni moins à permettre aux forts d'opprimer le faible, parce que le capital exerce une contrainte plus parfaite sur les travailleurs libres que les maîtres humains sur leurs esclaves. » Comme quoi, au service d'une idéologie abjecte, on peut même mobiliser des constats qui ne sont pas toujours faux.

Finalement, pour aboutir à l'abolition, il fallut cinq années d'une guerre qui fit six cent vingt mille morts et accoucha du Ku Klux Klan !

Encore la victoire des « fédéraux » ne marqua-t-elle pas le terme de la tragédie. Supprimé aux Pays-Bas en 1863, au Portugal en 1878, l'esclavage ne fut aboli à Cuba qu'en 1885, au Brésil en 1888, en Arabie Saoudite en 1931, en Éthiopie en 1942, au Qatar en 1952, à Oman en 1970. Il prit ensuite d'autres formes, dont les camps de travail et de concentration ne furent pas la moindre.

La lutte se poursuivit cependant. Mais ceux qui, dans certains pays aujourd'hui, disent « non » à l'asservissement total de la femme et se heurtent en cela au mur de béton d'un pouvoir ecclésiastique, à l'exploitation éhontée des enfants, que l'on justifie trop souvent par la loi du marché, constituent une phalange aussi héroïque que celle qui, pendant deux siècles, en Occident, milita contre la destitution de la personne humaine.

Les esclavagistes des États-Unis prétendaient volontiers, on l'a vu, qu'ils étaient des « humanistes », soucieux d'arracher les Noirs à la prolétarisation qui, dans les grands centres capitalistes du Nord, les broyait plus sûrement que la servitude paternaliste qui régissait les conditions de travail dans les grandes plantations virginiennes. Ils faisaient du marxisme sans le savoir. De même, aujourd'hui, c'est au nom d'une rhétorique progressiste – et moralisatrice – qu'on justifie trop souvent le trafic de la main-d'œuvre émigrée, clandestinement exportée vers des pays où elle sera utilisée par des exploiteurs sans scrupule comme le serait un cheptel de somme, sans protection, sans défense et sans droit. C'est sans complexe qu'au nom de « droits de l'homme » on favorise cette nouvelle traite qui permet que demeure florissant le grand marché de la servitude.

9

Le « non » des mouvements de libération nationaux

Invariance des mentalités ? On peut se le demander quand on constate avec quelle facilité la phraséologie colonialiste relaya le discours esclavagiste. La logique était très exactement la même en effet : dans un cas, des individus, dans l'autre, des peuples, étaient jugés inaptes à disposer d'eux-mêmes. Indignes de la liberté, prédisposés à la soumission. Il y avait des nations dominantes, et des peuplades promises par la nature à être dominées. Des chaînes individuelles, on était passé aux chaînes collectives. On pouvait devenir esclave pour dettes, l'Algérie fut asservie pour la même raison. Il y eu des hommes-choses, il y avait des peuples-enfants. Rien n'avait changé : le Blanc était né pour être le maître et le reste de la planète pour le servir.

Il est étrange que tant de républicains démocrates, soudain convaincus que l'oppression pouvait devenir un instrument du progrès, n'aient en cela retenu aucune leçon de l'histoire. Car, sans même remonter aux mânes de Jugurtha qui incarna la résistance numide à l'impérialisme romain, la défaite des légions de Varus écrasées par le rebelle germain Arminius dans la forêt de Teutoburg, cela faisait un siècle, déjà, qu'un vaste mouvement d'émancipation avait commencé à ébranler, et même à détruire, les empires. Qu'aux épopées de Washington, de Jefferson, de Toussaint-Louverture, de Simon Bolivar, de Sucre, de San Martin, de Benito Juarez, de José Marti, dans les Amériques, avaient répondu les fulgurances libératrices d'un Kossuth en Hongrie, d'un Mazzini ou d'un Garibaldi en Italie, d'un Kosciuszko en Pologne. Le « non » que la Grèce martyre avait lancé à la face des Turcs, la Pologne à la face de la Russie, la Bohême à la face de l'Autriche, les colons d'Amérique et aussi les Irlandais à la face de l'Angleterre, les Mexicains à la face de la France, les Vénézuéliens et les Cubains à la face de l'Espagne, comment imaginer que l'Inde, que l'Indochine, que l'Égypte, que l'Algérie, que le Kenya, que l'Indonésie, que l'Angola en exonéreraient les nouvelles puissances impérialistes ?

DE PENN À JEFFERSON

Bolivar, on l'a vu, commença par accumuler les insuccès. Il mourut abandonné de presque tous. Mais, entre ces deux solitudes, il libéra un continent. Quant aux Insurgents nord-américains que Washington, grâce à la France, mena à la victoire, il est remarquable qu'ils ne dirent « oui » à la construction d'une nation nouvelle qu'à travers un « non » brutal, moins à de nouvelles taxes, qu'à la prétention du Parlement britannique de les lever sur le territoire américain sans que les citoyens de ce pays soient invités à élire leurs députés au Parlement de Londres. Les États-Unis naquirent d'abord d'un refus, que seule la dynamique de la rébellion a transformé en aspiration. William Penn, ce Quaker hostile à tout absolutisme, auteur de *Pas de croix, pas de couronne*, qu'il écrivit alors qu'il était détenu à la Tour de Londres, contribuera à cette prise de conscience en créant en 1682 la colonie de Pennsylvanie qui adopta l'une des premières constitutions à la fois démocratique et libérale de l'histoire. Elle devait inspirer ensuite toute la législation américaine. C'est le même rejet de l'autocratisme, sous toutes ses formes, qui, dès 1754, incita Benjamin Franklin à proposer un premier projet de confédération d'États américains libres, que les Treize colonies refusèrent d'abord, mais acceptèrent vingt ans plus tard.

Est-ce à dire qu'entre-temps une unanimité s'était dégagée en faveur de ce grand rêve que portait le rejet du centralisme monarchique britannique ? En réalité, ceux qui dirent « non », les activistes de l'indépendance, furent d'abord minoritaires. De nombreux Américains luttèrent aux côtés des Anglais et la majorité se réfugia dans l'expectative ou la neutralité. Même le fils de Benjamin Franklin combattit du côté britannique.

Le père, lui, n'hésita jamais sur le chemin à suivre. Son « profil » est à cet égard exemplaire, tant l'homme intégra son action en faveur de l'indépendance américaine à un combat plus général dirigé contre toutes les formes d'ignorance et d'obscurantisme. Autodidacte, fils d'un fabricant de savons, un temps simple ouvrier imprimeur se formant nuitamment après ses journées de travail, il finit par créer sa propre imprimerie, et dépensa aussitôt une énergie considérable pour favoriser le développement de l'instruction au sein des couches populaires : il créa des bibliothèques, des clubs, des sociétés littéraires, des almanachs pédagogiques, des gazettes culturelles. Membre de l'assemblée de Pennsylvanie, il encouragea la fondation de collèges et d'hôpitaux, créa l'Université, approfondit sa propre culture, s'imprégna tellement des nouvelles avancées des sciences qu'il reconnut, on le sait, la nature électrique de la foudre, ce qui déboucha sur l'invention du paratonnerre ; il mit également au point un nouveau système de chauffage.

Or la personnalité de Franklin, cette articulation d'une révolte à un humanisme sans rivage, rappelle singulièrement celle d'un autre père fondateur, Thomas Jefferson.

Féru de philosophie des Lumières, lui aussi ne sépara jamais son combat pour l'indépendance de son refus de l'arbitraire, de l'absolutisme, de l'intolérance, de l'obscurantisme et de l'inégalité. C'est sa capacité à formuler tous ces « non »-là qui lui permit de devenir le véritable démiurge de cette merveille théorique : les États-Unis d'Amérique. Aussi, après avoir rédigé la déclaration d'Indépendance de 1776, participé à l'élaboration de la constitution de Virginie, secondé Washington comme secrétaire d'État, s'opposa-t-il à ceux qui, tel Hamilton, rêvaient d'établir le pouvoir d'une nouvelle oligarchie. Il y opposait l'idée d'une démocratie authentiquement libérale, formée de citoyens libres et égaux en droit : ce pour quoi il ne cessa de mettre en garde contre la centralisation du pouvoir et la constitution de monopoles capitalistes. Rien ne lui aurait été plus étranger que la logique concentrationnaire et uniformatrice du néolibéralisme d'aujourd'hui.

Devenu à son tour président en 1800, convaincu que la diversité était la condition de l'unicité, il s'appliqua à construire la république fédérale la plus décentralisée du monde, en même temps qu'il refusa de se joindre aux coalitions dirigées contre cette France révolutionnaire jacobine, puis napoléonienne, qui l'avait philosophiquement tant inspiré. Cet homme qui, à plusieurs étapes de sa vie, sut dire « non » à tout ce qui faisait violence à ses principes, termina son existence à construire non seulement sa propre maison, mais également tous les ustensiles et instruments qui étaient censés en améliorer le confort.

Ainsi apparaît cette évidence : celui ou celle qui dit « non » au sens où nous l'entendons dans ces pages, ne s'identifie jamais à une fermeture, mais incarne au contraire, presque toujours, une extraordinaire capacité d'ouverture à la pluralité et à la diversité du monde.

D'où cet autre constat : il est rare qu'un seul nom, aussi emblématique qu'il soit, et quel qu'ait été son impact historique, mette fin au combat qui l'a porté. De Gaulle s'investira dans d'autres refus que celui de juin 1940, Victor Hugo assumera d'autres ruptures que celle de décembre 1851, Voltaire ne mettra pas fin à sa croisade justicialiste après l'affaire Calas, Kérillis prolongera en 1940 sa rébellion de 1938, Churchill opposera à Staline le même esprit de résistance qu'à Hitler, Schœlcher militera, après l'abolition de l'esclavage, pour l'émancipation de la femme.

MAZZINI OU LE « NON » COMME SEMENCE

À cet égard, la longue carrière de Giuseppe Mazzini est éloquente : dès l'âge de seize ans, il s'insurge contre le morcellement de l'Italie dont il sait bien que les grandes puissances de l'époque en ont fait la condition de son oppression. Il adhère d'abord aux *Carbonari*, secte de conspirateurs aux velléités émancipatrices, s'en éloigne, est arrêté par la police piémontaise, se réfugie à Marseille où il fonde en 1831 une société secrète – Jeune Italie – qui se propose de hâter à la fois la refondation, sur une base morale, du patriotisme italien, l'établissement d'une république démocratique unitaire et la régénération de l'Europe. Il est condamné en Italie au bannissement perpétuel, traqué en France par les sbires de Louis-Philippe ; condamné, il se réfugie dans la clandestinité d'où il multiplie la rédaction de manifestes et la diffusion de brochures. Il tente, en 1834, un coup de main sur la Savoie, est condamné à mort par contumace, se réfugie en Suisse où il fonde un nouveau mouvement, Jeune Europe, puis à Londres multiplie les initiatives, les projets, les complots, les appels, ne se décourage jamais, ne renonce à rien, garde, malgré les échecs et les déconvenues à répétition, toute sa foi dans le progrès humain, la démocratie et l'émergence d'une Italie libérée et réunifiée : ce qui, peu à peu, en fait aux yeux de la jeunesse italienne éduquée un véritable mythe vivant. Il tente de rallier le pape Pie IX à sa cause, revient en Italie en 1848 à l'appel d'une révolution qui s'est faite en partie en son nom, se précipite à Naples pour y organiser la résistance contre les troupes autrichiennes, s'en va mobiliser la Toscane où le peuple lui fait un triomphe, rejoint Rome enfin, où ses partisans insurgés ont clamé la République. Là, à la tête d'un triumvirat, il multiplie les réformes émancipatrices, mais, après qu'un corps expéditionnaire français, dont l'envoi a été décidé par la droite catholique, a restauré par le fer et par le sang le pouvoir temporel – et absolu – du pape, il doit une fois de plus partir pour l'exil.

N'importe qui, alors, aurait baissé les bras. L'histoire avait-elle besoin qu'il la marquât plus encore de son empreinte ? Or Mazzini ne faiblit pas, ne démobilise pas. De Londres, il prépare, concocte, organise les actions révolutionnaires de Mantoue en 1852, de Milan en 1853, de Gênes en 1857, de Livourne la même année, qui toutes se soldent par des fiascos. Il refuse, au nom de la démocratie, l'aide que Napoléon III se propose d'apporter au Piémont, stigmatise la cession de Nice et de la Savoie à la France, rompt avec certains de ses amis qui, par réalisme, préfèrent se rallier à la maison de Savoie, se fait élire plusieurs fois député, mais est chaque fois invalidé. À soixante-cinq ans, il débarque clandestinement en Sicile, est arrêté, relâché, retourne en Suisse, mais, à la veille de sa mort, en 1872, franchit la frontière italienne sous un faux nom et s'éteint dans cette patrie qu'il a révélée à elle-même et qui deviendra, grâce à lui, tout ce dont il avait rêvé, une république démocratique et unifiée dont Rome sécularisée sera la capitale.

LE « NON » ROMANTIQUE DE GARIBALDI

C'est d'ailleurs à l'ombre de Mazzini que Garibaldi fit ses premières armes.

Là encore, le parcours est éloquent. Un « non » fondateur ouvre une vanne par laquelle s'engouffrent beaucoup d'autres qui donnent sens au premier.

Garibaldi a vingt-sept ans lorsque, compromis dans une tentative d'insurrection à Gênes, il est pour la première fois condamné à mort par contumace et doit s'exiler en Amérique latine. Va-t-il tenter de faire fortune, s'y mettre au vert en attendant des jours meilleurs ? Point ! La république du Rio Grande do Sul se révolte contre l'empereur du Brésil : il se met à son service. L'Uruguay se soulève contre le dictateur Rosas, qui lui conteste son droit à l'indépendance : il lui offre son appui. Il lève sur place une légion de volontaires italiens qui participent à plusieurs combats libérateurs. Grâce à quoi, lorsqu'il revient en Italie, comme Mazzini, dans le sillage de la révolution de 1848, il est accueilli comme un héros. Mais, contrairement à ce dernier, malgré ses convictions républicaines, il accepte de se ranger sous le drapeau de la monarchie piémontaise, au nom de l'unité des patriotes.

Bien que les Autrichiens prennent rapidement l'avantage, il poursuit le combat, remporte à la tête d'une petite armée de trois mille hommes des succès locaux, est battu à Morazzone, passe en Suisse, mais presque aussitôt accourt à Rome où a été proclamée une république mazzinienne, contre laquelle le pape Pie IX, libéral passé à la réaction, a fait appel à l'intervention étrangère. Là, il lève une nouvelle légion de volontaires, repousse dans un premier temps le corps expéditionnaire français venu au secours du pouvoir temporel du pape, bat à deux reprises les renforts napolitains, assure pendant plusieurs semaines la défense de la ville sainte, parvient à échapper à l'ennemi lorsque celle-ci tombe, traverse avec ses hommes les monts Apennins, poursuivi par des armées française, autrichienne, espagnole et napolitaine, puis arrive à San Marin, à l'issue d'une « longue marche » épique au cours de laquelle son épouse a perdu la vie. De là, il tente de gagner Venise sur une flottille qui est coulée par les Autrichiens, parvient à Gênes, gagne Tunis et se retrouve à New York, où il devient employé chez un fabricant de chandelles.

Cette fois, va-t-il baisser les bras, se retirer en pleine gloire pour mieux entretenir, à l'abri des vicissitudes, le capital de sa renommée ? Il n'y songe même pas. Revenu dans sa patrie, il se retire un temps dans l'île de Caprera, où il s'isole du monde.

Mais c'est pour mieux réfléchir aux nouvelles formes qu'il doit donner à son combat.

Privilégiant son refus de l'oppression, au détriment de son rêve républicain, il offre son épée au roi Victor-Emmanuel II, dont le ministre Cavour poursuit, par d'autres moyens, son propre objectif d'émancipation et d'unification italienne.

Une fois de plus – en 1859 –, il parvient à rassembler une armée de cinq mille hommes, bouscule les Autrichiens à Varese, les bat à San Fermo, s'empare de Bergame, puis de Brescia, pousse jusqu'à la Toscane, entreprend d'y déclencher une insurrection, puis y renonce sous la pression du souverain désireux de ne rien brusquer. Ce qui ne l'empêche pas de stigmatiser violemment la cession de Nice – où il est né – et de la Savoie à la France. Un an de répit. Il a cinquante-trois ans. Et il repart avec, cette fois, la complicité de Cavour pour ce qui sera sa plus fantastique aventure. Au printemps 1860, à la tête d'un petit millier de compagnons qui ont revêtu les fameuses chemises rouges – souvenirs de ses exploits sud-américains – qui les idéaliseront dans l'imaginaire populaire, il s'embarque à Gênes, débarque à Marsala, rallie des bandes d'insurgés siciliens qui tenaient la montagne, écrase une colonne napolitaine au col de Calatafini, entre en triomphateur à Palerme, traverse le détroit de Messine, s'empare de Reggio, libère Naples à la tête d'une troupe grossie d'un afflux de volontaires et repousse à Volturno une armée napolitaine supérieure en nombre.

Il envisage de marcher sur Rome mais, une fois de plus, cédant aux impératifs diplomatiques que met en avant Victor-Emmanuel, auquel il fait de nouveau allégeance, il accepte de s'effacer et, refusant tous les honneurs, se retire dans son île. Sans renoncer pour autant à parachever son œuvre en rendant sa capitale, Rome, à une Italie réunifiée.

La suite est d'autant plus remarquable qu'elle est moins glorieuse : en 1862, désespérant du volontarisme royal, il décide seul d'entreprendre une action contre les États pontificaux, insupportable tache d'absolutisme au milieu d'un monde qui se convertit peu à peu aux idées libérales; mais, sous l'injonction de Napoléon III, qui se veut le protecteur de la papauté, le gouvernement italien s'oppose à cette équipée.

Est-ce la conséquence du malaise qu'il ressent à l'idée d'affronter les siens? Garibaldi, repoussé dans les montagnes de Calabre, est battu à Aspromonte, blessé, fait prisonnier, amnistié, renvoyé à Caprera.

Va-t-il alors, à près de soixante ans, prendre sa retraite? Dès lors que l'objectif n'est pas atteint, que l'Italie tout entière n'a pas été rendue à elle-même, que l'oppresseur règne toujours en maître, à Rome comme en Vénétie, il n'y songe même pas. Mais c'est de nouveau en fidèle sujet de la monarchie nationale qu'il participe à la guerre de 1866. Il échoue à Custaza, en tentant de libérer le Haut-Adige, mais l'emporte sur les Autrichiens à Bezzeca, et se dirige vers Trente, quand l'armistice le stoppe net et l'oblige à se retirer.

La Vénétie est redevenue italienne. Reste Rome. Une fois de plus, il tente d'y défier le destin. Ayant réuni une nouvelle troupe, il lance aux Romains un appel à la révolte. Il est mis aux arrêts, ce qui n'empêche pas ses hommes de poursuivre leur marche sans lui. Il s'échappe, les rejoint, entre dans les États pontificaux, s'empare de Monterotondo, Viterbe, Villetri ; à la suite d'une mêlée héroïque et sanglante, il est écrasé à Mentana – où les troupes françaises, que le pape a de nouveau appelées à la rescousse, inaugurent un nouveau fusil, le chassepot, qui fera merveille.

L'épopée pourrait être définitivement terminée ! Après la spirale du succès, la spirale de l'échec. En 1870, de nouveau relégué dans son Sainte-Hélène, Garibaldi a soixante-trois ans. Un aïeul pour l'époque. Pourtant il va prendre une ultime initiative absolument inouïe. Lorsqu'il apprend, en 1870, que la France, battue par les armées prussiennes, a chassé son empereur et s'est dotée d'un gouvernement républicain provisoire, lui qui, à deux reprises, avait vu ses projets et ses rêves mis en échec par l'intervention traîtresse des impérialistes tricolores, remobilise ses Chemises rouges et, flanqué de ses deux fils, toute rancœur bue, se porte au secours de la « grande nation » qui est redevenue pour lui, au-delà des forfaitures, la patrie des droits de l'homme. Il organise à Dole une armée des Vosges, remporte de petits succès à Châtillon-sur-Seine et à Autun, occupe et défend Dijon, poursuit, sans espoir, des combats impossibles tandis que la plupart des généraux français, à l'exemple de Bazaine, ont préféré rendre les armes.

Altruisme mal récompensé. Élu député par quatre départements au Parlement de Bordeaux – car les Prussiens ont investi Paris –, il est accueilli comme un pestiféré – un rouge – par la majorité conservatrice qui, sous prétexte qu'il n'est pas français – si ce n'est par le sang versé ! –, vote son invalidité malgré la véhémente protestation de Victor Hugo.

La Commune de Paris s'en souviendra, qui lui offrira le commandement de ses troupes. Mais ce n'est pas son combat. Cette insurrection n'est-elle pas dirigée contre une assemblée élue au suffrage universel ? Ne divise-t-elle pas les Français face à l'ennemi ?

Ce révolutionnaire pragmatique se méfie des idéologues. Républicain et patriote, il accepte de sacrifier son idéal politique à la lutte pour l'indépendance et la liberté de la patrie. Son « non » à l'oppression, à l'obscurantisme clérical, à l'absolutisme, est celui d'un radical ; son « oui » à une société plus juste, plus démocratique, est celui d'un modéré.

Cette fois, bien qu'il ait été élu député de Rome, enfin libéré en 1870, il préfère se retirer pour de bon à Caprera. Il y mourra relativement pauvre, hors des honneurs. Mais entouré de la vénération – parfois ambiguë – de tout un peuple.

Imagine-t-on les phases de doute, de découragement, de désespoir même que cet homme, sans cesse rejeté par les déferlantes de la raison d'État sur la grève de ses illusions, a dû traverser ? Et pourtant, après chaque déconvenue, chaque défaite, chaque trahison, chaque exil, il s'est redressé pour reprendre son ouvrage exactement là où il avait dû l'interrompre. Ce n'est pas un hasard si Giuseppe Garibaldi et Victor Hugo se retrouvèrent si proches au soir de leur vie, si Zola – l'Italien – admirait le révolutionnaire, si le général de Gaulle idolâtrait le patriote indomptable.

Et pourtant... C'est cette Italie libérée, soumise en son temps au joug d'un pouvoir impérialiste, qui, à l'exemple de la France républicaine et de l'Angleterre démocratique et libérale, croira rester fidèle au message nationaliste de ses héros Mazzini et Garibaldi en allant à son tour au-delà des mers assujettir d'autres peuples. Quitte à susciter d'autres Mazzini et d'autres Garibaldi.

ILS ONT DIT « NON » À L'OPPRESSION COLONIALE

On reste évidemment confondu devant ce constat : ce sont partout des nationalistes qui trouvèrent tout à fait normal et logique de se transformer en oppresseurs d'autres nations, dont certaines se réclamaient de civilisations plus anciennes encore que les leurs.

Comment avait-on pu s'investir totalement dans le combat pour la renaissance de la nation italienne ou allemande, et traiter avec un tel mépris la nation chinoise ? Comment ceux qui s'étaient montrés si intransigeants pour restaurer, en France, les principes démocratiques foulés aux pieds par l'Empire, acceptèrent-ils si facilement de bafouer en Asie, en Afrique, en Océanie, les droits les plus élémentaires des peuples ? Comment l'Angleterre refusa-t-elle aux populations placées sous son joug les simples droits que ses propres citoyens avaient arrachés de haute lutte dès le Moyen Âge ?

Mais c'est un fait : le travail forcé, cette nouvelle forme d'esclavage, put être systématiquement pratiqué en Afrique Occidentale Française – pour la construction du Congo-Océan, au Mali (alors Soudan français), par l'office du Niger, en Côte d'Ivoire – sans que ce lamentable retour en arrière ne suscite en métropole beaucoup de protestations. Discrétion d'autant plus étonnante que l'émergence des idées libérales, au XIXe siècle, s'était accompagnée d'une radicale critique de la logique coloniale. Presque tous les philosophes des Lumières en rejetèrent le principe. L'abbé Raynal, par humanisme, Turgot, Montesquieu et Voltaire par réalisme, Adam Smith et Jeremy Bentham, plus tard Bastiat, parce que ce système était attentatoire à la liberté du commerce. Au début du XIXe siècle, en Angleterre, Richard Cobden plaide en faveur de l'émancipation générale des colonies, mais plutôt à la façon américaine, c'est-à-dire au profit des colons. L'homme, qui fut berger et commis voyageur, est remarquable en cela que son « non » précurseur au colonialisme était la conséquence de son refus du protectionnisme – il fonda des ligues pour promouvoir le libre-échange – et l'amènera – après s'être opposé à la guerre de Crimée – à militer en faveur du désarmement et du règlement des conflits par l'arbitrage.

En France, outre Schœlcher, Tocqueville esquissa une critique de la tentation impérialiste.

Mais, peu à peu, l'hétérogénéité même des arguments contraires parut tout emporter : mission civilisatrice, initiative philanthropique et missionnaire, nationalisme, sentiment de supériorité raciale, concurrence entre grandes nations industrielles, volonté de s'assurer de grands marchés protégés, nécessité d'exporter un surplus de main-d'œuvre et de capital. Mais les nations dites civilisées s'inventèrent, un peu partout, de nouveaux sauvages pour mieux exporter leur propre sauvagerie.

À la veille de la Seconde Guerre mondiale, l'idéologie impérialiste est encore largement dominante, au point qu'en 1944, à la conférence de Brazzaville, Churchill, l'homme qui avait dit « non » à la soumission de l'Europe, rejettera encore l'idée de constitution, même lointaine, de « self-government » dans les colonies.

Avec le recul, un tel aveuglement est stupéfiant.

Qui ne voyait que si le pire de la colonisation provoquait la révolte, le meilleur nourrissait le désir de révolution : en permettant l'ascension d'une élite occidentalisée et la formation d'une bourgeoisie nationale, mais surtout en favorisant la diffusion des idées, des valeurs, des principes dont se réclamaient les métropoles tout en les violant dans leurs territoires d'outre-mer, en accélérant, enfin, le processus de développement d'un prolétariat urbain.

SUN YAT-SEN OU LE COMBAT CONTRE L'OCCIDENT AU NOM DES IDÉES DE L'OCCIDENT

Le cas de Sun Yat-sen, en Chine, est à cet égard particulièrement remarquable. L'homme qui permettra à l'empire du milieu de s'arracher peu à peu à l'emprise mercantile et spoliatrice des puissances occidentales, qui dira « non » à cette permanente humiliation, est lui-même un pur produit de la culture et de l'idéologie occidentales.

Fils de paysan, converti au christianisme, il a fait des études de médecine à Hong Kong, après avoir longuement séjourné à Honolulu où il fréquenta une école britannique. Et c'est fasciné par l'exemple américain, imprégné de culture anglaise, marqué par les idées françaises, presque totalement coupé de son propre héritage culturel, qu'il se lance dans une activité politique dirigée contre la monarchie mandchoue qu'il accuse d'avoir fait de son pays la serpillière de l'Europe. C'est d'ailleurs à Abraham Lincoln qu'il emprunte la devise qui résume son idéal : « Favoriser l'avènement d'un État appartenant à tous, contrôlé et gouverné par tous, au profit de tous. »

Le hasard veut, en outre, qu'après deux tentatives insurrectionnelles ratées, il séjourne aux États-Unis lorsque survient la révolution, dont très vite il prend la tête.

Aussi, lorsque au début des années 20, à partir des provinces méridionales, il entreprend une expédition armée contre le gouvernement de Pékin, se tourne-t-il d'abord vers les puissances occidentales, puis, devant leur refus de soutenir sa croisade réunificatrice, vers l'Union soviétique – comme Nasser en

1956 –, ce qui aura les conséquences considérables que l'on sait. Des processus semblables se multiplieront par la suite et favoriseront une quasi-fusion entre le mouvement de résistance anticolonialiste et les aspirations socialistes.

Il y avait comme une latence : des nations en gestation n'attendaient que l'occasion qui permît l'accouchement et un personnage qui en incarnât l'inéluctabilité.

Un peu partout les circonstances firent les libérateurs, quand en France, en 1940, en Italie avec Garibaldi, ou au Venezuela avec Bolivar, ce sont les libérateurs qui créèrent les circonstances.

On remarquera cependant qu'un Nkrumah, qui proclama l'indépendance du Ghana dès 1952 et l'obtint réellement en 1957, puis, se faisant le chantre du panafricanisme, se voulut porte-drapeau du « non » à la présence coloniale ou néocoloniale en Afrique, ce même Nkrumah, donc, avait – un peu comme Sun Yat-sen – été élevé par des missionnaires catholiques et, après être devenu instituteur, avait poursuivi ses études à l'université noire de Pennsylvanie, aux États-Unis, qu'il s'était ensuite installé en Angleterre où il fréquenta la London School of Economies, où il s'initia à la pensée marxiste. Que Hô Chi Minh, *alias* Nguyên Ai Quôc, vint en Europe à l'âge de vingt et un ans, travailla au restaurant de l'hôtel Carlton à Londres, puis à Paris comme photographe, où il adhéra au Parti socialiste français, avant de se rallier à la tendance communiste, à l'issue du congrès de Tours, et de gagner Moscou. Que Nehru, l'homme qui incarna l'émancipation de l'Inde, fut éduqué à l'occidentale, partit pour l'Angleterre à l'âge de seize ans, étudia au collège de Harrow et à l'université de Cambridge où, là encore, il découvrit les idées socialistes et ne regagna l'Inde qu'à l'âge de vingt-trois ans.

Que Sékou Touré, le Guinéen qui s'émancipa dès 1938 de la métropole, fut député à l'Assemblée nationale française et se forma idéologiquement à l'école de la CGT lorsqu'il était secrétaire du syndicat des PTT. Que l'Algérien Ahmed Ben Bella s'engagea dans l'armée française pendant la Seconde Guerre mondiale, participa à la campagne d'Italie, combattit à Monte Cassino, reçut la médaille militaire et fut démobilisé avec le grade d'adjudant de réserve. Que Habib Bourguiba, le symbole du nationalisme tunisien, fut étudiant à la faculté de droit de Paris et pouvait réciter par cœur un nombre impressionnant de poésies de Vigny, Victor Hugo et Lamartine – mais son numéro de choix, j'en fus témoin, était la tirade des nez du *Cyrano* d'Edmond Rostand. Que Mario de Andrade, l'un des principaux initiateurs du mouvement nationaliste angolais, avait été totalement formé à l'école de la gauche européenne. Que Jomo Kenyatta, qui en 1925 milita contre l'expropriation des terres appartenant à son peuple kikuyu – on l'accusa ensuite d'avoir été l'instigateur de la révolte mau-mau –, publia à Londres et naturellement en anglais, en 1938, son ouvrage fameux *Facing Mount Kenya*.

Pour avoir organisé à Alger, en 1963, autour de Mehdi Ben Barka, un déjeuner auquel participèrent la plupart des dirigeants révolutionnaires nationalistes, alors présents dans la ville, et dont beaucoup furent ensuite assassinés, je peux témoigner qu'ils étaient tous profondément imprégnés de culture européenne et qu'ils connaissaient parfois mieux Voltaire et Rousseau, Cervantès et Dickens, Bentham et Marx, qu'ils n'étaient férus des textes ou mythes fondateurs de leur propre civilisation. Jusqu'à Ben Bella qui me confia que l'un des livres, lus en prison, qui l'avaient le plus influencé était *L'Homme, cet inconnu*, d'Alexis Carrel, ou même Indira Gandhi qui affirma qu'elle avait découvert, jeune, le problème de la pauvreté en lisant *Les Misérables* de Victor Hugo.

Ce qui est stupéfiant ici, ce n'est point que les élites des peuples soumis aient puisé dans le bagage culturel que leur transmettaient les pays oppresseurs les arguments intellectuels qui les incitèrent à secouer le joug, mais que les transmetteurs de ce savoir, apparemment si fiers de leur « œuvre civilisatrice », n'aient pas un seul moment songé que toute captation d'un message impliquait qu'on en captât également les conséquences. Il était singulier d'exporter à la fois Victor Hugo et le travail forcé, Dickens et le servage, Zola et la corvée, Rousseau et le double collège, Byron et l'éradication des cultures nationales, Voltaire et les châtiments corporels, Bentham et l'expropriation brutale des terres, Adam Smith et un protectionnisme hermétique, Jésus-Christ et le mercantilisme le plus effréné.

Comment pendant presque un siècle a-t-on pu assumer cette schizophrénie hémiplégique ? Et violer systématiquement là-bas, au-delà des mers, tous les principes, toutes les valeurs que l'on enseignait aux enfants d'ici ? Comment la domination sans partage d'une minorité venue d'ailleurs sur une majorité autochtone dépourvue des droits politiques et économiques essentiels en violation des principes du suffrage universel – un homme, une voix – a-t-elle pu être justifiée, acceptée, tolérée par des gens qui, par ailleurs, se réclamaient de la démocratie libérale, de la philosophie des droits de l'homme et des principes républicains ? Comment, surtout, au sortir d'un conflit qui avait soulevé les peuples européens contre la pire des oppressions totalitaires, à l'issue d'une guerre menée au nom des libertés et de la justice, de l'antiracisme et de l'égalité, les vainqueurs proclamés de ce combat prométhéen ont-ils pu si naturellement admettre que se perpétuassent en leur nom les turpitudes et les perversions qu'ils venaient, chez eux, d'éradiquer ?

Comment, enfin, ont-ils été conduits à justifier qu'on piétinât dans leur propre champ clos impérial les idéaux au nom desquels ils organisèrent, au lendemain de l'holocauste, la résistance à un autre totalitarisme qui avait imposé sa loi d'airain à une partie de l'Europe ?

GUERRE D'ALGÉRIE : CEUX QUI ONT DIT « NON »

Le cas de la France fut, hélas, tristement exemplaire, qui, l'année même de sa propre libération, n'hésita pas à renverser les rôles en réprimant dans la région de Sétif, en Algérie, une explosion de violence nationaliste avec à peu près autant de doigté et de circonspection qu'en avait manifesté l'occupant à l'égard des « bandits » du Vercors. Puis récidiva à Madagascar et au Cameroun, avant de s'engager en Indochine dans une entreprise de reconquête contre un Tito tonkynois, de placer sur le trône du Maroc un fantoche à la Quisling, et de transformer le bey de Tunis en Pétain d'opérette – nous reviendrons plus loin sur ces épisodes et ceux qui s'y opposèrent.

On se serait attendu que de si aberrants contresens provoquent une insurrection de la morale et de l'intelligence. Il n'en fut rien. Comme en 1938, le « non » des communistes, qui menaient, eux, un autre combat dans le sillage d'une autre oppression, justifia toutes les lâchetés et servit d'alibi à tous les aveuglements, jusqu'à ce que missent fin à ces farces sanglantes quelques libéraux éclairés et démocrates lucides, finalement fédérés par Pierre Mendès France : celui-là même qui avait dit « non » à la capitulation de 1940 – en 1942, il avait rejoint

Londres comme combattant volontaire dans l'aviation –, « non » à la facilité financière en 1945, et qui dira « non » au putsch de 1958.

Faut-il ajouter que cet homme d'exception, dont la droiture le disputait à l'intransigeance, parfois à la rigidité, attirera sur son nom des haines assassines ? Qu'ayant extrait la France du bourbier indochinois et du piège tunisien, redonné du prestige à la fonction politique, il sera renversé par une coalition cannibale et hétéroclite après un an de pouvoir (il voulait en particulier réaliser en Algérie des réformes auxquelles s'opposaient les représentants des colons), qu'après avoir mené un « front républicain » à la victoire aux élections de 1956 il sera relégué au rang de faire-valoir ? Qu'il démissionnera pour ne pas cautionner la politique algérienne socialiste, dénoncera l'instauration, fût-ce sous l'égide de De Gaulle, d'un régime de pouvoir personnel, accumulera les échecs électoraux à l'issue d'affrontements au cours desquels il se contentera d'opposer la pédagogie à la calomnie, obtiendra un score ridicule, comme son partenaire Gaston Defferre, aux élections présidentielles de 1968, et que, la gauche ayant reconquis le pouvoir en 1981 en partie grâce à lui, il sera d'autant plus idolâtré à sa mort qu'il aura été plus systématiquement trahi, exécré, marginalisé de son vivant ?

Je revois encore cet homme, dont le physique paraissait avoir été modelé sur son moral, tout en rigueur, tourmenté, froissé, je l'entends si précis, si clair et pourtant si humain dans le propos, tandis que son regard portait comme les stigmates de l'indicible douleur accumulée au fil des ingratitudes. J'ai encore à l'oreille, à l'occasion de meetings contradictoires auxquels ce grand démocrate aimait participer, l'échos des hurlements misérables, des insultes ignominieuses que suscitaient certaines de ses apparitions : d'autant que les forces les plus antirépublicaines et les plus antidémocratiques, auxquelles il arriva à l'extrême gauche de se joindre, avaient très bien compris, et surtout à partir de 1954, que Mendès « incarnait » très exactement l'antithèse des contre-valeurs qu'elles cherchaient, elles, à promouvoir une fois encore.

À partir de 1957, on l'a dit, Pierre Mendès France fut de ceux qui préconisèrent une solution pacifique et négociée en Algérie. L'éthique l'exigeait, mais également le réalisme le plus froid, qui amena un philosophe conservateur comme Raymond Aron à refuser, lui aussi, la spirale infernale qui conduisait presque au suicide de la République et à l'inéluctable affaiblissement de la nation.

Tout commence en novembre 1954. Battue à Diên Biên Phû, la France a dû signer à Genève une paix de compromis qui abandonne aux révolutionnaires vietnamiens le nord de l'Indochine. La Tunisie, puis le Maroc, vont bientôt retrouver la maîtrise de leur destin. Les Pays-Bas ont accordé son indépendance à l'Indonésie, la Grande-Bretagne à l'Inde. Nasser, porté par une vague de nationalisme arabe, s'est imposé au Caire. Bientôt – en 1955 – se réuniront à Bandung, dans l'île de Java, sous l'égide de Soekarno, l'homme qui a dit « non » à la tutelle hollandaise, toutes les forces afro-asiatiques qui luttent pour briser le carcan colonial.

Or c'est peut-être en Algérie que le mouvement de résistance ou de libération nationale s'est manifesté le plus tôt, avec le plus d'ampleur, des campagnes d'Abd el-Kader – dont Abd el-Krim au Maroc sera un peu l'héritier – à l'insurrection de Mokrani et aux révoltes kabyles. Et c'est aussi là, en Algérie, que, d'emblée, la répression militaire prit sa forme la plus achevée, la plus insoutenable, au point que l'on chargea systématiquement ceux qui en furent les promoteurs, le général Bugeaud, le général Changarnier, le général de Saint-Arnault, de venir à Paris noyer dans le sang les insurrections républicaines.

Le ressentiment n'en fut que plus féroce et dans les années 30, déjà, sous une forme plus radicale avec Messali Hadj, plus réformiste avec Ferhat Abbas, plus spiritualiste et religieuse avec les ulémas, la revendication identitaire s'affirma très fortement, ce qui n'empêcha d'ailleurs pas le lobby colonial de faire échouer en 1937 le projet de loi Blum-Viollette qui prévoyait d'accorder des droits politiques aux « évolués » algériens.

À la conférence de Brazzaville de 1944, le principe de l'autonomie interne est refusé aux Algériens. La révolte sauvage de Sétif, en 1945, est réprimée avec une sauvagerie démultipliée. Il ne suffit pas que Français et Algériens de souche ne votent pas dans le même collège – cela pour éviter que l'électorat musulman ne soit majoritaire –, le socialiste Naegelen organise en outre un trucage des élections pour éviter que les nationalistes du MTLD – Mouvement pour le triomphe des libertés démocratiques – ne l'emportent dans le collège musulman.

Il est vrai que l'Algérie n'est plus formellement une colonie, mais fait partie intégrante du territoire français, qu'elle est officiellement soumise aux mêmes lois républicaines, peuplée d'un million d'Européens de souche que l'on baptisera « pieds-noirs », que cet apport économique et humain a profondément métamorphosé le pays, en a au moins modernisé les régions côtières ainsi que la plaine de la Mitidja de façon impressionnante, et qu'enfin une grave crise éclate au sein du mouvement nationaliste opposant la direction officielle et occidentalisée du MTLD, très marquée par l'influence de la gauche française, aux tenants du vieux leader égotique Messali Hadj totalement enfermé dans l'autodéfense de son propre culte.

C'est alors qu'un petit groupe de militants, ex-activistes du service d'ordre du MTLD pour la plupart, presque tous passés par la prison à la suite de quelques « coups de main », se réunissent au Caire, au siège de la Ligue arabe. Ils prennent contact avec des militants de l'intérieur à l'occasion de la finale Hongrie-Allemagne de la coupe du monde de football, et décident, pour sortir de la crise par le haut, d'en renvoyer les protagonistes dos à dos et de lancer l'insurrection armée.

Rarement, pour reprendre la formule de Churchill, si peu d'hommes – Ben Bella, Hocine Aït Ahmed, Mohamed Boudiaf, Mohamed Khider, Mohamed Ben M'hidi, Didouch Mourad – parviendront à déclencher un événement aux conséquences mondiales – et nationales – aussi considérables, dont la plus spectaculaire sera l'effondrement de la IVe République et le retour au pouvoir du général de Gaulle, comme s'il était écrit que le « non » de quelques-uns en 1954 devait être finalement pris en charge et donc assumé par celui qui avait dit « non » en 1940.

À ce début d'insurrection, comment allait-on répondre ? Par la réforme ? Non... Mendès France avait été renversé pour l'avoir proposée. Par la répression !

Et celui qui le premier, sur place, en Algérie, engagea la France dans cet engrenage sans issue, Jacques Soustelle, avait été, à Londres, l'un de ceux qui avaient organisé la lutte armée de la France Libre.

Les électeurs français, en janvier 1956, envoyèrent à l'Assemblée une majorité dont les porte-parole avaient préconisé la recherche d'une solution pacifique, et donc négociée, à cette guerre inavouée qui prenait chaque jour un peu plus d'ampleur. Soustelle est remplacé par le général Catroux, un résistant de la première heure. Le nouveau président du Conseil, le socialiste

Guy Mollet, se rend en Algérie. Rameutée par des comités d'activistes ultra, une foule européenne l'accueille à coups de tomates. Il capitule. *Exit* Catroux qui entendait explorer les voies de la sagesse. Remplacé par Lacoste, un autre socialiste, ex-résistant. Mollet demande au Parlement les pleins pouvoirs que lui votent même ceux qui espèrent qu'il s'en servira pour faire respecter les lois de la République.

Au lieu de quoi, il en appelle au contingent et engouffre plus de quatre cent mille hommes dans un conflit qui devient l'un des plus meurtriers de cette seconde moitié du siècle. L'Algérie se transforme en zone d'opérations, qui ne connaît plus d'autre légalité que celle que tolèrent les militaires et leurs supplétifs. On brise des grèves comme des régiments de uhlans s'emparaient autrefois d'une ville insoumise. Au terrorisme aveugle et souvent abject répondent des méthodes qui ne le cèdent en rien aux sinistres exploits de ceux qui pourchassaient les « bandits » gaullistes de 1943. À l'usage presque institutionnalisé de la torture, répondent les exécutions de prisonniers au cours de « corvées de bois ». On enferme, on brûle, on rafle, on ratisse, on regroupe, on fusille, on guillotine. Or cette politique-là, qui violait toutes les valeurs au nom desquelles on la menait, il se trouva à cette époque une majorité d'élus, de politiciens, de journalistes, de notables de tous bords, d'intellectuels institutionnels même, pour l'appuyer, la justifier ou la tolérer.

Même clivage qu'en 1938, lorsque furent signés les accords de Munich : d'un côté, l'extrême droite, la presque totalité de la droite, une large fraction du centre, la majorité des radicaux et des socialistes ; de l'autre, les communistes – mais qui s'étaient décrédibilisés en présentant l'« archipel du goulag » comme un paradis –, une minorité de socialistes, des démocrates indépendants, quelques républicains de conviction, des chrétiens progressistes ou libéraux, des mendésistes, des gaullistes que l'on dira « de progrès », des libéraux lucides ou cohérents. Mais surtout, malgré la soumission de la plupart des grands médias et la relative atonie, au moins jusqu'en 1960, de l'opinion publique, à travers en particulier quelques journaux comme *Le Monde*, *L'Humanité*, *Témoignage chrétien*, *L'Express*, *France Observateur*, mais aussi des revues comme *Les Temps modernes*, *Esprit*, ou des éditeurs comme ceux des Éditions de Minuit, de nombreuses et parfois prestigieuses voix se firent entendre, qui ne cessèrent de dire « non » au déshonneur de la patrie et aux forfaitures que l'on commettait au nom de la République. Citons en particulier les socialistes Édouard Depreux, Daniel Mayer, Alain Savary, les universitaires Laurent Schwartz, André Mandouze ou Henri Marrou, les journalistes Claude Bourdet, Roger Stéphane, Roger Barrat, le gaulliste catholique Edmond Michelet, le général de La Bollardière, le philosophe Francis Jeanson, les acteurs Gérard Philipe et Jean Vilar, mais aussi Jean-Paul Sartre, l'historien Pierre Vidal-Naquet, le romancier Georges Arnaud, auteur du *Salaire de la peur*, les éditeurs Jérôme Lindon et François Maspero, le publiciste Jean-Jacques Servan-Schreiber, le directeur de *La Vie catholique* Georges Hourdin, les évêques d'Alger et d'Angers, Monseigneur Duval et Monseigneur Chappoulie, quelques autres...

Quel était le dilemme ? Exactement celui de l'affaire Dreyfus lorsque Zola publia son *J'accuse* : droits de l'homme contre raison d'État. L'ordre fut-il injuste ou la justice servit-elle apparemment le désordre ? Avec, en filigrane, cette autre interrogation : est-ce être patriote que cautionner des pratiques qui affaiblissent son propre pays et salissent son image ? Peut-on être raisonnablement « nationaliste » si on s'avère totalement incapable de prendre en compte le nationalisme de l'autre ?

Ce n'est pas un hasard si tant d'anciens résistants, tel Claude Bourdet, fils du dramaturge bourgeois Édouard Bourdet (*Le Sexe faible*), ex-animateur des réseaux Combat et directeur du journal du même nom – cocréateur également de *France Observateur* – tels Edmond Michelet, André Philip, Lucie et Raymond Aubrac, d'Astier de la Vigerie, estimèrent ne pas pouvoir accepter qu'on reproduisît au nom de la nation ce qu'on avait combattu au nom de la nation. Quant au mathématicien Laurent Schwartz, il dépensera plus tard en faveur des dissidents soviétiques autant d'énergie qu'il en avait consacré à défendre les droits des dissidents algériens.

Certains allèrent plus loin et crurent qu'on ne pouvait pousser jusqu'à son terme un « non » à l'oppression sans se mettre effectivement au service de la lutte menée par les « opprimés », quelles que soient leurs méthodes. Ils apportèrent donc une aide aux nationalistes algériens. On les appela par dérision les « porteurs de valise ». Parmi eux, le philosophe Francis Jeanson, l'abbé Davezies, Henri Curiel. Je fus de ceux qui, à l'époque, réprouvèrent totalement cette attitude, chacun devant poursuivre son combat dans son espace de responsabilité. Cette rupture radicale n'en fut pas moins, parfois, héroïque au regard des risques encourus et des exclusions subies. Elle déboucha en outre sur un manifeste dit « des Cent vingt et un » qui contribua assez largement à délégitimer une guerre assez honteuse pour ne jamais se nommer : la rébellion algérienne y est approuvée, le droit à l'insoumission proclamé. Parmi les signataires : outre Sartre et Simone de Beauvoir, Marguerite Duras, André Breton, Françoise Sagan, Nathalie Sarraute, Vercors, Jean-François Revel, François Truffaut, Danielle Delorme, Simone Signoret, Alain Resnais. Des sanctions furent prises : elles firent le jeu des protestataires. Contre le manifeste des « non », on suscita un contre-manifeste des « oui » qu'approuvèrent Roland Dorgelès, le maréchal Juin, Henri de Monfreid, Roger Nimier, Pierre Nord – ancien de *Je suis partout* – Jules Romains, Michel de Saint-Pierre.

Sans appeler à la désertion, Roland Barthes, Jacques Le Goff, Edgar Morin, Jacques Prévert, Étiemble signèrent à leur tour contre la guerre et en faveur de la négociation. Une fois de plus, le « non » n'avait pas mobilisé d'académicien. Le risque n'était pourtant pas considérable. « On ne jette pas Jean-Paul Sartre en prison », avait fait remarquer le général de Gaulle.

En Algérie même, en revanche, il fallut à certains Européens, même « libéraux », pour aller à contre-courant, une mentalité de premiers chrétiens. Certains tentèrent, parfois au péril de leur vie, comme le fonctionnaire Maurice Perrin ou l'avocat Maître Popie, de jeter un pont entre les deux communautés. Albert Camus en fut un temps, avant de baisser les bras, mais aussi le romancier Emmanuel Roblès, l'architecte Jean de Maisonseule, le docteur Jean Gonnet.

D'autres vécurent un terrible drame intérieur. Ils étaient français et ils étaient algériens, enfants de ce pays et fils de cette terre. Où était leur peuple ? Où était la justice ? Où était le droit ? Plusieurs d'entre eux, très minoritaires, tranchèrent en privilégiant leurs convictions. C'est ainsi que des chrétiens, qualifiés de « progressistes », tels le docteur Chaulet et son épouse Claudine, Évelyne Lavalette, le papetier André Gallice, les abbés Scotto et Augros, apportèrent une aide morale, médicale, parfois matérielle, aux « proscrits » du FLN. Rebelles avec les rebelles. D'autres, plus proches des communistes, participèrent directement à la lutte : l'aspirant Henri Maillot, qui déserta avec son camion d'armes, fut tué lors d'une opération; Fernand Yveton, qui avait déposé dans un centre EGF une bombe programmée pour ne pas faire de victimes, fut torturé et guillotiné – quelques jours avant que ne soit libéré en France l'ancien boucher de la Gestapo parisienne, Oberg; le mathématicien Maurice Audin mourut sous la torture. Ses meurtriers n'eurent aucun compte à rendre.

Mais le martyre ne fut pas en sens unique. En Algérie, des centaines de milliers de pieds-noirs étaient convaincus que leur terre légitime, sinon leur patrie, était celle où étaient enterrés leurs ancêtres et qu'ils avaient, en près de cent trente ans de labeur et d'esprit d'initiative, profondément transformée. Ils y étaient nés, ils y avaient inscrit et programmé, de génération en génération, leur existence. Ils s'étaient, en quelque sorte, mentalement refaçonnés au contact de cette Afrique qui était devenue, dans leur tête, une autre France. Leur gestuelle, leur parler, leur culture propre étaient le fruit de cette métamorphose. Et aussi de cette synthèse. Ils ne s'imaginaient pas rejetés au-delà des mers, dans un monde qui n'était plus le leur et avait pris à leurs yeux la couleur grise d'un insupportable exil.

Surtout, on les avait trompés. Leurs propres élus d'abord, qui n'avaient cessé de les conforter dans leur enfermement : le lac ne devait rien concéder à l'océan; toute réforme était trahison, l'abandon commençait avec le réalisme. Les politiciens européens, ensuite, qui n'avaient jamais eu le courage de leur parler le langage de la vérité, qui n'avaient jamais osé leur dire qu'il y aurait un jour trente millions de musulmans autochtones pour un million et demi de pieds-noirs au beau milieu d'un continent dont tous les pays auraient obtenu le droit à l'autodétermination. Comment gérerait-on cette incongruité ? La question ne devait pas être posée, elle était obscène, blasphématoire, hérétique. Ils furent trahis, enfin, par le général de Gaulle, hélas, qui utilisa leur refus pour revenir aux affaires en sauveur de la République, le flatta et l'exalta à cet effet, puis les renvoya brutalement dans le mur des réalités, parce que, en « nationaliste » conséquent, il avait compris qu'on ne rénove pas, qu'on ne réveille pas une nation en consacrant toute son énergie à en comprimer une autre.

Alors, dans leur désespoir aveugle, certains de ces « autres Algériens » allèrent eux aussi jusqu'au bout d'un « non » qui ne pouvait que les anéantir. Ils y furent encouragés par des soldats perdus qui estimaient avoir contracté un engagement d'honneur vis-à-vis d'eux. Les généraux Salan, Jouhaud, Challe, Zeller, les colonels Gardes ou Argoud furent de ceux-là. Certains poursuivaient, par le biais de ce refus de l'inévitable, une vieille croisade idéologique, celle de l'affaire Dreyfus et de Vichy, dont tout naturellement le général de Gaulle fut la cible. Mais pas tous. Ainsi un officier comme Denoix de Saint Marc, qui engagea ses parachutistes dans le putsch d'avril 1961, venu de la France Libre et de la déportation, avait jusqu'alors connu un parcours exemplaire.

Cas limite : celui de Georges Bidault, antimunichois en 1938, ancien président du Comité national de la Résistance en 1944, ministre du général de Gaulle jusqu'en 1946, ex-animateur de la démocratie chrétienne, cofondateur à ce titre du MRP, et qui, par passion nationaliste sans doute, par fureur anticommuniste, parce qu'il s'estimait trahi par le Général, se rallia à l'OAS et, au nom de la défense de l'Algérie française, cautionna toutes ses dérives terroristes qu'il assimila à de légitimes actes de résistance.

Faut-il citer encore Jean Bastien-Thiry, officier, ex-polytechnicien, que sa passion militante conduisit à organiser contre le chef de l'État l'attentat raté du Petit-Clamart et qui fut, malgré cet échec, condamné à mort et fusillé ?

Années terribles qui virent s'affronter des lâchetés indicibles et des héroïsmes dévoyés. Où le « non » exacerbé de quelques-uns – celui du FLN en 1956 ou de l'OAS en 1962 – ne recula même pas devant l'assassinat d'enfants, ce qu'on revivra à travers le conflit israélo-palestinien. Il semblait qu'aucune digue morale ne fût capable de contenir les vagues de la haine. Aujourd'hui encore, je ne peux m'expliquer comment purent assumer des horreurs indicibles dont je fus témoin (achever des blessés dans des hôpitaux, par exemple) tant d'hommes qui n'étaient pas des monstres.

En octobre 1961, les Algériens de France, à l'appel du FLN métropolitain, organisèrent à Paris une manifestation pacifique pour protester contre un couvre-feu « au faciès » qui leur avait été imposé. À la répression implacable, à une rafle monstre qui en rappelait d'autres – et dont, me trouvant sur les lieux, je n'oublierai jamais les images – s'ajouta un crime collectif. Dans les jours qui suivirent, on retrouva de nombreux cadavres charriés par la Seine, des corps abandonnés dans les forêts alentour. Au moins soixante victimes. D'autres ont avancé des chiffres beaucoup plus importants. Les grands médias firent le black-out. La rage assassine de brigades policières largement infiltrées par l'extrême droite fut occultée et on n'évoqua que la violence des manifestants désarmés, parmi lesquels des milliers de femmes et d'enfants. Le préfet de police de l'époque, Maurice Papon, nia et couvrit. Le ministre de l'Intérieur, Roger Frey, s'en lava les mains. Aucune protestation collective ne fut organisée. Seules quelques voix se firent entendre pour stigmatiser ce forfait. Toujours les mêmes. Celles qui avaient déjà dit « non » à la dynamique infernale qui débouchait fatalement sur de telles ignominies. Et parmi elles, celle d'un juste, le centriste catholique Claudius-Petit, qui dénonça au conseil municipal de Paris la bestialité raciste. Relayé par l'éternelle vigie Claude Bourdet.

Pourquoi si peu de réactions ? Parce que l'opinion, longtemps mise en condition, avait été comme anesthésiée par la banalisation de la violence – ne me suis-je pas surpris, en avril 1962, à Alger, à poursuivre une conversation, après avoir enjambé le cadavre d'un homme qui venait d'être assassiné sous nos yeux ? Parce qu'elle avait trop accepté déjà pour considérer comme une tragédie le franchissement d'une marche de plus.

PEUT-ON DIRE « NON » PAR LE CRIME ?

Période trouble et glauque que celle où, de part et d'autre, le refus s'investit dans le crime, où au nom des uns il fallait aveuglément tuer les autres. Et qui force à se poser cette question : à la liste de ceux qui ont dit « non », faudra-t-il intégrer un Jacques Clément ou un Ravaillac ? On hésite. Ceux-là pourtant, en immolant Henri III et Henri IV, ne doutaient pas un instant qu'ils obéissaient à un commandement de Dieu. Pour les ligueurs, ils ne furent pas moins des héros que Gavrilo Princip, l'homme qui revolvérisa l'archiduc François-Ferdinand à Sarajevo, ne le fut pour les Serbes. Ou P. Kelemen, le meurtrier oustachi d'Alexandre de Yougoslavie, pour les Croates. Tous se sacrifièrent à une cause, comme Giuseppe Fieschi, l'homme de la machine infernale contre Louis-Philippe, ou Louis-Pierre Louvel, l'assassin du duc de Berry, l'anarchiste Ravachol, les nihilistes russes de la *Narodnaïa Volia* – Vera Zassoulitch, A. K. Soloviev, les meurtriers d'Alexandre II –, les assassins basques de Carrero Blanco, le successeur du général Franco.

Faut-il leur donner acte de leur « non » vengeur au-delà de la forme qu'il prit ? Dilemme redoutable. Tel qui récusera l'ultramonarchiste Cadoudal, qui voulut la mort de Bonaparte, revendiquera Charlotte Corday, la pure girondine qui exécuta l'affreux Marat. Celui-là exécrera les exécuteurs islamistes de l'Égyptien Anouar el-Sadate, qui aura peut-être applaudi à l'héroïsation littéraire par Alfred de Musset de Lorenzaccio, qui poignarda Alexandre de Médicis, le même qui glorifie les combattants kosovars de l'UCK peut diaboliser les activistes palestiniens. On anathématisera John Wilkes Booth, qui sacrifia le président Lincoln à sa paranoïa fanatique, mais on idéalisera le colonel von Stauffenberg qui, en 1944, tenta de supprimer Adolf Hitler.

Ravaillac est une injure, mais Brutus est un compliment. Tous les deux n'en dirent pas moins « non » par le crime à deux souverains qu'ils considéraient comme des usurpateurs. Mettra-t-on dans le même sac le terroriste palestinien du Hamas, et Pierre Georges, le futur colonel Fabien qui, le premier, abattit un officier allemand à la station de métro Barbès ? Les tueurs du dictateur dominicain Trujillo et celui du président israélien Rabin ? Pourtant, non seulement tous ceux-là allèrent au-devant du martyre, la mort pour la plupart, la torture préalable pour certains, non seulement ils s'offrirent tout entiers à leur propre croisade, mais en outre leur « non », implacable et féroce, portait en lui un « oui » passionné et fervent : « oui » à la vraie foi – Jacques Clément –, « oui » à l'Algérie française – Degueldre –, « oui » à la résurrection de la République – Fieschi –, « oui » à la Palestine libre, à l'Irlande libre, au Pays basque libre, à la Russie libre. Est-ce à dire qu'ils auraient leur place à côté de De Gaulle, Victor Hugo, Zola ou Jean Moulin ?

Mais alors, si la passion l'emporte sur l'intention, l'intention sur l'aspiration, l'aspiration sur la finalité, la finalité sur les moyens utilisés pour y parvenir, où placer le curseur ? Accepte-ra-t-on les « tigres » tamouls qui, au nom du même pan-nationalisme ethnique, n'ont proportionnellement pas commis moins de forfaits que les nazis allemands ? Les rebelles kurdes du PKK qui, sur les ordres d'un Ocalan vendant, une fois pris, son propre peuple à ses bourreaux, accumulèrent au nom d'une juste cause les plus effroyables atrocités ? Les « justiciers » de l'ETA basque pour qui le désaccord politique vaut la peine capitale ? Les exécuteurs palestiniens d'Ahmed Djebil, les sacrificateurs du Hamas aux yeux desquels on ne saurait être juif et innocent ? Les « fous de Dieu » qui, partout, de l'Algérie à l'Afghanistan – et dont l'Israélien Goldstein, auteur d'un épouvantable attentat anti-arabe à Hébron, est également un digne représentant –, éradiquent par le fer et par le feu toute différence, au nom de leur conformité, coupent les têtes pour mieux araser les idées. Ceux-là, à l'égard desquels le petit monde gaucho-médiatique manifeste d'ailleurs tant d'indulgence, seraient-ils récupérables sous prétexte qu'à les entendre ils disent « non » aux infidèles, à la corruption, à l'immoralité ?

Une première réponse s'impose : outre que le terrorisme aveugle, celui qui frappe au hasard, ou en fonction d'un non dit raciste, une communauté que l'on cherche à paniquer, est toujours odieux, le meurtre politique ne supporte aucune justification dès lors qu'il existe un moyen démocratique, fût-il imparfait, de faire avancer une cause ou d'appuyer une aspiration.

À cet égard, les guérilleros marxistes de Bolivie ou les bouchers maoïstes du Pérou ne sont pas moins condamnables que les assassins sikhs d'Indira Gandhi, les néo-fascistes italiens qui concoctèrent du temps des années de plomb l'attentat de Milan, les activistes allemands de la bande à Baader, les pseudo-révolutionnaires d'Action directe, les Brigades rouges italiennes ou les tueurs drogués de la Mitidja. A l'inverse, quand l'urne est retirée, truquée ou bourrée, il devient légitime que le fusil remplace le bulletin.

Le « non » ne prend sens, avons-nous dit, que s'il induit et structure un « oui ». Or, non seulement de Gaulle disait « oui » à une France retrouvée, Victor Hugo aux « États-Unis d'Europe », Jeanne d'Arc à la restauration de la monarchie légitime, Ledru-Rollin au réveil de la République, Zola et Voltaire à la victoire de la justice, Schœlcher à l'abolition de l'esclavage, Garibaldi à la réunification de l'Italie, Theodor Herzl, théoricien du sionisme, à la résurrection de l'État d'Israël, Kosciuszko à la renaissance de la Pologne, Gandhi à l'indépendance de l'Inde, Mandela à l'égalité des suffrages, Jean Jaurès à l'avènement de la démocratie sociale, Bolivar à la libération de l'Amérique latine, Soljenitsyne au retour de la Sainte Russie,

Malcolm X au réveil des Noirs américains mais, en outre, tous s'investirent en cela dans des combats réalistes puisqu'ils se révélèrent victorieux ; puisque tous ces objectifs furent atteints ; et qu'il était quasiment écrit que l'Histoire assumerait ces finalités : que l'Italie serait réunifiée, la France libérée, la République restaurée, Dreyfus réhabilité, l'Empire réprouvé, les lois d'apartheid annulées, le droit des Palestiniens à un État reconnu, l'esclavage aboli, le suffrage universel instauré, le droit de vote accordé aux femmes, les chômeurs indemnisés, etc.

LE « NON » COMME AUTO-ENFERMEMENT

En revanche, quelle chance avaient Ravachol de permettre le triomphe de l'anarchie, l'OAS d'instaurer une dictature ethnique d'une minorité européenne en Algérie, les Brigades rouges ou la bande à Baader de convertir l'Italie et l'Allemagne de l'Ouest au communisme intégral, le Sentier lumineux péruvien d'entraîner les Indiens dans une révolution maoïste, les nihilistes russes ou les autonomes français d'Action directe d'imposer l'avènement d'une société adéquate à leurs discours fantasmatiques, les terroristes intégristes de Ben Ladden d'instaurer partout dans le monde la loi de l'islam, les colons fondamentalistes juifs d'éradiquer toute présence palestinienne, les confédérés sudistes américains de sauvegarder pour l'éternité le système esclavagiste ?

Il est évident qu'entre ces « non »-là, totalement tournés vers eux-mêmes, verrous de leur propre enfermement – ce qui pourrait bien valoir définition de la folie – et le « non » de Jean Moulin, du Mahatma Gandhi, de Nelson Mandela, d'Abraham Lincoln, du patriote congolais Patrice Lumumba au dépeçage de son pays, de Crazy Horse et Sitting Bull à l'anéantissement du peuple sioux, de Geronimo à la déportation des Apaches, de Romain Rolland à l'holocauste de la Première Guerre mondiale, des frères Rosselli au fascisme mussolinien, qu'entre ces « non » aliénés et ces « non » libérateurs, il n'y a strictement aucun rapport.

D'un côté, les refus qui brisent les carcans, de l'autre, ceux qui les cadenassent. Ici, on renverse les montagnes, et là, on les divinise. Ce sont là d'ailleurs, presque toujours, des « non » qui s'opposent entre eux : le « non » au cléricalisme au « non » à la philosophie des Lumières ; le « non » à l'obscurantisme au « non » à la rationalité scientifique ; le « non » à la tyrannie au « non » à l'« anarchisme démocratique ».

Parfois une bipolarité structurante, souvent artificielle, s'organise autour de l'affrontement de deux « non » légitimes : « non » à l'omniprésence de l'État contre « non » à la dictature de l'argent ; « non » au tout sécuritaire contre « non » à la loi de la jungle ; « non » à l'ordre moral contre « non » au désordre immoral. Mais la différence reste fondamentale, radicale, fondatrice, entre les « non » optimistes, constructifs (ne serait-ce que les « non » à la désespérance, à la démission, à la soumission) qui renversent les murailles, ouvrent les portes plombées, tracent des perspectives, récusent les impasses, défient le destin, nient les fatalités, rejettent les culs-de-sac, et ceux qui ne s'investissent dans aucune autre finalité que le blindage de leur autoprotection, qui réduisent les fins à l'ivresse que procure la radicalité des moyens, qui expriment la rage nihiliste d'ego que dérange toute responsabilité citoyenne et révolte toute expression du suffrage universel, qui n'acceptent pas d'autre croyance que celle dont ils s'auto-désignent les grands prêtres, pas d'autre justice que celle dont ils se veulent à la fois les magistrats, le bras séculier et les bourreaux ! (Ainsi les caudillos de l'ETA basque.)

Placera-t-on sur le même plan le « non » des criminels du GIA algérien à toute forme de tolérance et le « non » de Salman Rushdie à la dictature du dogme ? Le « non » brut de Molotov – surnommé justement Monsieur Niet – à la déstalinisation de l'Union soviétique et le « non » du dissident Sakharov à la logique totalitaire ? Le « non » du Comité des forges d'avant guerre aux quarante heures et aux congés payés et le « non » de la philosophe Simone Weil à la surexploitation de la classe ouvrière ? Le « non » qui porte une espérance et le « non » négativiste ? Le « non » de l'amour et le « non » de la haine ? L'ayatollah Komeiny et Taslima Nasreen ? Saddam Hussein lorsqu'il a dit « non » à la communauté internationale et l'abbé Pierre qui mène depuis plus d'un demi-siècle sa croisade contre la misère ? Milosevic parce qu'il a dit « non » à l'OTAN et Bertrand Russell qui consacra toute son énergie à dénoncer les guerres impérialistes ?

10

Le « non » à la guerre

L'ÉPOPÉE DE BERTRAND RUSSELL

Arrêtons-nous un instant sur ce dernier cas. Mathématicien exceptionnel, philosophe d'envergure, historien des phénomènes sociaux et économiques, lord Russell n'en mena pas moins jusqu'à son dernier souffle – il mourut à quatre-vingt-dix-huit ans – un combat de tous les instants contre l'iniquité en général et contre ce stade suprême de l'imbécillité collective qu'est la guerre en particulier.

En 1907 déjà, quatre ans après avoir publié son fameux *The Principles of Mathematics*, il se présente aux élections en Grande-Bretagne, en préconisant, sous les moqueries, le vote des femmes, ce qui lui vaut de « ramasser » comme on dit une « veste » homérique. D'autant que le parti libéral, dont il se veut proche, l'a désavoué pour athéisme.

Cette bouderie de l'opinion publique ne le décourage nullement. À contre-courant de l'exaltation nationaliste ambiante, il condamne, dès 1914, la guerre criminelle et absurde. Effrayés, certains de ses amis et collaborateurs les plus proches rompent avec lui. Comme certaines belles âmes rompront spectaculairement avec le philosophe français Régis Debray lorsqu'il stigmatisera, lui en 1999, la sale guerre des Balkans. Russell multiplie les écrits et les prises de position pacifistes dont il réunit ensuite la substance dans un ouvrage intitulé *Justice en temps de guerre*. À partir de 1916, il accentue encore son refus de l'immense boucherie. Il rédige ses *Principles of Social Reconstruction* qui lui vaudront d'être ostracisé par l'establishment et interdit même de conférence publique. Il milite pour la reconnaissance des droits des objecteurs de conscience. En mai 1918, il est condamné à six mois de prison ferme – il en profite pour écrire son *Introduction à la philosophie mathématique*. Rendu à la liberté, il découvre le socialisme et se rend en 1920 en Union soviétique. Il rencontre même Lénine. Mais, avant beaucoup d'autres, il perçoit le caractère intrinsèquement totalitaire du système et le rejette avec force, au risque d'être également abandonné par ses nouveaux amis qui le décrivent volontiers en « laquais de la bourgeoisie ». Ce qui ne l'empêche nullement, en 1922 et 1923, de retenter sa chance aux élections, en dénonçant cette fois l'impérialisme sous toutes ses formes et en préconisant l'impôt sur le capital, la réforme de l'enseignement et la reconnaissance de l'URSS.

Il est évidemment battu. Mais la mort de son frère aîné, qui le fait hériter du titre de comte, le projette à la Chambre des lords. Il tente une nouvelle aventure, en créant, à Beacon Hill, une école expérimentale fondée sur le principe d'une éducation non répressive et d'une morale ouverte. Il s'y heurte à des difficultés insurmontables, confronté qu'il est à la violence d'un certain nombre de cas sociaux, et fait finalement faillite.

La publication, en 1929, de son essai *Mariage et Morale* fait de nouveau scandale, d'autant que lui-même accumulera divorce et épousailles. En 1934, dans *Liberté et Dirigisme, de 1814 à 1917*, il explicite, au terme d'une exploration historique remarquable, son double rejet du libéralisme et de l'impérialisme d'un côté, du déterminisme économique et du marxisme de l'autre, tout en soulignant l'importance de l'« idée nationale ».

Et surtout, en 1940, Russell, qui dès l'arrivée de Hitler au pouvoir s'est résolument rangé du côté des antifascistes, cesse d'être pacifiste. Non point qu'il récuse ses engagements précédents, au contraire, mais il lui apparaît que désormais le combat contre la guerre passe par une action résolue contre celui ou ceux qui incarnent précisément la pulsion de guerre.

Il se rend aux États-Unis pour y enseigner. Mais il sera révoqué du très catholique Collège de la Cité de New York, pour « immoralité », tandis que ses ouvrages seront déclarés « lubriques, aphrodisiaques et dépourvus de tout ressort moral ».

Engagé par la Fondation de Pennsylvanie, il perd de nouveau son emploi sous la pression des conformismes et rentre en

Angleterre où, devenu prix Nobel de littérature, il poursuit sa quête philosophique, tout en renouant, après la tragédie d'Hiroshima, avec le militantisme pacifiste et en radicalisant sa critique du communisme stalinien et du totalitarisme soviétique. Invité en 1950 à prononcer plusieurs conférences en Australie, il en profite pour prendre la défense des aborigènes et stigmatiser la ségrégation raciale. Il condamne la course à l'arme atomique, persuade de nombreux savants du monde entier de se mobiliser en faveur de la paix et du désarmement nucléaire, dénonce l'expédition de Suez à laquelle participent la Grande-Bretagne et la France en réaction à la nationalisation du canal par le colonel Nasser, prend part à des mouvements de désobéissance civile, tient meeting à Trafalgar Square, multiplie les marches et *sit-in*, est inculpé, emprisonné, puis relâché, défend les résistants grecs, les nationalistes palestiniens et crée, en 1966, le tribunal Russell, présidé par Jean-Paul Sartre, chargé de juger, au moins symboliquement, les crimes de guerre commis par les Américains au Viêtnam.

« Trois passions simples, irrésistiblement ancrées en moi, ont gouverné ma vie, écrit-il dans son autobiographie, le besoin d'amour, la soif de connaissance et une douloureuse communion avec tous ceux qui souffrent. Trois passions qui, comme de grandes vérités, m'ont balayé de-ci, de-là, dans une course capricieuse, sur un profond cratère d'angoisse qui me fit toucher les bords mêmes du désespoir. »

Il mourut sans avoir renoncé à son rêve d'un gouvernement mondial.

La démarche de Bertrand Russell est exemplaire. D'abord parce que ce grand mathématicien et grand philosophe parvint à ne jamais sacrifier ni ses recherches à son action, ni son action à ses recherches, comme si ces deux « investissements » faisaient corps, liés qu'ils étaient par une même quête d'absolu ; par une même volonté de traquer le « vrai » relatif derrière les illusions collectives dans lesquelles le mensonge absolu se drape toujours. Russell n'estimait-il pas, en vertu de ce « monisme neutre » dont il se réclamait, que l'esprit et la matière n'étaient que deux formes différentes de l'expérience : l'expérience immédiate, donnée subjective, et l'expérience médiate, donnée objective ? Point de césure entre théorie et praxis, mais aspiration à définir une praxis théorique et une théorie de la praxis. D'où cette formidable curiosité qui le conduisit à intégrer le libéralisme et le socialisme, à les fréquenter l'un et l'autre, pour en mieux réfuter les dérives annoncées.

Combien d'autres, dans le siècle, purent se prévaloir de n'avoir intellectuellement jamais été complices du communisme, du fascisme, de l'impérialisme ou du pancapitalisme ? « Le vrai courage, affirmait-il, ce n'est pas de dénoncer les crimes de l'adversaire, mais ceux de son propre camp. »

À l'heure où l'on peut applaudir à la guerre aérienne de l'OTAN contre la Yougoslavie pour mieux stigmatiser les exactions russes en Tchétchénie, soutenir les Kosovars mais condamner les Palestiniens, défendre les droits de l'homme après s'être fait loger par Hassan II, faire expertiser les élections au Venezuela par les organisateurs des élections en Floride, cette remarque prend tout son sens. Russell, en effet, ennemi implacable de tous les totalitarismes, rouge ou brun, se montra d'autant plus intransigeant à l'égard de ceux qui opprimaient, martyrisaient, réprimaient, massacraient, en se réclamant de ses propres principes et de ses propres valeurs.

Il ne laissa passer aucune des forfaitures qui se commettaient sous son drapeau. Procureur consacrant ses réquisitoires à tous les crimes perpétrés en son nom, lui, le libéral démocrate par excellence, ne formula jamais le moindre jugement qui pût permettre qu'en son nom, également, on les justifiât.

Mais, surtout, ce pacifiste ardent et convaincu comprit dès 1938 qu'on ne parviendrait à neutraliser le monstre hitlérien qu'en opposant une force juste à cette puissance démoniaque. Il n'y avait pas le choix. Pour la même raison qu'il fallait refuser la folie belliciste de 1914 et la boucherie nationaliste de 1916, il convenait, en 1940, de ne point succomber au chant des sirènes de ceux qui, refusant de « mourir pour Dantzig », affirmaient qu'il valait mieux devenir esclave de Hitler que périr en lui résistant. Oui, le combat pacifiste pouvait conduire à assumer une guerre imposée par celui qui se posait en adversaire absolu des valeurs pacifistes.

Le « non » de Russell à la guerre le détermina donc naturellement à récuser l'esprit munichois. Face au fascisme, il fallait faire front. Ce fut également la position de Romain Rolland et d'Albert Einstein. Infatigable combattant de la paix, contempteur après-guerre de l'armement nucléaire, ce dernier écrivait en 1938 : « L'objectif du pacifiste raisonnable ne peut plus être aujourd'hui d'affaiblir les organisations de défense mais d'agir pour que ces organisations contribuent à la sauvegarde commune. »

LES AMBIGUÏTÉS DU « NON » PACIFISTE

Or beaucoup de ceux qui avaient partagé les convictions militantes de Russell furent incapables, devenus prisonniers d'une pensée-dogme, d'opérer ce rétablissement. Ainsi le grand écrivain Jean Giono qui, en 1940, ne perçoit pas le retournement et, se prononçant en faveur de la paix avec l'Allemagne, se laisse piéger par un renoncement à la résistance qu'il n'interprète que comme un refus du carnage. Ainsi ceux qui ont vu dans les accords de Munich un triomphe de leur croisade pour la paix.

Quand, en 1939, l'anarchiste Louis Lecoin – homme indomptable qui, entre les deux guerres, a passé plusieurs années en prison par suite de son combat en faveur de l'objection de conscience – rédige son fameux tract *Paix immédiate !*, il ne se rend pas compte, lui, le pacifiste intégriste et intransigeant, qu'il fait tout simplement le jeu de l'un des plus furieux bellicistes que l'histoire ait connus. Parmi les signataires de son texte, on trouve, outre Giono, le philosophe Alain, un antifasciste conséquent cependant, le romancier Victor Margueritte, Henri Jeanson, mais aussi Marcel Déat qui ira, lui, comme Laval, jusqu'au bout de cette logique en basculant dans une politique de collaboration.

Lecoin, qui reprendra la lutte en 1949 en fondant la revue *Défense de l'homme*, puis *Liberté* en 1958, dénoncera la guerre jusqu'à sa mort – en 1971 –, conscient cependant d'avoir dit « non » une fois de trop.

Une étude montrera que sur 515 signataires de pétition en faveur de la paix à tout prix en 1938 et 1939, moins de 25 % se rallieront à une politique proallemande sous le régime de Vichy. Mais ceux-là n'hésiteront pas à condamner, au nom de leur pacifisme, toute action armée en faveur de la libération du pays et du rétablissement de la République. Animateur du Conseil national pour la prévention de la guerre, l'Américain Frederic Libby ne cessera de préconiser une paix négociée avec l'Allemagne nazie. Beaucoup de ceux qui, à Paris, sous l'Occupation, militèrent dans les partis ouvertement fascistes ou collaborationnistes, venaient effectivement de l'extrême gauche pacifiste, mais c'est aussi dans cette mouvance que se recrutèrent la plupart des activistes de la résistance. Ceux-là avaient pourtant fait leur la fameuse apostrophe d'Anatole France : « On croit mourir pour la patrie, on meurt pour les industriels. » Ils pensaient, comme Bertrand Russell, que « pas un seul des maux que l'on voudrait éviter par la guerre n'est un mal aussi grand que la guerre elle-même ». Et cependant ils prirent conscience, en 1940, parfois un peu plus tôt, que les « industriels » avaient rallié le camp de la capitulation et que le nazisme représentait un mal encore pire que la guerre qu'il était nécessaire de lui faire.

Déjà, certains d'entre eux n'avaient pas hésité à s'engager aux côtés des républicains espagnols. Ce qui ne les empêcha nullement, dans les années 50, de se réinvestir dans les actions en faveur du désarmement nucléaire, ou de militer dans les mouvements de dénonciation des guerres coloniales.

Le véritable héroïsme fut sans doute là : avoir refusé d'aller « casser du bougnoule » en 1956, alors qu'on s'était engagé dans la France Libre en 1942; s'être insurgé contre l'armistice de 1940 quand on avait stigmatisé le traité de Versailles en 1920; rompre avec l'esprit munichois de 1938, bien qu'on ait justifié les mutineries de 1917; avoir préconisé une intervention en Espagne contre l'hitléro-franquisme et s'être opposé à l'expédition de Suez contre Nasser.

LES RAVAGES D'UN « NON » BUNKER

Il n'est pas de « non » en définitive qui ne doive se prémunir contre son propre enfermement : Victor Hugo ne sombra jamais dans l'anticléricalisme, lui qui prononça, lors du débat sur la loi Falloux, en 1850, un discours implacable et ravageur dirigé contre le « parti clérical ». Ce fut même toute la différence entre Jean Jaurès et Jules Guesde : l'anticapitalisme comme ressort ou comme bunker ? L'un en faisait le tremplin d'une dynamique de dépassement, l'autre s'y barricadait dans une logique d'autoprotection logomachique. Le « non » au capitalisme a pu déboucher sur le stalinisme, comme le « non » au communisme sur le fascisme. Pourquoi ? Parce que, dans les deux cas, ce « non » portait en lui sa propre autojustification. Il se définissait moins par ce qu'il construisait que par ce qu'il détruisait. Il renvoyait à un refus obsessionnellement brandi au point de se substituer à tout projet. « *Delenda est Carthago !* »

Le fascisme, y compris dans sa version hitlérienne la plus abjecte, aurait-il séduit des couches aussi larges de la grande et petite bourgeoisie s'il n'était apparu, d'abord, comme un rejet du communisme, une négation du socialisme, un rempart ou, aux yeux de certains, comme une forme de résistance au « pouvoir juif », un « non » posthume et revanchard opposé au « non » victorieux de Zola perçu comme la défaite d'un ordre chrétien ethniquement correct ?

Le stalinisme, tel que les procès de Moscou en dévoilèrent le visage le plus odieux, aurait-il mobilisé en sa faveur tant d'artistes, de penseurs, d'intellectuels, tant de héros aussi, s'il ne s'était donné comme la seule négation effective, radicale, du capitalisme ? Et parfois même du fascisme ? En ce sens, la perversion que représenta le « non » stalinien ne fut-elle pas largement favorisée par l'incapacité de la sociale-démocratie à assumer un « non » alternatif au capitalisme ?

Le danger commence là : lorsqu'on adhère, non à un message, mais à un antimessage, anticommunisme en soi, antisocialisme en soi, anticapitalisme en soi, antilibéralisme en soi et même antifascisme en soi. Lorsque le « non » nécessaire, légitime, salvateur, glorieux, devient sa propre fin et entreprend de se réfugier dans le blockhaus de cette négativité.

Alors le « non » au pancapitalisme, qui constitue pourtant presque un devoir moral, un impératif de civilisation, débouche sur *L'Archipel du goulag* et l'ignominie maoïste, bascule de bande à Baader en Brigades rouges, de Khmers rouges en Sentier lumineux. Alors le refus du communisme, dont tant de porte-drapeaux méritent d'être cités à l'ordre de la démocratie, grossit les rangs de la LVF, habille Doriot en uniforme SS, s'offre à Pinochet, amnistie Suharto, banalise les crimes coloniaux et blanchit les escadrons de la mort.

Fera-t-on jamais le bilan des horreurs que le nationalisme ethnique, ce « non » refermé sur lui-même, rejet de l'altérité au nom de l'exaltation d'une différence, a pu accumuler au cours de ce siècle ? Parce qu'il ne s'agissait plus seulement de s'affirmer face à une oppression réelle ou supposée – ce qui constituait un droit – en tant que Basques, Corses, catholiques irlandais, Tamouls, musulmans du Cachemire, Croates, Serbes, Kosovars, Albanais, Kurdes, Turcs, Allemands des Sudètes,

Tchétchènes, mais d'exclure au nom d'un intégrisme ethnico-cléricalo-culturel tout ce qui ne participait pas de cette exaltation de soi.

La marge est étroite, qui sépare le « non » farouche à l'oppression du peuple palestinien ou à toute remise en cause du droit à l'existence d'Israël, du racisme antijuif ou antiarabe. Et c'est pourtant dans cet interstice que tout se joue ; c'est-à-dire que se matérialise la césure qui différencie un Ben Gourion d'un Ariel Sharon, un Yasser Arafat d'un Georges Habache, mais aussi un Nelson Mandela d'un Malcolm X, bien que tous deux, l'un de façon constructive, l'autre de manière purement destructrice, aient dit « non » à l'apartheid et à la ségrégation.

Le véritable « non » magnifique fut celui de ces authentiques héros serbes, croates ou musulmans yougoslaves qui, à contre-courant, au prix d'une exclusion impitoyable, en butte à un lynchage intellectuel quotidien, refusèrent la fatalité du nationalisme ethnique auquel certains de nos « grands intellectuels français » se vendirent, récusèrent la dialectique de la haine, tandis qu'envahissait le champ médiatique le « non » dévastateur et furieux des Serbes aux Kosovars, et des Albanais aux Serbes.

LE NATIONALISME COMME REFUS DU TRIBALISME

Qu'était-ce, au fond, que le « nationalisme », au sens où l'entendirent les « patriotes » de 1789, sinon le refus du tribalisme, d'où l'importance donnée le 14 juillet 1790 à l'organisation d'une grande fête de la Fédération. La nation, au sens républicain du terme, c'est l'antithèse de la race : le regroupement de spécificités, c'est-à-dire de destins particuliers et divers, autour d'un projet commun forgé au cours d'une histoire commune ; l'émergence d'une collectivité qui nourrit de toutes ses différences une culture fédératrice.

Avant que l'idée nationale ne prenne corps, les Juifs n'avaient pas de droits, et les protestants n'étaient pas considérés comme des citoyens à part entière. Aussi bien peut-on reprocher à la « grande nation », issue de la Révolution, non pas d'avoir exclu, mais d'avoir trop voulu intégrer : y compris les peuples périphériques, dont certains ne lui avaient rien demandé. Nul alors n'eût osé prétendre que pour être d'origine italienne ou germanique, on en était moins français !

C'est dans cette perspective-là que Mazzini, Garibaldi, Bolivar, le Cubain José Marti, San Martin, Jefferson, mais aussi de Gaulle, Gandhi, Mohammed V, Soekarno, Mandela, Lumumba, Tito même et d'autres inscrivirent leur propre combat. Leur rejet de l'oppression se doublait d'un refus de ce qu'on appellera la balkanisation, c'est-à-dire la redéfinition d'un pseudo-nationalisme au rabais sur une base raciale, religieuse ou linguistique. Donc tribale. Leur véritable grandeur tenait en cela qu'ils résistèrent, non seulement à l'occupant impérialiste, colonialiste, mais aussi aux forces qui, dans leur propre camp, tendaient à exalter le sang plus qu'à défendre l'idée ; moins à rassembler autour d'une aspiration qu'à exclure au nom de Dieu. Le « non » des premiers se heurta donc au « non » des seconds. Celui-ci était porteur d'une espérance, celui-là n'engendra que des tragédies.

Si Gandhi fut un saint, le « tigre » tamoul n'est qu'un monstre.

On n'établira donc aucune équivalence entre, par exemple, Guillaume d'Orange, dit le Taciturne, qui, en 1572, prit la tête de cette révolte des Gueux qui permit aux Pays-Bas de rétablir leurs droits et leurs libertés communales bafoués par la soldatesque espagnole – combat qui se poursuivit pendant presque quatre-vingts ans – et Ante Pavelić, ce chef des oustachis croates qui n'hésita pas, lui, en 1941, pour établir sa dictature ethnico-religieuse, à s'appuyer sur la soldatesque nazie.

En l'occurrence, les Pays-Bas ne s'imposèrent comme nation calviniste que parce que les provinces catholiques, encouragées par l'Espagne, firent sécession en 1679, et non point parce que le nationalisme s'y investit d'emblée dans une religion d'État. Même si, ensuite, l'un des compagnons de Guillaume d'Orange – lui-même assassiné par un catholique –, le grand patriote républicain Jan Van Oldenbarnevelt, le résistant par excellence, fut exécuté pour dissidence religieuse.

Il y a, en définitive, deux formes de nationalismes : celle qui exprime une volonté d'émancipation agrégatrice des diversités qui la nourrissent, et celle qui traduit un désir exacerbé d'extraire sa propre différence de cette diversité. Aujourd'hui, le courant « républicain » se réclame de la première, le courant libéral-libertaire de la seconde. Nous n'ouvrirons, certes, les portes de notre panthéon qu'aux tenants de la première forme, mais l'échec du Mahatma Gandhi montre à quel point il est facile de passer de l'une à l'autre !

LE « NON » DE GANDHI À LA VIOLENCE

On sait que ce n'est pas en Inde que le Mahatma, « la grande âme », inaugura son existence d'activiste de la non-violence, mais en Afrique du Sud où, jeune avocat, il fut révulsé par la ségrégation raciale dont étaient victimes en particulier ses compatriotes, les immigrants indiens. C'est là qu'il eut l'occasion de tester la tactique de la résistance passive à un ordre injuste et que, pour se fortifier mentalement au cours de ces premières épreuves – car il connut tout de suite les rudesses de l'expérience carcérale –, il entreprit d'étudier les grands textes sacrés, ceux de l'hindouisme d'abord, mais aussi le Coran, la Bible, les Évangiles, ainsi que les œuvres des plus prestigieux pacifistes du siècle révolu, Tolstoï et Ruskin, ce dernier étant devenu un apôtre de la non-violence à travers son amour de l'art. Il en tira la double conclusion que toute libération impliquait qu'on se libérât d'abord soi-même des oppressions naturelles et des aliénations passionnelles, c'est-à-dire des servitudes terrestres, car l'homme colonisé est d'abord un homme intérieurement colonisable. Esclave dans sa tête. Et surtout que le combat contre l'oppression est d'autant plus pur, mais aussi d'autant plus efficace, que l'on s'interdit de haïr l'oppresseur, qu'on l'enferme par la non-violence dans son mauvais rôle.

Paradoxe : rarement pensées et actions furent structurées et déterminées par autant de refus que celles du Mahatma Gandhi qui rejetait non seulement l'oppression et la violence, le fanatisme, le tribalisme et le séparatisme, mais aussi la modernité, le matérialisme, les valeurs occidentales et la société industrielle... Et cependant, on aura rarement autant dit « non » pour à ce point dire « oui » : à l'autre, à son prochain, à la différence, à l'intouchable, à l'homme en général, à l'ennemi lui-même, à la fraternité et enfin à l'amour universel.

En 1918, c'est par le jeûne et l'appel public à la conscience du patronat qu'il permet aux ouvriers du textile d'Ahmadabad, dont la grève s'émoussait, d'obtenir satisfaction.

Lorsque, en 1919, le colonisateur britannique, pour étouffer dans l'œuf les premiers frémissements de revendications nationalistes, promulgue une loi qui permet d'emprisonner sans jugement les suspects, Gandhi réplique en organisant une « journée morte » au cours de laquelle l'Inde entière est comme paralysée par une cessation de toute activité basique. Les gens d'en haut, en l'occurrence les Anglais et leurs quelques affidés, continuaient certes d'appuyer sur les manettes, mais elles n'embrayaient plus sur rien, dès lors que les gens d'en bas ne répondaient plus à ces injonctions et restaient les bras croisés. À la grève classique s'ajoutait un boycott commercial et administratif. Une non-coopération généralisée. Un « non » global en quelque sorte, mais non violent.

À quoi les Anglais répondirent par le massacre d'Amritsar, le général Dyer n'hésitant pas à faire mitrailler une foule pacifique.

On ne saura jamais combien on releva de cadavres. Entre quatre cents et mille, ce qui indique assez dans quel mépris le colonisateur tenait la population autochtone.

Alors, tout aurait pu basculer. Or Gandhi accentue encore, dans les deux hebdomadaires qu'il vient de fonder, ses prêches en faveur de la non-violence, grâce à quoi sans doute est évité le bain de sang.

Mieux : lorsque, en 1922, des manifestants brûlent un poste de police à Chauri Chaura, provoquant la mort de plusieurs de ses occupants, il décide aussitôt de mettre fin à la campagne de désobéissance civile, au grand dam de ses partisans les plus proches qui lui reprochent de jouer avec les nerfs du peuple. Entre-temps, il avait apporté son appui aux revendications spécifiques des musulmans et surtout lancé son grand mouvement de boycott des structures administratives et économiques impériales : refus des décorations et des titres britanniques, remplacement des marchandises anglaises importées par des productions artisanales locales, d'où l'appel à filer soi-même ses cotonnades; désertion des tribunaux, des écoles et des assemblées législatives coloniales, grève de l'impôt.

C'est après qu'il eut pris le risque de stopper cette dynamique, qui jetait le désarroi dans les rangs britanniques, qu'il fut arrêté, jugé – il plaida coupable –, et condamné à six ans de prison, ce qui en fit un martyr et un saint. Libéré en 1924 – une crise d'appendicite offrit l'occasion de le gracier –, il ne se sentit pas moralement habilité à profiter de cette situation pour relancer son action politique et s'investit dans le combat, autrement plus problématique, en faveur d'une régénérescence morale et intellectuelle de son peuple qui passait, selon lui, non seulement par la réprobation de l'alcoolisme et la réhabilitation des intouchables, mais aussi par la restauration d'une économie villageoise, axée sur l'artisanat et les modes de production traditionnels précapitalistes.

Ce n'est qu'en 1930 qu'il repart, mais toujours les mains nues, à l'assaut de la forteresse impériale, à l'occasion d'une taxe sur le sel, qui frappe les couches les plus pauvres de la population. Il organise une spectaculaire « marche à la mer » : des foules considérables parcourent des centaines de kilomètres pour aller puiser, illégalement, l'eau salée dans la mer d'Oman. Ce qui lui vaut de passer, de nouveau, neuf mois en prison. Une fois de plus, le pays est au bord de l'explosion. Un mot, un ordre suffirait à provoquer un soulèvement général. Au lieu de quoi Gandhi prend encore une fois ses plus chauds partisans à contre-pied en acceptant d'abord de signer avec le vice-roi un arrangement de compromis, puis de se rendre à Londres pour tenter de négocier un accord général à l'occasion d'une table ronde, qui débouchera sur un échec. Il est d'ailleurs arrêté dès son retour en Inde, entreprend plusieurs jeûnes qui internationalisent sa cause, fonde aussitôt relâché un nouveau journal dont le succès équivaut à une manifestation de masse, puis reprend ses distances avec l'action politique pour replonger dans le militantisme moral et social avant de réactiver son combat émancipateur. En 1941, cependant, en réaction au refus britannique de s'engager à favoriser l'émancipation de l'Inde même contre sa participation à la guerre, il lance une nouvelle campagne de désobéissance civile.

Prise en tenailles entre cette pression non violente et les offensives victorieuses des puissances de l'Axe, la Grande-Bretagne assouplit sa position et Gandhi qui, contrairement à d'autres, comme Subash Chandra Bose, refuse d'exploiter les revers de la métropole impériale – et admet même qu'une Inde devenue libre participe au combat contre le nazisme –, s'apprête à mettre fin à toute action subversive lorsqu'il est, une fois encore, jeté en prison. Dont il ne sortira qu'en 1944.

Alors, le travailliste Attlee ayant remplacé à Londres Winston Churchill, tout s'accélère : l'Angleterre accepte le principe de l'indépendance de l'Inde. Mais cette victoire – qui aurait dû illuminer la vieillesse de Gandhi – va se transformer en cauchemar. Car, malgré les efforts désespérés du Mahatma qui a tout sacrifié à une recherche de convergences entre les diverses communautés religieuses indiennes, qui n'a cessé de tendre la main à la forte minorité musulmane, qui a accepté de reprendre la plupart de ses revendications à son compte, les antagonismes hindou-islamiques, attisés par les Britanniques, s'exacerbent. Gandhi peut bien mettre son peuple en garde contre la tragédie que représenterait une partition, le chef de la Ligue musulmane, Muhammad Ali Jinnah, n'en exige pas moins la création d'un État séparé, le Pakistan. Autrement dit, préconise une sécession sur une base confessionnelle. Ce qui se réalisera effectivement, en août 1947, et provoquera un déchaînement terrifiant de violences meurtrières.

Gandhi n'épargne aucun effort pour tenter de réconcilier les communautés : vieux, décharné, il dépense une énergie inouïe, se porte au-devant de foules surexcitées, se jette au milieu de la mêlée pour apaiser les esprits, arrache les concessions aux uns et aux autres, et surtout aux siens, oppose toujours plus de tolérance à toujours plus de fanatisme, multiplie les prières et les jeûnes, sillonne les provinces en effervescence, y prononce cent vingt-cinq discours, brave les anathèmes, n'a cure des procès en trahison et parvient ici et là à éteindre l'incendie.

Mais, globalement, il n'a pu éviter le bain de sang.

Au moment où son objectif est atteint, son système de pensée s'effondre. Ce qu'il a obtenu par la non-violence provoque l'un des plus effroyables excès de violence que le sous-continent ait jamais connu : quatre cent mille morts au cours du seul été 1947. Il était au fond fatal qu'il en fût lui-même victime. Après plusieurs tentatives d'attentat, organisées par les ultras hindouistes, il tombera le 30 janvier 1948 sous les balles d'un fanatique.

D'une certaine manière, sa croisade déboucha sur un échec. De tous les processus d'émancipation, c'est en effet, et paradoxalement, l'émancipation de l'Inde qui se soldera par le plus grand nombre de victimes. Et c'est cette région qui, durant les quatre décennies suivantes, connaîtra le plus de conflits meurtriers.

Cependant, le message gandhien dépasse largement le contexte régional et même continental. Et il est remarquable qu'il inspira aussi bien Romain Rolland que Bertrand Russell ou le pasteur Martin Luther King. Il signifie en effet que le pacifisme, en tant que porteur d'une éthique de la non-violence, n'implique en rien un esprit de soumission, mais peut au contraire déterminer une action de résistance, structurer une révolte générale, donner un sens à un soulèvement libérateur. Autrement dit, que cet « adieu aux armes » est une arme.

Rien de plus antagoniste, en définitive, que la non-violence d'un Gandhi qui, rappelons-le, ne refusait pas par principe que son pays, et donc son peuple, participassent à la grande guerre antifasciste, et le pacifisme de ceux qui, en 1940, prêchèrent la soumission à l'ordre nazi, c'est-à-dire la non-résistance, en vertu du slogan que d'autres reprirent par la suite, sous une forme différente : « Plutôt brun que mort ! »

Gandhi ne disait pas, lui, « plutôt rester esclave que tuer son prochain », mais « c'est en montrant que l'on peut combattre le maître sans le haïr qu'on cesse d'être un esclave ». Il ne s'agissait nullement de refuser le combat, mais de démontrer qu'il n'était pas nécessaire de verser le sang pour le mener jusqu'au bout. Ce qui se révéla erroné, ce n'est pas l'efficacité tactique, ni même stratégique, de la méthode préconisée par Gandhi, mais le pari sur la nature humaine que cette tactique sous-tendait.

La preuve avait été faite, cependant, que l'une des plus redoutables puissances du monde pouvait être désarmée par l'action pacifique et conjuguée de millions de citoyens sans arme. Que le « non » qui paralyse fait beaucoup plus de mal à l'adversaire qu'il épargne apparemment que le « non » qui détruit ne provoque de dégâts dans les rangs de l'ennemi que d'une certaine manière il justifie. Rien de moins « bêlant » que ce pacifisme-là !

L'ARME DU REFUS DES ARMES

On a dit, dans les années 80, que les pacifistes de l'Ouest hostiles à l'installation de fusées Pershing sur leur territoire étaient des naïfs, manipulés par le « chef d'orchestre clandestin » tapi au Kremlin. Contre les pacifistes on a toujours intenté un procès en haute trahison, y compris, côté anglais et extrémistes hindous, contre Gandhi. Or, outre que les Pershing à l'Ouest justifiaient la militarisation à l'Est, il se trouve que les contestataires qui ont renversé le régime communiste en RDA se recrutèrent d'abord dans les rangs pacifistes.

Tous ceux qui militèrent contre la guerre menée par les États-Unis au Viêtnam, y compris la chanteuse Joan Baez ou l'actrice Jane Fonda, se comportèrent-ils en « complices objectifs », selon la bonne vieille terminologie stalinienne, du totalitarisme rouge ? En l'occurrence, on ne sache pas que l'engagement des États-Unis en Indochine ait contribué à renforcer leur prestige, à étendre leur influence ni même à consolider leur régime intérieur. On a plutôt l'impression que c'est en sortant de ce guêpier que cette grande démocratie a pu retrouver son équilibre et conforter son rôle international. Dans un de ses ouvrages l'ancien secrétaire d'État Kisinger n'est pas loin d'en remercier les pacifistes. Peut-être furent-ils, en vérité, les meilleurs Américains. Comme l'académicien Sakharov que l'on accusa lui aussi de n'être qu'un supplétif des puissances capitalistes occidentales, et qui se comporta, en réalité, en authentique patriote russe.

Quand tant de crimes sont commis par ceux qui n'envisagent pas de dire « non » autrement qu'en se servant des armes, comment ne pas saluer, ici, ceux qui s'opposent en les déposant. D'un côté tuer tient lieu de langage, de l'autre épargner devient un cri. Tirer comme on parle, ou bien argumenter comme d'autres tirent. Transformer non la passion en fanatisme, mais la raison en résistance.

Magnifiques furent, à cet égard, tous ceux qui refusèrent d'abdiquer leur devoir de résistance à une guerre injuste : déserteurs allemands de la Seconde Guerre mondiale, insoumis français de la guerre d'Algérie, objecteurs de conscience américains de la guerre du Viêtnam, mutins portugais de la guerre d'Angola, refuzniks russes de la guerre de Tchétchénie, Serbes échappant à la guerre du Kosovo. Magnifique combat, parfois, que le refus de combattre.

Existe-t-il acte plus moral que celui qui consiste à repousser l'arme du crime qu'on veut à toute force vous mettre entre les mains ? Y a-t-il attitude plus glorieuse que celle qui vous pousse à tendre une main d'homme à celui qu'on vous ordonne de mordre comme un loup ? À quand un monument au méconnu qui refusa d'être soldat ? À l'aviateur qui lâcha ses bombes dans la mer ? À l'artilleur qui allongea le tir de son canon pour ne pas toucher la ville ? À l'Israélien qui renvoya son livret militaire à Sharon ? À quand une décoration pour distinguer les héros qui jamais n'acceptèrent un ordre qui pût avoir pour conséquence la mort de femmes et d'enfants ?

LE « NON » PROPHÉTIQUE DE JEAN JAURÈS

Sublime Jean Jaurès qui, jusqu'au bout, tenta d'opposer à l'ouragan exterminateur la désobéissance civile de tous ceux qui ne voulaient devenir ni assassin, ni bourreau, et qui, alors qu'armé de sa seule plume Sergent-Major il écrivait son dernier article prophétique en appelant au sursaut des consciences, reçut la première balle !

« Ce que nous voulons, déclarait déjà le 4 décembre 1905 l'orateur prestigieux à l'Assemblée nationale – et il faudrait un instant fermer les yeux pour réentendre cette voix gouleyante et magique –, c'est accroître l'action des travailleurs de tous les pays, afin que le prolétariat de l'Europe, par son action collective et combinée sur tous les gouvernements, prévienne l'explosion des guerres et, si elles éclatent malgré lui, réduise à l'impuissance d'un bout à l'autre de l'Europe les gouvernements criminels qui auraient déchaîné la tempête, renverse un abominable système européen d'oppression et de désordre qui tient les sociétés sous la tyrannie du capital et les peuples sous la tyrannie de la guerre... Il y a un parti qui est resté inflexible et intransigeant, un parti qui dit " non " aux militaires, " non " au budget de la guerre, " non " à l'armée, c'est le parti socialiste allemand dont nous sommes solidaires. Aujourd'hui, sachez-le bien, toute grande commotion européenne sera inévitablement le signal de grandes commotions sociales ; la guerre créera nécessairement, inévitablement, en Europe une situation révolutionnaire. Mais dans notre Europe occidentale, où la classe ouvrière participe de la vie démocratique, les commotions seraient inutiles et funestes, parce que les éléments de réaction, de dictatures, de nationalisme sauvage se heurteraient aux éléments révolutionnaires, et dans cette confusion sanglante, dans ce chaos détestable, la révolution sociale continuera sans doute son chemin, mais trébuchante, à demi aveugle, grisée d'une inévitable fureur.

« Et nous, Messieurs, que vous dénoncez comme des hommes de violence, nous voudrions, au moins, écarter de cette lutte nécessaire et féconde, contre le privilège du capital, tous les troubles, tous les désordres, toutes les violences sauvages, tout le mélange de réaction et de fureur que la guerre extérieure déchaînerait aujourd'hui dans les sociétés européennes. »

Il faut lire et relire ce texte qui ne fut pas écrit, mais parlé, et en grande partie improvisé. Car, datant de 1905, neuf années avant que l'ouragan ne déferle sur l'Europe, il annonce déjà, avec une lucidité impitoyable, stupéfiante, qu'il traînera dans son sillage à la fois Staline et Hitler. Tout ce que provoquera effectivement la Grande Guerre, les bouleversements révolutionnaires en Europe, la montée des haines nationalistes, la dialectique des flambées maximalistes et des répressions réactionnaires, est ici décrit, analysé avec une précision et, au-delà du lyrisme, une froideur stupéfiantes.

Malgré les apparences, c'est la rationalité qui est au côté de Jaurès, quand ses adversaires mobilisent contre lui les passions.

GRANDES VOIX CONTRE GRANDES GUEULES

Occasion de sortir du lieu commun : les « non » les plus fulgurants de l'histoire ne sont pas ceux qui chevauchent les mustangs fous des émotions, mais ceux qui tentent de les dompter pour en stopper les emballements. Le « non » de De Gaulle, le 18 juin 1940, celui de Zola écrivant son *J'accuse*, ne sont ni hurlés ni criés. Au contraire, à des cris et à des hurlements, à des déchaînements passionnels, à des explosions émotionnelles, ils opposent la force d'une démonstration, la puissance d'un raisonnement prospectif, l'enchaînement implacable des faits. Toujours pédagogues, rarement démagogues. Fortes têtes sans doute, mais au sens où, chez eux, la tripe s'efface devant la réflexion. Grandes voix ? Oui, mais pas grandes gueules.

Qu'est-ce d'ailleurs qu'une grande gueule ? Henri Rochefort, ex-communard qui finira à l'extrême droite, en représente l'archétype : or, justement, il fut de ceux qui hurlèrent à la mort contre Dreyfus et Émile Zola. Avec les loups et non pas contre eux. Toute la différence entre un Hérold-Paquis, grosse caisse de la propagande vichyste, collaborationniste pendant l'Occupation – il invectivait la Résistance chaque jour sur Radio Paris –, et un Vercors dont la fureur résistante n'eut pas besoin d'autres mots pour se faire entendre que ceux – rares – qu'exprimait à l'économie *Le Silence de la mer*.

Combien de « non » pudiques se révélèrent plus efficaces que bien des philippiques tonitruantes ! Les Nicoud passent, les Mendès France restent.

Que retiendra-t-on dans cinquante ans? Les imprécations d'Arlette Laguiller ou les exhortations de l'abbé Pierre?

Peu de pamphlets parviennent à passer le cap de deux générations. Qui relit Jean Cau ou Léon Daudet? Rien ne vieillit plus mal que la vocifération. Les mots qui tuent sont comme les fusils : valables pour une seule guerre. Mais, outre évidemment Tolstoï ou Alain, Jaurès ou Russell, on pourrait relire aujourd'hui avec profit *The Great Illusion* (1910), de Norman Angell, qui montra comment les guerres ruinent à la fois les vainqueurs et les vaincus, *Pour vaincre sans violence* (1935), de Barthélemy de Ligt, ou les écrits d'Alfred Van der Pol.

De l'année 1860, on ne retiendra pas l'hystérie antihumaniste, antilibérale, antiprogressiste, de Louis Veuillot, le lyncheur professionnel du républicanisme hugolien, qui pendant trente ans refusa tout au nom d'un intégrisme ultramontain, mais l'action de Henri Dunant qui, bouleversé par le spectacle effroyable des blessés à l'abandon sur le champ de bataille de Solferino, entreprit d'alerter l'opinion et parvint à provoquer la réunion de la conférence qui adopta la Convention de Genève sur les blessés de guerre, d'où devait naître la Croix-Rouge. Des troubles qui ensanglantèrent le début du XVIIe siècle, ce qui est parvenu jusqu'à nous, ce ne sont pas les hurlements des moines ligueurs, mais l'œuvre du prêtre Vincent de Paul, qui estima qu'il était plus urgent de dire « non » à la misère qu'à l'hérétique et qui, d'ailleurs, au-delà du don de sa personne qu'il fit à ceux qu'on appellerait aujourd'hui les exclus – forçats et galériens compris –, manifesta à l'égard du protestantisme une compréhension qu'il refusa en revanche au sectarisme janséniste.

D'OZANAM À CAMARA OU LES « NON » SANCTIFIÉS

C'est dans son sillage que se placèrent, au XIXe siècle, Ozanam – fondateur justement de la Conférence Saint-Vincent-de-Paul – qui inspira à la fois le christianisme social et le libéralisme catholique, participa activement au mouvement démocratique de 1848, fonda avec Lacordaire le périodique *L'Ère nouvelle* et refusa le coup d'État du 2-Décembre; Lacordaire, ce dominicain inspiré, qui siégea sur les bancs de la gauche à l'Assemblée constituante de 1848 tout en récusant le putschisme des extrémistes et prononça, à l'occasion de l'une de ses célèbres conférences de Notre-Dame de Paris, cette formule lumineuse qui décrit mieux que des sommes savantes la logique capitaliste : « Il y a des moments où c'est la liberté qui opprime et la loi qui délivre. » Lamennais, enfin, d'abord prêtre traditionaliste, qui fut l'un des premiers à comprendre que l'Église ne conserverait son influence évangélique que si elle se désolidarisait des pouvoirs oppresseurs et ralliait le camp de la liberté. Partisan, pour cette raison, d'une séparation de l'Église et de l'État, convaincu que l'Évangile était porteur d'un authentique message révolutionnaire – ce qu'il exprima dans un chef-d'œuvre, *Paroles d'un croyant* –, condamné en conséquence par le Vatican, il se rallia lui aussi à la révolution démocratique de 1848, fonda un journal qui lui permit de militer en faveur du progrès social, mais dut en interrompre la publication, expliquant ainsi cet échec : « Il faut désormais de l'argent, beaucoup d'argent, pour bénéficier du droit d'expression. Silence aux pauvres ! »

Admirable fut encore, presque un siècle plus tard, l'évêque brésilien de Recife, dom Helder Camara, qui mena jusqu'à son dernier souffle une lutte épuisante contre l'aliénation économique, politique et morale de son propre peuple, et n'hésita jamais à en dénoncer les causes objectives, sans s'enfermer dans une pure rhétorique de la charité. Merveilleux fut ce Monseigneur Duval, évêque d'Alger, solidaire des opprimés et des proscrits qui ne partageaient pas sa foi, et dont je n'oublierai jamais la lumineuse bonté qui inondait son visage hors du temps.

LES DEUX ÉGLISES

Cette Église, celle qui anima le mouvement de révolte contre le dictateur Marcos aux Philippines, appuya les revendications démocratiques en Corée du Sud, dont les prélats se firent les défenseurs ardents des droits de l'homme au Salvador, dont tant de représentants payèrent de leur vie leur dénonciation des injustices, cette Église militante n'est pas la seule, hélas. Une autre, puissante, s'est toujours dressée face à elle, en garde rapprochée de l'ordre établi, en rempart de l'oppression et de l'aliénation sociale. Celle-là, qui applaudit la guerre faite aux ouvriers par le chancelier Dollfuss en Autriche, bénit les crimes abominables d'Ante Pavelić en Croatie, favorisa la trahison de Monseigneur Tiso en Slovaquie, sanctifia la forfaiture du général Franco en Espagne, se donna corps et âme à Salazar au Portugal, s'offrit au général Pinochet au Chili, justifia les turpitudes de la soldatesque en Argentine, cette Église-là doit-elle faire oublier ces inquantifiables trésors de dévouement dont firent preuve tous ces militants du Christ que j'eus l'occasion de rencontrer partout, de bidonville en favela, où rien d'autre que leur parole ne venait s'intercaler entre le fatalisme et la désespérance, la misère et le crime ? Et cela tandis que se pavanaient dans les bars à la mode les marxistes de salon de la gauche « festive ».

Des siècles durant, ce furent deux Églises qui fulminèrent leur « non » face à face : l'une aux lumières de la liberté, l'autre aux noirceurs de l'injustice. Ici, on allumait les bûchers et là on soignait les lépreux. On brûlait Giordano Bruno et Jean Hus, tout en ouvrant partout des écoles et des hôpitaux.

De la Révolution française, on retient volontiers les excès anticléricaux, mais c'est en 1790 donc, avant toute persécution, que le pape Pie VI condamna comme impie la Déclaration des droits de l'homme ! Et c'est après Bartolomé de Las Casas, après l'abbé Grégoire, après Lacordaire – et malgré eux – que le pape Pie IX, en 1864, rendit publics l'effrayante encyclique *Quanta cura* et surtout le *Syllabus*, catalogue des « fausses idées modernes », à savoir la démocratie, le libéralisme, le socialisme, la laïcité, le rationalisme, le modernisme, le darwinisme, la tolérance, la liberté de la presse... De l'art de dire « non » à tout, y compris à la vie.

Léon XIII, son successeur, s'inscrivit dans la même ligne, mais au moins s'ouvrit-il à la question sociale – encyclique *Rerum novarum* –, et préconisa-t-il aux catholiques français – mieux vaut tard que jamais – d'accepter les institutions de la République.

Pie X, lui, s'enferma de nouveau dans son saint bunker, ce qui le conduisit à dire « non » à tout ce qui refusait de dire aveuglément « oui » au désordre établi. Ainsi jugea-t-il « sacrilège » la loi française de séparation de l'Église et de l'État votée en 1905 et condamna-t-il les premières esquisses de constitution d'une « démocratie chrétienne », car il les jugeait contaminées par « les doctrines des prétendus philosophes du XVIIIe siècle, celles de la Révolution et du libéralisme tant de fois condamnées ». Il stigmatisa également les tentatives de lecture moderniste de la Bible – Jonas était bien sorti vivant du ventre de la baleine ! – et appuya en 1914 l'agression de la Serbie orthodoxe par l'Autriche catholique.

Après lui, cependant, accéda au trône de saint Pierre un pape – Benoît XV – qui mérite, lui, de figurer dans notre panthéon, tant il dépensa d'énergie, entre 1914 et 1918, à défendre l'idée d'une paix sans vainqueur ni vaincu, dont ne voulait entendre parler aucun des belligérants. Ce qui lui valut d'être honni dans les deux camps, « pape boche » pour Clemenceau, « vendu aux Français » pour l'Allemand Ludendorff.

Exclu de la Conférence de Versailles, il comprit que le traité qui en résulta portait tous les germes d'une nouvelle tragédie, alors qu'il avait préconisé, lui, dès 1917, une procédure d'arbitrage destinée à se substituer aux forces armées pour rétablir « la force suprême du droit ». Ce pape qui, dans l'encyclique *Maximum illud*, esquissa une critique du colonialisme, n'était pas beaucoup plus ouvert sur le monde réel que ses prédécesseurs, mais au moins tenta-t-il d'exorciser le spectre d'un « massacre inutile ».

De Pie XI, on retiendra qu'il rejeta, en 1937, par encyclique, l'idéologie païenne des nazis, fût-ce moins violemment que l'idéologie communiste : « Quiconque, lit-on dans ce texte profond, prend la race ou le peuple ou l'État, et les divinise par un culte idéologique, celui-là renverse et fausse l'ordre des choses créées et ordonnées par Dieu. »

Auparavant, le Vatican, qui ne cachait pas sa sympathie à l'égard des forces franquistes espagnoles, avait signé successivement deux concordats avec l'Italie de Mussolini – pas un mot ne fut prononcé contre l'invasion de l'Éthiopie – et avec l'Allemagne de Hitler, puis réitéré sa condamnation des principes démocratiques, libéraux et laïcs qui auraient fait le jeu du socialisme et du communisme, précise l'encyclique *Divini redemptoris*, « dont les constructions s'écroulent misérablement l'une après l'autre [sous les coups de boutoir du fascisme !] comme doit s'écrouler fatalement tout ce qui ne repose pas sur l'unique pierre angulaire du Christ ».

Il y eut, certes, un vague projet d'encyclique qui explicitement condamnait l'antisémitisme hitlérien... mais il fut remisé dans les tiroirs fermés à clef de Pie XII et l'on n'en parla plus.

Il faudra attendre le message de Noël de 1944 pour qu'un souverain pontife reconnaisse, pour la première fois, la légitimité du principe démocratique et du pluralisme parlementaire. Mais entre-temps...

PIE XII, CELUI QUI N'A PAS DIT « NON »

Lorsqu'il n'était que le cardinal Eugenio Pacelli, secrétaire d'État de Pie XI, le futur Pie XII n'avait cessé d'intervenir pour atténuer tout ce qui aurait pu apparaître comme une condamnation du régime hitlérien. Devenu pape, il manifesta plus nettement encore sa volonté de détente à l'égard du Reich et demanda par exemple à l'*Osservatore romano*, l'organe du Vatican, d'éviter tout article critique à l'endroit de l'Allemagne nazie. Même la Pologne catholique et martyre n'eut pas droit au moindre message de solidarité. Les prêtres polonais avaient pourtant fait remonter les informations les plus précises sur les atrocités auxquelles se livrait déjà l'occupant. Réponse de l'*Osservatore romano* du 15 octobre 1939 : « Le Saint-Père se doit de rester impartial – c'est-à-dire neutre. » Entre deux maux, deux hérésies, le fascisme et la démocratie libérale, que choisir ?

Il se trouvait cependant une minorité de prélats pour estimer que, d'un point de vue chrétien, la démocratie libérale était pire. « S'il est un pays en ces temps de guerre, écrivait Pie XII, dans une lettre à Monseigneur Gröber en mars 1942, que nous avons souhaité traiter avec une considération particulière, c'est bien l'Allemagne. »

Ancien nonce apostolique à Berlin, Pie XII n'imaginait pas pouvoir prendre une position publique qui puisse mettre l'Église allemande en porte à faux. Or, si de nombreux évêques, durant l'été 1941, avaient dénoncé avec courage et succès la campagne d'euthanasie destinée à éliminer les handicapés et malades mentaux allemands, ils ne prirent en revanche aucune position à l'égard de la politique d'extermination des Juifs et voulurent ignorer l'existence des camps de concentration.

Est-ce à dire que le pape ne savait pas ? Personne aujourd'hui ne peut soutenir ce point de vue.

Le 14 juin 1942, l'archevêque de Fribourg, Monseigneur Gröber, l'informa des massacres massifs de Juifs dans les pays de l'Est : « La conception nazie du monde, écrivait-il, se caractérise par l'antisémitisme le plus radical, allant jusqu'à l'anéantissement du judaïsme, non seulement dans son esprit, mais aussi à travers ses membres. » La même année, l'évêque d'Osnabrück, Monseigneur Berning, avait également été très explicite : « L'élimination totale des Juifs subsiste clairement », notait-il, et il s'interrogeait : « Que peut-il arriver ? Les évêques peuvent-ils lancer depuis leur chaire une protestation publique ? »

En Allemagne même, des résistants catholiques en appelèrent à la conscience de l'Église avant de tomber sous la hache des bourreaux. Sans succès. Un croyant qui s'était infiltré dans les rangs de la Waffen SS et avait été témoin de la mise en œuvre de la solution finale tenta à plusieurs reprises d'informer les représentants du Vatican : il fut chaque fois éconduit.

Pie XII avait flétri l'attitude de l'URSS contre la Finlande. Il resta muet en revanche devant les agressions de la Grèce et de la Yougoslavie par les puissances fascistes. Les quelques prélats qui, un peu partout en Europe, se mirent ouvertement au service de la machine de guerre nazie, comme Monseigneur Mayol de Lupe, en France, ne furent pas rappelés à l'ordre.

L'archevêque de Munich, le cardinal Faulhaber, le reconnaissait en mars 1943 : de nombreux catholiques à la base se posaient d'angoissantes questions : « Pourquoi les évêques ne s'engagent-ils pas ? Pourquoi ne parlent-ils pas ? Alors que les évêques hollandais ont publié un texte pastoral contre la déportation des jeunes et l'assassinat des Juifs ? »

Réponse : c'est justement ce que « l'adversaire attend pour nous accuser de trahison ». Or Pie XII se voulait avant tout solidaire de l'Église allemande. Et puis les troupes de l'Axe ne combattaient-elles pas, depuis juin 1941, le communisme soviétique, cet ennemi numéro un de la chrétienté ? Monseigneur Tardini, l'un des principaux conseillers du souverain pontife, s'en était expliqué clairement : « Ce qui était souhaitable, c'était que le communisme sorte défait et anéanti de la guerre qui a lieu actuellement en Russie et que le nazisme en sorte affaibli. » Ce qui permettrait de le vaincre, mais ensuite...

Pourquoi, après 1943, Pie XII continua-t-il à garder le silence ? Parce que l'avance de l'Armée Rouge, le développement des guérillas communistes en Europe suscitaient en lui encore plus d'angoisse que les actions nazies n'y provoquaient d'horreur. Auprès des Alliés, il plaida en faveur d'une paix séparée qui eût permis d'associer une Allemagne éventuellement dénazifiée à l'inévitable bataille d'arrêt face à l'avance des Rouges. Il s'abstint de protester lorsque les troupes allemandes occupèrent Rome en septembre 1943. Il s'enferma dans un mutisme que l'on peut supposer réprobateur quand les Allemands organisèrent une vaste rafle de Juifs, quasiment « sous ses fenêtres ». Simplement le cardinal Maglione, secrétaire d'État, fit savoir confidentiellement à l'ambassadeur allemand auprès du Saint-Siège qu'il valait mieux que cela cessât, car le souverain pontife « ne voudrait pas être contraint d'exprimer sa réprobation ».

Contre le génocide donc, aucune prise de position publique. En 1943 encore, quand Mussolini fut renversé, Monseigneur Maglione estima qu'il convenait de corriger les lois antisémites, mais pas de les abolir, parce que du point de vue des « principes de l'Église catholique, elles contenaient des dispositions qui méritaient confirmation ».

On peut certes expliquer, chercher à comprendre, rappeler que, dans tous les milieux, dans toutes les professions, au sein de tous les mouvements de pensée, et en particulier du monde intellectuel progressiste, d'André Gide à Jean-Paul Sartre, ils furent nombreux ceux qui préférèrent se recroqueviller sous leur couette et attendre que ça se passe. Il reste qu'à aucun moment, avant 1945, la voix de la plus haute autorité morale de l'Occident ne se fit entendre pour condamner clairement l'une des plus épouvantables entreprises de violation des principes moraux les plus sacrés que le monde ait jamais connue, et qu'on en reste, aujourd'hui encore, interdit.

Nulle institution au cours de l'histoire n'avait autant que l'Église démontré sa capacité à dire « non » : à l'hérésie, à la modernité scientifique, à la centralité du soleil, aux principes darwiniens, à la sélection naturelle, à la république, à la philosophie des Lumières, mais aussi aux souverains les plus puissants du Saint Empire romain germanique, à Henri IV d'Allemagne qui dut s'humilier à Canossa, à Henri V obligé de reconnaître au pouvoir spirituel sa suprématie dans l'affaire des investitures, à Frédéric II de Hohenstaufen plusieurs fois excommunié par Grégoire IX et déposé par Innocent IV, aux Sarrasins contre lesquels elle prêcha et organisa les croisades, à Napoléon, à Staline, aux princes féodaux, à la misère aussi et souvent à l'injustice.

Or, face à Mussolini, face à Hitler, l'Église, au-delà du dévouement, au-delà du sacrifice et du martyre de milliers de ses membres, ne sut pas, en tant qu'institution, dire « non ».

Or, en 1950, Pie XII, par l'encyclique *Humani generis*, n'hésita pas à condamner avec la plus grande vigueur tous les théologiens d'avant-garde qui, selon lui, dénaturaient le message de l'Église, et en 1953 à mettre un terme à l'expérience des prêtres ouvriers.

Rarement on a dit aussi systématiquement « non » que Pie XII, digne héritier en cela de Pie IX, dont Victor Hugo stigmatisa l'archaïsme. Mais, lorsque le monde attendit de lui le grand refus salvateur, il s'abstint.

Cette faute historique ne fera pas oublier cependant que Jean XXIII, en 1961, par l'encyclique *Mater et Magistra*, dira « non » au partage inégal des richesses qui marginalise les pays du tiers monde, que Paul VI, en 1967, dans *Populorum progressio* préconisera des réformes audacieuses qui permettent de mieux lutter contre la misère dans les pays du Sud, après avoir proposé de consacrer à cette fin une partie des dépenses d'armement, qu'en 1990 Jean-Paul II stigmatisera ceux qui « se réservent le monopole impérialiste de la suprématie économique et politique aux dépens des autres ». Ni que c'est du sein de cette Église que jaillirent les promoteurs de la rébellion morale qui électrisa l'Amérique latine, le père Guttierez, au Pérou, concepteur de la théologie de la libération – condamné par Jean-Paul II –, ou Leonardo Boff, au Brésil.

CES « NON » QUE PRIT EN OTAGE LA LOGIQUE DES CAMPS

Ce qui paralysa Pie XII ? Pas seulement son progermanisme ou ses pulsions réactionnaires. En réalité, comme beaucoup d'autres en ces temps épouvantables, sa hantise de la menace rouge ne lui permit pas de percevoir tout le danger que représentait la menace brune, non seulement pour la civilisation, mais aussi pour les valeurs chrétiennes.

Il ne fut pas le seul à s'être laissé ainsi prendre, en quelque sorte, en tenailles par les deux mâchoires du manichéisme. On rangera volontiers dans le même sac tous ces « progressistes » bien-pensants de la planète qui répugnèrent à dénoncer le stalinisme, relativisèrent ses forfaits, gardèrent le silence même devant l'évidence de ses crimes, sous prétexte que le combat antifasciste seul requérait qu'ils y consacrassent leur talent, leur savoir et leur énergie.

Le bien, le mal. Comment le mal aurait-il pu se glisser dans le camp du bien ? D'où parlez-vous ? De qui faites-vous le jeu ? Ce n'est pas le moment de le dire. Ce n'est jamais le moment. Il faut resserrer les rangs ! Regarder qui vous applaudit !

Pendant au moins quarante ans la machine à rendre toute pensée hémiplégique fonctionna à plein : qui d'autre que des complices des nazis pouvait accuser les Soviétiques d'êtres les véritables auteurs des massacres de milliers d'officiers polonais dans la forêt de Katyn ? Des rescapés de Buchenwald et de Dachau venaient faire honte à ceux qui prétendaient qu'il existait des camps de concentration également en Union soviétique ! Dire « non » au goulag revenait à dire « oui » à Auschwitz ! Les accusés des procès de Moscou avouaient leurs accointances fascistes, que vouliez-vous de plus ? On pouvait se poser des questions, certes, mais aussitôt la réponse fusait : regardez ce qui se passe en Grèce, en Espagne, au Guatemala, en Iran !

L'expédition de Suez, en 1956, faisait pièce à l'intervention soviétique en Hongrie. Les époux Rosenberg, exécutés aux États-Unis pour trahison, étaient utilisés pour faire oublier, ou justifier même, que fussent immolés à la raison stalinienne Rajk, en Hongrie, ou Slansky, en Tchécoslovaquie. Les crimes commis en Algérie effaçaient la répression qui se déchaînait en Pologne. La mise à mort de Grimau dans l'Espagne franquiste mobilisait ceux qui avaient occulté l'exécution de Imre Nagy, le héros de l'insurrection antistalinienne hongroise. En fonction de quoi, au nom de l'anticommunisme, on justifiait les crimes contre l'humanité à Madagascar, l'holocauste en Indonésie, la tyrannie en Iran ou en Corée du Sud, les massacres en Amérique centrale, les colonnes infernales au Chili.

D'une certaine manière, deux Églises, celle qui dépendait de Rome et celle qui relevait de Moscou, se laissèrent prendre au même piège. Toutes les deux, au nom de la sanctification d'une finalité, relativisèrent les moyens employés par ceux qui se réclamaient de cet absolu.

Ainsi pourrait-on relever, en France, qu'un cardinal Liénart, pendant l'Occupation, encensa le régime vichyste, incita les travailleurs chrétiens à rejoindre les organisations pétainistes, ne prononça pas un seul mot contre l'antisémitisme d'État, encouragea les départs au STO; que le recteur de l'Institut catholique, Monseigneur Baudrillart, bascula dans la collaboration, que le cardinal Suhard protesta certes contre les « conditions inhumaines » de la rafle du Vel' d'Hiv', mais se rallia en février 1944 au communiqué des évêques de France, qui condamnait la résistance armée; que le cardinal Gerlier proclama : « Pétain, c'est la France et la France, c'est Pétain ! »

Ceux qui, comme l'abbé Alfred Daumas, devenu évêque – il participa aux mouvements Franc-Tireur et Combat et fut arrêté par la Gestapo, puis tenta de freiner à la Libération les excès épurateurs dans les Alpes-Maritimes –, menèrent une action de résistance antifasciste conséquente furent des exceptions.

Mais, au regard de cette démission collective qui fit des Églises officielles, un peu partout dans le monde, les supports idéologiques, non de régimes totalitaires, mais d'innombrables pouvoirs tyranniques et oppresseurs, combien de rationalistes, héritiers de la philosophie des Lumières et porteurs de ses idéaux de progrès, cautionnèrent le terrorisme d'État qui se drapait dans la bannière du socialisme !

Ce fut l'un des plus effroyables paradoxes de ce temps que tant de militants héroïques, d'activistes désintéressés, d'artistes talentueux, d'intellectuels remarquables qui, souvent, au péril de leur vie, surent dire « non » à l'injustice, à l'iniquité, à l'exploitation, à l'aliénation sociale, à l'obscurantisme, au fascisme, au colonialisme, à la dictature, à l'occupation étrangère, à la trahison nationale, à l'impérialisme, en vinrent parallèlement à justifier et à excuser un système qui avait mis le crime au service d'un gigantesque asservissement.

Dans quelle case, alors, rangera-t-on un Bertolt Brecht, une Anna Seghers, un Pablo Neruda, un Louis Aragon, le peintre mexicain Siqueiros, le poète turc Nazim Hikmet, et tant d'autres qui illuminèrent le siècle de leur génie ou de leur talent, à travers lesquels s'exprimèrent des millions d'êtres humains écrasés sous le talon de fer du capitalisme, de l'impérialisme ou du fascisme, et qui apportèrent leur gloire en offrande aux cannibales totalitaires du Kremlin ?

Et comment qualifier ceux qui, dégrisés de Staline, s'abandonnèrent à Mao – quitte, comme Philippe Sollers, à faire un détour par le Vatican et l'hôtel Matignon ? Que dire de ces héros de la guerre d'Espagne, de ces guérilleros des montagnes grecques, de ces combattants des maquis de France ou d'Italie, de ces résistants indomptables, de ces martyrs des luttes de libération, grillés, napalmisés, décapités, écartelés, torturés, de ces victimes de Pinochet, du shah d'Iran ou de Saddam Hussein, de ces insurgés sublimes, de ces centaines de milliers de déportés des camps indonésiens, des prisonniers de geôles turques ou philippines, de tous ces ostracisés, bâillonnés, réprimés, persécutés, qui cependant vouèrent un culte impensable aux minotaures sadiques qui, de Moscou à Pékin, dévoraient tout crus leurs propres enfants ?

Ce sinistre constat se retourne évidemment. Et Alexandre Soljenitsyne, l'archétype de l'homme qui sut dire « non » – avec une vigueur, une force, et une amplitude saisissantes – au Big Brother soviétique, qui préféra s'enterrer dans l'exil plutôt que transiger, n'hésita pas à approuver la sale guerre que les troupes de Vladimir Poutine menèrent contre les populations tchétchènes. Boris Souvarine, l'un des premiers communistes à avoir dit « non » à Staline, à avoir dénoncé cette escroquerie, n'approuva-t-il pas la politique de répression en Algérie ? Lech Walesa, porte-flambeau des libertés polonaises, ne sombra-t-il pas dans le cléricalisme le plus obtus ? Et cela tandis qu'un refuznik mythique comme Tcharenski, réimplanté en Israël et devenu ministre de Netanyahou, se montrait totalement insensible aux plus légitimes aspirations nationales et libératrices du peuple palestinien ?

Pour un Victor Hugo que nul n'a pu prendre en défaut après sa « métamorphose », combien de Robert Lacoste, ancien résistant transformé en courtier des tortionnaires, de général Vlassov virant hitlérien par antistalinisme, de Jacques Soustelle, grande figure de la France Libre acceptant de faire la propagande de l'apartheid d'Afrique du Sud, de Thierry Maulnier, talentueux pourfendeur du totalitarisme rouge qui apporta son appui à la dictature des colonels grecs ? Et aussi de contempteurs polonais de Jaruzelski plein d'indulgence pour l'Argentin Videla ! Combien qui, en 1956, manifestèrent leur solidarité à l'égard des révolutionnaires hongrois écrasés par l'Armée Rouge, mais excusèrent les pires forfaits commis par les parachutistes français au nom de la lutte contre les révolutionnaires algériens ? Qui dénoncèrent l'épuration ethnique favorisée par les Serbes, mais excusèrent l'antiserbe ?

D'un côté, on encense le dictateur Fidel Castro, au nom de sa lutte victorieuse contre le dictateur Battista, de l'autre, on justifie Pinochet par l'anticastrisme ; comme, d'ailleurs, l'antisoviétisme en conduisit quelques-uns à faire leur cour au « patriote » roumain Ceaucescu ou l'éloge, comme Alain Peyrefitte, de cet enfer kafkaïen qu'était devenue la Chine de Mao Tsé-toung à la fin des années 60. Tels dont le jugement était implacable vis-à-vis de la Serbie de l'affreux Milosevic ou de l'Algérie de Bouteflika, ne firent-ils pas l'éloge de l'Indonésie concentrationnaire de Suharto, ne vantèrent-ils pas le « modernisme » du shah d'Iran tout en s'interdisant toute critique à l'égard de la théocratie féodale d'Arabie Saoudite ?

À l'inverse, combien d'Ubu roi pseudo-léninistes, de l'Éthiopie à la Guinée en passant par l'Albanie d'Enver Hodja, la Corée du Nord du grotesque Kim Il Sung, purent-ils réduire leur pays en cendres sans que les professionnels du progressisme pétitionnaire ne s'en offusquent outre mesure ?

Certains pourtant – et Bertrand Russell fut de ceux-là – ne se rendirent complices d'aucune de ces forfaitures qui se confortèrent l'une l'autre. Ainsi, en France, retrouva-t-on aux côtés des dissidents soviétiques persécutés beaucoup de ceux qui s'étaient mobilisés en faveur des dissidents algériens torturés.

LA « MODERNITÉ » AU SERVICE DE LA SOUMISSION

On imagine mal, aujourd'hui, l'immense courage intellectuel dont durent faire preuve les « justes », pris en tenailles entre les forces d'exclusion promptes à leur faire payer leur refus de se plier à leur logique manichéenne. Puisqu'il y avait deux camps, il fallait se ranger d'un côté ou de l'autre, au risque d'être rejeté par les deux et de devoir poursuivre un combat solitaire sans bénéficier de la moindre base arrière. Position d'autant plus inconfortable que les deux puissances idéologiques rivales, non point tant les fascistes et les staliniens que tous ceux qui soupçonnaient le fascisme derrière l'anticommunisme et le communisme derrière l'antifascisme, voyaient dans les tenants du double refus des nostalgiques d'un temps révolu.

Comment tenir bon quand on est, en quelque sorte, encerclé par des forces, certes antagonistes, mais qui se réclament l'une et l'autre de la « modernité » ? Quand l'attachement à ces valeurs fondatrices que sont la démocratie et le pluralisme, l'humanisme et la tolérance, vous marque aux yeux des idéologues dominants du sceau de l'archaïsme ou de la ringardise ?

D'un côté, dans les années 30, on exaltait le futurisme, de l'autre, on se réclamait du « sens de l'histoire ». On était la « jeunesse en marche », le « devenir de l'humanité », on modelait un « monde nouveau », on construisait un « Reich de mille ans », on bâtissait sur les « ruines du Vieux Monde », on préparait ce qu'on appellerait plus tard des « lendemains qui chantent ».

Dilemme terrible, car c'est à cette double modernité-là qu'il fallait dire « non ». S'opposer à ce que les meilleurs esprits présentaient comme l'inéluctable, accepter de paraître « vieux » quand l'horreur se parait des oripeaux de la jeunesse, passéiste quand le pire prenait la couleur du futur.

Déjà, dans les propos de certains, le « conservateur » était celui qui dénonçait la régression. Comment se déterminer en fonction de ce qui était juste ou injuste, vrai ou faux, sensé ou insensé, lorsque le discours dominant s'organisait autour d'un choix unique entre ce qui était « moderne » ou ce qui était « ancien ». Le doute était ancien, le fanatisme était moderne ; allait-on défendre cette « vieillerie » qu'était le parlementarisme et son instabilité chronique, contre l'efficience évidente, la « compétitivité » dirait-on aujourd'hui, des pouvoirs totalitaires ? En Italie, les trains arrivaient à l'heure ; Hitler construisait des autoroutes et faisait reculer le chômage. Les plans quinquennaux soviétiques se soldaient par des taux de croissance faramineux. L'économie japonaise fonctionnait à plein régime. Preuve que l'efficacité était de ce côté !

À quel prix ? Remarque de grincheux. Que valaient nos principes « d'un autre âge », nos valeurs archaïques, nos ridicules frilosités petites-bourgeoises, nos pauvres spécificités nationales, face à l'évidence de ces stupéfiantes réussites ?

Conçoit-on l'héroïsme intellectuel dont il fallait faire preuve face à la mode, à l'air du temps, au sens du vent, au terrorisme médiatique, au conformisme ambiant, pour dire « non », doublement « non », à ces illusions monstrueuses qui se donnaient des airs d'incontournables réalités ?

Dans les années 30, des intellectuels, parmi les plus prestigieux de ce temps, signèrent une pétition pour soutenir la guerre de Mussolini contre l'Éthiopie. Or la majorité de ceux qui leur faisaient face avaient, sinon les yeux de Chimène, au moins beaucoup d'indulgence à l'égard du jeune État socialiste dont le Petit Père des peuples incarnait la prodigieuse « vitalité ».

Il y eut même des passages d'une case à l'autre. Et dans les deux sens. Drieu la Rochelle, qui avait dit « oui » à Hitler, mourut en regrettant de ne pas pouvoir dire « oui » à Staline. Jacques Doriot, qui avait dit « oui » à Staline fut tué sous l'uniforme de ceux qui disaient « oui » à Hitler.

Mais, au milieu, dans le petit campement de ceux qui disaient « non » à Mussolini, à Hitler, à Franco, à Staline et qui n'avaient jamais vu en Trotski un parangon d'ouverture d'esprit, comment se faire entendre ? Qui était en mesure de relayer leur profession de foi en une société libre ? Est-ce un hasard si André Gide, après son fameux retour de Moscou, se replia sur lui-même, si la voix d'Alain fut peu à peu étouffée, si la réflexion de Julien Benda s'enlisa ?...

Dira-t-on jamais le drame que vécurent un Paul Nizan, l'auteur des *Chiens de garde*, rejeté par son église ; un Bernanos, répudié par les siens. Parce qu'ils avaient dit « non » au pacte germano-soviétique, comme Nizan, des communistes dissidents furent, en 1944, assassinés par leurs anciens camarades. Mais de Gaulle lui-même n'avait-il pas été condamné à mort par ses compagnons d'armes ? Le merveilleux Jean Prévost, le romancier d'exception, l'auteur des *Frères Bouquinquant* qui fut tué les armes à la main dans le Vercors, aurait-il trouvé sa place dans cet après-guerre où il convenait de choisir son oppresseur ?

DE L'HÉROÏSME DU DOUBLE REFUS DANS UN MONDE BIPOLAIRE

Oui, qui dira la tragédie de ces femmes et de ces hommes qui, dans les années 50, furent pris dans l'étau d'une pensée bipolaire, victimes non seulement des deux stalinismes rivaux – car il existait aussi, en réaction, un « stalinisme de droite » – mais parfois aussi des mêmes inquisiteurs qui, tels Annie Kriegel, universitaire de qualité par ailleurs, et beaucoup d'autres, étaient passés allégrement d'un stalinisme à l'autre ? Ou ces ex-maoïstes qui devinrent, plus tard, des caniches du grand patronat !

Aujourd'hui on sait que ceux qui révélèrent l'ampleur des « grandes purges » staliniennes, dénoncèrent l'inanité du système social soviétique, refusèrent de cautionner le coup de Prague ou de justifier la répression du printemps de Budapest, soulignèrent l'atrocité de la terreur maoïste, avaient raison.

On sait, désormais, qu'avaient également raison ceux qui accusèrent la CIA d'avoir organisé l'intervention de bandes armées fascisantes contre le gouvernement progressiste d'Arbenz au Guatemala, fomenté le coup d'État monarchiste contre le gouvernement démocratique du docteur Mossadegh en Iran, concocté et financé le putsch militaire de Pinochet contre Allende au Chili, armé les bandes fascisantes au Salvador, apporté un soutien décisif à Saddam Hussein en Irak, et même permis la survie des Khmers rouges après qu'ils eurent été chassés de Phnom Penh. On sait à quel point fut mensongère la propagande communiste sur l'utilisation d'armes bactériologiques par les Américains en Corée, mais on sait aussi que l'« incident » du golfe du Tonkin, qui justifia l'intervention américaine au Viêtnam, était un pur coup monté. On sait que des attentats contre des adversaires du « monde libre » – Castro en tête – furent préparés par les services secrets américains, parfois en relation avec la Mafia, tandis que d'abominables terroristes internationaux trouvaient le gîte et le couvert à Berlin-Est ou à Prague.

On sait tout cela. Mais se souvient-on que ceux qui dénonçaient « ceci », aussitôt assimilés à des réactionnaires fascisants, étaient désignés à la vindicte des démocrates, tandis que ceux qui dénonçaient « cela » se voyaient coller sur le front l'étiquette infamante de cryptocommunistes ? Et que les quelques-uns qui refusèrent et stigmatisèrent à la fois « ceci » et « cela » se retrouvèrent le plus souvent, métaphoriquement au moins, criblés de balles, pris qu'ils étaient entre deux feux. Jean-Paul Sartre, il faut le reconnaître, au-delà de ses quelques très graves erreurs de jugement, fut de ceux qu'on insulta des deux côtés, « hyène dactylographe » et parangon de la réflexion philosophique bourgeoise pour les uns, lamentable complice de l'abomination communiste pour les autres.

LA DICTATURE DE LA BIEN-PENSANCE

Or, qui sont les héros intellectuels d'aujourd'hui ? Les tenants solides, imperturbables, conséquents du double refus ? Point ! Mais ceux qui sont passés du néo-stalinisme à la publication du *Livre noir du communisme*, du maoïsme le plus démentiel au néo-libéralisme le plus délirant, du terrorisme gauchiste au conservatisme de plomb, de Trotski à Guizot ou, au mieux, de Che Guevara à Tony Blair, d'un sectarisme à l'autre, d'un dogmatisme à l'autre, d'un simplisme à l'autre, d'un manichéisme à l'autre, parfois même d'un terrorisme à l'autre.

Ceux-là définissent désormais la « ligne juste », qui ont sauté de l'exaltation de la guerre civile à l'idéalisation des *stocks options*, de l'anarchisme destructeur au culte du CAC 40, qui ont dit successivement « oui » dans les deux sens, mais presque toujours au pire : à la version la plus oppressive de l'internationalisme et à la forme la plus aliénante de la mondialisation ; au refus de la concurrence et de l'économie libre, hier au nom d'un caporalisme d'État, aujourd'hui au nom d'un monopolisme privé, mais qui de toute façon se retrouvent toujours du côté de l'idéologie dominante ; au prix d'ailleurs du maintien en dissidence de ceux qui, hier déjà, mais pour des raisons différentes, leur disaient « non ».

De de Gaulle à Galilée, d'Émile Zola à Darwin, de Giordano Bruno à Bartolomé de Las Casas, les « non » les plus gigantesques, au fond, furent ceux qui se heurtèrent à la fois à l'idéologie officielle, à l'orthodoxie du moment, à une pensée unique ou tendancieusement unique et, un temps au moins, à une majorité de l'opinion publique.

Y a-t-il personnage plus emblématique de ce combat sur tous les fronts que celui de Michel Servet, ce théologien et médecin espagnol du XVIe siècle qui, parce qu'il ne croyait ni au péché originel – ce qui est la moindre des choses ! – ni à la divinité du Christ, dut fuir l'Inquisition catholique romaine pour se réfugier à Genève, où il fut arrêté, condamné et brûlé vif par les néo-inquisiteurs de la « réforme » calviniste ?

Les fantômes de Federico Garcia Lorca, de Marc Bloch, de Walter Benjamin, de Miguel Angel Estrella, de Léon Trotski, de Boukharine, de Radek, de Rajk, de Kostov, de Toukatchevski, pourraient témoigner qu'on continua au XXe siècle de brûler les hérétiques, même si les bûchers, comme ceux d'aujourd'hui, sont devenus plus métaphoriques.

C'est sous la IIIe République, pas sous l'Empire, qu'on fulmina les plus invraisemblables anathèmes contre un professeur qui avait osé douter du caractère divin des voix de Jeanne d'Arc. Et peut-on concevoir ce que fut la vie d'un intellectuel cartésien, laïc et bêtement démocrate, dans les années 30, quand toute l'idéologie officielle et académique était d'inspiration maurrassienne et la dissidence officieuse anarchisante ou marxiste tendance guesdiste ?

C'est parce qu'ils se « situaient » en marge d'une pensée dont un certain sénateur McCarthy voulait qu'elle devînt unique, que des acteurs, dialoguistes et cinéastes américains de première importance furent couchés sur une « liste noire ». Mais l'on vit, aussi, en France, une idéologie soixante-huitarde ou néo-soixante-huitarde faire assaut d'intolérance avec les cléricalismes du siècle passé, en criminalisant systématiquement, de façon inquisitoriale, tout ce qui ne sacrifiait pas à sa propre orthodoxie.

Dire « non » à cette nouvelle dictature de la « bien-pensance » devient alors presque aussi risqué qu'au temps où Baudelaire était passible des tribunaux et les œuvres « déviationnistes » mises à l'index.

Michel Servet en avait fait les frais, mais aussi les bolcheviques antistaliniens : on échappe d'autant plus difficilement à la répression de l'hérésie qu'elle est menée par d'anciens hérétiques. Et que ceux-ci contrôlent les centres du pouvoir médiatique et intellectuel.

Un « non » proclamé n'a décidément pas la même signification selon que le vent dominant le porte ou que celui-ci souffle en sens inverse. Quitte à s'émanciper de l'Église, Martin Luther, qui négocia le soutien des princes allemands – et n'hésita pas à leur sacrifier les paysans révoltés de Thomas Münzer –, s'en sortit mieux que Jean Hus, pourtant moins radical, mais qui affronta, lui, la noblesse d'Empire. Et les communistes qui, après avoir viré leur cuti, passèrent à droite, firent généralement une plus brillante carrière que leurs ex-camarades qui entrèrent en dissidence sans pour autant se renier. Comment ne pas penser à ces « déviationnistes » du PC allemand qui furent livrés à Staline par Hitler !

Aloysius Bertrand, le précurseur du poème en prose, l'auteur inspiré de *Gaspard de la nuit*, mourut totalement méconnu en un temps où Lamartine incarnait encore la modernité – contrairement à Lautréamont, qui ne lui arrive pas à la cheville, mais qui profita, lui, d'un effet de mode. On préféra Albert Samain à Jules Laforgue, Jean-Paul Laurens à Van Gogh, Saint-Saëns à Chabrier, et même Ambroise Thomas à Bizet. Puis les mêmes qui avaient été outrageusement glorifiés, Casimir Delaroche ou Meyerbeer, furent injustement jetés à la décharge publique quand le vent eut tourné. Mais croit-on que l'on peut, aujourd'hui, accéder au hit-parade en refusant la norme musicale qu'un Trenet, un Brassens ou un Aznavour pouvait encore transgresser il y a quelques décennies ? Cette sorte de génie que fut Boby Lapointe, n'est-il pas mort dans la misère, licencié de sa maison de disques ? Dire « non » aux lois du show-biz, Maurice Fanon ou Henri Tachan s'y sont risqués, devant lesquels se sont fermés tous les plateaux de télévision. Qui oserait désormais ? Léo Ferré, l'homme qui exprimait sa rage en pissant sur les modes, n'est plus possible. Fréhel non plus, qui n'aurait pas la ligne.

Confronté à l'uniformisation, à l'homogénéisation, à la formatisation des idées et des goûts, des formes et des sons – jamais autant de gens n'ont à ce point pensé, rêvé, chanté, imaginé de la même façon, au même moment –, se heurtant partout à l'affirmation quasi planétaire d'un discours univoque qui se drape dans les plis du mondialisme néo-libéral, le « non » d'aujourd'hui marginalise encore plus implacablement qu'hier ceux qui le prononcent. Soit ce « non » se dissout dans la molle unicité de la nouvelle vulgate scolastique, soit il est rejeté hors du « cercle de la raison ». L'excommunication n'a même plus besoin de bras séculiers : le tribunal d'Inquisition est dans les têtes.

11

Le « non » à la peine de mort

Le « non », avons-nous dit, prend toute sa dimension lorsque sa vérité – que l'histoire ou la civilisation consacrera – se heurte d'abord à l'idéologie dominante et ensuite à une majorité de l'opinion publique.

À cet égard, un combat nous paraît exemplaire : celui qui déboucha, en Europe au moins, sur l'abolition de la peine de mort.

C'est au XVIIIe siècle, dans le sillage de la philosophie des Lumières, que se manifestèrent les premiers mouvements abolitionnistes. Plusieurs villes italiennes, dont Florence, renoncèrent au châtiment suprême, tandis que Benjamin Franklin en dénonçait la barbarie. La thèse abolitionniste fut donc tout naturellement défendue, au lendemain de 1789, en l'occurrence par les députés qui se situaient à l'aile gauche de l'Assemblée constituante. Paradoxalement – et le lecteur en sera sans doute sidéré –, Robespierre et Marat furent du petit groupe qui proposa de ne plus commettre l'irréparable, mais ils furent battus par ceux-là mêmes qui allaient devenir les premières victimes de cette décision.

Pourtant – autre paradoxe –, la Convention nationale, comme si elle était bien placée pour saisir tout l'usage épouvantable qu'on pouvait en faire, vota en 1793 le principe d'une abolition de la peine capitale. Le principe seulement... Car il fut convenu d'attendre des jours meilleurs pour passer à la pratique. Et, entre-temps, Napoléon rétablit la légalité de l'échafaud.

Dans l'enthousiasme de la révolution de 1830, on sembla de nouveau vouloir bannir la guillotine de nos lois. Louis-Philippe et Guizot se déclaraient pour leur part hostiles à la peine de mort. Mais la proposition présentée par un ancien député aux états généraux de 1789, Destutt de Tracy, d'abord acclamée par les députés, finit par se perdre dans les sables des commissions. Elle resurgit en 1848, après que les assemblées de Francfort et de Berlin eurent décidé de voter l'abolition, sous la forme d'un amendement proposé par un groupe de parlementaires à l'article de la Constitution qui prévoyait de ne renoncer à la peine de mort qu'en matière de délit politique. Amendement repoussé par 216 voix « pour » et 498 voix « contre ».

On sait que d'autres, beaucoup d'autres (Albert Camus, Arthur Koestler), prirent le relais, avant que, au début du septennat de François Mitterrand, qui s'était courageusement engagé à « abolir », l'avocat et garde des Sceaux Robert Badinter n'arrivât à ses fins. Mais le débat qui s'engagea en 1848 prend avec le recul un aspect hallucinant, car tous les arguments échangés il y a plus d'un siècle et demi sont ceux, exactement ceux, au terme près, qu'adversaires et partisans de la peine capitale invoquent encore aujourd'hui, par exemple aux États-Unis où les exécutions légales n'ont jamais été aussi nombreuses.

Surtout, la plupart des antiabolitionnistes de 1848 affirmaient qu'ils n'étaient pas a priori hostiles à la destruction de l'échafaud, mais que c'était un peu trop tôt, que les esprits n'étaient pas tout à fait mûrs, qu'il fallait attendre que les progrès de la science et de l'éducation fissent leurs effets.

C'est très exactement ce que l'on continuera à dire un siècle et demi plus tard.

Il faut relire ce débat, car il est au fond injuste qu'on ait oublié aujourd'hui la plupart de ces précurseurs qui, au lendemain des terribles journées de juin 1848, eurent le courage de dire « non » à la peine de mort, et avec des arguments d'une modernité et d'une force stupéfiantes. Citons-les.

Le citoyen Athanase Coquerel – pasteur protestant de tendance libérale, fondateur d'un journal qui s'intitulait *Le Libre Examen* :

« Je conteste à la société le droit de disposer de la vie de l'homme. Le principe sur lequel je m'appuie est uniquement celui-ci : l'homme n'a pas le droit de punir l'homme. Tout ce que la justice humaine peut faire, c'est de réprimer et de corriger. Or le premier défaut de la peine de mort, la première preuve qu'elle est illégale et injuste, c'est qu'elle ne corrige jamais et qu'elle ne peut corriger. Citoyens représentants, y a-t-il parmi vous un seul de nos collègues qui me contestera que dans la langue de toutes les communions chrétiennes les mots repentir et conversion signifient quelque chose ? S'il est vrai que le repentir est une porte toujours ouverte par Dieu, même au criminel, s'il est vrai que l'homme ne tombe jamais si bas que, par la religion, il ne puisse se relever, s'il est vrai que l'homme qui a commis le crime le plus infâme peut, par le repentir et le remords, l'effacer devant Dieu, pourquoi ravir l'occasion et le temps de l'effacer devant l'homme ?

« Je n'ai qu'un seul mot à vous adresser, le voici : c'est que l'homme n'a jamais le droit de désespérer de l'homme. L'étincelle morale peut toujours se ranimer, le sens moral ne s'éteint jamais. »

Le citoyen Paul Rabuan :

« Citoyens, au temps de la barbarie, il existait une loi sauvage qui s'appelait la loi du talion, elle disait : " œil pour œil, dent pour dent ". Elle fut repoussée universellement, mais elle a survécu dans la plus terrible de ses applications. Car alors qu'on effaçait le droit de prendre un œil pour un œil, un bras pour un bras, on a considéré, dans le droit moderne, le droit de prendre la vie pour la vie. Je reconnais la légitime défense. Ainsi, si on m'attaque, si ma vie est en danger, j'ai le droit de me défendre jusqu'à ôter la vie à mon adversaire, mais lorsqu'on conduit le condamné au supplice, il est désarmé, il n'y a plus péril pour la société. Elle excède donc son droit, elle se venge. Et il n'y a pas, comme pour le criminel, l'excuse de la passion. La société, quand elle frappe, frappe de sang-froid. D'ailleurs ce qui est fait isolément est également mal et faux collectivement. Un homme n'a pas le droit de tuer quand il est isolé. Un collectif d'individus ne l'a pas davantage. La haine, l'envie sont des crimes. Est-ce que la société peut se livrer à ces passions ? Pourquoi y aurait-il une exception pour le plus odieux de tous les crimes, le meurtre ? Comment ! La société n'aurait pas le droit de voler, de mentir, elle aurait le droit de tuer, bien qu'un seul individu ne l'ait pas ?

« De quel droit, d'ailleurs, limiterez-vous la vie de l'homme ? Ce droit n'appartient qu'à Dieu. Et si cet homme que vous frappez était innocent – et cela s'est vu – quand vous l'aurez coupé en deux, quand vous en aurez fait deux tronçons, pourrez-vous le reconstruire [*rumeurs et rires*] ?

« J'ai dit que la peine est illégitime, illégale, j'ajoute qu'elle est inutile. Ainsi, par exemple, à Madrid, on pend les voleurs ;

or nulle part on ne vole plus qu'à Madrid. Sous Richelieu, le duel était puni de mort ; jamais on ne s'est tant battu en duel. Aujourd'hui, on ne punit plus de mort, en revanche, les faux-monnayeurs : fait-on plus de fausse monnaie qu'autrefois ? On ne punit plus de la peine de mort les contrefacteurs des sceaux de l'État : en apercevez-vous plus qu'autrefois en circulation ? Non... Il faut instruire les hommes, cela vaudra mieux que de les tuer. »

Le citoyen Destutt de Tracy – celui-là même qui tenta de faire abolir la peine de mort en 1830 :

« Messieurs, songez-y : si l'Assemblée nationale constituante de 1789, avec son immense puissance d'opinion, n'avait pas reculé devant la reconnaissance de ce fait que l'inviolabilité de la vie humaine est un droit, on aurait épargné à notre pays bien des larmes et bien des regrets. J'ajoute – et je ne crains pas de le dire devant les représentants de la République française – que je suis heureux de penser que ma proposition d'abolition, déposée en août 1830, ait pu empêcher de tomber des têtes qui avaient excité contre elles de terribles et, pour plusieurs, de légitimes colères. Oui, je me réjouis que ma proposition ait pu empêcher de verser le sang des ministres de Charles X !

« Il y a une trentaine d'années, dans le département que j'habite, un curé a été mené à l'échafaud. Au moment de payer, comme on dit, sa dette à la société, il pardonna à ses ennemis, il pardonna à ses juges, il exprima les paroles dont le Christ sur la Croix lui avait donné le modèle. Eh bien ! Cet homme était innocent : quelques années après, un homme appela un curé auprès de lui, il était à l'article de la mort ; il lui dit qu'au moment de quitter la vie, il voulait se décharger du fardeau qui l'oppressait. Il lui confessa qu'il s'était introduit dans la maison de ce curé, qu'il lui avait volé ses vêtements, qu'il avait pris du feu dans sa maison pour aller enflammer celle pour l'incendie de laquelle le curé avait été condamné. En un mot, il avait tellement l'aspect, l'apparence et les vêtements de ce curé, qu'il était impossible que les jurés, à l'unanimité, ne le condamnassent pas. Et pourtant il était innocent !

« Les peines d'ailleurs ne doivent-elles pas être proportionnées aux délits ?

« Eh bien, quand vous admettez la peine de mort, quelle proportion peut-il y avoir ? N'est-elle pas la même pour tous les crimes ? Ou vous admettez la peine de mort, je soutiens que, logiquement, vous êtes conduits à admettre les supplices que vous avez abrogés et je vous en félicite. Pourquoi ? Parce que dans la mesure où la question, les tortures, le supplices de la roue, de l'huile bouillante, n'existent plus, vous condamnez à la même peine, la peine de mort, pour des crimes totalement différents les uns des autres. Vous n'appliquez qu'une peine unique et toujours semblable ; la peine n'est donc plus proportionnée au délit et vous commettez en conséquence une injustice.

« Messieurs, je vous rappelle avoir dit un jour : “ Le jour où je verrai tomber les derniers fers et les derniers échafauds, je consens que ce soit le dernier de ma vie. ” »

Citoyen de La Boulie :

« Voulez-vous supprimer réellement la peine de mort en matière politique ? Alors supprimez-la tout entière, sans quoi, on dénaturera le crime, on changera sa cause et on condamnera pour assassinat celui qui n'est coupable que d'insurrection ! »

Le citoyen Victor Hugo :

« Qu'est-ce que la peine de mort ? La peine de mort est le signe spécial de la barbarie [*sensation*]. Partout où la peine de mort est pratiquée, la barbarie domine. Partout où la peine de mort est rare, la civilisation règne. Vous écrivez en tête du préambule de votre Constitution : “ En présence de Dieu... ” et vous commenceriez par lui dérober, à ce Dieu, ce droit qui n'appartient qu'à lui, le droit de vie et de mort !

« Messieurs, il y a trois choses qui sont à Dieu et qui n'appartiennent pas à l'homme : l'irrévocable, l'irréparable et l'indissoluble. Malheur à l'homme s'il les introduit dans ses lois [*mouvements divers*]. »

Ce jour-là, de tous les orateurs qui bataillèrent en faveur de l'abolition, Victor Hugo fut sans doute le moins inspiré. Il fera beaucoup mieux par la suite. Il est dommage cependant qu'il soit le seul – pour évidemment d'autres raisons – dont la postérité ait conservé le souvenir. Les autres auraient beaucoup plus mérité de rester dans les mémoires qu'un Cavaignac ou un maréchal Bugeaud.

Abolir la peine de mort ? Les orateurs hostiles à la proposition affirmèrent en chœur que c'était trop tôt, que les esprits n'étaient pas préparés. Et ils le répéteront encore à la fin du XXe siècle. En fonction de quoi ils prévoyaient tous, si la guillotine était remisée au grenier de l'histoire, une explosion de criminalité.

Or, c'est très exactement ce que déclaraient également les adversaires de l'abolition de l'esclavage. Trop tôt ! Pas mûr ! Éminemment dangereuse !

12

« Non » au travail des enfants

« Trop tôt, pas mûr ! » C'est ce qu'affirmaient également en 1847, à l'occasion d'un débat parlementaire particulièrement éloquent, ceux qui s'opposaient à ce qu'on ne puisse plus faire travailler en usine les enfants de moins de dix ans. D'abord, affirmaient-ils, si ces derniers n'étaient plus obligés de se rendre à la fabrique, à quoi se livreraient-ils ? Ils traîneraient dans les rues, feraient de mauvaises fréquentations, s'habitueraient à la paresse. Et puis, qu'on y songe : cette interdiction renchérirait le coût du travail, à l'heure où « nous sommes confrontés à une ardente concurrence commerciale avec l'Angleterre ». La compétitivité de nos produits s'en ressentirait. Et nous risquerions de perdre des parts de marché – air connu !

Notons que le projet de loi qui provoquait de telles oppositions prévoyait qu'entre dix et douze ans les enfants pourraient travailler douze heures par jour au lieu de huit. Pourquoi ? Justement parce que, comme le notait le rapporteur de la loi, le baron Dupin, « si les enfants quittent le travail avant l'heure commune, ils se trouveraient abandonnés à eux-mêmes dans les rues et sur les routes, la nuit comme le jour ; ils y contracteraient l'habitude du jeu, de la paresse et du vice. Au point de vue de la famille, la limitation de la durée du travail présente donc des inconvénients et des dangers graves ».

De toute façon, ajoutait-il, l'ancienne loi qui limitait à huit heures la journée de travail des enfants de moins de dix ans n'est pas respectée. Et de citer, entre autres, une fabrique d'indiennes – toiles de coton colorées – de la région parisienne où, au printemps, les gosses de huit ans faisaient plus de dix heures par jour. Les chefs d'entreprise, pour justifier cette entorse à la législation, affirmaient que la salubrité des usines s'était considérablement améliorée, en particulier dans l'industrie textile, et que « réduire à huit heures la durée de travail des enfants constitue une mesure trop rigoureuse, qui mènerait leur entreprise droit à la ruine, ce qui est contraire au droit de l'humanité ».

Pour les filles et les femmes, la loi fixait une journée maximum de onze heures, « limite éminemment protectrice, notait le rapporteur, qui empêchera les sévices du travail prolongé ». Et d'évoquer une entreprise manufacturière opulente qui venait d'être condamnée pour avoir fait travailler treize heures par jour, non seulement des marmots de huit ans, mais également des petites filles et des femmes. « Ce sont elles, expliquait-il, que l'on emploie de préférence parce qu'elles sont payées moins et qu'on les trouve plus dociles, surtout les femmes mariées et chargées de famille, dont les enfants dépendent pour vivre. Elles sont beaucoup plus obéissantes que les filles à marier et sont obligées d'employer jusqu'à leurs dernières facultés, jusqu'à leurs derniers efforts, pour procurer à leurs pauvres petits le nécessaire à la vie. »

Et le baron Dupin, personnalité louis-philipparde archétypique, de décrire la situation sociale qui régnait alors en Grande-Bretagne : « Si nous lisons les rapports officiels des inspecteurs de manufacture, nous y voyons des femmes et des filles qui ont à peine atteint leur dix-huitième année contraintes à travailler depuis six heures du matin jusqu'à dix-neuf heures du soir, en n'interrompant leur labeur qu'une heure et demie pour s'alimenter et respirer quelque moment. Certaines mères doivent abandonner leurs enfants à des mégères soldées qui les accaparent dans leur réduit. La veilleuse salariée immobilise les *bambini* dans leur berceau avec des potions à base d'opium. [...] Beaucoup d'enfant y sont à tel point accoutumés qu'ils peuvent à peine exister lorsqu'on les prive de ce breuvage. Ils succombent en nombre immense, atteint d'hydrophobie. Le lait des mères se détériore, de là résultent pour elles des désordres physiques dont le remède habituel est l'eau-de-vie. [...] Des varices résultent de mauvaises habitudes continues qui s'aggravent beaucoup chez les femmes enceintes. Des ulcères aux jambes sont produits par ces varices qui crèvent dans certains cas et occasionnent alors une hémorragie, toujours dangereuse et quelquefois fatale. »

Ce qui d'ailleurs, aux yeux de l'honorable Dupin, n'est pas le plus grave, car « sur treize femmes employées dans la même filature, il s'en trouvait une seule qui sût faire une chemise à son mari, et quatre seulement qui puissent en raccommoder une ». Est-ce tout ? Non... « Un autre aspect déplorable du travail outré des femmes, c'est qu'il leur donne un irrésistible besoin de liqueur forte. L'excès de labeur au milieu de l'atmosphère cotonnière excite en elles une intolérable soif. Elles ne peuvent pas manger, elles boivent. »

Si le rapporteur Dupin se montrait aussi cru dans ses descriptions, c'est que cela se passait, non pas chez nous, mais chez les Anglais. N'empêche, les enfants français, à dix ans, travaillaient, en 1847, soixante-neuf heures par semaine, contre soixante heures en Prusse, et certains industriels n'en estimaient pas moins que le projet de loi était trop laxiste. D'où ces propos « rassurants » du baron : « Il faut prévoir des améliorations, mais qui seront aménagées avec tant de modération qu'elles n'ôteront rien à l'efficacité d'emploi qu'il importe de maintenir au sein des classes ouvrières, afin d'assurer le progrès et la prospérité de notre industrie nationale. »

Ainsi, l'ordre social serait ébranlé dans ses fondements si, au nom d'on ne sait quelle utopie aventuriste, on s'avisait d'émanciper les esclaves, d'abolir la peine de mort ou d'interdire dans les fabriques l'emploi d'enfants de moins de dix ans. Cela fut dit, affirmé, répété, inéluctablement, génération après génération, par les mêmes ou leurs héritiers, au nom des mêmes intérêts, mobilisant les mêmes préjugés.

Peu à peu, lentement, les campagnes d'opinion et les croisades de quelques-uns aidant, ainsi que le militantisme de l'Église, réforme après réforme, loi après loi, l'enfant fut arraché à la fabrique ou à la mine, pour être confié à l'école. Ce fut l'œuvre, en France, de la IIIe République.

Aujourd'hui encore cependant, non seulement au Pakistan, au Maroc, au Bangladesh, mais aussi en Grande-Bretagne, au Portugal, des gamins sont transformés par des employeurs cyniques, au nom du principe de rentabilité, en machines à profit. Mettre définitivement fin à cet abus ? Cela ébranlerait l'ordre économique sur ses bases.

LA SOCIÉTÉ N'Y RÉSISTERAIT PAS !

Ce n'est pas nouveau. Les congés payés ? C'était une folie ! La Sécurité sociale ? Une hérésie ! Le suffrage universel ? Une impossibilité ! L'impôt progressif ? Une abomination ! La séparation de l'Église et de l'État ? La victoire de Satan ! L'Europe unie, le désarmement, la paix par l'arbitrage ? Autant d'élucubrations ! Pour avoir évoqué au Parlement l'avènement prévisible des « États-Unis d'Europe », Victor Hugo avait provoqué une explosion de rires – ah, ces poètes ! –, comme s'il était possible de s'opposer à l'ordre naturel, à la volonté de Dieu, à l'héritage de nos pères.

Dire « non » à la guerre, à la misère, au servage, aux frontières, aux nationalistes ? Quelle idée délirante ! D'un côté, comme se plaisait à le répéter Monsieur Thiers, il y a les hommes « positifs », les gens sérieux, de l'autre, les rêveurs. Mais, comme le déclarait Victor Hugo en août 1849, à la séance inaugurale du premier Congrès de la paix : « Si on leur avait dit, il y a cinq siècles de cela, que les Bretons, les Normands, les Picards cesseraient de se faire la guerre, les hommes positifs, les gens sérieux, les grands politiques d'alors se fussent écriés : " Ah, le songeur ! Ah, le rêve creux ! Comme cet homme connaît peu l'humanité ! Que voilà une absurde chimère ! " Or, poursuivait Hugo, que cela plaise ou non aux soi-disant réalistes qui ne comprennent jamais que le monde change, un jour viendra où la guerre paraîtra aussi absurde entre Paris et Londres, entre Saint-Pétersbourg et Berlin, qu'elle paraîtrait absurde aujourd'hui entre Rouen et Amiens. Un jour viendra où il n'y aura plus d'autres champs de bataille que les marchés s'ouvrant au commerce et les esprits s'ouvrant aux idées. Un jour viendra où les boulets et les bombes seront remplacés par les votes... par le vénérable arbitrage d'un grand Sénat souverain. »

Cette vision prophétique de ce que seront, d'une certaine manière, l'Organisation des Nations unies, les accords d'Helsinki ou le GATT, est déjà assez saisissante. Mais écoutons la suite : « Un jour viendra où l'on verra ces deux groupes immenses, les États-Unis d'Amérique et les États-Unis d'Europe, placés en face l'un de l'autre, se tendant la main par-dessus les mers, échangeant leurs produits, leurs commerces, leur industrie, leur art, leurs génies, défrichant le globe. Grâce au chemin de fer, l'Europe, bientôt, ne sera pas plus grande que ne l'était la France au Moyen Âge ; grâce aux navires à vapeur, on traversera l'océan plus aisément qu'on ne traversait autrefois la Méditerranée. Avant peu, l'homme parcourra la terre comme les dieux d'Homère parcouraient le ciel, en trois pas. Encore quelques années et le fil électrique de la concorde entourera le globe. » Et Hugo d'annoncer, dans la foulée, que si on cessait de dilapider des fortunes dans la course aux armements, on pourrait « creuser des canaux à Suez et à Panama, ainsi qu'un tunnel sous le mont Blanc. [...] Désormais, concluait-il, le but de la grande politique, de la politique vraie, le voici : faire reconnaître toutes les nationalités, restaurer l'unité historique des peuples, substituer les arbitrages aux batailles. »

Cette dernière apostrophe est particulièrement significative car, si Hugo dit « non » à la guerre, « non » au protectionnisme commercial, « non » aux antagonismes tribaux, « non » à la course folle aux armements, il récuse également les dominations impérialistes qui font fi des revendications nationales légitimes. Autrement dit, il soutient le combat des Polonais, des Italiens, des Allemands en faveur d'une restauration de l'unité historique de leur peuple.

Or, au même moment, Alexis de Tocqueville, homme positif et sérieux qui occupe le ministère des Affaires étrangères, ne prend nullement la mesure de l'éveil des nationalités, considère les unités allemande et italienne comme autant de chimères, conseille à la Suisse de céder aux exigences autrichiennes, lui reproche de donner trop facilement asile aux éléments libéraux, et se garde bien de dire le moindre mot en faveur des patriotes hongrois ou polonais.

À quoi sert de dire « non » à l'inéluctable ? Existe-t-il une autre réalité possible que celle qui nous crève les yeux ? Comment imaginer que ce qui « sera » pourrait radicalement rompre avec ce qui était ! Un monde sans guerre, une Europe unie, des droits de douane supprimés : allons donc ! C'est impossible ! Dire « non » à la misère, c'est comme dire « non » à l'obstacle des montagnes pour les chemins de fer, ou de la terre ferme pour les bateaux. Il faut être Victor Hugo pour évoquer un tunnel sous le mont Blanc ou un canal de Panama !

C'EST TOUJOURS IMPOSSIBLE !

Lorsque quelques libéraux de progrès, sous le règne de Louis-Philippe, avaient dit « non » au suffrage censitaire, à ce droit de vote réservé à l'infime minorité de ceux qui bénéficiaient d'une rente confortable, que leur avait-on répondu ? Que c'était ouvrir la boîte de Pandore, offrir la clef de la caisse à la multitude, exciter les démons de la révolution. En fonction de quoi on eut la révolution, puis le suffrage universel.

Ledru-Rollin, en septembre 1848, apostrophé par les conservateurs, avait fort bien mis le doigt sur ce mécanisme de la dénégation préventive et autoprotectrice : « Remarquez, s'était-il écrié, que tous les arguments qu'on nous oppose ici sur les impossibilités, on nous les a opposés pendant dix-huit ans ! Pendant dix-huit ans du règne dernier, toutes les fois que nous réclamions une amélioration, on nous répondait : c'est impossible ! Quand on demandait, en 1775, de briser la chaîne des jurandes et des maîtrises, on répondait : c'est impossible ! Quand on demandait que l'impôt fût également réparti, le clergé et la noblesse ont répondu : c'est impossible ! Le 25 février dernier [1848], la plupart de ceux qui m'écoutent pensaient que le suffrage universel était un monstre qui ne pourrait pas se dompter, que c'était une chose qu'on ne pouvait point organiser, que c'était une utopie, et cependant, en deux mois, vous l'avez vu organiser, vous l'avez vu fonctionner. »

Au cours du même débat, Arnaud de l'Ariège, qui défendait à la fois l'idée d'un État providence et d'une « coopération généralisée », au nom de ses conceptions chrétiennes, s'écriait : « La société, le gouvernement, l'État, la puissance publique prétendent toujours protéger la liberté quand ils ne protègent que les privilèges. C'est ce qu'on appelle conserver l'ordre public. Et dans le paganisme, on conservait l'ordre public en conservant l'esclavage. Et s'il s'était rencontré une puissance sociale qui eût voulu émanciper l'esclave, soit directement, soit indirectement, on lui aurait dit : Vous compromettez l'ordre public, vous portez atteinte à la liberté. » Et il ajoutait : « Lorsque vous verrez l'État se dispenser d'intervenir pour soulager les misères des hommes qui tombent d'inanition, ne dites pas que l'État protège la liberté, dites qu'il protège l'égoïsme ! »

Pourquoi l'histoire a-t-elle occulté le « non » de ce saint homme ?

C'est encore un autre parlementaire de base, nommé Billaut, qui, à la même tribune – elle était libre en ce temps-là –, déclarait : « Il y a toujours eu des gens qui prennent l'état actuel de la société pour le bel idéal de l'avenir. À leurs yeux, tout ce qui est un changement est dangereux. Nous avons vu bien longtemps ces doctrines à l'œuvre et toutes nos révolutions ont été leur énergique réfutation. Nous avons vu ceux qui les professaient quand naguère on demandait le développement des libertés, l'extension du droit électoral, venir dire : prenez garde, si vous accordez à ce courant quelque chose, ce courant vous emportera. Ils ont refusé tout à ce courant, et le courant a grossi à mesure que la digue protectrice s'élevait et le courant a emporté la digue, et le trône s'est écroulé avec elle. Aujourd'hui, lorsqu'on demande que la Constitution proclame le droit au travail, on nous dit : ce serait une folie. Quand, avant 1789, nos pères réclamaient la liberté du travail, on leur faisait exactement la même réponse. L'industrie était alors entièrement organisée en corporations, en maîtrises, en jurandes. Contre ce cercle, où s'étaient soigneusement retranchés les privilèges du travail, s'élevaient avec énergie tous les déshérités voulant faire un emploi de leur activité et de leur intelligence. Les partisans du *statu quo* disaient aussi, alors, que c'était le dernier mot en matière d'organisation industrielle, que rien n'était possible, ni praticable au-delà. La Révolution est venue, elle a brisé toutes ces entraves, elle a rendu à chacun sa liberté, le produit de cet effort révolutionnaire a été un magnifique mouvement industriel et commercial. »

Quant à Lamartine, au cours du même débat, il répondait à ceux qui défendaient bec et ongles l'intangibilité du droit de propriété contre ceux qui en récusaient certains excès : « Remontez jusqu'aux premières législations, vous trouverez partout que la propriété a été corrigée, heureusement pour elle, et sans être affaiblie. Ainsi, la législation et la constitution reconnaissaient la propriété de l'esclave ; elles reconnaissaient au père la propriété de l'enfant ; elles reconnaissaient aux cadets la propriété de mainmorte ; elles reconnaissaient aux aînés des familles la propriété du droit d'aînesse ; elles reconnaissaient aux noblesses, aux aristocrates la propriété des privilèges. La propriété a été corrigée de tous ses excès, de tous ses défauts. Je le répète, en est-elle plus faible ? Elle est devenue plus juste, cette propriété. Messieurs, ou vous écrivez ou vous n'écrivez pas dans la Constitution le droit de vivre par le travail ; mais considérez une chose : si vous ne l'écrivez pas, il est évident que vous resterez dans la même situation, qu'il n'y aura pas pour la propriété une sécurité de plus, qu'il n'y aura pas dans le Trésor un seul écu épargné par votre réticence ! »

Ainsi, à ceux qui avaient dit « non » à l'esclavage, à l'autorité du père sur l'enfant, « non » au droit d'aînesse, « non » aux privilèges exclusifs de l'aristocratie, « non » aux monopoles de la noblesse et du clergé sur les terres, on avait au cours des siècles fait toujours la même réponse : ce serait l'aventure ! Et on continuait.

PEUT-ON DIRE « NON » AU CHÔMAGE ?

Ce débat de septembre 1848 est en effet exemplaire. D'abord par la qualité des intervenants et la richesse des explications de ceux-là mêmes dont, hélas, nous n'avons pas gardé le souvenir. Mais surtout par le thème central de la controverse : peut-on dire « non » au chômage et, partant, à la misère ? Peut-on proclamer un droit à l'existence par le travail ?

Le député Mathieu (de la Drôme) avait fait une proposition en ce sens. Alexis de Tocqueville, qui réprouve ces chimères, en profite pour développer une implacable critique du socialisme qui n'a rien perdu de son actualité. Thiers défend l'intangibilité de l'ordre social avec un cynisme à la fois effrayant et lumineux.

Cependant, au-delà de ces performances oratoires, les arguments du parti conservateur sont exemplaires en cela que leurs « structures » d'expression ont, depuis lors, à peine recomposé leur invariance.

C'est encore le dénommé Billaut qui pose le problème avec la plus généreuse simplicité. Peut-on dire : « non » au chômage ? On le doit ! Et il explique : « La nature et la société, nous affirme Monsieur Thiers, ont dit à l'homme : " Travaille, travaille et tu en seras récompensé par le produit de ce travail, qui sera ta propriété et que nous protégerons ! " Oui, cela est vrai. Mais continuons le dialogue. Si cet homme auquel la société dit " Travaille " vient lui répondre " Je suis prêt à travailler, je ne demande pas mieux, voilà mes bras, voilà ma famille qu'il faut nourrir, mais je ne puis trouver du travail ", que répondra la société ? Faudra-t-il qu'elle lui dise : " Je ne peux rien pour toi, meurs, je t'oublie " [*mouvements divers*] ? La nature est impuissante ; sa loi inévitable a dit " Travaille " et si le travail manque ou ne suffit pas, elle laisse l'individu impuissant languir et mourir. La société, au contraire, s'est formée pour améliorer, pour compléter l'existence de l'individu dans l'état de nature, pour organiser autour de lui la prévoyance. La nature est indifférente, la société ne doit pas l'être. »

Or, à cela, en effet, Thiers, au nom des conservateurs libéraux, avait répondu d'avance : « La vieille société dit à l'homme : “ Tu es libre, travaille, travaille à tes risques et périls; si tu travailles avec application, avec habileté, tu seras riche ou pauvre; la destinée dépend de toi. ” Et qu'arrive-t-il? Cette société marche d'après ce principe, et il arrive qu'en effet vous avez des riches et des pauvres, des heureux et des malheureux; oui, il y a des hommes à qui le travail réussit parce que Dieu les avait bien dotés, ou parce qu'ils ont été appliqués, parce que au talent ils ont joint la vertu. C'est la liberté, c'est l'homme livré à lui-même, exerçant ses facultés à ses risques et périls, réussissant ou ne réussissant pas. Voilà cette loi admirable, qui fait qu'à mesure que la société fait des progrès, l'ouvrier gagne davantage et comme consommateur il paie moins, tandis que l'entrepreneur, placé entre la société et l'ouvrier, est contraint à des efforts inouïs et forcé de se contenter de profits très inférieurs. [...] Quel est le mal auquel vous voulez remédier? C'est le chômage. Lorsque quelques ouvriers chôment accidentellement, vous voulez leur donner un secours. Tel gagnait cinq francs, tel autre six ou huit francs par jour : vous n'allez pas leur donner cinq, six ou huit francs, vous ne leur donnerez pas même quarante sous, si vous voulez les leur donner longtemps. Il faut songer aux finances de l'État. Vous leur donnerez tout juste de quoi se soutenir deux mois, trois mois. Mais si c'est un droit, prenez-y garde, car le droit n'admet pas d'à peu près. »

Proche de Monsieur Thiers, Dufaure, futur académicien et président du Conseil de la IIIe République, abonde dans le même sens : « Au fond, Messieurs, quel est le droit qu'on demande? Ce n'est pas le droit au travail. C'est le droit au salaire. Or, en donnant à un individu un tel droit, vous lui enlevez la prévoyance. Quand l'ouvrier aura pris une fois l'habitude de travailler avec un salaire assuré, infaillible, immanquable, quand il aura pris cette habitude, le goût du travail s'en ira peu à peu. Il tombera dans l'indolence, dans l'oisiveté et dans tous les vices qui en sont la conséquence. Il y a plus, il donnera cet exemple à ses enfants. Vous aurez dans le pays [...] une aristocratie de familles indolentes, que l'État salariera, qui augmentera chaque jour, qui d'un côté ruinera la société, et qui d'un autre côté verra peu à peu amortir son courage, énerver toutes ses forces viriles, corrompre ses meilleurs instincts, en un mot qui cessera bientôt d'être digne de porter ce beau nom de Français ; et, comme en Angleterre, du moment où c'est le contribuable qui irait donner l'assistance et le travail, vous verrez diminuer la charité privée qui a des trésors plus grands que ceux que la bienveillance publique peut distribuer. »

Le ministre des Finances et banquier Goudchaux, homme fort estimable au demeurant, y ajoute cet étrange argument : « Si vous écrivez dans la Constitution le droit au travail d'une manière formelle, prenez garde qu'on ne quitte les ateliers sans motif certain, sans motif sérieux, sans motif avouable même. Lorsque des centaines de mille de citoyens seront dans les rues, pourra-t-on reconnaître si c'est l'industrie qui a manqué aux travailleurs ou les travailleurs à l'industrie ! »

C'était il y a un siècle et demi. Et, déjà, tout avait été dit. Beaucoup des arguments qui furent opposés ce jour-là à la revendication du droit au travail, incluse depuis dans la Déclaration des droits de l'homme telle que l'a adoptée l'Assemblée des Nations unies, étaient raisonnables et les malheurs de nos systèmes sociaux confirment le bien-fondé de certaines craintes.

Reste l'invariance du raisonnement selon lequel toute régulation de la loi du marché ouvrait la porte au communisme : tenter de dire « non » au chômage ou à la misère relevait d'une logique diabolique puisqu'elle tendait à se mettre en travers d'un ordre naturel, à confier à l'État, par définition totalitaire, un rôle d'organisateur et donc de manipulateur, à saper les fondements de la propriété.

Or, c'est tout au contraire pour faire pièce au communisme, pour exorciser le spectre de la révolution, que fut mis en place le système qui permit aux actifs potentiels dépourvus de travail de ne point sombrer dans le plus total dénuement. Et on imagine à quelle catastrophe économique, politique, sociale et morale aurait été confrontée la société si, en 1993 par exemple, les plus de quatre millions de chômeurs réels que connaissait alors la France avaient été dépourvus de toute ressource : ce qui, non seulement, comme en juin 1848, les aurait poussés au désespoir, mais en outre aurait considérablement aggravé la crise en les excluant complètement de la sphère de la consommation. Comment ne pas voir que les « minima sociaux » que la société leur versait, à eux qui avaient cotisé des années à cet effet – allocations qui étaient alimentées, comme Thiers l'avait fort justement fait remarquer, par l'argent des pauvres –, la société en réalité se les versait à elle-même ? Que c'était son assistance tous risques à elle ?

On est a posteriori stupéfait de constater qu'en septembre 1848 le citoyen Pelletier, qui croyait qu'on pouvait dire « non » à la misère, faisait rire l'Assemblée en déclarant : « Je propose de créer dans toutes les communes de la République française des maisons pour éteindre la misère, comme il y en a pour guérir les maladies et soulager la vieillesse. Des maisons fondées par l'État dans toute la France, qui seraient autorisées à prélever, tant que la nécessité l'exigerait dans l'intérêt de tous, cinq centimes par franc sur le salaire de tous les travailleurs, et chargées de leur procurer du travail ou, à défaut de travail, des moyens d'existence. Tous les hommes inoccupés, munis d'un diplôme constatant leur profession et prouvant qu'ils peuvent être occupés dans la localité, devraient s'y présenter. Et si on ne peut pas lui proposer un emploi, on lui donnera de quoi exister, c'est-à-dire une somme fixe, toujours en rapport avec la cherté de la vie. D'où la maison tirera-t-elle cet argent, sur quoi la prélèvera-t-elle ? Sur le salaire du demandeur et celui des travailleurs, ses frères. »

Donc le citoyen Pelletier provoqua l'hilarité générale parce qu'il avait tout simplement inventé la Sécurité sociale, l'ANPE et les ASSEDIC. C'était une utopie, une impossibilité, une violence faite au bon sens. À celui qui gagnait six francs, on ne pourrait au pire verser que quarante sous et encore, pendant deux mois au plus : c'est Thiers, homme réaliste s'il en fut, qui l'affirmait. Garantir un droit à l'existence ? Il suffisait de mettre un doigt dans l'engrenage et ce serait la catastrophe. On l'avait dit pour l'abolition de l'esclavage, on le dirait plus tard pour les congés payés, qu'importe ! En bonne scolastique thomiste, le propre de ce qui est, c'est de demeurer en l'état. L'immobilité participe de la nature des choses. Dire « non » à une situation de fait revient donc à violenter la providence, à bousculer le destin, à défier la nature. Dire « non » au chômage en 1848, c'était aussi absurde, n'est-ce pas, que dire « non » à la victoire allemande en 1940 ! Au maintien sous tutelle coloniale de l'Algérie en 1955 ! Au totalitarisme communiste dans les années 50 ! À l'aliénation biologique de la femme dans les années 60 ! À la marginalisation des homosexuels dans les années 80 ! Comme dire « non », aujourd'hui, à une dynamique néolibérale qui écrase sur son passage tout ce qui permet à l'homme d'affirmer son autonomie.

Et cependant le droit au travail a été proclamé, la nécessité d'accorder aux chômeurs une allocation compensatoire reconnue. Le Reich allemand s'est effondré, les empires coloniaux ont été dissous, le glacis soviétique a volé en éclats, des lois autorisant la contraception ou libéralisant l'interruption volontaire de grossesse ont été votées, les couples homosexuels se sont vus, dans la plupart des pays développés, accorder des droits. C'est donc le refus de l'inéluctable qui s'est finalement avéré réaliste. C'est le refus du pancapitalisme qui permettra de modeler la société libérale de demain.

13

Le « non » au suffrage censitaire

Il fut un temps où l'on ne votait pas. Quelques-uns ont dit : « non », le peuple doit être consulté. Puis on n'accorda le droit de vote qu'aux plus riches ; alors ils dirent : « non », les pauvres aussi doivent pouvoir participer au suffrage. On refusa l'accès aux urnes aux domestiques ; ils dirent : « non », ce sont des citoyens comme les autres. On écarta les femmes des scrutins ; ils dirent : « non », sans quoi notre suffrage ne serait pas réellement universel. On en exclut les moins de vingt et un ans ; ils dirent : « non », car à dix-huit ans, on est majeur, donc responsable.

Et chaque fois, la loi finit par se mettre au diapason de leur refus de l'« à peu près » et de l'amputation. Elle accordera demain, cette loi – qui en doute ? – aux émigrés intégrés à la vie d'une commune le droit d'y participer aux élections locales.

Mais pourquoi s'accrocha-t-on au suffrage restreint ? Parce qu'on imaginait que l'on verrouillait ainsi une porte qui ouvrait sur l'inconnu. Que l'on cadenassait le butoir qui permettait de bloquer le « présumé » sens de l'Histoire.

En janvier 1875, alors qu'on discutait du fameux amendement Wallon qui allait permettre de légaliser, à une voix de majorité près, le système républicain, le député de La Basselière, au nom de la majorité monarchiste, déclarait sans complexe : « Ah, Messieurs, le lendemain de la proclamation de la république, vous serez obligés, vous-mêmes, de nous appeler bien vite à votre aide, mais nous serions impuissants à vous sauver vous-mêmes car les nouvelles couches sociales que vous avez ébranlées, que vous avez conviées à la direction de la société avant qu'elles aient acquis cette sagesse pratique qui résulte de l'expérience et après qu'elles se seront affranchies de ce frein salutaire qu'impose la morale religieuse, ces nouvelles couches sociales nous fouleront et vous fouleront aux pieds vous-mêmes et, si avancés que vous puissiez être, vous arriveriez à être les nouveaux girondins, en face de nouveaux montagnards ! »

Extraordinaire aveu qui signifiait : si vous ouvrez les vannes, la petite bourgeoisie va s'engouffrer et qui sait, derrière elle, le peuple lui-même va exiger d'être associé aux affaires de l'État.

Toujours la même obsession sous-tendue par un pessimisme foncier : dès lors qu'on fait trop confiance à la nature humaine – sous prétexte qu'elle serait une composante de la citoyenneté ! – le pire est toujours sûr. Et le pire, c'est quoi ?

Lors du même débat parlementaire, l'un des chefs du parti royaliste, Chènelong, le définissait en ces termes : « Derrière l'esprit républicain, il y a l'esprit révolutionnaire. Ai-je besoin de vous rappeler ses doctrines ? Que ferait-il de la famille ? Il la déshonorerait par le divorce et il briserait sa stabilité par l'amoindrissement de l'autorité paternelle. La propriété ? Il la menacerait par l'impôt progressif ! La religion ? Il voudrait l'éteindre dans son organisation par la suppression du budget des cultes, dans sa liberté par les lois d'oppression. L'enseignement ? Il voudrait chasser Dieu de nos écoles et y mettre le christianisme en interdit. Eh bien cet esprit-là, il vit, il marche, il vous menace. »

L'honorable conservateur définissait l'horreur absolue à quoi tendait l'« esprit républicain » : le divorce, l'affaiblissement de l'autorité paternelle, l'impôt progressif, l'école laïque, la séparation de l'Église et de l'État. Il n'osait même pas imaginer, fût-ce dans ses pires cauchemars, le vote des femmes, la Sécurité sociale, les délégués du personnel, les comités d'entreprise, le salaire minimum, les quarante ou les trente-cinq heures, les congés payés, la retraite à soixante ans, l'impôt sur la fortune, la pilule contraceptive en vente libre, la libéralisation de l'IVG, la légalisation des couples homosexuels, les conseils de classe...

En fait, ce qui obsédait surtout M. Chènelong, c'était la montée en puissance des « nouvelles classes ». La grande bourgeoisie a arraché le pouvoir réel des mains devenues tremblantes de l'aristocratie. Mais si on le lui arrachait à son tour ? Qui ? Le peuple réel, autant dire les « barbares ».

Hantise redondante : c'était déjà la raison pour laquelle l'Assemblée constituante de 1789 n'avait accordé le droit de vote qu'aux citoyens actifs. Ce pourquoi également Guizot avait refusé, en 1847, toute diminution du cens qui eût permis à la petite bourgeoisie d'accéder aux urnes.

Le suffrage universel, essayé une seule fois en 1793 – dans des circonstances très particulières – fut rétabli en 1848, mais, deux ans plus tard, une élection partielle à Paris s'étant soldée par la victoire du candidat d'extrême gauche en la personne d'Eugène Sue, l'auteur des *Mystères de Paris*, la droite majoritaire entreprit de rayer trois millions d'électeurs des listes. Le projet de loi proposait d'exclure du droit de vote les condamnés à plus d'un mois d'emprisonnement pour raison politique ou autres – ce qui visait aussi bien un manifestant accusé de violence à agent qu'un boutiquier en faillite ; tous ceux qui ne pouvaient pas justifier de trois années de domicile fixe dans une commune – ce qui désignait une grande partie du prolétariat industriel contraint de changer de lieu de travail pendant les années de crise 1847-1848 ; étaient également interdits de scrutin les locataires de garnis ou les fils habitant chez leurs parents.

Le journal *La Patrie* justifiait ces restrictions par ces mots en forme d'aveu : « Les Parisiens sont des cannibales ; contre eux il faudra toujours recourir à la force. Si on les laisse faire, ils nous mangeront. Il vaut donc mieux les tuer que d'être mangé comme un bœuf ! »

Et *Le Constitutionnel*, autre quotidien bien-pensant, expliquait : « La France meurt du suffrage universel. Il faut passer par-dessus la Constitution pour sauver la société ! » « Quoi ! renchérissait un chroniqueur de *L'Univers*, l'organe du catholicisme réactionnaire, je me trouverais vaincu par un histrion, par un domestique, par mon décrotteur, par mon portier ! Mais, j'ai des balles dans ma giberne ! »

Lorsque la loi vint en débat au Parlement, Thiers s'en prit à la « vile multitude » et vitupéra le romantisme, « cette littérature déclamatoire qui corrompt les esprits ». Tandis qu'un de ses collègues, monté sur particule, expliquait que le suffrage universel avait un grand tort : « Il favorise outrageusement les classes populaires. »

C'est alors, le 21 mai de cette année-là, que Victor Hugo monta à la tribune pour hurler un « non » énorme à cet apartheid électoral, à cette amputation ségrégationniste du suffrage.

Il fut sublime et déclencha contre lui un torrent de haine qui suffirait à faire voler en éclats l'image académique que l'on donne volontiers aujourd'hui de l'auteur de *L'Art d'être grand-père*. Qu'on en juge.

Victor Hugo :

« Méditez ceci : il y a un jour dans l'année où celui qui vous obéit se voit votre pareil, ou celui qui vous sert se voit votre égal, où le plus petit fait équilibre au plus grand... [*Rires à droite !*] »

À droite :

« Bla, bla, bla...

– C'est de la littérature !... »

Victor Hugo :

« Ces interruptions systématiques... »

À droite :

« Mais on rit, voilà tout !...

– Ça dérange votre discours appris par cœur ?...

– On a le droit de rire, grand citoyen !... [*Rires.*] »

Victor Hugo :

« On veut ôter à l'auteur la liberté d'esprit... »

À droite :

« La mémoire ! La mémoire !... »

Victor Hugo :

« Ce droit de suffrage a aboli le droit d'insurrection. Or savez-vous ce que vient faire aujourd'hui la loi fatale que vous nous proposez ? Eh bien, en abolissant le droit de suffrage pour les classes souffrantes, elle rétablit le droit d'insurrection ! [*Hurlements à droite.*] Et pourquoi cette violation ? Pourquoi cette agression en plein jour ? Parce qu'il a plu au peuple, après avoir nommé qui vous vouliez, ce que vous aviez trouvé fort bon, de nommer qui vous ne vouliez pas, ce que vous trouvez mauvais ! C'est parce qu'il a la hardiesse, ce peuple, de changer d'avis sur votre compte depuis que vous êtes au pouvoir et qu'il peut comparer les actes au programme, et ce qu'on a tenu avec ce qu'on avait promis ; c'est parce qu'il semble se permettre de ne pas admirer le gouvernement comme il convient, c'est parce qu'il ose user de son vote à sa fantaisie, ce peuple... Là-dessus vous vous indignez, vous vous emportez, vous déclarez la société en danger, vous vous écriez : nous allons te punir, peuple ! Nous allons te châtier, suffrage universel ! Et comme ce maniaque de l'histoire, vous battez de verges l'océan [*formidables applaudissements à gauche*]. Au fond, vous ne savez pas vous-mêmes ce que vous êtes et ce que vous faites. Vous vous croyez de très bonne foi des conservateurs, reconstructeurs de la société, des organisateurs. Eh bien, vous êtes, à votre insu, naïvement, inconsciemment, des révolutionnaires. Et des révolutionnaires de la plus dangereuse espèce, des révolutionnaires de l'espèce naïve. Vous avez, mon Dieu – plusieurs d'entre vous l'ont prouvé ! – ce talent merveilleux de faire des révolutions sans le voir, sans le savoir et sans le vouloir. En voulant faire autre chose [*rires sur tous les bancs*]. Eh bien, le peuple ne tombera pas dans ce piège. Puisque vous êtes, vous, témérairement agitateurs, il sera, lui, conservateur, et il regardera avec le sourire froid et indigné du dédain vos pauvres petites lois de réaction, si furieuses et si faibles, défier l'esprit du siècle, défier la démocratie, défier le bon sens civique, et enfoncer leurs malheureux petits ongles dans le granit du suffrage universel ! [*Explosion de bravos à gauche.*] Que vous dirais-je encore ? Elle entreprend, cette loi, de chasser de la cité légale des classes entières de citoyens, elle proscrit des professions libérales en masse, entre autres celle des artistes dramatiques [*hilarité bruyante à droite*] ! »

M. Taschereau :

« Tous les comédiens ne sont pas au théâtre ! »

Une voix à droite :

« Les comédiens dehors ? Eh bien tant mieux ! »

Victor Hugo :

« *Le Moniteur* constatera [*" Oui, oui ! " à droite*] que quand j'ai nommé toute une classe de citoyens, ce côté a ri et qu'on a dit " tant mieux ! ". »

M. Bac (gauche) :

« Vos pairs jetaient les comédiens hors de l'Église, vous faites mieux, vous les jetez hors de la société. »

À droite :

« Oui ! oui !

– Vous défendez votre profession ! »

Victor Hugo :

« Cette loi identifie, assimile à l'homme condamné pour délit de droit commun l'écrivain condamné pour certains délits de presse. »

Une voix à droite :

« Elle fait bien ! »

Victor Hugo :

« Elle les confond tout doucement et tout benoîtement dans la même exclusion. »

Une voix à droite :
« Elle a raison ! »
Victor Hugo :
« Dans la même exclusion, disais-je, et dans la même indignité, de sorte que si Voltaire vivait... »
M. de Tinguy :
« Il aurait ri avec nous, Voltaire ! »
Victor Hugo :
« Si Voltaire vivait, le présent système le ferait condamner certainement pour offense à la morale publique et religieuse. »
Une voix :
« Mais oui ! »
Voix à droite :
« Il l'aurait bien mérité ! »
Victor Hugo :
« Oui, n'est-ce pas ? Eh bien voilà la conséquence de votre loi : vous auriez sur la liste d'indignité le repris de justice Voltaire. »
À droite :
« Pourquoi pas ?
– Ce serait très bien. »
Victor Hugo :
« Ce qui ferait grand plaisir à Loyola » [*explosion de rires à gauche*]. »
À droite :
« C'est malin ! »
Victor Hugo :
« Messieurs, certes, je ne dirai pas, à Dieu ne plaise, que c'est Tartuffe qui a fait votre loi, mais j'affirme que c'est Escobar qui l'a baptisée. »
Une voix à droite :
« Bis ! »
Victor Hugo :
« Je m'adresse aux hommes qui nous gouvernent et je leur dis : allez, faites, retranchez trois millions d'électeurs, retranchez-en quatre. »
M. Roger (du Nord) :
« Retranchez-en cinq ! »
Victor Hugo :
« Retranchez huit millions sur neuf – je vais plus vite que vous ! – le résultat sera pour vous le même, sinon plus décisif

encore. Car ce que vous ne retrancherez pas, ce sont vos fautes; ce que vous ne retrancherez pas, ce sont les contresens de votre politique de compression; ce que vous ne retrancherez pas, ce sont vos erreurs; ce que vous ne retrancherez pas, c'est votre incapacité fatale, c'est votre ignorance du pays actuel, c'est l'antipathie qu'il vous inspire et l'antipathie que vous lui inspirez. Ce que vous ne retrancherez pas, c'est le temps qui marche, c'est l'heure qui sonne, c'est la terre qui tonne, c'est le mouvement ascendant des idées, c'est la progression décroissante des préjugés, c'est l'écartement de plus en plus profond entre le siècle et vous, entre les jeunes générations et vous, entre l'esprit de liberté et vous, entre l'esprit de philosophie et vous. Ce que vous ne retrancherez pas, c'est ce fait immense que, pendant que vous allez d'un côté, la nation va de l'autre, que ce qui est pour vous l'orient est pour elle le couchant et que vous tournez le dos à l'avenir, tandis que ce grand peuple de France, la face tout inondée de lumière par l'aube de l'humanité nouvelle qui se lève, tourne le dos au passé [*énormes applaudissements à gauche, rires à droite*]. »

Ces fortes paroles prononcées, Hugo, épuisé, presque aphone, se retira dans ses appartements, et la droite en profita, pendant quarante-huit heures, pour déverser sur sa tête, pas encore chenue, des tombereaux d'immondices.

Montalembert, après s'être fait un malin plaisir de rappeler le passé légitimiste, puis orléaniste, puis centriste du poète, lui reprocha de se dérober par son absence aux représailles qu'il avait cherchées et méritées.

Alors il réapparut. Et sous les huées, les lazzis, les quolibets des conservateurs, il lança cette dernière apostrophe, qui aurait pu servir d'introduction à cet ouvrage :

« L'honorable Monsieur de Montalembert m'a reproché amèrement le crime d'absence ? Je lui réponds : Oui, quand je serai épuisé de fatigue par une lutte d'une heure et demie contre Messieurs les interrupteurs ordinaires de la majorité, oui, je pourrai laisser à Monsieur de Montalembert la satisfaction de me foudroyer à son aise, moi absent, et je me reposerai pendant ce temps-là ! Mais attaquez par votre politique, vous et le parti clérical, attaquez les nationalités opprimées, attaquez l'Italie garrottée, Rome crucifié, la Hongrie suppliciée, attaquez le génie de la France par vos lois d'enseignement, attaquez le progrès humain par votre loi de déportation, attaquez le suffrage universel par votre loi de mutilation, attaquez la souveraineté du peuple, attaquez la démocratie, attaquez la liberté et vous verrez, ces jours-là, si je suis absent. »

Faut-il préciser que la réforme de la loi électorale fut adoptée par 433 voix contre 241 ?

Est-on sûr qu'aujourd'hui encore l'idée n'est pas très partagée, dans certains secteurs au moins de la bien-pensance, selon laquelle il est bon, il est prudent, il est raisonnable, que des pans entiers du peuple réel soient écartés du suffrage ? Quand dans tel grand pays – les États-Unis – un président, des députés, des sénateurs ne sont élus que par 35 % des citoyens parce que les pauvres, écœurés, ne votent plus, qui ose publiquement s'interroger sur ce retour spontané au suffrage censitaire ?

Le maréchal Pétain déclarait, le 8 juillet 1941 : « Hier, l'autorité procédait du nombre, incompétent, périodiquement tourbillonnant, elle s'obtenait par le moyen d'une simple addition. Un peuple n'est pas un nombre déterminé d'individus, arbitrairement comptés et au sein d'un corps social. Il ne suffira plus de compter des voix, il faudra peser leur valeur. »

Henri Massis, futur académicien, écrivait alors : « Le droit de vote sera d'autant plus important que le citoyen [pas la citoyenne !] aura procréé plus d'enfants, acquis plus de diplômes et participé à un plus grand nombre d'associations. En sorte que valeur, puissance, qualité soient comptées dans l'urne où n'existait hier que l'absurde : un homme égale un vote. »

Or, outre que les pétainistes restèrent nombreux, même après guerre, reprocha-t-on au régime de Vichy d'avoir théorisé l'abolition du suffrage universel ? On lui reprocha beaucoup de choses, mais pas ça !...

En 1958, un changement de scrutin en France permit de n'attribuer à l'opposition que 10 % des sièges avec 40 % des voix : les médias dominants de l'époque ne s'en offusquèrent nullement. Pas plus que l'absence totale d'élections vraiment libres et pluralistes n'empêcha de qualifier certains pays de « démocraties populaires » et d'intégrer les autres à ce qu'on appela le « monde libre ». Ainsi l'Espagne franquiste, où seuls les chefs de famille avaient le droit de voter en faveur des candidats officiels.

Longtemps, le suffrage dit « universel » ne fut que masculin. Aujourd'hui encore, il est refusé aux soutiers venus d'ailleurs. Les plus déshérités n'ont pas le droit de vote.

Le combat continue.

14

Le « non » au pouvoir machiste

Une aberration laisse aujourd'hui encore sans voix : comment, en France en particulier, le droit de vote ne fut-il accordé aux femmes qu'en 1944, alors que les esprits les plus ouverts en avaient souligné l'évidente nécessité dès 1789, Condorcet ayant été l'un des premiers à avoir dit « non » à cette caricature que fut le suffrage universel masculin ?

Rarement un homme, dont il est de bon ton de souligner les échecs, n'aura exercé si longtemps une si forte influence intellectuelle, puisque c'est de son projet d'instruction publique que Jules Ferry se réclamera lorsqu'il énoncera les grands principes sur le socle desquels on construira l'école républicaine.

Condorcet, disciple de Turgot, dont il fut l'un des collaborateurs, ayant très tôt répudié le dogme religieux auquel sa famille avait voulu l'enchaîner, avait déjà eu l'occasion, avant 1789, de récuser l'absolutisme au nom des droits de l'individu, l'obscurantisme au nom de la raison, l'étatisme colbertiste au nom d'un progressisme libéral, ainsi que la marginalisation citoyenne des protestants, l'esclavage, l'oppression des Juifs et la peine de mort !

Il fut l'un des premiers à réclamer la république, bien qu'il votât contre la mise à mort de Louis XVI.

Il n'est pas certain qu'il ait été d'emblée favorable au suffrage universel, effrayé à l'idée de ce qu'il pouvait charrier de passions irraisonnées et d'additions corporatistes. Mathématicien émérite, il tenta toute sa vie d'élaborer un mécanisme qui optimiserait l'expression populaire tout en la rationalisant.

Partisan d'un système social impliquant un libéralisme absolu à la base et une forme de socialisation au sommet, il l'enrichit d'une réflexion résolument optimiste sur les moyens de favoriser la perfectibilité de l'espèce humaine grâce à une dynamique de progrès nourrie de la philosophie des Lumières. Et c'est à ce travail qu'il se consacra pendant les quelques mois de clandestinité qui lui permirent d'échapper un temps, avant de se donner la mort, aux sbires de la Terreur montagnarde.

Dès 1787, Condorcet avait écrit : « Je crois que la loi ne devrait exclure les femmes d'aucune place. Songez qu'il s'agit des droits de la moitié du genre humain. » Et encore en 1790 : « Les hommes n'ont-ils pas violé le principe de l'égalité des droits en privant la moitié du genre humain de celui de concourir à la fonction des lois ? »

À ceux qui lui rétorquèrent que les « fragilités » spécifiques de la femme, la nécessité de sa présence au foyer ne la prédisposaient pas à exercer des droits politiques, il rétorqua : « Pourquoi des êtres exposés à des grossesses et des indispositions passagères ne pourraient-ils pas exercer des droits dont on n'a jamais imaginé priver les gens qui ont la goutte tous les hivers et qui s'enrhument aisément. » Et encore : « On n'arracherait pas les femmes à leur ménage plus que l'on n'arrache les laboureurs à leurs charrues ou les artisans à leurs ateliers ! »

La supériorité intellectuelle des hommes ? « S'il fallait n'admettre aux places que les hommes capables d'inventer, il y aurait beaucoup de vacances, même dans les académies ! »

Sous la Révolution, quelques femmes, aussi étranges qu'exceptionnelles, reprirent le flambeau : Théroigne de Méricourt, fille de cultivateurs, ex-chanteuse et femme galante, républicaine suffragette avant la lettre, que les avanies sexistes que lui firent subir les montagnards – ils la fessèrent en public – rendirent folle. Michelet raconte ainsi la scène : « Les montagnards imaginèrent un moyen de lui ôter son prestige, de l'avilir par une des plus lâches violences qu'un homme puisse exercer sur une femme. Elle se promenait presque seule sur la terrasse des Feuillants ; ils formèrent un groupe autour d'elle, la saisirent, lui levèrent les jupes, et nue, sous les risées de la foule, la fouettèrent comme un enfant. Ses prières, ses cris, ses hurlements de désespoir ne firent qu'augmenter les rires de cette foule cynique et cruelle. Lâchée enfin, l'infortunée continua ses hurlements, tuée par cette injure barbare, dans sa dignité et son courage : elle avait perdu l'esprit. De 1793 jusqu'en 1817, elle resta folle furieuse, hurlant comme au premier jour. »

Citons également Olympe de Gouges, auteur dramatique contestable, anticolonialiste avant l'heure, que son combat magnifique, quoique quelque peu désordonné, en faveur de l'émancipation politique de la femme mènera à l'échafaud. Elle qui, bien qu'ardente révolutionnaire, se proposa comme défenseur de Louis XVI, qui envoya une lettre à Robespierre pour lui proposer de se jeter avec elle dans les flots de la Seine afin de débarrasser le pays de sa présence, marcha à la guillotine en criant « Enfants de la patrie, vous vengerez ma mort ! ».

Bien que les femmes y aient joué un rôle considérable, que le courant girondin se soit en grande partie formé dans le salon de Mme Roland, née Manon Phlipon – qui fit preuve face à la guillotine d'un stoïcisme admirable –, la Révolution resta une affaire d'hommes.

Celle de 1848 aussi, d'ailleurs, malgré les ardeurs alors communisantes de George Sand et l'influence des œuvres socialisantes de Marie d'Agoult, *alias* Daniel Stern, dont l'*Histoire de la révolution de 1848* est l'une des plus admirables œuvres politiques qu'on ait jamais écrites. Notons que cette épouse du comte d'Agoult n'en eut pas moins deux filles de Liszt (quand George Sand se réservait Chopin) dont l'une, Cosima, épousa Wagner.

Mais, dès cette année cruciale, alors que le suffrage, prétendument universel et en réalité strictement masculin, a été rétabli, Jeanne Deroin annonce sa candidature aux élections et l'explique de la sorte : « Une Assemblée législative entièrement composée d'hommes est aussi incompétente pour faire les lois qui régissent une société d'hommes et de femmes que le serait une Assemblée entièrement composée de privilégiés pour discuter des intérêts des travailleurs ou une Assemblée de capitalistes pour soutenir l'honneur du pays. »

Il ne s'agit d'ailleurs pas seulement d'obtenir le droit de suffrage. Ce à quoi des femmes d'avant-garde – « Enfants révoltés qui méritent le fouet », comme l'écrira le très réactionnaire Barbey d'Aurevilly – vont dire « non », durant tout le XIXe siècle, au risque non plus de leur vie mais de leur réputation, c'est au système d'assujettissement qu'a consacré en France le code Napoléon en leur accordant tout juste, dans le cadre de la prison matrimoniale, le statut de servante irresponsable de leur époux. L'insupportable Proudhon, ce socialiste qui dira « oui » au coup d'État de Napoléon III et ne reculera pas devant l'antisémitisme, ne leur laissera que ce choix : ménagère ou courtisane !

Ainsi doit-on considérer comme une véritable héroïne Julie Victoire Daubié qui, interdite d'école supérieure, apprendra le grec et la latin avec son curé de frère, « fera » institutrice et, malgré toutes les exclusions et les rebuffades, à force de combativité et de persévérance, deviendra à trente-sept ans la première femme à obtenir son baccalauréat.

Encore le ministre de l'Instruction publique hésitera-t-il pendant six mois avant d'oser signer son diplôme. À quarante-sept ans, elle décrochera une licence ès lettres.

Quant à Jeanne Chauvin qui, à vingt-huit ans, en 1892, par défi, parviendra à passer, dans une atmosphère hostile, sous les quolibets des jeunes mâles, son doctorat en droit, rejetée à plusieurs reprises par le conseil de l'ordre pour lequel « la profession, office viril, est formellement interdite aux personnes de sexe féminin », elle ne parviendra à se faire accepter comme avocate qu'en 1900, huit ans plus tard.

Daubié et Chauvin écriront d'ailleurs toutes les deux dans le premier vrai journal généraliste, créé, dirigé, rédigé et même composé par des femmes, *La Fronde*, de Marguerite Durand, qui mènera le combat pendant six ans et pour lequel la première femme parvenue à la célébrité comme journaliste, Séverine, couvrira le deuxième procès Dreyfus de Rennes. Avec un talent redoutable. L'idée ne serait d'ailleurs pas venue à cette ancienne collaboratrice de Jules Vallès, le communard, l'auteur de *L'Insurgé*, qu'on pût lutter contre une iniquité et accepter une imposture.

En fonction de quoi, presque toutes celles qui militèrent pour leur cause, celle des femmes, furent également amenées à défendre celle des hommes à travers les mouvements sociaux ou pacifistes.

Il faudrait encore citer les livres qui jouèrent, en faveur de l'émancipation de la femme, le même rôle que *La Case de l'oncle Tom* en faveur de l'abolition de l'esclavage. *Delphine* (1802) et *Corinne* (1807) de Mme de Staël, hymne à la femme d'exception qu'oppriment les lois de la société bien qu'elle soit supérieure par la générosité et le génie. *Indiana* (1832), de George Sand, véritable cri de révolte contre la prison du mariage, et *Consuelo* (1844), appel à la solidarité des femmes avec tous les exploités. *Les Droits du mari ou les forçats du mariage*, de Marie-Louise Gagneur, *La Femme pauvre au* XIXe *siècle* (1866), de Julie Daubié, *Le Vrai Livre des femmes*, d'Eugénie Niboyet, le best-seller de Paul et Victor Margueritte, *La Garçonne* (1922), qui valut à Victor un retrait de sa Légion d'honneur, *La Sujétion des femmes* (1869), de Stuart Mill. À quoi s'ajoutèrent d'innombrables batailles parallèles, telles celles que menèrent, en Angleterre, Joséphine Butler et, en France, Adèle Esquiros, contre la traite des blanches.

Mais le droit de suffrage ? C'est peut-être à un homme, Léon Richer, que l'on doit en France la véritable organisation et structuration de ce combat, avec la création, dès 1870, de l'« Association pour le droit des femmes » à laquelle Maria Deraismes apporta toute sa combativité, ainsi que Hubertine Auclert, avant de radicaliser son discours en qualifiant par exemple d'« entretenue » la femme qui choisit de ne pas travailler et en dénonçant le devoir d'obéissance au mari inscrit dans le code civil.

C'est à cette dernière que l'on doit une provocation aussi efficace que splendide. En 1880, ayant reçu son avis d'imposition, elle écrit au préfet de la Seine : « Ayant voulu exercer mon droit de citoyenne française, ayant demandé mon inscription sur les listes électorales, on m'a répondu que la loi conférait des droits seulement aux hommes et non aux femmes. En conséquence, je laisse aux hommes qui s'arrogent le privilège de gouverner le privilège de payer les impôts qu'ils votent et répartissent à leur gré. Je n'ai pas de droit, donc je n'ai pas de charges. Je ne vote pas, je ne paie pas. »

Entendue par le conseil de préfecture, elle ajoutera : « Comment se fait-il qu'on me réclame, à moi qui ne compte pas, des contributions. Je ne puis à la fois être rien et quelqu'un. Inexistante quand il s'agit de voter et existante quand il s'agit de payer. »

Elle s'inclinera après saisie de ses meubles, preuve faite, non seulement de l'iniquité mais également de l'absurdité d'un suffrage qui se dit universel quand il exclut, comme disait Condorcet, la « moitié de l'humanité ».

Il faudra cependant attendre l'année 1909 pour qu'un homme politique d'envergure, le radical-socialiste Ferdinand Buisson, rédige un rapport en conclusion duquel il demande que soit accordé aux femmes le droit de vote intégral au même titre qu'aux hommes.

Il n'est pas indifférent que le même personnage, qui avait dit « non » à l'Empire, « non » à la dictature cléricale et à la confessionnalisation de l'enseignement, « non » à l'injustice dont Dreyfus était victime, ait également dit « non » à la guerre par recours à l'arbitrage, ce qui lui valut le prix Nobel de la paix, et « non » à toute oppression de la personne, ce pourquoi il devint président de la Ligue des droits de l'homme.

Malheureusement, au lendemain de la grande boucherie qui avait ensanglanté l'Europe, Buisson, trop pacifiste sans doute, perdit son siège au Parlement. L'ex-socialiste « recentré » René Viviani, ancien président du Conseil de 1914, reprit le flambeau, avec éloquence, en défendant une proposition du socialiste Alexandre Bracke, fils de l'auteur du *P'tit Quinquin*. « Quoi, s'écria-t-il, depuis quatre ans, la femme dans les hôpitaux du front risquant sa vie aura offert la double consolation de sa charité et de sa beauté, et il se trouverait des hommes, des républicains, qui rompraient avec ce que fut perpétuellement l'idéalisme de la République ? »

Notons que c'est ce même Viviani, adversaire inflexible des dogmes, religieux et autres, qui, premier titulaire du ministère du Travail, avait fait voter la loi sur les pensions des travailleurs.

Une fois de plus, son autorité fait merveille : en 1919, la Chambre des députés accorde le droit de vote aux femmes par 329 voix contre 95.

Et cela change quoi ? Rien ! Pourquoi ? Parce que, à quatre reprises, les sénateurs refusèrent d'entériner le vœu de l'Assemblée. Attitude d'autant plus inouïe, rétrograde, archaïque, qu'en 1932, au moment où la Haute Assemblée repousse une nouvelle fois, par 253 voix contre 40, le principe même du vote des femmes, dix-neuf pays déjà leur ont accordé le droit de suffrage : la Nouvelle-Zélande dès 1893, l'Australie en 1902, suivie par la Finlande, la Norvège, le Danemark, la Suède, l'Union soviétique en 1917, l'Allemagne, l'Autriche, l'Angleterre en 1918, les États-Unis et la Belgique en 1920, et aussi l'Islande, la Hongrie, l'Espagne, le Portugal, le Brésil, bientôt Cuba, Ceylan.

En Grande-Bretagne, c'est la famille Pankhurst – la mère et la fille – qui avait déclenché une véritable guérilla pour arriver à ses fins : grève de la faim, bombe devant le domicile du chancelier de l'Échiquier, perturbation de réunions publiques, sabotage de la ligne téléphonique Glasgow-Londres, siège du 10, Downing Street, invasion de la Chambre des communes, attentat contre la *Vénus au miroir* de Vélasquez à la National Gallery.

La révolte eut sa martyre : Emily Davison qui, enveloppée dans les plis d'un drapeau féministe, se jeta sous les sabots d'un cheval portant les couleurs du roi au cours du Derby d'Epsom, et succomba à ses blessures.

En 1918, la bataille était à moitié gagnée – droit de vote à trente ans –, en 1928, elle l'était totalement.

Les sénateurs français, en particulier les radicaux, restèrent, eux, impassibles, accrochés à leurs privilèges de vieux mâles comme des moules à leurs rochers, et n'hésitèrent pas, pour protéger leur cénacle, à recourir à la misogynie la plus glauque.

Dans le remarquable ouvrage consacré à cette épopée – *Citoyennes*, chez Flammarion – Albert et Nicole Du Roy ont recensé quelques-uns des propos les plus navrants, les plus imbéciles, les plus déshonorants tenus par les caciques d'une Chambre dont la particularité était, et est toujours, de n'être pas issue du suffrage universel direct.

Ainsi le docteur François Labrousse, sénateur de Corrèze, en 1922 : « L'anatomie la plus élémentaire nous démontre le système nerveux de la femme comme fortement différencié de celui de l'homme. La vie organique est chez elle plus intense que chez l'homme et, par suite, dénonce l'influence plus grande de cette vie organique sur la mentalité féminine. Chez la femme, cette vie cérébrale retentit plus encore que des impressions extérieures de toutes les variations, de toutes les anémies, de toutes les congestions qui sont si fréquentes chez elle. De là, difficulté d'attention, impressionnabilité, facilité de contagion mentale, suggestion, sensibilité partout. Dominant mal ses réflexes et ses réactions, la femme dans sa moyenne présente un certain degré d'instabilité, de diversité de caractère. Elle n'arrive à l'idée que par l'émotion, qu'à travers le sentiment, la passion et, trop souvent, à travers ses douleurs. Maintenir les femmes en dehors de nos discussions – c'est-à-dire de nos Assemblées – c'est les empêcher de prendre la mentalité de vieilles filles. L'égalité politique ? Elles risquent d'y perdre ce pouvoir secret qu'elles possèdent sur tant d'hommes. Le féminisme tuera la féminité. Le droit de suffrage, c'est demain la suppression totale de la puissance paternelle, la théorie de l'amant légale, la liberté sexuelle et par-dessus tout la suppression de l'autorité maritale. »

René Hery, sénateur des Deux-Sèvres, en 1832 : « Dans toute l'histoire de l'humanité, jamais il n'y eut un génie féminin. Le génie n'a jamais été féminin. Savez-vous ce que nous devrions demander aux femmes ? Qu'elles nous laissent travailler en paix, qu'elles nous gardent la paix et le refuge du foyer, la famille : voilà leur rôle, leur mission. C'est là qu'elles ont du génie et non pas dans d'autres activités. Le suffrage féminin, dès son début, renversera la république. »

Alexandre Bérard, sénateur de l'Ain, en 1919 : « Plus que pour manier le bulletin de vote les mains de femmes sont faites pour être baisées dévotement, amoureusement. Séduire et être mère, c'est pour cela qu'est faite la femme. Tout ce qui la détourne du foyer est une violation de la loi humaine. »

Pierre Marraud, sénateur du Lot-et-Garonne, en 1932 : « Les femmes croient-elles que leur intervention dans les luttes politiques ne les fera pas fatalement descendre du plan très élevé où nous avions coutume de les placer ? »

Raymond Duplantier, sénateur de la Vienne en 1932 : « Ce qui n'est pas douteux, c'est que dans les luttes électorales, les femmes perdraient nécessairement ce qui fait leur charme principal, la tenue, la douceur, la délicatesse de sentiment et de langage. La plupart d'entre elles n'ont-elles pas des bouches trop petites pour qu'en puissent sortir les gros mots qui sont trop souvent la monnaie courante des discussions électorales ? L'exercice du suffrage ne consiste pas simplement à déposer un bulletin dans l'urne. On assiste aux réunions, on lit les journaux, on discute à chaque instant et à tout propos. Dans ces conditions, vous augmenterez le nombre déjà trop grand des causes de discorde dans la famille. Vous allez augmenter le nombre des femmes alcooliques, si vous leur accordez le droit de vote : en les appelant à la fréquentation des lois électorales et des réunions de cafés qui suivent celles-ci, vous ne manquerez pas de développer ce vice que vous avez la légitime prétention de combattre. »

Paul Régis Manset, sénateur de Seine-et-Marne, en 1922 : « À partir de trente ans, une femme ne peut que diminuer son prestige en faisant connaître son âge. Donc en inscrivant son âge sur une carte d'électeur, elle s'expose à de fâcheuses mésaventures. Il y a des suffragettes qui viennent nous affirmer : les Françaises veulent donner leur avis sur les questions politiques, économiques, diplomatiques. Cela m'étonne car lorsque trois femmes sont réunies, elles se mettent aussitôt à parler chiffons. »

Louis Tissier, sénateur du Vaucluse, en 1932 : « La femme est en tutelle, c'est une espèce de mineure. »

En l'occurrence, le problème du vote des femmes n'est pas le seul qui permit aux sénateurs, et jusqu'à nos jours, de donner toute la mesure de leur fanatisme rétrograde. Ne repousseront-ils pas, à la fin du XXe siècle, le principe de la parité ; ne refuseront-ils pas aux travailleurs émigrés qui ont donné toute une vie de labeur à la France l'accès au scrutin local dans les villes où ils paient pourtant leurs impôts ; ne s'accrocheront-ils pas à un mode d'élection qui en fait les représentants d'une France en voie de disparition ; ne justifieront-ils pas le cumul des mandats ?

Finalement – et n'y seront pas pour rien les combats conduits par Jeanne Valbot, par Louise Weiss, par Joséphine Pencalet, la meneuse de la grève des sardines de Douarnenez, qui, en 1925, se fera illégalement élire, par des hommes, à des élections municipales, par Bertie Albrecht, qui deviendra une martyre de la Résistance –, le droit de vote sera accordé aux femmes sur proposition du communiste Fernand Grenier, le 24 mai 1944, par l'Assemblée consultative d'Alger. Mais, dès le 23 juin 1942, le général de Gaulle avait tranché en déclarant dans un message à la Résistance : « Une fois l'ennemi chassé du territoire, tous les hommes et toutes les femmes de chez nous éliront l'Assemblée nationale qui décidera souverainement des destinés du pays. »

Tout se tient. Remarquons cela : outre le général de Gaulle, Victor Hugo, Victor Schœlcher, Émile Zola, Jean Jaurès furent d'ardents défenseurs du vote féminin. Comme si leur « non » à une forfaiture – Vichy, l'Empire, l'esclavage, l'antisémitisme, l'oppression sociale – induisait nécessairement qu'ils récusassent le principe de leur propre dictature masculine.

Louis Marin, le leader du centre droit dans les années 30, qui lui aussi milita en faveur du suffrage féminin, fut également l'un des rares dans son camp à dire « non » à l'armistice de 1940.

Des femmes, d'innombrables femmes, participèrent aux combats de la Résistance : Bertie Albrecht, morte à la prison de Fresnes, Simone Michèle Lévy, pendue en déportation, Marcelle Henry qui disparut à Ravensbrück, Danielle Casanova, qui ne revint pas d'Auschwitz, Germaine Tillion, Lucie Aubrac, Geneviève de Gaulle, Laure Diebold, Maria Hackin, Marie-Madeleine Fourcade, Madeleine Riffaud...

Les sénateurs machistes en revanche y brillèrent par leur absence.

Et Condorcet, lui, qui, l'un des premiers, on l'a vu, avait dénoncé l'iniquité de cet apartheid électoral, qui avait tout naturellement condamné l'esclavage, l'exclusion des protestants et des Juifs, le despotisme et le fanatisme religieux, a sacrifié sa vie plutôt que de cautionner le coup de force montagnard de 1793 !

Le combat cependant n'était pas terminé. L'oppresseur ne renonce jamais de lui-même à la moindre parcelle de son oppression. Il fallut tout arracher de haute lutte. Et toujours contre un Sénat – restauré hélas en 1958 – qui, dans les années 60 encore, refusait qu'une femme siégeât dans son hémicycle en pantalon. Il fallut dire « non » à la maternité banalisée, mécanique, non désirée, sans amour, à la femme dépossédée de son propre corps, à l'institutionnalisation du despotisme napoléonien à l'intérieur du couple, au mariage conçu comme un emprisonnement : c'est d'ailleurs également une Chambre haute, la Chambre des pairs qui, malgré l'avis favorable de la Chambre des députés, avait refusé, sous Louis-Philippe, de rétablir le droit de divorce autorisé en 1792 et aboli en 1816. Et il fallut attendre 1884 pour qu'un républicain, adversaire de l'Empire, ancien proscrit politique, qui était passé de la Chambre au Sénat, le chimiste Alfred Naquet, fît voter la loi sur le divorce qui n'allait cependant pas jusqu'à l'admettre par consentement mutuel. Il fut en outre l'un des premiers à préconiser l'impôt sur le capital.

En Italie, en revanche, les ukases du Vatican ne permirent pas d'introduire le divorce dans la loi avant 1970, et encore avec de sérieuses restrictions. Ce qui, avec l'aval involontaire de l'Église, facilita la multiplication des couples irréguliers et des naissances dites illégitimes.

Car cette fois, c'est à l'Église et au parti clérical qu'il fallut dire « non », longtemps à ses risques et périls, pour défendre le droit de l'enfant à être désiré, attendu et donc aimé.

Au début du siècle déjà, une minorité de féministes – Nelly Roussel, Madeleine Pelletier – agissait dans ce sens, au nom de ce principe : « Femme, apprends à n'être mère qu'à ton gré ! » En 1943, sous le régime de Vichy, ne guillotina-t-on pas une « faiseuse d'anges » ?

Dans les années 30, Bertie Albrecht reprit le flambeau, puis dans les années 50, les docteurs Simon et Andrée Weill-Hallé créèrent le Planning familial, avant que le gaulliste Lucien Neuwirth ne fasse légaliser le principe de la contraception en 1967. Or, rappelons-le, Bertie Albrecht et Lucien Neuwirth furent – et ce n'est pas un hasard – d'héroïques résistants à l'oppresseur nazi.

La libéralisation de l'avortement – parce qu'on touchait là à une valeur chrétienne essentielle – fut plus difficile à obtenir et passa par un manifeste de trois cent quarante-trois célébrités qui affirmaient avoir violé la loi en s'étant fait avorter, puis par le retentissant procès de Bobigny qui permit à l'avocate Gisèle Halimi de populariser la cause. C'est sous la présidence du libéral Giscard d'Estaing, en 1975, que Simone Veil fit voter, malgré une opposition redoutable – et parfois terroriste –, la loi qui rendait à la femme la maîtrise de sa maternité.

Simone Veil qui était une rescapée du camp de concentration d'Auschwitz.

Lutte exemplaire, héroïque, que celle de toutes ces femmes qui, au cours de l'histoire, dirent « non » à la fois à l'oppression sociale et culturelle, aux préjugés, à l'incompréhension et parfois même à l'hostilité de leurs sœurs, à l'emprise des Églises et à la prégnance des dogmes, à la dictature institutionnalisée du mâle, à la tyrannie de l'époux, à l'arrogance de l'employeur, au sexisme des institutions, au machisme des compagnons de travail.

Ces femmes à qui on expliquait, avant Marie Curie, qu'elles ne pouvaient pas être des découvreuses scientifiques ; avant Simone Veil, Hannah Arendt ou Simone de Beauvoir, qu'elles ne pouvaient accéder au statut de grandes philosophes ; avant Golda Meir ou Indira Gandhi, et – quitte à oublier Elizabeth d'Angleterre ou Catherine de Russie – qu'elles n'étaient pas faites pour gérer des situations de conflits armés ; avant Sonia Delaunay et quelques autres, qu'elles n'étaient pas disposées à devenir des novatrices en art ; avant Marguerite Long et Ginette Neveux, qu'elles ne parviendraient jamais à la virtuosité pianistique ou violonistique ; avant Jacqueline Auriol, qu'elles ne piloteraient jamais des avions ; avant Germaine Tailleferre, que leur génie ne se prêtait pas à la composition musicale, etc.

Dire « non » ? Double défi quand on est femme. Et cependant, en cette fin du XXe siècle, ce sont elles qui donnèrent les plus redoutables coups de boutoir aux vieilles dictatures : Violeta Chamorro, tombeuse de Somoza au Nicaragua, Cory Aquino, victorieuse de Marcos aux Philippines, Megasati Sukarnoputri en Indonésie, presque seule à défier l'épouvantable régime de Suharto, Aung San Suu Kyi, splendidement intraitable face à la tyrannie militaire en Birmanie, Benazir Butto au Pakistan, Khaliffa Messaoudi tenant tête aux tueurs islamistes en Algérie, comme avant elles Djemila Bouhired ou Zorah Drif avaient supporté la torture colonialiste, Dolores Ibarruri, dite la Pasionaria, appelant à barrer la route au fascisme qui s'apprêtait à déferler sur l'Espagne. Et d'autres, beaucoup d'autres, des « Folles de mai » entretenant la mauvaise conscience soldatesque à Buenos Aires, à Taslima Nasreen défiant la débilité rageuse des sbires intégristes du Bangladesh.

Faut-il remonter à Judith et à sa façon très personnelle de dire « non » au général assyrien Holopherne, à Dalila qui tenta de récuser la force par la castration, à la légendaire Sémiramis qui défia le monde des hommes en entreprenant d'en faire la conquête, à sainte Geneviève tellement vierge qu'il lui avait suffi de dire « non » à Attila pour le faire fuir, à Brunehaut, reine d'Austrasie, qui dut affronter les premiers aristos de la chiennerie franque et que Clotaire, le rejeton de Frédégonde, fit périr après lui avoir fait subir tous les outrages en l'attachant nue à la queue d'un cheval fougueux, à Geneviève de Brabant qui triompha de l'immonde Golo qui l'avait calomniée auprès de Siegfreid, son crétin de mari, à Jeanne d'Albret, reine de Navarre, qui rossa les papistes en se portant au secours de La Rochelle, à Jeanne Laisné, dite Hachette parce que pour repousser les Bourguignons qui montaient à l'assaut de Beauvais elle entreprit d'en faire du petit bois, à Marguerite de Navarre, qui fut l'une des premières, au détriment de Henri IV, à oser gérer son corps comme elle l'entendait, à Marie Stuart, fort libre elle aussi, qui préféra offrir sa tête plutôt que renoncer à la couronne, à la Grande Mademoiselle, duchesse de Montpensier de son état, qui, pour les plus mauvaises raisons du monde, devint l'âme de la Fronde contre Mazarin ?

À l'orée du XIXe siècle, une figure s'impose : celle de Germaine de Staël, fille de Necker, premier esprit réellement paneuropéen de l'époque moderne qui, outre qu'elle jettera les bases du romantisme comme un défi au rigorisme calviniste dont elle était issue, sera quasiment seule à oser affronter chez lui, en France, l'ogre Napoléon, qui avait réussi à instrumentaliser presque tous les littérateurs de son temps. Charlotte Corday, elle, seule femme à avoir jamais assassiné son prochain – mais pas n'importe lequel ! – au nom du « centrisme révolutionnaire » c'est-à-dire du girondisme, avait trop lu Corneille pour ne point accepter de mourir pour une cause qui la transcendait. Comme Camille, dans *Horace*, elle avait dit « non » à la terreur avec fureur, elle accepta d'être elle-même terrorisée avec panache.

Avant de s'abîmer, devenue douairière, dans une bien-pensance de dame patronnesse, George Sand avait dit « non » à tout : à la morale bourgeoise, à l'incarcération matrimoniale, à la monarchie louis-philipparde, à la société capitaliste. En passant du gauchisme communisant au conservatisme bondieusard, elle se révéla en outre réellement précurseur – ou précurseuse : on ne compte plus les intellectuels mâles qui, depuis, ont suivi le même chemin.

À l'inverse, Louise Michel, dite la Vierge rouge, furieuse barricadière de la Commune de Paris, ne renonça jamais à ses convictions anarchistes, ne plia devant rien ni personne, reprit son combat aussitôt revenue de déportation en Nouvelle-Calédonie, et ne se fit, sur le tard, quelque peu manipuler par la préfecture de police – qui finançait en catimini son journal – qu'à son corps défendant, justement parce que ses révoltes étaient devenues trop prévisibles : déjà jeune institutrice, ayant refusé de prêter serment à l'Empire, lectrice fervente de Victor Hugo, elle distribuait aux pauvres ses gains pourtant misérables.

On n'oubliera ni Rosa Luxemburg, l'universalisme incarné, qui sut dire « non » à toutes les formes de nationalisme – qu'il fût comme elle juif, polonais, russe ou allemand –, récusa à la fois le réformisme social-démocrate et le centralisme autoritaire léniniste, refusa la grande boucherie de 14-18, dénonça toutes les oppressions caporalistes, se rallia au bolchevisme tout en affirmant que « la liberté, c'est toujours la liberté de celui qui pense autrement ! », et fut assassinée à l'issue d'une tentative insurrectionnelle, absurde, lamentable et fulgurante à la fois, par les bandes militaristes que Hitler récompensera plus tard pour ce haut fait. Ni Alexandra Kollontaï, fille de général tsariste, ralliée aux idées révolutionnaires, sans doute maîtresse de Lénine, qui fit adopter après 1917 les lois les plus féministes qu'on ait jamais promulguées, mais que Staline fera toutes abolir.

Dans un genre très différent, on signalera également Marie-Clémentine de Rochechouart-Mortemart, duchesse d'Uzès, grande chasseresse devant l'Éternel, féministe à sa façon, qui consacra une grande partie de son immense fortune à sponsoriser des activités antirépublicaines et en particulier la campagne du général Boulanger.

Retiendra-t-on le « non » de Mère Teresa ? Elle fut une sainte incontestablement. Et je fus témoin, à Calcutta, du don de soi qu'exigeait son terrifiant sacerdoce. Mais elle se consacra plus à adoucir ou à accompagner la misère qu'à en refuser la fatalité. À cet égard, Geneviève de Gaulle, cette résistante qui présida en France l'association ATD Quart Monde, sut, à l'exemple de l'abbé Pierre, articuler une pratique de la réparation à une logique du refus.

LE « NON » À LA MARCHANDISATION DE LA FEMME

Mais il ne s'agit là que de figures emblématiques. Plusieurs volumes ne suffiraient évidemment pas à recenser les innombrables « non » que les femmes ont dû formuler à travers les siècles et dont leur existence quotidienne et ordinaire fut le principal champ de bataille. Chaque pas franchi nécessita qu'on déplaçât des montagnes. Pas d'évidence qui n'apparût exceptionnelle, même pas la revendication d'un même salaire pour le même travail. Fut-il plus dangereux de dire « non » à l'autoritarisme monarchique ou à la tyrannie de l'époux ? Celles-là mêmes qui se soulevèrent contre l'exploitation à l'intérieur de l'entreprise ne durent-elles pas poursuivre le même combat à l'intérieur du couple ? Le droit à la dignité qu'elles arrachèrent aux patrons, n'avait-il pas fallu d'abord l'imposer aux syndicats ? Quand l'homme combattait pour la liberté de l'esprit, ne durent-elles pas batailler en plus en faveur de la liberté du corps ? On enleva les Sabines, pas les Sabins. Ce sont les femmes adultères seules qu'on lapida ou qu'on jeta nues à la mer, ligotées dans un sac, comme en Turquie. Ce sont elles qu'on sacrifia à leur pharaon de maître et pas l'inverse. Aucun mari ne fut jamais obligé de se jeter dans le bûcher où brûlait le corps de sa moitié. Le mâle, de tout temps, fréquenta les bordels. Il n'en fut pas pensionnaire, c'est-à-dire prisonnier, pas plus qu'on ne l'enferma, lui, dans des harems.

La traite fut abolie. Pour les hommes seulement. Pour les femmes, elle fut industrialisée, reformatisée aux dimensions de la mondialisation néo-libérale. Pour une femme kosovare aujourd'hui, le choix peut se présenter ainsi : être violée par des Serbes ou prostituée par des Albanais.

Imagine-t-on un instant ce que signifie dire « non » pour une femme d'Afghanistan, du Pakistan, d'Arabie Saoudite ? A-t-on idée du courage surhumain dont quelques milliers de femmes algériennes ont dû faire preuve pour défier la terreur du FIS et les tueurs sadiques du GIA, alors même que les bourreaux bénéficiaient de tant de complaisances de la part de certains médias français ? Sait-on que les guerres du Golfe ou des Balkans firent du côté irakien ou yougoslave presque autant de victimes féminines que masculines ? Qu'en Russie on recense chaque année plusieurs milliers de femmes qui succombent aux coups de leur mari alcoolique ?

À quoi leur faut-il dire « non » ? À elles, pour se reconquérir ! Non seulement au tyran, à l'oppression sociale, au seigneur et maître, à l'employeur, mais aussi à Dieu ou au démon, ou plutôt à ce que les grands prêtres couillus firent de Dieu pour mieux préserver leurs privilèges de mâle et de clerc : la femme comme catin, sorcière ou Bécassine.

Car la femme était une sorcière quand l'homme pouvait au moins s'offrir le luxe d'être un hérétique.

Y a-t-il jamais eu un homme qui ait dû se donner la mort comme Lucrèce, après que le fils de Tarquin le Superbe l'eut, comme on disait, « déshonorée » ? Ce « non »-là, fût-il a posteriori, eut d'ailleurs un retentissement considérable puisqu'il déclencha la révolution qui permit d'instaurer la République romaine.

Lysistrata avait fait mieux, du moins si l'on en croit Aristophane, puisque pour contraindre les Athéniens et les Spartiates à faire la paix, elle convainquit les femmes grecques de se refuser à leur mari jusqu'à ce qu'ils missent fin à leurs guerres criminelles. Encore, pour parvenir à leurs fins, fallut-il qu'elles se regroupassent derrière les murs d'une citadelle qui leur servit en quelque sorte de ceinture de chasteté.

Longtemps, pour dire « non » comme Andromaque au sacrifice de son fils, ou Esther au martyre de son peuple, il fallut dire « oui » aux caprices de son souverain.

Sans doute la reine Philippa d'Angleterre sauva-t-elle de cette façon les six bourgeois de Calais qui s'étaient livrés, la corde au cou, à Édouard III.

Faut-il, ici, rendre hommage à celle qui voulut être à l'esclavage des femmes ce que l'abbé Grégoire et Victor Schœlcher furent à celui des Noirs d'Afrique ? Car c'est bien à un véritable asservissement que Marthe Richard chercha à mettre fin en faisant voter la loi abolitionniste de 1946, qui permit de fermer les maisons dites de tolérance.

Cette démocrate-chrétienne, qui fut pendant la Première Guerre mondiale une Mata-Hari de la bonne cause, serait certes consternée aujourd'hui en constatant à quel point l'exploitation de la femme par l'homme a pris, avec la mondialisation néo-libérale, des proportions ahurissantes. Et cela bien qu'un combat incessant, mené en particulier par les féministes britanniques, ait abouti à l'adoption, en décembre 1949, par l'Assemblée générale des Nations unies, de la Convention internationale pour « la répression de la traite des êtres humains et de l'exploitation de la prostitution d'autrui ». L'initiative de Marthe Richard n'en fut pas moins remarquable quand on sait que le « syndicat » des proxénètes mobilisa des sommes considérables pour « convaincre » les politiciens de ne point les priver de leur gagne-pain. Tous les arguments furent employés pour tenter de sauver une « industrie » atroce qui repoussait toutes les limites de l'aliénation.

Le mauvais exemple venait de loin puisque, en 180 avant Jésus-Christ, à Rome, Marcus avait décidé la première « mise en carte » des prostituées enfermées dans des quartiers réservés et frappées de mort civile, alors que la profession de proxénète, elle, restait totalement libre.

Il fallut attendre l'an 521 après Jésus-Christ pour que l'empereur Justinien décrétât l'interdiction des maisons closes et entreprît de réprimer le proxénétisme, tandis que l'impératrice byzantine Théodora initiait la première tentative de réadaptation et de réhabilitation sociale des prostituées en créant des établissements à cet effet.

L'Église tenta bien de déclarer illégale la prostitution, mais, après le règne de Charlemagne, elle s'acharna surtout sur les victimes de la traite, promises au fouet, aux mutilations – nez et oreille coupés –, au marquage au fer rouge, aux expositions publiques, tandis que les proxénètes, eux, bénéficiaient de la plus grande indulgence.

Nouvelle tentative abolitionniste avec Saint Louis qui chargea le couvent des Filles Dieu de replacer les pécheresses sur le droit chemin : mais c'est le même souverain qui, en 1254, devant l'échec évident de sa croisade, autorisa de nouveau l'ouverture des bordels.

Nouvelles tentatives et nouveaux échecs sous Louis XIV. Au XIXe siècle, devant l'extension du mal, à mesure que se développait le capitalisme industriel, on se contenta d'organiser et de contrôler le vice pour le plus grand profit du crime organisé.

Le début du XXe siècle enfin vit la traite des blanches croître au rythme de l'expansionnisme impérial.

Une question se pose : pourquoi l'Église qui se montra longtemps si efficace dans la réglementation rigoureuse des mœurs, refusa à la femme le contrôle de sa maternité, diabolisa le plaisir, ne parvint-elle jamais à mettre un terme à cette infamie ? Accepta-t-elle l'idée que ceci servait de soupape à cela ?

Pourquoi des États qui se révélèrent capables de traquer les faux-monnayeurs, de venir à bout des guérillas, de vaincre le terrorisme, se sont-ils montrés aussi désarmés face à l'expansion planétaire du proxénétisme, au point que jamais encore dans l'histoire des gangs aussi puissants n'ont pu organiser, à une telle échelle, des trafics d'êtres humains réduits à de simples objets de consommation ?

Les armées de l'OTAN ont pu chasser l'oppresseur serbe du Kosovo, mais pas empêcher la mafia criminelle albanaise d'exporter vers Paris, Londres ou Hambourg des cargaisons entières de chair fraîche kosovare, comme si le corps féminin n'était plus qu'un produit régi par la loi du marché.

LE « NON » AU SYNDICAT DU CRIME

Combien de jeunes filles, quand elles ne l'ont pas payé de leur vie, garderont-elles jusqu'à la fin de leurs jours la marque des tortures qu'on leur fit subir pour avoir tenté, ne serait-ce qu'une fois, de dire « non » à la machine infernale qui les avait transformées en marchandise ? Cet héroïsme-là restera à jamais anonyme : le crime réprime généralement en interne les aspirations à s'émanciper de sa tyrannie. Le dévoilement équivaut à un suicide : chercher à savoir, c'est chercher à mourir. Pour un juge Falcone, dont l'opinion salua le sacrifice, combien de soldats inconnus de cette guerre de l'ombre, combien de journalistes, d'enquêteurs, de magistrats sont-ils tombés sur ce front-là ? Ce photographe argentin qui voulait que son peuple connût le visage de l'homme d'affaires mafieux qui faisait la pluie et le beau temps dans son pays : pour une photographie volée, il fut abattu. Ce reporter d'un journal progressiste sicilien qui enquêtait sur les sinistres parrains de la Cosa Nostra : il disparut, son corps sans doute coulé dans un bloc de béton. En Bolivie, plus de journalistes ont été exécutés par les tueurs que de tueurs mis hors d'état de nuire par la justice.

Dire « non », c'est démasquer : ça ne pardonne pas. Les barons du crime sont des tyrans qui ne tolèrent jamais le refus. La femme qui dit « non » est raturée par le « mac » ; le commerçant qui dit « non » est effacé par le racketteur ; l'homme d'affaires qui dit « non » est escamoté par le maquignon en otages ; l'adhérent du gang qui dit « non » est abattu par le tueur à gages ; le dealer qui dit « non » est saigné sur ordre du gros bonnet.

Dans l'univers du pancapitalisme sans rivages, tous les moyens sont bons pour protéger sa part de marché, toute dissidence par rapport au système vaut exclusion. C'est vrai pour l'endroit, plus encore pour l'envers. Le « Médef » du crime ne pardonne pas. Hors du silence, point de salut. Accepter ou périr. Se coucher ou disparaître. Oui, chef. Même le « peut-être » est louche. Dans le monde de l'« avoir » désocialisé, l'« être » compte pour du beurre. Dès lors que seule importe la recherche du profit maximum, légal ou illégal, par la Bourse ou la drogue, la spéculation financière ou la prostitution, la promotion immobilière ou le racket à grande échelle, et qu'aucune autre éthique ne s'impose que celle du « tout compétitif », la restriction morale n'est guère de mise. Refuser, c'est saboter. Dire « non » n'est pas un délit, c'est pire : une tare. Un dérèglement. Alors on gomme, on jette, on criminalise.

Le « non » n'appartient pas au « cercle de la raison ». Sa place est à l'asile.

Dire « non » au crime, au proxénétisme, au trafic de drogue, au racket, et pourquoi, pendant que vous y êtes, ne pas excommunier le libre-échange ? Ne pas taxer la circulation des capitaux ? Réguler les flux financiers ? Interdire les paradis fiscaux ? Lever les secrets bancaires ?

Au fond, il y a des camisoles pour ça. J'achète, je vends... Est-ce qu'un produit refuse de se vendre ? N'importe quel produit : une lessive, une boîte de conserve, un billet de tombola, une femme, un cafetier, une cargaison de cocaïne, quelle différence ? Et que fait-on d'un produit qu'on ne peut plus vendre ? On le détruit. Est-ce que le marché peut accepter que les produits disent « non » ?

Au catalogue des héros du refus, on omet généralement d'adjoindre ceux ou celles qui ont osé défier la société du crime. On a tort. Car, au-delà des apparences, c'est toujours un peu elle qu'on affronte : à travers les massacreurs de la Saint-Barthélemy, les bouchers parisiens de septembre 1792, les ratonneurs de l'Algérie française, les nettoyeurs du nationalisme ethnique, les égorgeurs de l'intégrisme islamique, les exécuteurs des escadrons de la mort, les pistoleros des narco-guérillas, les tueurs fous du Sentier lumineux, les bourreaux de l'ETA basque, les assassins des Brigades rouges, les gros bras des milices patronales.

Face à Émile Zola : le crime du commandant Henry ; face au général de Gaulle : les sicaires de Darnand, puis plus tard ceux de Susini. Face à Victor Hugo : les nervis de l'Empire ; face à Lambrakis, qui entendait dire « non » au militarisme grec : la tourbe de Thessalonique ; face à Bob Kennedy : les hommes de mains de Jimmy Hoffa ; face à l'Israélien Rabin et à l'Égyptien Sadate : les mafias de Dieu.

Comment étouffa-t-on le « non » de Gandhi, le « non » de Lincoln, le « non » de Jaurès, le « non » de Trotski, le « non » de Lumumba, le « non » du pasteur Martin Luther King, le « non » de Veil-Curiel, le « non » de Georges Mandel, le « non » de Marx Dormoy, le « non » du journaliste espagnol Luis Lopez de Lacallo au terrorisme basque, le « non » de l'évêque de San Salvador à l'extrême droite militaire, le « non » du Portugais Delgado au régime de Salazar, le « non » du Camerounais Nyobé au néo-colonialisme oppresseur, le « non » du Mozambicain Mondelane à la domination portugaise, le « non » du juge Falcone à la mafia sicilienne, le « non » des opposants anticommunistes bulgares, comment donc étouffa-t-on tous ces « non »-là sinon par le crime ?

Par qui les journalistes algériens opposés au fascisme vert furent-ils abattus, sinon par un syndicat du crime dissimulé derrière la bannière du prophète ?

Août 1963 : comment oublier ce déjeuner ? Je recevais, ce jour-là, à la même table, à Alger où je représentais le journal *Le Monde*, le leader marocain Ben Barka, toujours frétillant, feignant de ne rien prendre au sérieux et de rire de tout – seul révolutionnaire du tiers monde capable d'affecter une distance humoristique à l'égard de son propre combat –, le nationaliste de Guinée-Bissau Amilcar Cabral, son homologue du

Mozambique Mondelane, le général Delgado, animateur de l'opposition portugaise – homme de tradition, fait pour obéir, qui semblait un peu perdu dans un univers de révolte qu'il découvrait avec une naïveté d'enfant jouant à Zorro –, un Camerounais de l'UPC, un journaliste iranien démocrate. Aucun n'a survécu : tous assassinés ou exécutés !

Nul n'imagine aujourd'hui qu'il existe la moindre frontière en Russie entre la sphère du politique, le monde économique et l'espace du crime. Qui tue qui ? Ceux qui ont privatisé à leur profit les richesses du pays se débarrassent de ceux qui s'avisent de rompre la loi du silence parce qu'ils veulent eux aussi leur part du gâteau. Ainsi, cette élue de Saint-Pétersbourg, abattue parce qu'elle avait dénoncé l'emprise des gangs sur sa ville ; ou cette journaliste d'une république autonome assassinée sur ordre du président.

En Colombie, où le crime et la politique ont fusionné, Elvia Cortes, cinquante-cinq ans, avait refusé de payer une rançon de sept mille cinq cents dollars à des narco-révolutionnaires. Ils l'ont contrainte à porter autour du cou six heures durant un collier bourré d'explosifs. Elle a tenu bon. Ils l'ont fait exploser.

En Sicile, après guerre, on fit appel aux hommes de main de la mafia pour écraser dans le sang des mouvements sociaux. Le grand banditisme ne se range-t-il pas systématiquement dans le camp du « oui » ? Ainsi Carbone et Spirito, les caïds du milieu marseillais, frayèrent-ils pendant l'Occupation avec la Gestapo. Le gang des Lyonnais travailla pour le SAC ; la social-démocratie eut son Guérini, et les « libéraux » leur Fargett. Ainsi Al Capone servit-il, depuis sa prison, d'indicateur et de mouton à la police. Faire suer le burnous ou relever les compteurs, maximiser les profits ou plumer les pigeons, contrôler les quartiers ou étendre sa part de marché, rafler la mise en Bourse ou au casino, quelle différence ?

Contre les « non » subversifs, l'ordre n'hésite jamais à faire appel aux forces du désordre institutionnalisé. Les nazis recrutaient dans les bas-fonds. La Milice aussi. Bony, le flic, retrouve Lafont, le truand. Les grands propriétaires brésiliens opposent des armées de délinquants aux assauts des paysans sans terre. Le milieu n'est jamais au milieu, il est du côté du manche. Avec les collabos, en 1942. Recyclés résistants en 1944. Supplétifs du néo-gaullisme, dans les années 60. Un temps centristes à Toulon. Avec quelques pions placés chez les socialistes marseillais.

Dans tous les cas, il s'agit pour lui de jouer les nomenklaturas. Tous ceux qui disent « non » dérangent. Donc le dérangent. Refuser l'esclavage ou la prostitution, le fascisme ou le stalinisme, l'oppression ou l'aliénation, n'est-ce pas toujours refuser le crime ?

Les films noirs américains nous ont souvent offert cette métaphore : un caïd, son gang, ses tueurs à gages et les petites gouapes qui lui servent de piétaille, contrôlent un quartier ou un secteur, y imposent leur loi de fer, leur ordre que respecte une police corrompue et que couvrent des politiciens à qui on renvoie l'ascenseur Unique objectif : tondre le mouton, optimiser le rendement des vaches à lait ; pressurer les consommateurs à qui on propose de la drogue, des femmes, des jeux ; taxer les intermédiaires, racketter les distributeurs, asservir les producteurs, criminaliser les entrepreneurs, asphyxier la concurrence par la terreur, généraliser et exacerber la menace pour vendre de la protection. Le premier qui se rebiffe est retrouvé criblé de balles dans un terrain vague. Une suspicion vaut condamnation. Le boss vous désigne, vous êtes mort ! Boutiques dévastées en guise de représailles, dissidents égorgés pour l'exemple, rebelles mitraillés au fond d'un garage, le jour de la Saint-Valentin. Pacification ! Système parfait. Non pas contre-société mais envers officiels de la société. Le tribalisme, plus le féodalisme, plus le capitalisme, plus le fascisme, plus le totalitarisme stalinien. Tout profite aux plus riches, tout tient grâce aux plus pauvres.

LE PREMIER « NON », COMME UNE FISSURE DANS UNE DIGUE

Jusqu'au jour où quelques grains de sable – un flic qui n'accepte plus ; un incorruptible qui ne mange pas de ce pain-là ; un politicien qui se comporte en mandataire du peuple ; un juge qui résiste au chantage ; un journaliste qui fait la lumière ; un prêtre qui en appelle à la conscience de ses paroissiens ; des citoyens qui se regroupent et s'organisent –, autant de petits « non » qui se confortent les uns les autres, s'agglomèrent, grossissent et se transforment en un « non » immense et formidable.

Alors tout s'effondre, comme se sont effondrées des dictatures ; comme ont implosé des empires coloniaux malgré tous les centurions qui en protégeaient la cohérence ; comme se sont presque autodissous tous les totalitarismes planétaires ; comme se sont évaporées dans les nuées des idéologies qui furent uniques et incontournables.

Un « non », un premier petit « non » suffit parfois. Celui de l'imam Khomeiny, aussi contestable et vite effrayant fût-il, mais devant lequel les cohortes surarmées du Shah tyrannique ne firent pas le poids ; celui du journaliste Tawfik Ben Brik qui mit à nu le régime tunisien du général Ben Ali jusqu'alors confit dans son impunité ; celui de Sakharov qui ébranla plus sûrement la machine soviétique que toutes les troupes réunies de l'OTAN ; celui de Vaclav Havel, qui précipita la dissolution du communisme tchèque ; celui de Camacho, en Espagne, dont les « commissions ouvrières » délégitimèrent socialement le régime franquiste ; celui de Mirabeau au marquis de Dreux-Brézé, le 23 juin 1789 : « Nous sommes ici par la volonté du peuple... », et d'où surgit l'Assemblée constituante ; celui de Bernard Lazare, sans lequel il n'y aurait jamais eu le *J'accuse* d'Émile Zola.

Aucun refus ne fut jamais vain, dès lors qu'il était juste. Les vainqueurs de Spartacus pouvaient imaginer que l'affaire était définitivement entendue, qu'ils avaient refermé la parenthèse. Mais outre que l'esclavage fut finalement aboli, on a retenu le nom du vaincu – dont d'autres damnés de la terre continuèrent à se réclamer vingt et un siècles plus tard –, alors que nul ne songerait à donner le nom de Crassus, le vainqueur, à une ruelle, fût-elle à sens unique. Les frères Gracques, Caïus et Tiberius, qui s'attaquèrent de front aux privilèges de la haute aristocratie romaine, échouèrent totalement, mais c'est leur tentative, et non le succès de leurs adversaires sénateurs, dont l'écho résonna ensuite pendant vingt-trois siècles.

De qui se souvient-on ? D'Étienne Marcel qui, en 1358, ne parvint pas à mener à son terme la révolution qui nous aurait épargné la Terreur de 1793, ou de Jean Maillard qui l'assassina pour le compte de la monarchie ?

Le « non » des frondeurs à l'absolutisme royal tourna à la farce : son rebond n'en retentit qu'avec plus de force, un siècle et demi plus tard : ce que le parlement de Paris chercha à faire en 1648, sous l'inspiration du conseiller Broussel, et soutenu par les Parisiens qui avaient édifié des barricades, fut réalisé par l'Assemblée nationale constituante de 1789, sous l'impulsion de Mirabeau et avec le soutien des barricadiers devenus les « patriotes ».

On crut, en 1815, que ceux qui avaient dit « non » au pouvoir autocratique, au suffrage censitaire, aux privilèges d'une caste, avaient définitivement perdu la partie. On comprit vite que, malgré les apparentes restaurations, ils l'avaient définitivement emporté.

La Commune de Paris ne fut pas une bonne action. Mais que reste-t-il aujourd'hui de ce à quoi les communards s'opposèrent ? Presque rien. Tout simplement parce que, dès le moment où quelques « non » emblématiques l'ont enclenchée, on ne peut durablement bloquer la dynamique d'un « non » collectif.

Ce que l'on ne voit plus, c'est toujours ce que certains, à un moment donné, ont estimé qu'on ne devait plus voir : des enfants de huit ans dans les mines ; des citoyens décrétés « passifs » parce que leurs revenus sont insuffisants. Qui sait... Il s'est peut-être trouvé un homme de Cro-Magnon pour affirmer, le premier, qu'on ne pouvait pas continuer à tirer les femmes par les cheveux !

Plus sérieusement, que constate-t-on ? Que les deux courants qui dominent aujourd'hui encore le débat politique à l'échelle planétaire, le courant libéral et le courant « socialiste », qui ont d'ailleurs fini par s'interpénétrer et s'enrichir mutuellement, sont tous les deux nés d'un double refus : de l'oppression étatique et de l'aliénation économique ; du monarque tout-puissant et de l'argent-roi ; des réglementations abusives et des inégalités scandaleuses ; de l'administration qui étouffe et du capital qui écrase.

Et ce double « non » fondateur remonte au fond des temps.

15

Ces « non » qui remontent au fond des temps

Dans un texte daté de 2185 avant J.-C., un témoin égyptien décrit une situation qui ne pouvait découler que d'une gigantesque révolte sociale : « Celui qui autrefois possédait des habits magnifiques est aujourd'hui en haillons. De grandes dames courent le pays, en mendiant leur pain. Partout on entend ce cri " Écrasons les puissants ! " Les crocodiles sont repus tant ils trouvent de proies. »

Il suffit de se référer au code babylonien d'Hammourabi, datant de 1750 avant J.-C. et inscrit en caractères cunéiformes sur un bloc de diorite, pour imaginer les luttes, les rébellions, les contestations militantes, qui présidèrent à la rédaction d'un aussi extraordinaire document qui se donne pour but d'empêcher que « le fort n'opprime le faible ».

Assez hypocritement, d'ailleurs, puisque s'il reconnaît à la femme le droit, dans certaines circonstances, de demander le divorce, il précise également qu'au cas où « elle abandonne sa maison, néglige son mari sans raison, cette femme doit être jetée à l'eau ».

N'empêche : les droits du père sur l'enfant y sont limités alors que, selon la vieille loi sumérienne, un enfant qui défiait l'autorité paternelle pouvait être vendu comme esclave après avoir été marqué au fer rouge. Ce code fixait également le salaire des ouvriers agricoles, limitait la durée d'apprentissage, déterminait le prix de location des animaux ou des outils agraires, et prévoyait même une indemnité pour les victimes d'accident du travail.

En Chine, mille ans plus tard, en 677 avant J.-C., les annales dynastiques des Tsin signalent que, à la mort de l'empereur

Wou Kong, soixante-six esclaves le suivent dans l'au-delà. Un peu plus tard, trois mille esclaves sont immolés avec l'empereur Che Houang. Mais il faut croire qu'il se trouve quelques voix pour s'élever contre de telles monstruosités puisque, sous l'empereur Houang Ti (246-210 avant J.-C.), les esclaves employés par centaines de milliers à la construction de palais, de mausolées et surtout de la Grande Muraille, se révoltent et portent un coup mortel au système esclavagiste.

C'est également parce que les abus de l'oligarchie dominante provoquent des réactions de plus en plus violentes que, en 594 avant J.-C., les Athéniens font appel à un homme réputé d'une grande sagesse, nommé Solon, pour fixer des lois capables de prévenir une révolution sociale.

Sensible au sort des déshérités, ce Solon n'avait-il pas écrit des poèmes dans lesquels il fustigeait la cupidité des riches ? Il annula donc toutes les créances qui écrasaient les petits propriétaires, morcela les plus grands domaines et affranchit ceux qui avaient été réduits en esclavage pour dettes. Il affaiblit l'aristocratie de fait, sans oser s'en prendre à l'aristocratie de fortune, accorda des droits politiques à tous les citoyens, mais interdit aux membres des classes les plus pauvres de poser leur candidature à une fonction publique. Il plaça côte à côte une assemblée du peuple et un sénat qui reflétaient les vues de l'élite sociale. Et surtout, il s'attira des haines féroces en réglementant les signes extérieurs de richesse.

Après le retrait de ce réformateur admirable, les privilégiés reprirent du poil de la bête, et c'est un tyran démagogue – ou populiste comme on dirait aujourd'hui –, Pisistrate, qui, comme cela arrivera souvent par la suite, parviendra à capter à son profit les frustrations populaires.

L'histoire a retenu le « non » hautement symbolique de Spartacus, le gladiateur rebelle, l'esclave insurgé. Mais lorsque, au milieu du VIIe siècle avant J.-C., à Sparte, des dizaines de milliers d'ilotes, serfs plutôt qu'esclaves, se révoltèrent contre la caste guerrière dominante, il fallut bien que quelqu'un ou quelques-uns leur soufflassent l'idée qu'il était juste de briser les chaînes de leur asservissement.

Mais l'exemple le plus spectaculaire de la dynamique collective que peut enclencher une révolte individuelle nous est offert, au Ve siècle avant J.-C., par la République romaine.

LE « NON » DES FRÈRES GRACQUES

Un jour, raconte Tite-Live, apparaît sur le Forum un soldat. Son aspect est étrange, son visage ravagé, ses vêtements partent en lambeaux. Il crie, il gesticule. Il proteste. La foule s'attroupe, on le reconnaît. Citoyen respecté, il commandait une centaine de fantassins durant la guerre précédente. On lui demande la raison de cette soudaine décadence. Il explique qu'il s'est endetté, qu'il n'a pas pu régler ses créanciers à temps parce que, durant la guerre, sa ferme a été brûlée et son bétail saisi. La paix revenue, loin de le récompenser de sa bravoure, on l'a accablé d'impôts. Comme il ne pouvait toujours pas payer, on l'a dépouillé de tout, puis on l'a jeté en prison. Enfin on l'a conduit au gibet où on l'a fouetté.

À ce récit, des clameurs s'élèvent. La foule prend parti pour le malheureux. Des esclaves pour dettes accourent et se joignent à l'émeute. C'est alors qu'un messager vient annoncer qu'une armée ennemie – il s'agit des Volsques – marche sur la ville. Les plébéiens révoltés menacent de ne pas prendre les armes si on ne satisfait pas immédiatement leurs revendications. Affolés, les patriciens promettent de faire des concessions et d'abolir la loi qui permet d'emprisonner et de réduire en esclavage pour dettes. Rassuré, le peuple prend les armes, se bat, se fait tuer. La bataille est gagnée par Rome.

Le danger écarté, les privilégiés refusent de tenir leurs promesses. Nous sommes en 424 avant J.-C. C'est alors que va se dérouler un événement unique dans les annales des conflits sociaux. À bout de patience, les plébéiens quittent Rome en cortège, gagnent l'Aventin, un mont sacré situé en marge de la ville, et s'y retranchent en annonçant qu'ils vont fonder une seconde Rome où tous les hommes libres auraient les mêmes droits.

Il s'agit en vérité d'une grève générale. Cette fois, les patriciens cèdent. La plèbe obtient que le droit de vote ne dépende plus de la fortune. Elle aura son Assemblée et ses magistrats – les « tribuns du peuple » – qui détiendront un droit de veto.

Dans ce cas précis, on ne sait pas comment s'appelait celui qui, le premier, ressentit la nécessité de dire « non » à l'injustice qui l'accablait. En revanche, trois siècles plus tard, deux hommes, deux frères, incarneront, au moins pour les deux millénaires suivants, la volonté de dire « non » à l'inégalité et à l'iniquité.

L'un d'eux est l'auteur de ces lignes qui valent constat : « Les animaux sauvages en Italie ont des trous pour s'y reposer, mais les hommes qui luttent et meurent pour l'Italie ne possèdent que l'air et la lumière. Ils errent dans les campagnes, avec leur femme et leurs enfants, sans maison, sans foyer. »

Celui qui s'exprime ainsi n'est ni esclave révolté, ni plébéien exploité. C'est un noble. Il s'appelle Tiberius Gracchus. Il a voyagé, traversé les campagnes italiennes, découvert la misère des paysans sans terre, ruinés par la concurrence du travail servile. La guerre, les conquêtes, les pillages ont en effet inondé le marché de nouveaux esclaves. Paul Émile en vend cent cinquante mille d'un coup après la conquête de la Macédoine.

La conquête de la Sicile, ce grenier à blé, a en outre porté un coup terrible aux petits propriétaires qui ne peuvent plus vendre leurs produits à des prix aussi bas.

À Rome, entre 233 et 132 avant J.-C., vingt-six familles de possédants, insensibles à la misère populaire, contrôlent le Sénat. C'est alors qu'intervient Tiberius Gracchus. Son père avait été deux fois consul, sa mère était la fille de Scipion l'Africain, le vainqueur d'Hannibal. Il forçait le respect. Il aurait pu, lui aussi, se faire élire consul et jouer le jeu de l'aristocratie.

Il y renonça, révolté par une misère omniprésente dont le spectacle lui était insupportable, et se mit au service de la plèbe. Ce qu'il ne pouvait supporter c'est que tant de citoyens romains vivassent dans le dénuement, parce qu'une oligarchie s'était approprié l'essentiel des terres. Pourquoi ces immenses domaines d'un côté, et de l'autre cette multitude de citoyens exclus du partage des fruits de leur propre sol ? Comment enclencher en faveur d'une réforme agraire une véritable dynamique patriotique ?

Il s'était certes formé à Rome une sorte de parti populaire qui, contre le sénat, assemblée de notables conservateurs – déjà ! –, réclamait une politique que l'on qualifierait aujourd'hui de « progrès social ». Mais il n'était pas homogène, les intérêts de la plèbe urbaine différaient de ceux de la plèbe rustique. Celle-là s'intéressait surtout à la baisse des prix, à la distribution gratuite de blé, à la représentation politique. Celle-ci exigeait que le travail libre soit protégé de la concurrence du travail servile et que les grands domaines publics soient partagés.

À l'extrême gauche, on trouvait quelques radicaux qui ne répugnaient pas à l'alliance avec les esclaves. À droite, les « chevaliers » qui soutenaient le parti populaire par ambition, pour défendre contre l'aristocratie les intérêts de ce qui ressemblait déjà à une bourgeoisie financière.

Tiberius Gracchus, élu tribun du peuple en 133 avant J.-C., décida tout de suite de limiter la propriété foncière et proposa que les terres récupérées soient divisées en petits domaines réservés aux plébéiens. Lesquels se rassemblèrent aussitôt par milliers pour approuver cette décision.

Mais Tiberius ne voulut pas s'arrêter là. Attale, roi de Pergame en Asie Mineure, venait de mourir après avoir légué à Rome ses trésors. Il saisit l'occasion pour proposer d'utiliser cette fortune énorme à doter les nouveaux petits propriétaires.

Le sénat, reflet de l'aristocratie, s'y opposa car c'était lui enlever une prérogative importante, et utilisa pour ce faire l'autre tribun, plus timoré, pour ne pas dire acheté. Et lorsque Tiberius Gracchus, pour achever son œuvre, tenta de briguer une deuxième année le tribunat, les sénateurs crièrent à la tyrannie et organisèrent une émeute au nom de la « liberté » menacée.

Le prolétariat urbain, peu intéressé par l'idée de retourner à la terre, ne bougea pas. Tiberius fut alors assassiné et trois cents des siens massacrés, leurs cadavres jetés dans le Tibre. Des esclaves avaient marché aux côtés des sénateurs.

L'aventure aurait pu s'arrêter là. Ce qui contribua à rendre quasiment mythologique ce défi lancé à l'injustice sociale, c'est que le frère de Tiberius, Caïus, reprit le flambeau en se faisant élire à son tour tribun de la plèbe. Mais, tirant les leçons de l'échec de son prédécesseur, il chercha d'abord à satisfaire les revendications de la plèbe urbaine en organisant une distribution de blé aux pauvres à des prix très bas.

Ensuite il relança la réforme agraire de son frère, tout en tentant d'affaiblir le sénat.

Cela ne commença pas trop mal puisque lui parvint à se faire réélire au tribunat. Mais, une fois encore, le second tribun, plus ou moins vendu aux sénateurs, fit de la surenchère afin de le déconsidérer. Et quand Caïus Gracchus voulut donner le droit de cité aux Italiens alliés de Rome, le prolétariat urbain fit de nouveau faux bond, peu pressé de voir offrir à d'autres un privilège dont il bénéficiait. Ce qui favorisa une contre-offensive violente de l'aristocratie.

En 122 avant J.-C., Caïus ne fut pas réélu tribun. Les sénateurs en profitèrent pour proclamer l'état d'urgence. Il tenta de résister. Il se réfugia sur l'Aventin où une petite troupe de déshérités vint se joindre à lui, mais le rapport des forces n'était pas en sa faveur. Quand il se vit perdu, il demanda à un esclave de le tuer.

La réaction conservatrice se déchaîna. Il y eut trois mille exécutions. La République romaine avait signé son arrêt de mort, un peu comme, beaucoup plus tard, en juin 1848, la IIe République française.

Désormais, dégoûtée du jeu démocratique, la plèbe était prête à suivre n'importe quel général « populiste » qui lui proposerait quelques droits supplémentaires, du pain bon marché et beaucoup de jeux.

Marius, d'abord, joua ce rôle. Mais c'est sous son consulat que la première révolte servile, dont on ne connaît pas le nom de l'initiateur, fut écrasée dans le sang. Les esclaves de Sicile s'étaient soulevés et peu à peu emparés de toutes les villes importantes de l'île. Fait exceptionnel : des paysans pauvres et des plébéiens des villes s'étaient joints à eux. S'ensuivit, pendant sept ans, une guerre atroce qui permit à des milliers d'hommes réduits à l'état de bêtes fauves de retrouver une dignité, soit dans la négation de leurs exploiteurs, soit dans leur auto-immolation. Quatre armées furent défaites, mais Rome finalement l'emporta : vingt mille esclaves furent crucifiés.

Comme le seront également, en 71 avant J.-C., les derniers compagnons de Spartacus. La croix, finalement, renvoie aussi à leur rébellion.

César, en 59, reprit à son compte les lois agraires de Tiberius Gracchus et permit à de nombreux petits colons de s'installer sur l'ancien territoire de Carthage. Il créa un système de primes aux familles nombreuses et augmenta la distribution gratuite de blé.

Ainsi, les réformes que le sénat conservateur ne permit pas à la République de promulguer – au nom de la liberté ! – furent imposées par la dictature impériale sur les ruines de la liberté. Les lois frumentaires de Caïus Gracchus prévoyaient que chaque citoyen romain pauvre recevrait chaque mois un boisseau de blé à prix réduit. Or, en 58 après J.-C., cette distribution devint gratuite et elle prit sous l'Empire des proportions considérables.

On verra même, en 301 après J.-C., l'empereur Dioclétien, pour calmer les ardeurs populaires, faire publier un « édit du maximum » qui tendait à fixer d'une façon très stricte à la fois les prix et les salaires : autrement dit, l'État s'ingérait de plus en plus directement dans le domaine social. Les libéraux de l'époque avaient creusé leur propre tombe.

Les frères Gracchus avaient échoué. Le rayonnement de leur tentative n'en fut pas moins considérable. Leur « non » à l'injustice sociale, arrosé de leur propre sang, devint emblématique. Et ce n'est pas un hasard si, quelque vingt siècles plus tard, sous le Directoire, se prénomma Gracchus ce Babeuf qui préconisa, et le paya lui aussi de sa vie, une manière de communisme agraire.

De même que la révolution anglaise de Cromwell annonce toutes celles qui suivront, de même le réformisme social des frères Gracchus résume toutes les tentatives de redistribution agraire qui scanderont le cours de l'histoire. Comme en 1789, cette aspiration, ce refus de l'iniquité répondaient à un cri qui montait d'« en bas ». Ainsi, Plutarque nous révèle incidemment que, du temps des Gracchus déjà, la contestation s'exprimait par des slogans tracés sur les murs : « Passant par la Toscane, écrit-il, pour aller à Numance, Tiberius Gracchus, à la vue du pays désert, sans laboureur, ni pâtre, en dehors des esclaves importés et des barbares, conçut la première idée de la politique qui fut, pour les deux frères, la source de mille malheurs. Mais c'est surtout le peuple lui-même qui enflamma le zèle et l'ambition de Tiberius, en l'excitant par des inscriptions tracées sur les portiques, les murs et les monuments, à faire recouvrer aux pauvres le territoire public – qui avait été confisqué par les grands propriétaires. »

Notons que la radicalité du défi de Tiberius Gracchus tint surtout à ce qu'il décréta les terres redistribuées aux plus déshérités « inaliénables ».

Pourquoi cette décision, qui ressortissait d'une logique socialiste dans la mesure où elle visait à bloquer la tendance naturelle de la loi du marché ? Appien, historien grec qui rédigea son *Histoire romaine* sous le règne de Marc Aurèle, nous donne son explication :

« Les citoyens riches – entre le IIIe et le IIe siècle avant Jésus-Christ – accaparèrent la plus grande partie des terres incultes et, à la longue, ils s'en regardèrent comme les propriétaires inamovibles. Ils acquirent par la persuasion et ils envahirent par la violence les petites propriétés des pauvres citoyens qui les avoisinaient. De vastes domaines succédèrent donc à de vastes héritages. Il résulta de toutes ces circonstances que les grands devinrent très riches et que le nombre des esclaves augmenta, tandis que celui des hommes de condition libre diminuait. Cet état de choses excitait le mécontentement du peuple romain. On n'imaginait pas, néanmoins, de remédier à ce mal, parce qu'il n'était pas facile, ni absolument juste, de dépouiller de leurs possessions, de leurs propriétés " améliorées ", enrichies de bâtiments, tant de citoyens qui en jouissaient depuis de si longues années. Les tribuns du peuple avaient en effet anciennement éprouvé de grandes difficultés pour faire passer une loi qui portait que nul citoyen ne pouvait posséder de ces terres au-delà de cinq cents arpents, ni avoir un troupeau au-dessus de cent têtes de gros et de cinquante têtes de menu bétail. Une amende fut établie pour ceux qui refuseraient de se conformer à cette loi, mais elle ne fut pas respectée. Quelques citoyens, afin de sauver les apparences, firent, par des transactions frauduleuses, passer leurs excédents sur la tête de leurs parents. Le plus grand nombre brava la loi complètement. » Autrement dit : « La grande propriété était un vol. »

Le « non » des frères Gracchus s'adressait donc autant à un état de fait – la misère des paysans sans terre – qu'à la logique spontanée qui exacerbait et aggravait naturellement cet état de fait. D'où la décision de mettre fin à ce mécanisme infernal en fixant une limite à la possession individuelle de l'*ager publicus* et en rendant inaliénables les propriétés redistribuées aux citoyens pauvres, à raison de sept hectares par personne.

« Ce fut, ajoute Appien, ce dernier article de la loi qui excita principalement le mécontentement et l'animosité des riches. Ils ne pouvaient plus espérer tourner la loi comme auparavant et, d'un autre côté, il leur était défendu d'acquérir, car Gracchus y avait pourvu par la prohibition de toute espèce de vente. Ainsi voyait-on les riches, de toutes parts, se répandre en doléances. Ils avaient – disaient-ils – arrosé leurs propriétés de leur sueur, ils en avaient planté les arbres, construit les édifices. Les uns disaient que leurs pères étaient inhumés dans ces domaines. Les autres que leurs propriétés, toutes patrimoniales, n'étaient qu'un lot de succession entre leurs mains. Ceux-ci alléguaient que l'hypothèque dotale de leurs enfants reposait sur cette terre... »

Finalement, l'inaliénabilité des lots redistribués fut abrogée après l'échec des frères Gracchus. Résultat, nous explique encore Appien : « Sur-le-champ, les riches se mirent à acquérir les lots des pauvres et, sous divers prétextes, les en privèrent par la violence. La condition des pauvres s'aggravant encore. »

On ne sache pas que ce processus ait fondamentalement changé !

LE « NON » À LA LOGIQUE CAPITALISTE

Toute l'histoire de l'humanité a été rythmée par les aspirations ponctuelles, mais incessantes, à dire « non » au processus spontané de creusement des inégalités par concentration des richesses.

J'ai montré ailleurs – « tout change parce que rien ne change » – que le capitalisme constituait une invariance structurelle, mais qu'il se heurtait lui-même à une autre invariance réactive qu'est l'aspiration tendancielle au socialisme. L'aspiration au socialisme traduit à l'envers ce que le capitalisme exprime. Elle est, en tant qu'aspiration, la conséquence d'un processus qu'elle accompagne en creux. Ce qui est originel, ce n'est pas – comme le supposaient Lewis H. Morgan à la fin du XIXe siècle, et aussi Engels, bien sûr – le « communisme », c'est le capitalisme latent en tant qu'il synthétise, en un processus unique, tous les ingrédients naturels constitutifs de la socialisation. Les singes n'échangent pas. Mais déjà les hommes préhistoriques organisaient un vaste marché des outils de pierre taillée. Carthage, du temps des guerres puniques, n'ignorait rien de l'économie financière. En revanche, il semble bien que le processus capitaliste, même dans son expression la plus basique, ait toujours suscité, fût-ce là aussi sous la forme la plus primitive, sa contradiction ou sa contestation de caractère partageuse ou préétatique.

Ainsi est-ce en « réaction à » que la secte juive des Esséniens, ou les premiers chrétiens de Jérusalem, s'essayèrent à la communauté des biens. Et lorsque l'évêque de Carthage, saint Cyprien, au IIIe siècle de notre ère, incite les fidèles au partage intra-communautaire, il s'exprime avec d'autant plus de force qu'il s'oppose à l'évidence à une forte tendance contraire.

L'aspiration au socialisme participe en quelque sorte contradictoirement de l'invariance capitaliste elle-même. Elle lui

« revient » comme un *feed-back* en tant que correctrice de ses déviances et catalysatrice de ses mutations.

Ainsi voit-on, sous l'Empire romain, en réaction à un processus de mondialisation libérale avant la lettre, l'État intervenir de plus en plus directement dans la vie sociale, tandis qu'on assiste à un gonflement extravagant de la population assistée.

L'aspiration au socialisme – bien avant que l'expression n'apparût – s'exprima par la revendication d'une redistribution des richesses indûment confisquées par les uns au détriment des autres, ou même d'une appropriation plus collective de ces mêmes richesses.

D'où, très tôt – entre 2000 et 3000 avant notre ère déjà –, la référence théorique ou pragmatique à un État capable de gérer directement les contradictions du corps social en élargissant l'espace de contrôle de la puissance publique et en se donnant le droit d'intervenir dans les rapports privés.

À mesure que se renforcent les oligarchies, on voit poindre en réaction les rêves collectivistes. Aristophane déjà, en Grèce, ridiculisait les idéologues « communistes » qui préconisaient la collectivisation des biens. Il les soupçonnait de vouloir aussi collectiviser les femmes. Cicéron, à Rome, voyait dans les partisans d'une redistribution des richesses et d'un rôle social accru de l'État, tel Catilina, des démagogues désireux de séduire le peuple pour imposer la dictature des masses.

Au-delà de l'aspiration socialiste, c'est une vision déjà communisante de la société idéale que l'on trouve exprimée chez Platon, dans la *République*, mais dans une perspective élitiste.

Le catholicisme canalise et dilue dans une morale de la générosité volontaire – de la charité – les pulsions égalitaristes, communalistes et autoritairement planificatrices que l'on voit cependant rapidement resurgir ici ou là. On peut d'ailleurs lire dans les Actes des apôtres, à propos des premiers chrétiens : « Tous ceux qui croyaient vivaient ensemble et ils avaient tout en commun. Ils vendaient leurs terres et leurs biens et ils en partageaient le prix entre tous, selon les besoins de chacun. »

Rêve que les jésuites tenteront de réaliser au Paraguay parmi les populations indiennes autochtones.

C'est d'ailleurs au sein de la mouvance religieuse que ne cesse de réapparaître, ensuite, l'aspiration au socialisme, voire au communisme, alors même qu'au XIVe siècle, après la parenthèse féodale, le capitalisme reprend son essor : ainsi, au XVe siècle, les taborites, aile révolutionnaire du mouvement hussite de Bohême, qui, au nom du christianisme primitif, revendiquent une absolue égalité sociale et mènent contre le régime de propriété féodale une guerre de dix-sept ans; ainsi Thomas Münzer et ses anabaptistes luthériens exigeant, au nom du Christ, une société sans classe et sans propriété, et dont l'armée de paysans révoltés tiendra la campagne allemande pendant près de douze ans avant de succomber; ainsi les puritains « niveleurs » d'Angleterre qui, au XVIIe siècle, préconisent « l'égalité dans les biens et les terres », Dieu n'ayant donné, selon l'un des leurs, Lilburne, « le pouvoir à aucun homme d'en opprimer et d'en exploiter un autre »; ainsi, avant même l'abbé Mably et Gracchus Babeuf, au XVIIIe siècle, ou Cabet, au XIXe, en pleine Renaissance, l'imaginaire communisant du chrétien papiste Thomas More, auteur de l'*Utopie* – égalité des citoyens devant le travail, dans une société sans propriété individuelle, sans classes sociales, ni concurrence, ni argent – ou de l'Italien Tommaso Campanella dans *La Cité du Soleil* – l'épanouissement de l'homme n'est possible que si la société se libère de la propriété privée et de l'exploitation capitaliste !

LE « NON » DE THOMAS MORE, LE COMMUNISTE DU PAPE

Thomas More pourrait, au même titre que de Gaulle, Émile Zola, Victor Hugo, représenter l'archétype de « celui qui a dit non ».

Conseiller de Henry VIII d'Angleterre, qu'il accompagna même à l'entrevue du camp du Drap d'Or – la fameuse rencontre avec François Ier –, speaker de la Chambre des communes, sénéchal des universités d'Oxford et de Cambridge, puis chancelier d'Angleterre en 1529, il était devenu une figure centrale de la vie culturelle et intellectuelle britannique.

Acquis aux idées humanistes, mais profondément croyant, il avait du catholicisme une conception ouverte et libérale. Dans son *Utopie*, il n'hésitait pas à souhaiter un clergé sans sacerdoce, élu au scrutin secret, ainsi que la possibilité pour tous les courants de la foi de célébrer leur culte dans le même temple.

C'est pourquoi il ne ressentit aucune attirance pour le rigorisme et le sectarisme protestants.

Mais les tentatives de Henry VIII pour asservir le clergé à son autorité et se substituer ainsi au pape le révoltèrent. En réaction, Thomas More démissionna de sa fonction de chancelier et se retira des affaires publiques. En 1534, il fut sommé de se soumettre, de justifier le schisme anglican et de prêter serment à l'« acte de succession » qui, contre le Vatican, reconnaissait comme légitime l'union de Henry VIII et d'Ann Boleyn.

Par fidélité au pape et rejet de l'absolutisme royal, Thomas More refusa toute concession. Il fut enfermé pendant quinze mois à la Tour de Londres puis, comme il ne se soumettait toujours pas, décapité.

L'Église le canonisa en 1935, ce qui lui fit une belle jambe !...

Tommaso Campanella, lui, fut admis dès l'âge de quinze ans dans un couvent de dominicains et accumula un tel savoir qu'il put se faire tour à tour médecin, philosophe, mathématicien, juriste, politicien, poète, dramaturge, théologien, astrologue.

Très tôt acquis aux idées réformistes, en butte aux poursuites du Saint-Office, il rencontra Galilée, puis fut enfermé au château Saint-Ange, de Rome, où il croisa Giordano Bruno.

Finalement libéré, exilé en Calabre, il replongea dans les controverses du temps et l'agitation politique, ce qui lui valut un nouvel enfermement. Il sauva sa tête au prix d'épouvantables sévices, mais fut condamné à perpétuité... C'est dans son cachot, dans un château de Naples, qu'il entreprit de rédiger sa fameuse *Cité du Soleil* : une façon pour lui de se raccrocher à la vie et de maintenir un lien avec le monde extérieur. Il écrivit également, ce qui n'était pas fait pour arranger ses affaires, une apologie de Galilée, avant de se rallier à l'idée d'une monarchie unique, universelle et papiste.

Ce qui lui permit sans doute de finir ses jours à Paris, et en homme libre.

Précisons cependant que si, dans la *Cité du Soleil* de Campanella, ouvrage qui se place dans le sillage de Platon, de Thomas More et des utopistes millénaristes chrétiens, il n'existe pas de propriété privée, si la division du travail repose sur l'égalité et non sur la distinction maître-serviteur, si la vie quotidienne est communautaire, l'argent proscrit, si le peuple peut s'exprimer à travers des assemblées auxquelles les femmes participent, le système général n'en est pas moins, déjà, totalitaire et théocratique, eugénique, et fondé, en matière juridique, sur la loi du talion.

LES STUPÉFIANTES INTUITIONS D'ÉTIENNE CABET

Ces utopies collectivistes, ce refus de tout ce qu'implique la dynamique capitaliste pure, on les retrouvera au XIXe siècle chez Étienne Cabet qui, dans son ouvrage *Voyage en Icarie*, best-seller de l'époque, décrira une cité idéale qui, avec le recul, apparaît plus proche de l'hyperréalisme que de la vision mystico-délirante. Ce qui prouve que rien parfois ne rejoint plus facilement le bon sens terre à terre que le « non » utopiste. Qu'on en juge :

« Les rues y sont pavées et desservies par des canaux souterrains, avec des ouvertures pour recueillir l'eau, les trottoirs sont lavés chaque matin par des machines spéciales qui aspirent la boue, les boulevards sont automatiquement arrosés afin qu'il n'y ait pas de poussière, les piétons, protégés par la loi, traversent dans des passages marqués, devant lesquels les véhicules doivent ralentir, la conduite à droite est obligatoire, les chiens sont tenus en laisse, les rues sont éclairées au gaz et bordées de galeries vitrées. De lieu en lieu, sont prévus des établissements en forme de petits pavillons qui font office de WC et sont réservés aux hommes et aux femmes ; partout des fontaines, des jardins publics, des statues et des kiosques dans lesquels on donne des concerts. Pas de maison sans toit-terrasse, couvert de fleurs ; ameublement fonctionnel et balcons ; les meubles sont généralement intégrés dans les murs ; l'eau chaude et froide arrive à domicile ; le chauffage est formé par un système de tuyaux ; des machines permettent de laver le linge ; des orifices percés dans les murs lavables sont reliés directement aux égouts ; système collectif de distribution de repas froids ; blanchissement familial dans chaque quartier ; vêtements fournis par des ateliers coopératifs de la République, fabriqués à grande échelle en tenant compte de toutes les pointures, afin d'abaisser le coût de revient. La durée de travail est portée à sept heures par jour en été, et six heures en hiver. Elle peut être diminuée en fonction de l'apparition de nouvelles machines. Les inventions sont favorisées et mises à la portée de tous : voitures à vapeur, sous-marins, télégraphes. L'égalité totale des sexes est proclamée [...]. »

On remarquera qu'on continue d'éditer des œuvres complètement dépassées, démenties par le cours de l'histoire, parfois insanes – Fourier par exemple et son collectivisme électromagnétique en circuit fermé –, alors qu'un ouvrage aussi extraordinairement visionnaire que le *Voyage en Icarie* a été complètement occulté.

Et pour cause : il nous rappellerait dangereusement que là où les réalistes, les « pragmatiques », les conservateurs, les petits esprits se trompent assez généralement, ce sont le plus souvent des utopistes exaltés, et apparemment un peu fous comme Étienne Cabet, qui voient le plus loin et anticipent le plus concrètement le réel.

BABEUF ET LA CONSPIRATION DES ÉGAUX

Avant Cabet, il y avait eu Gracchus Babeuf : convaincu que la souveraineté du peuple ne deviendrait réalité que grâce au communisme, c'est-à-dire à l'instauration d'une société sans classe, à l'abolition de la propriété individuelle et de l'héritage, à l'administration collective des terres, le travail de tous étant mis au service de la communauté, il s'opposa sur cette base, avec fureur, à Robespierre qui lui paraissait être le prototype du dictateur petit-bourgeois. Thermidor le sauva de la guillotine. Il reprit ses activités propagandistes sous le Directoire. Il inspira alors un manifeste, rédigé par Sylvain Maréchal, qui, sous le nom de *Manifeste des égaux*, dénonçait une Révolution qui n'avait été faite qu'au profit des nouveaux privilégiés, accapareurs des biens nationaux, et en annonçait une nouvelle qui procéderait à un partage des richesses.

En 1796, les babouvistes – partisans de Babeuf – esquissèrent une conspiration « gauchiste » pour tenter de renverser le Directoire. Ils furent dénoncés, jugés, Babeuf fut condamné à mort et guillotiné.

Un de ses disciples, Philippe Buonarroti, libéré sous Napoléon, popularisa les idées babouvistes en les idéalisant dans son ouvrage *La Conspiration pour l'égalité*, ce qui inspira toute une génération de révolutionnaires radicaux que révulsait l'idée même d'appropriation privée et par définition inégalitaire des richesses. Ainsi Théodore Dezamy, Richard de La Hautière, qui publia en 1838 le *Petit Catéchisme de la réforme sociale*, Albert Laponneraye qui dispensa des cours d'histoire réservés aux ouvriers, entre 1832 et 1838. Tous furent les initiateurs d'une idéologie communiste spécifique en France.

16

Le « non » au féodalisme

Ainsi les révolutions ratées des frères Gracchus ont-elles constitué une référence pendant vingt siècles.

Ce que l'on sait moins, c'est que les révolutions paysannes égalitaristes ne cessèrent d'ébranler l'Empire romain finissant, au point que les gros propriétaires fonciers n'hésitèrent pas – c'est une habitude – à faire appel aux barbares.

C'est ce qui se passa en Afrique romaine lorsque éclata une révolte de paysans qui exigeaient la destruction des reconnaissances de dette. En réaction, les possédants appelèrent à la rescousse le chef vandale Genséric : ses guerriers en profitèrent d'ailleurs pour se servir.

En Gaule du nord-ouest, les Bagaudes s'insurgèrent pour tenter de préserver leurs libertés face aux grands propriétaires et parvinrent même, avant de s'incliner, à créer un État éphémère. Les paysans du Danube, les Bretons sous la conduite de Boudicca, se soulevèrent également, sans succès.

Eurent lieu ainsi d'innombrables tentatives insurrectionnelles dont l'histoire officielle a, par prudence, effacé jusqu'au souvenir.

Pourquoi cette flambée de « non » collectifs ? Parce que le passage de l'Empire au féodalisme recouvre deux processus apparemment contradictoires : d'une part, pour lutter contre l'improductivité des esclaves, on leur accorde de plus en plus de droits ; d'autre part, à partir du IIe siècle, les colons et paysans libres, pressurés par l'État, ruinés par la chute des prix agricoles, tombent sous la dépendance des grands propriétaires. Si bien que les deux catégories sociales se rejoignent, pour se fondre en une troisième : les serfs.

Ainsi, sous Antonin le Pieux, l'usage de la torture est limité et l'affranchissement facilité. Au IVe siècle, on interdit la vente des esclaves paysans hors de la limite de leur province, puis on prend l'habitude de les vendre avec leurs terres.

Mais, en 332, un édit permet de mettre aux fers les colons, ou paysans libres, qui ont prémédité de fuir une propriété. Un autre édit, de 364, établit qu'un colon, son fils ou son petit-fils, qui quittent en secret la propriété où ils travaillent pour se livrer à un autre emploi, doivent être immédiatement restitués. Enfin en 530, un édit de Justinien rend « égaux » esclaves et colons.

L'Église, d'abord hostile puis réticente, finit par couvrir et par justifier cette évolution. Ainsi Irénée, un Grec d'Asie Mineure, devenu évêque de Lyon au IIIe siècle, établira, au nom de la lutte contre les hérésies, que les rapports de propriété existants sont voulus par Dieu et que, en conséquence, s'en prendre à la structure de la société est dogmatiquement condamnable. Le « non » devient impie. Réponse à ceux qui, à l'époque, invoquaient l'Apocalypse comme un appel à renverser l'Empire.

Évolution significative : un certain Hermas, ancien affranchi d'origine grecque, nous a laissé un très beau livre de visions mystiques intitulé *Le Verger* : il y rapporte avoir vu des hommes construire une tour – symbole de l'Église ; or certaines pierres s'avéraient impropres à s'intégrer à l'édifice – elles symbolisaient les riches chrétiens qui, « à l'heure des tribulations, renient leur Seigneur en raison de leurs richesses et de leurs affaires d'argent ». Le livre de Hermas fut d'abord considéré comme écriture sainte, puis rejeté comme hérétique.

Irrésistiblement, l'Église officielle se coupait de la réalité sociale et, tandis que les prélats augmentaient leur puissance temporelle, les meilleurs parmi les croyants, ceux du moins qu'animait la foi la plus profonde, s'enfermaient dans un monde irréel, se déconnectaient des misères d'ici-bas, ne se confrontaient plus qu'à leur angoisse et au savoir.

Puisqu'on ne pouvait plus dire « non » aux injustices du monde, on disait « non » au monde lui-même. Ce fut le temps des anachorètes, des ermites, comme saint Antoine, ou ce Simon le Stylite qui avait fui les iniquités terrestres en se réfugiant sur une colonne.

Entre ces exilés de l'intérieur et les souffrances de la vie quotidienne, l'Égyptien Pacôme le Cénobite éleva un mur infranchissable en fondant les premiers couvents, réaction de désengagement accentuée par l'effet des grandes invasions barbares. « Ne regarde pas vers l'extérieur, tourne-toi vers toi-même », écrit saint Augustin.

Paradoxalement, l'islam connut d'abord une évolution inverse : le Coran se veut rien moins que socialement révolutionnaire. Et ce sont les successeurs de Mahomet, en particulier les trois premiers califes, qui, dans un premier temps, renouèrent avec certains courants de révolte contre les injustices et les inégalités excessives. Tel le calife Omar qui déclara un jour : « Si j'avais encore devant moi le temps de commandement que j'ai derrière moi, je saisirais le surplus des biens des riches et je le distribuerais aux pauvres ! » Ce sont naturellement des choses que généralement l'on dit sans les faire.

Cependant, ce même Omar, lorsqu'il fit la conquête de l'Irak, créa une certaine stupeur en refusant de distribuer les terres aux conquérants arabes et en en faisant la propriété collective de tous les musulmans du pays. C'est encore le calife Ali qui lança cette formule : « Tout ce dont jouit le riche sert à affamer le pauvre ! » Quant au disciple du prophète, Aboukher el-Afghani, il fut l'un des premiers Rais à prêcher une révolution violente contre l'oppression : « Il serait étonnant, disait-il, qu'un homme qui a le ventre creux ne prenne pas son sabre pour abattre les riches. » Il entreprit une lutte sans merci contre les plus gros possédants et contre la classe dirigeante de Damas, ce qui lui valut de finir ses jours en exil à l'est de Médine et d'y mourir de faim.

De cette période, qui suivit la mort de Mahomet, date ce que les musulmans appellent les hadiths : faits, gestes et paroles du prophète ou de ses successeurs, rapportés après coup par des disciples et réunis en un livre saint. Certains de ces hadiths expriment un refus de l'iniquité sociale et une remise en cause de l'appropriation privée des richesses publiques.

Ainsi celui qui proclame : « Quatre choses représentent un bien commun à tous les hommes : l'eau, la nourriture, le feu et le sel. » Ce qui constituait la base économique de l'Arabie pré-islamique.

C'est après le règne d'Ali que l'islam à son tour bascule dans une acceptation de l'ordre existant, tandis que des masses populaires surgissent parfois quelques hommes pauvres et simples qui, au nom de la religion primitive et du retour aux sources, prêchent la lutte contre les accumulateurs de richesses, exigent que l'on retrouve l'esprit communautaire des origines.

Tel fut d'abord le sens de la déviation chiite qui s'empêtra dans sa propre orthodoxie. Puis, au IXe et Xe siècles, du mouvement ismaélien qui réactiva ce discours réformiste en s'appuyant sur les couches les plus opprimées de la population.

Un autre schisme, le khârijisme, se présenta comme une doctrine égalitaire proclamant que « tout croyant doit pouvoir être calife ». Parallèlement, vers l'an 850, l'école philosophique, dite mu'tazilite, compta d'authentiques rationalistes qui passèrent le dogme au tamis du doute.

Ensuite, on assista à plusieurs siècles de glaciation à quoi ne feront exception que les penseurs et chercheurs des écoles de Cordoue et de Grenade dans l'Espagne musulmane.

En Occident, à la même époque, ce qui s'impose peu à peu, c'est le système en fonction duquel le seigneur féodal concède un lot de terres à un paysan considéré comme un outil, en échange d'une corvée – travail obligatoire non rémunéré –, d'une redevance en nature et d'une redevance en espèces.

Pendant plusieurs siècles, c'est surtout contre la corvée que lutteront les travailleurs de la terre. Et on assistera, là encore, à toutes sortes de révoltes agraires qu'occulteront, la plupart du temps, les historiens patentés du Moyen Âge qui préfèrent raconter par le menu les affaires d'alcôve des rois de France.

Vers 850, les sujets de l'archevêque de Mayence se soulèvent. Plus tôt, en Saxe, la tension entre les féodaux et les paysans est si forte que les seigneurs se placent sous la protection de Charlemagne. En France, où l'exploitation sociale se double d'une oppression conquérante puisque les nouveaux possédants sont les héritiers des envahisseurs romains ou barbares, la révolte paysanne ne sera contenue qu'au prix de féroces répressions.

Il arrive alors que l'Église apporte sa caution aux puissants du jour. Ainsi l'archevêque de Reims qui lance du haut de sa chaire : « Serfs, soyez soumis en tout temps à vos maîtres et ne venez pas prendre en prétexte leur dureté ou leur avarice. Les canons de l'Église déclarent anathèmes ceux qui poussent le serf à ne pas obéir, à plus forte raison, ceux qui leur enseignent la résistance ouverte. »

Faut-il préciser que les hiérarques de l'Église sont eux-mêmes issus de l'aristocratie terrienne ? Cependant, l'Église réagit également contre certains excès. À partir de 909, elle tente de faire profiter la paysannerie de sa « miséricordieuse protection ». D'où, par exemple, le serment que les évêques de Champagne font prêter aux seigneurs du lieu : « Je ne volerai ni bœuf, ni vache, ni porc, ni brebis, ni agneau, ni chèvre, ni poulain non dressé, je ne saisirai pas le vilain, ni la vilaine par les sergents ; je ne prendrai pas leurs deniers, je ne prendrai pas leur avoir, et je ne les fouetterai pas pour avoir leur bien. Je n'incendierai, ni ne détruirai, leur maison, je ne détruirai pas le moulin et ne rapinerai pas le blé qui s'y trouve. »

On imagine à lire ces lignes ce qu'était le sort dévolu à ceux sur les épaules desquels reposait l'essentiel de l'activité économique de l'époque. « Ce sont eux, reconnaissait le trouvère Benoît de Sainte-More, qui font vivre les autres, qui les nourrissent et les sustentent, et eux-mêmes endurent les plus grands tourments. Ils mènent vie âpre, souffreteuse et mendiante. Et sans cette race d'hommes, je ne saurais en vérité comment les autres pourraient durer. »

Encore ce texte ne donne-t-il qu'une pâle idée de ce qu'était le sort de ceux qu'on appelait avec mépris les « vilains ».

La corvée n'est alors que la pire des redevances auxquelles ils sont astreints. Un certain Estout du Bois raconte, en deux cent trente-cinq vers, les malheurs des paysans pour qui chaque nouveau mois correspond à de nouveaux impôts, à de nouvelles taxes. À la moisson, c'est le champart, prélèvement de gerbes sur les céréales, puis c'est le prélèvement du plus beau porc, ensuite le cens et les proprétures, droits qu'il faut payer pour enclaver un lot. Il y a ensuite l'offrande à l'occasion de la Nativité, et, à Noël, les gélines. Il faut ajouter les bressages, droits sur l'orge broyé pour fabriquer la bière, une taxe pour porter la farine au four seigneurial, le fournage, redevance sur la cuisson, le tourtel, un impôt spécial pour cuire les gâteaux...

Rien ne peut mieux illustrer le degré de misère que ce récit terrible de Raoul Glaber sur la grande famine de l'an 1033 :

« Les plus forts surprenaient les passants isolés, les coupaient en morceaux, les faisaient cuire et les dévoraient. Beaucoup de gens hébergés au cours de leur déplacement pour fuir la faim étaient étranglés par ceux qui les avaient accueillis, puis mangés. Plus souvent, il s'agissait d'enfants à qui on montrait une pomme ou un œuf pour les attirer. »

Refuser cette horreur économique ? À moins qu'elle traduise la volonté de Dieu !

Un moine de l'abbaye de Saint-Laud-Danges le pense : « Dieu lui-même a voulu que parmi les hommes, les uns fussent seigneurs, les autres serfs. »

L'évêque de Laon s'indigne certes devant tant de malheur, mais hélas, ajoute-t-il, « il n'y aura aucun terme aux larmes et aux gémissements de ces gens ».

De nombreux écrits montrent en réalité que les paysans n'acceptaient pas le sort qui leur était fait. Mais peu rendent compte des continuelles révoltes qui soulevèrent ces damnés de la terre. Pourquoi ? Parce qu'il s'agissait d'une banalité, d'une simple vicissitude, d'une rébellion d'animaux en somme.

La chasse aux vilains était au demeurant un sport assez prisé des « grands ».

Cependant, un trouvère nommé Wace s'est intéressé à la grande jacquerie des paysans normands de 997. Il nous en a laissé une description poétique très éloquente :

Les paysans et les vilains
Ceux du bocage et ceux du plain,
Ne sais par quel entichement
Ni qui les mut premièrement
Par vingt, par trentaine, par cent
Ont tenu plusieurs parlements.
Plusieurs ont entre eux juré
Que jamais par leur volonté
N'auraient de seigneur, ni d'avoué.

Puis c'est la réaction du seigneur et la répression sans pitié :

Raoul se fâcha tellement
Qu'il ne fit pas de jugement
À plusieurs fit arracher les dents
Et les autres fit empaler.
Arracher les yeux, poings couper
À tous fit les jarrets rôtir.

Malgré ces massacres, ces révoltes ne furent pas sans lendemain. En 1180, Louis VII décida d'affranchir les serfs de l'Orléanais et le processus fit boule de neige.

Le mouvement de rébellion paysanne n'est d'ailleurs pas spécifiquement européen. Au IXe siècle, une insurrection agraire dirigée par Khouan Tchao dure presque dix ans en Chine. Entre la fin du Ve siècle et le début du VIe siècle, l'Iran connaît de semblables troubles.

Entre le XIe et le XIIIe siècles, la société féodale se transforme en profondeur : élargissement des espaces, dynamisation du commerce, croissance de la circulation monétaire, développement des villes, division plus rationnelle du travail, affirmation de l'artisanat, enrichissement de la bourgeoisie marchande.

Commerçants et artisans unissent alors leurs efforts pour tenter d'arracher certains droits aux seigneurs. Ils se constituent en communes.

L'affrontement est souvent plus brutal qu'on a bien voulu l'admettre dans l'historiographie officielle. En témoigne encore cette réaction de Guibert de Nogent : « Une commune, nom nouveau, exécrable, consiste en ceci que les tributaires ne sont plus obligés de payer qu'une fois par année leur dette accoutumée à leur servitude. »

L'expression « artisan » ne doit d'ailleurs pas faire illusion, car déjà aux XIIe et XIIIe siècles on assiste à une prolétarisation avant la lettre de certains processus collectifs de production.

Ce dont Chrétien de Troyes a brossé un tableau saisissant dans son fameux *Chœur des tisseuses* :

De fil d'or et de soie couvraient
Chacune au mieux qu'elle savait.
Mais, telle pauvreté avait
Que aux coudes et aux mamelles
Leurs robes étaient en dentelle
Et les chemises au dos sales.
Les cous grêlés, visages pâles
De faim et de malaise avaient.

Les « petites mains » se plaignaient de leur sort presque dans les mêmes termes que sept siècles plus tard le feront les canuts de Lyon. Du moins dans la chanson d'Aristide Bruant.

Toujours draps de soie tisseront
Et n'en seront pas de mieux vêtus,
Toujours pauvres et nus
Et toujours faim et soif auront.

Certes, la contradiction principale reste celle qui oppose les seigneurs aux paysans. Ces derniers exigent avec de plus en plus d'insistance l'abolition du servage. Mais, à partir de la fin du XIIIe siècle, le refus du féodalisme commence à fédérer des aspirations qui jusqu'alors ne convergeaient pas. Au Portugal, les fermiers les plus riches, ainsi que la bourgeoisie urbaine, forment des *concelhos* qui correspondent aux communes en France, et auprès desquels les paysans trouvent une protection contre l'arbitraire des seigneurs. Les ravages de la peste noire ont provoqué dans toute l'Europe une pénurie de main-d'œuvre qui place les travailleurs de la terre en position de force. Le roi Alphonse IV tente de bloquer ce processus d'émancipation. Par une circulaire du 3 juillet 1349, il ordonne « l'enrôlement de force des travailleurs agricoles dans chaque paroisse, la fixation d'un salaire qui ne doit pas être dépassé sous peine d'amende, de coups de fouet et de prison ». Cette « réaction » déclenchera, en retour, un vaste mouvement de résistance qui débouchera sur la révolution antiféodale de 1383.

LA RÉVOLUTION COMMENCE EN ANGLETERRE

En Angleterre, on avait précédemment assisté à des événements semblables. Mais dans un contexte un peu différent puisque, unis à la population par un « non » collectif à l'arbitraire de Jean sans Terre, les barons révoltés avaient, dès 1215, imposé les soixante-deux articles de la fameuse Grande Charte, qui, pour la première fois, ébranlait l'autocratie en lui imposant un contrôle parlementaire... Accessible, certes, à la seule aristocratie, mais qui s'ouvrira et s'étendra assez rapidement à des fractions de plus en plus larges de la bourgeoisie.

Or, en 1351, ce Parlement encore d'essence féodale vote une loi en vertu de laquelle toute personne exerçant un métier devra se contenter du salaire envisagé avant l'épidémie de peste noire. Tout récalcitrant sera passible de prison. Il s'agit en quelque sorte de bloquer le fonctionnement de la loi du marché qui, le manque de main-d'œuvre aidant, plaçait les travailleurs de la ville et des champs en situation favorable.

La résistance à ce qui est universellement ressenti comme un scandaleux abus se fait de plus en plus vive. Et lorsque, en 1380, le même Parlement vote une nouvelle levée d'impôts, destinée à financer la guerre contre la France, la révolte devient générale.

Les troubles qui ont débuté dans le comté d'Essex, où l'on brûle les châteaux, gagnent toute l'Angleterre. Paysans libres et ouvriers agricoles chassent les collecteurs d'impôts.

Dans le Kent, le leader révolutionnaire Wat Tyler conduit les insurgés jusqu'à Canterbury, puis Londres où ils s'attaquent aux hôtels seigneuriaux et massacrent quelques ministres. Les manants rebelles, auxquels se joignent les artisans des villes, exigent le droit de chasse, l'abolition du travail obligatoire, du servage et de la corvée.

Le roi, après une rencontre avec Tyler, doit finalement concéder une nouvelle charte qui, celle-là, ne prend pas en seule considération les revendications de la noblesse. Ne prévoit-elle pas l'instauration d'une nouvelle grille de salaires ? Premier accord de Grenelle de l'histoire européenne en quelque sorte.

Wat Tyler, lui, sera assassiné en 1381 par le maire de Londres, un familier du roi Richard II.

Son mouvement restera célèbre dans l'histoire britannique sous l'appellation de « Révolte des travailleurs ».

LA GRANDE RÉVOLTE DU XIVe SIÈCLE

Si le coût de la guerre contre la France a servi de révélateur à l'exaspération des travailleurs anglais, celui de la guerre contre l'Angleterre va déclencher un processus assez semblable en France.

En automne 1355, le roi Jean le Bon a convoqué les états généraux afin d'obtenir la levée de nouveaux impôts pour financer les opérations. La bourgeoisie est représentée à ces assises par un commerçant aux idées avancées, prévôt des marchands de Paris, Étienne Marcel.

Tous les ordres, dans un élan patriotique, accèdent d'abord aux demandes du roi. Mais, après le désastre de Poitiers, le vent tourne. Pourquoi toutes ces dépenses dont ne profite qu'une aristocratie guerrière incapable, qui vole de désastre en désastre ?

Réaction d'autant plus vive que, comme l'écrit un chroniqueur : « Les nobles, insensibles aux malheurs du pays, se mirent à faire étalage éhonté de luxe en se couvrant de perles, de joyaux et de pierres précieuses. »

Étienne Marcel, qui fait fonction de maire de Paris, flanqué de l'évêque de Laon, Robert Lecoq, prend la tête de ce parti des mécontents qui exigent – déjà – ce qu'on retrouvera en 1789 dans les cahiers de doléances.

En 1357, à l'occasion de nouveaux états généraux, Marcel fédère les représentants de la bourgeoisie, de l'artisanat urbain et de la paysannerie, à quoi s'ajoute, comme quatre cents ans plus tard, une petite fraction du clergé et de la noblesse. Il arrache au roi une Grande Ordonnance qui consacre la reconnaissance de l'autonomie des villes et l'interdiction du cumul des offices, condamne les guerres particulières des barons du royaume, démocratise la justice et fait entrer des roturiers au conseil du roi. Le pouvoir royal renonçait à tout impôt non voté par les états, dont la convocation devait être périodique.

Étienne Marcel intègre le conseil du dauphin, futur Charles V, mais se heurte très vite à une volonté affirmée de ne point appliquer les réformes. C'est alors que, pour tenter de contrer la réaction royale et nobiliaire, et prenant exemple sur ce qui se passe non seulement au Portugal, mais également en Flandre et en Italie, il entreprend de déclencher une véritable révolution urbaine. Pour ce faire, il mobilise et structure la bourgeoisie parisienne en une « Garde nationale » avant la lettre, qu'il munit, en guise d'insigne de reconnaissance, d'un chaperon rouge et bleu, et organise dans tous les quartiers des réunions publiques qui culminent, en 1358, en une immense manifestation qui le rend en réalité maître de la capitale.

Le dauphin, lui-même otage de ses propres sujets révoltés, doit arborer la fameuse cocarde. Mais, après le massacre de deux de ses plus impopulaires conseillers, les maréchaux de Champagne et de Normandie, il parvient à s'enfuir.

Il se passe alors ce qui se passera de nouveau en 1871 : Paris est entre les mains d'une commune insurrectionnelle qui refuse à la fois l'autocratie monarchique et la dictature de la noblesse.

Le dauphin – dans le rôle de Monsieur Thiers – convoque de nouveaux états généraux, triés sur le volet, non pas à Versailles mais à Compiègne, et organise un blocus de la capitale. Étienne Marcel tente, sans succès, de mobiliser la province tout en appelant à son secours le roi de Navarre, Charles le Mauvais.

Finalement, l'homme qui aurait pu réaliser la révolution bourgeoise et antiféodale avec quatre cent trente ans d'avance sera assassiné par un monarchiste, et le parti aristocratique reprendra l'avantage. « Ma place, disait Étienne Marcel, est aux côtés de ceux qui veulent défendre le bon peuple, les bons ouvriers et les bons marchands, sans qui nous ne pourrions vivre. » Au nom de quelle logique ou de quelle morale fallait-il que ceux qui travaillaient acceptassent le joug de ceux qui ne travaillaient pas ? On pouvait se passer des seconds, pas des premiers. C'est donc déjà à cette incongruité qu'Étienne Marcel eut le front de dire « non ». Et c'est pourquoi il poussa le radicalisme réformateur jusqu'à se solidariser avec la grande jacquerie paysanne qui, en cette même année 1358, ébranla le système féodal.

Un témoin raconte : « La misère la plus complète régnait partout, principalement parmi le peuple des campagnes, car les seigneurs le surchargeaient de souffrances, lui extorquaient sa subsistance et sa propre vie. »

La révolte commença à Compiègne au mois de mai, gagna toute la région comprise entre Paris et Amiens. Qui la dirigeait ? Un certain Guillaume Charles, ou Carles, ou encore Cale, dont on sait simplement qu'il avait été soldat. Les insurgés, qu'on appelait les « jacques », tinrent pendant cinq semaines et furent finalement vaincus près de Clermont-en-Beauvaisis par l'armée des nobles. Des dizaines de milliers de « rebelles » furent massacrés. Guillaume Charles fut pris et, par dérision, avant de le décapiter, on le couronna roi des paysans en lui posant sur la tête un trépied chauffé à blanc.

Triomphe de la réaction nobiliaire ? Pas encore... Vingt-quatre ans plus tard, le duc d'Anjou, régent de Charles VI, qui avait promis d'abolir les impôts indirects, décide de lever une taxe sur les comestibles. C'est l'explosion ! Les Parisiens révoltés attaquent l'arsenal, s'emparent de l'Hôtel de Ville, y trouvent – d'où leurs noms de maillotins – des maillets plombés dont ils s'arment pour faire la chasse aux percepteurs. Il faudra une intervention des armées royales de retour des Flandres pour les soumettre.

Trente ans se passent et, en 1413, sous la direction d'un ancien boucher, Simon Caboche, le Paris populaire s'enflamme de nouveau contre l'absolutisme et les exigences du parti aristocratique appelé Armagnac. Les insurgés prennent la Bastille – déjà –, forcent encore une fois le dauphin à arborer leur cocarde, s'en prennent aux résidences des « grands » et deviennent maîtres de la capitale.

On retiendra surtout leurs exactions qui permettront aux Armagnacs, revenus en force, de les exterminer. Mais c'est sous leur court règne que sera adoptée en lit de justice, en mai 1413, l'« Ordonnance cabochienne », hélas annulée par la suite, qui se donnait pour ambition de réformer le royaume, en instituant en particulier l'élection des membres du Parlement et de la Chambre des comptes.

L'un de ses rédacteurs n'était autre que l'évêque Cauchon, le futur juge de Jeanne d'Arc, qui, avant d'être celui qui dit « oui » aux Anglais et à l'Inquisition, avait été l'un des hommes qui avaient dit « non » à la réaction aristocratique et absolutiste.

Le respect de cette constitution « libérale » avant la lettre eût évité bien des drames postérieurs.

Les mouvements sociaux vont souvent de pair avec les grandes mutations culturelles ou fractures idéologiques. En cette seconde moitié du XIVe siècle, la révolution antiféodale se double d'un soulèvement intellectuel qui prolongeait une crise idéologique et morale.

LE « NON » DES REBELLES PROTESTANTS

Le premier qui se dressa face au pouvoir spirituel dévoyé qu'incarnait alors le souverain pontife – à supposer qu'il n'y en eût qu'un, car on en vit jusqu'à trois s'opposer les uns les autres – fut un ecclésiastique prédicateur anglais, formé à Oxford, John Wycliffe qui, jeune clerc, avait ardemment soutenu la résistance du Parlement de Londres aux prétentions fiscales de la curie romaine. Ses « non » furent multiples, mais convergents. « Non » aux prétentions pontificales à la puissance temporelle ; « non » à l'enrichissement d'une Église qui se comportait d'abord en propriétaire terrien.

En 1377, le pape Grégoire XI condamne ces propositions – telle celle de confisquer les biens de l'Église pour la rappeler au devoir de pauvreté –, mais, fort d'appuis politiques haut placés, Wycliffe accentue encore ses philippiques. En 1379, il s'en prend directement à l'autorité pontificale, à laquelle il oppose de plus en plus une Église militante, hors hiérarchie, composée d'une communauté basique de justes, qui auraient la possibilité d'avoir directement accès à Dieu et au Christ grâce aux saintes Écritures – d'où la traduction de la Bible en anglais... Dès lors, plus de culte des saints, de pèlerinages, d'indulgences, de mystère de l'Eucharistie, véritables séquelles du paganisme. Retour aux sources. À la pureté et à la simplicité évangéliques.

D'où le succès de Wycliffe dans certains milieux populaires et le développement du mouvement dit des « lollards » qui dénonce l'enrichissement de l'Église, exige qu'elle renonce à ses propriétés et trésors, remet en cause les sacrements et le célibat des prêtres.

Bientôt, cette contestation intellectuelle tourne à la révolte sociale, inspire même des rébellions, comme celle de John Old Castle, en 1414, au pays de Galles. Cet Old Castle qui, bien que noble, dénonçait les impostures sociales dont l'Église était complice ou partie prenante, fut, une fois pris, enchaîné à un gibet et brûlé à petit feu, ce qui en fit un héros populaire à titre posthume.

Peu de pays auront, jusqu'au XVIIe siècle au moins, produit autant de révolutions et généré en conséquence autant de meneurs révolutionnaires que la Grande-Bretagne, qui ne doit finalement sa stabilité tardive qu'au fait d'avoir renversé le féodalisme, puis l'absolutisme bien avant la France.

LE GIGANTESQUE « NON » HUSSITE

Wycliffe eut de nombreux disciples, en particulier en Bohême, en la personne d'un prêtre issu de la paysannerie, Jean Hus, qui devint doyen de la faculté de philosophie, puis recteur de l'université de Prague.

Si c'est en Bohême que le mouvement de réforme religieuse prit la dimension la plus radicalement révolutionnaire, c'est que l'Église, par l'acquisition progressive des terres, y était devenue le plus riche propriétaire foncier. Elle possédait non seulement les domaines, mais également les serfs. Ce qui peu à peu la coupait du bas clergé directement en prise, lui, avec les souffrances du peuple. Le hussisme fut d'abord le fruit de son écœurement.

Hus, nommé prêtre à la chapelle de Bethléem, à Prague, y prononça des sermons incendiaires qui transformaient les offices en véritables meetings populaires : « Vous, les prêtres, s'écria-t-il un jour, vous avez pillé les pauvres avec des recueils de lois, par hypocrisie, par mensonge et par simonie. Et vous, les laïcs, par usure, faux jugement, violence, fautes préméditées. » Et de conclure : « Le petit paysan sans péché est plus grand devant le Seigneur qu'un évêque fornicateur. »

Jean Hus n'envisage nullement de créer une nouvelle religion. Contrairement à Wycliffe, il ne remet pas en cause les sacrements. Porté par un mouvement national tchèque désireux de s'émanciper de la tutelle de l'Empire germanique, expression d'une révolte sociale antiféodale, il veut réformer une Église qui est devenue la bonne conscience des puissants. Bien que lui-même fût fort savant, il emploie dans ses sermons un langage dit « vulgaire », c'est-à-dire celui que les gens parlent. Celui qui lui rallie aussi bien le petit peuple qu'une partie de la noblesse nationale.

Excommunié en 1412, puis anathématisé, il n'en poursuit pas moins sa campagne contre les turpitudes de la haute cléricature qui ne répugne même pas au trafic des indulgences. Il doit quitter Prague, sa présence dans la cité suffisant à la frapper d'interdit. Mais, de son refuge provincial, près de la ville de Tábor, il s'adresse à des foules de plus en plus considérables de paysans et d'artisans, tandis que sa parole rencontre des échos jusqu'en Hongrie et en Pologne. Le roi de Hongrie, Sigismond, lui donne un laissez-passer pour se rendre à Constance où se tient un concile et y plaider sa cause. Avant de partir, il « conjure les seigneurs de traiter avec bonté leurs pauvres et de les administrer selon la justice, et conjure les bourgeois de faire leur commerce en toute justice », comme s'il sentait qu'il allait à la mort.

Et en effet, malgré la parole du roi Sigismond, il est emprisonné, jugé et condamné comme hérétique. Résistant aux pressions de l'empereur lui-même, il refuse de se soumettre. Il est brûlé vif. Ce qui déclenche dans tout le pays tchèque une immense insurrection, à la fois nationale, religieuse et sociale. Paysans, artisans, bourgeois de Bohême se soulèvent sous la conduite de l'un des plus grands capitaines de son temps, Jean Zizka.

Ancien gentilhomme de la cour, Zizka avait combattu avec les chevaliers Teutoniques à Tannenberg, puis à Azincourt contre la chevalerie française. Cette fois il se donne à son peuple. Les paysans donnent à son armée rebelle ses soldats. L'artisanat et l'industrie en constituent le soutien économique et matériel. Les chevaliers, petits nobles écrasés par les seigneurs allemands, lui apportent leur expérience militaire.

C'est toute une nation qui s'investit dans cette lutte, qui défie à la fois la plus grande puissance spirituelle et le plus grand empire politico-militaire de l'époque.

En juillet 1420, Zizka et ses « bohémiens » écrasent les troupes de l'empereur Sigismond, à Vitkov, près de Prague.

Devenu presque aveugle, il remporte encore une série de succès contre les impériaux. Une croisade menée par le cardinal Césarini est défaite.

Le triomphe aurait pu être total si les insurgés ne s'étaient scindés en deux tendances de plus en plus rivales. Les plus modérés du mouvement hussite se réclamaient surtout de son rigorisme religieux. Ils répugnaient à mettre en cause les structures sociales. La base populaire, au contraire, était attirée par le « chiliasme », idéologie qui prédisait l'écroulement de l'ordre établi et l'avènement d'une société juste, sans classe sociale, communisante, le royaume du Christ. Cette aile d'extrême gauche, dirait-on aujourd'hui, fédérera ceux qu'on appellera les « taborites », menés par Jean Zizka lui-même. Zizka, victime de la peste, la lutte se poursuit sous la conduite de l'ancien prêtre Prokop le Grand. Malgré la conclusion d'une paix de compromis, les taborites battent les Saxons et les Thuringeois à Haussig, en 1426, menacent Presbourg, envahissent la Silésie, la Saxe, la Franconie, écrasent les croisés allemands en 1431, mais, à l'issue d'une guerre civile, sont vaincus en 1434 à la bataille de Lipany, où Prokop est tué.

L'échec était consommé, mais l'écho de cette extraordinaire épopée avait été considérable. À Bamberg, les pauvres s'étaient révoltés, les paysans s'étaient soulevés en Rhénanie, il y avait eu des troubles à Magdebourg. Le mouvement avait même atteint le monde slave, où une insurrection éclatera en 1451, à Novgorod.

À en croire aussi bien l'historiographie que la cinématographie bien-pensantes, cette fin du Moyen Âge se résumerait en chevauchées, tournois, banquets monstrueux, festivités aristocratiques et intrigues de cour. Qui retient que l'Europe, entre 1350 et 1430, connut l'une des phases de contestation de l'ordre social existant la plus ample et la plus radicale de son histoire ? Comme si ce rejet brutal, puissant, féroce, héroïque, – dont presque tous les promoteurs furent martyrisés – d'un système féodal dont il semble que certains aujourd'hui aient la nostalgie faisait tache dans une image d'Épinal dominée par le sacre du gentil dauphin à Reims. Et tant pis pour ces capitaines venus de nulle part, voltigeurs du front du refus, qui électrisèrent le siècle de leur fulgurance !

LE « NON » PERVERTI DES PAYSANS ALLEMANDS

C'est presque un siècle plus tard qu'aura lieu la dernière explosion qui contribuera à jeter bas l'ordre féodal et marquera en lettres de sang la fin d'une époque. De même que Jean Hus avait suscité, sinon provoqué, l'immense mouvement de révolte en Bohême, Luther fut à son corps défendant le catalyseur d'une gigantesque rébellion des damnés de la terre allemande. Comme si, en affaiblissant la citadelle qu'était encore dans ce pays l'Église catholique et romaine, il avait ouvert une brèche. Son « non » tonitruant au pape de Rome, aux turpitudes cléricales, au diktat impérial, résonnait comme un défi qui, d'avance, en appelait ou en excusait d'autres.

Luther (qui, comme Spinoza, n'hésita pas à coller lui-même ses affiches dénonciatrices) se contenta de constater les misères de son temps, de pointer les injustices qui en étaient la cause, mais n'en tira pas de conséquences positives. En revanche, l'un de ses disciples, Thomas Münzer, au nom du retour aux sources d'un idéal évangélique, donna au message mystique que portait la « réforme » un contenu de plus en plus « révolutionnaire ».

D'abord moine augustin, Münzer, qui avait été confesseur dans un couvent de religieuses en Thuringe, fut « transporté » par sa découverte de Luther, en 1519, à Leipzig. Mais, devenu prédicateur protestant, et sous l'influence sans doute des idées millénaristes, il se mit à prêcher le mépris des autorités terrestres, politiques ou religieuses, et l'avènement d'un royaume divin où le pauvre, le serf, l'ouvrier agricole auraient la même place que le noble ou le prélat. La communauté des biens devait préserver le monde du règne de l'inégalité. D'où sa rupture avec les luthériens orthodoxes, des fuites successives pour échapper à la répression nobiliaire, la fondation d'une première communauté chrétienne sans clergé, sa jonction avec les anabaptistes suisses qui répudiaient toute autorité et n'admettaient que la révélation intérieure faite par Dieu à chaque âme, puis la création à Mühlhausen d'une base propagandiste d'inspiration communisante.

L'idée que le royaume du Christ, celui de l'égalité totale dans la communion avec Dieu, pouvait être réalisé ici-bas et que les possédants qui s'y opposaient étaient par conséquent les véritables impies ou hérétiques, se répandit parmi les masses serviles comme une traînée de poudre, et provoqua dans toute l'Allemagne centrale et méridionale un soulèvement paysan d'une ampleur inégalée. On vit jusqu'à trois cent mille serfs, agriculteurs, ouvriers agricoles, rejetons de la petite noblesse campagnarde, marcher sur les antres de la haute aristocratie de sang ou d'argent.

Thomas Münzer, qui avait pris la tête de cette armée considérable, gardait cependant les pieds sur terre ; sous son impulsion les révoltés publièrent donc un cahier de revendications concrètes en douze articles : on y exigeait l'abolition du servage, l'abaissement du taux de fermage, la liberté de chasse et de pêche, la diminution des taxes.

L'insurrection se répandit en Souabe, en Franconie, en Thuringe, en Alsace, dans les régions alpestres de l'Autriche.

Phénomène remarquable : comme en Bohême, le peuple ne fut pas seul dans ce combat. Ivres de cette liberté mythique que les grands seigneurs impériaux leur avaient peu à peu confisquée, de nombreux chevaliers se mirent à son service, comme si cette terrible guerre sociale, bien plus sanglante que ne le seront la Révolution française ou la Commune de Paris, leur permettait de revivre par procuration les croisades d'antan. Ce ralliement d'une partie de la noblesse ruinée à une grande révolte de la plèbe ne se retrouvera qu'en 1789.

L'un de ces symboles fut Götz von Berlichingen, seigneur indépendant qui relevait directement de l'empereur, mi-brigand, mi-condottiere, capitaine émérite qui avait perdu une main à vingt-quatre ans, au cours d'un combat, et n'hésita pas, à quarante-cinq ans, à offrir ses talents de stratège à l'armée paysanne.

Goethe, en 1773, en fera un drame, véritable coup de tonnerre préromantique que détestait Frédéric Le Grand, on comprend pourquoi. Götz y est idéalisé en héros solitaire qui est pris, malgré lui, dans une vraie dialectique de la violence populaire qui le déforme. Jean-Paul Sartre, au contraire, dans *Le Diable et le Bon Dieu*, le décrira en esthète qui, après avoir successivement échoué à faire le mal puis le bien, trouvera sa rédemption dans une action sociale de masse qui n'est ni le bien ni le mal...

Les insurgés accumulèrent d'abord les victoires, s'emparèrent de nombreuses villes. La crainte fut telle chez les possédants et les princes qu'ils en appelèrent à Luther comme ultime recours, lequel, bien qu'il eût d'abord approuvé les revendications contenues dans les douze articles, se rangea tout à coup du côté de la haute noblesse et en appela à l'extermination de la racaille.

Alors le rapport de force s'inversa. L'armée de Münzer fut écrasée à Frankenhausen, en Thuringe. La répression atteignit des proportions terrifiantes. Plus de cent mille rebelles ou assimilés trouvèrent la mort. Münzer fut, naturellement, exécuté. Le protestant orthodoxe Zwingli fit noyer des anabaptistes par centaines. Au Tyrol, les catholiques organisèrent de véritables colonnes infernales qui ne firent aucun quartier.

L'anabaptisme ne survécut à cette catastrophe qu'en se réorganisant aux Pays-Bas d'où il se réimplanta en Allemagne du Nord, sous la direction du Hollandais Jan Beukelszoon, dit Jean de Leyde, ex-tailleur acquis à la Réforme qui s'empara de Münster, pour y instaurer la « Jérusalem nouvelle » des utopies millénaristes : mélange de communisme primitif – communauté des biens mais aussi des femmes –, de dictature théocratique, de défoulement quasi initiatique, de violence et de luxure.

En 1535, la ville fut reprise par les princes et les évêques et tout ce monde passé au fil de l'épée, après avoir subi d'épouvantables supplices, bénis par le haut clergé.

Jean de Leyde, pour sa part, lequel n'était lui-même pas tendre – il avait tranché la tête d'une de ses femmes –, sera torturé pendant six mois avant de subir l'épreuve finale des « tenailles brûlantes ».

On aurait sans doute dû attacher plus d'importance à l'expérience de la « commune » théocratique de Münster – à laquelle d'ailleurs Meyerbeer consacrera un grand opéra, *Le Prophète*, œuvre forte mais injustement oubliée. Ce qu'on y décèle, en effet, en filigrane, c'est la trame de ce qui prendra sa forme la plus achevée à travers le stalinisme ou l'épisode khmer rouge : ce processus de perversion qui transforme un mouvement libérateur, et même pour une part libertaire, en une autocratie totalitaire et répressive, dopée au culte de la personnalité.

Toute l'ambiguïté de l'aspiration communiste, son millénarisme mystique latent, ou patent, est déjà là : en même temps qu'il éradique les inégalités, ce collectivisme radical vise également à raboter implacablement les différences au nom d'un dogme unificateur. Il porte en lui tout ce qui finit par le métamorphoser en dynamique d'exclusion et de diabolisation de la non-conformité. On en retrouvera la trace en 1794, chez les hébertistes et certains ultramontagnards.

Pourtant, le mouvement anabaptiste, comme le taborisme tchèque, projette sur ces années de pré-Renaissance un « non » gigantesque, ravageur, épique, à l'intrinsèque inanité, à l'absolue iniquité du modèle féodal. Mais ce « non »-là était lourd des dérives sectaires qui allaient pour deux siècles en neutraliser la progression et qui incitèrent le mouvement de libération philosophique au XVIe siècle, comme au XVIIIe siècle, à se couper partiellement du mouvement social.

LE « NON » BRITANNIQUE À L'IDÉOLOGIE SCOLASTIQUE

Tout en établissant que Dieu est la raison intérieure des choses, et non une cause extérieure, et en révoquant l'idée de providence, Spinoza donne à penser que l'oppression ou la misère ne participent pas d'une planification divine. L'inégalité entre les hommes n'est plus un mystère insondable, c'est un « phénomène social ». « Ce qui doit être guéri, dit Spinoza, c'est la passivité des hommes. »

Cependant, la revendication égalitariste va peu à peu s'effacer derrière un double refus, parfois ambigu et de plus en plus politique, de l'autocratisme monarchique et de l'oppression fiscale.

Ambigu parce que le « non » à l'absolutisme charrie parfois une nostalgie de l'autonomisme féodal, parce que les nobles ne sont pas les derniers à refuser l'impôt. Et surtout parce que le ralliement au protestantisme d'une partie de la grande noblesse ou de la grande bourgeoisie, la tolérance dont doit parfois faire preuve la monarchie à l'égard de ces dissidences « haut de gamme », vont précipiter le peuple de Paris dans un mouvement – la Sainte Ligue – à la fois radicalement antiabsolutiste, et donc en cela révolutionnaire, et violemment intolérant, donc réactionnaire. Le huguenot hérétique, facteur de désunion nationale, est assimilé à une « modernité » destructrice dont l'évolution centralisatrice et autocratique de la monarchie représente l'autre insupportable aspect.

Les « ligueurs », chauffés à blanc par les curés de quartier, diront « non », souvent au péril de leur vie, mais à quoi ? À la fois à la tyrannie et à la pluralité ; à la révérence et à la différence ; à l'arbitraire et à la liberté de conscience. Ce sont à la fois des « communards » avant la lettre et les factieux fascisants de février 1934 – qui eux-mêmes, d'ailleurs, se définiront comme ligueurs.

Contradiction que l'on retrouvera dans la Fronde, ce « non » à l'absolutisme naissant, aux turpitudes du « sommet », à la corruption de Mazarin, mais à travers laquelle se manifesteront à la fois des aspirations prérévolutionnaires et des pulsions réactionnaires, la hargne des petits et l'égoïsme des grands.

Cependant, c'est encore en Angleterre que les « non » politiques, religieux, intellectuels, philosophiques, prendront avec le plus de force le relais du « non » social.

Cela venait de loin puisque, dès le XIIIe siècle, Roger Bacon s'était opposé de front à la dogmatique scolastique en préconisant l'accès au savoir par la méthode expérimentale, ce qui impliquait que la référence aux Écritures saintes n'y suffisait plus. Il fut évidemment condamné par la police de la pensée vaticane et passa une partie de sa vie en prison, d'où il commença à battre en brèche le système héliocentrique de Ptolémée.

C'est encore un Anglais, Guillaume d'Ockham, ancien élève d'Oxford, qui, au début du XIVe siècle, poussa si loin la répudiation des idées dominantes que l'un de ses disciples, Buridan, le compara à un « rasoir » qui aurait tranché dans le vif pour en élaguer les idées fausses. Lui aussi, bien sûr, fut accusé d'hérésie et dut affronter une instruction de la curie romaine.

Il est vrai qu'il déniait à l'Église sa prétention à exercer un pouvoir temporel.

S'il est, en philosophie, un homme qui a dit « non », c'est bien celui-là, qui battit en brèche presque tout l'héritage thomiste, en refusant la primauté de la foi sur la raison, catégories qui, selon lui, ne participent pas de la même sphère. Théoricien du nominalisme, Ockham opposa son veto à la plupart des concepts – ou entités – artificiels qu'avait accumulés la philosophie scolastique : substance, cause efficiente, cause finale, etc. Contre les distinctions artificielles entre les différentes notions de matière, il invoqua l'unité du monde. Surtout, par pure intuition, il annonça Newton : Aristote, dogmatisé par les disciples de saint Thomas, avait expliqué que les corps tombaient parce qu'ils avaient tendance, par souci de perfection, à retrouver leur lieu naturel. Absurde ! réfute Ockham : ils sont simplement attirés par la masse terrestre, comme ils le seraient par une masse supérieure.

Plusieurs disciples d'Ockham, Jean de Mirecourt, Nicolas d'Autrecourt, subirent eux aussi les foudres de la police idéologique vaticane.

Deux siècles et demi plus tard, John Locke récusera, dans un même mouvement, les vérités révélées, le dogmatisme, l'intolérance, l'absolutisme, l'autoritarisme, l'étatisme, le dirigisme, le féodalisme, le mysticisme... et même les idées « innées » auxquelles se raccrochait encore Descartes.

Contrairement aux agitateurs anabaptistes qui fondaient leur collectivisme sur la renonciation au plein exercice d'une liberté individuelle, Locke fait, lui, de la propriété, et d'abord de la propriété de soi, le fondement même de l'exercice de la liberté : ce qui revient à rejeter aussi bien la confiscation de cette propriété que sa concentration, d'autant que sa manifestation la plus pure reste, à ses yeux, la maîtrise par chacun de son œuvre.

En cela, précurseur du libéralisme, il ne l'est pas du capitalisme dans lequel il aurait sans doute vu, comme Jefferson, un processus d'expropriation.

Antithèse de Locke, Hobbes, l'autre grand penseur britannique du temps, en est peut-être aussi le complément en cela que l'État, qu'il assimile à la figure du Leviathan, est également celui qui garantit, en réaction à la loi de la jungle, l'affirmation d'une liberté qui n'est possible que dans le respect des propriétés – et pas simplement matérielles – de l'autre. N'est-ce pas d'une synthèse entre Locke et Hobbes que naîtra la société moderne ? Hobbes justifie, certes, le pouvoir monarchique, non point comme une donnée naturelle, mais au contraire comme une nécessité sociale destinée à faire pièce à la loi du plus fort qu'induit l'« état de nature ». Mais, en même temps, en désacralisant l'autorité, en rejetant au nom d'un matérialisme implacable le déterminisme encore plus implacable de la divine providence, il justifie idéologiquement son contre-feu en la personne de Locke, l'auteur de l'*Essai sur la tolérance*.

Dans leur sillage, John Toland plaidera en faveur d'une religion sans dogme, sans église, sans prêtres, et Arthur Collins publiera, dès 1713, son *Discours sur la libre pensée*, qui, en France, à la même époque, lui aurait valu la Bastille, sinon le bûcher.

LE « NON » ANNONCIATEUR D'OLIVER CROMWELL

Mais y aurait-il eu Locke, et même Hobbes, sans cet événement qui fit de la Grande-Bretagne, dont un souverain avait déjà eu le front de rompre avec l'Église romaine, le premier pays occidental à renverser sa propre monarchie, à décapiter « légalement » son roi, à instaurer une république officiellement parlementaire – le Parlement en question dût-il vite devenir « croupion » –, à mettre brutalement fin au système de l'économie féodale, à abattre le pouvoir aristocratique, à supprimer les monopoles commerciaux, à reconnaître la liberté d'entreprendre ?

L'expérience incarnée par Oliver Cromwell échouera : mais, outre que la restauration de l'absolutisme royal et de l'autoritarisme religieux se révélera à terme impossible, l'œuvre économique de l'éphémère république anglaise fut considérable et contribua fortement, l'Acte de navigation de 1651 aidant, à faire de la Grande-Bretagne la première puissance du monde. À l'examen, le « non » de Cromwell à l'oligarchie des lords, à la monarchie des Stuarts, aux privilèges de la *gentry*, aux prétentions de la hiérarchie anglicane – mais aussi au communisme des « niveleurs », à l'Europe du Saint-Empire, à l'impérialisme espagnol, loin de déboucher sur une entreprise de démolition, renforça et dynamisa le pays à qui le Lord protecteur donna pour la première fois le nom de Commonwealth.

Cependant, ce « non » de Cromwell ne constitua que la synthèse quasiment « technicienne » de ceux qui l'avaient précédé : en 1629, le « non » à l'arbitraire royal du parlementaire John Eliot qui, jeté en prison, mourut de faim dans sa cellule ; le « non » des cinq chefs de l'opposition à la Chambre des communes, dont la population de Londres prit spontanément la défense lorsque Charles Ier voulut les faire arrêter.

On relèvera ici cette particularité que les processus révolutionnaires se vivent toujours comme refus d'une dynamique contre-révolutionnaire, donc comme autodéfense. Réaction qui se veut le plus souvent légaliste à ce qui est perçu comme une illégalité régressive.

17

La révolution comme un « non » à la contre-révolution

À cet égard, le 14 juillet 1789 est exemplaire : pourquoi une partie du peuple de Paris se porte-t-elle sur les Invalides, puis sur la Bastille ? Pour défendre une légalité – alors incarnée par les états généraux qui viennent de se transformer en Assemblée nationale constituante et par le roi – contre une tentative de putsch réactionnaire.

La capitale bruit en effet de rumeurs de mouvements de troupes mercenaires, organisés en liaison avec un complot des forces rétrogrades qui, autour des frères de Louis XVI et de la famille Polignac, se tramerait à Versailles même. Ici et là, on annonce l'arrivée de cavaliers allemands. Le brusque renvoi du réformateur Necker accrédite ces projets factieux. Les partisans de l'absolutisme ne sont-ils pas en train d'organiser leur revanche ?

Le peuple ne cherche donc pas à s'armer pour attaquer, mais pour se défendre : pour s'opposer à ce qu'on appellera plus tard une « Saint-Barthélemy des patriotes » ! Il ne dit encore « oui » à rien, mais il dit déjà « non » à toute tentative de revenir en arrière. Il ne s'insurge pas victorieusement pour promouvoir une utopie, mais pour préserver des acquis.

Et de même en 1792... Malgré la fuite du roi à Varennes, il était tout à fait improbable, au début de cette année-là, que s'imposât une alternative républicaine. Mais voilà que des troupes étrangères marchent sur Paris dans l'intention d'y rétablir l'Ancien Régime, que Brunswick, leur chef, menace la capitale d'un bain de sang si elle ne se soumet pas, qu'il avoue de la sorte la complicité qui lie la famille royale siégeant au palais des Tuileries avec les agresseurs. Et c'est pour mieux dire « non » à cette menace de restauration sanglante que les patriotes, indignés par la soudaine révélation de la trahison de leur souverain, se lancent, le 10 août, à l'assaut des Tuileries, ce qui débouchera, quarante jours plus tard, sur la proclamation de la Ire République.

Même schéma en 1830 : parce que la parenthèse a été refermée à double tour par Napoléon, puis par la Restauration, le roi Charles X croit que tout est redevenu permis : large indemnisation des anciens émigrés qui ont, dans des armées étrangères, tiré l'épée contre leur propre pays ; loi du « double vote » qui, dans le cadre d'un suffrage déjà ultracensitaire, accorde deux bulletins aux citoyens les plus riches ; menaces contre l'opposition libérale au Parlement... Deux cent vingt et un députés se rebiffent alors, en adoptant une « adresse » respectueusement contestatrice. La Chambre est dissoute. Mais, comme toujours, l'opposition revient en force. Charles X, convaincu qu'il n'y a aucun risque d'explosion populaire, que le seul souvenir des horreurs de la Terreur montagnarde suffira à décourager toute velléité de rébellion, conforté en outre par la prise d'Alger que sa propagande a transformée en triomphe, appelle au gouvernement une momie d'Ancien Régime, et lui fait promulguer les fameuses « ordonnances » qui renvoient le Parlement, remodifient la loi électorale et surtout suspendent ce qui reste de liberté de la presse.

C'est à ce coup d'État réactionnaire que le peuple de Paris dit massivement « non » à l'appel de quelques journalistes et intellectuels « libéraux », en particulier Monsieur Thiers, dont on oublie trop souvent que la grande carrière commence par une rébellion. La révolution de 1830, qui emportera la monarchie des Bourbons, est donc d'abord cela : le refus d'une régression.

Louis-Philippe, roi-citoyen, n'en retiendra pas la leçon. En février 1848, alors que son opposition modérée exige que l'on élargisse un peu le suffrage censitaire pour permettre au moins à la petite bourgeoisie de voter, et qu'elle organise à cette fin une campagne de banquets, à base de mouton froid, le gouvernement Guizot décide d'interdire une dernière réunion qui doit se tenir à Paris, dans un lieu excentré et clos. Cette dérisoire atteinte à la liberté d'expression et de réunion agit comme un électrochoc : le refus de ce retour à l'ancien régime débouchera sur une insurrection généralisée et la proclamation de la IIe République.

De même au Mexique, en 1913, après trente-six ans de dictature de Porfirio Diaz, un ample mouvement d'opinion porte au pouvoir un libéral humaniste en la personne de Francesco Madero. Or ce dernier a tout juste le temps d'évoquer la nécessité d'une réforme agraire qu'il est assassiné à l'issue d'un putsch d'officiers d'« ancien régime » qui portent au pouvoir le général Huerta. C'est alors que le volcan révolutionnaire mexicain entre en éruption. Mais de quoi s'agit-il ? Non point d'une insurrection positive, destinée, au départ, à accoucher d'une société nouvelle, mais d'un refus de cette forfaiture à travers la défense de la légalité démocratique mise à mal par les militaires putschistes. C'est d'ailleurs en « légitimiste » que se présente l'organisateur de la résistance, Venustiano Carranza, et c'est d'une légitimité bafouée que se réclament Pancho Villa, au nord, et Emiliano Zapata, au sud, alors même que leur « non » à la dictature réactionnaire déchaîne les revendications justicialistes et égalitaristes des masses populaires, ouvrières, paysannes, indiennes et métisses. Pancho Villa, qui avait tenu tête même à une petite armée d'intervention américaine commandée par le général Pershing, finira par faire sa soumission au gouvernement républicain légal, en 1920, mais sera assassiné trois ans plus tard, comme d'ailleurs Zapata ; ils paieront ainsi de leur vie leur refus à la fois de l'arbitraire et de l'injustice sociale.

Le « non » révolutionnaire ne se définit jamais comme une attaque, mais comme une défense. Sans le martyre de Hus, pas de révolte hussite. Sans les mesures antisociales décidées en Angleterre pour éviter que le manque de main-d'œuvre par suite de la peste noire pousse les salaires à la hausse, pas de Wat Tyler.

A priori, on pourrait supposer que le coup de force bolchevique de 1917 en Russie constitue une exception. Même pas ! Certes, Lénine, en avril 1917, tout juste revenu d'exil grâce à la révolution démocratique de février et à la bienveillance de l'Allemagne impériale, avait proclamé, au grand désarroi de ses partisans, la nécessité de préparer et de réaliser d'urgence une deuxième révolution, radicale, que résumait la revendication : « Tous les pouvoirs aux soviets ! » Mais, après une tentative ratée d'insurrection à froid, en juillet 1917, en collaboration avec les anarchistes, les bolcheviques en pleine débandade – deux mille militants seulement à Petrograd – avaient étépratiquement éliminés de la scène politique. Ce qui les sauva, miraculeusement, ce fut la tentative contre-révolutionnaire du général en chef Kornilov, qui marcha avec ses troupes sur Petrograd pour renverser le gouvernement démocratique de Kerenski.

Alors, en prenant la tête de la résistance légaliste, c'est-à-dire du camp du « non » à la contre-révolution, les bolcheviques sortent de la clandestinité, se refont une vertu en même temps qu'ils reconstituent leurs forces. Le jour où l'échec de Kornilov, lâché par ses propres soldats circonvenus par des militants léninistes, est consommé – le 13 septembre 1917 –, le soviet de Petrograd, émanation des usines et comités de soldats, passe sous contrôle bolchevique et Trotski en prend la présidence. C'est donc finalement un « non » apparemment légaliste qui a permis d'enclencher un processus qui a débouché sur la fatale révolution d'Octobre.

De la même façon, les révolutions, qui, à la fin du XXe siècle, ont emporté les dictateurs Somoza au Nicaragua, Marcos aux Philippines, s'organisèrent-elles sur le modèle réactif, l'assassinat des leaders de l'opposition, dont le flambeau fut repris par leurs veuves, jouant le rôle déclencheur. Qui dira ce que la démocratie doit au « non » des épouses des démocrates martyrs ?

À Téhéran, ce fut la répression sanglante et inutile d'une manifestation de rue – comme en 1905 à Saint-Pétersbourg – qui, au rythme des démonstrations de deuil qui suivirent, enclencha le processus dont le pouvoir du Shah sortit en lambeaux.

D'une façon générale, on identifie a posteriori à une révolution ce qui n'est au départ qu'une réaction à une contre-révolution réelle ou supposée : ainsi Mai 68, en France, dont l'étincelle ne s'appelle pas Cohn-Bendit, mais Alain Peyrefitte, lorsque ce dernier décida de fermer la Sorbonne, initiative absurde et inutile qui apparut comme une provocation ; ce qui s'organisa alors, spontanément, dans la rue, ce n'est pas le « oui » à Cohn-Bendit, mais le « non » à Alain Peyrefitte.

Autre exemple : ce n'est ni un manifeste indépendantiste, ni un complot nationaliste qui déclencha la révolution américaine, mais les initiatives de la métropole qui voulut imposer aux colons du Nouveau Monde, sans aucune consultation préalable, une contribution fiscale destinée à amortir les dettes de la guerre de Sept Ans. Ceux-ci en furent d'autant plus indignés qu'ils n'avaient droit à aucun représentant au Parlement de Londres qui votait les impôts. « Pas de taxes sans représentants », répliquèrent-ils, ce qui n'avait a priori rien d'excessif. Or, loin de leur donner satisfaction, le gouvernement britannique décida de taxer également les importations en provenance de la colonie, dont le thé. Et en réaction aux premiers troubles qui s'ensuivirent, Londres édicta des lois répressives qui remettaient en cause en particulier les libertés de l'État du Massachusetts.

C'est cette évidente régression qui provoqua, en riposte, la réunion du congrès « continental » de Philadelphie, sous l'impulsion de Benjamin Franklin qui, jusqu'alors, avait prêché dans le désert. Les États-Unis d'Amérique ne découlent pas d'emblée d'un « oui » à l'indépendance, mais d'un « non » aux abus commis par la métropole.

Faut-il encore évoquer la révolution irlandaise, qu'incarna De Valera ? Mythique elle aussi, elle prend toute sa force en réaction au fait qu'un projet d'autonomie, a priori accepté par le gouvernement britannique, fut repoussé deux fois par la Chambre des communes, puis, bien que voté en 1914, fut mis entre parenthèses jusqu'à la fin des hostilités. Ou bien l'insurrection de 1820 en Espagne, sous la direction de Riego y Nuñez, qui sera pendu, qui entraîna le soulèvement des colonies sud-américaines ? Non point la résultante d'un plan prémédité, mais une riposte « libérale » au rétablissement de la monarchie absolue, à l'abolition de la Constitution de 1812, à la restauration des privilèges par un Ferdinand VII qui violait en cela toutes ses promesses. Ou encore la rébellion algérienne de 1954, rendue inéluctable par la violation de tous les engagements pris au lendemain de la Libération ? Ou même l'explosion de février 1917 en Russie, réplique spontanée à la décision du pouvoir tsariste, au lendemain d'une grave défaite militaire, de rationner le pain et de mettre des milliers d'ouvriers au chômage ?

Si, en 1908, en Chine, le très traditionaliste prince Tch'ouen, qui exerçait la régence au nom de l'empereur P'ou-Yi, âgé de trois ans, n'avait pas brutalement rompu avec la politique réformiste prudemment initiée sur le tard par la vieille impératrice Ts'eu-hi, s'il n'avait pas semblé donner un brutal coup d'arrêt à l'instauration d'une monarchie constitutionnelle, retour en arrière dérisoire au demeurant, on n'aurait sans doute pas assisté à une irruption aussi puissante et rapidement victorieuse des révolutionnaires démocrates du Kuo-min-tang qui, après un nouveau coup de force réactionnaire en 1913, ouvrirent la voie au déferlement communiste.

En Indonésie, le régime dictatorial de Suharto fut emporté après que l'armée eut tiré sur une manifestation d'étudiants qui dénonçaient les responsables de la catastrophe économique qui frappait le pays.

Chaque fois, donc, l'action qui bouleversa et accéléra l'histoire ne fut qu'une « réaction ». La rébellion, une réplique. On n'attaque pas, on se défend. On réagit plus qu'on n'agit. On n'entreprend pas à froid de construire une société nouvelle, on s'oppose au retour de la société ancienne. On récuse une vieillerie qui se couvre toujours des oripeaux de la modernité. C'est toujours un « non » qui déclenche, qui fédère, qui mobilise : alors que les « oui alternatifs » par définition divisent et scindent. On est d'accord pour faire front, pour crier « halte-là ! », quitte à ne pas toujours choisir les mêmes directions lorsqu'on passe de la résistance à l'offensive.

Et, paradoxalement, face à une régression de trop qui se déguise le plus souvent en une « modernisation » de plus, ce ne sont pas les révolutionnaires, plus ou moins professionnels, qui les premiers expriment, portent, popularisent ce « non », mais des modérés : Lamartine ou Tocqueville en 1848, Washington, aux États-Unis, Mirabeau et La Fayette en 1789 en France, Brissot en 1791, Thiers et encore La Fayette en 1830, Gambetta en 1870 ou même de Gaulle en 1940. Mais aussi le général Spinola au Portugal, le centriste Suarez en Espagne, Corazón Aquino aux Philippines, Violeta Chamorro au Nicaragua. Et avant eux, ou elles, ces patriotes idéalistes généralement libéraux insensibles à toute radicalité théorique que furent les Hongrois Kossuth ou Petöfi, le Tchèque Masaryk, les Polonais Czartoryski ou Kosciuszko, le Cubain Marti, le Vénézuélien Bolivar. Abraham Lincoln lui-même, l'homme qui donna le coup de grâce au système esclavagiste, n'était rien moins qu'un radical et n'envisageait qu'une évolution progressive et négociée – « Mon but essentiel dans ce combat, expliquait-il au directeur du *New York Tribune*, est de sauver l'Union et non de détruire l'institution de l'esclavage » – avant que la rébellion armée des esclavagistes du Sud ne le pousse à décréter l'abolition.

Le véritable révolutionnaire, celui qui initie un basculement, n'est pas l'activiste qui institutionnalise un « non » de principe, répétitif et redondant, refermé sur lui-même, mais celui qui, au bon moment, par un « non » à la fois raisonnable et flamboyant, dynamique et ouvert, formule un refus nécessaire : Mirabeau faisant savoir au marquis de Dreux-Brézé que les députés du tiers état n'accepteraient pas d'être congédiés comme des domestiques : « Nous sommes ici par la volonté du peuple... » ; le parlementaire Pierre Broussel déclenchant la Fronde en s'opposant, de son banc, à l'arbitraire fiscal du gouvernement d'Anne d'Autriche ; Giacomo Matteotti ébranlant le régime mussolinien par ses discours à la Chambre qui lui valent d'être assassiné par les miliciens fascistes en plein désarroi. Le « non » qui ébranle est celui qui soudain réveille, pas celui qui endort à force de se répéter : Sieyès finalement a plus contribué au déclenchement du processus révolutionnaire que Marat.

LA RÉSISTANCE EN CE GRAND SIÈCLE QUI FUT ÉPOUVANTABLE

Mais l'histoire est riche également de « non » collectifs qui se sont peu à peu dilués dans nos mémoires, parce qu'ils ne se sont pas incarnés « médiatiquement », comme on dirait aujourd'hui.

Après la guerre des paysans, en Allemagne, la revendication politique, on l'a dit, a apparemment pris le pas sur la revendication sociale. Le renforcement de l'absolutisme dans toute l'Europe ne laissait plus de champ à l'expression des aspirations populaires. Les feux de Versailles paraissaient avoir éteint toutes les chandelles de France. Pure illusion : même si ses cris étaient étouffés, la misère, effroyable, n'en était pas pour autant devenue muette. Sait-on qu'en 1646, sous le règne de Louis XIV, ce soleil éteignoir (dont l'historien Bluche s'évertua à réhabiliter l'atroce tyrannie), vingt-trois mille Français étaient emprisonnés pour dettes envers le fisc ?

On connaît le fameux texte de La Bruyère : « On voit, écrivait-il, certains animaux farouches, des mâles et des femelles, répandus dans la campagne, tout livides et tout brûlés par le soleil, attachés à la terre qu'ils fouillent et qu'ils remuent avec une opiniâtreté invincible. » En 1624, le Quercy s'enflamme ; en 1639, les « va-nu-pieds » de Normandie se soulèvent et, en 1643, se révoltent les « croquants ». On rosse et parfois on assassine les collecteurs d'impôts. En 1675, la Bretagne explose : « Les quatorze paroisses en révolte, dit une proclamation, veulent l'abolition des champarts et des corvées contraires à la liberté armoricaine. La justice sera rendue par gens capables, élus par les habitants. Qui voudra faire moudre son blé choisira son moulin. » Louis XIV envoie la troupe et Madame de Sévigné écrit avec délices : « Les soldats s'amusent à voler et mirent l'autre jour un petit enfant à la broche. » Dans les Cévennes, Jean Cavalier, qui finira par se rendre, et Abraham Mazel, exécuté en 1710, prennent la tête de la résistance des calvinistes « camisards » qui refusent de se soumettre après la révocation de l'édit de Nantes. Ces dissidents, qui tiendront le maquis plusieurs années face à l'armée la plus puissante du temps, sont finalement passés au fil de l'épée par les dragons de Villars.

Époque effroyable où le mépris d'en haut écrase sous la chape de plomb du mensonge d'État tous les murmures d'en bas; où prend forme cette ultracentralisation bureaucratique et autoritaire que l'on qualifiera bêtement plus tard de « jacobine »; où une pensée unique, un art unique, une forme littéraire unique, une religion unique, une philosophie unique, s'imposent à tous sous la férule d'un vieux potentat organisateur de son propre culte; où Lulli régit la musique, Lebrun la peinture, Malebranche la philosophie, Boileau la poésie, comme les gouverneurs régissent les provinces. Au point que la moindre incartade devient héroïque. Silence dans les rangs, respect obligatoire de la ligne. Des règles ! Dans tous les domaines. Première et peut-être seule véritable esquisse de totalitarisme monarchique. Ensuite seulement fascisme et communisme feront mieux.

Mais qui racontera jamais les combats désespérés menés par tous les anonymes qui tentèrent d'affronter ce pouvoir implacable ? Le « livre noir » du règne de Louis XIV reste à écrire.

Pourquoi croit-on que le jour de l'enterrement du « grand souverain », dont le crépuscule fut un cauchemar, les gens du peuple, massés dans les faubourgs, crachèrent sur son cercueil ?

À cet égard, on retiendra le « non » du maréchal de Vauban, le génie des fortifications, qui perdit les faveurs du souverain pour avoir osé, convaincu qu'il était de l'horreur sociale de sa politique, lui faire part de quelques remontrances et dont le « projet de dîme royale », qui préconisait un impôt sur le revenu payé par tous, fut saisi comme quasiment blasphématoire peu avant sa mort.

Exemple archétypique : nul n'avait autant fait pour la monarchie que Vauban. Le roi lui devait ses plus prestigieux succès militaires, des dizaines de sièges victorieux dont il avait constellé sa gloire, la modernisation de ses armées, l'usage de la grenade et l'apport de la baïonnette, et un « non », un seul, avait suffi à précipiter sa disgrâce.

Vauban avait cependant ouvert la voie. D'autres, après lui, tentèrent, mais sans plus de succès, de promouvoir la cause de l'égalité fiscale. L'idée que l'on devait d'autant moins contribuer à l'effort collectif qu'on était plus riche et plus puissant leur paraissait extravagante.

En 1749, sous Louis XV, le ministre des Finances Machault d'Arnouville propose une taxe de 5 % sur tous les biens, sans distinction d'ordre. Pour la première fois, nobles, bourgeois et travailleurs auraient été égaux devant l'impôt, mais le ministre est démis de ses fonctions sans être parvenu à faire passer sa réforme.

Turgot, esprit supérieur s'il en fut, s'attaque au système corporatif et au pouvoir des monopoles, parvient à supprimer les douanes intérieures, les maîtrises et les jurandes qui entravent la liberté du commerce, il relève les paysans de la corvée des routes à laquelle ils étaient astreints. Mais lorsqu'il propose une subvention ou contribution territoriale unique, en 1776, il doit se retirer, victime d'une coalition hétéroclite de tous les privilèges lésés. Et ses réformes seront presque toutes abolies.

Pour ne pas avoir osé assumer, en 1776, le « non » légaliste de Turgot à l'iniquité fiscale, Louis XVI récoltera celui de 1789. À son tour, le ministre des Finances Calonne présente un projet d'impôt indépendant de la classe sociale ; à son tour, il est chassé en 1787, après avoir été censuré par l'assemblée des notables composée de sept princes du sang, trente-six ducs et pairs, ou maréchaux, onze prélats, trente-trois présidents de parlements et douze représentants seulement de la « base », et remplacé par Loménie de Brienne, qui avait mené la révolte des privilégiés mais qui, devant la gravité de la situation économique et financière, doit prendre à son compte les propositions réformistes de Turgot et de Calonne. Ce qui a pour conséquence qu'il se heurte à son tour à l'hostilité des notables.

Extraordinaire aveuglement des partisans du *statu quo* : ainsi, en août 1779, Louis XVI abolit le servage sur les terres de la Couronne et invite les seigneurs à imiter son exemple ; la plupart s'y refusent – il y a encore un million et demi de serfs à l'époque. Mieux : alors que Turgot tente de supprimer le système moyenâgeux des corporations, en 1775, le ministre de la Guerre décide que nul ne pourra devenir officier s'il ne possède quatre quartiers de noblesse !

18

Le « non » immense de la Révolution française et ses origines

Une question hante les historiens : la Révolution française a-t-elle été déclenchée par le « non » de quelques-uns à l'injustice et à l'iniquité ou par le « non » historique des privilégiés aux réformes, c'est-à-dire par leur « oui » inconscient au maintien du système féodal ?

Apparemment, on pourrait dater le déclenchement du processus révolutionnaire de 1789 du 26 avril de cette année-là. Ce jour-là, les ouvriers de la manufacture de papiers peints Réveillon, au faubourg Saint-Antoine, manifestent contre la baisse de leurs salaires. Le 28, le conflit social tourne à l'émeute et la maison d'un industriel, fabricant de salpêtre, est attaquée et pillée. Les gardes-françaises interviennent, tirent sur la foule : on relèvera trois cents morts et un millier de blessés. L'épisode est en réalité l'un des plus sanglants de la Révolution, les victimes y sont beaucoup plus nombreuses que celles de la prise de la Bastille.

Pourquoi alors cette tuerie a-t-elle si peu marqué les mémoires ? Parce que, depuis deux siècles, on l'a dit, depuis les grandes explosions plébéiennes en Angleterre et en Allemagne, la question sociale est passée à l'arrière-plan.

Même les réformateurs les plus éclairés sont assez insensibles aux misères ouvrières – ou paysannes. Turgot par exemple, qui s'était heurté à une guerre des farines, déclenchée par des paysans d'Île-de-France, à l'issue de laquelle cent soixante-deux personnes furent jugées et deux condamnées à mort, notait froidement : « En tout genre de travail, il doit arriver, et il arrive en effet, que le salaire de l'ouvrier se borne à ce qui lui est nécessaire pour lui procurer sa subsistance. » Et Monsieur Roland, le mari de Madame et futur ministre girondin, expliquait en ces termes pourquoi il appréciait le travail des femmes : « Naturellement plus portées à la vie sédentaire, plus assidues, plus timides, se contentant de moins, toujours sans parti, les femmes établissent les objets au plus bas prix, ce qui, en fait de commerce, est toujours un point essentiel. »

Les philosophes du siècle des Lumières eux-mêmes ne jetèrent qu'un regard distant sur les tristes réalités sociales de leur temps. D'où l'importance considérable que prit Jean-Jacques Rousseau, auteur du *Discours sur l'inégalité*, dont le rejet intellectuel de tout ordre social qui n'est pas scellé par un contrat entre le peuple et le souverain constitua l'un des principaux leviers de l'ouragan révolutionnaire qui balaya l'Europe à la fin du XVIIIe siècle. Comment le Vieux Monde n'aurait-il pas été secoué quand, pour la première fois, était opposée la clef des champs de l'ordre naturel aux verrouillages que la société concocte pour justifier son oppression ?

Reste que ce qui, en France, déclencha cette tempête fut le « non » buté et répété de ceux qui, en réalité, ne la désiraient pas, car ils avaient tout à en craindre. Brienne, on l'a dit, s'était vu contraint de reprendre à son compte les réformes de Calonne. Encore fallait-il qu'elles fussent sanctionnées par les parlements qui, n'étant pas élus, représentaient surtout à l'époque le monde des privilèges, y compris d'argent. En fonction de quoi le parlement de Paris refusa, en juin 1787, d'enregistrer les édits qui prévoyaient l'égalité devant l'impôt, seule façon de combler le déficit public, et instauraient une subvention territoriale à laquelle la noblesse et le clergé contribueraient proportionnellement à leurs richesses.

Le 16 juillet de la même année, il déclare que : « Seule la nation réunie dans ses états généraux peut consentir un impôt perpétuel. » Réunir les états, pense-t-on, permettra de consolider les privilèges puisque les ordres « supérieurs » y sont sur-représentés.

Le roi décide alors de faire jouer son autorité. Mais le parlement résiste et ses membres sont exilés à Troyes, où ils sont accueillis triomphalement par la population. Ils ne sont pas perçus comme les défenseurs des privilèges, mais comme des adversaires de l'impôt. Et des résistants à l'arbitraire autocratique. Même quand il a tort, on applaudit Guignol ! Brienne cède. Retour du parlement à Paris, au milieu de la liesse populaire. Faute d'impôts que paieraient les riches, il faut recourir à l'emprunt que, de nouveau, le parlement de Paris doit enregistrer. Une fois de plus, encouragé à la rébellion par le duc d'Orléans, il dit « non » : Brienne fait arrêter deux des meneurs de cette opposition, les conseillers Fréteau et Sabatier. Le roi exile le duc d'Orléans dans ses terres. Le 4 janvier 1788, poussé à bout, le parlement de Paris vote un réquisitoire contre les « lettres de cachet » et, le 3 mai, publie une Déclaration des lois fondamentales du royaume, dans laquelle il réaffirme que le vote de nouveaux impôts appartient aux seuls états généraux, défend les us et coutumes des provinces et réaffirme l'inamovibilité des magistrats. Brienne ordonne d'arrêter deux des inspirateurs de cette harangue, les conseillers Duval d'Éprémesnil et Goislard de Monsabert... qui ne seront « livrés » par leurs collègues qu'après trente heures de résistance.

Cette rébellion incite le pouvoir, représenté en l'occurrence par le garde des Sceaux Lamoignon, à réduire les pouvoirs des parlements, mais aussi à abolir la torture et à retirer à la justice seigneuriale la plupart des causes qu'elle continuait à instruire. La majorité des parlements provinciaux se rebellent. On les met en vacances. On exile leurs membres. Lesquels, à Grenoble, sont réintégrés de force, par la population, dans le palais de justice. La troupe intervient. On jette à partir des toits des tuiles sur la tête des soldats. Première journée d'émeutes.

Le 14 juin, toujours à Grenoble, des membres du tiers état, appuyés par quelques nobles et ecclésiastiques, adoptent à la demande du juge Mounier et de l'avocat Barnave une résolution demandant la réintégration du parlement et la convocation des états généraux. Résolution qui est réitérée le 21 juillet à Vizille, dans un château appartenant à l'industriel Perier, par une assemblée élargie, où l'on compte cent soixante-cinq nobles à côté de deux cent soixante-seize bourgeois.

Le 8 août, le roi accepte de convoquer les états généraux. Le 24, il renvoie Brienne. Bientôt, les anciens parlements sont rétablis dans tous leurs pouvoirs. On les fête. Or, le 21 septembre, le parlement de Paris et plusieurs parlements de province, révélant ainsi leur vraie nature d'organismes de défense de l'Ancien Régime, demandent que les états généraux soient convoqués dans les formes de 1614, date de leur dernière réunion, c'est-à-dire en trois chambres séparées – noblesse, clergé et tiers état –, chacune étant dépositaire d'une seule voix, ce qui signifie que le vote du clergé et de la noblesse l'emporte nécessairement sur celui du tiers état. On ne saurait mieux reconnaître qu'on souhaite en réalité que rien ne change. On s'oppose, certes, à l'absolutisme royal, mais au nom des vieux principes féodaux.

L'assemblée des notables, réunie à Versailles le 6 novembre, est d'ailleurs au diapason des parlements, ainsi que les princes du sang qui, dans un mémoire, refusent le principe : un élu, une voix ! Ainsi, par un paradoxe extraordinaire, la Révolution française a-t-elle été déclenchée par des assemblées conservatrices de représentants des privilèges, qui disaient à la fois « non » à l'absolutisme et à l'autoritarisme, et « non » à la réforme.

Que sont devenus les quelques personnages, aujourd'hui oubliés, dont les refus obstinés déclenchèrent malgré eux le raz de marée ? Duval d'Éprémesnil sera élu député de la noblesse aux états généraux et s'y montrera un défenseur intraitable des privilèges de l'aristocratie. Goislard de Monsabert ne jouera, lui, aucun rôle sous la Révolution, à laquelle il sera naturellement très hostile. Barnave, homme de talent et de conviction, se rangera d'abord parmi les progressistes, mais, s'opposant en 1790 à ce qu'on accorde la citoyenneté aux gens de couleur, il se retrouvera à droite, se placera aux ordres de la monarchie et sera guillotiné en novembre 1793. Quant au juge Mounier, élu à la Constituante, il en démissionnera très vite, écœuré, pour se réfugier en Angleterre, puis en Allemagne. Il deviendra ensuite préfet, puis conseiller d'État sous Napoléon.

N'empêche : à leur façon, ambiguë, ceux-là dirent « non » au pouvoir autocratique bien avant les Danton et les Robespierre. Ils furent à l'origine de l'avalanche.

CETTE RÉVOLUTION QUI NOUS VINT D'AILLEURS

On voit volontiers, dans la Révolution française, un commencement. Elle s'intègre en réalité à un processus auquel la guerre d'Indépendance américaine donna, en quelque sorte, le signal du départ. Et qui prit d'emblée une dimension européenne.

En 1780, des volontaires appelés pour la défense de l'Irlande revendiquent la liberté, tandis qu'à la Chambre des communes, l'Anglais John Jebb exige le suffrage universel et le vote secret.

En juin de cette même année, des émeutes sociales éclatent à Londres. Elles durent huit jours. Trente-six immeubles sont incendiés, des prisons attaquées, les prisonniers libérés. Elles sont déclenchées par le président de la Protestant Association, lord George Gordon, un anticatholique virulent qui se convertira bizarrement au judaïsme et écrira un pamphlet contre Marie-Antoinette.

En octobre 1781, l'armée britannique capitule à Yorktown, en Virginie, devant les Insurgents américains et en présence de La Fayette. À Fribourg, en Suisse, un soulèvement paysan est noyé dans le sang. Aux Pays-Bas, le parti des patriotes lance un appel à la liberté et à la lutte contre la tyrannie. En avril 1782, à Genève, une révolution antipatricienne provoque une intervention des cantons de Berne et de Zurich, soutenus par les puissances monarchiques. En septembre 1783, la victoire des insurgés américains est consacrée. En 1785, sous la pression des « patriotes », les états provinciaux de Hollande décrètent une « levée en masse » pour réclamer des réformes. Une émeute éclate à Amsterdam. En septembre 1786 le stathouder Guillaume V est destitué et une commission de cinq membres chargée de « restaurer les institutions républicaines ». En 1787 les « patriotes » obtiennent la majorité aux élections à Amsterdam et à Rotterdam. Mais la Prusse envoie une armée et l'Angleterre une escadre, qui permettent de restaurer l'ancien régime. Quarante mille patriotes sont contraints à l'émigration. Beaucoup en France. En Belgique, Vonck fédère un mouvement qui exige l'indépendance et des réformes démocratiques. En Pologne, l'agitation nationaliste prend de l'ampleur à partir de 1788.

Ainsi, la France ne précède pas le mouvement insurrectionnel européen, elle y participe et le radicalise.

En réalité, les revendications qu'expriment en France, jusqu'au début de l'année 1789, les élites réformistes se situent même en deçà de celles qui ont déjà mis les Pays-Bas, la Suisse, la Belgique, l'Angleterre en ébullition.

L'INSURRECTION DE JANVIER-MAI 1789

Mais ce à quoi on assiste, en France, entre janvier et mai 1789, et qu'on occulte généralement pour se polariser sur le

14 juillet et la prise de la Bastille, c'est, parti de Bretagne et la hausse du prix du grain aidant, à un véritable soulèvement populaire, une insurrection généralisée contre le système néo-féodal.

Les 26 et 27 janvier : violentes manifestations à Rennes et à Nantes ; 13 mars : attaque des boulangeries à Cambrai ; 14 mars : explosion populaire à Manosque, dont l'évêque est lapidé ; 22 mars : attaque des boulangeries à Hondschoote ; 23 mars : soulèvement à Marseille, attaque de la maison de l'intendant, création d'une milice citoyenne ; 24 mars : émeutes à Hyères, La Seyne, puis dans presque toute la Provence ; 25 mars : insurrection à Aix-en-Provence, où les autorités sont mises en demeure de taxer le prix du pain ; 26 mars, le mouvement insurrectionnel s'étend à Saint-Maximin, Brignoles, Barjols, Salernes, Pertuis, etc. On donne l'assaut aux greniers à blé, mais surtout on commence à s'en prendre aux châteaux et aux couvents. Un noble est tué. On renverse et on remplace des municipalités. Du 30 mars au 3 avril, la Franche-Comté à son tour se met en branle. À Besançon, des bâtiments officiels et des hôtels particuliers sont envahis. Du 1er au 6 avril, le mouvement balaye la Bretagne, Guingamp, Morlaix, Vannes, Josselin. 15 avril : journée d'émeute à Montlhéry ; 20 avril : explosion de révolte dans toute la région de Gap ; le château du seigneur d'Espraux est envahi et les paysans reprennent le blé versé au titre des redevances féodales ; 22 avril : les paysans rassemblés près de Bergerac exigent l'abolition des droits féodaux. Du 26 au 28 avril : tuerie de la manufacture Réveillon, à Paris. Du 4 au 6 mai : les émeutiers de Limoux réclament l'abolition des droits seigneuriaux et la taxation du prix du pain. La municipalité décide la création d'une milice bourgeoise ; 28 mai : troubles à Rouen.

Ainsi, bien avant la prise de la Bastille, le pays dans ses profondeurs – la France profonde, comme on dira plus tard –, celles des bourgs et des chaumières, avait exprimé un rejet universel et puissant de ce qui allait devenir l'Ancien Régime. Sans que les révolutionnaires emblématiques y soient pour quoi que ce soit.

LE « NON » DU 14 JUILLET 1789

Ce n'est qu'à partir de juin 1789 qu'au « non » ambigu des notables, qu'au « non » prémonitoire des patriotes d'Amérique, des Pays-Bas, de Suisse ou du Brabant, qu'au « non » brutal des masses paysannes de France vont s'ajouter les « non » emblématiques de ceux qui désormais feront l'histoire après l'avoir prise en marche.

Méritent de figurer dans cet « ordre de la libération » les quarante-sept nobles qui, le 11 mai, face à cent quarante et un des leurs, refusent le système des castes en s'opposant sans succès à une réunion des états généraux en chambres séparées ; les trois curés qui, le 13 juin, choisissent de se joindre au tiers état, suivis par six autres, le 14, dont l'abbé Grégoire ; les deux aristocrates qui, le 22 juin, se joignent à leur tour au tiers pour constituer avec le clergé une « Assemblée nationale » ; Mounier, le juge de Grenoble, qui lorsque le roi, totalement manipulé par la faction réactionnaire de la Cour, fait fermer la salle où se tiennent les députés du tiers état et leurs nouveaux alliés, et que ceux-ci se transportent au Jeu de Paume, leur propose de prêter serment « de ne jamais se séparer et de se rassembler partout où les circonstances l'exigeraient, jusqu'à ce que la Constitution fût établie et affermie sur des bases solides » ; Jean Sylvain Bailly, astronome réputé, membre de l'Académie des sciences, président de cette jeune Assemblée qui, le 22 juin, lorsque Louis XVI somme les députés de se séparer pour « rejoindre les salles affectées à leur ordres », réplique que « La nation assemblée ne peut recevoir d'ordre » ; Mirabeau enfin qui y ajoute la réplique que l'on sait.

« Eh bien, foutre, qu'ils restent ! » tranchera finalement le roi.

Le 25 juin, quarante-sept députés de la noblesse bravent l'esprit de classe pour se joindre à leur tour à la bourgeoisie et au clergé. Le 24 juin, alors que Louis XVI a massé des troupes autour de la capitale dans le but de disperser la jeune assemblée, deux compagnies des gardes-françaises refusent de participer à cet attentat, suivies le 28 par d'autres compagnies de grenadiers qui jettent leurs armes et s'en vont rejoindre le peuple massé au Palais-Royal. Quatorze de ces déserteurs, qui furent donc les premiers à dire « non », sont jetés en prison. Le 30 juin, des hussards et des dragons, chargés de réprimer la manifestation de ceux qui ont entrepris de les libérer refusent, au cri de « Vive la nation ! », de charger la foule. Le matin du mardi 14 juillet, enfin, le général suisse Besenval, dont les troupes campent sur le Champ-de-Mars, réunit ses chefs de corps pour leur demander s'ils sont prêts à intervenir contre les émeutiers qui ont attaqué les Invalides afin de se procurer des armes. Unanimement, ils répondent : « Non ! »

Tout alors bascule. Des Invalides, où ont été récupérés quarante mille fusils, le peuple se dirige vers la Bastille, où est entreposée la poudre. Trois émissaires sont envoyés en délégation auprès du gouverneur de la forteresse. Parmi eux, le chevalier Thuriot de la Rozière, personnage qui mérite largement de figurer dans cet ouvrage : en 1791, il sera élu député de la Marne à l'Assemblé législative, puis en 1792 à la Convention. Bien que membre pendant trois mois du Comité de salut public, il s'opposera courageusement à Robespierre et contribuera, le 9 thermidor, à sa chute. Mais, fidèle aux idées jacobines, il récuse ensuite la réaction thermidorienne et n'échappe à l'arrestation que par la fuite. Élu député de gauche sous le Directoire, son élection est annulée. Refusant enfin de se rallier aux Bourbons, il mourra en exil après la Restauration.

On sait que le gouverneur de la Bastille restera intransigeant. C'est alors qu'un détachement de gardes françaises, muni de cinq canons, vient se joindre aux assaillants. Il est conduit par un ancien sergent aux gardes suisses, Pierre-Augustin Hulin. Ce Hulin deviendra général sous Napoléon, présidera le conseil de guerre qui condamnera à mort le duc d'Enghien, sera nommé comte d'Empire et fera échouer la conspiration du général Malet. Son acte d'insubordination ne sera jamais réitéré, mais lui permettra de faire carrière. Cela aussi arrive.

GRANDEURS ET LÂCHETÉS DES GÉANTS DE LA Iʳᵉ RÉPUBLIQUE

On connaît, ou l'on est censé connaître, la suite. Un immense « non » collectif, qui charriera autant de grandeur que de petitesse, autant d'héroïsme que de lâcheté. D'un côté, un Joseph Fouché, oratorien défroqué, conventionnel terroriste, régicide et déchristianisateur, qui lâchera Robespierre, deviendra ministre de la Police de Napoléon, puis duc d'Otrante, trahira l'empereur en 1814 au profit des Bourbons, reprendra en main la police pendant les Cent-Jours, retrahira et acceptera d'être le premier flic de Louis XVIII, pour mourir finalement en exil, mais richissime. Et de l'autre Lazare Carnot, conventionnel montagnard lui aussi, membre du Comité de salut public, organisateur des victoires de la République, hostile à Robespierre, qui, membre du Directoire, désapprouve le coup d'État de Fructidor, en 1797, dirigé contre les modérés vainqueurs des élections, vote contre le consulat à vie, s'oppose à l'établissement de l'Empire, mais mettra ensuite son épée au service de Napoléon lorsque la France sera envahie, puis s'exilera au retour de Louis XVIII. Ici, une course irrépressible aux honneurs, au prix de toutes les bassesses, et là, le refus hautain des trahisons et des reniements au nom de quelques principes. Le « oui » à tout contre le « non » chaque fois que l'honneur l'exige. D'un côté, un Tallien, ex-terroriste montagnard lui aussi, qui, en récompense de ses turpitudes, recevra une pension de Napoléon et de Louis XVIII ; de l'autre, Laurent Lecointre, conventionnel régicide, adversaire de la faction robespierriste, et qui sera le seul habitant de Versailles à voter contre la Constitution bonapartiste de l'an VIII et contre le consulat à vie.

D'un côté encore, un Fréron, révolutionnaire enragé qui, dans son journal, *L'Orateur du peuple*, auquel Marat collabora, se livre aux pires excès, cautionne ou organise en tant qu'« envoyé en mission » à Toulon, à Marseille, d'épouvantables exactions qui horrifient Robespierre lui-même, puis, le lendemain du 9-Thermidor, fait de sa feuille de chou l'organe de la réaction royaliste et se met à la tête de bandes de muscadins qui rossent à coups de bâtons tout ce qui ressemble à des jacobins. Et de l'autre, Billaud-Varenne, montagnard jacobin, membre du Comité de salut public, qui participe activement à la chute de Robespierre, mais dénonce ensuite la réaction thermidorienne, ce qui lui vaut d'être déporté à Cayenne. Gracié après le 18-Brumaire, il refuse de reconnaître le régime bonapartiste et reste en Guyane, où il cultive un petit domaine pour finalement aller se mettre au service de la révolution à... Haïti, où il est enterré.

Période folle qui vit un Danton, au péril de sa vie, dire « non » à la Terreur, alors qu'il avait cautionné les épouvantables massacres de septembre 1792 ; un Robespierre placer la nation en état de siège bien qu'il ait été un des rares à dire « non » à la guerre, en prévoyant que de toute façon la Révolution n'y survivrait pas ; un Marat dresser des listes pour l'échafaud, en oubliant qu'il avait, à la Constituante, cosigné une proposition d'abolition de la peine de mort.

Rendra-t-on un hommage collectif aux girondins qui récusèrent finalement tous les absolutismes, y compris celui qui prétendait s'exercer au nom du peuple ? L'un d'eux, Jean-Denis Lanjuinais, qui s'opposera à la mort du roi, stigmatisera les agissements de Marat et de la commune de Paris, devra se cacher sous la Terreur, puis refera surface comme modéré après Thermidor ; il n'en restera pas moins un opposant libéral sous Napoléon, votera contre le consulat à vie et l'Empire et, révolté par la condamnation à mort du maréchal Ney, mènera le combat contre les ultras sous la Restauration.

Les républicains héroïsèrent Joseph Bara, jeune volontaire qui, pris par les blancs en Vendée et sommé de crier « Vive le roi ! », répondit « Vive la République ! » et tomba percé de coups ; ou bien le jeune Viala qui se sacrifia pour empêcher les royalistes de traverser la Durance.

Mais la Vendée rebelle ne fut pas en reste, qui immortalisa ses chefs de légende : d'Elbée, d'abord favorable à la Révolution, qui bascula dans l'autre camp par fidélité religieuse : blessé à quatorze reprises lors de la bataille de Cholet, pris par les bleus, il sera fusillé dans un fauteuil ; Charette, qui avait servi pendant la guerre d'Indépendance des États-Unis ; Cathelineau, un simple colporteur qui deviendra général en chef de l'armée catholique et royale, mais sera blessé à mort lors de la folle attaque de Nantes ; La Rochejaquelein qui fit preuve d'une témérité folle, mais aussi d'une cruauté froide, et remporta plusieurs victoires épiques avant d'être écrasé au Mans et de périr dans une simple escarmouche.

La chouannerie bretonne, comme l'insurrection vendéenne, ne saurait évidemment être réduite à un mouvement contre-révolutionnaire encadré par des nobles et manipulé par l'émigration monarchique. Outre leurs composantes idéologiques, c'est-à-dire religieuses – le refus d'une emprise de l'État sur l'Église –, elles expriment un refus de la conscription et de l'impôt confiscatoire, renouant de la sorte avec l'essence même des anciennes jacqueries. Mais surtout, elles traduisirent un désir de revanche du peuple des campagnes contre la bourgeoisie « rationaliste » des villes, perçue comme l'unique « profiteuse » des acquis révolutionnaires. D'un côté, les paysans doivent racheter les droits qui leur ont été officiellement reconnus après la nuit du 4 août et l'abolition des privilèges ; de l'autre, les fils du tiers état urbain se réservent le rachat des biens nationaux avec des assignats dévalués. Il y a en cela, dans le mouvement chouan ou vendéen, un côté khmer rouge : la campagne règle ses comptes avec la ville, rupine et repue, corrompue et hérétique.

Comment, au milieu de ce gigantesque hoquet que fut la Révolution française, enchevêtrement de rejets et de contre-rejets, à la fois misérables et sublimes, prémonitoires et primitifs, maelström de refus qui se cannibalisèrent, faire le tri des « non » dont les héros méritent de figurer dans notre panthéon ?

Sans doute, n'a-t-on pas assez distingué ceux qui surent s'émanciper de leur propre instinct de classe, mais que trop rapidement l'ouragan emporta : un baron Louis-Félix Wimpffen, chevalier de Saint-Louis, maréchal de camp – il avait servi dans la guerre d'Indépendance américaine –, élu par la noblesse de Caen aux états généraux et qui, jusqu'en 1793, alors que ses pairs se ruaient vers l'exil, choisit de servir la Révolution, puis la République ; il prendra sans succès la tête d'une armée fédéraliste levée par les girondins contre la dictature jacobine. Ou encore un comte Adam Philippe de Custine, ancien lui aussi de la guerre d'Amérique, élu de la noblesse, l'un des premiers à se rallier au tiers état ; il vota la Déclaration des droits de l'homme, tout en défendant les prérogatives royales ; il servit dans l'armée du Rhin, remporta des victoires, offrit sa démission lorsqu'il connut des défaites, et en fut félicité par Robespierre ; il reprit du service en mai 1793 dans l'armée du Nord, mais cette fois son peu d'enthousiasme, la prise de Condé-sur-l'Escaut, le rendirent suspect et il n'échappa pas à la guillotine. Un Alexandre Théodore de Lameth, encore un ancien de la guerre d'Amérique, député de la noblesse lui aussi, promoteur de l'abolition des privilèges au cours de la nuit du 4 août, partisan de la nationalisation des biens du clergé, défenseur des prérogatives de l'Assemblée face au roi, qui rompra avec la Révolution, en août 1792, en même temps que La Fayette, mais se rangera, sous la Restauration, dans l'opposition libérale. Un Jean François Adrien Duport, élu par la noblesse de Paris, qui contribuera puissamment à l'œuvre réformatrice de l'Assemblée constituante et ne prendra ses distances en émigrant qu'après le 10 août 1792.

Aucun de ceux-là ne suivit la voie que leur dictaient leurs intérêts. Ils refusèrent d'abord de se plier à une solidarité de caste, et ensuite de rompre avec ce que leur dictaient leurs principes. Certes, Danton aussi récusa son propre camp et offrit sa tête à ceux des siens qu'il accusait d'en faire trop tomber, mais on ne saurait affirmer que cela ne correspondait en rien à ses propres intérêts. On retiendra cependant de celui qui avait su, à un moment critique, en trouvant les mots qui allaient électriser l'esprit national de résistance, exorciser la fatalité de la défaite, qu'il sacrifia sa propre vie avec autant de légèreté qu'il avait abandonné aux fureurs populaires celles des martyrs de septembre 1792.

Il ne fut pas le seul : le 9 thermidor, le conventionnel montagnard Joseph Lebas, plutôt modéré bien que passionnément républicain, demande lui-même à être arrêté avec les robespierristes. Libéré par ses geôliers, il préfère se brûler la cervelle quand il comprend que ses amis sont perdus.

L'idée prévaut que la Terreur s'arrête avec la chute de l'« Incorruptible ». On oublie que les 10, 11 et 12 thermidor, on exécute encore cent huit présumés complices de Robespierre ; que le 12 ventôse an III – 2 mars 1795 – plusieurs leaders montagnards, qui ont pourtant participé au renversement des « terroristes », sont arrêtés et déportés ; que le 12 germinal an III, à la suite d'une émeute, huit nouveaux députés montagnards, restés fidèles à leurs convictions, sont jetés en prison, puis huit autres dans les jours qui suivent ; que le 5 floréal – 24 avril – des centaines de jacobins sont massacrés à Lyon ; que le 18 floréal – 7 mai – seize robespierristes sont encore guillotinés ; que le 22 floréal – 11 mai – soixante jacobins sont exécutés dans la prison d'Aix ; que le 1er prairial – 20 mai – à la suite d'un semblant d'insurrection, les derniers députés montagnards sont arrêtés, et sept jacobins hongrois fusillés en Autriche ; que le 29 mai, le député jacobin Ruhl, le plus âgé des conventionnels, se donne la mort ; puis que le conventionnel Joseph Lebon, qui lui le méritait, est exécuté ; que le 17 juin, condamnés à la peine capitale, les députés montagnards Duquesnoy, Goujon, Romme, un spécialiste de l'instruction publique qui avait en outre encouragé l'adoption du télégraphe Chappe, Bourbotte, un combattant héroïque qui avait condamné la Terreur, Duroy, qui avait été accusé de mollesse par les robespierristes, Soubrany, se poignardent collectivement – trois seront guillotinés quand même – alors que trente prétendus « insurgés » sont fusillés, et que dans tout le pays, des centaines, peut-être des milliers, de « patriotes » sont assassinés. En septembre 1796, une tentative de soulèvement babouviste au camp de Grenelle fera vingt morts parmi les rebelles. Trente-deux autres seront ensuite condamnés à mort et exécutés. Babeuf et son ami Darthé le seront, eux, le 26 mai 1797.

Les cas de Ruhl, de Bourbotte, de Duroy sont particulièrement éloquents : ils avaient certes voté la mort du roi, mais, soupçonnés de modérantisme, ils s'étaient prononcés contre Robespierre avant de condamner les excès de la réaction thermidorienne, ce qui leur avait coûté la vie. Ce triple « non », cette fidélité à leurs engagements n'auraient-ils pas dû leur valoir quelque reconnaissance ? Pourquoi préféra-t-on faire l'éloge des terroristes ou idéaliser Saint-Just, l'archange de la guillotine ?

Combien, au sortir de cette fournaise, assumèrent leurs convictions, et combien ne reculèrent devant aucune félonie ?

Le révélateur fut implacable. On en vit dire « non » jusqu'au bout, mais aussi « oui » à tout, à la Terreur, à la réaction, à l'Empire, à la Restauration.

Volontaire en 1791, général à trente ans, ami de Danton, Brune, artisan d'Arcole et de Rivoli, vainqueur des Anglo-Russes en Batavie, devenu maréchal de France, fut disgracié par Napoléon parce qu'il refusait de renier son jacobinisme : il avait interdit qu'on inscrivît dans une convention signée avec les Suédois l'expression « l'armée de Sa Majesté impériale et royale » au lieu de « l'armée française ». Mis en disponibilité pendant sept ans, cela ne l'empêcha pas de se rallier à Napoléon pendant les Cent-Jours, ce qui lui valut d'être « massacré » par une bande royaliste au temps de la Terreur blanche.

On lui opposera le dénommé Rovère, faux marquis, ex-mousquetaire du roi, époux d'une riche héritière, qui tenta de représenter la noblesse de Provence aux états généraux, puis, devenu conventionnel, vota la mort du roi, se livra en tant que représentant en mission dans le Midi à des excès épouvantables, se retourna contre Robespierre, le 9 thermidor, bascula ensuite vers la droite la plus extrême et siégea au Conseil des Cinq-Cents comme néo-royaliste.

Qui distinguera-t-on encore ? Nicolas Joseph Beaurepaire, ce volontaire de 1791 qui, commandant la place de Verdun en 1792, préféra se suicider que de se rendre. Cambon, le financier de la Convention montagnarde qui, bien que du bon côté le 9 thermidor – il monta à la tribune le premier pour stigmatiser la dictature robespierriste –, refusa de cautionner les excès « réactifs », se retira en 1795, n'accepta aucune fonction sous l'Empire, mais reprendra du service pendant les Cent-Jours et mourra en exil. Un Daunou, conventionnel girondin arrêté sous la Terreur, principal rédacteur de la Constitution de l'an III, puis de l'an VIII (Consulat), hostile à l'Empire, qui sous la Restauration comme sous la monarchie de Juillet animera l'opposition libérale. Jean-Baptiste Drouet, l'homme qui fit arrêter Louis XVI à Varennes, et qui restera un néo-jacobin jusqu'au bout. Pierre-Louis Manuel – maltraité par Michelet – qui, déjà jeté à la Bastille pour antiroyalisme avant la Révolution, fut l'un des principaux organisateurs de l'attaque contre les Tuileries, le 10 août 1792, et périra sur l'échafaud avec les girondins, après qu'il eut refusé le terrorisme montagnard et condamné les massacres de Septembre en se déclarant hostile à la peine de mort.

On relèvera également que, lorsque le Directoire organisa le pillage systématique des trésors artistiques de l'Italie, il se trouva trois peintres, David, Girodet, Soufflot, pour signer une pétition de protestation, alors que Isabey et Gérard approuvèrent.

UN BON JACOBIN EST UN JACOBIN MORT

Mais, on l'oublie trop souvent, la Révolution française qui éclata dans la foulée des événements du Brabant, et sous l'influence de l'insurrection américaine, suscita à son tour une explosion quasi générale en Europe, qui provoqua en réaction une répression implacable.

C'est par exemple le révolutionnaire grec Rhigas, traducteur de *La Marseillaise*, qui est arrêté à Trieste avec dix-sept de ses amis par la police autrichienne, livré aux Turcs et mis à mort dans une prison de Belgrade. C'est Wolf Tone qui, encouragé par la France, déclenche une grande insurrection nationale en Irlande – elle échouera et fera plus de trente mille morts parmi les révoltés –, sera capturé et se suicidera en prison, le 19 novembre 1798. Ce sont les quarante insurgés piémontais babouvistes fusillés le 16 février 1799 sur ordre du général Grouchy. Le massacre des jacobins, le 26 avril à Milan et le 6 mai 1799 en Toscane. À Sienne, le 28 juin, on passe par les armes tous ceux qui ont les cheveux courts, ce qui dénote leur penchant révolutionnaire, et, pour faire bonne mesure, on brûle vifs sur la grand-place treize Juifs, dont trois femmes et deux enfants. Le 29 juin, cent vingt « jacobins » sont exécutés à Naples, et plus de mille jetés en prison. Le 2 août, Eleonora de Fonseca Pimentel, journaliste, directrice du *Monitore napoletano*, qui avait épousé la cause républicaine, est pendue.

Devenue impérialiste, la France jacobine puis bonapartiste se livrera elle aussi à des atrocités lorsqu'elle se heurtera au soulèvement des populations soumises, ainsi à Vérone, en Italie, ou en Belgique, où se déroulera en 1798 une véritable guerre des paysans : des centaines de prêtres seront arrêtés sur ordre du Directoire.

Jamais peut-être dans l'histoire autant d'êtres humains n'avaient volontairement sacrifié leur vie à l'expression contradictoire de leurs refus ou à la réalisation antagoniste de leurs aspirations. Martyrs contre martyrs. Héroïsme contre héroïsme. Terreur contre terreur. Intolérance contre intolérance.

Apparemment, ceux qui dirent « non » au laïcisme républicain l'emportèrent partout sur les dynamiteurs de l'ordre féodal. On sait que ce ne fut qu'une illusion : la vérité est que le « non » révolutionnaire l'emporta en fin de compte, mais tempéré par ce que charria d'antitotalitarisme légitime le « non contre-révolutionnaire » ! Les passions étaient de tous les côtés trop exacerbées pour qu'on ne leur sacrifiât pas la pureté de leurs origines. Sous prétexte de refuser l'horreur, on avait fini par imposer l'atrocité. Les refus se refusaient d'abord l'un l'autre, les démocrates en appelaient à la dictature, tandis que les libéraux cherchaient un sabre et que les monarchistes rêvaient de Saint-Barthélemy.

Certains « non » étaient devenus leur propre fin. De part et d'autre, la guillotine ou le peloton d'exécution en constituèrent les instruments privilégiés. Même Hoche, même Charette laissèrent fusiller en masse les prisonniers de guerre.

Le crime commençait avec la différence : le jacobin était un monstre et l'aristocrate un démon. Le rejet des uns par les autres avait atteint une telle intensité que la guerre, fût-elle civile, restait leur seul mode de dialogue possible. Il y avait du préfranquisme dans la chouannerie, mais aussi du préstalinisme dans la Terreur montagnarde. Si le bolchevisme se nourrit de la dialectique robespierriste, le discours contre-révolutionnaire d'un Bonald ou d'un Joseph de Maistre irrigua les fascismes contemporains.

Ce qui devrait nous inciter à réhabiliter ceux qui, eux aussi au péril de leur vie, tentèrent de répudier tout aussi radicalement les deux perversions : un Condorcet, un Pétion, un Brissot, victimes de la Terreur rouge, mais dont les véritables disciples, un Boissy d'Anglas par exemple, se dressèrent contre la Terreur blanche et s'opposèrent au revanchisme de la Restauration.

JAMAIS ON N'AURA AUTANT DIT « OUI » EN DISANT « NON » !

Le culte du terrorisme montagnard, dont l'historien Mathiez se voulut le grand prêtre, ne séduit plus aujourd'hui – et encore ! – que quelques rares nostalgiques de la dictature du prolétariat. On ne saurait en effet occulter tout ce que ces quelques mois de folie sanguinaire, de sectarisme destructeur, charrièrent de bassesses et d'ignominies. Trop de « oui » lâches et misérables se mirent au service de ce « non » gigantesque et parfois monstrueux.

Et cependant, a-t-on jamais réussi à abattre tant de bastilles, à vaincre tant de préjugés, à détruire tant de forteresses, à ébranler tant de murailles, tout en repoussant tant d'offensives, en résistant à tant de dangers, en éteignant tant d'incendies, en défaisant tant de coalitions hostiles ?

Oui, il y eut en France un souverain formidable. Il ne resta au pouvoir que trois ans et, en trois ans, que fit-il ? Il proclama la République, jugea le roi, jeta les bases d'une instruction publique et laïque, conçut les premiers lycées, développa l'école primaire, créa l'Institut, l'École polytechnique, l'École normale, les Arts et Métiers, l'École des langues orientales, le Conservatoire de musique, mit pour la première fois, grâce au musée du Louvre, les œuvres d'art sous les yeux du grand public, ouvrit le musée des Monuments français et le Muséum d'histoire naturelle, esquissa une politique de préservation du patrimoine artistique, supprima les derniers droits seigneuriaux, abolit l'esclavage, donna deux Constitutions à la France, changea le calendrier, démocratisa les règles de politesse, envisagea la progressivité de l'impôt et décréta l'exemption fiscale des revenus modestes, imposa la richesse, taxa les produits de première nécessité, augmenta le traitement des fonctionnaires, bloqua les salaires et les prix, établit pour la première fois un budget de l'État et institua le Grand Livre de la dette publique, contribua à l'explosion et à la répartition de la propriété, partagea les biens communaux, proclama le droit à l'assistance des citoyens sans travail, décréta l'indemnisation des indigents, se préoccupa de l'extinction de la mendicité, imagina le principe d'une sécurité sociale, donna à la France un hymne et faillit la doter d'une nouvelle religion, confirma le principe de l'égalité des hommes en droit, redécoupa administrativement la France, dessina et baptisa les départements, rendit le service militaire universel et obligatoire, accorda – provisoirement – à tous les citoyens masculins le droit de suffrage, instaura un système uniforme des poids et mesures, fonda les Archives et la Bibliothèque nationale, décréta la liberté des cultes, supprima les entraves à la liberté du commerce...

Et ce faisant, la France étant de toutes parts envahie, ce souverain collectif leva une armée formidable, repoussa les unes après les autres les troupes de toute l'Europe coalisée, remporta victoire sur victoire, surmonta ses défaites, battit tour à tour les Prussiens, les Anglais, les Espagnols, les Sardes, les Savoyards, les Autrichiens, les Russes. Vint à bout d'au moins cinq soulèvements intérieurs, refoula les armées royalistes et fédéralistes en Bretagne, en Vendée, en Normandie, en Provence, dans le Lyonnais, le Bordelais, et rendit tout à la fois à la France ses frontières et son unité.

Or, ce souverain inouï, dont la puissance a fasciné le monde, ébloui ou horrifié le siècle, qui dévora ses propres enfants, n'était qu'une assemblée parlementaire, maîtresse de ses décisions et qui s'appelait la Convention nationale.

Et ce qu'elle ne fit pas, par exemple légaliser le divorce, laïciser l'état civil, instituer le jury en matière criminelle, une autre assemblée parlementaire l'avait fait avant elle, l'Assemblée législative.

Ainsi, cinq ans de « régime d'assemblée » transformèrent plus radicalement la France, modernisèrent plus profondément ses structures, que plusieurs siècles de pouvoir monarchique personnel.

On l'oublie trop souvent, c'est cette Convention elle-même qui, bien qu'ayant été épurée à la bolchevique par les montagnards, renversa légalement par un vote la clique terroriste qui lui avait imposé sa dictature et la réprima avec autant de violence qu'elle en avait elle-même fait preuve. Surtout, elle légua au pouvoir légitime qu'elle avait elle-même engendré – le Directoire – une France libérée, victorieuse et presque pacifiée, alors qu'après quinze ans de règne le pouvoir totalitaire napoléonien, personnel et absolu, abandonnera aux héritiers d'une monarchie moribonde, et au prix d'infiniment plus de victimes encore, une France saignée à blanc, vaincue, rétrécie et envahie.

19

Le « non » au totalitarisme napoléonien

Rarement la France connut un pouvoir aussi absolu, oppressif, exclusif que celui de Bonaparte.

Après l'anarchie du Directoire, c'est un véritable Louis XIV botté qui imposa sa loi à tous les secteurs de la société, ne négligeant de régenter ni la presse, ni les arts graphiques, ni la musique, ni la religion, ni le théâtre. Le monde fut épouvanté par l'exécution du duc d'Enghien, dont l'histoire a reconnu, selon le mot célèbre de Talleyrand que « plus encore qu'un crime, ce fut une faute ». Mais sait-on qu'un sculpteur, Ceracchi, qu'un peintre, Topino-Lebrun, d'opinion jacobine, compromis dans un complot bidon, accusés a posteriori d'un crime dont on s'aperçut que les royalistes l'avaient en réalité commis, furent arrêtés, torturés, exécutés, sans qu'aucun dictionnaire n'ait même retenu leurs noms ?

À occulter, comme on le fait généralement, cette terreur-là, on comprend mal pourquoi l'absolutisme napoléonien suscita si peu d'opposition. Pour avoir risqué de timides critiques, quelques républicains modérés, issus du girondisme, Daunou, Lanjuinais, Isnard seront écartés. Comme Benjamin Constant qui, au Tribunat, sera l'un des rares à s'opposer au pouvoir de plus en plus autocratique du Premier consul. Il profitera de sa retraite forcée pour devenir un théoricien du libéralisme, et écrire un magnifique roman, *Adolphe*, mais tendra la main à Napoléon pendant les Cent-Jours, puis deviendra sous la Restauration l'un des chefs de file les plus talentueux de l'opposition à la réaction légitimiste.

De la famille Chénier, on ne célèbre généralement qu'André, ce poète élégiaque et inspiré dont les ïambes expriment avec une force inégalée son rejet de la tyrannie montagnarde et qui fut guillotiné sous la Terreur.

Son frère, cependant, Marie-Joseph, poète lui aussi, dramaturge, auteur célébrissime du *Chant du départ*, républicain ardent, mériterait qu'on réhabilitât en lui l'un des très rares intellectuels qui tenta de tenir tête au Premier consul, puis à l'empereur. Auteur, au début de l'année 1789, d'un *Charles IX ou la Saint-Barthélemy*, pièce dans laquelle il dénonçait l'arbitraire monarchique et le fanatisme religieux, député à la Convention, il avait tenté de sauver les girondins, ainsi que son frère, critiqué à mi-mot le terrorisme robespierriste dans sa tragédie *Caïus Gracchus* – « des lois et non du sang ! » –, avant de se rallier à Bonaparte en qui il voyait un enfant de la Révolution. Mais, refusant l'évolution du régime et le retour en force de ce qu'il appelait le « parti prêtre », il est écarté en 1802, puis destitué de toutes ses fonctions en 1806, après la publication de *Tibère,* œuvre dans laquelle on pouvait lire ces vers : *On a vu... tout l'Empire à l'envie se faisant acheter / Briguer la servitude et s'y précipiter,* et de son courageux *Épître à Voltaire*. Il finira, malgré son immense célébrité, comme petit prof misérable dans un pensionnat.

Venu lui aussi du girondisme, Volney, l'un des intellectuels les plus fins de son temps, sera, lui, l'un des seuls avec Lazare Carnot à s'opposer, en tant que sénateur, au Concordat, au consulat à vie et à l'Empire. Ce qui ne l'empêchera pas d'être également l'un des rares à ne pas voter en 1814 la déchéance de l'empereur.

Dans l'armée, les résistances furent plus comploteuses : le général Simon fait circuler des proclamations contestatrices cachées dans des pots de beurre. Le général Brune, on l'a vu, refuse d'abjurer son jacobinisme. Moreau, l'autre grand stratège du temps, bien que républicain, est exilé pour avoir frondé avec les royalistes : il sera tué par un obus français à la bataille de Dresde, en 1813. Pichegru, l'homme qui s'était emparé de la flotte hollandaise à cheval alors qu'elle était bloquée dans les glaces, rallie franchement, lui, le camp monarchiste, prend part à la conspiration de l'ultrachouan Cadoudal : on le retrouvera mort dans sa prison, étranglé avec sa cravate de soie.

Quant à Cadoudal, dont toute la vie fut un complot royaliste, il sera guillotiné en compagnie de douze des siens, ce qui constituera la plus grosse fournée de suppliciés depuis la Terreur.

Apprenant la proclamation de l'Empire, il s'était exclamé : « Nous avons fait plus que ce que nous voulions, nous voulions faire un roi, nous faisons un empereur ! »

Lecourbe, qui avait été de toutes les victoires de la République, spécialiste de la traversée des cours d'eau, ce qui l'avait fait surnommer « général poisson », paie d'un véritable exil intérieur son mauvais esprit. Ayant d'abord refusé de se rallier à l'empereur durant les Cent-Jours, il finit par reprendre du service pour « défendre la France menacée » et, avec quelques milliers de soldats seulement, tient tête à quarante mille Austro-Allemands jusqu'au 11 juillet 1815, soit presque un mois après la seconde abdication de Napoléon. Opposants eux aussi, les généraux Lahorie, ex-chef d'état-major de Moreau, et Guidal, sont jetés en prison.

Mais de tous ces officiers supérieurs plus ou moins rebelles, le plus persévérant fut sans conteste le général Malet.

D'origine noble, il avait servi dans les mousquetaires et avait dû quitter l'armée sous la Terreur, ce qui ne l'empêcha pas d'embrasser la cause républicaine. Il vote ostensiblement contre le consulat à vie et contre l'Empire – ils ne furent pas beaucoup ! Il est plusieurs fois relevé de son commandement pour propagande jacobine, puis mis à la retraite en 1808. Il profite de son temps libre pour comploter assidûment, ce qui lui vaut la prison en 1809. Placé ensuite sous surveillance dans une maison de santé, il y rencontre des royalistes auxquels, en tant que républicain, il propose une alliance tactique dirigée contre le tyran. Le 23 octobre 1812, il s'échappe, revêt un uniforme d'apparat, se présente à la caserne Popincourt, annonce la mort de l'empereur au cours de la retraite de Russie, entraîne la dixième cohorte de la Garde nationale, délivre Lahorie et Guidal, parvient à faire arrêter le préfet de Police et le ministre de l'Intérieur, puis à neutraliser le préfet de la Seine. Personne ne pense alors au roi de Rome, le supposé héritier.

On a dit plus haut que c'est le général Hulin, un ancien vainqueur de la Bastille, qui mettra fin à l'aventure. Malet, qui avait prévu la constitution d'un gouvernement provisoire avec Moreau, Volney, Carnot, Augereau, sera fusillé avec onze de ses partisans, le 29 octobre 1812. Au président du tribunal militaire qui lui demandait quels étaient ses complices, il avait répondu : « La France entière et vous-même si j'avais réussi ! »

Pourquoi s'abstient-on toujours de rendre hommage à un tel héros ? Pourquoi lui préfère-t-on ces maréchaux chamarrés dont certains, comme Soult, Oudinot, Berthier, Macdonald, Victor, Marmont – qui vota la mort du maréchal Ney –, firent preuve d'une rare lâcheté politique en se mettant avec la même servilité au service de tous les régimes ?

On a dit à quel point l'un des plus vivants foyers de résistance à la tyrannie impériale fut celui qu'entretint avec ardeur Mme de Staël, longtemps égérie de Benjamin Constant. François-René de Chateaubriand prit moins de risques, mais n'en rompit pas moins avec le régime après l'exécution du duc d'Enghien. Il s'en alla bouder fièrement à Châtenay-Malabry, d'où il publia – dans *Le Mercure* – un célèbre article sur le devoir de résistance intellectuelle à la dictature : « C'est en vain que Néron prospère, Tacite est déjà né sous l'Empire ! » Ce qui ne l'empêcha d'ailleurs nullement d'être élu à l'Académie française.

La Fayette, également, au nom de la liberté, refusa tout ralliement. L'abbé Grégoire ne se coucha pas et osa exprimer son opposition au rétablissement de l'esclavage, à la proclamation de l'Empire, au divorce impérial.

Autant d'oppositions minoritaires, cependant sans commune mesure avec celles qui se manifestèrent peu à peu, avec fureur, dans l'ensemble de l'Europe conquise. En Espagne, en Prusse, en Russie ; au Tyrol, derrière Andreas Hoffer, un simple aubergiste qui, fédérant un mouvement de résistance nationale, battit les troupes bavaroises près d'Innsbrück, mit en échec les troupes françaises du général Lefebvre, avant d'être pris par trahison.

La chute de Napoléon donnera lieu à toutes les trahisons et retournements de veste, et l'on retrouvera étrangement du côté de la résistance beaucoup de ceux, comme Carnot, qui avaient refusé de vendre leur âme contre les hochets corrupteurs généreusement distribués par le régime. Le général de La Bédoyère, plusieurs fois blessé au cours des campagnes d'Allemagne, avait déclaré à l'empereur, tout en se ralliant à lui lors du retour de l'île d'Elbe : « Plus d'ambition, plus de despotisme, il faut que Votre Majesté abjure le système de conquêtes et d'extrême puissance qui a fait le malheur de la France et le votre. » Il est le dernier à quitter le champ de bataille de Waterloo, refuse d'abandonner Napoléon quand ses derniers soutiens le trahissent, est arrêté aussitôt que Louis XVIII s'installe sur le trône. Il est condamné et fusillé. Face au peloton d'exécution, il désigne son cœur et s'écrie : « C'est là qu'il faut frapper ! » Il n'avait pas trente ans.

Resté fidèle lui aussi, par refus d'une restauration, Mouton-Duvernet se constitue prisonnier. Il sera exécuté comme le maréchal Ney.

Généraux républicains, les frères César et Constantin Faucher refusent de se rallier aux Bourbons. Ne trouvant aucun avocat qui ose les représenter devant le conseil de guerre, ils se défendent mutuellement, sont condamnés à mort et fusillés. Le général Daumesnil ne subira, lui, qu'une traversée du désert. Blessé à Eckmühl, puis à Wagram, il avait été amputé de la jambe gauche. Nommé commandant du château de Vincennes pendant les Cent-Jours, il répond à Blücher qui le somme de se rendre : « Rendez-moi ma jambe et je vous rends le fort ! » On lui offre une grosse somme d'argent, il refuse encore. Il ne refera surface que sous Louis-Philippe.

Cambronne, lui, qui nia obstinément avoir dit ce qu'on lui fit dire, avait été nommé vicomte par Louis XVIII.

D'un côté, un général Bourmont, ancien émigré de Coblence, rallié à Napoléon aux pires moments de son despotisme, en 1808, qui, le 15 juin 1815, trois jours avant Waterloo, passe à l'ennemi avec son état-major, témoigne contre le maréchal Ney lors du procès du « brave des braves », fait une brillante carrière sous la Restauration, devient pair de France, participe à l'expédition contre les libéraux espagnols et finit ministre de la Guerre de Charles X, avant de fuir à l'étranger pour échapper à l'opprobre public.

De l'autre, le général Maximilien Lamarque, volontaire de 1792, soldat de l'An II, héros d'Austerlitz et de Wagram, qui étouffe une nouvelle insurrection vendéenne pendant les Cent-Jours, est proscrit en 1815, se fait élire député libéral en 1828, prend la tête de l'opposition démocratique, continue le combat sous Louis-Philippe après la révolution de 1830, et dont les obsèques, en juin 1832, qui avaient attiré une foule énorme, se transformeront en insurrection républicaine, celle que décrira Victor Hugo dans *Les Misérables*. Il avait pris le relais du général Foy, dont cent mille personnes saluèrent la fidélité à l'occasion de son enterrement, et d'un autre ancien soldat de la République, Jacques-Antoine Manuel, qui, devenu avocat, fut élu député libéral de Vendée sous la Restauration, et mena une opposition si ardente et si efficace que les royalistes le firent expulser militairement de la Chambre : ses obsèques en 1827 donnèrent également lieu à une gigantesque manifestation d'opposition.

LE « NON » À LA RESTAURATION MONARCHIQUE

La Révolution, les sergents Bories, Goudin, Raoulx et Pommier, du 45e régiment de ligne, ne l'avaient pas connue. Ce n'est que son souvenir, déjà embelli, qui les amena à s'affilier à une société secrète antimonarchiste. Ce pourquoi ils furent guillotinés en place de Grève le 21 septembre 1822, sous le règne du bon gros roi Louis XVIII.

Le pays était exsangue, laminé, il aspirait à la paix. Un temps, il accepta même le retour du drapeau blanc flottant sur un nouvel Ancien Régime, qui n'avait accordé le droit de vote qu'à quatre-vingt-dix mille électeurs !

Ce qui mit le feu aux poudres, comme toujours, ce furent des provocations inutiles : l'impression de plus en plus répandue que l'Église et la vieille noblesse finissaient par obtenir la restauration de leurs privilèges, et surtout la restitution de leurs anciennes propriétés. Contre cette réaction aristocratique et cléricale, on retrouva beaucoup de ceux qui avaient adhéré aux idées de 1789, avant de rompre avec l'extrémisme jacobin : de La Fayette à Benjamin Constant, en passant par le pamphlétaire Paul-Louis Courier.

Ce dernier, issu d'une riche famille bourgeoise, avait été artilleur sous la Révolution et l'Empire, bien qu'il détestât la guerre, ce qui l'empêcha de monter en grade. Il déserta d'ailleurs, lors du siège de Mayence, parce qu'il estimait qu'il y faisait trop froid. Entre deux séjours en prison, et bien qu'il ne fût pas républicain mais plutôt partisan d'un système à l'anglaise, il cribla la monarchie restaurée de ses flèches acérées, ne laissant passer aucune occasion de railler son majestueux ridicule. On lui fit même un procès parce qu'il avait stigmatisé l'attitude d'un curé qui avait interdit à ses paroissiens de danser le dimanche. Hélas, cet helléniste distingué, cet esthète qui, le lendemain de son mariage, était parti en voyage en oubliant sa femme, pour être un opposant féroce et téméraire, un ennemi implacable de tous les tartufes et autres cagots, n'en était pas moins dans la vie de tous les jours un être assez imbuvable.

Aussi trouva-t-on presque normal qu'un certain 10 avril 1825 il fût abattu, non loin de chez lui, d'un coup de fusil : il aurait été victime d'une vengeance de ses serviteurs qui le détestaient et dont l'un était l'amant de sa femme. Courier ou l'homme qui a dit « non » à tout le monde !

Cinq ans plus tard, en 1830, lorsque Charles X voulut vraiment restaurer l'absolutisme, ils furent deux cent vingt et un députés censitaires à lui dire « non » à leur tour, enclenchant de la sorte le processus révolutionnaire que l'on sait.

Le combat politique, cette partie de bras de fer entre république et monarchie, entre laïcisme et cléricalisme, qui ne se termina finalement qu'après l'épisode pétainiste, lequel constitua en somme le dernier rot des tenants de l'Ancien Régime, éclipsa apparemment la question sociale.

20

Le « non » à la dictature bourgeoise

On comprendrait mal la violence de la résurrection de la « question sociale » après 1830, la hargne de ceux qui incarnèrent alors le refus le plus radical de l'oppression économique, si on ne rappelait en quelques mots ce que fut, concrètement, la normalisation bourgeoise de la Révolution.

C'est sous Bonaparte que l'article 291 du code pénal fait du crime de « coalition » un délit puni de prison. À partir de 1803, les ouvriers doivent posséder un livret délivré par la police. Leurs patrons y inscrivent les séjours faits dans leur fabrique, assortis bien sûr d'annotations et de jugements, et ils ne peuvent se déplacer sans autorisation. L'article 7 de la loi sur le livret précise même que l'ouvrier qui aura obtenu des avances sur son salaire ne pourra exiger la remise de cet indispensable passeport et la délivrance de son congé annuel qu'après avoir acquitté sa dette par son travail. Retour en quelque sorte de l'esclavage pour dettes. Or l'ouvrier, étant obligé d'emprunter, était de plus en plus souvent contraint de travailler pour rembourser.

L'emploi des femmes et des enfants se généralise. Dans la manufacture des frères Perier, on fait déjà travailler au début du siècle six cents garçons et filles de moins de quinze ans. Sous la Restauration, le salaire journalier d'un ouvrier lui permet juste d'acheter un pain de deux kilos. Il faut pour être électeur payer trois cents francs de contributions directes : une ouvrière du textile devrait travailler plus de quatre cents jours d'affilée pour gagner cette somme.

Rien n'illustre mieux la mentalité de la classe dirigeante que ce propos d'un député, lors d'un débat parlementaire consacré à l'instruction, en 1821 – et qui deviendra un classique : « Les frères apprennent aux enfants leur devoir de chrétien, ils leur donnent la leçon si utile aux pauvres qu'ils seront récompensés dans une autre vie de leurs souffrances dans cette vie terrestre. »

En Angleterre, où la révolution industrielle comme la révolution politique ont pris une longueur d'avance, on travaille quatorze heures par jour dans des usines-prisons. On a interdit à l'ouvrier de porter une montre, afin qu'il ne soit pas trop obnubilé par le temps qui passe. Un ouvrier du textile, vers 1820, ne vit guère plus de quarante années. Comme on recherche une main-d'œuvre bon marché, des enfants de huit ans, parfois plus jeunes, sont envoyés dans des fabriques en échange de la nourriture et d'une place dans un dortoir. Il arrive qu'on les fouette pour les empêcher de s'endormir devant leur machine. Des voix s'élèvent pour dénoncer cette dérive. Les lois sociales qui en résultent témoignent a contrario de l'ampleur de cette aliénation de l'enfant par l'homme : en 1802, interdiction de faire travailler les marmots plus de douze heures par jour dans l'industrie du coton; en 1819, exclusion des usines des gosses de moins de neuf ans. Mais, en 1840 encore, une enquête révélera que dans les mines « des enfants de quatre à sept ans, pendant douze heures, restent seuls dans l'obscurité près d'une porte qu'ils doivent ouvrir au passage des chariots. Les femmes et les enfants à demi nus qui traînent le charbon dans des baquets sont hâves, rampent sur les mains et les genoux dans des galeries étroites et basses, la chaîne passant entre leurs jambes ».

En 1812, on va jusqu'à présenter aux Communes une loi qui frappe de la peine de mort les travailleurs désespérés qui s'en prennent à leur machine.

C'est alors que lord Byron, l'un des premiers à dire « non » à la fois au puritanisme, et même aux « bonnes mœurs », au chauvinisme, au conservatisme politique et social et à l'impérialisme, déclare à la Chambre des lords : « Pendant mes voyages, j'ai pu voir la guerre dans la péninsule apennine. J'ai visité des régions de Turquie où l'oppression est la plus dure, mais je n'ai jamais vu, pas même sous le despotisme des infidèles, une misère plus hurlante qu'à mon retour en Angleterre, au cœur du pays chrétien. »

Véritable précurseur du romantisme – car il fut l'un des premiers également à dire « non » au classicisme et à la rhétorique académique –, Byron rompit avec sa propre caste, et n'hésita pas à choquer l'opinion publique qui l'accusa d'inceste. Il dut en conséquence s'éloigner de sa patrie, conspira avec les *Carbonari* contre le système oppressif de la Sainte-Alliance, fonda un magazine pour soutenir les idées libérales, et mourut à Missolonghi au milieu des insurgés grecs dont il avait rallié le combat contre la domination turque.

Ami de Byron, le journaliste radical Leigh Hunt, dont les combats rendirent l'existence de plus en plus précaire, avait décrit la situation qui prévalait à cette époque en Grande-Bretagne : « Quatre millions de gens dans l'indigence, quatre millions dans la gêne, un million et demi dans une demi-indigence, un demi-million dans un luxe éclatant, nos frères d'Irlande dans un état encore pire. »

ROBERT OWEN, UN KARL MARX QU'IL AURAIT FALLU CANONISER

C'est dans ce contexte que les gros propriétaires fonciers obtinrent le vote d'une loi protectionniste, la Corn Law, qui permettait de maintenir artificiellement le cours du blé, ce qui naturellement renchérissait le prix du pain. Pour demander l'abolition de cette loi, en même temps qu'une réforme parlementaire, plus de soixante mille ouvriers et chômeurs tinrent meeting, en août 1818, à Saint Peter's Fields, dans la ville industrielle de Manchester : Wellington, le vainqueur de Waterloo, ordonna à la troupe d'intervenir. Une charge de cavalerie fit onze morts et quatre cents blessés. On donna le nom de Peterloo à ce massacre. Dans la foulée, le Parlement vota six lois interdisant les grèves et la formation d'« associations », c'est-à-dire de syndicats.

On comprend que ce soit justement là, en Angleterre, que se soient d'abord exprimés avec le plus de force la condamnation et le rejet de ce qu'on appellera plus tard le capitalisme sauvage ; et qui, déjà, en prenait à son aise avec le libéralisme théorique.

Robert Owen est le premier à avoir dit « non » à l'oppression capitaliste, et l'un des hommes les plus admirables de son temps. Né en 1771, fils de petit artisan, apprenti chez un drapier à l'âge de dix ans, il avait créé son entreprise à vingt-deux ans et, à trente ans, s'était retrouvé à la tête d'une des plus grosses fabriques textiles d'Écosse.

Son évolution se déroule alors en trois étapes :

– Il consacre une grande partie de ses fastueux bénéfices à l'amélioration du sort de ses salariés : augmentation de salaire, réduction de la durée de la journée de travail, construction de logements pour le personnel, création d'écoles où le sport ainsi que les matières artistiques, en particulier la musique, tiennent un grand rôle. Mais l'aggravation de la fracture sociale à partir de 1815 le convainc que ce paternalisme ne contribue en rien, hors de l'espace où il s'applique, aux changements des rapports sociaux.

– Il passe alors à une nouvelle phase : celle du combat pour la réforme. Il s'agit surtout pour lui de contrebalancer les excès de la « loi du marché » par l'intervention de l'État et de contrôler le développement de la mécanisation pour enrayer le chômage. En fait, il ne parvient qu'à faire interdire l'emploi dans les fabriques d'enfants de moins de neuf ans.

– D'où la conviction qu'il se forge peu à peu qu'il convient non pas de réformer le système existant, mais de le transformer concrètement à la base. Comment ? Par la création et la généralisation d'associations coopératives qui permettront de sortir l'économie de la sphère de la recherche du profit.

En 1825, il tente même, avec un total insuccès, de fonder une colonie collectiviste de type kibboutz dans l'Indiana, aux États-Unis. Puis il crée, en 1832, à Birmingham, une bourse où les producteurs peuvent venir échanger le produit de leur labeur, par l'intermédiaire de « bons de travail », sans médiation de la monnaie. Nouvel échec.

Alors, à partir de 1832, délaissant à la fois le réformisme et l'utopie, Owen entreprend d'organiser le mouvement ouvrier. Ce sera la création de la Grande Union morale des classes productrices, qui deviendra la Grande Union nationale consolidée des métiers. Près de cinq cent mille travailleurs en deviendront membres. Sans pour autant qu'Owen parvienne, ce qui était son véritable objectif, à les rassembler dans des coopératives de production qui eussent présidé, sans recours à la violence, à la disparition du patronat et du salariat.

Toute sa vie, ce visionnaire, auquel Napoléon écrivit depuis son exil et dont les fiascos furent plus créatifs que bien d'éphémères triomphes poursuivra son rêve révolutionnaire et pacifiste à la fois, convaincu que l'harmonie universelle par la coopération s'imposerait le jour où l'on aurait vaincu les trois tyrannies du monde moderne : la propriété privée, la religion... et le mariage.

« Jésus-Christ a vaincu, parce que Spartacus a été vaincu », avait écrit le philosophe allemand Feuerbach. On aurait pu ajouter que Marx et Lénine l'emportèrent par suite de l'échec de Owen.

Il avait cependant donné l'impulsion. Dès 1838, l'ébéniste William Lovet, disciple de Owen, fonda une Association des ouvriers de Londres qui, en liaison avec un groupe de radicaux de Birmingham, lança le mouvement « chartiste », du nom d'une charte qui revendiquait entre autres le suffrage universel... masculin. Il s'agissait de dépasser le corporatisme social par le biais d'une revendication politique unificatrice. Refus de laisser tous les leviers de commande entre les mains d'une petite oligarchie de privilégiés : on ne pourra, affirmaient les premiers chartistes, libérer les classes exploitées que par la loi, et pour cela il faut pouvoir peser sur les assemblées qui les votent.

L'agitation qui s'ensuivit déboucha sur des émeutes qui, à Newport, sous la conduite de John Frost, qui sera déporté, furent réprimées par l'armée avec la plus grande vigueur : vingt-quatre chartistes tués.

Bien que modérés et extrémistes, ces derniers représentés par l'avocat O'Connor, se soient divisés – adeptes de la force morale contre adeptes de la force physique –, une nouvelle campagne permit en 1842 de recueillir trois millions de signatures; et plus encore en 1848. Sans résultats.

À cette époque, le dernier leader du mouvement, Ernest Charles Jones, journaliste de talent, auteur de chansons engagées qui le rendront célèbre, sera aussi le premier leader progressiste européen à se rallier au marxisme.

Parmi les précurseurs des grands mouvement sociaux qui, tout au long du siècle et demi suivant, tenteront de faire pièce à la logique capitaliste pure et, en fin de compte, contribueront en cela à sauver le système libéral en le forçant à se réformer, on citera également Thomas Atwood, parce qu'il était banquier, et Thomas Cooper, orphelin issu d'une famille pauvre, successivement cordonnier, musicien, journaliste et poète, qui, totalement autodidacte, parvint à assimiler le français, le latin, le grec et les mathématiques.

Si l'on veut comprendre à quoi ces pionniers britanniques du syndicalisme entendaient dire collectivement « non », il suffit de citer la déposition que fit à cette époque un ouvrier devant une commission d'enquête : « J'avais sept ans quand je commençai à travailler à la manufacture de Bradley. Les heures étaient de 5 heures du matin à 8 heures du soir, avec un intervalle de trente minutes à midi pour se reposer et manger. Nous devions prendre nos repas comme nous pouvions, debout ou autrement. J'avais quatorze heures et demie de travail effectif à sept ans. Dans cette manufacture, il y avait cinquante enfants à peu près de mon âge. Les enfants étaient souvent indisposés et en pauvre santé. Il y en avait toujours une demi-douzaine qui étaient malades à cause du travail excessif. C'est à coups de lanières de cuir que les enfants étaient tenus au travail. C'était la principale occupation d'un contremaître de fouetter les enfants. »

C'est dans cette Angleterre-là, précisément à Manchester, qu'en 1842 un jeune Allemand, dont le père était industriel du textile, décida de s'installer. Il s'appelait Friedrich Engels et son observation de la condition ouvrière nourrira puissamment la réflexion de son compagnon et complice Karl Marx, avec lequel il écrira le *Manifeste du parti communiste*.

LE COUP DE TONNERRE DE LA RÉVOLTE DES CANUTS

En France, parce que la révolution industrielle avait été plus tardive, la contestation de ce qu'on appellerait aujourd'hui la « dictature du marché » intervint également avec un certain décalage par rapport à l'Angleterre. Et surtout d'une manière plus spontanée. C'est en 1831, à Lyon, que retentit le premier coup de semonce. Pour une raison très concrète : par suite de la concurrence étrangère, les salaires dans l'industrie de la soie n'avaient cessé de baisser depuis l'Empire. Pour quinze heures de travail par jour, un canut qui gagnait cinq francs sous Napoléon devait se contenter de vingt-cinq sous au début du règne de Louis-Philippe. Or, on avait assisté en 1830 à une reprise des ventes. Les ouvriers en profitent pour exiger une revalorisation de leur rémunération minimale. Le préfet favorise une rencontre entre canuts et patrons qui débouche sur la fixation d'un tarif minimal dont un conseil des prud'hommes devra surveiller l'application. Aussitôt, un certain nombre d'employeurs dénoncent ce compromis, fustigeant le laxisme et la démagogie du préfet et récusent la représentativité de ceux qui ont négocié en leur nom : plusieurs dizaines de patrons refusent donc d'appliquer l'accord sous prétexte qu'il constitue une entrave à la « liberté du marché », qu'il nuit à la compétitivité de leurs produits et que les prétentions salariales des canuts sont exorbitantes.

C'est ce qui déclenche la révolte ouvrière du 21 novembre. Les insurgés, partis de la Croix-Rousse, renforcés par des éléments de la Garde nationale, se rendent maîtres de Lyon, proclament un gouvernement provisoire. Il faudra l'envoi d'une armée de vingt mille hommes pour les réduire.

La répression ne sera pas excessive, mais le tarif minimal sera abrogé, et le préfet révoqué, après que le président du Conseil Casimir Perier aura expliqué que les révoltés, crime à ses yeux inexpiable, avaient voulu « s'armer contre la liberté du commerce et de l'industrie » et que « la société ne se laisserait pas menacer impunément ».

Le « non » des canuts fut un « non » collectif. Un contemporain, Monfalcon, homme d'ordre qui habitait Lyon, a décrit de cette façon leurs conditions de vie : « Plusieurs individus sont réunis dans un même appartement : une soupente qui a tout au plus dix mètres carrés reçoit souvent toute la maison, c'est-à-dire le père, la mère, deux ou trois enfants, un ouvrier et une ouvrière. Ils n'ont pendant qu'ils dorment au-dessus de leur tête qu'une colonne d'air de vingt-quatre pouces de hauteur. Cet air exhale habituellement une odeur acide et des miasmes que dégagent soit les immondices contenus en grande quantité dans les maisons, soit la respiration d'un grand nombre d'individus des deux sexes et de tous les âges qui vivent rassemblés sous le même toit. »

Dans la seule année 1828, on avait dénombré dans Lyon et sa région neuf mille trente-deux enfants abandonnés. Misère matérielle, misère physiologique. En 1832, sur les onze mille appelés au régiment d'un département industriel, neuf mille furent déclarés inaptes au service.

Le « non » des canuts à l'oppression sociale avait été un « non » spontané, même si l'insurrection, qui avait fait deux cents tués ou blessés chez les ouvriers, soixante-quinze tués et trois cent soixante-trois blessés chez les militaires, avait été encadrée par des associations mutualistes. Le drapeau noir qui était apparu n'était pas celui de l'anarchie, mais celui du deuil. Et on l'avait orné de ce slogan : « Vivre en travaillant ou mourir en combattant ».

Première véritable révolte prolétarienne ? Sans doute, encore que les canuts fussent à proprement parler des chefs d'atelier qui payaient eux-mêmes des compagnons et que leur action, même à son paroxysme, visât non à un renversement politique, ni même social, mais à imposer un compromis entre employeurs, employés et négociants en matière de tarifs.

C'est la réaction, parfois hystérique, de la bourgeoisie louis-philipparde qui donna une ampleur universelle à cette première grève armée. Ainsi le maréchal Soult qui écrivit au nouveau roi, pourtant lui-même issu des barricades : « Le mouvement social qui a soulevé à Lyon les dernières classes du peuple menace l'existence même de la société. »

Lamennais fut l'un des rares à voir dans les canuts révoltés les défenseurs d'une « juste cause ». Tandis qu'un précurseur du socialisme à la française, Pierre Leroux, se rendit à la Croix-Rousse enquêter sur leurs conditions d'existence.

Personnage intéressant que cet ancien typographe, en partie autodidacte, frotté de saint-simonisme, croyant, pacifiste, féministe, solidariste, qui exerça sur sa compagne George Sand une influence politique majeure. Il fut élu député d'extrême gauche de la Creuse après 1848 et, à la suite du coup d'État du 2 décembre, s'exila pendant dix-huit ans sans jamais avoir ni commis la moindre bassesse, ni cédé à la moindre compromission.

En revanche, c'est l'électrochoc des événements de Lyon qui fit écrire à l'honorable *Journal des débats* ces lignes tout à fait inouïes : « Les barbares qui menacent la société ne sont pas dans le Caucase – ni dans les steppes de Tartarie ! Ils sont dans les faubourgs de nos villes manufacturières. »

21

Blanqui ou l'impasse de la professionnalisation du « non »

La bourgeoisie a peur et certains finissent par faire profession de lui faire peur. Lui dire « non » n'est plus seulement un acte, cela devient une posture.

Ainsi Auguste Blanqui qui, traduit devant un tribunal après les troubles de 1832, répond au juge l'interrogeant sur sa profession : « Prolétaire ! »

« Mais ce n'est pas une profession ça, proteste le magistrat.

– Comment, réplique Blanqui, ce n'est pas une profession ? C'est la profession de trente millions de Français qui vivent de leur travail et sont privés de droits politiques ! »

Le problème c'est que Blanqui, issu en fait d'une famille bourgeoise – son frère fut l'un des théoriciens du libéralisme –, qui avait fait des études de droit et de médecine et qui s'enferma dans le rôle de doctrinaire d'une révolution toujours recommencée, n'était nullement un prolétaire, et que, loin de tenter de rallier à ses idées les trente millions d'« exploités » qu'il évoquait, il passa sa vie, entre deux séjours en prison, à organiser des coups de main aventuristes en s'appuyant sur des groupuscules activistes ultraminoritaires. Il n'en est pas moins devenu un mythe, ce qui était en l'occurrence son but. Au point qu'on comprendrait mal qu'il ne figurât pas, et en bonne place, dans le panthéon de ceux qui ont dit « non ». N'a-t-il pas occupé son existence à hurler ses refus ?

Qu'on en juge : comploteur *carbonaro* en 1824 – il a dix-neuf ans –, arrêté et emprisonné à Nice, blessé en 1829 au cours d'une émeute faubourg Saint-Antoine, il participe évidemment, sur les barricades, à la révolution de 1830, puis conspire aussitôt contre le nouveau régime, ce qui lui vaut un procès en 1831, trente-trois semaines de détention, et de nouveau, en 1832, un an de prison. Il replonge en 1836, à la suite d'une affaire de fabrication de poudre; prend la tête en 1838 d'une société secrète dite « des Saisons », organise avec Barbès une insurrection armée – un fiasco –, est arrêté et condamné à mort. Sa peine ayant été commuée en détention perpétuelle, après sans doute qu'il eut passé un *deal* avec la police et « donné » certains de ses complices, ce que ses admirateurs nieront toujours évidemment malgré l'existence de certains documents explicites, il est enfermé au mont Saint-Michel, puis à Tours et à Blois, où la révolution de 1848 le libère. Revenu à Paris, il entreprend sans attendre de recomploter. Il ne concède même pas un mois à la République pour appliquer son programme social. Il l'accuse illico de trahir les prolétaires. Il prévoit, dès février, un premier coup de force qu'il décommande au dernier moment. Il entreprend de pousser le peuple à l'émeute en mars et avril, tente à l'occasion d'une manifestation en faveur de la Pologne de provoquer la formation d'un gouvernement insurrectionnel : nouvel échec, nouvelle arrestation, nouvelle condamnation à dix ans de prison. Il en profite pour formaliser sa doctrine : nécessité d'une dictature révolutionnaire, forcément parisienne, utilité de la terreur, danger des élections, mesure contre la presse « hostile », contrôle strict de l'enseignement. Libéré en 1859, il refonde une société secrète, ce qui lui vaut de se retrouver à Sainte-Pélagie, d'où il s'évade, gagne la Belgique. Pays à partir duquel, mais ce n'est pas sûr, il aurait gagné clandestinement la France pour tenter de transformer les obsèques de Victor Noir en soulèvement armé.

De retour à Paris, officiellement cette fois, à l'occasion de la déclaration de guerre de 1870, il tente un coup de main en août, participe à la minirévolution républicaine du 4 septembre, de nouveau se retourne contre la République, celle de Gambetta, jugée trop molle, et tente de renverser le gouvernement provisoire, d'abord le 31 octobre 1870, puis le 22 janvier 1871. Il est condamné à la détention à vie... ce qui ne l'empêche nullement, par disciples interposés, de pousser à la radicalisation de la Commune. Thiers refuse de l'échanger contre Monseigneur Darbois, qui sera du coup fusillé par les communards. Amnistié en 1879, élu député de Bordeaux, mais invalidé, il meurt en 1881, après avoir lancé un journal intitulé *Ni Dieu ni maître*.

Le problème de Blanqui est que ses « non » fonctionnèrent comme un auto-enfermement permanent, comme s'il s'agissait en somme, pour ce révolutionnaire professionnel, de « non » également professionnels. Il ne sait pas, il ne peut pas, dire « oui ». Ce qui compte, en définitive, c'est moins ce à quoi il dit « non » que la nécessité presque ontologique – pour ne pas dire pathologique – de se barricader dans ce « non »-là. Est-ce que son « système » pouvait fonctionner de façon positive et ouverte ? Sans doute pas. Et lorsque ses partisans évoluèrent, ce fut la plupart du temps pour trahir, en se ralliant au boulangisme ou à l'antisémitisme antidreyfusard. Son principal disciple Édouard Vaillant se rallia tout simplement en 1914 au bellicisme et au gouvernement d'Union nationale. Lénine s'inspira de son volontarisme groupusculaire pour mieux le stigmatiser ensuite.

Ce sur quoi, en réalité, s'est bâtie la gloire posthume de Blanqui, ce sont ses échecs qui, en le libérant de toute réalisation, l'ont exonéré de tout bilan. Le moindre succès eût impliqué une telle dérive totalitaire et terroriste qu'il l'eût transformé en repoussoir.

Cependant le mythe est là qui, parce que le « non » idéalisé, totalement déconnecté du « oui » qu'il porte, ne renvoie qu'à lui-même, a engendré d'innombrables tragédies et en particulier le stalinisme. Sans doute faut-il, pour mieux saisir les racines de cette dérive, et en comprendre la nature, revenir à ce qui s'est passé après 1848.

Cette révolution-là, on l'a dit, fut déclenchée par un « non » qui n'avait a priori rien de radicalement subversif : le refus d'admettre, à l'issue d'une campagne de banquets en faveur d'une réforme de la loi électorale, que les ultimes agapes revendicatrices, prévues à Paris, fussent décommandées.

L'interdiction, tout à fait gratuite, de se réunir une dernière fois en un lieu clos pour exiger un timide élargissement du droit de suffrage, fut ressentie à la fois comme une provocation et une régression. L'étincelle mit le feu aux poudres. Quelques jours plus tard, la monarchie libérale de Louis-Philippe était par terre, la République rétablie, le suffrage masculin déclaré universel, l'esclavage aboli, ainsi que la peine de mort en matière politique. On envisageait même de proclamer le « droit au travail », tandis qu'un ouvrier, pour la première fois, participait au gouvernement provisoire.

C'est vingt-quatre heures après le triomphe totalement imprévu, quasi miraculeux, de cette révolution qui va enflammer l'ensemble de l'Europe, qu'Auguste Blanqui arrive à Paris et décrète d'emblée, sans l'ombre d'une hésitation, qu'on s'apprête à trahir le peuple, à écarter les « vrais démocrates ». Il dicte donc immédiatement à l'un de ses fidèles une proclamation insurrectionnelle qu'on porte sans attendre à l'imprimerie. Sur quoi il donne rendez-vous à ses maigres troupes à 19 heures, dans la salle du Prado, d'où l'on se rendra, évidemment « en armes », à l'Hôtel de Ville, afin de renverser le gouvernement provisoire, le plus à gauche que la France ait connu jusqu'en 1936, mais décrété « bourgeois et corrompu » avant même qu'il ait pris la moindre décision !

Donc, Blanqui n'a même pas accordé à la jeune République qui se veut « sociale » vingt-quatre heures de répit, pas plus qu'il ne s'est accordé à lui-même vingt-quatre heures de repos.

À tout ce qui, au fond, n'est pas lui, il dit « non ». A priori.

Sa décision prise, il s'en va à la préfecture de police tenter de recruter le nouveau maître des lieux. C'est plus sûr : tant qu'à faire une révolution, autant avoir avec soi les forces de l'ordre. Puis il reprend la direction de l'Hôtel de Ville, où siège le gouvernement provisoire et, là, après reconnaissance du champ de bataille, il décide de remettre le coup de force à plus tard. Cependant, ceux qu'il a convoqués sont, eux, au rendez-vous. Six ou sept cents exaltés, coiffés de bonnets rouges, spécialistes du coup de main à façon, du complot sur mesure et de la conspiration sur demande, armés jusqu'aux dents, se sont entassés dans la salle du Prado. Les orateurs, en attendant l'arrivée du grand leader, chauffent l'assistance : il faut, expliquent-ils, renverser le gouvernement provisoire, condamner à mort Lamartine, terrifier la bourgeoisie par quelques actes répressifs exemplaires, mettre hors la loi les suspects, confisquer les biens des riches, imposer l'égalité, gouverner de manière dictatoriale à la façon des bons vieux comités de salut public.

C'est alors que Blanqui apparaît, élégamment mal habillé, les mains gantées de noir, le visage volontairement impénétrable. Il avance avec une lenteur calculée, sans gratifier l'assistance du moindre regard. On se tait. Il se tait. Efficace mise en condition. Enfin, le guide parle. C'est pour expliquer qu'il faut remettre toute action offensive à plus tard. Personne ne bronche. La conception que Blanqui a du « centralisme démocratique » exclut d'ailleurs que quiconque exprime un autre avis que le sien. On lève la séance. La révolution est remise de quelques jours et, en attendant, on décide d'ouvrir un club dans la salle du Conservatoire de musique de la rue Bergère. Là, pendant plus de deux mois, le maître officie, dicte, décide, oriente, tranche, condamne, refuse, stigmatise, dénonce.

Le snobisme aidant, et cela jusqu'à ce que le vent tourne, on verra des gens du beau monde s'habiller peuple pour aller se faire voir « chez Blanqui ». Baudelaire, qui tournera réac, s'y inscrit. Sainte-Beuve, Leconte de Lisle fréquenteront quelque temps les lieux. Le philosophe kantien Renouvier en sera un habitué, mais aussi le fouriériste antisémite Toussenel. Des économistes, des médecins, des architectes.

Sur quoi porte l'offensive de Blanqui contre un gouvernement provisoire qui, sous la pression populaire, a accumulé en quelques semaines les mesures qui permettent de réaliser dans le domaine politique et social la plus spectaculaire avancée que la France ait connue depuis 1793 ? Sur les élections au suffrage universel. Parce qu'il les exige ? Non... Mais, au contraire, parce qu'il les refuse. Le peuple, selon lui, n'est pas assez mûr.

Dès le 7 mars, donc, Blanqui demande l'ajournement indéfini des élections : « Parce que depuis soixante ans l'éducation des masses a été faite par les ennemis de la République. » Même argument en somme que la droite lorsqu'elle plaide en faveur du vote censitaire en arguant du manque d'éducation et de jugement des masses ouvrières.

En réalité, les républicains gagneront les élections de 1848. Et c'est justement parce qu'ils savent qu'ils n'expriment pas, au sens démocratique du terme, la volonté populaire, que Blanqui et les siens ne veulent pas que l'on donne la parole aux électeurs. Ce qu'ils appellent la « dictature du peuple » n'exprime en réalité que leur désir d'exercer leur propre dictature sur le peuple.

Le 29 mars, les clubs d'extrême gauche, celui de Blanqui en tête, organisent des manifestations contre les journaux qualifiés de « contre-révolutionnaires » et dont la plupart se situent en vérité au centre gauche, telle *La Presse* d'Émile de Girardin, qui dénoncera courageusement la politique de réaction après 1849.

Le 15 avril, Blanqui propose un coup d'État pour épurer le gouvernement provisoire de ses éléments « modérés ». Même à l'extrême gauche, on refuse de le suivre. On se contentera d'une manif « musclée ». Ledru-Rollin dénonce les « sectaires » qui ne songent qu'à « instaurer une épouvantable tyrannie ». L'agitation ne sert finalement qu'à remettre la droite antirépublicaine en selle. Discrète jusqu'alors, elle se déchaîne contre les anarchistes et les communistes. Blanqui en tire cette seule conclusion : « Le peuple ne doit jamais descendre dans la rue sans les armes. »

Même Barbès est convaincu que son ancien complice est effectivement devenu un provocateur policier. Pourquoi, la veille de son vrai faux putsch du 16 avril, se rend-il secrètement au ministère des Affaires étrangères pour y rencontrer Lamartine, le patron de fait du gouvernement provisoire, et s'entretenir avec lui pendant trois heures ?

Le 14 mai, rebelote ! Au nom des clubs, un certain Hubert, dont il sera prouvé qu'il émarge à la préfecture de police, appelle à une démonstration de solidarité en faveur de la Pologne. Soixante mille personnes y participent. Blanqui parvient à la transformer en mini-insurrection. Les forces de l'ordre, dans un premier temps, ne font d'ailleurs rien pour l'en empêcher. L'Assemblée nationale est envahie, on procède à la nomination d'un nouveau gouvernement provisoire, ce qui permettra ensuite, une fois l'ordre rétabli, de jeter en prison la plupart des représentants de l'extrême gauche républicaine. Mission accomplie. Blanqui sera arrêté le 26 mai : « Les communistes et les terroristes nous ont fait bien du mal, écrira Lamennais, ils ont été, ils sont encore, les meilleurs appuis des factions réactionnaires. » George Sand ne veut plus entendre parler de Blanqui : « Avec lui, au lieu d'une religion, nous aurions eu un fanatisme. [...] Sans compter que, très vite, il n'aurait même plus supporté ses propres acolytes. »

« Nature triste et profonde, écrira Victor Hugo de Blanqui. Rien dans le cœur ; pas un goût, pas une affection, pas un amour, pas une vie, pas une femme. Il passait sa vie à construire des plans mystérieux, des labyrinthes, des galeries souterraines, pour miner la société. C'était un furieux froid. Ce qu'il voulait, c'était simple : mettre en bas ce qui est en haut, et en haut ce qui est en bas. Sa liberté emprisonnait, son égalité dégradait et sa fraternité tuait. C'était un de ces hommes qui ont une idée. Leur pays d'un côté, leur idée de l'autre, ils préfèrent leur idée. Leur logique tombe sur tous les sentiments humains comme le couteau de la guillotine. Homme effrayant, promis à des destinées sombres, qui avait l'air d'un spectre lorsqu'il songeait au passé, et d'un démon lorsqu'il songeait à l'avenir. »

Le « non » de Victor Hugo, le lendemain du coup d'État du 2 décembre, aurait pu lui être fatal. Blanqui, lui, aurait-il exprimé la moindre approbation de quoi que ce soit qu'il ne s'en serait pas relevé. Il était contre par définition. Rebelle professionnellement. Comme on est inspecteur des Poids et Mesures ou moine capucin. Cela ne découlait même plus d'un choix, mais correspondait à un statut. Le révolutionnarisme fonctionnarisé. Il fallait qu'il s'opposât radicalement pour justifier qu'il était, qu'il restait, contre vents et marées, le radical qui s'oppose.

LOUISE MICHEL OU L'HUMANISATION DE BLANQUI

Louise Michel aussi, à la fin du siècle, se laissa peu à peu enfermer dans cette posture, au point qu'elle fut un instant tentée par le révisionnisme boulangiste et surtout, mais elle ne le savait pas, que la préfecture de police assura la survie du journal anarchisant qu'elle dirigeait. Mais quelle humanité, quelle générosité chez cette ancienne institutrice qui avait refusé de prêter le serment exigé par l'Empire, qui distribuait à plus pauvre qu'elle les maigres rémunérations que lui procuraient ses leçons particulières, qu'un amour indestructible lia par-delà la mort au communard Ferré, qui ne dédaignait pas exprimer ses colères et ses rages en alexandrins d'un classicisme aussi impeccable qu'émouvant, qui, conférencière révolutionnaire, puis ambulancière pendant la Commune, se transforma en combattante pour suivre la lutte jusqu'à la dernière barricade, ne renia jamais rien, ne réclama pas la moindre clémence, poursuivit en Nouvelle-Calédonie, où elle fut déportée, son infatigable travail à la fois d'éducatrice et d'assistante sociale, pour reprendre, après l'amnistie de 1880, son combat en faveur d'un monde sans maître ni entrave.

La rébellion de Louise Michel était cependant devenue trop institutionnelle, trop prévisible, pour avoir la moindre chance d'ébranler quoi que ce soit. Sa radicalité programmée, installée, en faisait à la fois une figure admirable et une sorte de côté pile que le parti de l'ordre entretenait en feignant d'être terrorisé, pour conforter son côté face.

Blanqui finalement joua ce rôle lui aussi, mais sans le panache, le romantisme, ni les élans du cœur. Ces « non » répétitifs, mécaniques et mécanistes, sans surprise, n'eurent jamais d'autre effet et conséquence que de conforter la réaction bourgeoise et de justifier la contre-révolution antirépublicaine. Il fut, indirectement certes, l'inspirateur du coup de force terroriste d'octobre 1917 à Petrograd. Ou de la tentative de Karl Liebknecht et de Rosa Luxemburg à Berlin, qui se termina dans un bain de sang. Mais, entre-temps, il n'est pas une avancée sociale, une réforme libératrice, une loi de progrès, ou même une révolution réussie, dont on peut dire qu'il fut l'inspirateur, l'initiateur ou l'accoucheur. Fruit sec. Dont on peut se demander par quelle aberration le mythifièrent certains de ceux qui se sont opposés avec le plus d'énergie à l'idéologie stalino-léniniste dont il fut, en partie à son corps défendant, mais en partie seulement, le grand initiateur. Qu'est-ce en effet qu'une rébellion qui divorce de son objet pour ne plus renvoyer qu'à elle-même ? Qui est la rébellion « de » avant d'être une rébellion « à » ? Et qui se veut à ce point totale qu'elle totalitarise ce qui l'englobe, récusant tout, y compris toute autre rébellion que la sienne, et naturellement aussi toute rébellion que suscite la sienne ?

Le « non » « exceptionnel » de Lamartine, en janvier 1848, au conservatisme mortifère de Guizot contribua finalement plus à ensemencer notre histoire que le « non » répétitif, et tout compte fait normalisé, de Blanqui.

RASPAIL, BARBÈS, BLANC ET QUELQUES AUTRES...

Aussi, à ce technocrate de la radicalité insurrectionnelle, préférera-t-on ceux des rebelles de cette époque formidable que l'histoire officielle a moins héroïsés peut-être, parce que la bourgeoisie ne leur a jamais réellement pardonné : Raspail, ce novateur de génie, trop pauvre pour avoir pu pousser ses études au-delà de la théologie, et qui, seul, sans moyen, se consacra à l'étude des sciences, s'initiant aussi bien à la zoologie qu'à la botanique, à la chimie qu'à la médecine, au point qu'il élabora des théories sur les parasites et les infiniment petits qui seront à l'origine des plus modernes découvertes microbiennes.

Devenu médecin des pauvres, il acquit une popularité extraordinaire en soignant gratuitement tous ceux qui n'étaient pas en mesure de payer la moindre consultation ; mais aussi en démontrant, à l'occasion d'un procès célèbre, que l'arsenic était naturellement réparti dans tout le corps et qu'en trouver par conséquent des traces à l'occasion d'une autopsie ne suffisait pas à prouver l'empoisonnement.

Il aurait pu en rester là mais, militant démocrate ardent, blessé au cours des Trois Glorieuses de 1830, refusant tous les honneurs bien que le pouvoir lui fît d'alléchantes avances, il s'engagea de tout son être dans les combats républicains en devenant l'un des animateurs de la société secrète dite « des Amis du peuple ».

Une lettre publiée dans la presse lui vaut quinze mois de prison. À la suite de la création de son propre journal *Le Réformateur*, les procès s'accumulent. Ce qui ne l'empêche pas de publier, en 1837, son *Nouveau Système de chimie organique*, dans lequel il définit l'organisation vivante d'une façon nouvelle qui en fera un précurseur de la théorie cellulaire, puis en 1837, sa *Physiologie végétale*. Sa rébellion est totale dans la mesure où, outre sa dissidence politique et sa révolte sociale, il exerce quasi illégalement la médecine, esquisse l'idée iconoclaste de pathologie cellulaire, fait du microscope, dont il améliore les conditions de fonctionnement en se servant en particulier de colorants destinés à identifier certaines substances dans les tissus, une utilisation que critique la communauté scientifique de l'époque, et propose enfin de casser les corporations professionnelles au nom de l'interdisciplinarité : « La nature, écrira-t-il, n'est ni chimiste, ni botaniste, ni zoologique, ni minéralogiste, ni physiologiste, elle n'est point partagée en compartiments scientifiques... C'est une cause unique de combinaisons variées. »

Raspail prend naturellement une part active à la révolution de février 1848, proclame le premier la République à l'Hôtel de Ville, crée un club, fonde un nouveau journal, *L'Ami du peuple*, qui se situe à l'extrême gauche, participe à l'agitation qui tend à donner un contenu plus social à la politique du gouvernement provisoire, mais aussi à retarder les élections dont il craint lui aussi qu'elles confortent les éléments modérés sous la pression des campagnes, et se laisse entraîner, le 15 mai, sous prétexte de solidarité avec la Pologne, dans l'initiative provocatrice qui lui coûtera la liberté à un moment crucial et l'empêchera de siéger à l'Assemblée constituante, après qu'il eut été élu député.

Bien que s'étant porté candidat de l'extrême gauche à la présidence de la République – trente-sept mille voix –, il sera condamné à six ans de prison, puis banni sous l'Empire, d'autant que les funérailles de son épouse, en 1853, avaient donné lieu à une puissante manifestation de ferveur démocratique.

De retour en France après dix ans d'exil, élu député républicain malgré les pressions impériales, il votera contre la déclaration de guerre à l'Allemagne, apportera, à soixante-seize ans, tout son concours à la révolution de Gambetta, se tiendra à l'écart de la Commune dont, instruit par l'expérience, il avait perçu le caractère aventuriste, mais stigmatisera avec une telle détermination la répression versaillaise qu'à quatre-vingts ans il sera de nouveau condamné à deux ans de prison par la justice serve de l'ordre moral.

Il faudra l'interner dans une maison de santé d'où il se présentera aux élections de 1877, sera élu à Marseille, siégera de nouveau à l'extrême gauche, exigera l'amnistie des communards et s'engagera, avant de mourir, dans la résistance au coup d'État de Mac Mahon.

Trajectoire exemplaire qui mériterait qu'existe un arc de triomphe républicain sur les frontons duquel figureraient des noms comme celui de Raspail, en lieu et place de ceux des bouchers de l'Empire.

Barbès y aurait également sa place.

Lui aussi aurait pu se faire une bonne petite vie peinarde de bourgeois louis-philippard. N'avait-il pas hérité de son père une fortune rondelette qui le mettait à l'abri du besoin ? Au lieu de quoi, quand il arrive à Paris en 1830, en provenance de sa Guadeloupe natale, il se lance aussitôt, et à corps perdu, dans le combat républicain. Conséquence : il passe de complot en complot, et saute de prison en prison, jusqu'à ce que, embarqué par Blanqui dans une opération pour le moins incertaine, il soit condamné à mort.

« À cette annonce, racontera-t-il, je n'éprouvai d'autre sensation qu'une légère excitation d'énergie et comme une pointe d'orgueil de voir que j'étais appelé à donner mon sang pour ma cause ! »

C'est en grande partie l'intervention de Victor Hugo en sa faveur qui lui vaudra d'échapper à la guillotine. Sa peine est commuée en déportation à perpétuité. Libéré en 1848, c'est-à-dire neuf ans plus tard, il soutient d'abord, contrairement à Blanqui, le gouvernement provisoire, mais se laisse entraîner dans la vraie fausse insurrection provocatrice du 15 mai, ce qui lui vaut de nouveau la détention à vie... En l'occurrence six ans d'enfermement à Belle-Île, avant d'être gracié par Napoléon III.

Ce dernier recherche sa caution. Barbès, non seulement la refuse, mais rejette même l'impériale clémence. On doit l'extraire de force de sa cellule. Aussitôt, il s'exile volontairement et repousse toutes les offres d'amnistie. Il mourra à La Haye, en Hollande, à la veille de la résurrection de la République.

Un Pierre Joseph Proudhon, lui, idéologue requinqué du néo-libertarisme moderne, antisémite et antiféministe, se rallia en 1851 à l'Empire !

Nous avons déjà croisé la puissante stature de Ledru-Rollin, orateur fulgurant dont le verbe ébranla la monarchie bourgeoise et imposa la proclamation du suffrage universel. Lui aussi, sous les lazzis de la réaction, dut s'expatrier après avoir tenté, sans succès, d'empêcher que la France se déshonorât en prêtant la main à la restauration de l'absolutisme pontifical à Rome. Vingt ans d'exil qui lui permirent de faire profiter de sa fougue communicative des rebelles du monde entier, avant de reprendre le combat en France, où il refusa de cautionner à la fois l'assemblée versaillaise et le putschisme communard.

Attitude qui fut également celle de Louis Blanc, ostracisé pendant deux ans lui aussi, mais qui, redevenu député en 1871, ne céda jamais un pouce, ni aux tenants du pouvoir personnel, ni au républicanisme de compromission, ni enfin au révolutionnarisme de posture.

Toute sa vie, Louis Blanc, pourtant petit-fils d'une victime de la Terreur, lutta pour asseoir le travail et la production sur d'autres bases que celles qui induisent des rapports d'exploitation et d'aliénation, tout en défendant la petite et moyenne propriété contre la tendance du capitalisme à générer des situations de monopole. « La concurrence tue la concurrence ! » théorisa-t-il.

Louis Blanc ne préconisait ni l'étatisation de l'économie, ni la dictature du prolétariat, mais l'association, la coopération et la régulation, c'est-à-dire au fond l'intéressement, la participation des salariés aux bénéfices des entreprises et un système général d'assurances sociales dont bénéficieraient les infirmes, les malades et les retraités, ainsi qu'un mécanisme de garantie contre le chômage.

On imagine mal aujourd'hui la haine féroce, assassine, que ce social-démocrate, avec soixante ans d'avance, auteur d'une admirable et très novatrice *Histoire de la Révolution française*, suscita dans les rangs de la bourgeoisie bien-pensante, fût-elle républicaine. Parce que, membre du gouvernement provisoire en 1848 – les délégations ouvrières l'avaient imposé –, il fit décréter la limitation des heures de travail et organisa un système d'ANPE avant la lettre, le parti réactionnaire, qu'on appelle généralement « parti modéré », le rendit mensongèrement responsable de cette absurdité kafkaïenne que furent les « ateliers nationaux » ; puis en fit l'inspirateur de tous les troubles insurrectionnels, y compris ceux qu'il désapprouvait, ce qui le força lui aussi à s'exiler en Angleterre, d'où il ne revint qu'à la chute de Napoléon III, armé des mêmes convictions, désireux de faire triompher les mêmes idées, réprouvant aussi bien le maximalisme communard qu'au nom du progrès social le modérantisme opportuniste d'un Gambetta.

QUAND LA RÉVOLTE INSTITUTIONNALISÉE DEVIENT UNE RUSE DE LA BIEN-PENSANCE

N'est-il pas significatif qu'aujourd'hui encore un conservateur amnistierait plus facilement Blanqui que Louis Blanc ? Pour la même raison que les héritiers de ceux qui exécrèrent Léon Blum ou Mendès France pardonneront à Arlette Laguiller. Vive la rébellion, mais sous cloche ! Conservée dans le formol, congelée dans sa suffisance. On préféra toujours un nihiliste nietzschéen, confit dans ses rancœurs, à un Kossuth, ce démocrate radical hongrois auquel le parti de l'ordre européen devra opposer en 1849, pour le soumettre, à la fois l'armée autrichienne et l'armée russe, ou à un Robert Blum, cet ouvrier passementier qui, mû par une volonté farouche de se donner tout entier à une œuvre émancipatrice, deviendra dramaturge, romancier, journaliste et orateur politique, animera la révolution démocratique en Allemagne, sera élu vice-président du Parlement de Francfort, puis sera fusillé par les sbires impériaux après qu'il se fut rendu à Vienne, en signe de solidarité avec les insurgés autrichiens.

Car il faut bien ici, et un peu tard peut-être, le souligner : il n'y a pas de rébellion, pas de « non » significatif, qui n'induisent que l'on accepte de s'y immoler. Appellera-t-on rébellion celle, très institutionnalisée, médiatisée, normalisée, qui permet de devenir par exemple un Philippe Sollers, un Jean-Edern Hallier, c'est-à-dire le trublion préféré du parti du manche, l'insurgé salonnard du clan de la bien-pensance ?

Nous vivons aujourd'hui une époque étrange où des médias dominants formatisent des révoltes obligatoires et où ne prennent, en conséquence, de vrais risques que ceux qui refusent d'y adhérer ; où toute contestation d'un hurlement gauchistement correct vaut excommunication ; où rien n'est plus dangereux que le refus de se soumettre à une certaine forme normative d'insoumission. Voilà même que ne point accabler systématiquement les « forces de l'ordre », celles qui sont confrontées aux conséquences de la loi de la jungle capitaliste, exige une témérité folle, que l'exclusion menace ceux qui ne ressentent pas à l'endroit de leur propre nation que de la haine, que la moindre référence à quelque valeur soupçonnée d'être traditionnelle paraît mériter enfermement. Il faut, pour participer de l'assiette au beurre, juger la « France moisie », héroïser les tueurs du nationalisme ethnique et exiger la régularisation des esclaves.

C'est, de nos jours, le refus de la modernité « officieuse » qui demande au contrevenant une certaine dose d'héroïsme. Et, à ne point se rallier a priori et mécaniquement au progressisme de convenance, c'est-à-dire à ne pas se prosterner devant tout « ce qui fait semblant », on met déjà un orteil sur le bûcher.

« On a raison de se rebeller », titrait un journal. En vérité, il arrive que ce soit un ordre. La posture du refus, qui coûte cent sous au bazar des bons sentiments, s'apparente alors à un uniforme. Il faut dénoncer et y mettre le plus de fureur et de rage possible. Dénoncer quoi ? La violation des droits de l'homme à dix mille kilomètres, le fascisme d'il y a soixante ans, le communisme qui a disparu, tout ce qui est loin dans le temps et dans l'espace. Tirer l'épée contre qui ? Contre Hitler et Staline. Avec un demi-siècle de retard ? Qu'importe ! Faire oublier les parents qui ne l'ont pas fait. Accabler d'autant plus impunément l'adversaire qu'il a disparu, que de vrais héros l'ont désarmé. Et l'inventer, si besoin est. Le ressusciter même. Manifester contre l'homophobie à l'heure du PACS. Contre la censure quand le marché triomphant permet tout, y compris la chosification de l'être humain, la marchandisation de l'amour et l'esclavagisation de la femme. Traquer les sectes pour ne rien avoir à dire contre les religions de la normalité que l'on continue, sans rire, d'appeler « révélées ». Plutôt affronter un souverainisme fantasmé qu'un intégrisme réel. Peinard !

D'une façon générale, pourquoi s'en prendre à un adversaire qui existe quand il est tellement plus commode de charger un ennemi baudruche ? Mais attention, surtout ne point se colleter avec le réel, l'oppression réelle, l'aliénation réelle, la tyrannie réelle, la violence réelle, la régression et la réaction réelles, la guerre réelle. La guerre ? Dès lors que c'est notre camp qui la menait, et fût-ce contre le droit et ses principes, n'a-t-on pas écartelé en place de Grève de l'opinion publique ceux qui répugnaient à y souscrire ? Soudainement, Régis Debray et d'autres en savent quelque chose, la rébellion était redevenue insupportable aux vrais partis de l'ordre, parce que « subversive ».

Combattre le régime quasi totalitaire de l'argent impérial, la dictature implacable du marché confisqué, la tyrannie devenue sans rivages de la seule puissance matérielle, l'assassinat de la concurrence et de la libre entreprise par les forces du pancapitalisme concentrationnaire, le creusement vertigineux des inégalités et l'explosion des injustices, l'extension implacable des misères périphériques, la concentration hier encore inconcevable des richesses et des pouvoirs, la tendance planétaire à la marginalisation des différences et à l'éradication des spécificités, cela ne vaut ni promotion, ni décoration, ni invitation systématique sur les plateaux télévisuels, ni citation à l'ordre de la bien-pensance radiophonique.

À oser cette résistance-là, c'est à la relégation, à l'exclusion, à l'ostracisme, parfois même à la lapidation ou au lynchage que l'on s'expose. La mort civile, pas la mort physique, du moins sous nos climats.

D'un côté, donc, une rébellion à paillettes, de confort, sans le moindre risque d'égratignures à la clef, qui est devenu la condition de l'admission à la chambre des pairs ; de l'autre, une résistance difficile, au risque constant de la diabolisation et du pilori, dont on ne sort pas sans blessures, parfois cruelles, même si elles ne vous condamnent pas à une autre mort qu'à celle qu'on se donne soi-même, éventuellement, par désespérance. Jean-Edern Hallier se croyait rebelle, qui ne fut qu'un talentueux histrion, quand un Alain Finkielkraut, qui se pense comme conservateur, se découvre authentiquement rebelle malgré lui. Il y a, aujourd'hui, des philosophes consciemment rebelles, dont on ne parle pas. Ce qui est assez logique.

22

Le « non » ambigu des communards

En quoi est-il dangereux de crier « je ne joue plus » ?

Sous nos latitudes au moins, ici et maintenant, on peut encore y sacrifier son statut, son honorabilité médiatique, son quant-à-soi social, mais pas sa vie.

Un Delescluze, lui, y succomba.

Présent sur les barricades de 1830, il avait déjà dû se réfugier en Belgique sous la monarchie de Juillet. Plusieurs fois condamné pour avoir pris la défense des insurgés de juin 1848 déportés en masse, il s'exila de nouveau en Angleterre en 1849, revint en 1853, sous l'Empire, reprit la lutte, fut arrêté, envoyé au bagne de Cayenne jusqu'en 1859, date à laquelle il fonda un journal d'opposition qui s'imposa malgré la succession des poursuites judiciaires, fut élu député de Paris après la chute de Napoléon III, s'insurgea contre le déshonneur de l'armistice, participa, par réaction à la fois républicaine et patriotique, à la Commune dont il fut ministre de la Guerre, et se fit tuer volontairement pendant la semaine sanglante sur la barricade de la place du Château-d'Eau.

C'est en défendant Delescluze, sous l'Empire, que Gambetta acquit cette notoriété qui en fit ensuite un des symboles de la République.

ILS ONT DIT « NON » AU SECOND EMPIRE

Il est de bon ton, aujourd'hui, de réhabiliter le régime de Napoléon III – surtout quand on se rêve soi-même en prince-président – sans trop se soucier du système de concussion généralisée et de terreur rampante qui lui permit de tenir la France sous le joug pendant deux décennies. Toute rébellion valait proscription, et la mal-pensance se payait assez cher pour que la plupart des fortes têtes acceptassent de se courber devant la bêtise installée. S'y refusait-on, comme Edgar Quinet, qu'on connaissait le sort qui fut celui de Soljenitsyne ou, comme l'immense Michelet, on était destitué de toutes ses fonctions, jeté à la rue. Le député républicain Baudin ne fut pas le seul à payer de sa vie son opposition à la crapulerie du 2-Décembre. C'est par milliers, dont quatre cents à Paris, que se chiffrèrent dans toute la France, particulièrement le Var, la Nièvre, l'Yonne, le Rhône où la résistance fut la plus forte, les victimes de la terreur militariste, tandis que plusieurs dizaines de petits bourgeois légalistes étaient tout simplement mitraillés sur les grands boulevards et que vingt-sept mille récalcitrants furent arrêtés, dont cinq mille seront déportés.

Henri Rochefort, qui tournera mal, paiera de treize mois de prison ferme un simple délit de presse. Son journal avait été saisi après trois numéros. À journaux aux ordres, journalistes couchés. Ceux qui, comme Delescluze, Rochefort, ou Victor Noir, relèveront le front seront implacablement matraqués. Ce dernier sera même assassiné par un Bonaparte. L'intelligentsia qui n'était pas en exil fit donc allégeance. George Sand elle-même se réfugia sous sa couette, ce qui n'empêcha ni Baudelaire d'être condamné à trois mois de prison, ni Flaubert d'être traîné en justice.

C'était l'époque où dessiner façon Daumier pouvait coûter six mois de prison, comme écrire des chansons avait valu plusieurs enfermements à Béranger. Ce dernier, notons-le, qui célébra l'empereur sous les Bourbons, refusera en revanche toute faveur sous l'Empire.

De simples grèves, à Firminy ou Carmaux, tournent au massacre. Se rebeller alors signifie que l'on met tout en jeu : sa liberté et sa vie. Et beaucoup de ceux, d'ailleurs, qui sortirent des catacombes à l'occasion de la tardive et prudente libéralisation du régime trouveront la mort quand se déchaînera, après la Commune, le revanchisme versaillais.

Gustave Flourens, par exemple, fils d'un physiologiste de renom dont il fut le suppléant au Collège de France, avant d'en être écarté à cause de ses idées républicaines. Neutralisé en France, interdit de cursus universitaire, il vole en 1866 au secours des Grecs de Crète révoltés contre les Turcs, s'initie au journalisme, participe aux troubles qui font suite aux obsèques de Victor Noir, s'enfuit pour échapper à la déportation, revient à la chute de l'Empire, se retrouve en prison pour radicalisme, participe à la Commune dont il tente de dynamiser la résistance militaire. Fait prisonnier par les Versaillais, il est abattu d'un coup de sabre par un lieutenant de gendarmerie.

Ainsi encore Eugène Varlin, ouvrier relieur, disciple de Proudhon, précurseur de l'internationalisme ouvrier et cependant patriote, forcé de fuir son pays pour échapper aux sbires de l'Empire, engagé activement dès son retour dans l'effort de défense nationale, élu triomphalement à la Commune au sein de laquelle il s'occupe avec efficacité des subsistances, successeur de Delescluze comme organisateur de la résistance. Arrêté le dernier jour de la semaine sanglante, il est roué de coups, martyrisé, traîné à l'état de loque jusqu'à la butte Montmartre où il est fusillé.

Auguste Vermorel, journaliste progressiste, avait fondé *La Jeune France* ; blessé lui aussi sur la barricade du Château-d'Eau, il est amené à Versailles, où on le laisse mourir à petit feu sans lui dispenser le moindre soin. Raoul Rigault, animateur des cercles républicains du Quartier latin : anticlérical fervent, blanquiste pour son malheur, il est fusillé le 25 mai. Louis Rossel, officier patriote, indigné par la trahison du général bonapartiste Bazaine qui a livré Metz aux Prussiens, rallié à la Commune par pur refus de la honteuse capitulation concoctée par les responsables de la bourgeoisie libérale : il rompra avec les communards dont il fut un temps le délégué à la guerre, mais trop indisciplinés à son goût, ce qui ne lui évitera nullement d'être condamné à mort et exécuté par les Versaillais qui lui reprochent sa trahison de classe. Ferré, l'ami de Louise Michel, révolutionnaire professionnel, est passé par les armes le 27 septembre 1871. Édouard Vaillant, ingénieur, docteur en sciences et médecin, délégué à l'enseignement de la Commune, où il initiera des réformes qui annoncent les lois de Jules Ferry : condamné à mort, il parviendra à gagner l'Angleterre, puis reprendra sa place après l'amnistie dans le mouvement socialiste. Comme Gustave Paul Cluseret qui, en tant qu'officier, avait pris part à la guerre de Sécession américaine du côté des nordistes : patriote internationaliste comme Varlin, premier délégué à la guerre de la Commune qui le rendra responsable de ses échecs, condamné à mort par Versailles, il doit à son exil d'échapper à l'exécution, puis deviendra député socialiste du Var en 1888. Émile Eudes, gérant du journal *La Libre Pensée*, élu à la Commune par le XIe arrondissement, après avoir tenté d'organiser la défense du front sud, gagne assez rapidement l'Angleterre pour échapper au peloton d'exécution. Gustave Le Français, instituteur déjà proscrit le 2 décembre, arrêté à plusieurs reprises sous l'Empire, orateur ardent, également promis à la mort, trouve son salut en passant en Suisse sans renoncer jamais à ses convictions anarchistes.

Quant à Leo Fränkel, internationaliste d'origine hongroise, jeté en prison sous l'Empire, délégué au travail, au commerce et à l'industrie sous la Commune, blessé, il parvient à gagner Genève avant d'être « collé au mur » comme il dit. Il sera de nouveau incarcéré à Vienne, puis à Budapest, jettera les bases d'un parti ouvrier hongrois et mourra dans la misère à Paris, non sans avoir participé à la fondation de la Deuxième Internationale.

ILS ONT CHANTÉ LA RÉVOLTE

Peindre, chanter, écrire, autant d'activités qui pouvaient se révéler fatales lorsqu'on les exerçait de façon dissidente.

Qu'on en juge : parmi les condamnés à la peine capitale qui passeront en quelque sorte à travers les balles, on compte trois chansonniers, un homme de lettres, tandis qu'un peintre, Courbet, grâce sans doute à sa déjà grande notoriété, s'en tirera avec seulement six mois de prison et trois ans d'exil.

Jean-Baptiste Clément, l'auteur de l'immortel *Temps des cerises* et des *Chansons du morceau de pain*, devra, lui, se cacher à Londres et ne pourra refaire surface que neuf ans plus tard, en 1880, pour se replonger dans l'activisme social et politique dans ses Ardennes natales. Lui aussi avait été plusieurs fois emprisonné sous l'Empire avant de siéger à la Commune en tant que membre de la commission de l'enseignement. Quant à Eugène Pottier, l'auteur de *Jean Misère*, aussi grand que Béranger mais dont la gloire sera posthume, il avait au cours de l'une de ses planques parisiennes, alors que la plupart de ses compagnons tombaient autour de lui, et avant de se réfugier également en Angleterre, écrit dans la fièvre les quelques strophes qui, mises en musique par l'ouvrier lillois Degeyter, deviendront *L'Internationale.* Jules Jouy, qui avait seize ans à l'époque de la Semaine sanglante, poursuivra jusqu'à la fin du siècle la bataille chansonnière de son aîné et inspirateur, en écrivant notamment *La Veuve*, admirable complainte en forme de charge contre la peine de mort. Cette peine de mort à laquelle avait échappé de justesse un autre poète chansonnier, Clovis Hugues, qui avait, lui, participé activement à la Commune à Marseille. Montéhus, l'auteur de la *Butte rouge* et de la *Jeune Garde*, entretiendra cette grande tradition du caf conc' subversif mais s'en tirera, lui, avec la Légion d'honneur.

Dira-t-on assez que, en ce temps où les romanciers gardèrent le silence, même le jeune Zola et Anatole France, quand ils ne hurlèrent pas à la mort, où les poètes se recroquevillèrent dans le cocon de l'art pour l'art, sauf Rimbaud et Verlaine assez méconnus pour être électrisés par cette révolte des « sans nom », où l'élite intellectuelle fut généralement soit lâche, soit ignoble, au point que Victor Hugo dut fuir en Belgique ses meurtrières invectives, l'honneur fut relevé par une poignée de trousseurs de ritournelles et de faiseurs de complaintes ?

Outre Béranger, Pierre Dupont, l'auteur de *J'ai trois grands bœufs dans mon étable...*, mais aussi du *Chant des ouvriers*, leur avait ouvert la voie. Chansonnier républicain sous la monarchie de Juillet, il dut se cacher après le coup d'État du 2 décembre et ne survécut que difficilement bien que Baudelaire, admiratif, ait accepté de préfacer l'un de ses recueils de chansons.

JULES VALLÈS OU L'INSURGÉ TOTAL

Enfin, il y eut Jules Vallès : une enfance pauvre et malheureuse entre une mère rétrograde et un père souple comme un coup de trique, qu'il a dépeint avec fureur pour s'en libérer. Lui-même n'a pas vingt ans, « des épaules de lutteur, [...] une voix de cuivre, des dents de chien, [...] les mains comme du citron et les cheveux comme du bitume », quand, enfiévré par l'atmosphère révolutionnaire qui règne dans le Paris quarante-huitard, il se retrouve à la prison de Mazas à la suite d'un obscur complot. Il se lance ensuite dans le journalisme alimentaire, celui qui justement ne nourrit pas son homme, devenant même passagèrement chroniqueur boursier au *Figaro*, parce qu'il avait écrit un opuscule sur « L'argent » que personne n'avait lu. Il sera évidemment congédié. Il impose peu à peu son talent étrange et sulfureux de polémiste habité par la cause du prolétariat. Il regroupe, en 1866, ses articles sous le titre *Les Réfractaires* : ces « rebelles »-là, selon lui, « sont ceux qui ont juré d'être libres, qui, au lieu d'accepter la place que leur offrait le monde, ont voulu s'en faire une tout seuls à coup d'audace ou de talent ». Ainsi le critique Gustave Planche qui paya d'une vie de misère son mépris des convenances sociales et son refus de s'intégrer aux clans de son époque. Que dirait-il aujourd'hui ? La liberté implique la rupture. Le monde n'est pas si beau qu'on doive se laisser happer par le beau monde. Plutôt faire la plonge chez Nénesse que la roue à la Closerie. Hors du peuple, peut-il y avoir des héros ?

Fort peu hugolâtre, Vallès n'en cessa pas moins de tirer le diable par la queue en collaborant au journal créé par le poète, *L'Événement*, dans lequel sa prose éclate en éclairs de révolte, mais aussi de générosité. Il fonde à son tour un hebdomadaire qu'il intitule *La Rue*. « Nous sonnerons l'attaque et donnerons l'assaut contre toutes les forteresses, instituts, académies du haut desquelles on fusille quiconque veut avoir l'esprit libre. » Ce ton le renvoie à la prison de Mazas, puis à Sainte-Pélagie.

Libéré par la révolution du 4 septembre, il se lance à corps perdu dans l'aventure de la Commune, à la tête d'un nouveau journal, *Le Cri du peuple*. Il sera l'un des derniers à résister sur les ultimes barricades.

Condamné à la peine capitale, et exclu de la Société des gens de lettres, bien sûr, il se réfugie à Londres. Il y écrit sa trilogie fameuse *L'Enfant*, *Le Bachelier*, *L'Insurgé* – qui en font l'un des écrivains les plus puissants, les plus originaux de cette fin de siècle –, sans craindre de révolutionner également la syntaxe, comme le fera plus tard Céline dans son *Voyage au bout de la nuit*.

Rejet féroce, fulgurant d'une société qui exclut ceux qui refusent d'en être les parasites. Hommage aux enfants que leurs parents rouent de coups, aux bacheliers qui subissent le gavage académique et l'oppression des diplômes, aux exploités dont la trime nourrit les « mains blanches », aux insurgés qui mouillent la révolution de leur sang. Ce sang qui, un matin de 1871, « inondait le ciel de Paris comme une immense blouse ». La langue de Vallès est comme sa vie, écorchée, lacérée. Drue et cruelle comme une mitraille. Elle mord par amour. Elle caresse comme on griffe.

De retour à Paris, après douze ans de proscription, Vallès ressuscite son *Cri du peuple*. Il y stigmatise le colonialisme et exige une réforme de l'enseignement. Rugit une fois encore avant de mourir. Et surtout réunit en un dernier volume les plus saisissants tableaux qu'on ait jamais brossés du Paris populaire dont Zola, après lui, racontera l'agonie.

Jules Vallès ou la rébellion totale ! Brute, rêche. L'homme en marge de tout. Des modes, des écoles, des Églises, des partis, des chapelles, des courants. De la marge elle-même dès lors qu'elle s'organise, qu'elle s'institutionnalise ou qu'elle se normalise. Même ses funérailles furent une émeute. L'anti-intellectuel par excellence. Haine de la pédanterie universitaire. De la cuistrerie élitiste. De la castration de caste. Concret jusqu'à l'hyperréalisme. La grande Séverine fut sa disciple et continuatrice. Il serait aujourd'hui interdit de journalisme. Crucifié – crime de « populisme » –, lynché, exclu, écrabouillé, interné.

SUR UNE FAUTE HÉROÏQUE

Rarement erreur engendra autant d'héroïsme dans la rébellion ! Car la Commune fut une faute. Sciemment provoquée par la droite réactionnaire qui avait besoin d'un tel prétexte pour écraser le mouvement social. Une tentative absurde, car vouée à l'échec, pour opposer Paris qui votait bien, c'est-à-dire très à gauche, au reste de la France qui avait mal voté, c'est-à-dire à droite.

En réalité, la capitale qui, ayant connu le siège, ne s'était pas soumise, se sentait transportée d'une fiévreuse ardeur patriotique, alors que la province, dont les enfants s'étaient fait étriller à Sedan, désirait avant tout le retour à la paix ; elle avait plébiscité les royalistes sans le savoir, et les lâchera d'ailleurs massivement dès lors qu'elle s'apercevra qu'ils sont royalistes. Son expression n'en avait pas moins été démocratique. Et lui opposer l'activisme de l'extrême gauche parisienne résonnait comme un défi au suffrage universel. C'est pourquoi Louis Blanc, Ledru-Rollin, Victor Hugo, Raspail, et la plupart de ceux qui avaient mené sous l'Empire le combat éprouvant de la gauche républicaine, refusèrent de cautionner ce coup de force minoritaire.

Reproduire en 1871 le processus qui avait permis à la commune de Paris de 1793 d'imposer sa loi à la Convention, après épuration des girondins, relevait d'un certain anachronisme. D'autant que le précédent laissait à désirer... Allait-on recommencer les tragiques journées de juin 1848, qui avaient été instrumentalisées par la contre-révolution ? Comment une république aussi fragile pouvait-elle commencer par remettre en cause le principe représentatif sur lequel elle était assise ? Et quelle chance une avant-garde parisienne, mal armée, isolée, encerclée, trop souvent représentée par des activistes médiocres comme Félix Pyat, avait-elle d'imposer sa volonté à un pays qui sortait de deux décennies d'abrutissement programmé ?

Autant les révolutionnaires de février 1848 se retrouvaient autour de quelques principes fondateurs, dont justement l'instauration du suffrage universel, autant ceux de 1871, écartelés entre ultra-nationalistes et internationalistes, entre fédéralistes et jacobins, entre terroristes blanquistes et humanistes libertaires, entre socio-libéraux et marxistes, entre démocrates et anarchistes, étaient condamnés à improviser, dans la plus grande confusion, une résistance impossible, tout en gérant de façon désespérée la fatale exacerbation de leurs insurmontables contradictions. D'où parfois leurs accès de fureur criminelle – l'exécution des otages –, d'où aussi une tendance à fuir leur impuissance par le biais de la symbolique, telle cette destruction de la colonne Vendôme que Gustave Courbet, dont la peinture couleur de vie constituait en elle-même une formidable rébellion, devra payer tout le reste de sa vie.

Pour autant, la Commune accumula des innovations ou exprima des intuitions qui ressemblèrent à une œuvre : remise totale et générale des loyers, séparation de l'Église et de l'État, abolition du travail de nuit des ouvriers boulangers, suppression des armées permanentes, encouragement au système coopératif, ébauche d'une réforme de l'enseignement, développement de l'éducation professionnelle, etc.

Surtout, ce qui la transfigura pour l'éternité, et en fit l'archétype d'une volonté prométhéenne de transformation du monde par assaut du ciel, ce furent les conditions du crépuscule de ses démiurges métamorphosés en demi-dieux. Quelques péchés qu'ils aient pu commettre, les communards devinrent collectivement des saints et des surhommes dès lors que la réaction aristocratique et bourgeoise révéla brusquement tout ce que son inconscient recelait d'intentions assassines, de pulsions sadiques et de désirs atroces. Dans cette orgie de terrorisme revanchard, qui vit le meurtre tenir lieu de rhétorique, la gauche libérale et bien-pensante fit assaut de cynisme et de cruauté avec la droite contre-révolutionnaire. Les « Jules » du centre gauche, Fabre et Simon, justifièrent que l'on exterminât des cohortes entières de patriotes exaltés, pendant qu'ils bradaient, eux, des parcelles entières de la patrie au roi de Prusse.

La Commune fut une faute, sa répression prit la dimension d'un gigantesque crime. Il ne s'agissait même plus de punir, mais d'arracher jusqu'aux racines de la révolte, d'en neutraliser les semences, d'éradiquer toute idée de rébellion, d'écraser une classe pour lui faire accepter sa servitude, de couper les têtes pour se débarrasser des cerveaux, de casser les résistances jusqu'à rendre les oppositions flasques, de criminaliser toute envie désormais de dire « non » à un ordre établi dont le sang versé avait scellé chaque pièce de l'édifice.

Cependant, l'horreur du carnage interdit-elle de s'interroger sur l'ambiguïté de la question à laquelle cette tuerie prétendit être la réponse ? Certains des rescapés ne mèneront-ils pas ensuite une lutte acharnée contre toutes les formes de démocratie représentative ? Nous avons évoqué le cas d'Auguste Blanqui. Celui de Henri Rochefort est également significatif des dérives d'une rébellion qui se donne à elle-même son propre spectacle, quand il s'agit de dire « non » avant même de se demander à quoi.

23

Henri Rochefort ou d'un « non » à l'autre

Henri Rochefort, rejeton d'une famille aristocratique et légitimiste, s'était très tôt lancé dans le journalisme, ce qui, sous l'Empire, relevait surtout de l'activité mondaine. Comme on ne pouvait parler de rien sans risque – ni de problèmes politiques, ni de problèmes sociaux –, il s'agissait surtout de s'y faire remarquer.

Ce que les régimes dictatoriaux ont d'intéressant, c'est qu'un peu de tempérament et un minimum de courage suffisent à vous projeter au firmament de la célébrité sulfureuse. Les dissidents soviétiques en savent quelque chose, dont certains virent leur notoriété universelle s'écrouler en même temps que l'URSS.

Or, outre du tempérament et du courage, Rochefort était affligé d'un indéniable talent, sinon d'écrivain, au moins de publiciste. Il avait naturellement la plume journalistique au bout des doigts.

Après un passage au *Mousquetaire*, publication d'Alexandre Dumas qui, soit dit en passant, fut l'un des rares à s'en tenir sous l'Empire à une attitude digne d'opposition correcte, au *Charivari* et au *Nain jaune*, où sa verve avait été remarquée, Rochefort fut engagé par *Le Figaro*, dont le directeur propriétaire, Hippolyte de Villemessant, avait eu l'intelligence de comprendre que, bien qu'il fût lui-même d'un conservatisme à toute épreuve – son journal avait attiré les foudres de la justice sur *Les Fleurs du Mal* de Baudelaire –, il avait intérêt, pour augmenter ses tirages, à caresser le Parisien frondeur dans le sens du poil. Comme, de toute façon, il n'était pas question à l'époque qu'on pût aborder les problèmes sérieux sans avoir le statut de journaliste officiel, Rochefort fut affecté à la rubrique

« parisienne » comme préposé au persiflage. Ce à quoi il excellait.

D'emblée, il récolta quelques duels, ce qui, au prix d'une égratignure, lui valut d'intéresser les dames dans les salons, et de doper les ventes du *Figaro*.

Lui rappela-t-on l'interdiction qui lui était faite d'aborder les sujets politiques, qu'il fit remarquer qu'en rapportant un accident d'omnibus, il portait atteinte aux intérêts de la compagnie composée d'actionnaires très haut placés, ce qui constituait en ce temps-là le summum de l'insolence. Mais, grisé par les succès que lui valaient ses petits vacheries allusives, il commença à mordre le trait, ce qui était à son honneur. Le duc de Morny, président du Corps législatif et âme damnée de l'empereur – il était l'un des initiateurs du putsch du 2 décembre –, avait commis une pièce en un acte qui lui avait valu dans la presse aux ordres les éloges les plus plats. Un de ces folliculaires avait osé ces lignes rédigées à l'encaustique : « Ah, qu'il est heureux pour nous, pauvres écrivains, que l'auteur de ce délicieux petit acte soit la majorité de son temps absorbé par la haute politique ! Que deviendrions-nous s'il avait assez de loisirs pour se consacrer entièrement aux choses du théâtre ? » À quoi Rochefort répliqua par cette saillie : « Ah, qu'il est heureux pour l'auteur qu'ayant participé au fructueux coup d'État il n'ait pas besoin de sa plume pour vivre ! Si un de nous portait à un directeur une ineptie de ce calibre, celui-ci le ferait immédiatement saisir et précipiter dans la fosse aux ouvreuses, avec ordres à celles-ci de l'exterminer à coups de petits blancs. » Combien d'écrivassiers pourraient en dire autant, aujourd'hui, des œuvres d'Édouard Balladur !

Les bornes étant franchies, ou presque. Un nouveau duel qui l'opposa à l'un des plus misérables porte-plume de la pensée impériale, Paul Granier de Cassagnac, acheva de conforter le mythe Rochefort. Un autre valet de plume ayant écrit à propos d'une reprise triomphale de *Hernani* du proscrit Victor Hugo : « Quel malheur qu'un homme d'un aussi grand talent se soit occupé de politique ! », il enchaîna : « Il paraît que les imbéciles seuls ont le droit de s'occuper de politique. Voilà qui est peu aimable pour le chef de l'État. »

On fit savoir à Villemessant que c'en était trop. L'homme qui, malgré les apparences, tenait à rester dans les petits papiers du pouvoir expliqua à Rochefort qu'il était navré de devoir lui solder son compte. Mais la gloire du chroniqueur était devenue telle qu'il lui vint l'idée qu'il pourrait lancer sa propre feuille. Le comble : le directeur du *Figaro*, véritable chauve-souris – oiseau et rongeur à la fois –, proposa de la financer.

Il se trouve que, le 11 mai 1868, un statut libéral de la presse avait été voté. Rochefort se rua dans la brèche : ce fut *La Lanterne*, hebdomadaire d'humeur et de combat, tout entier voué à un travail de sape du pouvoir impérial, dont la profession de foi commençait par ces lignes passées à la postérité : « La France contient trente-six millions de sujets, sans compter les sujets de mécontentement. »

Succès phénoménal qui s'explique par cette évidence que tous les adversaires de l'Empire, qu'ils fussent socialistes, républicains, libéraux, orléanistes ou légitimistes, y trouvaient leur pitance.

Tout le secret de Rochefort résidait en cela : il était contre. Contre le pouvoir bonapartiste, certes, et son républicanisme radical n'était nullement feint. Mais son programme se résumait à cette opposition. L'Empire était en quelque sorte son faire-valoir. Son garde-manger. Il s'en nourrissait. On rechercherait en vain dans ses diatribes, que l'humour et le bon sens rendaient massacreuses, la moindre allusion non politique à la question sociale, au sort concret des déshérités, à l'oppression au quotidien. Un seul objectif : faire feu sur la cible badinguesque. L'anti-Vallès en quelque sorte.

Il n'empêche que, tel un bélier, *La Lanterne* provoqua un tel ébranlement du conformisme impérial que très vite les foudres de la répression s'abattirent sur le brûlot et que Rochefort ne dut qu'à sa fuite en Belgique d'échapper à l'incarcération. Là il fut pris en charge par son idole, Victor Hugo. Lequel, suivi de tout son clan, l'encouragea à poursuivre son combat en se présentant aux élections, ce qui lui valut le soutien du vieux Barbès et de Garibaldi.

Battu de justesse par un républicain modéré, il fut repêché à Belleville à l'occasion d'une élection partielle, non sans s'être prononcé, au grand scandale de ses pairs, en faveur du « mandat impératif », ce qui constituait le summum de la démagogie puisque cela revenait à renoncer, au nom de la primauté de la volonté populaire, à son libre arbitre.

Rallié, désormais, à l'extrême gauche, dont le seul autre élu était Raspail, Rochefort entreprit aussitôt de lancer un nouveau journal, quotidien celui-là, *La Marseillaise* – « torpilleur lancé à toute vitesse contre les plaques blindées du navire impérial », comme l'écrivit l'un de ses animateurs –, dont les principaux rédacteurs figureront parmi les futurs martyrs de la Commune, tels Flourens et Rigault.

C'est à l'occasion d'une provocation en duel de Rochefort, qui lui envoya ses témoins, qu'un cousin de l'empereur, le prince Pierre Napoléon Bonaparte, tua d'un coup de pistolet le journaliste Victor Noir. Le lendemain, le pamphlétaire écrivait à la une de *La Marseillaise* : « J'ai eu la faiblesse de croire qu'un Bonaparte pouvait être autre chose qu'un assassin ! J'ai osé m'imaginer qu'un duel loyal était possible dans cette famille où le meurtre et le guet-apens sont de tradition et d'usage. Voilà dix-huit ans que la France est entre les mains de ces coupe-jarrets qui, non contents de mitrailler les républicains dans les rues, les attirent dans des pièges immondes pour les égorger à domicile. Peuple français, est-ce que décidément, tu ne trouves pas qu'en voilà assez ! »

À l'Assemblée, bien qu'il fût piètre orateur, il s'était fait lui-même le relais de sa provocation journalistique : « Je me demande, devant les faits qui se passent depuis longtemps, si nous sommes en présence des Bonaparte ou des Borgia. » Énorme scandale. Saisie du quotidien. Foule énorme aux obsèques de Victor Noir. Début d'émeutes, mise en accusation de Rochefort, qui est arrêté et incarcéré à Sainte-Pélagie.

Il sera libéré, après le désastre de Sedan, par la révolution du 4 septembre, qui le cooptera au gouvernement provisoire, dont il démissionnera deux mois plus tard. Il lancera un nouveau journal, *Le Mot d'ordre* ; se fera élire député de la Seine et redémissionnera, en même temps que Ranc, Benoît Malon, et bientôt Victor Hugo, pour protester contre l'acceptation par la majorité conservatrice de l'abandon de l'Alsace-Lorraine.

Ainsi Rochefort qui, panache au vent et rapière au poing, avait dit « non » à la censure, « non » à l'Empire, « non » aux propositions réitérées de récupération, fut-il un des rares à refuser la honteuse livraison à l'ennemi de deux départements français, acceptée à l'Assemblée par cinq cent quarante-six voix – toute la droite et la gauche bien-pensante – contre cent sept seulement.

Fut-il communard ? Le parti qu'il avait embrassé, celui de la gauche radicale, ne lui permettait pas de rester en dehors de cette provocation majeure, de ce défi énorme et fou, de cette crise de rage gigantesque. Il s'y rallia cependant en journaliste critique, sans en être jamais directement acteur, et condamna, par exemple, les décrets de suppression de la presse conservatrice. Il applaudit à la destruction de la colonne Vendôme ou à la démolition de la maison de Thiers, mais se démarqua nettement de la loi des otages. Il n'agit pas, il réagit. Pas un moment il n'embrasse l'événement dans son ampleur et sa complexité ; il l'accompagne. Il n'exprime aucune idée particulière sur ce qu'il conviendrait de faire, mais condamne ou réprouve ce qu'il n'aurait pas fallu faire. Il colle à sa clientèle, du moins à une partie d'entre elle, sans prétendre l'éclairer. Il reste le porte-parole du parti des mécontents.

Ce sont moins les communards qui le séduisent que la pusillanimité chafouine de la gauche bourgeoise des Fabius de sous-préfecture qui le dégoûte. Sa haine du républicanisme modéré se donne libre cours, sans valoir pour autant ralliement aux idées socialistes.

Il n'attend pas l'assaut versaillais pour quitter Paris, le 17 mai, mais se fait intercepter par la police de Thiers, qui, tandis qu'une foule « bien mise » crie à la mort sur son passage, le jette dans une prison où le rejoindront Courbet et Rossel.

Le 26 septembre, le troisième conseil de guerre le condamne à la déportation dans une enceinte fortifiée. Direction : d'abord le fort Boyard, près de La Rochelle, où une tentative d'évasion échoue, puis la citadelle d'Oléron, dont il réussit à faire renvoyer le directeur sadique. Nouvelle idée d'évasion déjouée à cause d'un bavard. Enfin, il est embarqué, en compagnie de deux cent cinquante autres déportés, sur le *Virginie*, en route pour la Nouvelle-Calédonie et ses bagnes. Il y fait la connaissance de Louise Michel, qui fait partie du lot.

La « Vierge rouge » était en quelque sorte une rescapée. Le tribunal lui avait refusé la mort bien qu'elle lui ait crié, après avoir reconnu même des exactions qu'elle n'avait pas commises : « J'ai fini. Si vous n'êtes pas des lâches, tuez-moi ! »

Celle qui était déjà devenue un mythe n'était pas de tout repos. Bien qu'elle fût totalement démunie et surtout dépourvue de tout vêtement chaud malgré les grands froids, elle refusait qu'on lui fasse don de la moindre paire de bas de laine. « Cela notait Rochefort, lui eût fait l'effet d'une noire trahison. » La pasionaria acceptera en revanche d'échanger des alexandrins avec l'indomptable journaliste. Sur place, en

Nouvelle-Calédonie, elle n'acceptera jamais, au nom de l'égalité des sexes, d'être séparée de ses compagnons d'infortune.

En mars 1874, un groupe de déportés parvient, grâce à la complicité d'un capitaine de navire australien, et aussi à l'aide de François Jourde – qui, en tant que responsable des finances, avait été le plus compétent des ministres de la Commune –, à fausser compagnie à ses gardes-chiourme. Rochefort en est. Ce qui lui vaut d'être fêté aux États-Unis et en Angleterre comme un véritable Robin des Bois des temps modernes.

Il ne s'est pas sitôt installé en Suisse qu'il provoque de nouveau Cassagnac en duel et lance une nouvelle version de *La Lanterne* : il y fait campagne en faveur de l'amnistie totale, fustige les républicains modérés et opportunistes, soutient Blanqui qui se présente à une élection partielle à Bordeaux.

À son retour à Paris, en 1880, il est accueilli en héros par une foule immense et s'en va directement chez Victor Hugo qui a organisé un dîner en son honneur. Quelques semaines plus tard, il a déjà lancé un nouveau quotidien, *L'Intransigeant*, auquel collaboreront, au début du moins, plusieurs ex-communards, dont le poète chansonnier populaire Clovis Hugues.

Et c'est alors que quelque chose se passe. Un Victor Hugo, qui lui aussi n'a cessé de se battre en faveur d'une amnistie totale, estime qu'il faut donner toutes ses chances à une république encore fragile, qui n'a échappé que de justesse au coup d'État à froid de Mac Mahon. Rochefort, lui, comme confit dans son devoir d'opposition, fait de moins en moins la différence entre les turpitudes de la démocratie naissance et les crimes de la dictature impériale. Il manie le fouet avec la même vigueur, sans plus se soucier qu'hier de savoir au nom de quoi il exerce sa vindicte.

Il dit « non », mais ne dit que « non ». Sa rébellion se referme sur elle-même. L'opportunisme d'un Gambetta, qui cherche à rallier les classes moyennes à la République, lui apparaît aussi ignominieux que le totalitarisme propagandiste de l'Empire qui visait à les subjuguer. Pour stigmatiser les profiteurs de *L'Assiette au beurre*, le pamphlétaire fait feu de tout bois et ne s'interdit pas d'exploiter de plus en plus ouvertement les thèmes de prédilection de la presse monarchiste.

Peu à peu, ses amis communards font défection. Un rapport de police, daté du 17 juin 1883 [1], note « qu'ayant perdu le public

1. *Cf.* l'excellent ouvrage de Eric Vatié, *Henri Rochefort*, Éd. Jean-Claude Lattès.

de gauche, *L'Intransigeant* attire trop de réactionnaires notoires, ainsi que des gens qui possèdent des titres et des châteaux ».

Mais était-ce vraiment nouveau ? En 1887 la Fédération française des travailleurs socialistes annonce qu'elle rompt tout lien avec *L'Intransigeant*, et pour cause : Rochefort a mis alors son journal au service de la cause boulangiste dont il est devenu le plus ardent et aussi le plus redoutable propagandiste. Et on peut lire, l'année suivante, dans *Le Prolétaire* : « Eh bien, chers lecteurs, que pensez-vous maintenant de Monsieur Rochefort et de son journal ? Que ses abonnements sont en hausse ? On le dit. L'ère de la dictature militaire s'ouvre à l'horizon de la République. Tout le monde le voit. Nous sommes à l'aube de brumaire ou de décembre. Tout le monde le sent. Les vieux républicains serrent dans leur poche le manche d'un couteau ou la crosse d'un pistolet. Guidé par son unique préoccupation, l'impression de son journal, Monsieur Rochefort est le seul à défendre le général Boulanger, le tout petit Napoléon de demain. Monsieur Rochefort se déshonore. »

Et dans *La Justice*, le journal de Clemenceau, le radical Camille Pelletan, un lutteur infatigable qui fut de tous les bons combats, interroge : « Je vous le demande, Monsieur Rochefort, le bonapartisme de Monsieur Boulanger ne vous semble-t-il pas indécent ? »

À l'évidence, il ne s'en offusque nullement. Il ne peut ignorer pourtant ni que le comité bonapartiste a officiellement décidé de soutenir la campagne boulangiste, ni que les royalistes, comme nous l'avons vu, par l'intermédiaire de Marie-Clémentine de Rochechouart-Mortemart, duchesse d'Uzès, la finançaient sans compter. Rochefort n'avait au fond que deux excuses : la première, c'est qu'il restait dans l'opposition, fût-elle devenue monarcho-impérialiste depuis le renforcement de la République ; la seconde, c'est qu'il demeurait proche des sensibilités populaires puisque, en l'occurrence, les élections montrèrent qu'une grande partie de la population barricadière de Paris, la plus rebelle, avait rallié le camp boulangiste. Le « général Revanche », comme on l'appelait, patriotard comme Rochefort, ne se présentait-il pas en démocrate social devant les socialistes ? Et en républicain jacobin quand il s'adressait à des radicaux ?

Ce qui lui valut d'autres complicités à l'extrême gauche, chez les blanquistes par exemple, tandis que Louise Michel elle-même eut des hésitations. Dans les deux cas, la haine du républicanisme petit-bourgeois excusait tout.

Aussi bien Rochefort était-il sans doute convaincu qu'il restait fidèle à son rôle de rebelle – une rébellion financée par la France possédante –, puisqu'une fois de plus, après le fiasco de son grand homme, il dut partir en exil pour échapper aux foudres de la loi...

Les anarchistes, dont la préfecture de police finançait en sous-main les activités et achetait les explosifs, avaient d'ailleurs la même conviction. Pourquoi un partisan de la dictature militaire ne se serait-il pas réjoui quand Auguste Vaillant lança, en 1893, une bombe au milieu de la Chambre des députés ? Pourquoi la droite ne se serait-elle pas félicitée des thèmes de propagande que Ravachol lui servait sur un plateau ? Comme Caserio, l'assassin du président Sadi Carnot, ils offraient leur vie. Mais à quoi ? Et à qui ? Il est significatif que pour ceux-là Rochefort eut de la tendresse. En 1894, il stigmatisa encore, et c'est à son honneur, les lois d'exception – « scélérates » – qui n'attendaient pour éclore que cet alibi. La même année, il soutint la candidature à des élections partielles d'un journaliste anarchisant qui s'était fait une célébrité en insultant le président de la République, et qui fut élu. Il cultive encore assez l'ambiguïté, se complaisant dans la zone grise, pour qu'à son retour le petit peuple parisien fasse à cet éternel proscrit un nouveau triomphe, que rehaussait la présence dans le comité d'accueil de Jean Jaurès et de Viviani.

Pourtant, cette fois, il va totalement basculer.

L'affaire Dreyfus lui en fournira l'occasion. Jusqu'au bout, même après le suicide du commandant Henry, l'auteur des « faux », même après les aveux d'Esterhazy, le véritable traître, contre l'évidence, les crocs en avant et la bave aux lèvres, douteux d'abord, ignoble ensuite, il affirmera la culpabilité du capitaine, parce qu'il est juif et que l'armée est « l'arche sainte ». Acquis à l'antisémitisme le plus nauséabond, il ne reculera devant aucune outrance, jusqu'à accuser les Juifs d'être responsables de l'incendie des Nouvelles Galeries. Face à Émile Zola, à Anatole France, véritables continuateurs de l'hugolisme, à Tristan Bernard, Maeterlinck, Octave Mirbeau, Marcel Proust, Edmond Rostand, le jeune Charles Péguy, Émile Durkheim, Jean Jaurès, Clemenceau, Lucien Herr, Bernard Lazare, Romain Rolland, Séverine, il servira toujours avec la même fougue, en compagnie de Charles Maurras et de Barrès, et de nouveau au risque de la prison, dans le camp du déshonneur.

C'est lui qui, dans un article intitulé « Le sauvetage de la race », invente le concept de « syndicat juif ». Il trouve d'anciens blanquistes, Ernest Roche, Granger, Gabriel, pour l'accompagner dans cette dérive « préfaurissonnienne ». Il dénonce en Jaurès un « sergent recruteur au service de la trahison », tente d'organiser une contre-manifestation à l'occasion des obsèques de Zola. S'en prend au professeur Thalamas qui a « diffamé Jeanne d'Arc ». Et, en définitive, passe franchement à l'extrême droite en se ralliant à l'Action française. Sans doute convaincu jusqu'au bout qu'il reste un rebelle, définitivement rétif à tout ralliement aux puissants du jour.

Déjà, quand il se posait en « gauchiste », opposé au républicanisme mou, ne stigmatisait-il pas les « saletés parlementaires » et la « pourriture d'assemblée », applaudi en cela par les blanquistes et les anarchistes, avant de l'être, alors qu'il employait les mêmes mots, par les derniers des Mohicans de la restauration monarchiste ?

24

Le « non » sublime des dreyfusards

Pendant les premiers temps de l'affaire Dreyfus, les anars employèrent d'abord un ton que n'aurait pas désavoué Rochefort.

Ainsi Émile Pouget, dans le *Père Peinard*, en 1894 : « Un youtre alsacien, Dreyfus, grosse légume du ministère de la Guerre, a bazardé un tas de secrets militaires en Allemagne. Ohé, bourgeois, ne vous épatez donc pas, les militaires ont ça dans le sang ! » Et encore en 1897 : « Qu'il soit innocent ou coupable, je m'en tamponne le coquillart ! J'ai beau le reluquer sous toutes les coutures, je ne trouve en lui [Dreyfus] que l'officier. »

Pourtant, l'homme qui le premier dénonça l'injustice, Bernard Lazare, était de sensibilité « libertaire ». C'est-à-dire anarchisant. Et surtout, c'est l'anarchiste Sébastien Faure qui, après avoir écrit dans *Le Libertaire* un article où il s'exclamait : « Dreyfus est l'enchaîné de vos lois, monde chrétien et société bourgeoise ! », organisa le 15 janvier 1898 une des premières réunions publiques contre le « procès à huis clos » à laquelle participa Louise Michel.

Mais les autres grandes figures de l'anarchisme condamneront cette initiative, tel Jean Grave qui écrira encore en janvier 1898, dans *Temps nouveaux* : « Pour ce qui est de Dreyfus et d'Esterhazy, je m'en fous ! » Sébastien Faure ne se découragera pas, soulignera au contraire, comme Jaurès, l'exemplarité révolutionnaire de ce combat, et publiera son propre *J'accuse*, d'une virulence rare. Il est vrai qu'en l'occurrence il avait toutes les raisons de mettre en cause l'État, la loi, l'armée, la magistrature, la religion et la presse. Il finira par entraîner la plupart de ses camarades dans cette bataille, y compris Émile Pouget. Ils lanceront même un quotidien, *Le Journal du peuple*, qui deviendra l'un des centres du dreyfusisme militant, et accepteront, ce qui est un comble pour des anarchistes, de constituer le service d'ordre des manifestations de défense républicaine. En échange de quoi, à la demande de Jean Grave et d'Émile Pouget, qui deviendra l'un des responsables de la CGT anarcho-syndicaliste, Émile Zola, *L'Aurore* de Clemenceau et la Ligue des droits de l'homme feront campagne en faveur des anarchistes condamnés au bagne dans le cadre des lois scélérates. Cette convergence, fût-elle passagère, contribuera à détourner finalement les anars français du mythe de l'action directe préconisée par Bakounine.

On notera d'ailleurs ce paradoxe que, dans les années 1870, le centre de propagation de l'anarchisme le plus virulent fut la Suisse, non point que ses habitants aient manifesté une particulière prédilection pour le grand chambardement, mais parce que Bakounine, l'adversaire de Karl Marx, son disciple le prince Kropotkine, ex-officier, explorateur et savant, qui publiera à Genève *Le Révolté*, Pierre Brousse, ex-communard bakouniste, qui finit par se rallier au réformisme, et surtout Élysée Reclus résidaient dans la douce et accueillante Helvétie. Ce dernier, proscrit par le coup d'État du 2 décembre, géographe de renommée internationale, auteur, entre autres ouvrages, d'une monumentale *Nouvelle Géographie universelle* en dix-neuf volumes, professeur à l'université de Bruxelles, avait représenté le courant « libertaire » pendant la Commune, ce qui lui avait valu dix ans de bannissement et une aura qu'il ne cessa, malgré sa « notabilité », de mettre au service de la « révolution totale ».

C'est sous l'influence de ce noyau de théoriciens en fusion qu'en 1877 un groupe d'anarchistes italiens, conduit par Malatesta et Cafiera, tenta de soulever les paysans du Bénévent.

Kropotkine, en 1880, appela à « la révolte permanente par la parole, l'écrit, le poignard, le fusil et la dynamite ». Le roi d'Italie et l'empereur d'Allemagne purent constater que cette exhortation avait été entendue. S'ils en réchappèrent, le tsar Alexandre II de Russie, lui, n'y survécut pas. Le président Sadi Carnot et Sissi l'impératrice d'Autriche non plus. Ces actions ne servirent évidemment en rien la cause dont elles se réclamaient : loin d'ébranler les pouvoirs monarchiques ou la société bourgeoise, elles permirent au contraire aux forces réactionnaires d'en appeler à l'opinion publique contre les « barbares » et de justifier toute une série de mesures répressives, dirigées en particulier contre la liberté de la presse. Le capital n'avait strictement rien à craindre d'un Ravachol et le parti de l'ordre en redemandait.

En ce sens, l'affaire Dreyfus sauva l'anarchisme de lui-même en le réintégrant dans le combat de défense républicaine.

Deux personnalités au moins, proches de cette mouvance, furent alors admirables : le journaliste Bernard Lazare et l'écrivain Octave Mirbeau.

LES « NON » MAGNIFIQUES DE BERNARD LAZARE ET OCTAVE MIRBEAU

Bernard Lazare, polémiste redouté, critique reconnu malgré sa réputation sulfureuse, était « israélite » comme il disait, ce qui, estimait-il en partisan ardent de l'assimilation par et dans la République, le distinguait des Juifs, ces « étrangers dominés par l'unique préoccupation de faire une fortune rapide ».

À cet égard, il lui paraissait évident que la fin du « Juif sans attache », sa dissolution dans la nation, marquerait la fin de l'antisémitisme.

Et c'est justement le regain d'antisémitisme qui se manifesta dès les prémices de « l'affaire » qui l'inquiéta, bien que le sort d'un officier juif et grand bourgeois, l'alliance du sabre, du portefeuille et du Talmud, le laissât a priori totalement froid.

Or une rencontre avec le frère du prisonnier de l'île du Diable, Mathieu Dreyfus, au début de l'année 1895, le convainquit non seulement que le capitaine était innocent, mais surtout que se profilaient, derrière la machinerie judiciaire dont il avait été victime, toutes les forces d'oppression qu'il abhorrait : la justice serve, l'État sans âme, le fanatisme clérical. Et, d'emblée, il comprit que, derrière l'antisémitisme, c'était en réalité la contre-révolution, le militarisme et le cléricalisme qui contre-attaquaient en se donnant la main. Il en fit une première plaquette, *Antisémitisme et Révolution*, qui s'adressait surtout à ses amis de l'extrême gauche pour qui la « juiverie » se résumait à Rothschild et aux siens. Aucun élément ne lui permettait alors d'aller plus loin... Jusqu'au jour où un quotidien de droite, désireux de faire du zèle, révéla que le « traître » avait été condamné, non seulement sur la foi du fameux « bordereau » qu'il aurait écrit de sa main, mais aussi de « pièces secrètes » qui avaient été communiquées au jury, mais non au défenseur du prévenu. Déni de justice évident. Procès d'inquisition. La seule connaissance de ce fait aurait dû convaincre n'importe quel défenseur de l'État de droit d'exiger une révision. Bernard Lazare vit la faille. Il comprit surtout le caractère révolutionnaire de cet aveu qui remettait en cause tout le prétendu légalisme du système « militaro-bourgeois ».

Il décide donc de faire publier à Bruxelles sa brochure, *L'Erreur judiciaire : la vérité sur l'affaire Dreyfus*, qu'il envoie à quelques personnalités triées sur le volet. Il est aussitôt désigné – par Rochefort en particulier – comme complice de la trahison en tant qu'agent du « syndicat juif ». La droite nationaliste ne lui épargne aucun outrage. Devant lui, les portes se ferment. Il ne parvient pas à convaincre. Mais, ayant réussi à prouver, étude graphologique à l'appui, que le bordereau n'était pas de la main de Dreyfus, il publie une seconde brochure dans laquelle il ose, enfin, mettre les points sur les i : « C'est parce qu'il était juif qu'on l'a arrêté, c'est parce qu'il était juif qu'on l'a jugé, c'est parce qu'il était juif qu'on l'a condamné. »

Pour la première fois, l'idée est esquissée que l'antisémitisme, consubstantiel au cléricalisme chrétien, est le moyen le plus vicieux que les possédants et les oppresseurs aient trouvé pour détourner la colère de ceux qu'ils exploitent et écrasent : « Si le Juif n'existait pas, écrit-il dans un article, pour qu'on puisse détourner sur lui les colères de ceux qu'on a spoliés, et sauver ainsi les coffres-forts qu'ondoya l'eau du baptême, qu'assurément on l'inventerait. »

Bernard Lazare ne fut donc pas seulement celui qui imposa, contre vents et marées, sous les crachats, face à la calomnie, malgré sa solitude, qu'on rouvrît le dossier Dreyfus, pas seulement l'anarchiste qui comprit avant tout le monde que les forces de réaction et d'oppression étaient directement engagées dans cette affaire et que la République ne pourrait jamais trouver meilleure occasion d'ébranler les citadelles à l'intérieur desquelles s'organisaient ses adversaires, il fut aussi, et surtout, le premier qui découvrit et dénonça les racines contre-révolutionnaires – préfascistes – de l'antisémitisme moderne.

En fonction de quoi, lorsque la presque totalité du républicanisme bon teint et du libéralisme respectable rejoignit le grand combat « révisionniste », c'est-à-dire dreyfusard, on lui demanda de se faire tout petit, de s'effacer... parce qu'il rappelait trop à quel point sa croisade, à l'origine, avait été minoritaire. On ne songea même pas à l'associer à la victoire : « On ne me pardonne pas d'avoir vu clair alors que personne ne voyait rien, alors que je criais dans l'indifférence. Ce sera mon honneur d'avoir donné le premier coup de hache. » Même la famille Dreyfus, qui restait conservatrice et qu'inquiétait l'évolution de Lazare vers une forme de sionisme avant la lettre, ne lui en fut pas reconnaissante.

Il eut cependant un autre mérite : il parvint à rallier au camp de la justice une partie du courant anarchiste et anarcho-syndicaliste qui, dans le sillage de Proudhon, et surtout de Bakounine, était profondément marqué par l'antisémitisme. Bakounine, qui ne cessa de dénoncer le « Juif Marx », n'expliquait-il pas dans *Étatisme et Anarchie* que l'État moderne, antipopulaire par nature, visait à l'organisation d'une oligarchie d'exploiteurs, assimilée à la juiverie et à la haute finance, sous la protection de la police et de la force militaire ?

Le cas d'Octave Mirbeau, l'auteur du *Journal d'une femme de chambre* et de la pièce *Les affaires sont les affaires* – d'une rare actualité ! –, est différent, car lui avait donné dans l'incantation réactionnaire sur commande, avant d'évoluer vers un anarchisme quelque peu élitiste et égotique, qui en fit longtemps un réfractaire bougon.

Or, non seulement il n'hésita pas, pour favoriser ce qu'on aurait pu qualifier déjà de « front antifasciste », à se réconcilier avec les républicains bourgeois et les socialistes réformistes qu'il stigmatisait précédemment à la façon de Rochefort, mais, sortant de son isolement très aristocratique, il se lança dans la mêlée avec une fougue et aussi une modestie stupéfiante, ne répugnant même pas, après *J'accuse*, à se comporter en porteur d'eau d'Émile Zola, qu'il protégea de son corps, qu'il accompagna au tribunal, dont il paya les amendes, qu'il suivit dans son exil britannique.

Soudain, lui, le bourru, ce misanthrope qui joue « perso », se fait tribun, vole de meeting en meeting et attire dans toute la France des foules considérables que son verbe impitoyable électrise.

Rien n'inclinait Mirbeau à s'intéresser au sort d'un grand bourgeois juif, mais, comme le remarqua Léon Blum, « parce qu'il était généreux et pitoyable, la vue ou l'idée de la souffrance, souffrance d'un homme, souffrance d'une bête, souffrance d'une plante, était littéralement intolérable à son système nerveux ».

C'est en effet ainsi que lui-même présentait les choses : « Ne passe plus ton chemin, prolétaire, écrivait-il dans *L'Aurore*, arrête-toi, tends l'oreille aux voix douloureuses, aux voix enfermées, aux voix suppliciées, qui te viennent à travers la mer, du fond de la vérité en deuil et de la justice en exil. »

En réalité, il avait compris que, au-delà de la cause dreyfusarde, l'occasion était offerte d'ébranler tout un pan du vieil ordre social ; de dévoiler la bassesse et la bêtise crasse qui se dissimulent derrière les fastes galonnés du haut état-major, de dénoncer les lâchetés arrivistes de la magistrature couchée, de stigmatiser l'ignominie glauque d'une société cléricale manipulée par son aristocratie ecclésiastique acquise à l'obscurantisme, de régler ses comptes à la « jésuitière », de fustiger l'Académie écrivassière qui met des mots-perles au service d'une idée-ordure et n'hésite ni à faire ronronner la bêtise ni à déclamer l'infamie, de démystifier la bien-pensance journalistique qui ne recule devant aucune manipulation, ne rechigne à aucun bourrage de crâne, ne s'interdit aucune intoxication, et surtout pratique le lynchage comme une langue vivante.

Ce combat, il le poursuivra en participant à la fondation de *L'Humanité* de Jaurès. Cette bataille, d'une certaine façon, l'aura rendu au monde.

C'est également en marge de l'anarchie que l'on peut ranger Séverine, ex-collaboratrice de Jules Vallès, qui lui avait succédé à la direction du *Cri du peuple*. Pauvre, car déjà on ne pouvait s'enrichir qu'en mettant sa plume au service du capital, pigiste à la petite semaine, malgré un talent que personne ne lui contestait mais qu'on jugeait trop libre – elle était sans doute la ou le meilleur reporter de son époque –, Séverine distribuait aux déshérités et aux œuvres charitables l'essentiel de ce qu'elle gagnait. Descendait-elle au fond d'une mine pour y effectuer un reportage sur un coup de grisou qu'elle organisait aussitôt une collecte en faveur des victimes. Athée militante, elle avait réussi, non seulement à interviewer le pape mais, ce qui était beaucoup plus fort, à lui arracher une condamnation de l'antisémitisme.

Elle non plus n'épousa pas d'emblée la cause de Dreyfus ; cette famille ne l'intéressait pas : « Il y avait trop d'argent dans leur maison. » Est-ce qu'un prolétaire injustement condamné aurait pu profiter d'un tel apport financier destiné à assurer sa défense ?

Pourtant, quand elle comprend que ce capitaine est innocent et qu'au-delà de son cas particulier, c'est une cause générale qu'il s'agit de défendre, elle se jette dans la fournaise avec une telle ardeur que sa situation matérielle s'en trouve encore dégradée, car la « bonne presse » lui refuse désormais toute collaboration.

Elle se rabat, alors, pour exprimer ses convictions sur le premier journal fondé et dirigé par des femmes, *La Fronde*.

« Il ne suffit pas d'avoir raison, y écrit-elle, il faut convaincre. »

Plus peut-être que Zola lui-même, elle contribua, sous les lazzis, les insultes, les hurlements, à rallier le « peuple réel » à la cause dreyfusarde. D'où les foules, considérables pour l'époque, qu'elle attirait à ses réunions publiques.

Plus tard, en 1919, alors qu'elle aura mené bien d'autres croisades – « Faites, mes frères socialistes, avait-elle lancé, que rien d'humain ne vous soit étranger » –, Romain Rolland et Anatole France la proposeront sans succès pour le prix Nobel de la paix. Elle adhérera en 1921 au nouveau parti communiste, comme Anatole France, mais en démissionnera l'année suivante lorsque Moscou la sommera de quitter la Ligue des droits de l'homme, dont l'intitulé résumait l'essentiel de sa raison militante.

La cause de l'humanité fut constamment la sienne, en effet. Elle n'était pas obsédée, comme Rochefort, par la nécessité de coller à sa base, mais convaincue qu'elle devait contribuer à l'ascension de cette base vers les sommets. Elle allait au peuple d'où elle venait, mais elle ne lui sacrifiait jamais son honneur, sous prétexte de satisfaire une clientèle. Journaliste immense, aucun clan médiatique ne parvint à la récupérer, ni le pouvoir économique qui manipulait la presse à la corrompre.

Le mérite de ces belles figures, quand un Jules Guesde ouvriériste restait en retrait, quand tous les disciples de Bakounine continuaient de pratiquer ce « socialisme des imbéciles qu'est l'antisémitisme », comme disait l'Autrichien Babel, quand un Rochefort, soutenu par les enfants perdus du blanquisme, croyait toujours servir le peuple alors qu'il se vendait à la tourbe, fut de comprendre que la plus radicale des subversions n'était pas nécessairement celle qui s'en donne le plus effrontément l'air ; que le vrai rebelle, parfois, est moins celui qui dit « oui » à une culpabilité qu'il a décrétée automatique, que celui qui proclame une innocence quand les autres ont décrété une culpabilité automatique.

Il est d'ailleurs significatif que les anarchistes se soient montrés, pour une fois, réellement révolutionnaires, en se libérant de leur posture nihiliste, alors que des tenants de la gauche libérale et modérée le redevenaient simplement en plaçant leurs principes au-dessus de leur intérêt.

QUAND LE CENTRE GAUCHE LIBÉRAL SAIT AUSSI DIRE « NON »

L'admirable Auguste Scheurer-Kestner, le premier notable à avoir osé dire « non » à la forfaiture, fut de ceux-là.

Il avait été, avec Clemenceau, un ardent opposant à la dictature impériale, ce qui lui avait valu de tâter de la prison, puis était devenu, après le 4 septembre, un collaborateur de Gambetta, dont il accompagna l'évolution vers l'« opportunisme », c'est-à-dire en réalité vers le pragmatisme, sans renier pour autant ses valeurs, puisqu'il avait été l'un de ceux qui, en février 1871, avait démissionné du Parlement pour protester contre l'abandon de l'Alsace-Lorraine.

En 1895 il était devenu vice-président du Sénat, ce qui en faisait une sommité de la République bourgeoise. Or, choqué, lui, le protestant, par l'atmosphère d'intolérance qu'entretenait la presse de caniveau, et ayant, en réaction, dès 1895, entrepris une enquête personnelle pour se forger sa propre opinion sur le cas Dreyfus, il finit, en juillet 1897, par apprendre la vérité : c'est-à-dire le nom du vrai coupable.

Convaincu alors que l'affaire était terminée, il s'ouvrit de sa découverte aux plus hautes autorités de l'État et constata avec effarement et consternation qu'on se refusait même à l'écouter au nom de « l'honneur de l'armée et du respect de la chose jugée ».

Il aurait pu déclarer forfait, tenir compte de l'hostilité qu'il sentait monter autour de lui, céder aux pressions de ses collègues, aux mises en garde de ses amis, sacrifier une cause qui était étrangère à ses intérêts. On l'y encourageait de tous côtés. Pourquoi ne pas en laisser d'autres, qui étaient plus directetement, plus politiquement, plus communautairement, plus idéologiquement, plus familialement concernés mener de combat qui paraissait impossible ? Tout aurait dû convaincre Scheurer-Kestner de ne pas insister.

Et, cependant, il persévéra. Longtemps solitaire. En butte à des campagnes de calomnie immondes. Objet des haines les plus féroces, traîné presque quotidiennement dans la boue, couvert d'insultes insanes, boycotté, rejeté, marginalisé, lynché par les médias dominants.

Il souffrit en silence, mais tint bon. Sacrifia sa carrière à l'idée qu'il se faisait de son devoir de républicain. S'investit dans cette croisade, dont il fut au début l'un des très rares croisés, comme on parcourt un chemin de croix.

Il aurait pu être ministre, mais les ministres désormais l'évitaient, le fuyaient, hésitaient à lui serrer la main. Il idéalisait la politique, il découvrait qu'elle n'était pour la plupart de ses collègues qu'un instrument d'ascension sociale.

Pourtant son acharnement paie, sa force de conviction porte : c'est lui qui convainc Octave Mirbeau. Et Émile Zola.

Lorsqu'il publie, dans *Le Figaro*, l'article dans lequel il affirme détenir la preuve que le vrai coupable n'est pas Dreyfus, mais un officier supérieur titré dont il connaît le nom, les réactions de rage qu'il provoque, les menaces qu'il reçoit sont si précises que son entourage lui conseille de porter une cotte de mailles afin d'éviter de tomber sous les coups de quelque Ravaillac.

En décembre 1897, cerné de regards hostiles, ostracisé par ses propres amis politiques, il ose interpeller le gouvernement au Sénat. Ce qui aura pour conséquence que la haute assemblée ne lui renouvellera pas son mandat de vice-président.

On avait mis le marché entre les mains des sénateurs : reconduire Scheurer-Kestner revenait à voter une motion de censure contre l'armée. Autrement dit, se comporter comme un traître. Ce qui le fit d'autant plus cruellement souffrir qu'il n'y avait pas plus patriote, mais aussi plus légaliste, que cet homme-là, au point qu'il ne put approuver le caractère « provocateur » du *J'accuse* d'Émile Zola.

Lorsqu'une partie de la société civile bascula dans le camp dreyfusard, comme si son œuvre avait été accomplie, que le relais était enfin passé, Scheurer-Kestner, blessé par les attaques, mortifié par les trahisons, écœuré par l'attitude des institutions que pourtant il respectait, l'armée en particulier, atteint d'un cancer qui n'était pas sans rapport avec les épreuves traversées, se retira doucement en héros antique de la vie publique.

Il mourut quatre mois après l'arrêt de la Cour de cassation qui lui donnait raison en annulant le premier jugement qui avait condamné le capitaine Dreyfus. En guise de testament intellectuel, il laissa à sa famille cette profession de foi, qui serait jugée aujourd'hui provocatrice : « Je mourrai dans la foi républicaine. Je mourrai dans le culte de la libre pensée. Je mourrai dans le respect de toutes les opinions, pourvu qu'elles soient sincères [1]. »

En 1906, le Sénat, honteux, décida à une large majorité de lui faire élever un monument face au palais du Luxembourg.

Une fois de plus, se vérifiait le théorème selon lequel le « non » ferme d'un modéré a souvent une force plus révolutionnaire que le « non » mécanique d'un professionnel de la négation. C'est en Rochefort, l'anarcho-blanquiste, que l'ordre établi, celui que garantissait l'alliance du sabre et du goupillon, trouvera son ultime secours et non dans ce républicanisme raisonnable dont Rochefort justement s'était tant complu à dénoncer le consubstantiel esprit de démission.

DE L'EFFET DE LEVIER DES « NON » PARLEMENTAIRES

De ce chassé-croisé décrit plus haut, l'histoire, par la suite, donnera beaucoup d'autres exemples. Ne sont-ce point des représentants de la gauche du jeune parti communiste, dans les années 20, les Doriot, Barbé, Celor, qui basculeront avec armes et bagages dans le camp de l'extrême droite ? Comme d'ailleurs certains représentants de l'extrême gauche pacifiste du parti socialiste SFIO. Le capitalisme technocratique ne trouvera-t-il pas son meilleur défenseur et théoricien en la personne de l'ex-trotskiste Burnham ? L'extrême gauche italienne n'enfanta-t-elle pas Mussolini ? De nombreux ex-maoïstes de la Gauche prolétarienne, cette mouvance qui, dans les années 70, en France, en appelait à l'organisation de la « guerre civile », ne devinrent-ils pas les serviteurs intellectuels les plus normalisés

1. *Cf.* le remarquable ouvrage collectif, dirigé par Michel Drouin, *L'Affaire Dreyfus, de À à Z*, Flammarion.

de l'idéologie pancapitaliste dominante ? Les tenants de la mondialisation néo-libérale ont-ils quoi que ce soit à redouter d'un Cohn-Bendit ex-« enragé », passé à la droite de la social-démocratie ? Combien de philosophes furieusement gauchistes de l'après-68 sont-ils devenus les chantres presque académiques de la nouvelle orthodoxie ? On ne compte plus les conversions ou les métamorphoses qui permirent de se faire un nom par la rébellion et de le gérer ensuite en s'intégrant au système. Tel qui, à l'occasion d'un fait divers à Bruay-en-Artois, en appelait à une justice « de classe » est devenu la coqueluche du grand capital. Le patron de la droite italienne, Berlusconi, a pu se constituer sa garde rapprochée de vieux « gauchos » créatifs, tandis que l'ex-pacifiste anarcho-maximaliste, Josua Fischer, entraînait l'Allemagne dont il était devenu ministre des Affaires étrangères dans une des dernières guerres néo-coloniales du siècle. Pour un Alain Krivine inaltérable, tel qu'en lui-même l'éternité feint de le conserver, combien de léninistes flamboyants sont-ils devenus des condottieri implacables et talentueux au service de la haute finance ? Ou au mieux des gestionnaires du social-libéralisme ?

Ce même processus se déroula au début du XXe siècle, qui vit – à l'image d'un Gustave Hervé, le pamphlétaire exalté de la « guerre sociale », ou d'un Hubert Lagardelle – toute une fraction de l'extrême gauche de posture verser dans un ultra-nationalisme aussi ridicule que rémunérateur. À les entendre, ils n'avaient pas changé d'avis, puisqu'ils continuaient à pourfendre la République bourgeoise – dont ils retenaient de moins en moins qu'elle demeurait bourgeoise, mais de plus en plus qu'elle restait la République – et son produit, le « parlementarisme ».

Comment admettre, quand on s'est arrogé le droit d'exclusivité sur l'expression populaire jusqu'à se substituer au peuple lui-même, de la partager avec ceux qu'a promus souvent à votre place le suffrage universel ?

À privilégier la haine de la démocratie formelle, on finit par haïr la démocratie tout court. Sans jamais voir que, porté par un Victor Hugo, par un Ledru-Rollin, par un Louis Blanc, par un Gambetta, par un Scheurer-Kestner, par un Jaurès, parfois même par un Clemenceau, le combat parlementaire peut, lui aussi, être héroïque – beaucoup comme l'Italien Matteotti en moururent – et exprimer l'une des formes démocratiques de la rébellion.

Si le Parlement s'identifia longtemps à la nation, à ses petitesses et à ses grandeurs, à ses résistances et à ses capitulations, à ses acceptations et à ses refus, à ses lâchetés et à ses rébellions, c'est que cette nation drainait vers lui les instincts dont il faisait des idées, des querelles qu'il transformait en débats, des colères qu'il métamorphosait en revendications, des intuitions qui devenaient des projets, et surtout des violences qui se fussent peut-être départagées par les armes si elles ne s'étaient investies dans une bataille de mots et d'idées.

Il fut un temps en effet où, à travers le Parlement, la chair de la nation se faisait verbe. Loin que l'acte se dilue dans le mot, le mot interpellait l'acte, débusquait l'acte, se transformait en acte. À peine éclos, on en cueillait déjà les fleurs sur les places publiques, on en répandait les graines dans les rues. Aujourd'hui, né dans l'enceinte close du Palais-Bourbon, le mot y reste, l'idée aussi. Ils ne passent pas la porte.

« Impuissance », disaient d'une même voix les nostalgiques du pronunciamiento et les obsédés du coup de main, ceux qui rêvaient éternellement d'un 18-Brumaire et ceux qui revivaient sans répit la prise du palais d'Hiver, convaincus, les uns que la volonté induit le régiment de parachutistes, les autres que l'action nécessite les barricades.

Or, de 1880 à 1905, en vingt-cinq ans, la IIIe République parlementaire réalisa sous la pression d'une rébellion qu'elle avait su intérioriser, à la fois soupape et relais de la rue, une œuvre infiniment plus considérable que la Restauration, la monarchie constitutionnelle, les deux empires en quatre-vingts ans.

Qu'on examine simplement l'évolution de la législation sociale. 1874 : création de l'inspection du travail; 1884 : reconnaissance officielle des syndicats et abolition du dernier article du code pénal limitant le droit de grève; 1874, 1892, 1900 : limitation de la durée du travail; 1893 : loi sur l'hygiène et la sécurité; 1898 : loi sur les accidents du travail et création des premiers secours mutuels pour la couverture des risques de la maladie et de la vieillesse; 1906 : loi sur le repos hebdomadaire; 1901 : début de la rédaction d'un nouveau code du travail; avril 1919 : journée de huit heures; mars 1919 : loi sur les conventions collectives; 1928 : adoption du principe de la Sécurité sociale; 1932 : création des allocations familiales; juin 1936 : semaine de quarante heures; 20 juin 1936 : congés payés et institution des délégués du personnel; février 1945 : instauration des comités d'entreprise et vote de l'allocation aux vieux travailleurs, etc.

Toutes, absolument toutes ces innovations, dont certaines furent d'essence révolutionnaire – par exemple la lutte contre l'emprise de l'Église sur l'enseignement, l'instauration d'un impôt progressif sur le revenu, la taxation des plus-values du capital, la création d'un salaire minimum garanti, la généralisation des allocations versées aux chômeurs, la loi cadre annonciatrice de l'accession des pays africains à l'indépendance –, ont été portées, votées, imposées par des « régimes d'assemblée ».

À trois reprises, la République parlementaire fut renversée. Dans les deux premiers cas, en 1815 et 1870, l'Empire livra Paris aux armées étrangères, dans le troisième, le régime de Vichy se mit aux ordres de l'occupant. Deux fois, en 1815 et en 1830, des monarchies tentèrent d'exorciser le spectre du système représentatif : elles furent renversées l'une et l'autre par une révolution.

À l'inverse, c'est un régime d'assemblée qui se montra apte à abolir la féodalité, à modifier de fond en comble les institutions du pays, à transformer les situations sociales comme on ne l'avait pas fait depuis la chute de l'Empire romain, à briser en 1791 la résistance d'un roi, à repousser plusieurs armées d'envahisseurs tout en réduisant l'insurrection d'une partie du territoire, à opérer une redistribution radicale de la propriété, à établir la suprématie du pouvoir temporel sur le pouvoir spirituel, à bloquer en 1875 la tentative de restauration monarchique, à faire plier en 1877 un maréchal-président qui voulait rétablir le pouvoir autocratique, à casser la contre-offensive des partisans du césarisme galonné, à mettre au pas une armée dont les cadres rêvaient d'« étrangler la gueuse », à faire accepter la République par une France déchirée par l'affaire Dreyfus, à intégrer à la nation le mouvement révolutionnaire socialiste, à arrêter l'envahisseur en 1914, puis le repousser en 1918. Mais aussi à reconstruire et à moderniser à partir de 1945 une France ruinée par la guerre, démantelée par l'Occupation et démoralisée par le vichysme.

Beaucoup de « non » emblématiques ont, certes, explosé hors du Parlement, celui de De Gaulle en 1940 par exemple, ou même s'affirmèrent contre lui, comme à Paris en février 1934 ou mai 1968.

Aujourd'hui, de nouveau, comme avant 1789, le règne de la politique unique ne laisse plus aux peuples d'autres choix que d'imposer leur volonté de façon révolutionnaire. Mais n'oublions pas pour autant que, dans le passé, les « non » les plus ravageurs retentirent le plus souvent, à l'origine, au sein d'un parlement, à l'image du défi de Mirabeau qui, d'une phrase, répudia l'absolutisme. N'est-ce pas le Parlement anglais qui donna le signal de la révolution cromwellienne ? Le Parlement de Paris qui alluma la mèche de la Fronde ? Les états généraux qui révélèrent et promurent Étienne Marcel ? C'est une motion parlementaire qui déclencha en France la révolution de 1830. C'est un débat parlementaire, animé par Tocqueville, Lamartine, Odilon Barrot et Ledru-Rollin, qui précipita l'explosion de 1848. C'est une résistance parlementaire qui permit de mettre en échec le coup d'État de Mac Mahon. C'est un pouvoir parlementaire qui anima la lutte des républicains de progrès. C'est du Parlement italien que jaillit la voix de Matteotti, cette interpellation magnifique qui ébranla le pouvoir mussolinien quand toutes les autres expressions résistantes avaient été étouffées. C'est le premier Parlement russe élu de l'après-communisme qui osa défier Eltsine, avant de succomber sous les chenilles de ses régiments blindés.

Ils ne furent certes que quatre-vingts parlementaires à dire « non » en juillet 1940 au putsch pétainiste, mais ce fut le seul « non » collectif qui s'exprima alors.

Aucun « non » ne résonna avec plus de force que les « non » parlementaires de Danton à l'invasion étrangère, de Carnot à l'instauration de l'Empire, de Manuel à l'archaïsme de la Restauration, de Lamartine à la réaction louis-philipparde, de Victor Hugo à l'oppression cléricale, de Gambetta à l'ordre moral, de Clemenceau au colonialisme de Jules Ferry, de Jean Jaurès à la guerre impérialiste, de Kérillis et de Gabriel Péri à la trahison de Munich, de Pierre Mendès France au pouvoir personnel, de Gaston Monnerville aux dérives présidentialistes des institutions, de François Mitterrand au gaullisme de brocante – mais aussi de Montalembert à la République, de Tocqueville au socialisme, de Michel Debré au régime des partis ! C'est bien pourquoi ni Lénine, ni Franco, ni Pinochet, ni Ben Ali, ni le Syrien Hafez el-Assad, ni les colonels grecs n'ont jamais pris le risque qu'on puisse un jour leur dire « non » dans une telle enceinte.

Alors, les électeurs dépossédés de leurs droits s'en chargent, soit que privés de bulletins de vote ils prennent les armes, soit qu'ils finissent par faire dire aux urnes, directement, ce que leurs prétendus élus ne pouvaient pas exprimer. Et c'est bien en effet par les urnes reconquises que les Serbes dirent « non » à Milosevic, que les Chiliens dirent « non » à Pinochet, que les Espagnols dirent « non » au néo-franquisme, que les Indonésiens dirent « non » à la dictature militaire, que les Vénézuéliens dirent « non » au système oligarchique, que les Polonais sortirent du carcan communiste. Mais aussi que fut, provisoirement au moins, mise en échec la réaction reagano-thatchérienne.

Dire « non » par les urnes ? Les Français en sont devenus des experts qui ont successivement dit « non » à l'autoritarisme gaullien, puis à l'archéo-gaullisme, à l'aristocratisme giscardien, au cynisme mitterrandien, à César Birotteau en la personne de Bérégovoy, à la restauration balladurienne et à la trahison chiraquienne du 26 octobre 1995. Et qui, après la poignée de mains de Montoire, auraient dit « non » à Pétain si on leur avait demandé leur avis. Comme ils avaient dit « non » au fascisme en 1936 !

LE « NON » MAGNIFIQUE DU COLONEL PICQUART

Rochefort se déchaînait volontiers contre le sénateur radical Arthur Ranc, qui mena le combat dreyfusard au Sénat et dont il faisait le parangon de la compromission parlementariste opposée au révolutionnarisme de la rue.

Or, Ranc, impliqué dès 1853 dans un complot contre Napoléon III, celui-là même dans lequel trempa Jules Vallès, fut arrêté et déporté à Lambèse, en Algérie, d'où il s'échappa pour revenir en France poursuivre la lutte et être de nouveau condamné à quatre ans de prison à la suite d'articles incendiaires. Rallié à Gambetta, il fit le pari extraordinaire de ne point rompre avec la Commune, pour tenter d'y exercer une influence modératrice, ce qui lui valut, malgré tout, d'être condamné à mort par contumace et de connaître une vie d'exil jusqu'en 1879. La différence entre Ranc et Rochefort tenait donc, avant tout, à ce que le premier se mit au service d'une cause, quand le second mit une cause à son service.

Mais il arrive également qu'un « non » salvateur retentisse, qui ne sert a priori aucune cause, si ce n'est celle que celui qui le prononce se fait de l'honneur, quitte à rompre avec sa caste, avec sa classe, avec son camp, avec son clan.

Ce fut le cas, sans aucun doute, du général de Gaulle, de Rossel pendant la Commune, du général Leclerc de Hauteclocque, mais aussi de ce personnage admirablement hors du commun : le colonel Georges Picquart.

Rien ne prédisposait ce militaire de carrière à la rébellion qui fit de lui celui sans lequel l'innocence du capitaine Dreyfus n'aurait sans doute jamais été prouvée, ni les turpitudes du haut état-major démasquées. Saint-Cyr, chef de bataillon à trente-trois ans, campagne du Tonkin dans la Coloniale, collaborateur de Galliffet, le fusilleur des communards, bien noté, respecté de ses pairs, c'est un homme du sérail qui devient en juillet 1895 responsable du contre-espionnage, le fameux 2e Bureau de l'armée.

Il est patriote comme il se doit, respectueux de l'ordre militaire, comme Dreyfus d'ailleurs, attaché à la discipline qui fait la force des armées, et « normalement » antisémite.

C'est tout à fait par hasard, en examinant des papiers subtilisés à l'ambassade d'Allemagne par quelque femme de ménage appointée, qu'il découvre une pièce, un « petit bleu », qui prouve la trahison d'un officier français. Or, l'écriture de ce document s'avère être la même que celle du fameux « bordereau » qui a permis de condamner Dreyfus, alors incarcéré à l'île du Diable.

Picquart poursuit l'enquête et découvre que le véritable coupable est un officier supérieur, condottiere de moralité douteuse, le commandant Esterhazy. Il s'en ouvre à ses supérieurs, qui le prient de garder ses scrupules pour lui et de refermer le dossier une fois pour toutes, l'affaire étant close !

Il insiste. On le somme de mettre fin à ses investigations et surtout de ne rien divulguer de ses découvertes car des sommités de l'armée pourraient en pâtir. Il crie son indignation, refuse de couvrir une erreur judiciaire. On le déplace dans l'est de la France, puis on l'affecte en Tunisie, non sans monter plusieurs opérations tortueuses pour le discréditer.

Il pourrait tenter d'alerter l'opinion, lancer son secret sur la place publique : tenu par le devoir de réserve, il y répugne. Il ne cédera pas, ne se couchera pas, mais mènera son combat seul, légalement, dans le cadre de l'institution qu'il sert.

Cependant, craignant d'être victime d'un « accident », il informe son avocat, tout en lui faisant promettre de ne rien divulguer tant qu'il sera en vie. Ce qui n'empêchera pas ce dernier de se confier au sénateur Scheurer-Kestner. Heureusement !

Finalement, rappelé à Paris, accusé de mener une action de déstabilisation de l'armée, Picquart est incarcéré au Mont-Valérien : il y restera plus d'un an, dont un mois et demi au secret. Il ne fléchit pas. Continue de se réclamer de son devoir de vérité. Reste imperturbable et digne sous les immondices que la presse nationaliste déverse sur lui, fait front lors de son propre procès ; crée la sensation en témoignant en faveur d'Émile Zola, ce qui lui vaut d'être chassé de l'armée pour « faute grave dans le service ».

Il sera, lors de sa sortie de prison, fêté par tous les républicains comme un chevalier sans peur et sans reproche. Clemenceau, en 1906, en fera son ministre de la Guerre.

Pourquoi cette attitude exemplaire, quand la presque totalité de la hiérarchie militaire fit corps avec ceux qui plaçaient l'honneur de l'armée au-dessus de tout autre principe et valeur, préférant une injustice dont elle serait collectivement responsable à un désordre dont elle craignait d'être collectivement la victime ?

On a dit que certaines tendances homosexuelles situaient a priori Picquart en marge.

En réalité, marginal par rapport à sa caste, il l'était pour trois raisons plus fondamentales : il se situait dans la mouvance du républicanisme modéré, il n'était pas croyant, et donc libéré de l'emprise cléricale, enfin, contrairement à la plupart de ses pairs qui affectaient de mépriser la culture et l'intelligentsia, il appréciait la fréquentation des artistes et des écrivains.

Peut-être ces émancipations particulières ont-elles déterminé sa rébellion générale. Pour ne pas avoir, dans sa vie, dit systématiquement « oui » au conformisme de sa caste, il était sans doute prédisposé à dire « non » à l'heure fatidique où il lui faudrait choisir entre des préjugés sociaux et des valeurs morales.

Un Georges Sorel, auteur des *Réflexions sur la violence*, aura une réaction semblable, qui défendit avec ardeur l'innocence de Dreyfus bien qu'il fût viscéralement antisémite et aussi hostile que Rochefort à la démocratie parlementaire.

LA SOCIAL-DÉMOCRATIE OU L'INCAPACITÉ À DIRE « NON »

Pour l'essentiel, les ecclésiastiques, les aristocrates, les militaires tombèrent du côté vers lequel ils penchaient. Le grand capital bourgeois resta plutôt neutre. Mais comment allaient réagir ceux – les socialistes – qui se réclamaient de la France prolétarienne et qu'on invitait à voler au secours d'un grand bourgeois conformiste, attaché à la hiérarchie d'une armée qui ne cachait pas ses tendances contre-révolutionnaires ?

Dans un premier temps, ils privilégièrent eux aussi la réaction « de classe ». Les premiers dreyfusards furent des républicains modérés. Les soi-disant « révolutionnaires » prétendaient ne pas être concernés par cette « cause ».

Pourquoi, affirma d'abord le groupe socialiste à l'Assemblée nationale, dans un manifeste, « prendre parti dans cette guerre civile qui oppose deux clans de la bourgeoisie ? Les prolétaires n'ont rien à voir avec cette bagarre. Seules comptent la lutte des classes et la révolution sociale ». Les blanquistes et les guesdistes, en marxistes primaires, étaient sur cette ligne.

En janvier 1898, encore, la CGT en appelle à une réaction de défense républicaine, mais stigmatise au passage la « juiverie cosmopolite et les financiers cléricaux qui nous dominent et nous exploitent ».

C'est donc le mérite de Jean Jaurès, mais aussi de Jean Allemane, que d'avoir, comme Picquart, privilégié leur fonction morale au détriment de leur fonction sociale.

Jaurès fut alors à la classe ouvrière ce que de Gaulle sera à la bourgeoisie : celui qui a ouvert la voie de la réintégration à la nation républicaine, pour avoir placé la défense d'un principe avant les intérêts de sa communauté idéologique. Ce qui, bien que cet engagement lui vaille dans un premier temps de perdre son siège de député, contribuera puissamment au développement des idées socialistes.

Pendant tout un temps, l'engagement dreyfusard de Jaurès le coupera de sa propre base. On n'ose d'ailleurs pas imaginer ce qu'aurait éventuellement été sa solitude si, échappant à l'attentat qui lui coûta la vie en juillet 1914, il avait poursuivi, une fois la guerre déclarée, sa campagne pacifiste. Car les mêmes socialistes, guesdistes en tête, qui, au nom de l'intransigeance doctrinale, répugnèrent à se mettre tout simplement au service du droit, n'hésitèrent pas alors à se rallier à l'union nationale au côté des conservateurs et des monarchistes.

Cela pose le problème de la social-démocratie, dont l'enfermement dans un « non » théorique ne cessa d'aller de pair avec son incapacité à formuler des « non » pratiques. Incapable, en l'absence de Jaurès, de dire « non » à la guerre de 1914, elle assuma le refus de toute intervention quand le fascisme déferla sur l'Espagne, se plia en 1937 au veto du Sénat, se rallia avec un « lâche soulagement » aux accords de Munich, vota majoritairement les pleins pouvoirs au maréchal Pétain, se lança en 1956 dans l'expédition militaire de Suez pour le compte d'intérêts financiers qui l'avaient prise en otage, assuma la guerre coloniale menée en Algérie, quitte à couvrir la pratique de la torture, et laissa le général de Gaulle solder la facture après qu'elle eut cautionné le coup d'État militaire qui l'avait ramené au pouvoir, réinstalla la France dans l'OTAN, se rallia au néolibéralisme et prit en charge la guerre des Balkans. Palmarès d'anthologie !

La social-démocratie refusa certes, en 1921, la dictature bolchevique, et Léon Blum incarna ce « non »-là qui permit d'arracher au moins un pan du socialisme à la fatale dérive qui le fit basculer dans le champ du déshonneur. Mais faute d'en avoir tiré ouvertement les conséquences, d'adapter son discours à ses actes, elle s'enferma dans la seule légitimité que lui conférait ce rejet, habilla un opportunisme frileux d'une phraséologie pseudo-révolutionnaire, pimenta de pseudo-rébellions verbales ses démissions fondamentales et successives, et abandonna même aux communistes, après l'effondrement de 1940, le quasi-monopole d'une résistance armée que ceux-ci ne rallièrent pourtant que lorsque Staline leur en laissa la latitude.

On aura rarement eu aussi systématiquement tort en ayant intrinsèquement raison. Ce qu'aucun grand socialiste européen ne parvint à incarner face à la barbarie nazie – même les socialistes suédois étaient neutres ! –, ce fut finalement le président américain Franklin Roosevelt qui le porta.

On saura gré, cependant, à la social-démocratie d'avoir admis qu'un « non » radical, tel que celui que formulèrent Marx et Engels dans le *Manifeste*, ne devait pas servir d'alibi au refus d'avancées partielles. Surtout quand ce dogmatisme de posture revient à cautionner l'opportunisme le plus plat, comme Proudhon en apportera la preuve en se ralliant au coup d'État du 2 décembre et comme Guy Mollet, le chef de l'aile gauche des socialistes français dans les années 50, en offrira l'illustration en tentant d'étouffer dans le sang l'aspiration nationale des Algériens.

À l'examen, il n'est pas sûr qu'un Bakounine ait plus contribué à faire avancer la cause du progrès social qu'un baron

Emmanuel von Ketteler, archevêque de Mayence, qui publia, en 1864, un pamphlet dans lequel il soutenait la nécessité d'une intervention assez étendue de l'État pour protéger les travailleurs et plaidait en faveur du droit d'association ; ou que le professeur catholique italien Giuseppe Toniolo qui, en 1883, réclama l'interdiction du travail des femmes et des enfants dans certaines industries, le repos les jours fériés, la réduction du temps de travail, l'instauration d'un salaire minimum, l'adaptation du salaire à la tâche et la participation des ouvriers aux bénéfices sous forme de primes, autant de propositions dont on retrouvera la trace timide huit ans plus tard dans l'encyclique *Rerum novarum*, et qui inspireront les réformes sociales hardies de Bismarck en Allemagne.

Les expériences réformistes de Ramsay Macdonald en Angleterre, en 1923, ou de Léon Blum en France, en 1936, se soldèrent certes par des fiascos politiques. Elles permirent cependant de faire tomber des murailles conservatrices qui paraissaient devoir résister à tous les assauts. L'indemnisation des chômeurs ou les congés payés n'étaient peut-être que des « réformes » que le système capitaliste se montra fort capable de digérer, mais elles furent décrites, dénoncées et perçues à l'époque comme de véritables actes révolutionnaires qui ne manqueraient pas de saper l'ensemble de l'ordre social et d'ébranler la civilisation elle-même.

De quoi s'agissait-il en effet ? De dire « non » à la fatalité. Et, face à la grande crise de 1929 provoquée par les excroissances irrationnelles d'une première mondialisation néo-libérale, le New Deal rooseveltien porta lui aussi cette ambition. Était-il inéluctable que des millions d'hommes et de femmes se trouvassent sans ressource parce que les richesses qu'ils avaient créées par leur travail avaient nourri la spéculation au lieu de s'investir dans des réalisations profitables à l'humanité tout entière ?

QUAND IL FAUT CHOISIR ENTRE PLUSIEURS « NON » CONCURRENTS

Entre le « non » de Franklin Roosevelt, ceux d'Adolf Hitler et de Joseph Staline, le monde eut le choix. Et toutes les dérives qui avaient, depuis l'avènement de la démocratie, divisé le camp du refus trouvèrent là leur conclusion. Les disciples de Blanqui dirent « oui » à Staline, ceux de Rochefort dirent « oui » à Hitler.

Cependant, les démocrates eux-mêmes furent placés devant un terrible dilemme : il était légitime de dire « non » à un capitalisme débridé qui avait entraîné la planète dans sa propre faillite. Il était nécessaire de dire « non » à ce totalitarisme stalinien qui était en train de semer la terreur dans son propre camp; il était juste de dire « non » au colonialisme qui opprimait cruellement trois continents; il était urgent, vital, de dire « non » au fascisme dont les hordes noires étaient en train de déferler sur l'Europe.

Or, il apparut très vite qu'on ne pouvait pas mener ces quatre batailles à la fois; qu'il fallait stratégiquement choisir l'ordre des priorités; que des alliances tactiques étaient sans doute nécessaires; que tout devait être mis en œuvre pour faire barrage à l'ennemi principal, à l'adversaire le plus dangereux. Et que c'était, à l'évidence, le fascisme. Que, face à lui, devait se constituer un front qui n'exclurait les tenants ni du stalinisme, ni du colonialisme, ni du capitalisme.

C'est justement ce qui, à beaucoup, n'apparut pas évident. Pas à ceux, par exemple, qui, par refus à la fois du capitalisme et du stalinisme, se rallièrent parfois au fascisme; pas à ceux, parmi les colonisés, qui donnèrent la priorité à leur lutte contre l'oppresseur direct, quitte à voir en Hitler un allié objectif; pas à ceux qui préférèrent tout, y compris la soumission à l'ordre nazi, à une alliance avec les communistes; ou qui estimaient, comme la plupart des conservateurs et beaucoup de libéraux, que le communisme restait dans tous les cas de figure l'ennemi principal; pas à ceux, comme les staliniens en 1939, qui étaient prêts à sacrifier leur antifascisme à leur anticapitalisme; pas à beaucoup d'autres, enfin, qu'ils vinssent de l'anarchisme, du pacifisme, quelquefois du trotskisme, qui, par refus de pactiser avec la « réaction bourgeoise » ou l' « ennemi de classe », feront paradoxalement le jeu de leurs pires ennemis sous prétexte de ne pas se compromettre avec leurs plus proches adversaires.

Ainsi se réaffirma le même clivage que celui qui était apparu au moment de l'affaire Dreyfus : à la fois la constitution du même front de résistance, qui s'élargit à la faction authentiquement patriote du courant conservateur qu'incarnèrent les Kérillis, les Mandel, les de Gaulle. Et la réapparition des mêmes errements qui conduisirent non seulement le parti clérical, le parti néo-monarchiste, le parti militaro-bonapartiste, la plupart des conservateurs, et au-delà d'eux l'Église, l'armée, le patronat, mais aussi tant d'ex-communistes, d'ex-socialistes, d'ex-gauchisto-libertaires à basculer dans le camp d'une contre-révolution absolue qui se déclinait sur le mode de la révolution intégrale. C'est parce que la confusion fut à ce point épouvantable que ceux qui surent garder le cap mériteraient tous de passer à la postérité.

LE CLIVAGE DE LA GUERRE D'ESPAGNE

Il faudrait ici citer tous ceux qui, à l'image d'un Pietro Nenni, ou d'un André Malraux ou d'une Simone Weil, s'engagèrent au côté des républicains dans la guerre d'Espagne, sans pour autant se soumettre aux directives staliniennes. Ou, comme le Hongrois Lászlo Rajk et le Yougoslave Josip Broz, futur Tito, affrontèrent ensuite la terreur stalinienne. Parmi eux Randolfo Pocciardi, qui commanda la brigade Garibaldi. Et surtout Carlo Rosselli, animateur du groupe de résistance antifasciste Justice et Liberté – avec Emilio Lussu –, qui fut blessé près de Huesca et finalement assassiné en France, avec son frère Nello, par des hommes de main cagoulards qui exécutaient un contrat pour le compte de la police mussolinienne. Cinq mille Italiens, déjà proscrits par le fascisme, allèrent se battre en Espagne.

Quant aux Français qui rejoignirent les Brigades internationales, la plupart de ceux qui survécurent devinrent, comme Charles Tillon ou Rol-Tanguy, les principaux animateurs de la résistance antinazie en France.

Avoir laissé, sans réagir, les insurgés franquistes conquérir l'Espagne avec l'aide de l'Allemagne hitlérienne et de l'Italie mussolinienne fut à la fois un crime d'un point de vue moral et une faute politique majeure. Des intellectuels de droite, comme Bernanos, ou modérés, comme François Mauriac, le comprirent, mais aussi le général de Gaulle qui plaida auprès de Léon Blum en faveur d'une intervention. Cependant, en 1940, alors que près de cinq cent mille Espagnols avaient été jetés dans des prisons et dans des camps pour être restés fidèles à la République, alors que cinq cent mille autres avaient préféré l'exil à la soumission, alors que des dizaines de milliers de militants communistes, socialistes, trotskistes, anarchistes, démocrates, nationalistes basques ou catalans, avaient été fusillés par paquets entiers, ou garrottés à la chaîne, le gouvernement français de Vichy livra à Franco des centaines d'antifascistes espagnols, et parmi eux Lluis Campanys, ancien président démocrate de la Catalogne, qui fut immédiatement mis à mort.

En 1964 encore, le Caudillo faisait exécuter Grimau, un de ceux qui avaient pris les armes pour que « le fascisme ne passe pas ».

Témoignage : en juillet 1940, mon père, qui avait été mobilisé dans un régiment de chars, chercha avec des camarades polonais à gagner Londres. Il fut dénoncé par son colonel et amené par des gendarmes français à Argelès, dans un camp de détention où croupissaient... des républicains espagnols ! Lesquels, abandonnés, trahis, vendus par la « patrie des droits de l'homme », la remercièrent en participant activement en 1944 à la libération de plusieurs villes et régions du sud de la France.

Quand tout s'effondra en mai 1940, à qui s'en prit-on ? À ceux qui avaient dit « oui » au criminel traité de Versailles qui devait nourrir la réaction pangermaniste et dont l'économiste John Maynard Keynes fut l'un des rares à dénoncer dans son ouvrage *Les Conséquences économiques de la paix* la désastreuse inanité ? Ce même Keynes qui avait mis presque seul en garde contre les politiques déflationnistes qui exacerbèrent la crise de 1929. À ceux qui avaient soutenu l'absurde occupation de la Ruhr qui favorisa tant la propagande nazie ? À ceux qui avaient applaudi à l'invasion de l'Éthiopie par les armées mussoliniennes ? À ceux, comme le maréchal Pétain, qui avaient préconisé la stratégie qui consista à construire la ligne Maginot et à dégarnir les Ardennes ? À ceux qui appuyèrent le putsch franquiste en Espagne ? Ou préconisèrent la non-intervention, même lorsque l'Allemagne et l'Italie envoyèrent des corps expéditionnaires soutenir leurs épigones ibériques ? À ceux qu'enthousiasma la honteuse capitulation de Munich ?

Non ! On organisa au contraire le lynchage de tous ceux qui avaient dénoncé ces folies, ces ignominies ou ces lâchetés. Et on confia le pouvoir aux responsables de ces trahisons et de ces erreurs.

Sans doute justice fut-elle rendue, ensuite, aux quelques-uns qui avaient eu, plus encore que le courage, l'intelligence de dire « non » à ces mauvaises actions en chaîne qui nous menèrent à l'abîme. Mais, dès 1952, fut nommé président du Conseil un homme, Antoine Pinay, qui avait dit « oui » au franquisme, « oui » à Munich, « oui » à l'armistice, « oui » aux pleins pouvoirs à Pétain – c'est d'ailleurs lui qui fit voter l'amnistie pour les faits de collaboration. Mais, outre un illusoire sauvetage du franc, on lui doit tout de même d'avoir mis fin à la tentative d'imposer au Maroc un pouvoir fantoche. Et, en 1953, devint président de la République René Coty qui, député depuis 1923, n'avait pas prononcé un seul des « non » qui auraient pu éviter le désastre.

Dans cette fonction, il ne s'opposa d'ailleurs ni au développement de la guerre en Algérie ni aux putschistes de mai 1958. Aplati jusqu'au bout !

25

Le « non » des « Quatre-vingts » à l'étranglement de la République

Le vote le plus emblématique reste celui du 10 juillet 1940, qui consista à accorder, les yeux fermés, sans la promesse de la moindre garantie, les pleins pouvoirs au maréchal Pétain, et cela après que Pierre Laval eut admis la « nécessité » d'aligner les institutions françaises sur celles de l'Allemagne nazie et de l'Italie fasciste.

Pouvait-on se trouver confronté à un choix plus clair, plus décisif : s'installer ou pas dans un processus d'instauration d'une dictature ? Cautionner ou refuser la liquidation de la République ? Résister ou s'aligner sur les normes de l'occupant ? Défendre les principes de la démocratie représentative ou les brader à une secte de conjurés contre-révolutionnaires ? Sauver l'honneur ou préserver son confort ?

On connaît le résultat : sur six cent quarante-neuf votants, députés et sénateurs réunis, cinq cent soixante-neuf dirent « oui » et quatre-vingts seulement « non » [1]. Les communistes avaient été précédemment mis hors la loi pour approbation du pacte germano-soviétique. Comment votèrent les socialistes ? Trente-six votèrent « non », quatre-vingt-dix votèrent « oui », six s'abstinrent, sept s'excusèrent, vingt-huit ne prirent pas part au vote. Parmi les résistants : treize députés radicaux, cinq de la gauche indépendante, deux radicaux indépendants, trois ex-communistes, deux démocrates populaires, un républicain indépendant, un député et deux sénateurs non inscrits, mais surtout quatorze sénateurs de la « gauche démocratique », dont Marcel

1. Pierre Miquel leur a consacré, chez Fayard, un très beau livre.

Astier, de l'Ardèche, qui s'écria à l'issue du scrutin : « Vive la République quand même ! »

La plupart de ceux qui, ce 10 juillet, donnèrent leur aval – sous la double pression de l'envahisseur et des troupes du général Weygand – à cet assassinat de la République, à cette restauration cléricalo-monarchique du pouvoir personnel, à cet alignement sur les modèles totalitaires, à cette acceptation du diktat politico-idéologique de l'occupant, étaient des républicains, des démocrates, des laïcs, des libéraux, des nationalistes. Tous, cependant, ce jour-là, renièrent leurs convictions, trahirent leurs principes, piétinèrent leurs valeurs, désertèrent leur camp. La peur, la honte, l'instinct de survie, la mauvaise conscience – et pour certains le désir de revanche ou le retour du naturel – justifièrent toutes les lâchetés, tous les abandons.

À Louis Noguères, l'un des « Quatre-vingts », qui lui demandait où se trouvait Léon Blum, le député socialiste d'Alger, Régis, répondit : « Quand ce juif sera à la morgue, il sera au seul logis qui convient. »

Car la plupart des élus du Front populaire ne se contentèrent pas de baisser les bras, certains d'entre eux, des socialistes, tels Spinasse (Corrèze), l'un des pires, Roucayrol (Hérault), René Brune (Drôme), Castagnez (Cher), Rausy (Ariège), Albert Rivière (Creuse), Février (Rhône), Lhevéder (Morbihan), se comportèrent en véritables agents recruteurs de Pierre Laval. Le propre secrétaire général de la SFIO, Paul Faure, qui ne participa pas au vote du 10 juillet mais avait approuvé l'armistice, se ralliera ensuite à Vichy, acceptera en 1941 de faire parti du Conseil national de l'État français nommé par Pétain, approuvera la Charte du travail et condamnera la résistance armée.

À dire vrai, les « Quatre-vingts » ne furent pas les seuls à dire « non ». Outre que la majorité des députés communistes avaient été mis hors la loi, vingt-six parlementaires avaient embarqué le 21 juin sur le *Massilia*, en direction de l'Afrique du Nord, dans l'espoir de participer à la reprise des combats à partir de l'Empire. Parmi eux, Georges Mandel, Jean Zay, Pierre Mendès France, Édouard Daladier, César Campinchi, Tony Révillon, le socialiste Grumbach, Yvon Delbos, J. M. Thomas, Paul Bastide, Pierre Viénot, Le Troquer, le communiste dissident Brout, Diouf. Ils seront mis en état d'arrestation et certains exécutés par la Milice.

Pierre Viénot, député des Ardennes, qui avait condamné les accords de Munich, s'engagera dès 1941 dans l'action résistante, sera arrêté en 1942, s'évadera en 1943 et parviendra à gagner Londres où il jouera un rôle essentiel d'intermédiaire modérateur entre de Gaulle et Churchill. Le radical Paul Bastide, du Cantal, ex-ministre du Commerce dans le gouvernement de Front populaire, regroupera dès 1942 des dissidents de la région lyonnaise et intégrera le Conseil national de la Résistance. Le Troquer défendra Léon Blum devant la cour de Riom et rejoindra le général de Gaulle.

Ainsi, ceux qui eurent, dès juin 1940, le réflexe de refuser l'asservissement et l'humiliation poussèrent jusqu'à son terme la libération de la France. Un premier « non », presque instinctif, induisait tous les autres.

La remarque vaut pour les quatre-vingts parlementaires qui refusèrent de voter les pleins pouvoirs à Pétain. Presque tous, loin de se contenter de ce geste qui aurait suffi à leur donner bonne conscience, allèrent jusqu'au bout d'un engagement que cet acte préparait.

Ainsi le marquis Lionel de Moustiers, républicain de droite, élu dans le Doubs. À la déclaration de guerre, ce père de famille nombreuse demande son maintien en activité. Encerclé dans Lille, il refuse de se rendre. En 1941, il transforme son château en un véritable centre de refuge pour les réfractaires. Il accepte de témoigner au procès de Riom en faveur de Daladier. En juin 1943, il prend contact avec la Résistance armée dont il devient un des responsables locaux. Le 23 août, la Gestapo envoie un véritable bataillon encercler son repaire et s'emparer de sa personne. Incarcéré le 7 mars dans la prison de Besançon, transféré au camp de Compiègne, il est déporté en juillet 1944 en Allemagne et affecté, sur sa demande, dans un commando de « rééducation par le travail ». Il y meurt d'épuisement deux mois avant la fin de la guerre : il sera fait compagnon de la Libération à titre posthume.

Représentant l'aile droite du parti radical, Vincent Badie avait pris l'initiative de regrouper les adversaires des pleins pouvoirs et tenté sans succès, sous les hurlements, d'intervenir en leur nom à la tribune. Avocat, il défend ensuite les proscrits, gaullistes et communistes, adhère au mouvement Combat et devient l'un des responsables de la Résistance unie dans l'Hérault, avant d'être arrêté par la Gestapo et déporté à Dachau. Comme Le Troquer, comme Mendès France, comme André Philip, comme Tanguy-Prigent, il refusera également de cautionner le coup d'État militaire du 13 mai 1958.

Benjamin des députés du Front populaire, le socialiste Tanguy-Prigent s'engage sans hésitation dans l'action antinazie en Bretagne, rejoint le mouvement Libération-Nord, devient en 1944 ministre de l'Agriculture du général de Gaulle, tente de promouvoir la vraie ruralité contre les représentants des gros exploitants restés vichystes qui se regroupent dans la FNSEA. Il s'opposera à la politique algérienne de Guy Mollet et sera l'un des initiateurs du PSU. André Philip, professeur d'économie, passé du protestantisme au socialisme, adversaire des accords de Munich, malgré son pacifisme, s'engage également, dès la fin 1940, dans l'action résistante, devient l'un des animateurs de Libération-Sud, gagne Londres en juillet 1942, où de Gaulle lui confie le commissariat à l'Intérieur. Homme des perspectives audacieuses, rétif à toute forme de dogmatisme, il s'opposera lui aussi à la politique algérienne de Guy Mollet, avant de s'affilier à son tour au PSU.

Autre dissident socialiste du 10 juillet, Marx Dormoy qui, en tant que ministre de l'Intérieur, avait affronté les tueurs de la Cagoule, n'aura pas le loisir de connaître la suite de l'épopée : assigné à résidence à Montélimar, sur ordre du ministre vichyste de l'Intérieur, Pierre Pucheu, il y sera assassiné en juillet 1941, décapité par l'explosion d'une bombe placée sous le lit de sa chambre d'hôtel par des activistes de la collaboration. Les assassins, réfugiés en Espagne à la Libération, ne seront jamais inquiétés.

Assez logiquement, les nombreux aristocrates du Parlement de 1940 se rallieront, parfois avec enthousiasme, à un coup d'État de fait qui avait une allure de restauration. Ainsi Étienne d'Audiffret-Pasquier, de l'Orne, Bernard d'Aillières, de la Sarthe, les comtes Charles d'Harcourt, du Calvados, et Geoffroy de Montalembert, de la Seine-Inférieure, le marquis Henry de La Ferronnay, de la Loire-Inférieure, François de Clermont-Tonnerre, de la Somme, Jean de Beaumont, de Cochinchine, Stanislas de Castellane, du Cantal, François Boux de Casson, de la Vendée, Augustin Dutertre de la Coudre, de la Loire-Inférieure, François Fourcault de Pavent, de Seine-et-Oise, François Halna du Fretay, du Finistère, Georges et Robert de Grandmaison, du Maine-et-Loire, Jacques de Juigné, de la Loire-Inférieure, Hubert de Montaigu, de la Loire-Inférieure, Henry Pavin de Lafarge, de l'Ardèche, Marie-Joseph Poitou Duplessis, de la Charente, Marie Rillart de Verneuil, de l'Aisne,

Jean de Tanguy du Pouet, de la Vendée, Henri de Saint-Pern, du Maine-et-Loire, etc., à qui se joindront les représentants des grandes familles industrielles Wendel, Peugeot, Cointreau, Louis Dreyfus.

Cette liste impressionnante ne met que plus en valeur les « non » de quelques personnalités triplement rebelles à leur caste, à l'ordre établi du moment et aux exigences de l'envahisseur : le marquis de Moustiers, déjà cité, mais aussi deux indépendants de droite, le marquis de Chambrun et Champetier de Ribes.

Le marquis de Chambrun, un descendant de La Fayette, qui avait représenté la France aux États-Unis à l'occasion du cent cinquantième anniversaire de la bataille de Yorktown, transformera, malgré son âge, son repaire de Marvejols, en Lozère, en un lieu de regroupement du maquis et recevra pour ses services rendus à la Résistance une croix de guerre avec étoile de vermeil.

Auguste Champetier de Ribes, sénateur des Basses-Pyrénées, qui avait eu deux doigts arrachés au cours de la guerre de 1914-1918 et dont le fils venait d'être tué en Belgique, était un catholique modéré au républicanisme de fraîche date. Devenu le chef du mouvement Combat dans le Béarn, il sera arrêté en 1942, interné pendant dix-huit mois, après quoi il reprendra la lutte dans les Pyrénées, ce qui lui vaudra d'être nommé par le général de Gaulle délégué du gouvernement français auprès du tribunal de Nuremberg. On lui fera des funérailles nationales.

Paul Simon, de Brest, l'un des deux démocrates-chrétiens – avec Pierre Tremintin, du Finistère – deviendra membre du comité départemental de libération de son département. Le docteur Lecacheux, élu centre droit de la Manche, mais sans attache partisane, adversaire acharné du Front populaire, sera plusieurs fois arrêté par les Allemands et rendra à la Résistance autant de services que la situation politique et géographique particulière de son département le lui permettra. Maurice Montel, député centriste du Cantal, se retrouvera lieutenant-colonel dans les FFI. Sept parlementaires de droite seulement votèrent « non » : ils auraient mérité que leur insurrection morale, admirable, fût plus amplement célébrée...

Le cas le plus tragique est celui des trois dissidents communistes qui, par refus du pacte germano-soviétique, avaient rompu avec le parti, ce qui leur avait permis d'échapper à la mise hors la loi. Généralement, la plupart se rallièrent à Pétain, et, parfois même, à la collaboration, tels Jean-Marc Clamamus, Marcel Capron ou Marcel Gitton. Mais trois d'entre eux, ajoutant la dissidence à la dissidence, dirent « non » au sabotage de la République : René Nicod, député-maire d'Oyonnax, dans l'Ain, tente dès l'été 1940 d'organiser la résistance dans son département. Il est arrêté et incarcéré par la police vichyssoise. Eugène Jardon, député de l'Allier, maire de Domerat, héros de la Grande Guerre, subit lui aussi la répression pétainiste. Émile Fouchard, maire de Chelles, est arrêté par les Allemands. Or tous les trois, à la Libération, seront traités par le parti communiste comme des pestiférés et odieusement assimilés à des collaborateurs !

Ce qui fascine, lorsqu'on examine le destin des « Quatre-vingts », c'est que très peu d'entre eux, après qu'ils eurent obéi à ce que leur dictait leur conscience, s'estimèrent quittes. Même Paul Boncour, sénateur chenu, âgé de soixante et onze ans, ancien collaborateur de Waldeck-Rousseau, notable respecté aux cheveux blancs, qui avait acquis une renommée internationale en représentant la France aux conférences du désarmement à Genève, que son évolution avait conduit de la gauche vers le centre, mais qui avait successivement protesté – sans faire d'éclat, il est vrai – contre la non-intervention en Espagne, contre Munich, contre l'armistice, et qui aurait pu estimer que son « non » à Pétain concluait en beauté sa carrière de « républicain modéré, non modérément républicain », organisa depuis sa maison des bords du Cher des liaisons clandestines entre la zone libre et la zone occupée, puis au lendemain du débarquement échappa à la Gestapo en trouvant refuge dans un maquis du Lot.

Tout se passa comme si ce vote d'impulsion du 10 juillet, ce moment où tout est tellement compliqué que l'essentiel devient simple, cette heure de vérité où les masques tombent, où les camouflages se déchirent, cet instant inouï où, dans l'effondrement des logiques de parti et des disciplines de groupes, chacun n'est plus réduit qu'à lui-même, seul face à l'héritage qu'il porte et au devenir qu'il entrevoit, comme si cet acte, donc, induisait tous les autres qui devaient suivre : ce simple bulletin bleu déposé dans une urne, quintessence s'il en fut du geste légaliste, signifiait que quelque chose commençait, qui allait devenir une révolution; que cette infime minorité, juste un peu plus d'un dixième, qui refusait d'acquiescer à un forfait, se posait d'emblée en majorité morale, en légitimité de recours. Le « non » exprimé était déjà une rébellion esquissée. Alors même qu'on assassinait la République, on la refondait. La restauration de l'ordre ancien annonçait l'émergence d'un ordre nouveau, une majorité de déjà morts imposait très provisoirement sa loi à une minorité de toujours vivants.

Et c'est pourquoi, quand la majorité de ceux qui avaient voté « oui » se contentèrent de se recroqueviller dans leur lâcheté, les « non », eux, poursuivirent la lutte.

Dès le 22 juillet, le député socialiste de l'Ariège, François Camel, lance « son » appel à la résistance. Il est assassiné le 1er mai 1941, alors qu'il entreprend de mobiliser la population. Député socialiste de Prades, Joseph Rous, qui s'était dépensé en faveur des républicains espagnols, est d'abord accueilli au retour dans sa circonscription par des manifestations d'hostilité : les menaces se faisant plus précises, il se réfugie en Ariège, entre dans la clandestinité, tombe entre les mains de la police de Vichy qui le place en résidence surveillée, d'où il continue à apporter son aide à la Résistance. Il participera aux combats pour la libération de Foix.

Isidore Thivrier, député socialiste de l'Allier et industriel, arrêté par les Allemands, condamné à vingt ans de prison, meurt au camp de concentration de Struthof. Augustin Malroux, député socialiste du Tarn, instituteur, réorganisateur du parti socialiste clandestin, est incarcéré à Fresnes en 1943, puis déporté au camp d'Oranienburg, dont il ne revient pas. Camille Bedin, député socialiste de Dordogne, qui a repris du service dans l'action clandestine, est pris par la Gestapo en octobre 1943, passe par les prisons de Périgueux et de Limoges, puis de camp en camp, avant d'être libéré par les Soviétiques, réduit à l'état de squelette. Le sénateur du Var, René Renoult, de la gauche démocratique – il avait succédé à Clemenceau –, plusieurs fois ministre, est saisi par la Gestapo en février 1944 sur dénonciation de la police française, enfermé aux Baumettes, malgré ses soixante-dix-sept ans, et échappe à la déportation grâce à l'action des FFI. Justin Godart, sénateur radical du Rhône, ancien ministre du Travail, réformateur social estimé, accueille dans sa maison de Pommiers des Juifs qui fuient les persécutions, participe au sauvetage d'enfants israélites, ronéote chez lui le journal local de la Résistance et reçoit le

Général en 1944 en tant que maire intérimaire de Lyon. Il participera à la fondation du Centre de documentation juive contemporaine, à Paris.

Également sénateur de centre gauche, le docteur Victor Le Gorgeu ne se contente pas de dire « non », le 10 juillet. Il refuse également en décembre 1941, dans son conseil municipal de Brest, de voter la confiance à Pétain. Désigné en 1943 comme commissaire de la République pour la région de Rennes, il plonge dans la clandestinité et prépare la prise de contrôle de la préfecture à la Libération. Il modère la répression, mais demande une véritable épuration économique, ce qui lui vaut de n'être pas réélu au Sénat. À quatre-vingts ans, conseiller d'État honoraire, il sera encore victime d'un plasticage de l'OAS.

Marcel Plaisant, sénateur centre gauche du Cher, arrêté par la Gestapo en juin 1944, torturé, ne doit la vie sauve qu'à l'intervention des maquisards. « Petit-fils de quarante-huitard, proscrit de l'Empire, explique-t-il, la passion de la République m'insurgeait. » Jean Biondi, député socialiste de l'Oise, devient l'un des responsables régionaux du réseau Brutus, est arrêté par la Gestapo, déporté à Mauthausen, puis dans un autre camp d'où il revient physiquement très diminué. Le docteur Rombaud, sénateur radical de l'Ariège, s'engage dans l'Armée secrète, est arrêté en juin 1944 et meurt à Buchenwald. Claude Jordery, député-maire socialiste d'Oullins, dans le Rhône, engagé dans la Résistance et un temps incarcéré à la prison Montluc, à Lyon, meurt finalement à Bergen-Belsen, après être passé par Dachau.

Ce ne sont là que quelques exemples.

Sans doute les « Quatre-vingts » ne représentent-ils pas à eux seuls l'ensemble de la Résistance parlementaire. Outre ceux qui avaient embarqué sur le *Massilia*, quelques élus, Pierre Cot ou Kérillis, avaient déjà choisi le 10 juillet de quitter la France sous la botte, pour poursuivre la lutte outre-mer. Et le leader de droite Louis Marin, dont la conduite sera irréprochable, était absent.

Parmi ceux qui ne prirent pas part au vote, Aiguillon, député de la Vienne, s'engagera dans les FFI et mourra en déportation ; François Beaudoin, député de la Moselle, membre d'un réseau de Résistance, sera fusillé par les Allemands au camp de Flossenburg ; Camille Blaisot, élu de droite du Calvados, ne reviendra pas de Dachau.

Il reste que ces « Quatre-vingts »-là n'ont jamais reçu un hommage digne du sacrifice de la plupart d'entre eux et de l'exemplarité de leur geste collectif. Certains, Vincent Auriol, Jules Moch, Léon Blum – car même s'il s'en contenta, il en fut – Félix Gouin, Paul Ramadier – celui qui dira « non » aux communistes en 1947, en les chassant du gouvernement – jouèrent un rôle de premier plan après la Libération. Mais plus nombreux encore furent les partisans du « oui » à la dictature pétainiste, qui tinrent le haut du pavé dans les années 50 : Antoine Pinay, Joseph Laniel, René Coty, Robert Schuman, Édouard Frédéric-Dupont, Henri Maroselli, Marcel Massot, Jean Médecin, Taittinger, François Valentin. Certains s'étaient refait une vertu en tournant casaque au bon moment. Valentin, par exemple, qui sera directeur de cabinet de l'antisémite Xavier Vallat et chef des légionnaires pétainistes, mais prendra ses distances à la fin 1943, trouvera le moyen de se faire réélire au Sénat, ce qui lui permettra de défendre contre le général de Gaulle les thèses algériennes de la droite ultra.

Ces réhabilitations ne se prêtaient guère à l'exaltation d'une attitude dont la seule évocation faisait quelque peu honte à tous ceux qui s'étaient couchés.

Mais surtout, très vite, une sorte de Yalta politique fit que seules les forces dont les combats dans la Résistance avaient consacré la domination quelque peu hégémonique furent en situation de dresser de véritables panthéons à leurs héros. En particulier, et surtout, les communistes et les gaullistes.

Cela correspondait à la réalité à la fois du sacrifice que les premiers avaient consenti et du rôle primordial que les seconds avaient joué. Comment ne pas frémir au souvenir du député communiste de la Somme, Jean Catelas, ancien garde-barrière à la Compagnie des chemins de fer du Nord qui, guillotiné en septembre 1941 sur ordre de Vichy, chanta *La Marseillaise* sur l'échafaud ? Comment ne pas avoir la gorge nouée en relisant ces lettres dans lesquelles, à la veille d'être fusillés, des militants communistes exaltaient et la cause pour laquelle ils luttaient et le pays au nom duquel ils s'immolaient ? Comment ne pas désespérer à l'idée que tant de héros libérateurs adulaient un homme qui avait poussé l'oppression à son paroxysme ? Gabriel Péri, Danielle Casanova, Guy Môquet, le colonel Fabien, Pierre Sémard, Max Borel, qui mourut sous la torture sans avoir parlé, Georges Guingouin, le Tito du Limousin, qui prit le maquis bien avant que son parti donne le signal de l'action résistante, Manouchian et ses camarades de l'Affiche rouge, ces émigrés de la MOI qui relevèrent l'honneur et le drapeau que des Français « de souche » avaient laissé choir dans la boue.

Mon premier contact avec cette réalité, ce furent, en 1944, les pleurs d'une voisine de la rue des Plantes, Mme Le Gros, dont le fils, élève au lycée Buffon, membre des Jeunesses communistes, venait d'être exécuté à dix-sept ans, pour distribution de tracts patriotiques.

Sous l'emblème de la croix de Lorraine, ils ne furent pas moins nombreux à offrir leur vie ou à brûler leur jeunesse : le royaliste d'Estienne d'Orves, le socialiste Brossolette, le progressiste Jean Moulin, le général Delestraint et tous ceux qui, ensuite, à un titre ou à un autre, accompagneront telle ou telle phase de l'épopée gaulliste : les Passy, Rémy, Billotte, Neuwirth, Grandval, Michelet, Leo Hamon, André Jarrot, les généraux Kœnig, Catroux, de Larminat, Gabriel Cochet et naturellement Leclerc de Hauteclocque, dont la rébellion revêt d'autant plus de grandeur qu'elle fut, au sein d'une armée soumise, hélas exceptionnelle.

Comment oublier surtout les premiers résistants de l'intérieur, ceux du réseau du musée de l'Homme, Boris Vildé, A. Levitsky, Pierre Walder, Agnès Imbert, Yvonne Otton, Andrée Simmonet qui – comme Paul Rivet, Jean Cassou, Germaine Tillion, qui en réchappèrent – n'attendirent aucun signal, aucune consigne, pour concrétiser jusqu'au sacrifice leur combat antifasciste qui remontait aux années 30.

A-t-on assez salué encore, quand Paul Claudel envoyait une ode au maréchal Pétain, quand André Gide se repliait dans sa tour d'ivoire, quand l'Académie collaborait, quand Sartre faisait représenter *Les Mouches*, quand Malraux attendait mars 1944 pour s'engager, quand Sacha Guitry salonnait, quand Léautaud frayait, quand Paul Morand se compromettait, quand Chardonne osait le pire, sans parler de ceux comme Céline qui se damnèrent, la montée au front de l'historien Marc Bloch, du philosophe Jean Cavaillès, du romancier Jean Prévost dans le Vercors, de Jacques Decour, de Georges Politzer et de quelques autres qui tombèrent sous les balles de l'occupant, tandis que Vercors, Jean Paulhan, Jean Guéhenno, René Char, Aragon, Mauriac, Guillevic, Bernanos entraient dans la bataille en faisant flèche de toutes leurs plumes ?

Il faudrait également évoquer les figures de Fred Scamaroni, l'un des initiateurs de la libération de la Corse qui, comme Brossolette, se suicida en prison pour s'imposer de ne point parler sous la torture, de Jacques Renouvin, ancien de l'Action française mais antimunichois, qui s'engagea l'un des premiers dans l'action armée et mourut au camp de Mauthausen, de Georges Boris, rebelle de la première heure, de Pierre Le Faucheux, l'un des rares industriels à ne point s'être compromis, d'Yvon Morandat, le syndicaliste qui deviendra président des Charbonnages de France, de l'universitaire Pierre Bertaux, du père Chaillet, l'initiateur de *Témoignage chrétien*.

Qui se souvient de Julian Zugazagorta, de Juan Peiro Belis, de Francisco Cruz Salidor ? Oubli honteux, car ces combattants espagnols de la démocratie furent, avec l'assentiment du régime de Vichy, remis par les Allemands à Franco qui les fit passer par les armes. Tandis que sept mille deux cent quatre-vingt-huit autres étaient déportés. Et que dire de ces huit cents Allemands qui avaient dit « non » à Hitler et que la France livra à leur bourreau, en particulier les anciens ministres sociaux-démocrates Hilferding, qui se suicida dans les locaux de la Gestapo, et Rudolf Bretscheid, qui mourra en déportation ? Une centaine d'antinazis allemands n'en trouveront pas moins la mort en combattant au sein de la Résistance française. Réunifiés par l'intellectuel Silvio Trentin, des milliers d'antifascistes italiens participeront également à la libération de la France.

Ce qui nous renvoie aux deux actes fondateurs : l'appel du général de Gaulle et le vote de « Quatre-vingts ».

Car c'est bien à toutes les horreurs inexpiables qui allaient suivre que l'un et les autres avaient préventivement dit « non », quand d'avance la plupart de leurs « collègues » disaient « oui ». Ce « oui » dont les Papon, les Bousquet, mais aussi les Junot, qui réjoindra à la fin la Résistance, seront les exécutants neutres mais efficaces.

26

Le « non » au de Gaulle du 18 mai

Officiellement, en juillet 1940, il s'agissait de condamner ou de cautionner l'assassinat de la République. Même si le choix, en réalité, était beaucoup plus large et intégrait l'idée que l'on se faisait de cet esprit « national » dont se réclamaient bruyamment ceux qui, ayant déjà refusé toute forme de poursuite de la lutte à partir de l'Empire, allaient préconiser l'entente avec l'occupant.

Or, dix-huit ans plus tard, les républicains allaient se retrouver devant un dilemme semblable. Le même ? Sans doute pas puisqu'on connaît la suite : c'est encore la République qui succéda à la République, et le Général la fortifiera en mettant fin à l'effroyable guerre coloniale qui en consommait la substance. Mais, outre qu'on ne saurait juger d'un choix de principe en fonction du fait que le pire n'est pas toujours sûr, on oublie trop souvent que le prix à payer pour que ce pire soit exorcisé fut considérable.

Sans doute, bien que revenu au pouvoir à l'occasion d'une émeute activiste tournant au putsch militaire, le général de Gaulle, non seulement ne se comporta pas en dictateur, mais mit en outre hors d'état de nuire les factieux qui, depuis plusieurs années, avaient pris Marianne en otage.

Mais les conditions de ce retour, qui, dans un premier temps, provoquèrent une extension et une radicalisation du conflit algérien pour quatre ans de plus, déclenchèrent un processus marqué par une nouvelle insurrection algérienne – l'affaire des Barricades –, un nouveau putsch militaire, une effroyable campagne terroriste – l'OAS – et une répression, des journées d'affrontements meurtrières comme celles de l'année 1961 ou la tuerie de la rue d'Isly, et le départ massif et précipité de la population pied-noir d'Algérie.

Ceux qui, en mai-juin 1958, votèrent « non » au retour du Général ne constituèrent donc pas, comme ils le croyaient, le dernier rempart de la République, mais ils perçurent fort bien qu'il faudrait d'une façon ou d'une autre solder les conséquences de cette soumission à la force armée, de cette démission devant le chantage à la guerre civile.

Mais c'était de Gaulle ! Certes. On ne peut cependant pas oublier que, en juillet 1940, il y eut des républicains sincères, en particulier les anciens combattants, qui votèrent « oui » parce que « c'était Pétain » ! Le vainqueur de Verdun, l'homme qui avait toujours voulu « épargner le sang de nos soldats ».

Rappelons les faits : le 15 avril 1958, le gouvernement Félix Gaillard avait été renversé. Appelé à lui succéder, le démocrate-chrétien Pierre Pflimlin ne cachait pas qu'il entendait à la fois réformer les institutions et infléchir la politique algérienne dans le sens d'une recherche de négociation avec la fraction combattante.

C'est alors que, le jour prévu pour l'investiture de ce nouveau gouvernement, à Alger, à l'issue d'une manifestation officiellement organisée en réaction à l'exécution par le FLN de trois soldats français, et selon un plan minutieusement concocté à l'avance par une confédération de sept organisations d'extrême droite, la foule envahit le siège du gouvernement général et y forma un comité de salut public qu'accepta de présider le général Massu. L'explosion n'était évidemment pas spontanée. Le gaulliste Léon Delbecque en avait, sur place, posé en quelque sorte les bases. Le pétainiste Alain de Sérigny, directeur de *L'Écho d'Alger*, avait le 10 mai lancé un appel au général de Gaulle. Les généraux Salan, Jouhaud, Allard, Massu avaient, dans une lettre collective, fait savoir au président de la République que « l'armée française, d'une façon unanime, sentirait comme un outrage l'abandon de notre patrimoine national. On ne saurait préjuger sa réaction de désespoir ». Des néo-fascistes et ultras d'Algérie, Martel, Crespin, le docteur Lefèvre, Ortiz, Lagaillarde avaient, le 12 mai, mis au point la stratégie à suivre.

De quoi s'agissait-il en définitive ? D'un triple complot : de ceux qui voulaient coûte que coûte sauver l'Algérie française, c'est-à-dire empêcher le gouvernement d'engager la moindre négociation avec le FLN ; de ceux qui, au-delà de ce prétexte, rêvaient d'en finir avec les institutions républicaines et démocratiques issues de la Libération ; de ceux, enfin, qui cherchaient à créer les conditions d'un retour du général de Gaulle. Il n'y avait pas d'osmose entre ces différentes factions, à cela près qu'elles se soulevaient toutes contre un gouvernement démocratique qui allait être investi par deux cent soixante quatorze voix contre cent vingt, et cent trente-sept abstentions.

Comment fallait-il réagir ? François Mitterrand joua peut-être son destin en ces heures cruciales, en préconisant la plus grande fermeté.

On a beaucoup écrit, par la suite, sur les ambiguïtés d'un homme dont on redécouvrit la jeunesse vichyssoise et les tortueuses manœuvres narcissiques, mais, en l'occurrence, alors qu'il ne s'agissait pas encore de se déterminer par rapport à de Gaulle, mais bien de résister ou non à ce qui ressemblait fort à une tentative de coup d'État, largement instrumentalisé par la droite extrême, le futur président de la République, qui avait rallié les rangs des partisans de la paix en Algérie, adopta une attitude d'intransigeance républicaine.

À ce moment-là, il eût été encore possible de juguler l'entreprise factieuse et d'initier cette « clarification » qu'imposa trois ans plus tard le Général, sans peut-être que la tragédie n'atteigne un tel paroxysme et que ne coule un tel flot de sang. Peut-être.

Mais, alors même que les insurgés algérois commençaient à désespérer de leur propre entreprise, le mécanisme se mit en marche, qui allait leur donner l'illusion d'un triomphe.

Leur mise en échec eût exigé que s'affirmât une dynamique novatrice d'unité républicaine : or, l'attachement des uns, parfois très sincère, à l'Algérie française – y compris à gauche –, le refus de toute alliance avec un parti communiste qui avait obtenu 25 % des suffrages deux ans plus tôt, le désir de revanche sociale de certains modérés, le dégoût qu'avait engendré, comme en 1851 ou en 1940, une République assise sur la compromission, et la conviction de quelques-uns – nombreux dans la population – qu'il fallait saisir l'occasion pour hâter le retour salvateur de l'homme du 18-Juin, ne permirent pas que se constituât un tel front. D'autant que, non seulement de Gaulle était pour les uns l'homme des factieux, alors qu'il restait pour les autres le symbole de l'antifascisme, mais à ceux qui affirmaient qu'il était le seul à pouvoir garder l'Algérie à la

France faisaient pièce des confidents qui soutenaient l'avoir entendu se prononcer en faveur d'une Algérie algérienne.

Dès lors, quatre scénarios apparurent : une résistance qui semblait chaque jour plus aléatoire, l'instauration d'un régime fascisant, une guerre civile ou l'appel à de Gaulle. La résistance étant assimilée à la guerre civile, et le pays n'étant pas mûr pour un régime des colonels, de Gaulle avait gagné : le président René Coty et Antoine Pinay, qui avait, rappelons-le, voté « oui » en juillet 1940, reçurent, pour favoriser l'opération, l'appui du leader socialiste Guy Mollet.

Lorsque les parachutistes d'Alger, encouragés par les hésitations parisiennes et appelés par le député de l'île Pascal Arrighi, qu'on retrouvera au Front national, furent lâchés sur la Corse, ne tentèrent de faire front que le sous-préfet, le maire de Sartène et le maire socialiste de Bastia. Déjà.

Le 16 mai, le groupe socialiste de l'Assemblée avait voté une motion dans laquelle on pouvait lire : « La République est menacée. L'insurrection civile et militaire en Algérie et le manifeste du général de Gaulle témoignent que l'assaut contre le régime républicain est lancé. C'est de l'union et de l'action des démocrates que doit surgir une volonté ardente de défendre la liberté. »

Cela n'empêchera nullement, le 1er juin, quarante-deux députés socialistes contre quarante-neuf de voter l'investiture du général de Gaulle. On l'a dit, André Philip, Tanguy-Prigent, Vincent Badie renouvelèrent à cette occasion leur « non » du 10 juillet 1940, mais d'autres, rescapés des « Quatre-vingts » – Jules Moch, Ramadier –, votèrent cette fois « oui ».

Parmi ceux qui dirent « non », les communistes, Pierre Mendès France, inflexible comme en 1940, François Mitterrand, ancré à son intransigeance, une poignée de radicaux « de gauche », dont Hernu, quelques démocrates-chrétiens, Gaston Defferre, Albert Gazier, et beaucoup de ceux des socialistes, tels Depreux, Verdier, Savary, qui fonderont le PSU. Et aussi un vichyste conséquent : Isorni.

Qui avait raison ? On ne saurait répondre à cette question sans constater d'abord que, non seulement la droite, non seulement tous les défenseurs de l'Algérie française, mais, à une seule exception près, toute l'extrême droite pétainiste et poujadiste, y compris Jean-Marie Le Pen, votèrent l'investiture. Mais également, que beaucoup de ceux qui s'opposèrent soutinrent par la suite l'action du général de Gaulle – Emmanuel d'Astier de la Vigerie par exemple ou André Philip – que combattirent en revanche, jusqu'à recourir à la violence et au meurtre, plusieurs des nouveaux partisans du Général.

Il y eut, ce 1er juin, une immense mystification, dont on peut à la limite se réjouir, sans estimer pour autant qu'il fallait s'en faire complice. Car, ce jour-là, de Gaulle fut bien investi sous la pression d'une insurrection, doublée d'une manifestation de désobéissance militaire, à l'initiative d'adversaires résolus de la République parlementaire, pour imposer à la France la politique jusqu'au-boutiste qu'exigeaient l'armée et les activistes européens d'Algérie.

Il avait, en privé, laissé entendre qu'il était favorable, outre-mer et y compris en Algérie, à une pratique évolutive et libérale qui n'exclurait rien, même pas la sécession. Mais ces porte-parole officieux, ceux qui agissaient et complotaient en son nom, affirmaient l'inverse sans qu'il les désavoue. Ceux qui, alors, l'appelaient à cor et à cri, se mobilisaient en sa faveur, gaullistes ou antigaullistes, étaient bien de farouches adversaires de tout processus de négociation en Algérie. Et la plupart ne cachaient pas, outre leur haine des idées progressistes ou libérales en général, le peu de sympathie en laquelle ils tenaient la démocratie représentative.

Le fait même que la plupart des initiateurs du mouvement se soient ensuite déclarés trahis, qu'ils aient argué de cette « forfaiture » pour se lancer dans de sanglantes aventures aussi folles que suicidaires, que des centaines d'officiers en aient conclu à la légitimité de la révolte, que les pieds-noirs se soient sentis victimes d'un véritable assassinat, prouve assez, a posteriori, ce qu'ils attendaient réellement de la révolution du 13 mai et de son apparent succès. Léon Delbecque, l'homme qui, à Alger, avait monté l'opération pour le compte du Général, ne me cacha pas, lorsque je le rencontrai à la fin des années 60, qu'il s'agissait bien dans son esprit de rendre impossible une « politique d'abandon » en Algérie.

Le « oui » à de Gaulle, en 1958, valait effectivement acceptation des conditions de son avènement, donc du coup d'État implicite, dont d'ailleurs les acteurs furent dans un premier temps récompensés et promus.

Le « non » en revanche, politiquement correct sans doute mais surtout moralement inattaquable, ne préjugeait en rien des positions que l'on pourrait prendre dès lors que de Gaulle redeviendrait l'homme du 18-Juin. Et en effet, quand la plupart des « oui » firent défection, de Soustelle à Guy Mollet, de Delbecque à Bidault, beaucoup des « non » prirent la relève.

Gaullien, sinon gaulliste, de cœur, je fus militant du « non » en 1958 et je ne conçois pas aujourd'hui encore qu'une autre attitude républicaine eût été possible.

On remarquera d'ailleurs que la régénération politique se fit ensuite, à gauche d'abord, mais aussi au centre droit, et même dans le camp gaulliste, autour de ceux qui, le 1er juin 1958, refusèrent de cautionner le coup de force d'Alger.

La remarque vaut pour le référendum-plébiscite d'approbation de la nouvelle Constitution fondatrice de la Ve République : autant le « non » de 1962 à l'élection du président de la République au suffrage universel était discutable, autant le « non » victorieux de 1969 à une régionalisation tronquée – mais aussi à une nécessaire transformation du Sénat – était contestable – au vu de l'utilisation qu'en firent les forces les plus conservatrices –, autant le « non » au référendum de septembre 1958 se justifiait, puisque presque personne ne nie aujourd'hui que la Constitution qu'il s'agissait de ratifier, faite spécifiquement pour un homme hors du commun, taillée à sa taille, n'était pas, absolument pas, adaptée au fonctionnement ordinaire de la démocratie. Pourquoi ne pas admettre alors que la minorité eut raison ?

Reste que la IVe République fut victime de ses propres turpitudes. Et le paradoxe – il est regrettable qu'on ne l'enseigne pas dans les écoles – est que ceux qui n'avaient cessé de stigmatiser ses compromissions et ses lâchetés, un Mendès France par exemple, furent quasiment les seuls à la défendre quand les principaux responsables de ses dérives et de sa paralysie l'assassinèrent.

Ce dont mourut la IVe République fut certes de s'être révélée incapable de dire « non » aux comploteurs du 13 mai, mais, auparavant, de n'avoir pas su dire « non » à temps à ceux qui l'entraînèrent dans une politique moralement ignominieuse et politiquement suicidaire, successivement en Indochine, à Madagascar, au Maroc, en Tunisie et en Algérie.

Et le rôle du général de Gaulle, à cet égard, ne fut pas toujours très clair.

27

Retour sur le « non » aux guerres coloniales

Comment – nous l'avons déjà souligné – un pays, qui venait d'arracher sa libération en prenant les armes contre l'occupant, a-t-il pu, en 1945, ne pas comprendre que la nécessité de ce combat qui s'était peu à peu imposé à lui valait pour les peuples d'outre-mer qu'il tenait sous le joug ?

Comment, par exemple, tant de journalistes se sont-ils, si passivement, fût-ce pour monter en grade, s'assurer un emploi ou mettre du beurre dans les épinards, placés au service de ceux qui acceptaient que le crime servît ce qu'ils croyaient être leurs intérêts ? Quitte, parfois, à couvrir, à nourrir, à favoriser une entreprise de mensonge, d'intoxication et de bourrage de crâne que tout représentant de la nouvelle génération s'honore de dénoncer quand il la décèle aux antipodes.

À leur décharge, il faut reconnaître qu'à l'époque la presse quotidienne nationale et régionale aux ordres – de qui la manipulait – dominait largement le marché – je peux en témoigner puisqu'à mes débuts j'en fus – et que surtout l'audiovisuel était « tenu » par les tenants officiels de la ligne colonialiste pure et dure.

N'empêche : j'avoue que découvrir l'ampleur de cette auto-soumission, de ce carriérisme sans état d'âme et de ce cynisme satisfait, ne contribua pas à me faire aimer la profession que j'avais choisie.

Pourtant, beaucoup de ceux qui relevèrent l'honneur, dénoncèrent le pire, lancèrent dans cet océan propagandiste autant de vérités qu'ils purent comme des bouteilles à la mer, soulevèrent aux forceps la chape de plomb, et en conséquence servirent la France, furent des journalistes. Mais, outre que longtemps la profession les considéra comme des marginaux, voire des « militants », alors qu'en l'occurrence ils se comportaient en véritables journalistes, la plupart – Servan-Schreiber par exemple – finirent par s'investir dans l'action politique.

Il faut d'abord rappeler cette coïncidence qui marqua de son empreinte les deux décennies qui suivirent : le 8 mai 1945, alors que le monde libre fêtait sa victoire sur l'hitlérisme, une insurrection éclata en Algérie dans la région de Sétif. Une centaine d'Européens, civils ou militaires, furent massacrés et plus de deux mille musulmans – les nationalistes parlèrent de quatre-vingt mille – furent tués en représailles, deux mille condamnés, dont trente-trois à mort, qui seront exécutés.

Pratiquement pas de réactions en métropole. Silence radio. Le libéré ne pouvait être l'oppresseur. Impossible, parce que impensable. La gauche se tait puisqu'elle est au pouvoir. Déjà, le 10 mars 1938, Simone Weil pouvait écrire dans le journal *Vigilance* : « La tragédie de l'Afrique du Nord se poursuit au milieu d'une indifférence complète. Blum qui pleure après Clichy [incident qui avait mis aux prises militants communistes et activistes d'extrême droite] n'a pas jugé les dix-neuf morts arabes de Metlaoui – victimes de la répression coloniale en Tunisie – dignes de ses larmes. » Et d'ironiser : « N'est-on pas plus libre, mis en prison par un gouvernement de gauche [celui du Front populaire], qu'en liberté sous un gouvernement de droite ? »

On imagine ce qu'elle aurait pu écrire entre 1945 et 1948 : un nouveau gouverneur général nommé en Algérie, Yves Chataigneau, agrégé de philosophie, devenu diplomate, soutenu par le ministre de l'Intérieur de l'époque Édouard Depreux, que les colons surnommeront évidemment « Chataigneau ben Mohammed », tente d'imposer une politique libérale d'émancipation. Il tente de dire « non » à l'explosion programmée. Or, sous la pression du lobby colonial, il est désavoué et remercié... Puis remplacé par le socialiste Naegelen, qui organisera un système de trucage à grande échelle des élections pour barrer la route aux nationalistes qui, dans le collège musulman, l'emportaient déjà haut la main lors des scrutins d'avant guerre. *Franc-tireur* sera l'un des rares quotidiens à dénoncer cette calamiteuse évolution.

LE « NON » À LA GUERRE D'INDOCHINE

En Indochine, où le Viêt-minh de Hô Chi Minh, forgé dans la lutte contre l'occupation japonaise, exerçait un pouvoir de fait – d'autant plus que les autres tendances émancipatrices avaient été écrabouillées par le colonisateur –, trois hommes, tous issus de la Résistance, Jean Sainteny, l'universitaire Paul Mus et le responsable socialiste local Louis Caput, tentent d'initier une politique négociée d'accession à l'indépendance dans le cadre de l'Union française, tandis que l'amiral d'Argenlieu représente la souveraineté de la métropole et que Leclerc est chargé du rétablissement de l'ordre. Un accord est signé le 6 mars 1946, en vertu duquel la France « reconnaît la république du Viêtnam comme un État libre », tandis que les Vietnamiens réaffirment leur appartenance à l'Union française. Hô Chi Minh se rend en France pour parachever les négociations. Mais l'amiral d'Argenlieu, sans être désavoué par de Gaulle, va, par une série de provocations, tout faire voler en éclats. Un bombardement naval de Haiphong se solde par des milliers de victimes. Le Viêt-minh rompt toute négociation et entame sa guerre de reconquête. Jean Sainteny, victime d'une campagne de calomnies, est « écarté » – il deviendra ministre du général de Gaulle en 1962. Caput, découragé, finit par se retirer, non sans avoir stigmatisé un parti, le sien, « qui ne garde de socialiste que l'étiquette ». Paul Mus abandonne lui aussi et reprend ses fonctions dans l'enseignement : il publiera sur la question indochinoise des ouvrages qui feront autorité, et suppliera à plusieurs reprises le pouvoir de ne pas renouveler en Algérie les erreurs qui avaient été à l'origine de la tragédie vietnamienne.

Seule la revue de Jean-Paul Sartre et Merleau-Ponty, *Les Temps modernes*, ose écrire : « Il est inimaginable qu'après quatre années d'occupation, les Français ne reconnaissent pas le visage qui est aujourd'hui le leur en Indochine, ne voient pas que c'est le visage des Allemands en France. »

Ensuite, un nouvel hebdomadaire, créé par Claude Bourdet, Roger Stéphane et Gilles Martinet, *L'Observateur* – qui deviendra *France Observateur* –, prendra le relais : une goutte d'eau dans l'océan de la désinformation. Il y a, certes, la presse communiste mais, justement, elle est communiste. Et *Le Monde* qui, parfois, se distancie doctement n'exerce encore qu'une influence marginale.

En mars 1947, une insurrection éclate à Madagascar, la répression fait des dizaines de milliers de victimes. Une tuerie. Les trois députés de l'île sont arrêtés, torturés, condamnés à mort. André Philip, encore lui, sera l'un des rares à protester contre ce déni de justice.

Ceux qui, à ce stade, osent dire « non » à cette cascade de criminelles aberrations sont peu nombreux et relativement isolés. Parmi eux, l'infatigable Jean Rous, les avocats Yves Dechezelles et Pierre Stibbe, le héros de la Résistance Paul Rivet, Raymond Badiou qui deviendra maire de Toulouse. Tous sont proches ou membres du parti socialiste, dont ils s'éloigneront ou seront exclus.

Le 27 janvier 1950, la députée communiste Jeannette Vermeersch – l'épouse de Maurice Thorez –, ayant déclaré à l'Assemblée : « Le peuple vietnamien est sur son sol. Ce n'est pas lui qui est l'envahisseur, mais nous », est interrompue aux cris de « Assez d'ordures ! », « Assez de saloperies ! », « Allez-vous-en ! »

Le caractère communiste de la résistance vietnamienne incite en effet le PCF à durcir son opposition à la guerre : une militante, Raymonde Dien, est condamnée à un an de prison pour avoir empêché le départ d'un convoi militaire en se couchant sur la voie, et un second maître de la Marine nationale, ex-FTP, ex-engagé volontaire en Indochine, Henri Martin, écope de cinq ans pour activité « antinationale » à l'arsenal de Toulon. De leur côté, la droite et le centre arguent de la nécessité de faire barrage au communisme pour justifier ce meurtrier combat d'arrière-garde. Ce qui n'empêche pas de nombreux intellectuels, dont certains étaient peu suspects de bolchevisme, tels Michel Leiris, Jean-Marie Domenach, Jean Cocteau, Roger Stéphane, ainsi que Prévert, Vercors et Sartre, de prendre la défense de Henri Martin.

En vérité, on ne saurait réduire le drame indochinois à un schéma totalement manichéen. Sans doute cette opération néocoloniale de reconquête était-elle d'autant plus aberrante, absurde, lamentable, qu'au même moment l'Inde anglaise et l'Indonésie hollandaise accédaient à une totale indépendance. Mais, en même temps également, le communisme, partout où il s'était installé à la faveur de la guerre, tombait le masque et s'identifiait à une entreprise terroriste de prise en main totalitaire des nations et des peuples que le partage du monde avait placés dans sa sphère.

En 1946, en Bulgarie, le résistant non communiste Petkov, chef de l'opposition, est condamné à mort et pendu ; en Roumanie, en Hongrie, où les élections ont pourtant démontré que les communistes étaient minoritaires, tous les responsables politiques qui refusent de se soumettre sont implacablement éliminés.

CES GROUPUSCULES QUI SAUVÈRENT L'HONNEUR

À Prague, en 1948, après le coup de force du parti communiste, le grand nationaliste démocrate Jan Masaryk, fils de Tomáš, celui qui avait dit « non » à l'empire des Habsbourg, se suicide, tandis qu'Edvard Beneš, l'homme qui avait dit « non » à Hitler, se retire et en meurt. Ensuite, sont liquidés à leur tour par les directions staliniennes, c'est-à-dire mis à mort, les communistes dont on soupçonne qu'ils pourraient éventuellement penser un jour par eux-mêmes : Kostov en Bulgarie, Slanski en Tchécoslovaquie, Anna Pauker en Roumanie, Rajk en Hongrie et des milliers d'autres. Gomulka en Pologne est jeté en prison. En Russie, où la population du goulag s'élèverait à des millions d'âmes, les purges frappent indistinctement, non plus les vieux bolcheviques déjà exterminés, mais les anciens de la guerre d'Espagne ou les jeunes dirigeants forgés dans la guerre de libération. Quant à Tito, le de Gaulle rouge yougoslave, le premier qui avait dit « non » à Moscou et à Staline, il est excommunié et tout est mis en œuvre par le dictateur soviétique et ses séides pour en venir à bout.

En Chine, dont Mao Tsé-toung est devenu le maître incontesté au détriment d'un autre dictateur, beaucoup plus pourri, Tchang Kaï-chek, le rouleau compresseur passe sur des centaines de milliers sinon des millions de cadavres, tandis que le Tibet est annexé.

Ainsi les « justes » se trouvaient-ils pris entre deux feux. Fallait-il, avec les liquidateurs de Prague, les bourreaux de Budapest, les tortionnaires de Moscou, les exterminateurs de Pékin, dire « non » à la sale guerre du Viêtnam, au pogrom de Sétif, au crime contre l'humanité de Madagascar, ou, au contraire, avec les massacreurs du Tonkin, les fusilleurs de Tananarive, les ratonneurs du Constantinois, dire « non » à la terreur rouge qui s'étendait sur toute l'Europe orientale ?

Comment ne pas privilégier ici ceux, tous ceux, qui, au risque de se heurter à toutes les incompréhensions, de recevoir tous les coups et de toutes les provenances, de s'exclure eux-mêmes des gros bataillons, généralement sans succès, tentèrent de mener un double combat en disant « non » aux deux oppressions, aux deux crimes ? D'autant que ces horreurs étaient commises doublement en leur nom à eux qui étaient progressistes et français.

J'avoue, souvent exaspéré que j'étais par leur talmudisme groupusculaire et leur intellectualisme narcissique, n'avoir pas toujours reconnu la grandeur désespérée de leur combat. On ne leur rendra, cependant, jamais assez hommage. La victoire finale fut aussi le fruit de toutes leurs fécondes défaites : ainsi cette tentative, en 1948, de créer un mouvement, le Rassemblement démocratique révolutionnaire, qui ambitionnait de répudier à la fois le stalinisme et ses succédanés, la permanente trahison social-démocrate et le conservatisme libéral-colonial. On y retrouvait beaucoup de ceux qui porteront le message d'une gauche critique, parfois jusqu'en 1968 : Jean Rous, Claude Bourdet, Badiou toujours, mais aussi Georges Altman, David Rousset, qui avait été le premier à décrire et à dénoncer le phénomène concentrationnaire stalinien, Gérard Rosenthal, Laurent Schwartz, l'ex-trotskiste Craipeau, Stibbe et Dechezelles bien sûr, Jean-Paul Sartre, ainsi que des chrétiens progressistes proches de la revue *Esprit.* Albert Camus, Emmanuel Mounier, le théoricien du « personnalisme », André Breton, pape du surréalisme, figureront parmi les sympathisants. Faut-il préciser que les « masses » ne suivront pas et que les querelles de chapelles scelleront rapidement le destin de cette éphémère aventure, qui se terminera misérablement ?

En 1952, la France s'engage dans une vaste politique de répression en Tunisie et « ratisse » le cap Bon.

En 1953, le maréchal Juin, qui avait été ardemment vichyste jusqu'en 1943, opère un coup de force au Maroc en déposant le sultan Mohammed V, jugé trop lié aux éléments nationalistes, au profit d'un béni-oui-oui croupion, aussi peu représentatif qu'insignifiant, soutenu par quelques féodaux berbères, et place le gouvernement de la République au pied du mur.

Un universitaire chrétien reconverti dans le journalisme, Robert Barrat, se fera alors un devoir de dévoiler tous les dessous de cette nouvelle forfaiture.

Cette fois, le camp du refus mordra sur le centre droit et mobilisera un certain nombre de personnalités socialistes minoritaires : elles ne cesseront de stigmatiser une fuite en avant de plus en plus suicidaire, qui débouchera sur l'envoi du contingent en Algérie, l'expédition impérialiste de Suez, la prise de pouvoir de fait par l'armée. André Philip toujours, Alain Savary, Édouard Depreux, mais également André Viennot, Daniel Mayer, Robert Verdier, Antoine Mazier, Oreste Rosenfeld, l'universitaire Charles André Julien, l'auteur prémonitoire de *L'Afrique du Nord en marche*, le mendésiste Jacques Nantet, quelques gaullistes éclairés enfin.

Pourquoi les citer quand la plupart du temps la postérité les a oubliés ? Parce que, si ces personnalités avaient été entendues, si leurs avertissements avaient été pris en compte, si leurs appels avaient mobilisé plus de résistances, la France aurait pu constituer autour d'elle une attractive union de peuples libres, qui eût permis une fructueuse cohabitation des autochtones avec les communautés d'origine métropolitaine installées dans ces ex-colonies. On nous permettra de penser que ce sont eux dont il eût fallu entretenir le souvenir, et non ceux dont les actions archaïques contribuèrent à affaiblir le pays, à diviser la nation, à faire le malheur d'un million et demi de Français d'outre-mer.

On sait que c'est finalement Pierre Mendès France qui mit fin à la folie indochinoise et enclencha le processus qui permit l'accession du Maroc et de la Tunisie à l'indépendance. Il n'eut pas le temps, cependant, d'affronter les problèmes posés par une rébellion algérienne dont il avait d'abord sous-estimé l'ampleur. Deux ans plus tard, alors que ceux qui se réclamaient de lui, ou plutôt qui avaient utilisé son nom, avaient gagné les élections, il quitta le gouvernement plutôt que de cautionner la véritable félonie dont se rendit coupable le chef socialiste du gouvernement, Guy Mollet, en intensifiant une guerre qu'il avait préalablement jugée « imbécile et sans issue ».

Nous avons déjà évoqué la suite, l'institutionnalisation de l'horreur absolue : généralisation de la torture, exécutions sommaires, ratissages incendiaires, le plus souvent en réponse à l'ignominie d'un terrorisme aveugle. Tandis que l'Algérie vit sous l'emprise d'un état d'exception de nature quasi totalitaire, en France même la propagande à sens unique, pilonnée par les médias audiovisuels, se double d'une censure systématique des journaux mal-pensants. La presse aux ordres, elle, ne bronche pas. Le grand Lazareff lui-même cautionne cette soumission journalistique. Comme au temps de l'affaire Dreyfus, et pour les mêmes raisons, parce que le choix est entre la justice et l'ordre établi, entre l'impératif éthique et la raison d'État, entre Créon et Antigone, l'intelligentsia, au sens large, se scinde en deux camps : d'un côté l'Académie, l'establishment, l'élite conservatrice, de l'autre, un bataillon de « chers professeurs » – Louis Massignon, André Mandouze, spécialiste de saint Augustin, Georges Madaule, Henri Marrou, Henry Simon, Jean Dresh, Madeleine Rebériou, Laurent Schwartz, Pierre Vidal-Naquet – souvent de sensibilité chrétienne, qui vont opposer leurs scrupules moraux et finalement patriotiques aux zélateurs de l'Algérie française qui répliquent en stigmatisant « l'anti-France ».

Il ne s'agit pas d'un débat rhétorique, mais bien de l'affrontement de deux « non », le « non » humaniste et le « non » nationaliste. Un « non » aux violations institutionnalisées de tous les principes contenus dans la Déclaration des droits de l'homme, et un « non » à l'abandon d'une « province française » dont les tenants, d'un côté comme de l'autre, iront généralement à leurs risques et périls jusqu'au bout de leurs convictions.

Cette fois, pourtant, un démocrate chrétien comme le haut fonctionnaire Pierre Teitgen, un gaulliste historique comme René Capitant, un conservateur libéral comme Raymond Aron, un intellectuel modéré comme François Mauriac, se rangeront dans le camp du droit, alors que d'anciens militants anticolonialistes, tels Paul Rivet, Albert Bayet et même Albert Camus, finiront par privilégier, soit leur solidarité avec la population pied-noir d'Algérie, soit leur rejet d'un nationalisme à connotation ethnico-religieuse.

Cruels déchirements et tragique tête-à-queue. Ainsi, en novembre 1956, tandis que les troupes françaises et britanniques interviennent militairement en Égypte, en réaction à la nationalisation du canal de Suez – non sans avoir assimilé Nasser à Hitler et le nationalisme arabe au nazisme, comme les propagandes occidentales le feront de nouveau à l'occasion des guerres du Golfe et des Balkans –, l'armée soviétique écrase le mouvement révolutionnaire hongrois. Impérialisme contre impérialisme.

28

Les sacrifiés du double refus

Le colonel Nasser, comme le réformateur hongrois Imre Nagy, comme le communiste « national » Gomulka, en Pologne, comme les fellaghas algériens, exprimaient tous, à leur façon, les aspirations de leur population à se libérer d'une « emprise ». Et il est difficile, avec le recul, de n'en point conclure que la seule position cohérente et juste eût été de reconnaître dans tous les cas – et cela valait aussi pour les Tibétains avalés par la Chine – le droit des peuples à disposer d'eux-mêmes. Ne point arguer d'un « non » légitime d'un côté pour justifier un « oui » honteux de l'autre. Ne point décréter que les révoltés étaient ici des fascistes et là des combattants de la liberté. Ne point choisir son oppression à la carte !

Le double « non » resta sans doute minoritaire. Il n'en fut que plus glorieux. Comment pouvait-on dénoncer le sort de Maurice Audin, assassiné à Alger par les parachutistes, et accepter celui d'Imre Nagy, fusillé par des sbires soviétiques ? Et comment, inversement, pouvait-on refuser à Budapest ce qu'on acceptait à Port-Saïd ou à Guatemala City ?

Imre Nagy : l'homme qui, bien qu'issu du sérail communiste, avait, sous la pression populaire, tenté le premier de libérer son pays de l'étreinte totalitaire en le sortant du bloc soviétique et en y rétablissant un régime de démocratie pluraliste, s'était, au lendemain de l'intervention de l'Armée Rouge, réfugié à l'ambassade yougoslave à Budapest. On l'attira au-dehors par une fausse promesse, on le déporta en Roumanie, et finalement il sera jugé, condamné à mort et exécuté avec une centaine de ses partisans dont le général Maleter.

Or, des centaines de milliers, sinon des millions d'autres rebelles de par le monde, qui militaient eux aussi en faveur de l'émancipation de leur peuple ou de leur nation, cautionnèrent cette infamie. Parfois, ce sont les mêmes qui d'opprimés deviendront oppresseurs et, après avoir été martyrisés pour avoir dit « non », martyriseront ceux qui leur disaient « non ». Ainsi au Viêtnam ou à Cuba. Ainsi les activistes kurdes ou les islamistes afghans contre lesquels le glorieux commandant Massoud devra poursuivre le combat après avoir affronté avec eux l'armée soviétique. Comme Ibrahim Rugova, l'homme du réveil kosovar, devra résister au terrorisme de l'UEK.

Difficulté de formuler un refus de l'intolérable sans frontières, de récuser, dans un même élan, dictature libérale et dictature socialiste. Absurdité d'un clivage qui n'impliquait la culpabilité que de « l'autre ». On vole au secours de Berlin-Ouest menacé d'asphyxie par un blocus stalinien, mais on couvre le coup d'État du shah d'Iran contre le gouvernement démocratique du docteur Mossadegh. On stigmatise l'intervention de mercenaires armés par la CIA contre le président élu du Guatemala, coupable d'avoir envisagé une réforme agraire, mais on excuse l'écrasement des ouvriers révoltés de Berlin-Est par les chars soviétiques.

Et pendant trois décennies se déroulera la litanie de ces indignations hémiplégiques : d'un côté, l'holocauste des communistes – ou supposés tels – indonésiens, la terreur militariste au Brésil, la Grèce kidnappée par un aréopage de colonels obtus, l'ordre libéral rétabli au Chili à l'issue d'un putsch sanguinaire dont le scénario, sinon le casting, a été établi à Washington, l'éradication par l'assassinat de toute contestation sociale en Argentine et en Uruguay, la terreur en Argentine, l'intervention des G.I.s à Saint-Domingue, les villages vietnamiens napalmés ; de l'autre, l'écrasement du printemps de Prague par les cohortes blindées de Leonid Brejnev, suivi d'une normalisation au visage de plomb, l'intervention néo-colonialiste des troupes soviétiques en Afghanistan, le massacre de Gdansk et l'instauration de l'état de guerre sous la férule du général Jaruzelski, en Pologne, les saturnales répressives de la révolte culturelle en Chine, le délire criminel des Khmers rouges au Cambodge, des noces de sang du petit Staline éthiopien.

Grimau garrotté à Madrid, le père Popielusko assassiné par des policiers polonais, l'étudiant Jan Palach qui s'immola par le feu à Prague – comme les bonzes bouddhistes au Viêtnam – pour dénoncer l'invasion étrangère, Camacho menant son combat en Espagne à la tête des commissions ouvrières, l'insurrection morale du dramaturge Vaclav Havel en Tchécoslovaquie, les boat-people vietnamiens naufragés en mer de Chine, les disparus chiliens, les Palestiniens exterminés à Sabra et Shatila, les athlètes juifs abattus à Munich par des tueurs instrumentalisés, les Kurdes gazés, les Vietnamiens napalmés, les sandinistes nicaraguayens héroïques d'avant leur éphémère triomphe, tous ceux-là ne méritaient-ils pas qu'un même élan de solidarité en fît les symboles d'une cause unique ?

Pourquoi, avant de le diaboliser pour les besoins d'une croisade, abandonna-t-on à la paranoïa meurtrière de Saddam Hussein tous ceux qui tentèrent de défier sa fureur ? Pourquoi nul ne se soucia jamais des démocrates assassinés à Khartoum ? Pourquoi les premiers vrais démocrates serbes n'intéressèrent-ils personne ?

Aujourd'hui, Mandela est un héros, Pinochet un grand Satan, Suharto a été jeté dans les poubelles de l'histoire, les Khmers rouges font frémir, Mao n'est plus un dieu, mais puis-je oublier que je fus rappelé à l'ordre par la directrice de Radio-France à l'époque pour avoir « trop violemment » stigmatisé l'apartheid en Afrique du Sud, vertement critiqué par le directeur de la rédaction d'Europe 1 pour avoir « accordé trop d'importance » à la répression au Chili, que ma « couverture » de l'arrivée des Khmers rouges à Phnom Penh me valut des attaques furibardes de *L'Humanité*, que l'ambassadeur de France à Djakarta se plaignit à la direction de *L'Express* de mon reportage consacré à l'ampleur des massacres en Indonésie ; que la gauche médiatique et la fraction de l'intelligentsia qui l'influençait eurent longtemps des indulgences baroques à l'endroit de la révolution culturelle chinoise, qu'Alain Peyrefitte lui-même, que j'avais accompagné dans son voyage, édulcora quelque peu une réalité qui nous avait pourtant épouvantés ; qu'il fut, à une époque, de bon ton de célébrer l' « indépendantisme » de la Roumanie de Ceaucescu, que le régime à la fois féodal et libéral policier du shah d'Iran était considéré, y compris dans des milieux progressistes, comme exprimant la quintessence de la « modernité » orientale ? Ce qui, soit dit en passant, fit le jeu des ayatollahs !

Tous ceux qui disaient « non », même quand ils se réclamaient des droits de l'homme les plus élémentaires, ne pesaient pas du même poids, et je ne suis pas sûr de les avoir moi-même mesurés à la même aune.

Au demeurant, lorsqu'on dénonçait la guerre ravageuse menée par les Américains en Indochine et les bombardements sauvages des villes du Tonkin, ne faisait-on pas le jeu du communisme international qui témoignait ailleurs de sa propre inhumanité et intégra purement et simplement le Sud Viêtnam à son système totalitaire ? Mais, en se solidarisant avec les résistants afghans qui affrontaient les troupes soviétiques, ne se rendait-on pas complice de ces intégristes implacables qui allaient imposer au pays un joug encore plus insupportable et cruel que celui du communisme ?

Faut-il regretter d'avoir stigmatisé le régime oligarchique du shah d'Iran quand le pouvoir théocratique des ayatollahs lui a succédé ? Faut-il se repentir d'avoir pratiqué l'antisoviétisme quand 60 % des Russes sondés en viennent à regretter, au vu de tous les malheurs qui ont fondu sur eux, le temps de Leonid Brejnev ?

On connaît la logique : parce que Hitler, s'interdire de dénoncer Staline ; parce que Staline, s'interdire de dénoncer Hitler. Ce qui naturellement conforta à la fois et Staline, et Hitler.

On posera la question autrement : avoir combattu le colonialisme ne justifie nullement qu'on manifeste à l'égard de l'intégrisme islamique une compréhension que l'on refuserait à l'intégrisme chrétien ; ou que l'on répugne à appliquer à tel tyran africain les critères de jugement qui nous feraient stigmatiser n'importe quel caudillo latin. Avoir milité contre le totalitarisme marxiste-léniniste n'impliquait nullement que l'on cautionnât Boris Eltsine lorsqu'il envoya des chars d'assaut écraser une Douma élue qui n'avait pas commis d'autres crimes que de défendre ses prérogatives constitutionnelles.

En définitive, la capacité de dire « non » reste-t-elle entière dès lors que l'on s'enferme dans une logique bipartisane ? L'universitaire Annie Kriegel, qui s'était libérée du stalinisme de sa jeunesse, n'était-elle pas devenue incapable de s'opposer à une action, fût-elle insane, que l'anticommunisme – ou la solidarité avec Israël – justifiait ? L'ex-dissident juif soviétique Charensky, parce que son sionisme est inconditionnel, ne s'oppose-t-il pas aux plus légitimes aspirations palestiniennes ? L'Amérique, qui « libéra » le Kosovo, ne soutient-elle pas le refus opposé par le gouvernement turc à l'émancipation du peuple kurde ? Quand la Libye est l'adversaire, l'Arabie Saoudite, qui est pire, ne reste-t-elle pas l'alliée ?

Existe-t-il un espace pour le « non » pur quand plane, comme un commandement, la question de savoir dans quel camp on se place ? Chantage à l'antisoviétisme ou à l'antiaméricanisme. Va-t-on se soucier des enfants irakiens quand on a libéré le Koweït, du sort des tziganes du Kosovo quand on a fait la guerre à Milosevic ? D'un côté on collecte pour les sans-abri d'Arménie, de l'autre on affame les Cubains.

Ce fut la grandeur d'un Bernanos, d'un Kérillis, d'un d'Estienne d'Orves, d'un Arthur Kœstler, d'un Bertrand Russell d'avoir su échapper aux mâchoires de cette tenaille.

Le Victor Hugo que révulsait l'exécution d'otages par la Commune était le même que celui qui se déchaîna contre la terreur versaillaise. Le général de Gaulle, qui s'était déclaré solidaire de Kennedy lors de l'affaire des fusées soviétiques stationnées à Cuba, n'était pas différent de celui qui, à Phnom Penh, proclama l'inanité de l'intervention américaine au Viêtnam.

Or, si de Gaulle fut le seul chef d'État capable d'exercer cette double censure, c'est que, plus que tout autre, il s'était émancipé de la politique des blocs ; c'est qu'il estimait que la France ne dérogeait pas à ses fidélités en faisant entendre sa propre voix, qu'il s'agisse de reconnaître la Chine populaire ou de quitter l'organisation militaire atlantique.

On a volontiers dépeint le Général sous les traits d'un anti-Européen archaïque. Mais n'a-t-il pas, au contraire, sauvé les chances d'une véritable construction européenne en disant « non » à la dissolution de la communauté dans un ensemble atlantique ? Et son « non » à l'adhésion de la Grande-Bretagne ne fut-il pas, a posteriori, justifié par le refus anglais, d'abord d'une Europe sociale, ensuite d'une Europe monétaire ? Le plan Fouchet n'allait-il pas, dans certains domaines, plus loin que le traité de Maastricht, et serait-on de toute façon arrivé à ce résultat sans le compromis de Luxembourg ? Ce ne sont pas, en vérité, les « non » de De Gaulle que l'on conteste, mais son droit de dire « non ». Droit qui, désormais, semble en effet avoir été aboli.

On essaya des dizaines de fois de tuer le général de Gaulle. Il en réchappa. Mais pas le pasteur Martin Luther King, coupable d'avoir dit « non » au racisme ; pas les frères Kennedy qui osèrent affronter des forces auxquelles on ne touche pas; pas Indira Gandhi, ni son fils, qui entendaient refuser les dérives ethnico-religieuses; ni Sadate ni Rabin qui voulurent s'opposer à la spirale de la haine au Proche-Orient; ni ces dizaines de militants palestiniens, abattus pour s'être mis en travers de l'engrenage de la terreur, et abattus souvent par des terroristes pro-palestiniens; ni ces milliers d'Algériens immolés parce qu'ils rejetaient le diktat de la nouvelle Inquisition.

La liste, hélas, est interminable : la mort contre le « non » à l'impérialisme de Henry Curiel ou de Ben Barka; la mort contre le « non » à l'apartheid de Lucie September; la mort contre le « non » du Grec Lambrakis à l'état de guerre intérieure; la mort contre le « non » du juge Falcone à l'empire noir de la pieuvre mafieuse; la mort contre le « non » de ce photographe argentin ou de ces journalistes russes à une mafia qui a mis leur pays en coupe réglée; la mort contre le « non » de ces quelques Corses qui ont osé dénoncer la dérive fascisto-criminelle du courant nationaliste; la mort contre le « non » des militants amazoniens qui ont pris la défense des Indiens asservis par les grands propriétaires fonciers; la mort contre le « non » de Patrice Lumumba à la balkanisation tribale du Congo; la mort contre le « non » de Chamorro ou d'Aquino aux dictatures corrompues du Nicaragua ou des Philippines; la mort contre le « non » de Che Guevara au confort des causes gagnées; la mort contre le « non » de Boudiaf à la corruption en Algérie; la mort contre le « non » du nationaliste iranien Gotzabeh, mon ami, à la tyrannie des ayatollahs; la mort contre le « non » du général chilien Prats qui entendait rester fidèle à la démocratie; la mort contre le « non » de l'évêque de San Salvador à l'impunité dont bénéficiaient les tueurs galonnés; la mort contre le « non » des élus espagnols aux diktats des staliniens de l'ETA basque; la mort enfin contre le « non » du jeune socialiste allemand Rudi Dutschke à l'oppression pancapitaliste.

LE « NON » RÉCUPÉRÉ DE L'IRRUPTION SOIXANTE-HUITARDE

Est-ce parce que leur refus était moins subversif qu'ils ne l'imaginaient que les promoteurs du Mai 68 français échappèrent heureusement à ces liquidations expéditives ?

Étrange processus que celui qui, à partir de revendications catégorielles ou sociétales ponctuelles, dynamisées par la fermeture inopinée de la Sorbonne et les réactions policières aussi brutales que démesurées, déboucha sur une contestation collective de la société de consommation et le rejet d'un système pyramidal qui exerçait à tous les niveaux sa fonction d'étouffoir ! Il y avait eu la ratonnade d'octobre 1961, le massacre du métro Charonne, la tendance à utiliser systématiquement la trique en guise d'argument, la manifestation incessante d'un autoritarisme qui ne laissait nulle place au dialogue et à la concertation, le poids de plus en plus pesant des pouvoirs mandarinaux, le culte d'un immobilisme autosatisfait qui confortait les situations acquises, l'usure d'un pouvoir charismatique mais personnel que renforçait le zèle propagandiste d'une ORTF caricaturale, l'omniprésence d'un discours technocratique anesthésiant, l'enfermement des relations sociales dans un carcan qui les comprimait jusqu'à l'asphyxie, la crise du leadership communiste, la diabolisation a priori de tout débat sur les mœurs, la sous-estimation d'aspirations qui ne rentraient pas dans le schéma manichéen hérité de l'après-guerre, la rigidité des institutions, l'incapacité de la gauche institutionnelle et atlantiste à élaborer un discours novateur capable de faire pièce au tiers-mondisme gaullien, la dynamique du mouvement de contestation de la nouvelle guerre du Viêtnam, l'influence dans les milieux au moins estudiantins de la relecture freudo-marxiste marcusienne du concept d'aliénation...

Lors de la fameuse nuit des barricades qui électrisa la rue Gay-Lussac, je fus frappé par la convergence hétéroclite des remises en cause d'un ordre dont on rejetait moins encore la nature que son caractère démesurément et insupportablement établi. Le seul « non » fédérateur était celui qui était lancé aux cohortes de CRS et de policiers harnachés comme pour une guerre interstellaire et en quoi s'incarnaient tous les blocages d'une société ressentie comme intrinsèquement, sinon oppressive, au moins répressive.

Derrière cette « force publique » se profilait l' « État », et le paradoxe voulut qu'à le confondre avec son bras armé on l'ébranla au point d'ouvrir la voie, malgré l'encadrement archéo-marxiste de cette juvénile révolte, au contre-discours libéral-libertaire dont Giscard d'Estaing prendra en quelque sorte le relais avant que Daniel Cohn-Bendit, la mèche de l'explosion soixante-huitarde, et Alain Madelin en deviennent les symboles parfois antagonistes, mais souvent complémentaires.

On peut certes se demander si le « non » soixante-huitard, aussi radical qu'il pût paraître, ne trouvait pas en lui-même sa raison suffisante, s'il ne se gargarisait pas de ses propres redondances. Il n'empêche que, pour le meilleur comme pour le pire, il entraîna une cascade de mutations aux incalculables conséquences : l'école en fut transformée au même titre que la famille. Surtout, il généra d'abord une logomachie, ensuite une idéologie structurée, vite devenue à son tour dominante et récupérée à cet effet, à laquelle il devint de plus en plus difficile, parfois même dangereux, de dire « non », tant le sectarisme de la révolte de la veille s'adapta vite au conformisme des ralliements du lendemain. La clôture du raisonnement autour du concept instrumentalisé de « modernité » – l'autre étant par définition archaïque –, la fermeture du débat au nom du primat de l'ouverture, la pratique presque banalisée de l'exclusion intellectuelle, la ringardisation systématique et élitiste du peuple réel, la propension au lynchage, la criminalisation du désaccord en furent quelques-uns des sous-produits.

Raymond Aron, qui ne sut pas toujours, surtout dans ses fonctions éditoriales, énoncer les « non » qu'on eût attendus d'un vrai libéral, fut l'un des premiers à analyser les pesanteurs qui déterminèrent ces dérives. Encore n'avait-il pas imaginé qu'on assisterait trente ans plus tard à la quasi-fusion, anticipée par Régis Debray, du discours post ou néo-soixante-huitard et de la pensée néo-libérale globale, ou plus exactement à une déclinaison de cette pensée sur la musique de ce discours. Parce qu'on était internationaliste, on divinise la mondialisation. On détestait la concurrence et le marché : pour cette raison, on se rallie aux monopoles et on applaudit aux concentrations et fusions capitalistes ; on rejetait la « libre entreprise », ce pourquoi on se réjouit que le grand capital financier écrase le commerce indépendant, l'artisanat et les PME.

Libérés en 1981, voilà que les médias s'imposent la servitude volontaire de cette « pensée unique » ; quelque chose s'esquisse, prend corps, puis s'affirme, qui ressemble à l'ancienne « ligne du parti », à cette « pensée juste », « conforme », par rapport à laquelle tout écart est « dérive », « dérapage », « déviation », « révision ». Comme si le délit de « révisionnisme », pour lequel on fusilla en grand sous Staline, redevenait le pendant de cette dictature de la bien-pensance. Un seul système économique à l'échelle planétaire, une seule rhétorique, une seule musique, des médiateurs qui pensent à peu près tous pareil, tous les fils de la communication universelle qui se recoupent dans les mêmes lieux, les principaux émetteurs situés dans le même espace, tous les flux qui se dirigent ensemble, au même moment, dans le même sens : comment peut-on encore dire « non » ? Et qui le peut ?

L'embargo, le boycott, l'ostracisme ne menacent-ils pas ceux qui s'y risquent ? Ne vont-ils pas au-devant d'une excommunication majeure après comparution devant le tribunal de la nouvelle Inquisition ? Le Saint-Office veille, qui n'a que l'embarras des torches pour allumer ses bûchers. Il y a des Salman Rushdie partout où règnent les gardiens torquemadesques de l'orthodoxie.

DIRE « NON » AUJOURD'HUI

Certes, dire « non » aujourd'hui conduit de moins en moins à la mort. Même si les pays où cela ne pardonne pas, l'Arabie Saoudite par exemple, sont toujours considérés comme des bastions du monde libre. Pourquoi tuer, d'ailleurs, puisque naturellement, spontanément, le vide se fait autour du pécheur, la machine à broyer se met en marche, les prisons sans murs se referment, puisqu'il n'y a plus d'« ailleurs », plus d'extraterritorialité pour la dissidence ? Qui écoute, qui entend Soljenitsyne depuis qu'il fulmine contre l'horreur néo-libérale ? Toutes les télévisions du monde occidental lui étaient grandes ouvertes, aujourd'hui elles lui sont toutes fermées, y compris celles de Moscou. Il pense mal. Comme l'ex-dissident Zinoviev, dont l'exclusion est bien plus radicale, parce que mondialisée, qu'elle ne fut du temps du communisme. Les propagandes, durant la guerre d'Algérie ou du Viêtnam, avaient encore des trous. À l'occasion de la guerre des Balkans, ils ont été bouchés. Même pendant la guerre du Mexique, menée par Napoléon III, pendant la guerre du Rif, dans les années 1920, une opposition se fit entendre à la Chambre. Dans le second cas, Jacques Doriot, au nom des communistes, y appela à la désertion et à la fraternisation. Durant la guerre du Kosovo, en revanche, comme durant la guerre du Golfe, pas un seul cri de refus ne franchit l'enceinte parlementaire. Que j'aie été moi-même favorable – je ne le regrette pas – à l'intervention contre l'impérialisme de Saddam Hussein n'annule en rien cette remarque. Normalisation achevée. Dire « non » a toujours été un délit, cette fois cela relevait de la déviance psychiatrique. On bombarde un pays, l'Irak, sans que personne ne sache même plus pourquoi, d'autant que son dictateur fut longtemps notre agent. Qu'importe ! On entend à peine voler une mouche contestataire.

Alors comment dire « non » ? En rusant. En contournant. En jouant avec le système. En retournant le bulldozer médiatique contre lui-même. En prenant la logique néo-libérale à son propre piège. La seule faille du pancapitalisme mondialisé, c'est qu'il ne peut refuser sa contestation dès lors qu'elle lui rapporte. Mieux : il la finance si de gros profits sont à sa clef. Dans un premier stade, donc, on étouffe ou on tente d'étouffer la dissidence, dans un second stade, on l'exploite en la faisant fructifier. Dans un premier stade, on accable Viviane Forrester, l'auteur de *L'Horreur économique*, sous les sarcasmes, on lui oppose le sérieux des vrais « experts », ceux qui sont dans la ligne ; dans un second stade, parce que, malgré tous les efforts pour le déconsidérer, son livre a fait un tabac, on l'invite partout, et on lui commande la suite. D'abord, on fait de José Bové un « beauf » franchouillard, adepte d'un populisme poujadisant – autant de qualificatifs qui font partie de la panoplie de la diabolisation ordinaire –, un antiaméricain donc un délinquant ; ensuite, quand malgré toutes ces tentatives de disqualification, de ringardisation et même de fascisation, il s'avère que le bonhomme, manipulateur émérite de médias, est parvenu à susciter une réelle adhésion d'une large fraction de l'opinion à son discours de dénonciation de la « marchandisation du monde », on se rue sur la bête pour tenter de la transformer à son tour en produit marchand.

Le pancapitalisme, c'est sa force, sait gérer à son profit l'anticapitalisme, mais – et c'est sa faiblesse – il est obligé de le faire, même quand la subversion l'atteint de la sorte au cœur, ce que Ralph Nader fut l'un des premiers à comprendre. On ghettoïse toute contestation, mais on investit allégrement dans ce ghetto. On excommunie Pierre Bourdieu, mais on le publie à la baguette. On tue aussitôt que l'on peut mais, en attendant de le pouvoir, on rentabilise chaque souffle des survivants. Après l'échec d'un hallali, l'abbé Pierre est embaumé vif. C'est plus sûr. Si le « résistant » qu'on a fusillé parce qu'il a dit « non » se relève avec seulement quelques égratignures alors, il a toutes ses chances de fructifier, sans quoi il disparaît dans la fosse commune.

Peut-on dire « non » à la mondialisation néo-libérale autrement que pour lui servir d'alibi contestataire ? Que vaut, désormais, un refus intellectuel, un refus moral, un refus individuel face à une internationalisation des normes, à une uniformisation des références ? À ce processus global de décentrage de l'homme au seul profit du capital financier, peut-on opposer un refus qui ne soit pas collectif ?

La concentration toujours plus poussée des pouvoirs réels entre quelques mains, la généralisation des situations de monopole, le verrouillage du marché, l'asphyxie de la concurrence, le rétrécissement de la pluralité, l'étranglement de la libre entreprise, l'émergence d'un véritable néo-communisme sur une base privée, l'exacerbation de toutes les inégalités entre espaces géographiques et à l'intérieur des mêmes espaces géographiques, laissent-ils encore du champ libre à une protestation qui ne soit pas récupérable ?

Y a-t-il une place pour les idées dans la dynamique des flux ? À quoi peut se heurter le pancapitalisme dès lors qu'il est sans frontières et sans bornes ?

En vérité, cette normalisation idéologique autour du culte du Veau d'or, cette éradication de tout ce qui ne renvoie pas aux lois de maximalisation du profit, cette divinisation d'un marché qui ne connaît ni nation, ni mémoires, ni peuples, suscite de brutales réactions de rejet. Mais, confrontées à une régression absolue qui se donne l'apparence de la modernité, à une « internetisation » du retour à Guizot, ces révoltes prennent elles-mêmes une forme archaïque : communautarisme, tribalisme, souverainisme, néogauchisme ou néostalinisme, intégrisme, fondamentalisme, nationalisme ethnique.

Les terroristes basques, les Taliban afghans, les membres du Hamas palestinien, du Hezbollah libanais, les partisans autrichiens de Heider, les nostalgiques français de Le Pen, les tigres tamouls, les narco-guérilleros boliviens, les ultra-nationalistes serbes ou kosovars, les islamistes algériens disent « non » à leur façon, mais sous des drapeaux récupérés sur les champs de bataille du Moyen Âge et en référence à des idéologies préhistoriques qui nous forcent à héroïser surtout ceux qui, parfois au péril de leur vie, leur disent « non » à eux.

Ici, la ruse est totale. Comment mieux conforter un dogme dominant qu'en lui suscitant des oppositions effrayantes et catastrophiques ? Le néo-stalinisme libéral a besoin de nouveaux Hitler : on lui en offre à la pelle. Plus la dissidence est caricaturale et plus la norme s'impose. L'évidence de la déraison justifie que l'on trace un « cercle de la raison » hors duquel commence la barbarie.

La scolastique ne procéda pas différemment. Que pouvait-on faire contre l'alliance de la Bible et d'Aristote ? Et aujourd'hui de la bien-pensance et du néo-libéralisme ? Du réel pour les affaires et de la morale pour la soif ? Toute unicité semble conforter l'évidence et celui-là est fou qui récuse l'évidence. Rien d'autre n'est que ce qui est. Il n'y a plus d'ailleurs ou d'autre part. On ne saurait donc être contre, mais simplement dedans ou à la marge. Il n'existe, disent-ils, une pensée unique que parce que la réalité est unique !

D'où la seule question qui vaille : peut-on dire « non » à une réalité unique ?

29

Le « non » à la réalité unique

Quel fut, depuis plus de trois mille ans, le ressort du progrès humain, sinon précisément ces « moments de vérité » dans un état de mensonge que générèrent des « non » à une réalité unique qui induisait une pensée unique [1] ?

Les révolutions qu'initièrent Maxwell, Bohr, Einstein, après Galilée et Newton, n'ont pas d'autre signification. Et déjà Ptolémée, puis Copernic. Ce qu'ils rejetèrent tous n'était pas *une* vision du monde, mais *la* vision du monde. Donc le monde tel qu'il était vu et vécu. La terre était ronde ? Oser l'affirmer revenait à rejeter l'évidence tangible, palpable, expérimentale de sa platitude. Comment croire que certains de ses habitants puissent vivre la tête en bas ? Elle tournait autour d'elle-même ? Mais alors comment pouvait-on tenir debout ? Et dans ce cas, où était l'enfer, où était le paradis ?

Nécessairement immobile, ce qui nous permettait de tenir debout, la terre ne pouvait en outre que se trouver au centre de l'univers, puisque Dieu l'avait choisie pour créer et y installer sa plus prestigieuse créature, celle qu'il avait conçue « à son image ». La Bible l'établissait, Aristote ne le contredisait pas, saint Thomas d'Aquin l'avait dogmatisé : comment s'opposer à Dieu, à ses philosophes et à ses saints ? Comment Joseph avait-il pu arrêter le soleil si c'est, en réalité, la terre qui tourne autour ?

Dire « non » à la Bible, puis au Coran : une nécessité absolue, si l'on voulait que « la lumière fût », mais qui, des siècles durant,

1. J'ai longuement traité de cette question dans *Esquisse d'une philosophie du mensonge*, Flammarion, 1989.

et aujourd'hui encore parfois, valut le martyre à ceux qui s'y risquèrent.

Il est étrange que tant de films aient été consacrés à ces héroïnes et à ces héros qui moururent dans la fidélité aux Saintes Écritures, mais si peu à ceux, plus nombreux, qui sacrifièrent leur vie au devoir de vérité face aux Saintes Écritures.

Typique fut, à cet égard, la férocité du combat qu'il fallut mener dans le seul domaine de la médecine, pour rejeter les préjugés qui s'opposaient à l'étude du corps humain.

Pendant treize siècles, en effet, on se contenta de répéter de façon mécanique ce qu'était censé avoir élaboré et découvert, une fois pour toutes, le célèbre Galien, médecin de Pergame, qui vécut au IIe siècle de notre ère et dont l'Occident féodal redécouvrit les œuvres, comme celle d'Aristote, grâce aux traductions arabes. Selon Galien, la bonne santé dépendait des quatre humeurs cardinales – sang, bile, atrabile, pituite – et toute maladie était la conséquence de leur dérèglement. Ainsi le tempérament, qui pouvait se manifester par la température, ne dépendait-il lui-même que du rapport entretenu avec ces quatre humeurs-là et était – ce que beaucoup pensent encore aujourd'hui – ou sanguin, flegmatique, bilieux ou atrabilaire. Il en découlait qu'il y avait autant de maladies différentes que d'individus et de tempéraments différents, et que tout traitement consistait à rétablir les équilibres entre les humeurs, en particulier par la purge, la sudation, les saignées ou l'usage de vomitifs.

En fait, Galien avait été effectivement pour son temps un savant remarquable, mais ses limites tenaient au fait qu'il ne pratiqua jamais de dissection de cadavres et se contenta d'étudier l'anatomie externe des singes et l'anatomie interne des porcs.

Or, de même qu'il y avait en haut de la pyramide du savoir le livre unique, la Bible, qui renfermait l'essence même de toute connaissance intrinsèque puisque ses auteurs n'étaient que les dactylographes de Dieu, de même chaque branche de ce savoir devait s'articuler à des bibles spécifiques – qui devenaient autant de tabernacles du dogme.

Les livres de Galien, vulgates laïques, furent donc érigés en livres sacrés.

Dès lors, le rôle du médecin, comme Molière l'a fort bien caricaturé, ne consistait pas à rechercher expérimentalement la cause du mal, mais ce qu'en avait dit Galien, ou plus exactement à interpréter ce qu'il aurait pu avoir dit.

Qu'un cadavre disséqué ne corresponde pas aux descriptions qu'en avait fait l'infaillible Galien, et l'on en déduisait, non qu'il s'était trompé, mais que l'espèce avait dégénéré. L'ordre induit par le Créateur unique impliquait qu'on ne remît pas en cause les ordres qui lui étaient, pensait-on, afférents.

L'un des premiers à ébranler cette orthodoxie, Paracelse (1493-1541), qui osa soutenir que ce qui provoque la plupart des maladies est une cause spécifique externe au corps, mourut abandonné de tous et dans le plus total dénuement.

Le Belge André Vésale, contemporain de Copernic, initiateur de l'anatomie moderne fut, lui, condamné par l'Inquisition à faire un pèlerinage en Terre sainte, et il mourut au cours du retour. L'observation de vrais cadavres lui avait en effet permis de corriger Galien.

Michel Servet qui avait, lui, découvert les lois de la circulation pulmonaire ou « petite circulation du sang », fut brûlé vif à Genève par les calvinistes, moins il est vrai à cause de sa découverte qu'en sanction de son panthéisme. N'empêche qu'en se libérant de l'emprise du Dieu biblique, Servet s'était en même temps libéré de Galien.

Un peu moins d'un siècle plus tard, William Harvey restitua au cœur sa fonction, non de chaudière, comme on le croyait, mais de pompe. Pour ne point s'attirer d'ennuis, il prit bien soin de citer à tout bout de champ Aristote et Galien. Mais ses ruses ne furent pas suffisantes.

Bien que Descartes lui ait apporté son appui, la plupart des sommités de son temps – Patin, Riolan – le critiquèrent avec une rare virulence, et, s'il bénéficia de la protection du roi Charles Ier d'Angleterre, dont il était d'ailleurs le médecin personnel – cela aide – il fut implacablement sanctionné par les puritains de Cromwell.

Outre sa sécession d'avec le dogme instauré par Galien, que reprochait-on à Harvey ? De raisonner, de « théoriser », comme Galilée en quelque sorte. Un critique de l'époque l'interpella même en ces termes : « Vous pourchassez un fait qu'il est impossible de vérifier, une chose qui n'est pas calculable, qui est inexplicable, qui échappe à la connaissance. »

La loi de la grande circulation du sang et le rôle redistributeur du cœur s'apparentaient, il est vrai, à la conception galiléenne du mouvement général des astres dans le système solaire et, dans les deux cas, le dogme s'appuyait, pour contrer ces échappées novatrices, sur les préjugés, les traditions, les données étroitement empiriques et le bon sens.

La terre tourne ? Le sang parcourt le corps tout entier d'un mouvement circulaire ? Voilà qui choque l'évidence, la sensation immédiate. Est-ce que l'on sent hors de soi la terre qui tourne, est-ce que l'on sent au-dedans de soi le sang qui tourne ? Harvey – comme Galilée – théorisait ce que l'expérience ne livre pas directement. On lui reprochera même, ce qui est significatif, de remplacer l'anatomie par les mathématiques.

Après Harvey, l'Italien Marcello Malpighi prend le relais. Mais lui aussi, bien qu'il ait été le médecin du pape Innocent XII, doit affronter l'opposition forcenée de la faculté de médecine et de l'Église coalisées. En 1689, devant un public d'honorables prélats diligentés par le Vatican, un terrible réquisitoire est prononcé contre lui à la bibliothèque des Frères maristes de Rome. On y nie le rôle des poumons, que Malpighi avait mis en relief. Surtout, on rejette la finalité même de ses travaux. « Puisque Dieu tout-puissant a conçu le corps comme la demeure parfaite de l'âme infiniment élevée de l'homme, nous sommes fermement convaincus que l'anatomie de la conformation interne et infiniment petite des viscères n'est d'aucune utilité à un médecin. »

On retombe ici sur le noyau dur du dogme biblique : le réel ne saurait avoir d'autonomie par rapport au Créateur. Le monde délimité par sa création est clos une fois pour toutes et d'ailleurs son ordre interne repose sur sa fermeture externe. « Au-delà » et « en deçà » deviennent subversifs.

Deux éléments de subversion redoutables : la lunette astronomique qui risque de percer la voûte qui clôt l'« au-delà » et le microscope qui s'aventure derrière les limites permises de l'« en deçà ».

Ces deux ustensiles deviennent donc des instruments du « non ».

Un cardinal de la curie romaine avait refusé de regarder dans la lunette de Galilée de peur d'y apercevoir ce qu'il ne fallait pas voir, et les aristotéliciens orthodoxes prétendaient que les télescopes étaient truqués, car on y plaçait à l'intérieur les images que l'on était censé observer. Le microscope provoqua le même type de réaction.

Au XVIIe siècle, Robert Hooke est l'objet de quolibets pour en avoir vanté les mérites. Et quand, au tout début du XVIIIe siècle, Antonie Van Leeuwenhoek, de Delft, amateur de génie – il est drapier – qui découvrit les globules et l'existence des spermatozoïdes – mais qu'habitait avant tout la passion d'observer l'infiniment petit, grâce au microscope grossissant jusqu'à trois cents fois qu'il avait construit lui-même, annonça qu'il avait repéré un nombre considérable d'êtres vivants dans une seule goutte d'eau – ouverture sur le monde des bactéries – on l'accusa d'inventer, de divaguer, de dire « n'importe quoi ». Pourquoi Dieu qui est raisonnable, qui a conçu l'orange de façon qu'on puisse facilement la découper en quartiers, qui a fait en sorte, comme ironisait Voltaire, que les rivières passent toujours sous les ponts, aurait-il dissimulé de la vie invisible à l'intérieur des choses ?

Impossible ! D'abord parce que, en précisant que ces êtres microscopiques possédaient les organes nécessaires à assurer leur existence et leur reproduction, l'iconoclaste allait à l'encontre d'Aristote qui, lui, les faisait jaillir spontanément ; mais ensuite et surtout parce qu'il s'aventurait dans un domaine où risquait de s'abîmer toute la conception scolastico-biblique du processus vital.

Il l'avait lui-même si bien compris que, comme Buffon renonçant à faire remonter l'origine de la terre trop loin dans le temps pour ne pas se faire condamner par la Sorbonne, il précisait dans une lettre qui accompagnait l'envoi de ses conclusions à la Société royale de Londres : « Si elles sont de nature à provoquer révulsion ou scandale parmi les doctes, je les garderai secrètes ou les détruirai. »

Autrement dit, son « non » au dogme eut une importance considérable, mais, prudent, il se contenta de le murmurer.

Ce qui est vrai pour la médecine le fut aussi pour la géographie. Celui qui conçut au XVIe siècle la première vraie carte au sens moderne du terme, le Flamand Gerhard Kremer, dit Mercator, dont les travaux sont encore utilisés dans la navigation maritime et aérienne, fut arrêté en 1544, en même temps qu'une quarantaine d'« hérétiques », condamnés à plusieurs mois de prison, tandis que deux de ses codétenus furent brûlés vifs, deux autres enterrés vivants et deux décapités.

Ce ne sont pas ses innovations scientifiques qu'on lui reprochait, en l'occurrence, mais son déviationnisme crypto-luthérien, une déviance pouvant toujours en entraîner une autre.

Intrinsèquement, le protestantisme n'était pourtant pas plus ouvert aux risques de la libre investigation intellectuelle que le catholicisme romain. Peut-être même moins.

Cependant son éclatement en Églises diverses et parfois concurrentes, son incapacité à unifier dogmatiquement son orthodoxie, le fait qu'il fédéra ceux qui disaient « non » au pouvoir dominant, constituèrent des facteurs éminemment favorables aux progrès de la connaissance.

À l'inverse, au XIIe siècle, le philosophe arabe de Cordoue Averroès, qui tenta de rétablir la raison humaine dans ses droits – même s'il ne lui concédait apparemment pas celui de remettre en cause les dogmes révélés –, fut condamné à la fois par les orthodoxes musulmans, les talmudistes juifs, l'université de Paris et encore le concile de Latran au début du XVIe siècle. Son contemporain juif, le grand Maimonide, qui lui aussi chercha à instiller de la rationalité dans la croyance, fut violemment combattu par les dévots de toutes obédiences, et particulièrement le rabbinisme orthodoxe. Ses ouvrages furent brûlés. En Occident, Ciger de Brabant, disciple d'Averroès, fut condamné à la prison à vie et mourut assassiné.

Les trois idéologies monolithiques et totalisantes firent en quelque sorte front commun pour fermer leurs portes à double tour aux intrusions de la libre pensée ou du libre examen.

LE « NON » AU CRÉATIONNISME ET AU FIXISME

Un exemple de la difficulté de dire « non » à un dogme fondateur nous est fourni par les résistances opiniâtres et efficaces qu'opposa la doctrine « créationniste » et « fixiste » de l'origine des espèces à toutes les tentatives pour faire progresser la théorie de l'évolution.

L'Anglais John Ray, au XVIIe siècle – il est mort en 1715 –, fut le premier à définir la notion d'espèces, végétales ou animales, auxquelles il donna un statut déjà scientifique en les débarrassant des êtres mythiques qui pendant cinq ou six siècles en avait encombré la nomenclature.

Mais la démarche de John Ray, qui publia son livre *Princeps* en 1682, ne provoqua pas de scandale. Pourquoi ? Parce qu'il croyait, ou feignait de croire, en la fixité des espèces. Autrement dit, toutes les espèces qui cohabitent sur terre existaient à l'origine et ont été créées par Dieu. Aucune n'a disparu. Aucune nouvelle n'est apparue. Toutes étaient sur l'arche de Noé. Linné, fils de pasteur protestant né en 1707, poursuit dans la même voie. Il commence par proclamer : « Nous comptons aujourd'hui autant d'espèces qu'il en fut créé à l'origine. » Et lorsqu'il prend conscience, en répertoriant tous les spécimens connus, du nombre considérable d'espèces existantes, il a certes de sérieux doutes mais, comme Amerigo Vespucci qui s'était lui aussi posé des questions en découvrant la faune américaine, il se garde bien de les exprimer explicitement. Pas question de prendre des risques inutiles en défiant la pesanteur du dogme. Prudent, il se contente donc de classer, d'inventorier, ce qui ne l'empêche pas de choquer profondément ses contemporains pour avoir osé évoquer en termes non métaphoriques la vie sexuelle des plantes. C'est tout juste si on ne l'accuse pas de pornographie.

Buffon, bien qu'infiniment plus novateur, fait preuve de la même circonspection. En son for intérieur, ce fils des Lumières, qui meurt à la veille de la Révolution de 1789, ne croit pas que les espèces soient toutes des créatures divines. En reculant la date d'origine de la terre, en ouvrant un espace à la préhistoire, il a d'ailleurs offert son terrain de manœuvre temporel à l'évolution. En quelques millions d'années, il peut effectivement se passer beaucoup plus de choses qu'en six mille ans, temps biblique. Si la terre a sa préhistoire, comme le pense Buffon, la nature aussi a la sienne, ainsi que les créatures qui la peuplent. Donc des espèces peuvent apparaître et disparaître.

Or, Buffon doit battre en retraite en 1749, sauf à s'attirer les foudres de la faculté de théologie de l'université de Paris. Le mensonge dominant a victorieusement résisté. Rien n'est qui ne fut au départ. Trouve-t-on des ossements fossiles de mammouth près de Florence, qu'on explique doctement, puisqu'il n'y a rien avant l'histoire, que ce sont les restes des éléphants d'Hannibal.

Un médecin anglais, Edward Tyson, a bien procédé à l'étude anatomique d'un chimpanzé, il a bien remarqué que les ressemblances avec l'homme étaient frappantes. Il a noté que les structures du cerveau étaient très proches. Il n'en a tiré aucune conclusion. C'est encore une fois trop risqué. Il a observé et comparé. C'est tout.

Ce n'est que vingt ans après la mort de Buffon que Jean-Baptiste Lamarck – la Révolution française dont il fut un ardent partisan ayant en quelque sorte déblayé le terrain – reprend, affine, approfondit la thèse évolutionniste, en insistant sur l'importance des circonstances extérieures qui, en transformant par exemple l'environnement – le milieu – agissent sur l'organisme en déclenchant un processus d'adaptation des organes les plus ou les moins préparés à cette lente et régulière métamorphose.

Lamarck restait prudent : non seulement il prenait soin de renvoyer sur Dieu créateur l'ordre auquel la nature obéit, mais surtout il ne tentait ni de remonter, ni de descendre la chaîne de la métamorphose. Il en disait plus sur la girafe que sur l'homme.

Ce qu'il affirmait cependant, avec force, c'est que les espèces, dont il voulait bien admettre qu'à l'origine elles avaient été créées, avaient continuellement évolué en fonction des mutations de la nature elle-même. Or, non seulement il avait fallu attendre 1809, le début du XIXe siècle, et un ébranlement radical de la pression dogmatique du pouvoir ecclésiastique, pour en arriver là, mais en outre les thèses de Lamarck, comme si elles étaient encore trop novatrices pour leur temps, trop en décalage avec la sensibilité collective, provoquèrent des réactions hostiles d'une violence inouïe : ce n'était pas la girafe, disait-on, c'était Lamarck qui s'était monté le cou. Trente ans après la parution de son ouvrage principal, dix ans après sa mort, on le considérait encore comme un esprit éminemment farfelu et son influence sur la science officielle en France était quasiment nulle. Le grand homme du système universitaire était le baron Georges Cuvier, couvert d'honneurs et grand défenseur de l'immobilité des espèces.

Ce n'est que grâce à Darwin que l'on redécouvrira finalement Lamarck.

Il faudra attendre 1831, deux ans après la mort de Lamarck, pour que l'Anglais Charles Lyell, dans son *Principes de géologie* et dans la foulée de son illustre prédécesseur, franchisse enfin le pas et proclame clairement ce que Buffon savait déjà : qu'il y eut apparition d'espèces nouvelles et disparition d'espèces anciennes à l'issue de modifications de l'environnement qui aggravèrent les conditions de la compétition sur un même territoire.

Moment important puisque le jeune Darwin, lorsqu'il entreprend son fameux voyage sur le *Beagle*, tient, si l'on ose dire, l'ouvrage de Lyell dans une main et la Bible dans l'autre, comme si, dans son esprit, il y avait encore possibilité de choisir entre deux versions.

Ce n'est d'ailleurs que dans les années 1850, après avoir lu Malthus, qu'il élabore sa théorie de la « sélection naturelle ». Or, c'est tout juste s'il ose la rendre publique. La pression de la croyance dominante dans ce domaine est encore si forte qu'il redoute les réactions, craint les anathèmes. C'est Wallace, plus jeune mais politiquement plus radical que lui, qui se jette à l'eau et le contraint à se démasquer. Et encore, lorsque, le 1er juillet 1858, un siècle après Buffon, cent quatre-vingts ans environ après Ray, nos deux complices formulent pour la première fois leurs thèses communes, ils le feront assez discrètement pour que cela passe parfaitement inaperçu.

Leur prudence est justifiée : en 1859, en effet, quand paraît *De l'origine des espèces*, les passions se déchaînent. Quoi, la nature créée, voulue, pensée, imaginée par Dieu, n'organiserait son autorégulation progressive et novatrice qu'à travers une aussi cruelle et implacable foire d'empoigne ?

Lorsque paraîtra, en 1871, *De la descendance de l'homme*, ce sera encore pire. C'est que, cette fois, Darwin, en ne se contentant pas de constater l'évolution, mais en en reconstituant la chaîne, en y intégrant l'*homo sapiens* lui-même, supprime concrètement, *scientifiquement et non plus seulement métaphysiquement*, le Dieu créateur du processus. L'homme n'est plus que la résultante de cette épopée stupéfiante et tragique à travers laquelle le plus simple a évolué vers le plus complexe. Et s'il n'était lui-même qu'un moment de cette complexité ?

Darwin hésita jusqu'au dernier instant à publier sa thèse, convaincu de la réaction de rejet qu'elle allait susciter. Et comme Wallace, en 1848, il fallut cette fois qu'Ernst Haeckel ose le premier, pour qu'il se dévoile à son tour.

Jamais, même quand il fut devenu agnostique, Darwin ne se laissa aller à attaquer la religion ou le clergé : ce qui n'empêcha pas ledit clergé de le vouer aux gémonies et l'évêque Wilberforce, appuyé d'ailleurs par certains hommes de science, de lancer contre lui ses foudres excommunicatrices.

En plein XXe siècle encore, en particulier dans certains États américains – et naturellement en terre d'islam – il est tout à fait exclu de pouvoir enseigner la thèse de Darwin dans les écoles.

Pour ébranler un mensonge dominant, il fallut donc plus de deux siècles de lutte.

Et pourtant, cette fois, le « non » à l'orthodoxie pouvait s'appuyer sur l'expérience : comment, raisonnablement, tous les êtres vivants que l'on rencontre dans la nature auraient-ils pu tenir sur l'arche de Noé, d'autant qu'il aurait évidemment fallu prévoir un couple par espèce ?

L'expérience montrait, d'autre part, que par la domestication, la sélection, les croisements, les paysans avaient réussi à modifier singulièrement des espèces animales – à les domestiquer aussi – et à créer même des espèces végétales nouvelles. Ainsi le maïs.

Si la vérité en quelque sorte crevait les yeux, elle n'en était pas moins inacceptable.

Pourquoi ? Parce qu'elle faisait peur. Parce que les perspectives qu'elle ouvrait agissaient comme l'idée de l'espace infini sur l'esprit de Pascal. Parce que Dieu ne peut pas avoir partagé avec le hasard : il ne peut pas avoir lancé dans la nature, négligemment, paresseusement, quelques spécimens et laissé ceux-ci se débrouiller tout seuls pour compléter l'échantillon.

Comment imaginer Dieu ayant créé les animaux, puis l'homme, et admettre que certaines de ces créations divines s'égarent en route, disparaissent, lui faussent compagnie ou, pire, que d'autres viennent indûment, on ne sait par quel « miracle », s'adjoindre fort impoliment à l'œuvre divine. Comment concevoir que certaines de ces créatures se transforment, sous le regard du créateur, au point d'échapper à la forme qu'il leur avait donnée, de devenir autres que ce qu'il avait voulu qu'elles fussent ?

Un tel affront serait proprement insupportable !

En conséquence, à partir du moment où le dogme de la création de l'homme par Dieu résiste, où, prosaïquement, on juge nécessaire, indispensable même, de préserver ce rouage central de la croyance religieuse, on peut démontrer l'absurdité, l'inanité des thèses transformistes ou évolutionnistes.

Inversement, en accepter l'hypothèse revient à faire sauter la cale qui retient la pensée sur le chemin de l'interrogation infinie et de la remise en cause incontrôlée.

Toute atteinte à la fixité des espèces renvoyait au statut de la divinité unique. L'évêque Wilberforce l'avait bien compris, qui accusait Darwin de faire descendre l'homme du singe avant même que l'auteur de la théorie de la sélection naturelle ait effectivement fait état de cette conviction.

Nous découvrons là l'un des facteurs essentiels qui donnent au mensonge un considérable avantage stratégique dans l'affrontement qui l'oppose à ceux qui le refusent : le mensonge offre toujours des réponses closes, bouclées, suffisantes.

Qui a créé le cheval ? C'est Dieu ! Qui a créé la belette et le petit lapin ? C'est Dieu ! Et Dieu, lui, n'a évidemment pas été créé, il « est ». Que ce soit difficile à concevoir rationnellement est normal, puisque Dieu est au-delà de la raison, qui n'est que l'un des attributs de son œuvre.

Donc, à question précise, réponse précise. Et le débat est clos. Rien à ajouter. On a fait le tour du sujet. Une fois qu'elle est acquise, on peut s'installer bien au chaud dans cette certitude. Elle ne renvoie à rien d'autre qu'à elle-même.

En revanche, outre qu'elle est dérangeante, la vérité relative qui vient se mettre en travers d'une certitude est profondément angoissante. Elle n'est pas réponse, mais interrogation. Rien ne vient plus la clore. Elle dit : non, les espèces ne sont pas restées fixes depuis la création. Et disant cela, elle ne dit rien. Elle appelle une autre question, puis une autre, puis une autre.

De nouvelles espèces sont apparues ? Mais alors pourquoi ? Comment ? Lesquelles ? Et s'il n'y a pas fixité, il y a processus ? Quelle est sa nature, sa finalité ? Quelle fut son origine ? Où s'arrête-t-il ? S'il y a processus, au nom de quoi en exclure l'homme ? Mais alors, si l'homme descend du singe, ou plus exactement si l'homme et le singe ont la même origine, le singe descend de qui ? Et de qui descend l'ancêtre du singe ? Et avant le poisson, il y avait quoi ? Et avant la bactérie, et avant la première cellule vivante ? Et comment la vie a-t-elle surgi des profondeurs du non-vivant ? Et comment la matière est-elle apparue au sein de la non-matière ? Et qu'est-ce que la non-matière ? Et comment l'intelligence est-elle advenue à l'homme ? Et son statut est-il aussi exclusif, aussi particulier qu'on l'a cru ? Et quelle métamorphose l'évolution lui destine-t-elle ?

D'un côté donc une réponse – une seule –, de l'autre, une série hallucinante, quasiment infinie, de nouvelles questions.

La clarté est apparemment du côté du mensonge et l'obscurité du côté de la vérité, même si c'est évidemment l'inverse. Le mensonge ferme et la vérité ouvre, mais en cela la vérité aveugle, alors que le mensonge nous habitue à la lumière artificielle.

D'autant que le mensonge, parce qu'il est absolu et qu'il ment, se donne pour vérité absolue, quand la vérité étant relative et disant vrai ne peut se donner pour ce qu'elle n'est pas. La vérité n'est qu'hypothèse, alors que le mensonge est dogme.

Le mensonge dogmatique – le diktat de la pensée juste –rassure en cela qu'il résout, par l'enfermement mental, tout problème posé par une pensée « délinquante ». La Vérité, en revanche, déclenche contre elle des réflexes de sécurité – « sécuritaires » dirait-on aujourd'hui. La peur est une alliée du mensonge. Le mensonge en effet cadenasse, verrouille, protège, forme à la garde de son pré carré des générations de chiens méchants, farcit ses murailles protectrices de systèmes d'alarme qui détectent la dissidence, recrute des costauds de la castagne intellectuelle, rameute des mercenaires, organise sa propre police chargée de « faire circuler », de disperser des attroupements.

Le mensonge, par essence, parce qu'il a son territoire, se protège de la vérité. Alors que la vérité, parce qu'elle est sans territoire, parce qu'elle est simple « moment », ne peut structurellement pas se protéger du mensonge.

C'est pourquoi ceux qui disent « non » à l'inanité dogmatique sont toujours à découvert. Fragiles, coupés de leurs arrières, confrontés au camp proliférant et surarmé de ceux qui définissent leur pensée unique comme l'expression même d'une réalité unique. Et cette position d'« irréguliers » est également aujourd'hui celle de ceux qui disent « non » au dogme décrété intangible de la théorie synthétique de l'évolution – néodarwinisme – ou à l'orthodoxie psychanalytique freudienne, après que Freud a été l'homme qui a héroïquement refusé la dictature positiviste du dit sur l'indicible.

Celui qui dit « non » commet toujours un crime contre une théorie devenue idéologie. Comme le physicien italien Volta qui, en inventant son infernale batterie qu'on baptisera voltaïque, à laquelle Christian Oersted va adjoindre sa satanique aiguille aimantée, fournit à Faraday et Maxwell, les concepteurs du champ électromagnétique, l'arme qui va servir à poignarder l'idéologisation de la théorie mécanique en physique. De même qu'on refusa Galilée, on refusait de mettre en question Galilée.

L'idée formulée par Faraday – après Thomson – qu'il y avait un lien de parenté directe entre l'électricité et la lumière fut, en conséquence, violemment rejetée comme farfelue par leurs contemporains. Il y a toujours eu un Alain Minc pour proclamer que la pensée unique ne fait qu'exprimer une réalité unique.

30

Le « non » au nouveau pouvoir clérical

Imagine-t-on la puissance de rébellion dont il faut être capable pour affronter une idéologie dominante qui tend à l'unicité ? C'est-à-dire qui se vit comme quintessence de la vérité, qui se définit comme une « ligne juste », et qui n'est plus seulement diffusée par les prêches des clercs, mais désormais assenée par les millions de spots propagandistes des médias. Les anathèmes font bondir l'audimat à un milliard de télé-spectateurs la bulle. Toute excommunication est planétaire, livrée à domicile, pilonnée vingt-quatre heures sur vingt-quatre.

Est-ce qu'on peut entretenir des rapports normaux avec des sorcières ? Dialoguer à l'ombre des bûchers, fussent-ils immatériels et informatisés ?

Certes, tout est possible. Liberté de parole totale, mais la même parole contrôle médiatiquement 90 % du marché planétaire ; mais 10 % seulement des citoyens sont à même d'utiliser cette liberté totale qui se retourne contre tous les autres ; mais de plus en plus de moyens de diffusion sont concentrés entre toujours moins de mains. Dès lors, l'idéologie dominante devient nouveau dogme et sa presse plus dominante encore que le fut la Bible brandie par les colporteurs de Dieu.

Peut-on dire « non » au sens du vent quand le confortent toutes les girouettes qui tournent en même temps dans la même direction ? À la dictature du doigt mouillé ? À la mode rebaptisée « tendance » quand elle dissimule son archaïsme sous les oripeaux d'une pseudo-modernité ? À la bien-pensance béate et autosatisfaite qu'éventent en cadence les palmes mêlées du conformisme et de l'idiotie médiocratique ? Au terrorisme ayatollesque des gardiens de l'arche sainte qui renferme les pages blanches de leur vulgate répétitive ? À l'alliance de la grosse caisse et du moulin à prière ? Au front commun de la classe qui détient le capital et de la caste qui gère l'utilisation des mots ? À la coalition des nouveaux féodaux et des nouveaux prêtres ?

Comment dire « non » aux normes implacables – pires que le réalisme socialiste – de la formatisation publicitaire sans être exclu de l'espace que son eau de jouvence arrose et irrigue ? Aux injonctions totalitaires de ce pouvoir hégémonique, concentrationnaire, monopolisateur, qu'ils appellent, sans doute par dérision, la loi du marché ? Au désordre immoral qu'ils imposent pour servir de diversion à l'instauration inquisitoriale de leur néo-ordre moral ? Comment dire « non » à la manipulation cynique des esprits par les détenteurs presque exclusifs de la machine universelle à écerveler ? À ceux qui ont le droit parce qu'ils ont l'argent, le pouvoir parce qu'ils ont l'argent, la puissance parce qu'ils ont l'argent, l'aura parce qu'ils ont l'argent, l'influence parce qu'ils ont l'argent, la permission parce qu'ils ont l'argent, la latitude parce qu'ils ont l'argent ?...

Comment dire « non » au nouveau cléricalisme, au nouvel académisme, au nouveau stalinisme, au nouveau féodalisme, quand le nouvel académisme, mis au service du nouveau cléricalisme, utilise un discours stalinien pour justifier la restauration féodale ?

Comment dire « non » à l'intégrisme, au nationalisme ethnique, à l'esclavagisme, quand les tenants médiatiquement omniprésents du libéralisme libertaire exaltent le nationalisme ethnique, justifient l'intégrisme lorsqu'il vient d'ailleurs et exigent qu'on livre à l'esclavagisme sa cargaison régulière de chair fraîche ?

Comment « résister » quand toute dissidence est assimilée à une « dérive », tout refus à un « dérapage », toute dénonciation du mensonge à un « révisionnisme », le moindre doute à une criminelle « négation » ?

Comment dire « non » quand toute tentative de traverser hors des clous se heurte à l'ostracisme, ou à l'exclusion ; quand le désaccord est systématiquement diabolisé ; quand Hitler et Staline sont remobilisés et transformés en sparadrap qu'on colle sur toutes les bouches insoumises ; quand la même petite caste gère claniquement, à huis clos et en boucle, l'espace qui lui est affermé de l'expression publique ; quand n'importe crétin qui se met au service de la bien-pensance obtient mécaniquement le droit d'instruire, de juger, de condamner et d'exécuter, et cela d'autant plus brutalement que son imbécillité est plus crasse ?

Dire « non », comme Antigone, celle qui refusa que fût précipité aux enfers même celui qui avait choisi le mauvais camp ? Comme Giordano Bruno qui réfuta l'unicité du monde, comme Jean Hus qui mit à mal l'idéologie unique, comme Vercingétorix qui osa résister à l'Empire, comme le Christ que l'on accusa d'avoir créé une secte, comme Michel Servet qui répudia le dogme des nouveaux inquisiteurs, comme Socrate qui affronta les gardiens de la bien-pensance ? Dire « non », comme Rossel qui plaça sa nation au-dessus de sa caste, comme Baudin qui se sacrifia à la République, comme les frères Gracques dont le sénat conservateur offrit les cadavres aux possédants, comme les femmes d'ici et d'ailleurs que tous les intégrismes lapidèrent, comme les mineurs grévistes de Fourmies qu'on immola à l'ordre établi du capital, comme ces peuples martyrs qui refusèrent la loi du gauchisme totalitaire, comme ces authentiques libéraux qui tombèrent sous les salves des pelotons de la contre-révolution qui les traita de « jacobins », comme les internationalistes dont le sang abreuva les saturnales du nationalisme ethnique ? Dire « non » aujourd'hui au fanatisme, à l'intolérance, au terrorisme, fût-il intellectuel, à l'impérialisme, quelque forme qu'il prenne, au racisme économique, à l'apartheid inavoué, au culte du Veau d'or, à la marchandisation de la planète, à la tyrannie oligarchique, à l'État inquisitorial, qui oserait affirmer que cela est devenu beaucoup moins dangereux qu'hier ?

Qui doute cependant que le monde de demain sera enfanté par l'affirmation nécessaire de tous ces « non »-là ?

L'Isle-sur-Serein, octobre 2000

De quelques « non » hors schémas, pour le meilleur ou pour le pire

31

Jeanne d'Arc ou le « non » aux Anglais et à la Réforme

Pour l'éternité, la cause est entendue, sainte Jeanne est celle qui a dit « non » à l'occupant ; or, c'est à la fois incontestable et plus compliqué que cela.

Il y a un siècle et demi, on pouvait encore tout dire sur Jeanne d'Arc, le faux et le vrai. Au point que Voltaire consacra à la Pucelle une épopée burlesque et assez ignoblement iconoclaste, qui, pendant près d'un demi-siècle, rencontra un immense succès.

Tout changea à la fin du XIXe siècle, à l'issue d'une « évolution en trois temps » :

1. Après que la Révolution française eut occulté totalement Jeanne d'Arc, représentante, à ses yeux, « du féodalisme et de la superstition », la Restauration, en 1815, en fit le symbole de la royauté légitime rétablie. D'où l'érection d'un nombre considérable de statues à sa gloire.

2. En réaction, les républicains, et tout particulièrement Jules Michelet, la transformèrent en une femme du peuple radicalement rebelle, qui défendit l'honneur de la patrie trahie par les élites religieuses et aristocratiques. Une patriote au sens de 1789 !

3. Pour couper court à cette « confiscation », la droite catholique et nationaliste, représentée par le célèbre Monseigneur Dupanloup, entreprit alors de la métamorphoser définitivement en une sainte – bien qu'elle ne fût béatifiée qu'en 1920 pour donner un gage à la France victorieuse de l'Allemagne –, choisie par Dieu pour incarner le légitimisme monarchique, le nationalisme xénophobe et la supériorité du pouvoir religieux sur le pouvoir civil.

Et c'est ainsi que l'Église récupéra une prophétesse qu'un tribunal d'Église avait fait brûler comme hérétique au nom du pape, tandis que les républicains se réclamèrent d'une activiste pour qui rien ne devait contrebalancer l'autorité absolue de l'héritier du trône, lui-même représentant sur terre du Christ roi : notons qu'on aura droit ensuite à une Jeanne d'Arc socialiste, chantée en particulier par Charles Péguy, à une Jeanne d'Arc communiste, récupérée par Maurice Thorez en 1945, et, enfin, à la Jeanne d'Arc du Front national qui, on le verra, n'est pas la plus absurde de toutes. À partir de ce moment-là, il ne fut plus possible d'évoquer sereinement « le cas Jeanne d'Arc ».

En témoigne l'incident qui éclata le 14 novembre 1904, à Paris, à la Chambre des députés. Ce jour-là, le gouvernement républicain plia sous les interpellations rageuses de la droite. Pourquoi ? Parce qu'un professeur d'histoire au lycée Condorcet, répondant au doux nom d'Amédée Thalamas, rationaliste de centre gauche, avait expliqué à ses élèves que Jeanne d'Arc, « sujette, dès son enfance, à des hallucinations auditives, avait cru entendre des voix célestes lui ordonner d'aller faire sacrer le roi à Reims ». Anatole France avait écrit, quelques années plus tôt, exactement la même chose, mais c'était Anatole France !

Cette fois, la réaction fut épouvantable. On traita l'enseignant de « pourceau » ; on manifesta aux cris de « Vive Jeanne d'Arc, mort aux Juifs ! » ; Barrès stigmatisa « les Dreyfus et les Thalamas ». Selon Louis Havet, professeur au Collège de France : « Une véritable terreur blanche s'abattit sur les professeurs d'histoire et de philosophie des lycées. » Et quand Thalamas obtint, plus tard, un cours à la Sorbonne, il fallut le faire protéger par la police. Or, entre 1845 et 1900, plus d'une dizaine d'ouvrages furent, sans faire aucunement scandale, consacrés à des explications médicales et pseudo-psychanalytiques des « hallucinations » de Jeanne d'Arc.

Ici, il faut s'arrêter un instant. Le professeur Thalamas ne croyait pas aux voix parce qu'il était cartésien. Regnault de Chartres, l'archevêque de Reims qui, aux côtés de Jeanne, couronna Charles VII, n'y croyait d'ailleurs pas non plus. Mais pour lui, le fait était beaucoup plus grave et troublant. Car ce que le saint homme ne pouvait concevoir, c'est que Dieu, par l'intermédiaire d'une certaine sainte Catherine d'Alexandrie dont l'existence n'était pas totalement avérée, ait décidé de s'immiscer, en France, dans un vulgaire conflit politico-féodal qui opposait deux partis tout aussi chrétiens et légitimes l'un que l'autre et, surtout, qu'il se soit, lui qui avait laissé sans broncher les Turcs musulmans balayer l'Empire chrétien byzantin, engagé à travers elle contre les Anglais qui étaient alors d'excellents catholiques, fidèles à Rome et toujours prêts à répondre aux appels à la croisade. Et pourquoi, s'interrogeait le bon évêque, Dieu avait-il choisi une pure jeune fille pour appeler au massacre de ses propres enfants, puisque, avant d'entreprendre la libération d'Orléans, Jeanne avait effectivement envoyé aux troupes anglaises qui assiégeaient la ville une missive dans laquelle elle les menaçait, si elles ne se rendaient pas, de les passer collectivement, et sans autre forme de procès, au fil de l'épée ? En réalité, le très sceptique évêque de Reims aurait été encore plus profondément troublé s'il avait su que le plus fidèle lieutenant de Jeanne d'Arc, l'homme qui l'accompagna jusqu'au bout dans sa sainte mission, Gilles de Rais, finirait en violeur et assassin de petits enfants !

Voilà le premier tabou. Pour un cartésien ou un rationaliste, Jeanne d'Arc, dont les voix exprimaient, en fin de compte, un formidable volontarisme fondé sur la persuasion, incarne effectivement cette admirable foi dans une cause, cet altruisme mobilisateur qui permet de soulever les montagnes. Mais, pour un catholique conséquent, rien ne devrait être plus ambigu et même plus louche que ces voix-là. C'est si vrai que, contrairement à la légende, ce n'est pas l'unique et affreux évêque Cauchon qui condamna Jeanne au bûcher – car en l'occurrence les Anglais n'y furent pas pour grand-chose – mais une bonne cinquantaine de clercs, de docteurs en théologie de l'université de Paris, de diacres ou de chanoines, et même une vingtaine d'évêques représentant de nombreux diocèses – Monseigneur Gilles de Duremort, le frère Jean Le Maistre, vicaire de l'Inquisition, les abbés de Noyon, de Fécamp, de Jumièges, de Saint-Michel, Nicolas Midi, chanoine de Rouen, maître Jean Graverent, député pour le Saint-Siège apostolique, etc. –, sans compter le représentant du pape. Tous absolument convaincus, sans aucun état d'âme semble-t-il, que cette Pucelle ne pouvait être que possédée par le diable. Aussi bien avait-elle commis, aux yeux de n'importe quel prélat catholique, un crime tout à fait inexpiable à l'époque : elle proclamait qu'au-dessus de l'Église militante, c'est-à-dire celle du pape, des évêques et des prêtres, il existait une Église triomphante, celle de Dieu le Père, qui lui donnait des ordres, à elle, en direct. Ce qui, évidemment, d'un point de vue ecclésiastique, justifiait purement et simplement l'anarchie. C'est pourquoi Jeanne d'Arc ne fut pas condamnée au bûcher parce qu'elle avait soutenu le parti armagnac contre le parti anglo-bourguignon – n'eût-ce été que cela qu'on l'aurait libérée contre rançon comme n'importe quel capitaine de guerre de quelque camp qu'il se réclamât – mais pour des raisons radicalement et purement religieuses. Et qui la condamne ? L'université de Paris, gardienne du dogme, et l'Église représentée – on l'a vu – par une ribambelle de prélats non point anglais, mais français.

Des incrédules impénitents, disciples de saint Thomas ? Certes, mais comme Jeanne d'Arc elle-même. Car, lorsqu'on lui demanda de se prononcer sur le cas de Catherine de La Rochelle, qui affirmait, elle aussi, qu'une « dame blanche », sans doute la Vierge, lui était apparu et lui avait ordonné de faire partout la quête pour aider à financer les campagnes de Jeanne, c'est-à-dire ses propres campagnes, elle lui conseilla d'abord de « retourner faire ses ménages ». Puis, comme on insistait pour avoir son avis, elle exigea de coucher deux nuits avec cette Catherine et, constatant que la « dame blanche » n'était pas apparue, fit valoir qu'il s'agissait d'une totale imposture et que cette Catherine était une folle. En fonction de quoi, Catherine de La Rochelle témoigna contre Jeanne d'Arc lors de son procès.

Le second tabou est là : ce ne sont pas les Anglais qui ont pris, vendu et condamné à mort Jeanne d'Arc, mais les Français et seulement les Français ! C'est qu'en effet il y eut deux phases dans l'extraordinaire épopée de la Pucelle. La première est celle, sublime, limpide, merveilleuse au sens vrai du terme, qui l'amène de Domrémy à Vaucouleurs, de Vaucouleurs à Orléans et d'Orléans à Reims, où elle métamorphose le petit roi de Bourges en roi de France.

La seconde – et pour cause – est moins connue. Car, après Reims, Jeanne entreprend de libérer Paris qui est tombé aux mains du parti bourguignon. Or, il se trouve que les Parisiens – Parlement, Université, prévôt des marchands et échevins en tête – n'ont aucune, mais absolument aucune envie d'être libérés et détestent le parti armagnac – celui de Jeanne d'Arc –, dont ils accusent les soldats et les reîtres de se livrer à des pillages et atrocités en Ile-de-France. Si bien que l'assaut se heurta à une résistance acharnée et échoua lamentablement, après que Jeanne elle-même eut été blessé. On peut lire, d'ailleurs, dans les registres du parlement de Paris : « Même si les armagnacs avaient été quatre fois plus nombreux et mieux armés, ils n'auraient pas pris ladite ville de Paris, car les habitants s'étaient bien unis avec les gens d'armes pour résister à l'assaut et l'entreprise susdite. » À partir de ce moment-là, Charles VII, bien qu'il lui doive sa couronne, commence à tenir la Pucelle à l'écart. On lui confie alors, pour l'éloigner, une simple opération de police qui n'a évidemment rien à voir avec sa mission divine : accompagner le sire d'Albret chargé de venir à bout d'un bandit français de grand chemin, nommé Perrinet Grassart, qui écume le Berry. D'Albret et Jeanne, qui chevauche à ses côtés, parviennent effectivement à lui reprendre Saint-Pierre-sur-Loire où le truand s'est barricadé avec sa bande.

Du coup, la cour, qui ne croit plus en l'étoile de la Pucelle, la marginalise un peu plus. Alors, que fait-elle ? Elle lève à ses frais – ou aux frais de ses frères – une petite armée personnelle formée de quatre cents hommes environ, en majorité des mercenaires piémontais qui lui ont été vendus par un certain Beretta, puis « à l'insu du roi et sans prendre congé », selon un chroniqueur, mais également sans que ses voix lui en aient apparemment donné l'ordre, elle se met en tête d'aller défendre Compiègne assiégé par les Français du parti bourguignon. Compiègne qui, soit dit en passant, est défendu par le sire Guillaume de Flavy, débauché et tortionnaire notoire, que sa femme, excédée, finira par faire égorger au rasoir par son barbier pendant sa sieste après l'avoir assommé d'un coup de gourdin. Comme à Paris, donc, Jeanne délaisse complètement les Anglais, pour s'engager de plus en plus hardiment dans une guerre purement franco-française.

Au passage, d'ailleurs, elle réglera son compte à une bande de pirates – on dit alors des « routiers » – commandée par un certain Flanquet d'Arras – encore un Français ! – qu'elle voulut, une fois qu'il fut pris, échanger contre un maître aubergiste retenu prisonnier des Anglais. Mais, quand elle apprit que ce dernier était mort et bien qu'elle ait promis au gangster la vie sauve, elle le livra à la justice qui le fit décapiter. Or, aussitôt parvenue à Compiègne, Jeanne, faisant preuve d'un courage inouï mais aussi d'une imprudence incroyable, charge l'ennemi à un contre deux, doit aussitôt battre en retraite et se fait « prendre » dans les fossés de la ville. Par qui ? Par un Français, en l'occurrence un Picard, qui la confie à un autre Français, le bâtard de Vendôme, qui la livre à un troisième Français, le duc de Bourgogne. Or, qui exige qu'elle soit, non point échangée contre rançon, mais expressément conduite de vive force à Paris, pour y être emprisonnée et jugée ? Les Anglais ? Non, mais l'université de Paris, par la plume de son recteur, Thomas de Courcelle, au nom de l'Inquisition représentée par le dominicain Martin Billorin, puis l'Église en la personne de l'évêque de Beauvais, dont dépendait Compiègne. Cinq ou six lettres sont envoyées à cet effet au duc de Bourgogne qui se fait, lui, tirer l'oreille. Au même moment, notons-le, l'Inquisition, sans que les Anglais lui aient rien demandé, fait brûler en deux temps trois mouvements Pieronne qui prétendait que Jeanne était bien une envoyée de Dieu.

Comment en était-on donc arrivé à ce que des troupes françaises livrent à des clercs français, pour l'envoyer au bûcher, une sainte qui avait offert sa vie au roi de France ?

Comme dans un bon drame bourgeois, tout commence par un adultère. Au début du xve siècle règne sur la France un prince résolument foldingue. Entre autres particularités, Charles VI, qui lorsqu'il ne massacrait pas ses proches, se lacérait le visage et déchirait ses vêtements pour un oui ou pour un non, s'imaginait être de verre et exigeait, pour cette excellente raison, une protection toute spéciale. Il fallait accessoirement le baigner et le changer de force car il s'y refusait obstinément. Il est vrai qu'à l'occasion d'un bal masqué, où il s'était enduit de poix pour se déguiser en volaille, il avait failli finir en poulet rôti. L'histoire a retenu ce drame sous le nom de « bal des Ardents ». Dès lors, qu'il rossât volontiers son épouse était dans l'ordre des choses. Celle-ci, nommée Isabeau de Bavière, aussi résignée et prude qu'elle fût au début de son existence conjugale, finit par en ressentir un certain dépit. Ce qui, l'aigreur s'accentuant, eut pour conséquence qu'elle devint doublement folle de son corps : d'une part, elle se donna de plus en plus fréquemment à des amants plus arrivistes que concupiscents – l'un d'entre eux n'étant autre que le jeune Louis d'Orléans, qui était le frère de son mari, donc son beau-frère ; d'autre part, elle se laissa nettement arrondir de la croupe.

Cette dissipation charnelle de la reine Isabeau eut, sur l'affaire qui nous intéresse ici, des conséquences aussi considérables que merveilleuses. D'abord, la situation du pays se dégradant à vue d'œil, le comportement scabreux de la reine relança cette vieille prophétie : « La France perdue par une dévergondée, sera sauvée par une vierge. » Ce qui mit des puce(elle)s à certaines oreilles. D'autre part, cette frivolité sexuelle permettra, bien plus tard, de soutenir mordicus que l'ineffable bergère était en réalité le fruit des aventures extraconjugales d'Isabeau, en particulier de sa liaison avec Louis d'Orléans, et que l'enfant bâtarde fut mise en nourrice à Domrémy !

Enfin et surtout, les frasques de la reine mère jetèrent une forte suspicion sur l'origine paternelle de son dernier fils, le dauphin et futur Charles VII, dont elle-même laissa clairement entendre, quand elle le déshérita, qu'il était le fruit d'amours illégitimes. Or, sans ce soupçon sur la légitimité royale de Charles VII, il n'y aurait jamais eu Jeanne d'Arc.

Mais, dans l'immédiat, les coucheries de la fille du duc de Bavière provoquèrent des événements extrêmement funestes. Le roi étant fou, la reine présidait en effet un conseil de régence dont faisaient partie, outre le duc de Berry, qui ne s'intéressait qu'à ses enluminures, le frère du roi, Louis d'Orléans, et le duc de Bourgogne, Jean sans Peur. Lequel, comme ses vins, était d'un très grand cru. Ces deux hyperféodaux cherchaient l'un et l'autre, évidemment, à tirer la couverture à eux, c'est-à-dire surtout à détourner à leur profit une partie du Trésor royal. Dans ce cas-là, il revient à la présidence de maintenir l'équilibre. Or, la présidente du conseil, autrement dit la reine, fricotait physiquement avec l'une des parties en cause. C'était déraisonnable. Le Bourguignon Jean sans Peur en conclut qu'il était fort désavantagé. Comme dans un roman noir classique, il fit donc assassiner son rival, ce qui, naturellement, déplut aux amis de la victime. Tout ce que le royaume comptait de nobles et nobliaux, lieutenants et capitaines, clercs, juristes et parlementaires, choisit dès lors son camp. D'un côté, le parti bourguignon. De l'autre, autour des amis de feu le duc d'Orléans, le parti armagnac. Et l'on commença à s'écharper allégrement. Et que se passe-t-il en France quand deux factions s'affrontent ? La politique s'en mêle. Il faut naturellement que l'une d'entre elles représente « la gauche » et l'autre « la droite ». Et c'est exactement ce qui se passa.

Le petit peuple des villes, et celui de Paris en tout premier lieu, se trouvait en effet, depuis l'avènement et la mort d'Étienne Marcel, en état d'insurrection latente. Il contestait de plus en plus ouvertement une monarchie absolue, décadente, dépensière, dépravée et qui laissait les favoris piller les finances publiques. Cette opposition populaire du tiers état urbain devint si forte que, dans sa lutte contre les armagnacs, le duc de Bourgogne, d'esprit d'ailleurs plutôt réformateur, décida de s'appuyer sur elle, et Charles VI fut contraint, en janvier 1413, de réunir les états généraux. Du coup, ce fut, comme trois cent soixante-seize ans plus tard, l'explosion.

Des révolutionnaires, proches du parti bourguignon, menés par le boucher Simon Caboche, organisèrent une répétition générale des événements de 1789 : ils prirent la Bastille, trucidèrent le prévôt de Paris et forcèrent le dauphin à arborer le chaperon blanc qui leur servait de signe de reconnaissance. Le roi accepta de promulguer un texte résolument réformiste qui, entre autres, prévoyait de réduire l'absolutisme royal en instaurant un début de contrôle parlementaire à la manière anglaise. Ce texte, appelé l' « ordonnance cabochienne » et concocté par les intellectuels du parti bourguignon – l'extrême gauche intello, en quelque sorte – avait été en partie rédigé par un brillant universitaire aux idées radicales, un certain Pierre Cauchon ! Oui, le futur évêque Cauchon, juge implacable du procès de Jeanne d'Arc !

Ici apparaît donc un contexte politique et idéologique que l'on escamote généralement de nos jours : la droite, pour ne pas reconnaître que Jeanne, au-delà de sa lutte contre les Anglais, s'engagea dans une terrible guerre civile franco-française ; la gauche, pour ne pas risquer d'admettre que, dans cette optique, la Pucelle avait effectivement choisi le camp conservateur, c'est-à-dire des tenants de la monarchie absolue de droit divin.

Terrible guerre civile ? Le mot n'est pas trop fort. Les armagnacs, quand ils se réinstallent à Paris, massacrent les révolutionnaires « cabochiens », annulent purement et simplement l'ordonnance réformatrice et font régner une dictature implacable. En 1418, les bourguignons, soutenus par la population de la capitale, reprennent l'avantage et c'est un nouveau carnage – cinq mille tués, le chef armagnac découpé en rondelles !

Alors, tout se précipite. Les Anglais, qui n'ont pas renoncé au royaume de France – nous sommes en pleine guerre de

Cent Ans – profitent de ces dissensions meurtrières pour débarquer et nous infligent à Azincourt une épouvantable piquette. En conséquence, les modérés du parti armagnac, on dirait aujourd'hui les « centristes », s'avisent qu'il serait plus judicieux de mettre fin à cette lutte fratricide pour faire front face à l'envahisseur.

Isabeau de Bavière, qui s'est entre-temps rapprochée des bourguignons, penche dans le même sens. On organise donc une rencontre de réconciliation à Montereau. Mais les armagnacs – comme les bourguignons – ont leurs extrémistes. Ceux-ci, dont le dauphin fait partie, y organisent une embuscade et trucident le duc bourguignon, Jean sans Peur, qui venait négocier. Enfer et damnation ! Non seulement la guerre civile repart de plus belle, mais les bourguignons, dont le duc Philippe le Bon devient le chef, sont tellement horrifiés par cette félonie qu'ils font cette fois franchement alliance avec les Anglais.

Mieux : Isabeau de Bavière déshérite son assassin de fils, révèle qu'elle ne l'a pas conçu dans le lit royal, et, par le traité de Troyes que signent les Anglais, les bourguignons et le roi de France, il est convenu que le roi d'Angleterre – à qui Charles VI offre sa fille et qui d'ailleurs descend tout autant de Saint Louis, par les femmes, que le futur Charles VII – héritera du trône de France et fusionnera les deux pays. Le dauphin, ainsi répudié par sa mère, ne renonce pas pour autant à la succession. Il prend donc la tête du camp armagnac, renforcé par des troupes écossaises, italiennes et espagnoles – on voit qu'à l'époque le nationalisme a des limites.

Ce fut un embrasement général. D'autant qu'il y avait, à ce moment-là, et jusqu'en 1417, deux papes : celui de Rome et celui d'Avignon. Et que les deux camps ne se réclamaient pas du même. Le parti anglo-bourguignon, fort des troupes anglaises et de l'argent bourguignon, avait le soutien des élites du Nord, fidèles au pape de Rome, d'une grande partie de la hiérarchie ecclésiastique, du peuple de Paris, des intellectuels de la Sorbonne, de la majorité des juristes de la bourgeoisie naissante et des membres du Parlement.

Les armagnacs, eux, et par conséquent Jeanne d'Arc, majoritaires dans le Centre et le Midi, bénéficiaient d'une très forte assise dans la paysannerie, qui, pour l'essentiel, constituait le « vrai peuple », à l'époque. Cependant, ils ne cessaient de perdre militairement du terrain. Ils évacuaient ville après ville.

Le dauphin lui-même n'y croyait plus. Orléans, investi, allait être abandonné à son tour.

C'est alors que surgit Jeanne d'Arc.

Et, d'emblée, on bute sur l'adultère originel ! On sait que Jeanne, lorsqu'elle arrive à Chinon, s'isole avec le dauphin, lui confie un secret qui illumine un instant son visage souffreteux et le convainc de la nommer porte-étendard d'une armée de secours envoyée sans conviction à Orléans. De quel secret s'agissait-il ? À son procès, pressée de questions à ce sujet, elle évoque, en termes alambiqués, l'apparition d'un ange brandissant une couronne « d'or fin » sertie de pierres précieuses. Mais elle reconnut ensuite qu'elle n'avait avancé cette fable que pour mettre fin à l'interrogatoire.

Elle ne recula jamais devant la menterie tactique. En réalité, un seul secret pouvait transfigurer le futur Charles VII : qu'on lui apporte la preuve, objective ou subjective, qu'il était bel et bien le fils de Charles VI, ce dont il finissait par douter lui-même. C'était l'unique déclic psychologique qui pouvait encore le porter à agir, alors qu'il était de plus en plus dépressif, qu'il hésitait à se prétendre roi et que les armagnacs découragés étaient presque résolus à se contenter d'une partition de l'ancien royaume franc. Donc, l'acte le plus décisif de Jeanne est celui-là : elle persuade un dauphin qui lui-même n'y croit plus, et que son entourage méprise, qu'il est bien le fils de son père, donc le roi légitime, et, du même coup, redonne une raison de se battre et de vaincre au parti armagnac.

Or, à part Jeanne d'Arc, obsédée par la personne sacrée du dauphin – bien qu'il fût, à cette époque, aussi inconstant, instable et névrosé que mal foutu –, un autre personnage avait tout intérêt à faire du pauvre Charles un vrai roi de France : c'était sa belle-mère, autrement dit la mère de son épouse Marie d'Anjou, qui n'avait accordé la main de sa fille que dans l'espoir que son gendre serait promis aux plus nobles destinées.

Cette belle-mère s'appelait Yolande d'Aragon. À tous les stades de l'épopée de Jeanne, et à tous les niveaux, on retrouve dans l'ombre son omniprésence protectrice.

En outre, elle connaissait Robert de Baudricourt, le sire de Vaucouleurs – celui qui accepta de faire conduire Jeanne à Chinon – et l'un de ses fils, René, marié à l'héritière du duché de Lorraine, qui était duc de Bar dont Vaucouleurs est très proche, s'était rendu en mission du côté de Domrémy. Yolande d'Aragon, chef du « parti de la guerre » à la cour du dauphin, fut donc l'une des premières informées qu'une jeune paysanne prétendait que des voix célestes l'avaient incitée à venir au secours du roi légitime et qu'elle était par conséquent cette « Pucelle » que Dieu avait choisie pour sauver la France, « perdue par une dévergondée » : pour convaincre ses interlocuteurs, Jeanne ne cesse d'évoquer elle-même cette prophétie. D'où le fort soupçon, qui n'est cependant étayé par aucune preuve décisive, que, dès l'origine, Jeanne d'Arc fut en quelque sorte une agente d'influence, une arme psychologique secrète de l'entreprenante Yolande d'Aragon.

Comment se fait-il que la jeune paysanne sache d'emblée caracoler sur un fier coursier harnaché pour la guerre ? Et comment expliquer que, sans être abonnée à *France Dimanche*, elle soit à ce point, à dix-sept ans, au courant des intrigues de la cour du dauphin – reçue par le duc de Lorraine, elle lui parle de sa vie dissolue comme si elle n'en ignorait rien ? Qui lui a appris l'équitation et le maniement de la lance ? Qui l'a instruite, alors qu'elle était totalement illettrée, des arcanes de la haute politique ? De toute façon, que Yolande ait ou non monté toute l'affaire, le résultat est le même : l'action psychologique de Jeanne renverse le cours de l'histoire. Par son extraordinaire force d'entraînement, elle révèle le roi à lui-même et électrise le peuple des campagnes qui ne croyait plus en rien, ni en personne.

Mais il faut bien admettre, en même temps, que la droite traditionaliste n'a pas tout à fait tort aujourd'hui de se réclamer de ses hauts faits : certes, Jeanne entend « bouter » l'Anglais, mais, surtout, elle se met au service d'une légitimité royale définie, en vertu de la loi salique qui exclut les femmes du cycle de la succession, par le seul caractère sacré de son sang et conforte – à travers Charles VII qui, par exemple, ne réunira plus jamais les états généraux – le camp conservateur opposé aux réformes et hostile à tout contrôle parlementaire. Pour elle, l'autorité ne se partage pas puisqu'elle est déléguée par « le roi du Ciel ». Son respect de l'ordre non établi mais traditionnel – même si, dans les faits, elle le bouscule –, son sens de la hiérarchie féodale, sa phobie de l'anarchie parisienne, ne se démentiront jamais. D'ailleurs, quand en Bohême, actuelle Tchéquie, éclate un brutal mouvement de contestation sociale et religieuse, le mouvement hussite – dont l'inspirateur Jan Hus, avait été brûlé vif sur ordre de l'Église, ce qu'elle trouvait normal –, elle fulmine, ou du moins on lui dicte, un texte de condamnation de cette rébellion d'une rare violence, sans prévoir évidemment que le même sort l'attend.

Est-ce à dire que la gauche républicaine fut, pour sa part, fort mal avisée de se réclamer de Jeanne d'Arc à la suite du grand Michelet ? Non. Car il y a au moins deux Jeanne, et l'une d'elles en effet, à son corps défendant, incarne les pulsions populaires et une rébellion contre les pouvoirs établis. Comme Antigone, n'oppose-t-elle pas les Églises célestes aux Églises temporelles ? Ne joue-t-elle pas systématiquement la base contre les élites ? D'ailleurs, on l'a vu, une fois qu'elle eut fait couronner le dauphin à Reims, et à partir du moment où elle connut ses premiers revers militaires, elle n'intéressa plus du tout le monde des puissants : les ministres de Charles VII intriguèrent contre elle, le roi la tint en lisière avant de l'abandonner complètement, les rares évêque qui lui étaient favorables, tel celui de Reims – qui ne croyait pas à ses voix –, l'ignorèrent ou la désavouèrent, la plupart des capitaines la lâchèrent, tandis que le parlement de Paris, la Sorbonne, les magistrats, les clercs et la majorité des prélats ne doutaient point qu'elle fût soit une « possédée », soit une hystérique, soit une « imposteuse ».

Or, dès lors que le destin lui devient contraire, que les grands s'en éloignent, que ses troupes se réduisent, le peuple des campagnes, avec une spontanéité inouïe, une fureur vengeresse, se reconnaît en elle, s'en fait à la fois un étendard et un talisman, et investit dans cette vénération son triple rejet du parti « anglais » traître à la France et du parti armagnac dur au peuple, d'un duc de Bourgogne et d'un roi qui ont l'un et l'autre sacrifié leurs principes à leurs intérêts. Alors, cette jeune fille tragique qui fonce droit devant elle, aveuglément, et se révèle être à la fois une formidable guerrière et un mauvais chef de guerre, qui, tel un Cyrano dont la Roxane serait céleste, n'est plus l'instrument miraculeux d'un parti légitimiste aux abois mais l'incarnation épique d'une nation qui se découvre et se forge, se transcende dans la défaite et se réalise dans la tragédie. Ayant accompli ce pourquoi elle deviendra l'archange de Maurras et de Le Pen, elle poursuit maintenant l'ouvrage qui en fera l'ancêtre des sans-culottes de Valmy. Elle se laïcise même, d'une certaine manière – avant de tomber sous le coup de l'Inquisition –, puisque des aventuriers de grand chemin, des condottieri quelque peu pillards, et aussi Gilles de Rais, ce Barbe-Bleue que l'on dira, plus tard, possédé par le diable, seront les derniers à se battre à ses côtés.

Tout Jeanne d'Arc est là, contradictoire jusqu'au surréalisme : sanctifiée par le peuple parce que passionnément humaine ; follement courageuse mais fondant en larmes à tout bout de champ ; sensible et douce mais entrant dans des rages meurtrières lorsqu'on met en cause sa virginité – ce qui, dans le feu de la bataille, est fréquent ; miséricordieuse mais capable, au nom du « roi du Ciel », de menacer les garnisons ennemies, de les passer au fil de l'épée si elles ne se rendent pas – ce qui choque d'ailleurs même ses compagnons qui préféreraient faire des prisonniers pour en obtenir rançon –, et à deux reprises au moins, ses victoires seront suivies, en effet, de lamentables massacres ; émerveillée par les gestes chevaleresques mais acceptant, à Soissons, que l'on juge et que l'on exécute un soudard bourguignon à qui elle avait d'abord promis la vie sauve ; modeste et incroyablement arrogante, simple mais aimant se vêtir des plus beaux atours ; mentant sans complexe dans le détail pour mieux répéter obsessionnellement l'essentiel, quitte à en mourir ; puérile dans beaucoup de domaines – selon ses compagnons de combat –, mais faisant preuve d'une technicité et d'une science stupéfiantes dans l'art de la guerre. Sublime au cours de son procès, organisé pour la diaboliser et qui restera son chef-d'œuvre, Jeanne n'admettait pas qu'on pût mettre en doute ses apparitions célestes, mais elle ne crut jamais aux révélations de ses concurrentes – pas plus que Cauchon ne crut aux siennes !

Ce clerc, ex-« gauchiste » passé aux Anglais et devenu évêque, était pour sa part tout à fait persuadé que c'était une « mauvaise femme ». En outre, misogyne et plutôt rationaliste, il détestait le mysticisme féminin. Son drame, c'est qu'il n'avait pas compris, en idéologue sectaire, qu'une nation était en train de naître. Il croyait punir une sorcière alors qu'il brûlait un symbole. D'ailleurs, il faut être évêque pour ne pas croire aux voix !

32

Churchill ou comment on devient un rebelle

Ceux qui, au creux d'une histoire tragique, opposent à l'appel du gouffre un « non » vertigineux n'ont pas toujours et nécessairement été programmés pour ça. Il arrive que le triomphe final, et tardif, soit infusé de plus de fiascos préalables que de succès prémonitoires. En témoigne le cas Winston Churchill.

L'histoire – car ce fut bien toute une histoire – commença à Blenheim dans un château qu'un voyageur non averti eût pris pour une caserne. C'était en 1874.

Cette année-là, on avait restauré la cathédrale Saint Paul, à Londres, on faisait la queue pour écouter une pièce en vers de Swinburne et la cantatrice Adelina Patti était la coqueluche de la bonne société. Au soir du 30 novembre, il y avait bal à Blenheim et les couples tournaient dans l'ennui délectable de ce crépuscule victorien. C'était l'époque où on considérait encore Dante Rossetti comme un grand poète et Darwin comme un farfelu.

À Londres, M. Disraeli, le Premier ministre, offrait le monde à l'Angleterre et, à Blenheim, Mrs Randolph Churchill ne se sentait pas très bien. La valse peut-être ? Non. Les biographes ont depuis lors répondu : c'était Winston qui faisait son entrée sur cette terre avec deux mois d'avance.

Le parc du château présentait un aspect étrange : un jardinier anglais avait eu l'idée saugrenue d'y ordonner les arbres et buissons de telle façon qu'ils rappelassent la disposition des soldats de Sa Majesté lors de la bataille de Malplaquet. C'est que le père de Winston était le septième descendant de ce duc de Marlborough qui « s'en fut en guerre », comme chacun sait, et gagna de la sorte quelques batailles. Le jeune Churchill avait donc de qui tenir.

Né neuf ans après Kipling, il n'était pas prédisposé aux angoisses métaphysiques. Entre le berceau et la cavalerie, il y a malheureusement le banc de l'école et Churchill n'y brilla pas. Pour parler net, ce fut même un des plus remarquables cancres qui soient jamais passés par l'honorable collège de Harrow. Un professeur de latin remarquait qu'il avait réussi à donner à l'expression « langue morte » sa véritable signification.

Il mit dans l'échec une opiniâtreté peu commune. Seule la récitation trouva grâce à ses yeux, malgré son incapacité à prononcer les « s ».

Finalement, c'est son père qui céda. Il entra à l'École militaire de Sandhurst où, après avoir suffoqué les instructeurs par son ignorance, il trouva une place dans la cavalerie. Le jeune Churchill s'en montra d'autant plus satisfait que l'uniforme rouge à brandebourgs, que de malveillants pacifistes comparaient à celui d'un portier de grand hôtel, lui seyait à ravir. Malheureusement, il arrivait tard et se demandait avec anxiété où il pourrait encore trouver une occasion de charger sabre au clair, ce sport-là, depuis Reichshoffen, se pratiquant de moins en moins.

Il se mit à lire avec avidité les colonnes du *Times* à la recherche d'une guerre. C'était en 1895, et jamais on ne s'était si peu entre-tué que cette année-là. Les Italiens avaient défait quelques Éthiopiens à Adoua. Ce n'était pas de son niveau. À Cuba, cela semblait plus sérieux. Exotisme et danses dans un décor de forêt vierge : Churchill s'y précipita. Mais les héros n'étaient pas de son côté ; il revint déçu, bien qu'il y eût découvert le cigare.

L'Inde – où les Pathans s'agitaient, excités par un fakir du cru – ne fut pas plus riche en émotions fortes. Écœuré, Churchill, qui, jusque-là, s'était contenté de colorier, se mit à lire pour la première fois de sa vie. Mieux, il écrivit. De ce premier ouvrage du futur prix Nobel de littérature, il ressort que l'officier Winston Churchill eut, lors de l'embuscade de la passe de Malakond, une conduite admirable qui tranchait avec l'incapacité générale des autres chefs militaires. C'est un thème sur lequel il revint souvent par la suite, avec de plus en plus de talent.

On était en 1898 – un an plus tôt, le premier aéroplane de Clément Ader avait quitté le sol – et Winston, lui, était toujours à la recherche d'une charge de cavalerie. Il choisit finalement les derviches qui s'étaient soulevés au Soudan.

Cette fois, le dieu de la guerre était avec lui. À Omdurman, face à soixante mille Soudanais « mahdistes » que les chroniqueurs qualifieront évidemment de fanatiques, officier du 21e lanciers, placé à l'extrême droite de la ligne de combat, Churchill participa à l'une des dernières charges de cavalerie de l'histoire.

Sous sa plume, l'événement prit des proportions si homériques qu'elles bousculeront même les lieux communs : une mêlée de géants s'égorgeant et se déchirant, l'injure à la bouche, dans le claquement des sabres contre les cimeterres, un nuage de poudre, un déluge de feu, une mer de sang. Le gentleman britannique ne perdit pourtant pas ses droits et Churchill ajouta : « Nous enfonçâmes dans la masse des derviches comme des raisins de Corinthe dans la pâte d'un pudding. » Plus tard, en 1940, Churchill se dira peut-être qu'on est toujours le derviche de quelqu'un.

Son récit plaît et ses articles s'arrachent. Il récidive donc, en Afrique du Sud cette fois, où les Boers se sont révoltés. Là encore, il reviendra avec son pesant d'héroïsme : une attaque de train blindé que ne renierait pas John Ford, quelques jours de prison et une splendide évasion. Churchill, pourtant, n'est pas content. Les Boers ont mis sa tête à prix cent vingt-cinq mille livres. Il trouve que c'est peu pour un descendant du duc de Marlborough.

Lorsqu'il revient à Londres, en 1899, le siècle s'éteint et avec lui les derniers vestiges d'un ordre moral solennel et glacé. Depuis 1884, cinq millions d'Anglais ont le droit de vote, mais celui qui a trois maisons peut voter trois fois. On a produit cent quarante millions de tonnes de charbon et supprimé le martinet dans les écoles, mais quatre-vingt-cinq pour cent du revenu national va à cinq pour cent de la population. C'est ce que Mrs Thatcher appellera « la belle époque ! »

Churchill choisit la politique. Il se présente, il est élu et siège parmi les *tories*. La topographie de la Chambre des communes, expliquera-t-il un jour, a ce grand désavantage sur celle du Palais-Bourbon que, dans la première, lorsqu'on passe de gauche à droite, il faut « traverser », ce qui se remarque, tandis qu'en France, il suffit de se glisser et personne ne s'en aperçoit. Il était bien placé pour en parler, puisque lui-même fit deux fois la traversée. C'est ainsi qu'il devient « libéral » au moment même où les libéraux ont le vent en poupe. Le pari se révèle payant. Secrétariat aux Colonies, ministère du Commerce, il gravit tous les échelons... de l'impopularité.

Aux élections, les conservateurs lui lancent sa trahison à la figure, les suffragettes, plus prosaïquement, le bombardent d'œufs pourris et de fruits blets. L'une d'elles, en plein meeting, lui cingle le visage d'un coup de cravache, ce qui aurait rendu misogyne tout autre que sir Winston.

Battu à Manchester, il se rattrape à Dundee en Écosse. Aristocrate, il contribue à restreindre les privilèges de la Chambres des lords. Les ducs ne le lui pardonneront pas. En 1910, ministre de l'Intérieur, il envoie la troupe contre les mineurs en grève : deux morts. Les ouvriers ne l'oublieront pas non plus. Bernard Shaw lui adresse deux places pour la générale d'une de ses pièces : « Au cas où il vous resterait un ami... » Churchill réplique : « De toute façon, j'irai à la seconde représentation... si jamais elle a lieu. »

Le 3 janvier 1911, il assiste en personne à la capture de deux dangereux anarchistes. Ils sont retranchés dans une maison et la maison brûle : « N'intervenez pas, ordonne Churchill aux pompiers, ils seront bien obligés de sortir. » Mais ils ne sortent pas... justement parce qu'ils sont anarchistes ! L'incident n'augmente pas sa popularité, qui évolue au même rythme que les cours de la Bourse après 1929. Il devient pourtant maître de la Flotte.

Il y était un peu prédisposé. Un an plus tôt, lors d'un bal, il jouait avec l'un de ses amis à juger les jeunes filles en termes de marine : « En voilà une qui vaut bien un croiseur ! » « Celle-là ne vaut même pas un radeau », et tout à coup il s'écria : « Pour celle-ci, je donnerais bien une escadre. » Elle s'appelait Clementine. Elle devint sa femme.

Puis ce fut l'été 1914. Churchill a fait un premier faux pas en voulant tenir Anvers à tout prix, ce qui s'avérera catastrophique. Mais surtout, le Premier Lord de l'Amirauté a minutieusement préparé son plan d'intervention dans les Dardanelles, c'est son idée et il la partage. Ce sera la Bérésina ! Deux cent mille soldats britanniques hors de combat. Un Parlement gelé et hostile écoute ses explications. Il doit démissionner. Hanté par cet échec, effondré, il se croit fini. Pour oublier, il se met à peindre. Mal !

Puisque la politique le rejette, le soldat redevient soldat. Il rejoint les tranchées dans les Flandres et là, réunissant les soldats du 6e bataillon, le Royal Scots Fusiliers, cantonné près de Hazebrouck, il déclare la guerre... aux poux. Succès total. Enfin ! Churchill peut revenir à Londres, la tête haute, mais fort mal vu par les généraux. Il est vrai qu'à l'un d'eux, qui était venu inspecter les lignes et trouvait l'endroit fort exposé, il avait fait cette remarque : « C'est exact, Général, voyez-vous, la guerre est une chose extrêmement dangereuse. »

« Récupéré » en 1917, il devient secrétaire d'État à la Guerre en 1919. C'est la guerre civile en Russie et Churchill plaide pour un engagement massif de la Grande-Bretagne aux côtés des troupes contre-révolutionnaires. Lénine, à ses yeux, est un « monstre ». Il veut aller combattre lui-même aux côtés du général « blanc » Denikine, pousse les Polonais à intervenir et aide en sous-main le très réactionnaire amiral Koltchak.

Devenu ministre des Colonies, totalement imperméable au droit des peuples non britanniques à disposer d'eux-mêmes, il se met successivement à dos les Égyptiens, les Indiens et les Irlandais, qui veulent l'abattre. Le Mahatma Gandhi n'est à ses yeux qu'un énergumène qui ne porte même pas de cravate. Winston ne peut pratiquement plus se promener sans être injurié ou pris à partie. Aux élections de 1922, Dundee le rejette. Atteint d'une crise d'appendicite, il ne peut faire campagne et sa femme ne parvient pas à se faire entendre tant la foule est hostile : « Je perdis en un seul jour, commentera simplement Winston, mon ministère, mon siège et mon appendice. » Il tente sa chance à Leicester. On le reçoit à coups de briques. La foule crie : « Dardanelles ! Dardanelles ! » « C'est le plus gros mollusque, dit une feuille, qui se soit jamais accroché à un banc ministériel. » Il est écrasé. Éliminé encore en 1924, à Westminster. Et, finalement, il lui faudra Epping, dans le Sussex, circonscription modèle à côté de laquelle Neuilly peut paraître « rose », pour se faire réélire.

Baldwin en fait alors son chancelier de l'Échiquier, et c'est à lui que revient la lourde charge de réaligner la livre sur l'étalon-or. Là encore, le résultat est cauchemardesque, le malaise économique s'aggrave et les prix montent. C'est la grève générale.

Churchill doit pour combler ce vide se faire directeur d'un journal « jaune », la *British Gazette*. Un grand quotidien londonien publie alors ces lignes vengeresses : « À quel âge un homme politique cesse-t-il d'être un jeune homme plein de promesses pour devenir un adulte et rater sa carrière ? » Churchill a cinquante-cinq ans. Son avenir est derrière lui. Il aura encore le temps de s'opposer une fois de plus à toute concession à Gandhi, ce « fakir à moitié nu », puis c'est la fin. Et pourtant, c'est peut-être en 1933, abandonné, dédaigné, rejeté, que le vrai Churchill est né. Cette année-là, il trouve un adversaire à sa taille, non plus les derviches ou les suffragettes, mais le caporal Hitler. Dès lors, on peut bien le surnommer Jérémie, ses lamentations deviendront des larmes de sang.

Du Churchill vainqueur, on a presque tout dit, mais il est un autre Churchill qui démontrera une dernière fois son sens de la gestion de l'échec : le Churchill du 16 août 1945, repoussé par les électeurs, le lendemain de la victoire. La Chambre des communes était comble pour écouter rugir le vieux lion blessé. Allait-il tempêter, se retirer dans ses terres, redevenir Jérémie ? Il commença d'une voix lente : « En apprenant ma défaite, une vieille dame a dit à un de mes amis : “ Pauvre M. Churchill, je pense qu'on va le fusiller maintenant. ” Mon ami, lui expliqua que, par clémence, il se pourrait que la condamnation soit commuée en une des multiples formes de travaux forcés qui sont toujours à la disposition des sujets de Sa Majesté. » Puis il alla prendre sa place au banc de l'opposition. Cela s'appelle la démocratie.

33

Le « non » de Savonarole au paganisme papal

C'est à un bien étrange spectacle que furent conviés les Florentins le 7 avril de l'an de grâce 1498. Au beau milieu de la place de la Signoria dansaient les flammes d'un bûcher.

Une exécution ? Pas exactement. Mais la préparation d'un jugement d'un genre tout à fait particulier – et considéré même à l'époque comme assez primitif –, le jugement de Dieu par l'épreuve du feu. Quatre moines en étaient les protagonistes, à l'origine consentants, et ils devaient d'un même pas se diriger vers le feu, étant bien entendu que le Très-Haut reconnaîtrait les siens en leur épargnant une mort ignominieuse.

Seulement le temps passait et les quatre volontaires – deux représentant le célèbre prédicateur dominicain Jérôme Savonarole et les deux autres portant les couleurs de ses adversaires – ne cessaient d'accumuler à la vue du foyer ardent des prétextes à retarder l'heure de la fatale confrontation. C'est alors que le ciel se déchira et que la grêle s'abattit sur les flammes rapidement éteintes. Un miracle ? Peut-être... Mais en faveur de qui ? La foule trempée ne savait trop.

Aussi, le lendemain, jour des Rameaux, quelques agitateurs n'eurent aucun mal à entraîner le peuple, déconcerté par l'ambiguïté du jugement suprême, en direction du couvent Saint-Marc où résidait ce Savonarole, hier presque maître de la ville. Quand on est tout, il suffit que soudain on devienne peu de chose pour être réduit à rien. Le tyran virtuel est donc jeté à terre. Plusieurs fois torturé, revenant au dernier moment sur des aveux que lui avait arrachés la souffrance, il fut finalement reconnu hérétique et schismatique, pendu et brûlé à l'endroit même où un orage avait mis fin à son étrange domination.

Qui était donc cet homme dont l'aventure unique et fulgurante devait marquer pendant des siècles la mythologie florentine, bien qu'elle ait duré moins de quatre années ?... Savonarole ? Une sorte de Torquemada italien, d'inquisiteur fanatique et intolérant, de McCarty latin de l'ordre moral ? Un portrait léguant à l'éternité ce visage pétrifié au regard lourd d'intolérances meurtrières a contribué à légitimer cette version apparemment définitive...

Il faut, en réalité, replacer le personnage dans son contexte : Florence au XVe siècle. Rencontre d'un homme et d'une cité, en un temps où l'homme était l'héritier d'une sourde révolte, et la cité l'héritière d'une secrète ambition... On songe évidemment à Jérusalem et à Jésus-Christ... Florence, après soixante ans de soumission à la famille Médicis, un moment fascinée par la splendeur dispendieuse de Laurent le Magnifique, vient de retrouver en même temps que sa liberté sa vocation à tracer aux autres cités italiennes le chemin d'une vertu « républicaine » aux ambitions évidemment impérialistes... C'est donc le temps des prophètes et des prédicateurs, des visionnaires et des charlatans, des martyrs et des aventuriers, des révolutionnaires et des démagogues.

Savonarole est un peu tout cela. Moins par calcul que par lente assimilation et récupération de tout ce qui concourt au bouillonnement d'une cité qui vient de s'arracher à la tyrannie et à l'illusion de l'abondance. Savonarole n'est pas un météore, un accident.

Ce n'est, en ces temps incertains, ni le seul prophète à reprendre à son compte le vieux thème médiéval de l'apocalypse, ni le seul prédicateur – ou astrologue – à promettre à Florence, après un nouveau déluge, un destin de ville élue, de nouvelle Rome, faite pour conduire et dominer, ni le seul démagogue à épouser les colères d'un peuple qu'irrite le luxe tapageur d'une aristocratie corrompue, ni le seul réformateur à dénoncer les turpitudes d'une Église engluée dans le temporel.

Mieux : à l'examen de ses écrits, nulle trace d'originalité doctrinale ; quand il se fait le chantre des libertés florentines, préconisant un régime républicain et populaire, il s'appuie et sur l'expérience de Venise et sur l'enseignement de saint Thomas d'Aquin qui, dans son *De regimine Principum*, avait bizarrement expliqué que les peuples orientaux, manquant d'énergie, et ceux du Nord, d'intelligence, étaient les uns et les autres condamnés à la monarchie, tandis que les peuples doués en même temps d'énergie et d'intelligence étaient mûrs pour une manière de démocratie... Il suffisait à Savonarole d'ajouter que Florence répondait parfaitement à cette définition, ce qui n'était pas pour choquer l'orgueil de ses concitoyens...

Donc, Savonarole est, sinon comme l'affirmeraient éventuellement des marxistes, le reflet météore d'une infrastructure économique – ce qu'il est tout de même en partie puisqu'il se situe à la charnière du Moyen Âge et de la Renaissance, donc de l'éclatement d'un système de production clos –, du moins l'instrument de tous les courants idéologiques de son époque qu'il capte et utilise avec une sorte de génie. Il fait, plus ou moins consciemment, la synthèse de tout ce que Florence, à la fin du XIVe siècle, malaxe en son sein d'illusions et de désespoirs, de messianisme et de volonté de puissance, de justicialisme et de rancœurs, de sectarisme et de recherche de l'absolu... Seule cette extraordinaire conjonction peut en effet expliquer que Savonarole ait pu, pendant quatre ans, dominer, régenter sans partage une ville dont il n'occupait théoriquement aucun des postes responsables.

Il est vain de se demander – pour employer des termes d'aujourd'hui – si Savonarole était un fasciste ou un gauchiste. À la lumière de nos expériences modernes, nous voyons fort bien en quoi il était l'un et l'autre... Partisan d'une république « populaire », défenseur acharné du pouvoir civil face à la tyrannie, alibi moral d'une révolution bourgeoise qui cherchait encore à assurer – spirituellement – ses premiers pas, porte-voix d'un patriotisme exacerbé et rapidement dominateur, dénonciateur des vices des potentats et de l'avidité des riches, partisan d'une réforme fiscale favorable aux plus déshérités et même de la création d'un mont-de-piété, le même Savonarole exigeait, quitte à recourir à une certaine forme de terrorisme, la restauration d'un ordre moral dont toute tolérance était exclue, préconisant et l'expulsion des Juifs, et la répression impitoyable de la sodomie, supprimant fêtes et réjouissances « païennes » au profit de processions galvanisatrices, utilisant le bûcher purificateur pour y anéantir les œuvres d'art, ne craignant pas, pour couvrir son républicanisme des oripeaux de la théologie, à en appeler à un règne direct de Jésus-Christ sur la ville : il y avait au fond – déjà – du Robespierre, du Khomeiny et du Khmer rouge en et homme-là ; une première synthèse explosive de la « révolution » et de la vertu !

On a rarement dit « non » avec plus de rigueur que lui... Or, contrairement à ce que prétend l'adage, tout ce qui est excessif est terriblement signifiant !

34

Le « non » de Louis XVI à la modernité

Il s'appelle Morisson. Député à la Convention nationale, il représente la tendance la plus droitière. Il refusera au nom de ses principes monarchiques de participer au scrutin sur la mort du roi. Des écrivains légitimistes lui rendront un vibrant hommage en l'appelant le « courageux Morisson ».

Or, voici ce que le royaliste Morisson déclare le 14 novembre 1792, à la tribune de l'Assemblée qui s'apprête à juger Louis XVI : « Citoyens, je sens comme vous mon âme pénétrée de la plus forte indignation lorsque je rassemble dans mon esprit les crimes, les perfidies et les atrocités dont Louis XVI s'est rendu coupable. La première de toutes mes affections, la plus naturelle sans doute, est de voir ce monstre sanguinaire expier ses forfaits dans les plus cruels tourments. » Après quoi, mais après quoi seulement, il demande la grâce et la liberté pour le souverain déchu.

Prenons encore le cas du comte de Lanjuinais. Conventionnel modéré, décrété d'arrestation sous la Terreur, négociateur d'une paix de compromis avec la Vendée insurgée, député « crypto-royaliste » sous le Directoire, nommé pair de France sous Louis XVIII, il n'en déclarera pas moins Louis XVI coupable et votera la mort « à condition qu'elle soit soumise à l'appel au peuple ».

Il ne se trouvera qu'un seul parlementaire, Rouzet, de la Haute-Garonne, pour affirmer qu'il faut également mettre à l'actif de Louis XVI quelques bienfaits. Il n'en conclura pas moins que Louis XVI est un grand criminel.

Résultat : le 15 janvier 1793, Louis Capet est déclaré coupable par sept cent sept voix contre... zéro. Vingt-huit députés étaient absents et treize s'étaient abstenus. Or, la mort, elle, ne sera acquise qu'à cinq voix de majorité.

D'où cette constatation : aucun des conventionnels qui, avec un courage inouï qui leur coûtera souvent la vie, ont tenté d'arracher Louis XVI à l'échafaud, ne s'est risqué à nier en revanche que le roi fût coupable de haute trahison et de « conspiration contre la liberté publique », qu'il avait tout mis en œuvre, fût-ce traîtreusement, pour dire « non » aux idées, aux principes, aux espérances et aux rêves de 1789.

Si Louis XVI n'est condamné à mort qu'à une très faible majorité – qui comprend la gauche, les opportunistes et les lâches –, c'est la totalité des membres du premier Parlement républicain qu'ait connu notre pays, monarchistes constitutionnels, futurs bonapartistes et libéraux modérés compris, qui l'ont déclaré coupable.

D'où la question : Louis XVI était-il vraiment coupable ? S'est-il, aussi résolument qu'on l'en accusa, mis en travers du cours du progrès ? À ne pas confondre avec l'autre question : Fallait-il le condamner à mort et l'exécuter ? Car à cette seconde question, nous répondrons volontiers par la négative.

Pour au moins quatre raisons :

1. Par hostilité d'abord à la peine de mort. À cet égard, notons que, lorsque Robespierre et quelques autres proposèrent à l'Assemblée constituante l'abolition de la peine capitale, les monarchistes et les modérés qui s'y opposèrent eussent été mieux inspirés en émettant un vote favorable.

2. Parce que l'acte d'accusation, ainsi que les documents qui étaient censés l'étayer, contiennent de nombreuses affirmations fallacieuses appuyées sur des preuves tellement fragiles qu'aucun tribunal digne de ce nom ne les aurait retenues. Ainsi en est-il des prétendus tripatouillages financiers – spéculations, détournements de fonds, agiotages – auxquels se serait livré le roi. Mais surtout, la Convention transformée en Haute Cour s'évertua à démontrer que Louis XVI était un tigre assoiffé de sang, alors qu'il est historiquement établi qu'il s'évertua plutôt à éviter tout excès de violences intestines tant il avait horreur justement de l'effusion de sang. Ce qui fut partiellement évident le 14 juillet 1789 et le 10 août 1792.

3. Parce que si des documents existent, en effet, graves et incontestables, qui auraient pu conduire un vrai tribunal à condamner le roi à la peine maximum pour double jeu et haute

trahison, ils ont été découverts postérieurement et par conséquent les juges politiques de janvier 1793 ne pouvaient pas les connaître.

4. Parce que enfin – encore que nous ne puissions en être totalement certains – l'exécution de Louis XVI a sans doute constitué une grave faute politique, en ceci qu'elle provoqua la guerre civile et radicalisa l'intervention étrangère, préparant ainsi le terrain à la fois à la Terreur et à la prise de pouvoir par Napoléon Bonaparte.

Certes, garder le roi en otage, c'est-à-dire en prison à la merci d'une évolution positive ou négative des opérations militaires, eût été cruel et dangereux – au demeurant si l'empereur Napoléon avait hérité un roi légitime en bon état, on imagine, compte tenu de ce qui est arrivé au duc d'Enghien, ce qu'il en aurait fait !

En revanche, les conventionnels de janvier 1793 se seraient honorés et eussent agi sagement en décidant la déchéance et l'exil. Ce qui d'ailleurs eût provoqué la discorde dans le camp immigré où, sur le moment, personne ne pleura la mort de Louis XVI.

Mais cela impliquait de toute façon que le roi fût déclaré coupable.

Or, l'était-il ? Autrement dit, a-t-il cherché par tous les moyens, y compris les plus vicieux et les plus torves, à dire « non » à l'avènement d'une monarchie constitutionnelle plus démocratique et plus libérale ?

À cette question, nous pouvons répondre assurément : oui !

Encore faut-il préciser que cette culpabilité n'existe que du point de vue des juges libéraux, républicains, démocrates ou monarchistes constitutionnels – c'est-à-dire orléanistes. Qu'en revanche, d'un point de vue légitimiste – et la plupart des historiens qui écrivent aujourd'hui sur le procès ou la mort de Louis XVI sont en réalité légitimistes –, le système parlementaire représentant l'horreur absolue, le roi ne saurait être coupable, bien au contraire, d'avoir tenté, par divers moyens, fût-ce les pires, de restaurer la monarchie absolue, d'autant que, ce faisant, il agissait en fonction d'un droit divin.

C'est donc la nature de cette culpabilité d'un point de vue libéral ou républicain qu'il nous faut examiner.

Tout commence, ou plutôt tout se noue, le 23 juin 1789.

Louis XVI, après s'y être longtemps et fermement opposé, a été contraint d'accepter la convocation à Versailles des états généraux. D'abord parce que, aussi bien les partisans que les adversaires des réformes l'exigeaient, mais surtout parce qu'il n'y avait plus du tout d'argent dans les caisses et que seuls les « états » pouvaient ratifier la levée de nouveaux impôts. D'emblée, les représentants élus du « tiers » – en fait de la bourgeoisie – exigent que les « états » se constituent en Assemblée nationale, afin d'élaborer une Constitution du royaume. Or, les états généraux étaient traditionnellement constitués de trois ordres, noblesse, clergé et tiers état, qui délibéraient et votaient séparément, ce qui signifiait que toute atteinte aux privilèges était mécaniquement repoussée par deux ordres – noblesse et clergé – contre un – tiers état. Donc, la bourgeoisie demande que désormais on ne vote plus « par ordre » mais « par tête »; selon le principe : un élu = une voix. D'abord Louis XVI hésite. Sa famille, à qui il a déjà sacrifié le réformateur Turgot, l'incite à l'intransigeance, alors que le Premier ministre Necker lui conseille le compromis. Le 20 juin 1789, il se décide pour l'intransigeance. Il fait fermer la salle où les représentants du tiers état se réunissaient – ceux-ci se replient alors sur le Jeu de paume –, et rejette en conseil le compromis proposé par Necker : on décide en outre de faire venir à Versailles des régiments suisses et allemands.

Le 23 juin, donc, Louis XVI, qui avait déclaré quelques mois plus tôt au duc d'Orléans qui contestait l'une de ses déclarations : « C'est légal parce que je le veux », tient une séance royale devant tous les députés des trois ordres réunis. Les députés du tiers état n'y sont introduits qu'après avoir été exposés pendant de longues heures à une pluie battante et, en entrant, ils découvrent les nobles et les membres du clergé déjà tranquillement installés à leurs places. Le roi leur expose alors d'une voix cassante son programme : il accepte le principe de certaines réformes, mais il refuse toute idée de monarchie constitutionnelle et parlementaire. Il se voit dans le rôle de la tsarine Catherine de Russie, décidée à faire paternellement et autocratiquement le bonheur de ses peuples. En conséquence : pas d'Assemblée nationale permanente, pas de Constitution, et on continuera de voter par ordre sur certaines matières réservées, « notamment, précise-t-il, sur les droits antiques du clergé et de la noblesse, les propriétés féodales et seigneuriales, les privilèges honorifiques ». Les dîmes seront en outre maintenues. Et le souverain termine par cette péroraison significative : « Si vous m'abandonnez dans une si belle entreprise, seul je ferai le bonheur de mes peuples. » Après quoi, il ajoute : « Je vous ordonne de vous séparer tout de suite et de vous rendre demain matin, chacun dans les salles affectées à votre ordre. »

« Ainsi, écrivait, il y a cent ans, Émile Ollivier, l'avant-dernier chef de gouvernement de Napoléon III, au peuple qui demandait avant tout la suppression d'un Ancien Régime abhorré, le roi répondait par une affirmation obstinée de cet Ancien Régime ; à un tiers état qui attendait la liberté politique, il adressait le langage hautain du pouvoir absolu. » On connaît la suite et l'apostrophe de Mirabeau : « Allez dire à votre maître que nous sommes ici par la volonté du peuple et qu'on ne nous en arrachera que par la puissance des baïonnettes ! »

Or, il faut lui rendre cette justice, le roi répugne à utiliser la force des baïonnettes. Confronté à un refus d'obéissance caractérisé, il recule une première fois.

Le 26 juin, en Conseil royal, il est cependant convenu de ne céder « qu'en apparence », mais de concentrer des troupes à Versailles et à Paris, afin de pouvoir, le moment venu – c'est-à-dire autour du 14 juillet –, disperser les députés, dissoudre les états généraux. Trente mille hommes en armes, dont des régiments de mercenaires allemands, sont déjà concentrés le 1er juillet. Le 11 juillet, tout est prêt. Poussé par son frère, le comte d'Artois, futur Charles X, et par Marie-Antoinette, Louis XVI semble décidé au coup de force. Il renvoie Necker et le remplace par Breteuil, un défenseur intransigeant de la monarchie absolue – qui émigrera dès le 16 juillet –, et confie le commandement suprême de l'armée à un autre ultra, le duc de Broglie, qui lui aussi émigrera quelques jours plus tard.

La suite des événements est connue.

L'événement clé de la journée du 14 juillet est moins la prise de la Bastille que le refus unanime des chefs de corps représentant les troupes massées au Champ-de-Mars de marcher contre les émeutiers. Les régiments de gardes françaises ayant également fait défection, le roi se trouve en réalité face à une révolte de la troupe. Le coup d'État n'est plus possible. Dissoudre l'Assemblée et rétablir l'ordre à Paris reviendrait à prendre le risque d'une guerre civile, régiments suisses et allemands contre régiments français. Louis XVI s'y refuse. « C'est la défection de l'armée gagnée aux idées du tiers état qui a anéanti la royauté », écrira Rivarol.

Le 16 juillet, Louis XVI cède donc pour la seconde fois. Mais en même temps – et cela ses juges de janvier 1793 l'ignoraient –, le 15 juillet, il remet au baron de Breteuil une lettre de créance qui habilite ce dernier « à traiter avec les cours étrangères et à proposer en son nom toutes les mesures qui pourraient tendre à rétablir l'autorité royale et la tranquillité intérieure du royaume ». Première duplicité.

Donc, à partir du 24 juin, et plus encore du 14 juillet 1789, le roi réprouve l'évolution des événements, les innovations constitutionnelles, l'instauration d'une monarchie parlementaire à l'anglaise. Mais il refuse obstinément, par tempérament autant que par principe – « par lâcheté et par faiblesse », diront les royalistes ultra – de prendre l'initiative d'une guerre civile trop risquée qui provoquerait une terrible effusion de sang et mettrait sa famille en danger.

La logique eût alors voulu qu'il abdiquât plutôt que de cautionner, nécessairement de mauvaise grâce, un système institutionnel qui, en réalité, lui faisait horreur, et qu'il tentera de saboter de l'intérieur, faute d'oser l'affronter.

Se fût-il effacé, au profit par exemple d'un prince constitutionnel, que peut-être la France – comme l'Angleterre qui le doit à l'abdication de Jacques II – vivrait aujourd'hui encore sous une monarchie parlementaire.

Or, loin d'abdiquer, Louis XVI, dont la conduite, contrairement à ce qu'on a souvent prétendu, fut assez cohérente, ne désespéra jamais de rétablir pour l'essentiel, c'est-à-dire à quelques petites corrections près, l'Ancien Régime. Ce qui impliquait qu'il favorisât constamment cette hypothétique restauration par la ruse et le double jeu.

Nous avons cité plus haut Émile Ollivier. Ce dernier n'était pas, tout au contraire, un républicain. Il détestait toutes les formes de jacobinisme, répudiait la démocratie parlementaire et préconisait une monarchie « nationale, populaire et plébiscitaire ». Or, consacrant à la Révolution un remarquable ouvrage à l'occasion du premier centenaire – 1889 –, il écrit : « Louis XVI dont l'âme était haute, douce, compatissante, n'a jamais admis ni même compris, depuis le limogeage de Turgot, que la monarchie française, telle qu'on la lui avait transmise, ne constituât pas le plus parfait des mécanismes gouvernementaux. Y introduire les institutions anglaises ou américaines lui eût semblé un forfait commis par lui-même contre lui-même. La distinction des ordres, les privilèges nobiliaires, la religion d'État, lui paraissaient la condition même du régime politique ; il n'acceptait les états généraux que comme une réunion de sujets admis seulement à présenter des doléances dont il demeurait juge, pourvu, comme il disait, qu'elles ne fussent pas “ pleines d'aigreur et de murmures, ce qui serait un commencement de sédition ”. Hors de là, il n'entrevoyait que désordre et subversion... Il était disposé à accueillir les améliorations partielles, à réprimer les abus, mais se refusait à concéder que l'absolutisme de la monarchie et l'arbitraire de la féodalité fussent l'abus duquel tous les autres découlaient. »

Il faut ajouter, comme Paule et Pierre Girault de Coursac l'ont très bien montré, que toute sa famille, la Cour, son entourage et la haute noblesse ne cessaient de l'influencer, et même parfois de le manipuler, dans un sens réactionnaire.

Mais quelle conduite adopter dès lors qu'on désapprouve ce qui se passe, qu'on n'a pas les moyens de s'y opposer, mais qu'on se refuse à passer la main ? La ruse et le double jeu, avons-nous dit. Émile Ollivier est plus cruel. Il montre qu'à partir du 14 juillet 1789, le roi développa deux stratégies parallèles : d'un côté, il fit savoir aux puissances étrangères qu'il n'était plus libre de ses actes et que, par conséquent, tout ce que, apparemment, il faisait ou disait était sujet à caution. D'autre part, il encouragea la politique du pire, convaincu – ce qui d'ailleurs n'était pas sot – que plus on pousserait à des excès, plus vite et plus fortement la réaction antirévolutionnaire se manifesterait.

Après avoir rompu avec la Révolution, La Fayette notera d'ailleurs dans ses *Mémoires* que les partisans du roi à l'Assemblée constituante se réjouissaient « de toutes les entreprises qui faisaient espérer que l'absurdité et les crimes des “ novateurs ” ne manqueraient pas de rappeler l'Ancien Régime ». Quand l'Assemblée vote la Constitution civile du clergé, que le roi dans un premier temps ratifie, le chef des royalistes contre-révolutionnaires, l'abbé Maury, se réjouit ostensiblement : « Encore quelques décrets comme cela et tout sera fini ! » Et, en effet, sous l'impulsion du roi, l'extrême droite vote souvent avec les futurs montagnards. Ainsi, quand Robespierre propose qu'aucun des élus de la Constituante ne soit rééligible à l'Assemblée législative, ce qui est un encouragement à l'irresponsabilité, à l'inexpérience et donc à l'anarchie, la droite monarchique le soutient avec force.

« Le roi, écrit à ce sujet Émile Ollivier, n'a à sa disposition d'autres méthodes de combat que celles nommées par son ami Mallet du Pan, d'un mot à retenir : le pessimisme – autrement dit la politique du pire. Le pessimisme consiste à mettre son espérance dans les malheurs et dans les fautes ou dans les crimes de ses adversaires ; il attend le succès de l'excès du mal... Et quand les fautes ou les crimes se font trop longtemps attendre, on ne se contente pas de ne pas les empêcher, on les suscite en excitant, soudoyant, favorisant ceux qui les préparent ou indirectement en les provoquant soi-même. »

À en croire le député modéré Alexandre de Lameth, monarchiste constitutionnel, la Cour n'hésitera pas, par exemple, à infiltrer au sein du club des Jacobins des agents provocateurs chargés de soutenir ou de proposer les motions le plus extrémistes possible.

C'est alors que Mirabeau, qui estime qu'il est temps de stopper l'emballement révolutionnaire, propose au roi ses services... contre rémunération. Il s'agit, dans l'esprit du tribun, de rétablir l'ordre... mais pas l'ordre ancien. Mirabeau approuve la politique du pire, mais à condition qu'elle serve à établir une vraie monarchie constitutionnelle et non à restaurer l'Ancien Régime. Or, la Cour ne retient pas ses conseils. Elle préfère encore les extrémistes à Mirabeau. « La reine ne le rencontrera qu'une fois et en fut malade. » Premier et principal confident de Marie-Antoinette, le comte de Mercy, ambassadeur autrichien à Bruxelles, traduit la pensée du couple royal en ces termes : « Plus les œuvres de l'Assemblée constituante sont atroces, plus elle opérera le mal et plus l'autorité monarchique deviendra nécessaire au salut de l'État. »

L'idée, alors, est d'attiser et d'utiliser le mécontentement populaire provoqué par les excès de ceux que le roi lui-même, dans ses lettres, appelle « les factieux ». Excès qu'on aura préalablement eu soin d'encourager.

Pour mieux influencer le bon peuple, un certain Omer Talon, entre autres aventuriers – il est recommandé par Mirabeau –, fait accepter par le roi un projet de préparation psychologique de l'opinion publique pour un coût global de cent soixante-cinq mille livres, ce qui est à l'époque considérable.

Le plan qui a été retrouvé est ainsi détaillé :

Trois ouvrages de 300 livres chacun : 900 livres;

Continuation des sabbats jacobins – c'est-à-dire excitation à l'extrémisme – : *500 livres;*

Deux feuilles d'impression par semaine tirées à 10 000 chacune. Distribution à Paris – 20 distributeurs à 100 livres et 2 entrepôts à 400 livres : 2 800 livres;

Correspondance avec auteurs et journalistes qui écrivent dans le sens de l'opération ou qu'on pourra y amener – autrement dit corruption des journalistes et écrivains – : *600 livres...*

Chanteur de chansons appelé Pont-Neuf : 1 500 livres;

Dans l'intérieur des assemblées nationales, 12 hommes à 100 livres – c'est-à-dire des députés qu'il faudra acheter – : *1 200 livres;*

Dans les bureaux de l'Assemblée, 6 hommes intelligents dont on gagnera la confiance et achètera le secret à 600 livres chacun : 3 600 livres;

Au Club des Jacobins, 2 dans la salle à 200 livres et 2 au comité à 300 livres : 1 000 livres;

Dans la Société Fraternelle, cordeliers, lycées, sociétés de 89 et autres clubs – c'est-à-dire infiltrations d'agents dans les organisations les plus « gauchistes » – : *4 000 livres;*

Au bureau de l'Hôtel de Ville, 2 administrateurs – à corrompre – *: 1 200 livres;*

Sections et Bataillons : 82 200 livres

Tuileries, Palais-Royal, Cafés, Faubourgs, Spectacles – il s'agit d'y répandre des agents d'influence et des agitateurs – : *23 400 livres;*

Guinguettes : 21 000 livres;

Ouvriers et ateliers : 10 000 livres;

Journaux : 200 livres.

En tout, quinze cents personnes seront ainsi employées à l'opération, réparties « sous sept chefs isolés les uns des autres, chaque section ne connaissant que son chef de façon que, si besoin est, le fil soit coupé en soustrayant, avec un léger sacrifice, le chef de la section inquiétée sans déranger le reste de la machine ».

Louis XVI acceptera ce plan, qui lui a été communiqué le 23 décembre 1790, et il sera effectivement appliqué pendant les trois premiers mois de l'année 1791. À son procès, il ne niera pas les faits, mais alléguera de leur antériorité au serment prêté à la Constitution. Le 19 avril, d'ailleurs, après que le roi a été empêché par une émeute de se rendre à sa résidence de Saint-

Cloud, le responsable de la liste civile – c'est-à-dire des fonds secrets –, Laporte, écrit au souverain : « Tout ce que, dans ce moment-ci, je me hasarderais de dire à Votre Majesté, c'est qu'elle ne peut se dissimuler que les millions qu'on l'a engagée à répandre n'ont rien produit. Les affaires n'en vont que plus mal. » En fonction de quoi, il lui propose une nouvelle méthode qui lui coûtera moins de dix mille livres par mois.

On conviendra que si, aujourd'hui, il était découvert un document du même type que celui que Omer Talon fit accepter à Louis XVI, mais destiné à conforter la popularité et l'autorité du président de la République, chacun exigerait sa comparution immédiate en Haute Cour. Tout y est, dans le détail : depuis la provocation à l'extrémisme, l'excitation aux excès, l'organisation d'un service d'espionnage privé, la subversion de l'armée, jusqu'au soudoiement des députés, la corruption des fonctionnaires, l'achat des journalistes et la distribution d'argent à la « populace ».

D'autres documents prouvent des tentatives moins importantes – surtout l'achat des consciences – mais la vérité impose de préciser que si le roi en acceptera quelques-uns, il en refusera beaucoup qui lui paraissent par trop excentriques.

Reste l'appel à l'étranger. « Les pourparlers avec l'Autriche et les puissances commencent vers la fin 1790 ou au commencement 1791 », note Émile Ollivier. Le roi feint alors « de s'abandonner sans réserve aux exigences de la Révolution ». Mais, dans le même temps, à en croire Marie-Antoinette, il charge un dénommé Fronbrune de porter au roi d'Espagne une protestation « contre tout ce que le roi pourrait faire ou signer ».

Ici contentons-nous de citer quelques textes retrouvés, à la fin du XIXe siècle, dans les archives des monarchies européennes.

En novembre 1790 le baron de Breteuil reçoit en Suisse, où il s'est retiré, des pleins pouvoirs ainsi rédigés : « J'approuve tout ce que vous ferez pour arriver au fait que je me propose, qui est le rétablissement de mon autorité légitime et le bonheur de mes peuples. Signé : Louis. »

Le 19 décembre 1790, Marie-Antoinette écrit à l'empereur d'Autriche, Léopold, son frère : « Il est certain qu'il n'y a qu'ici et nous qui puissions juger du moment et des circonstances favorables qui pourraient enfin finir nos maux et ceux de la France. »

En janvier 1791, donc trois mois avant que Louis XVI soit empêché par des émeutiers de se rendre dans sa résidence de

Saint-Cloud – après quoi il se considérera comme prisonnier –, Breteuil écrit à l'ambassadeur d'Autriche Mercy : « Le roi – dans une lettre qu'il m'a envoyée – est décidé à quitter Paris après en avoir concerté l'époque avec l'empereur. Mais pour arriver, il faut de l'argent. »

Le 3 février 1791, Marie-Antoinette au même Mercy : « Monsieur le marquis de Bouillé [commandant des garnisons de l'Est et partisan de la contre-révolution] croit comme nous qu'il serait impossible de rien faire sans le secours des puissances étrangères, lequel serait dangereux si nous n'étions hors de Paris... Vous savez quelles sont nos négociations avec l'Espagne et la Suisse. »

Le 27 février, Marie-Antoinette à l'empereur Léopold : « L'Espagne nous a répondu qu'elle nous aiderait de ses forces si vous [l'Autriche], le roi de Sardaigne et les cantons suisses en fassiez (*sic*) autant et traitiez d'abord et directement avec nous sur ce sujet. »

Le 2 avril, le comte de Fersen – principal confident de la reine – au baron de Breteuil : « Le roi est décidé à tout sacrifier à l'exécution des projets qu'il a faits et, pour y parvenir plus sûrement, Sa Majesté est décidée à adopter un autre système de conduite : pour endormir les factieux sur ses véritable intentions il aura l'air de reconnaître la nécessité de se mettre tout à fait dans la Révolution, de se rapprocher d'eux. Il ne se dirigera que par leurs conseils et préviendra sans cesse le vœu de la canaille afin de leur inspirer la confiance si nécessaire pour la sortie de Paris. »

Le 13 avril, Breteuil écrit au chancelier autrichien Kaunitz : « Le roi demande à l'empereur de ne l'aider militairement que d'une force de démonstration, c'est-à-dire que Sa Majesté impériale veuille bien, à l'époque dont le roi sera convenu avec elle, disposer un gros corps de troupes sur la frontière brabançonne du côté de la France, qui paraissent destinées à y entrer et à s'unir aux forces que le roi pourrait déployer. Le roi m'ordonne de vous ajouter qu'il se flatte, que si les circonstances lui faisaient éprouver un grand avantage pour ses affaires, de prier l'empereur de faire entrer sur son territoire quelques escadrons de dragons et de hussards. »

Le 16 mai, Fersen écrit à Breteuil que le roi aimerait obtenir des cantons suisses « vingt à trente mille hommes disponibles à volonté ». Le 27 mai, Breteuil demande à l'empereur d'Autriche au nom du roi « neuf à dix mille hommes, du côté du Luxembourg, qui pourraient se joindre aux troupes françaises aussitôt que le roi le requiéra (*sic*) ». On pourrait multiplier les citations – mais, encore une fois, tous ces textes étaient ignorés des juges de janvier 1793.

Ce qui est plus grave – encore que rien n'indique que le roi ait songé à l'accepter –, c'est que, dès mars 1791, l'Autriche fait savoir qu'elle veut bien accorder de l'aide au roi à condition de se payer de l'Alsace, des Alpes et de la Navarre. « Car il ne faut pas se dissimuler le principe connu généralement, écrit Mercy, que les grandes puissances ne font rien pour rien. » Fersen précise à ce sujet à Breteuil, le 22 avril, que le roi attend de mieux connaître « les avantages ou sacrifices à accorder aux puissances étrangères pour prix des services qu'on lui aurait rendus. Sa Majesté y a toujours répugné et son projet n'a jamais été de les offrir mais de les accorder si cela devenait absolument nécessaire ».

Le 6 mai, Marie-Antoinette ajoute qu'il serait possible, contre la neutralité de l'Angleterre – en cas d'intervention de l'Autriche –, « de lui sacrifier des possessions en Inde et aux Antilles ».

Enfin, le 20 juin 1791, le roi écrit lui-même à l'empereur d'Autriche : « Voyant à présent que l'Assemblée nationale touche à sa fin, que toute espèce de gouvernement est détruit [...] le roi a résolu de faire un dernier effort pour recouvrer sa liberté et pour se rallier aux Français [il s'agit du plan d'Omer Talon], mais les menées des factieux ont réussi à faire manquer son projet. Le roi a donc convenu de faire connaître à l'Europe l'état où il se trouve, et en confiant ses peines à l'empereur son beau-frère, il ne doute pas qu'il ne prenne toutes les mesures que son cœur généreux lui dicterait pour venir au secours du roi et du royaume de France. »

Le même jour, après que Louis XVI avait juré à La Fayette qu'il ne partirait pas – du coup le général en a répondu sur sa tête –, c'est la fuite à Varennes. Le roi a laissé derrière lui un appel au peuple remarquablement et intelligemment rédigé, qui se termine ainsi : « Français, méfiez-vous des suggestions et des mensonges de vos faux amis : revenez à votre roi, il sera toujours votre père. » Repris, il affirme qu'il n'avait aucunement l'intention de quitter le royaume, qu'il voulait simplement se donner un peu d'air, qu'il a compris que le peuple était acquis à la Révolution et qu'il ne ressent en réalité que d'excellents sentiments à l'égard de la Constitution. Mais le général marquis de Bouillé publie, lui, un manifeste où il se prétend seul responsable « du complot et de la conspiration prétendue contre ce que vous appelez la Nation et votre infernale Constitution [...], et je vous annonce que si on ôte un cheveu de la tête du roi, avant peu, il ne restera pierre sur pierre à Paris. Je connais les chemins, je guiderai les armées étrangères... ».

Provisoirement, le roi est suspendu. Le 16 juillet 1791, une manifestation républicaine est réprimée au Champ-de-Mars, sur ordre de l'Assemblée constituante – cinquante morts. Le 13 septembre, le roi accepte la Constitution – monarchie constitutionnelle à l'anglaise mais qui, formellement, accorde à Louis XVI plus de pouvoirs qu'au roi d'Angleterre. Le 14 septembre, il fait serment de lui être fidèle. Dans la foulée, il engage les émigrés à rentrer dans le royaume. Il est aussitôt restauré dans ses pouvoirs.

Or, en réalité, le double jeu se poursuit. Un exemple ahurissant : le roi accepte qu'un certain abbé Louis soit officiellement envoyé à Vienne afin d'obtenir de l'empereur d'Autriche qu'il ne favorise plus les émigrés en armes. Cet abbé Louis est porteur de plusieurs mémoires qui expliquent la nécessité d'accepter et de soutenir le nouvel ordre des choses : « Il ne peut être question de rétablir le despotisme, y lit-on, les destructions opérées par la Révolution sont justes même si elles sont excessives. » La reine recommande personnellement le négociateur et les mémoires. Or, parallèlement, elle demande à l'ambassadeur Mercy, puis à l'empereur d'Autriche, de ne prendre au sérieux ni les mémoires confiés à l'abbé Louis – on l'a « obligée à les écrire, dit-elle, et elle serait humiliée si on les lui attribuait » – ni l'acceptation de la Constitution par le roi : « Il faut, explique-t-elle, m'envoyer une réponse circonstanciée que je puisse montrer et ne tenir compte de toutes ces idées. L'acceptation [de la Constitution] n'a été donnée que pour les endormir et les mieux déjouer après. »

Barnave, un monarchiste constitutionnel de grand talent, propose à la Cour ses services comme l'avait fait Mirabeau. Il veut, en coopération avec le couple royal, éviter un emballement du processus révolutionnaire. Sauver la monarchie. Marie-Antoinette écrit alors, toujours à Mercy, le 1er août 1791 : « Ces “ messieurs ” m'ont été utiles et me le sont encore dans ce moment, mais quelques bonnes intentions qu'ils montrent, leurs idées sont exagérées et ne peuvent jamais nous convenir. Mais il est extrêmement important pour moi qu'au moins pendant un temps encore [ces " messieurs "] croient que je suis tous leurs avis. » Et encore à Léopold d'Autriche : « Vous recevrez un mémoire que je suis obligée de vous envoyer. Il est à désirer que vous distinguiez toujours notre intérêt véritable d'avec tout ce que nous sommes obligés de faire pour notre sûreté personnelle. » Le 26 août 1791, dans une lettre à Mercy, elle enfonce le clou : « Il ne s'agit pour nous que de les endormir [les députés de la Constituante] et de leur donner confiance en nous pour les mieux déjouer après. Il est impossible, vu la position d'ici, que le roi refuse son acceptation [de la Constitution], nous n'avons donc plus de ressources que dans les puissances étrangères. »

Le 20 août déjà, elle écrivait au même : « Il s'agira à présent de suivre une marche qui éloigne de nous la défiance et qui en même temps puisse servir à déjouer et culbuter au plus tôt l'ouvrage monstrueux qu'il faut adopter. » Et le 28 septembre, elle précise à Fersen : « En tout état de cause, il fallait avoir l'air de se réunir de bonne foi au peuple, en ayant l'air d'adopter franchement les idées nouvelles. C'était le moyen le plus sûr de les déjouer promptement. » Le 25 novembre 1791, toujours à l'ambassadeur d'Autriche à Bruxelles, elle confie : « Que mon frère se persuade qu'il faut, à quelque prix que ce soit, gagner ici la confiance de la majorité, mais que nous ne voulons ni ne pouvons [elle et le roi] tenir à une Constitution qui fait le malheur et la perte du royaume [...]. Il faut donc que les puissances viennent à notre secours. » À Fersen enfin, le 7 décembre 1791, elle écrit : « Quel bonheur si je puis un jour redevenir assez libre pour prouver à tous ces gueux que je n'étais pas dupe. »

Inutile de préciser que, pendant ce temps, l'extrême droite contre-révolutionnaire, par haine des centristes constitutionnels et des modérés à la Barnave, continue de faire cause commune avec l'extrême gauche jacobine. Barnave comprend alors qu'on le trompe. Il se retire. L'immigration se déchaîne, s'arme, menace. Elle se sent encouragée par la déclaration – secrète – signée à Pillnitz par l'empereur d'Autriche et le roi de Prusse, qui invite tous les souverains d'Europe à s'intéresser à ce qui se passe en France et à « agir d'urgence au cas où ils seraient prêts... afin de mettre le roi de France en état d'affermir les bases d'une monarchie convenable aux droits des souverains ».

Cette coalition hostile, qui deviendra une coalition armée, a-t-elle été voulue et demandée par Louis XVI lui-même ? On est en droit de le penser. Le 8 juillet 1791, en effet, la reine a affirmé par lettre à Fersen que le roi désirait que la bonne volonté des puissances amies « se manifestât par une manière de congrès où l'on employât la voie des négociations, bien entendu qu'il y eut une force imposante pour les soutenir ». Était joint à cette lettre un papier signé par le roi et destiné à ses frères immigrés, qui les habilitait « à convenir ensemble de la manière et des moyens employés dans la négociation dont le but doit tendre au rétablissement de l'ordre et de la tranquillité dans le royaume. Tout emploi ne devant être que placé en arrière des négociations ».

Rien n'a changé, depuis la fuite à Varennes, dans la stratégie royale qui implique deux langages, l'un, en France, pour la galerie, l'autre, à destination des monarchies étrangères.

Le 7 décembre, d'ailleurs, le roi lui-même dans une lettre au roi d'Espagne met les points sur les « i » : « J'ai accepté la Constitution et, en faisant cet acte, j'ai dû paraître le faire librement... Mais, quand les esprits seront éclaircis, ils désireront d'eux-mêmes revenir, du moins en partie, à l'Ancien Régime et alors je n'aurai pour cela qu'à acquiescer à ce qui sera le désir général. Une raison qui m'a encore déterminé est l'incohérence et la monstruosité du nouveau système. Il est impossible d'établir un ordre de chose raisonnable par les moyens qu'établit la Constitution : elle doit s'écrouler d'elle-même et peut-être sur peu de temps. Mais il faut qu'à ce moment-là j'aie gagné assez de confiance dans le peuple pour qu'il retourne vers moi... Pour y parvenir, il faut que j'aie l'air de la plus grande franchise dans le parti que j'ai pris en ne faisant aucun pas qui puisse donner quelque sujet de méfiance. De marcher exactement d'après la Constitution est le plus sûr moyen pour en faire sentir à tout le monde les défauts et l'absurdité. » On ne saurait avouer plus franchement sa duplicité ; faire preuve de plus de cynisme.

Encore cette politique du pire – dont Louis XVI est sincèrement convaincu qu'il n'y a recours que dans l'intérêt de ses peuples – n'implique-t-elle pas nécessairement qu'il viole le serment qu'il a fait de respecter la Constitution. Certes, il oppose son veto à plusieurs décisions de l'Assemblée, en particulier celles qui frappent les immigrés ; certes, il renvoie des ministres qui disposent pourtant de la confiance du Parlement pour les remplacer par des affidés... mais justement la Constitution, celle-là même qu'il condamne en son for intérieur, lui reconnaît explicitement ces droits : en cela, on l'a dit, elle lui confère plus de pouvoirs qu'au roi d'Angleterre.

Il s'agit de savoir si, en revanche, la stratégie pessimiste du roi le conduit à s'entendre avec des puissances étrangères pour favoriser l'invasion de la France.

Or, une lettre qu'il envoie à Breteuil permet de le soupçonner. Après avoir répété que la Constitution à ses yeux était « absurde et détestable », il ajoute : « Dans une dernière instruction, je vous ai expliqué bien des raisons pour lesquelles les puissances pourraient se mêler de nos affaires ; en voilà une bien forte et bien palpable à ajouter. Au lieu de guerre civile, cela deviendrait une guerre politique et les chances seraient bien meilleures. » Et il ajoute, ce qui est terrible : « L'état physique et moral de la France fait qu'il soit impossible de soutenir la guerre une demi-campagne ; mais il faut que j'aie l'air de m'y livrer franchement. C'est ma conduite qui doit écarter tous les soupçons et surtout de ne rien laisser pénétrer de mes relations avec les étrangers. »

Autrement dit : vivement une guerre que la France perdra !

Lettre accablante. D'autant que Louis XVI, d'accord avec l'Assemblée, vient d'envoyer un ultimatum à l'électeur de Trèves pour exiger la dispersion des rassemblements d'émigrés en armes. Or, dans le même temps, il écrit, toujours à Breteuil : « Si l'électeur de Trèves se soumettait à l'ultimatum, ce serait, je crois, ce qui pourrait arriver de pis. Comme la démarche m'a été dictée, on m'en saurait peu de gré. Les esprits des factieux seraient extrêmement enflés et arrogants. »

Alors Louis XVI souhaite-t-il la guerre ? Espère-t-il que la France sera vaincue, ce qui favoriserait sa restauration dans tous ses pouvoirs anciens ? Marie-Antoinette, du moins, n'en doute pas : « La guerre une fois allumée, le roi se flatte qu'un grand parti se ralliera autour de lui. Il croit pouvoir compter solidement sur sa garde actuelle, sur deux tiers de la garde nationale de Paris, sur toute sa cavalerie et sur les suisses. Dans Paris, Sa Majesté espère que les sept huitièmes de la bourgeoisie se déclarera pour elle et qu'il n'y aura essentiellement que la canaille des faubourgs [...] habités presque entièrement par des fabricants et des ouvriers qui suivra l'impulsion des Jacobins. »

Il est peu contestable que le roi pousse à un conflit et espère une défaite dont il attend le salut. Fersen n'écrit-il pas, le 21 mars 1792, à l'un de ses correspondants : « Jusqu'à présent les coquins ne se doutent pas des projets du roi, ni de ses liaisons extérieures. Ils croient qu'il n'a d'autres ressources qu'eux, que la nécessité fait qu'il est de bonne foi. »

La guerre est donc déclarée. Le roi en annonce lui-même d'une voix froide la nouvelle à l'Assemblée. « Les imbéciles ! s'est exclamée la reine dans une lettre du 9 décembre 1791 à Fersen. Ils ne voient qu'ils nous servent car enfin il faudra bien, si nous commençons, que toutes les puissances s'en mêlent. Mais il faut que ces puissances soient bien convaincues que nous ne faisons ici qu'exécuter la volonté des autres et que, dans ce cas, la meilleure manière de nous servir est de bien nous tomber sur le corps. » Et lorsqu'il est question d'une négociation possible, Marie-Antoinette s'écrie – lettre à Fersen du 19 avril 1792 : « Dieu veuille que cela ne soit point et qu'enfin on se venge de tous les outrages qu'on reçoit dans ce pays-ci. »

D'ailleurs, le roi a envoyé Mallet du Pan négocier secrètement avec la Prusse et l'Autriche, muni d'instructions corrigées de sa propre main, dans lesquelles on peut lire que la guerre est comme « inspirée par la providence aux factieux pour faire avec moins de péril et d'incertitude ce qu'on pourrait espérer de la guerre civile ».

Encore faut-il vraiment la perdre, cette guerre. Pour favoriser cet heureux dénouement, la reine fait parvenir systématiquement à l'empereur d'Autriche les plans de campagne de l'armée française.

Après avoir détaillé les dispositifs d'attaque de Dumouriez et de La Fayette, elle ajoute – dans une lettre à Mercy du 26 mars 1792 : « Voilà le résultat du Conseil d'hier. Il est bon de connaître le projet pour se tenir sur ses gardes et prendre toutes les mesures convenables. » À Fersen, le 30 mars : « Le plan est d'attaquer la Savoie et le pays de Liège. Turin [où se trouve le comte d'Artois] est averti par moi depuis trois semaines. Il est essentiel de prendre des précautions du côté de Liège. »

Il y eut des dizaines de missives du même genre, la plupart chiffrées et écrites à l'encre sympathique.

Ainsi, tout en affichant un respect scrupuleux de la Constitution, on attendait l'arrivée « libératrice » des troupes austro-prussiennes. Et tant pis si la Prusse et l'Autriche en espéraient toujours des dédommagements territoriaux. « L'empereur, écrit

Fersen à la reine – 21 juin 1791 –, a le projet d'un démembrement [de la France]. » Il est question, prévient-il, de remettre l'Alsace à l'Empire, la Lorraine au duché du Luxembourg, la Flandre française aux Pays-Bas autrichiens, etc.

Mais de nouveau les monarchistes constitutionnels et les modérés – en l'occurrence La Fayette – proposent à la famille royale leur aide. La reine explique alors à Fersen qu'elle envisage le parti constitutionnel comme « aussi mauvais que les Jacobins », mais sa position l'« oblige à les ménager et avoir l'air de marcher avec eux, pour maintenir entre les deux partis une désunion qui peut être d'un très grand avantage au moment de l'entrée des puissances en France ».

De fait, tout va le mieux du monde puisque les défaites succèdent aux défaites, que les troupes se débandent, que les généraux trahissent. D'un côté, les émigrés annoncent leur retour prochain à Paris, de l'autre, l'Assemblée déclare la « patrie en danger », en appelle aux volontaires. La reine, qui a entre les mains l'itinéraire des troupes alliées, déclare un soir de clair de lune à sa femme de chambre, Mme Campan, que dans un mois « elle ne verra pas cette lune sans être dégagée de ses chaînes ». On n'a donc plus besoin de conseils intéressés, de soutiens suspects, puisque la délivrance n'est plus qu'une question de semaines. La Fayette est-il prêt à faire un coup d'État monarchique pour consolider la monarchie constitutionnelle ? On prévient l'extrême gauche de son projet. Ce qu'on veut, c'est l'arrivée des armées étrangères et, comme l'explique Mallet du Pan, à qui on a confié cette tâche, la publication d'un manifeste « qui décourage les factieux en les menaçant de représailles, mais assorti de paroles de confiance pour le reste de la nation et de l'assurance qu'on ne s'armait que pour le seul rétablissement de la monarchie ».

Or, la reine fait rédiger à la demande de Fersen, par un émigré français, le marquis de Limon, un autre manifeste qui sera rendu public par le général Brunswick, commandant en chef des troupes austro-prussiennes. Le manifeste en question, publié le 28 juillet, est absolument terrifiant. Il promet Paris « à une exécution militaire et à une subversion totale et les révoltés au supplice si les Parisiens ne se soumettent pas immédiatement et sans condition à leur roi ».

Dès lors, le sort en est jeté. Loin de terroriser le peuple, ces menaces ahurissantes le soulèvent. Et le 10 août 1792, douze jours plus tard, la monarchie est renversée.

Les preuves sont donc là, claires, flagrantes, incontestables. La famille royale refusait radicalement toute remise en question de l'Ancien Régime. Il y a bien eu forfaiture, double jeu, menteries et surtout haute trahison – ce qui pour le roi n'avait d'ailleurs pas de sens puisque sa famille était plus légitime que la nation. Les conventionnels de janvier 1793 eussent-ils connu toutes les pièces – rappelons encore qu'ils les ignoraient – que, compte tenu de leur état d'esprit, ils eussent sans doute condamné le roi à mort à la quasi-unanimité.

Comment dès lors douter de la culpabilité du roi ?

Un couple dévoué, les Girault de Coursac, a cependant consacré une énergie inouïe, appuyée sur une érudition impressionnante, à prouver son innocence. La thèse peut surprendre : se serait constitué autour de Marie-Antoinette, avec le marquis de Bouillé, Fersen – qui, devenu Premier ministre de Suède, sera lapidé par la foule –, Breteuil, Mercy et la complicité de certains émigrés, un groupe authentiquement contre-révolutionnaire et diabolique qui visait rien de moins qu'à éliminer Louis XVI, trop modéré et trop probe, afin de provoquer une régence. Or, c'est ce groupe, parce que lui, et non le roi, souhaitait une invasion étrangère susceptible de rétablir la monarchie absolue et de favoriser ses propres projets, qui s'exprima faussement au nom du roi, rendit publiques de fausses intentions et consignes du roi, et rédigea même en son nom de fausses lettres et blancs-seings.

C'est un fait que les lettres du roi les plus accusatrices à son endroit contiennent d'étranges fautes de syntaxe qui pourraient laisser penser que c'est Marie-Antoinette qui les a rédigées. C'est un fait également que les analyses qu'a esquissées Louis XVI dans plusieurs de ses propres textes – son message au moment de la fuite à Varennes par exemple – sont autrement plus fines, intelligentes et même parfois lucides que les diatribes hystériques de la reine. Le roi, entre autres, perçoit mieux certains problèmes sociaux que les bourgeois de l'Assemblée constituante. En outre, nous savons que si Louis XVI souhaitait le Manifeste de Brunswick, il en fit rédiger par Mallet du Pan un brouillon plutôt modérée et que c'est Marie-Antoinette qui lui substitua l'effroyable version que l'on connaît. C'est elle, par exemple, qui a écrit à Mercy : « Il est plus que temps que les puissances parlent fortement. Tout est perdu si on n'arrête pas les factieux par la crainte d'une punition prochaine. Il serait nécessaire qu'un manifeste rendît l'Assemblée nationale responsable du sort du roi. » C'est encore Marie-Antoinette qui refuse l'aide de La Fayette parce qu'il est « constitutionnel ». « Mieux vaut périr que d'être sauvé par ces gens-là ! », s'exclame-t-elle.

Enfin un événement majeur joue contre Marie-Antoinette, mais en faveur du roi, c'est la journée du 10 août 1792, au cours de laquelle les sectionnaires parisiens, les fédérés marseillais et bretons envahirent les Tuileries et renversèrent la monarchie.

Car, bizarrement, cet affrontement du 10 août, loin de le redouter, de nombreux monarchistes l'appelaient de leurs vœux. Et pour cause : le rapport des forces, à l'époque, ne leur était pas nécessairement défavorable. La droite était majoritaire à l'Assemblée législative ; l'opinion commençait à être excédée par les surenchères jacobines et les émeutes continuelles ; la presse royaliste l'emportait largement sur la presse républicaine. Un certain Bertrand de Moleville, qui le racontera dans ses *Mémoires*, avait même recruté, pour le compte de la Cour, toute une cohorte d'espions, d'agents provocateurs et d'agitateurs de rues, ainsi que de nombreux « hurleurs » destinés à remplir les tribunes de l'Assemblée législative. Le tout afin de mieux préparer le terrain à une réaction antirévolutionnaire. On alla jusqu'à lever un corps de supplétifs ouvriers, payés dix sous par jour – cinq livres pour les chefs –, à réunir les noms de six mille royalistes prêts à offrir leur épée, à infiltrer et à préparer la garde nationale, à regrouper d'anciens gardes royaux et à s'assurer des suisses. Or, le roi ne cautionna à aucun moment cette mobilisation et cette agitation. C'est la reine – grande lectrice du quotidien d'extrême droite *Les Actes des Apôtres* qui en appelait à une « Saint-Barthélemy des patriotes » – ainsi que son entourage ultra qui poussèrent à un affrontement dont ils étaient convaincus qu'il permettrait d'écraser la canaille, alors même que les troupes de Brunswick marcheraient sur Paris. Louis XVI, lui, préfère utiliser l'arme de la corruption pour acheter les leaders de la gauche jacobine – Chabot, Basire, Lacroix, Pétion, Santerre et peut-être aussi Danton. Des centaines de milliers de livres seront dépensées à cet effet.

Toujours la même idée : mieux vaut s'acoquiner provisoirement avec l'extrême gauche que s'entendre avec le centre – selon Lameth, il était question, à la veille de la journée du 10 août, d'arrêter Robespierre et Marat, mais la reine les fit prévenir.

Reste que si, le 10 août, la monarchie est renversée si facilement, alors que trois jours plus tôt le rapport de force n'était pas défavorable à la monarchie, c'est que Louis XVI, au grand dam de la reine, refusant de faire verser le sang, n'a cessé de retarder, de décommander et enfin d'empêcher l'affrontement armé. Et il est démontré que, si les suisses ont finalement tiré sur la foule – après le départ du roi –, ils l'ont fait contre ses ordres.

Conclusion de Marie-Antoinette quand tout sera consommé : « Bah, ce sont six mauvaises semaines à passer. Le duc de Brunswick n'en sera pas moins en France le 23. » Le duc, en l'occurrence, fut battu à Valmy.

Alors, faut-il admettre la thèse qui vise d'ailleurs moins à innocenter qu'à sanctifier Louis XVI ? Le problème, outre le manque de toute preuve formelle, c'est qu'elle se heurte à deux objections :

1. Il n'existe aucun document, si ce n'est une ligne très vague dans son testament, qui permette d'affirmer que Louis XVI était radicalement et profondément hostile aux opinions et agissements de Marie-Antoinette.

2. Si réellement tout a été organisé, préparé, manigancé, écrit derrière son dos, alors il s'avère que le pauvre homme était d'une faiblesse et d'un aveuglement qui assurément ne lui permettaient pas de régner, fût-ce innocemment.

D'ailleurs, on pourrait faire remarquer entre autres, que lorsque Louis XVI s'adresse au marquis de Bouillé pour organiser sa fuite, il sait fort bien que ce dernier est un contre-révolutionnaire fanatique, désireux d'écraser « les factieux ».

« Tout eût été facile, conclut pour sa part Émile Ollivier, si le roi n'avait songé qu'à amender ce que la nation avait gagné. Il s'obstina uniquement à reprendre ce qu'il avait perdu. La Révolution n'est pas responsable de cette rupture funeste avec la vieille royauté. Jusqu'au 10 août, elle n'a cessé de presser Louis XVI de s'entendre avec elle, ce n'est que sur son refus, manifesté par une complicité flagrante avec la coalition étrangère, qu'elle s'est décidée à séparer sa cause de la sienne et à s'arranger sans lui. »

Au fond, c'est surtout d'un point de vue monarchique que Louis XVI est gravement coupable : il a creusé lui-même la tombe de la royauté.

Ne serait-ce que pour cette raison, les républicains se seraient honorés en l'épargnant.

35

Pétain : celui qui a dit « non » à la République

Traître ou victime ?

Le 15 août 1945, quatorze jurés seulement, contre treize, répondirent : « Traître ». Et le vieux maréchal fut condamné à mort.

Or, depuis quarante ans, la question revient sur le tapis de façon lancinante. Traître ou victime ? Pour les uns, Pétain reste ce militaire félon qui se donna à l'Allemagne nazie ; pour les autres, il ne fit que choisir, « à côté » et non « contre » de Gaulle, un moindre mal. Face au glaive, il fallait un bouclier ! Clivage révélateur car il recoupe, pour l'essentiel, celui qui déjà divisa la France en deux camps antagonistes au moment de l'affaire Dreyfus, ou en février 1934, voire en 1789...

Traître ou victime ? La question marque en réalité la ligne de fracture qui traverse depuis des siècles l'histoire de France. Elle n'en est pas moins très mal posée. Pétain, c'est évident, n'était pas un traître « dans sa tête ». Pas plus que le duc de Guise, les émigrés de Coblence ou Bazaine. Les uns et les autres eussent été fort capables de se faire tuer pour *leur* patrie. Simplement, la conception qu'ils en avaient, nécessairement « subjective », passait avant sa réalité « objective ». Leur patrie n'était pas nécessairement la patrie. Fort peu kantiens, ils imaginaient mal qu'il pût exister une nation « en soi », indépendamment de son contenu religieux ou idéologique. Or, Pétain et Bazaine, « grands soldats » l'un et l'autre – pour peu que cette expression ait un sens –, avaient cela en commun qu'ils acceptaient mal, ou n'acceptaient pas du tout, que le concept France pût se mouler dans la forme démocratique et républicaine. En liquidant ou en répudiant la forme, ils ne se rendaient donc pas compte qu'ils bradaient le concept. Ils firent le jeu de l'envahisseur, en croyant se servir de lui pour conforter l'idée qu'ils se faisaient de *leur* patrie. En réalité, ils ne se rendaient pas compte qu'en disant « non » à la République, ils répudiaient également *la* patrie qu'elle incarnait.

Pour Pétain, le malentendu ne commence d'ailleurs pas en juin 1940, mais en 1936...

Il existe, en effet, une dépêche de l'ambassade d'Allemagne à Madrid, datée d'avril 1937, rapportant une rencontre secrète entre Laval et un émissaire du général putschiste Franco au cours de laquelle l'ex-président du Conseil affirma s'être déjà mis en contact avec Jacques Doriot, le colonel de La Rocque et Pétain, pour préparer l'avènement d'un régime autoritaire à la manière franquiste, présidé par le vieux maréchal. Et il précisait que ce dernier était d'accord [1].

Mieux : en septembre 1939, Pétain alors ambassadeur en Espagne, remit par erreur à l'un de ses collaborateurs, Albert Lamarle, un document qui était censé porter sur les questions économiques en cours. Or, ce dernier découvrit avec stupeur qu'il s'agissait en fait d'une lettre du comploteur d'extrême droite Loustaunau-Lacau, qui rendait compte d'une entrevue avec Laval au cours de laquelle avait été de nouveau évoquée l'hypothèse d'une prise du pouvoir par Pétain. Loustaunau-Lacau précisa plus tard, sous serment, que c'était Pétain lui-même qui lui avait demandé d'entrer en relation avec Laval.

Comme par hasard, les diplomates de « l'Axe » fasciste étaient au courant de ces intrigues et les intégraient à leur propre stratégie. Ainsi, le 3 novembre 1939, l'ambassadeur d'Italie en France, Raffaele Guariglia, fit savoir à son gouvernement qu'au cas où la France « sortirait » de la guerre – l'offensive allemande n'avait pourtant pas commencé –, on aurait sans doute recours à Pétain, seul capable de faire passer la pilule. Quelqu'un l'en a donc informé. Et du coup, ce qui est plus grave, le tuyau est communiqué au ministère allemand des Affaires étrangères qui s'empresse de faire circuler la nouvelle : « Si l'idée de paix se développe en France, Pétain aura un rôle à jouer. »

Le Maréchal se défendit souvent d'être en cheville avec ceux qui, à partir de 1936, ne cessèrent de faire campagne en faveur d'une « dictature de Pétain », comme l'écrivait le journal de

1. *Cf.* Herbert R. Lottman, *Pétain*, Le Seuil.

Gustave Hervé, *La Victoire*. Et c'est vrai qu'on utilisa parfois son nom glorieux malgré lui. Reste que, le 20 juin 1936, rencontrant à Metz son âme damnée, le docteur Ménétrel, il se laissa aller à d'étranges confidences. À l'en croire, rapporte ce témoin d'autant plus crédible qu'il lui fut jusqu'au bout favorable, les Français n'avaient pas encore suffisamment souffert, n'étaient pas tombés assez bas. Il faudrait qu'ils aient peur, qu'ils soient inquiets. Il cita l'exemple de Mussolini, de Primo de Rivera, fit l'éloge de Jacques Doriot, qu'il se déclara disposé à aider... « Ce qu'il faudrait, c'est prendre le gouvernement avec cinq hommes désintéressés », précisa-t-il. La meilleure solution étant, selon lui, un jeune dirigeant avec Pétain lui servant de mentor.

De telles précisions éclairent d'un jour tout à fait nouveau l'action du Maréchal en juin 1940. Si Paul Reynaud l'avait fait entrer dans son gouvernement, c'était pour insuffler un esprit de « résistance » à une population déboussolée par les défaites du mois de mai. Or, à aucun moment Pétain n'envisage une autre solution que la capitulation avouée ou inavouée.

Paradoxe : c'est parce qu'en 1918, déjà, il s'était opposé à la stratégie offensive du maréchal Foch et avait même proposé un armistice « de compromis » lors de l'avance allemande, qu'il bénéficiait au sein de la gauche pacifiste d'une réputation de chef militaire humain, prudent, et finalement antimilitariste. Lorsqu'il avait été promu maréchal, Foch s'était exclamé : « Et dire qu'on l'a amené là à coups de pied dans le cul ! » Churchill, dès cette époque, le tenait pour un « défaitiste ».

Au demeurant, Pétain se fit gloire, par la suite, d'avoir été hostile en 1939 à la déclaration de guerre à l'Allemagne. On le croit sur parole. Plus préoccupante encore est cette dépêche que, le 3 juin 1940, l'ambassade d'Allemagne à Madrid fait parvenir à Berlin. On y apprend que le maréchal Pétain a déclaré à l'ambassadeur franquiste à Paris qu'un coup d'État lui serait nécessaire pour prendre le pouvoir et que le président de la République « qui n'était que le serviteur des partis politiques », ne résisterait pas si Pétain le sommait de se démettre. Mieux : le 5 juin, la même ambassade d'Allemagne à Madrid précise que, selon une source espagnole, « si l'armée allemande approchait de Paris, le président Lebrun laisserait sa place à Pétain, et ce dernier expliquerait à la population que le responsable de la débâcle était le Front populaire et qu'une paix séparée avec l'Allemagne était nécessaire ».

Or, c'est très exactement ce qui se passera. Tout avait donc été programmé d'avance ? On a toutes les raisons de le croire.

Le 18 juin, Hitler confiait déjà à Mussolini qu'il comptait beaucoup sur la constitution, en France, d'un gouvernement d'armistice qui permettrait à l'Allemagne de se consacrer à la guerre contre le Royaume-Uni. Et le 21 juin, l'ambassadeur d'Italie à Berlin révélait que le Reich comptait tellement sur Pétain que la fausse nouvelle de sa démission jeta la consternation dans les milieux politiques allemands !

Quelle conclusion tirer de tous ces faits incontestables, dont la plupart étaient inconnus au moment du procès de l'ex-Maréchal ? Non pas que Pétain a consciemment trahi son pays, car ce n'est pas lui qui a perdu la guerre, mais qu'il s'était préparé, ou plus exactement qu'on l'avait préparé – Laval et Alibert en particulier – à utiliser une éventuelle défaite de son pays pour étrangler la République et « débarrasser » la France de la démocratie parlementaire ; son véritable objectif était bien celui-là : dire, enfin, « non » à l'héritage de 1789 et de 1875 !

Qu'ensuite le pouvoir lui ait été transmis légalement n'est pas contestable. C'est, en effet, ce qui reste des assemblées du Front populaire qui lui vote les pleins pouvoirs.

Mais qu'en fait-il ? Dès le 11 juillet 1940, le lendemain, il promulgue des « actes constitutionnels » qui, d'un coup, liquident totalement le régime républicain, démocratique et parlementaire. Véritable « coup d'État » devait reconnaître le chef du cabinet civil du Maréchal, du Moulin de Labarthète. Les pouvoirs que s'arrogea alors le nouveau chef de l'État, reconnut Laval au cours de son procès, étaient beaucoup plus importants que ceux de Louis XIV car celui-ci, au moins, devait soumettre ses édits au parlement. Le 11 juillet, Pétain s'explique : « Nous ferons une France organisée, où la discipline des subordonnés répondra à l'autorité des chefs. » On « créera des élites à qui confier le commandement ». On « abolira le capitalisme international et le socialisme international » qui ont évidemment partie liée. Le suffrage universel passe aux oubliettes ; plus d'Assemblées élues ; nulle part ! Plus de syndicats non plus, de liberté de la presse, de droit de grève ou de justice indépendante ; la Déclaration des droits de l'homme est vouée aux gémonies. Ce n'est pas un régime nazi, mais c'est déjà un système de type néo-fasciste qui s'apparente à celui que Franco a installé en Espagne...

D'ailleurs, les choses vont ensuite très vite. Le 17 juillet, un décret ordonne que tous les fonctionnaires qui ne sont pas nés de père français soient révoqués. Le 22 juillet, on annonce que toutes les naturalisations accordées depuis 1927 vont être révisées. Les juifs connus sont interdits de séjour dans l'Allier et le Puy-de-Dôme. Le 30 juillet, on crée une Cour suprême de justice chargée de juger les hommes politiques de la IIIe République ; Blum, Mandel et tous les adversaires connus de l'Allemagne sont jetés en prison. En août, on interdit aux juifs de pratiquer la médecine. Le 2 août, le général de Gaulle est condamné à mort. Le 13 août, décret contre les francs-maçons. Le 29, création de la Légion française des combattants qui devait, dans l'esprit du Maréchal, jouer le rôle d'un parti unique. Le 11 octobre, rejet « de l'idée fausse de l'égalité naturelle des hommes » et définition d'un système économique corporatif. Le 22 octobre, entrevue Hitler-Pétain à Montoire. Le 30 octobre, discours du nouveau chef de l'État français annonçant le principe d'une « collaboration avec l'Allemagne [...] dans le cadre d'une activité constructive du nouvel ordre européen ». Le 30 octobre, promulgation par Pétain lui-même du statut des juifs, qui allait plus loin qu'une ordonnance allemande rendue publique la semaine précédente. Bientôt des tribunaux français condamneront à mort d'autres Français pour fait de résistance.

Qu'à partir de 1941, le maréchal Pétain, de plus en plus amoindri par l'âge, n'ait cédé aux exigences allemandes qu'avec la plus mauvaise grâce, qu'il se soit fait à plusieurs reprises déborder par ses propres collaborateurs, qu'il ait tenté de freiner la course aux abandons de Laval, qu'on lui ait souvent extorqué sa signature, qu'à partir de fin 1943, le pouvoir lui ait en grande partie échappé, tout cela est plaidable. Mais il est impossible, en revanche, de déclarer Pétain innocent du coup d'État antidémocratique et antirépublicain qu'il couvrit de son autorité et du régime semi-totalitaire qu'il tenta de rehausser de son prestige.

Certes, les collaborateurs pronazis de Paris ne lui ménagèrent pas leurs critiques. Mais ce qu'ils lui reprochèrent, eux, authentiques nationaux-socialistes, issus souvent des rangs communistes ou socialistes, était d'être resté trop clérical et trop réactionnaire. Mais point trop démocrate !

Le 7 avril 1950, un authentique résistant, le colonel Rémy – ex-sympathisant de l'Action française – expliqua, dans un article publié par *Carrefour*, que la France, en 1940, avait besoin à la fois du maréchal Pétain et du général de Gaulle qui furent, l'un le bouclier, et l'autre l'épée de la France. De Gaulle aurait même selon lui souscrit à cette thèse ! Aussitôt, le Général publia un communiqué ainsi rédigé : « Rien ne saurait, dans aucune mesure, justifier ce que fut la politique du régime et des hommes de Vichy, c'est-à-dire, en pleine guerre mondiale, la capitulation de l'État devant une puissance ennemie et la collaboration de principe avec l'envahisseur. » Chaque mot, ici, est pesé. Il ne s'agit pas à proprement parler de « haute trahison ». Ce que de Gaulle reproche, au fond, à Pétain, c'est d'avoir fait ce que la droite a tant reproché à la Commune de Paris : une révolution – ou plutôt une contre-révolution – sous les yeux de l'ennemi, et grâce à la victoire de l'ennemi, ce qui ne signifie pas qu'il eut de la sympathie pour l'ennemi. Otto Abetz, l'homme de Hitler à Paris, écrivit par exemple dans un rapport à Berlin : « Les généraux coupables [d'avoir perdu la guerre] essayent, en s'appuyant sur le prestige du vainqueur de Verdun, d'établir une dictature militaire, avec l'aide plus que zélée de l'Église. » Or, selon Abetz, si l'Action française, principale force de soutien au régime, « était antisémite et antimaçonnique, voire antianglaise, elle était aussi antiallemande ».

Ce jugement conforte en partie la thèse de ceux qui ont toujours refusé de considérer le héros de Douaumont comme un traître. Et il n'est pas interdit de prendre en compte leurs arguments. S'il avait eu le choix, Pétain, formé à l'école revancharde d'avant 1914, eût sans doute préféré que l'armistice qu'il signa en 1940 ressemblât à celui qui fit de lui, en 1918, un homme providentiel.

Mais s'il n'a pas, au sens plein du terme, été consciemment félon à sa patrie, il a incontestablement trahi tous les principes qui, depuis 1789, constituent l'essence de la nation française. Qui peut affirmer que de ce crime-là, il aurait dû être acquitté ?

36

Desnos, liberté, j'écris ton non !

Juin 1945, Terezin, Tchécoslovaquie. Dans le baraquement d'un hôpital de fortune, sur un mince matelas de papier, un homme se meurt du typhus. Paris est déjà libéré et l'Europe tout entière s'éveille avec horreur du cauchemar meurtrier dont cet homme-là sera l'une des dernières victimes. Les SS l'ont jeté sur les routes, lui et la masse innombrable de ses compagnons déportés. Ombre anonyme perdue dans cette foule en souffrance, il achève là le plus terrifiant des voyages ; et, dans cette baraque irrespirable où les contagieux agonisent, deux jeunes volontaires tchèques observent son visage. Il est d'une maigreur irréelle. Mais ces yeux brillant d'une lueur étrange, ce front, ces lèvres épaisses leur rappellent les traits d'un rêveur dont ils ont vu quelques photos et lu les textes de génie. Cet homme, allongé dans la solitude, tremblant de fièvre, serait-il l'auteur des *Gorges froides* et de *À la mystérieuse* ? Le malade hoche la tête. « Oui, oui, Robert Desnos, poète français, c'est moi, c'est moi... » Improbable coïncidence.

Dans cet hôpital où l'on meurt en ayant presque oublié qui l'on est, où des centaines d'Européens se croisent, écrasés par un même destin, Robert Desnos est reconnu, soustrait à cette foule sans visage, veillé enfin jusqu'à son dernier souffle par ces deux jeunes Tchèques qui ont adoré ses poèmes. « Lui épargnant une fin sans nom, écrit Roger Dadoun, le hasard, que l'on peut dire cette fois macabrement et merveilleusement " surréaliste ", lui apporte une ultime reconnaissance... Le nom de Robert Desnos rejoint brusquement, réoccupe, comme miraculeusement, cette forme humaine déjà engagée sur le versant de la mort – et l'illumine [1]. »

Le 8 juin 1945, le poète s'éteint en homme libre. Lui qui, à dix-huit ans, se disait pacifiste, qui n'a longtemps connu de plus grand combat que celui du langage, lui, le soldat de la poésie libre, a fini par s'engager dans la Résistance. Pour avoir fait passer des documents à un réseau clandestin, pour avoir dit « non » à la tyrannie, il est arrêté le 22 février 1944 et envoyé en camp de concentration. Ultime et superbe contradiction. Le surréaliste, l'écrivain des songes, le virtuose du sommeil hypnotique inscrit alors sa vie dans la plus saisissante et la plus courageuse des réalités.

À l'époque des grands sommeils, celle où André Breton, René Crevel, Paul Éluard, Louis Aragon, Max Ernst et toute la bande des surréalistes s'adonnent à l'hypnose commune et collectionnent les rêves, il est sans aucun doute le plus doué de tous. Dans les cafés de Montparnasse où ils ont coutume de se réunir, Desnos s'endort sans mal au milieu du cercle, griffonne d'incroyables dessins, produit des vers immédiatement sublimes, découvre à tous un subconscient foisonnant d'images et de jeux de mots oniriques. Il a vingt ans et vient de rencontrer Breton le magnétique et son groupe d'écrivains révolutionnaires. Tous sont fascinés par le charisme, l'imagination puissante, le langage si spontanément surréaliste de ce gamin aux yeux étranges. Lorsqu'il s'assoupit au milieu de tous, Breton lui tient la main et l'encourage doucement. Desnos, en transe, parle alors de sirènes, de chats, d'aquariums, de femmes et d'étoiles de mer. Il a des gestes violents et des visions souvent prémonitoires.

Derrière ses lunettes épaisses, son regard cerné et exorbité accède plus vite que celui de ses compagnons au monde de l'inconscient, celui de la délivrance poétique et de l'automatisme verbal. André Breton racontera dans *Nadja* : « Qui n'a pas vu son crayon poser sur le papier sans la moindre hésitation et tracer avec une rapidité prodigieuse ces étonnantes équations poétiques et n'a pu s'assurer, comme moi, qu'elles ne pouvaient avoir été préparées de plus longue main... ne peut pas se faire une idée de tout ce que cela engageait alors, de la valeur absolue d'oracle que cela prenait. »

1. Présentation des *Cahiers de l'Herne.*

Né avec le siècle, le « poète à la tête de chouette » en épouse intimement tous les désordres, tous les sursauts artistiques. Mais sans être otage, jamais, des clans qui font et défont la vie littéraire d'alors. Lorsque André Breton s'enferme dans une théorie sclérosante, gifle et congédie les uns après les autres ses compagnons d'écriture, Robert Desnos s'éloigne du grand ami et part explorer seul les voies de la surréalité. Il découvre le septième art, invente le poème radiophonique, fait du journalisme, élargit son champ littéraire en se moquant éperdument des diktats du grand maître, pourtant adoré. De l'argot à l'alexandrin, du sonnet classique aux rengaines populaires, il se promène sur les chemins buissonniers de la littérature. Sans interdit, sans tabou, mais avec une jouissance communicative qui enchante le Tout-Paris artistique. « Qu'il soit " interdit d'interdire ", Desnos le savait et le vivait bien avant que la formule soit lancée, écrit Claude Roy. Il a passé sa vie à se cabrer contre les interdits, même décrétés par les plus libres de ses amis, les plus libertaires des groupes, les plus passionnément attachés à la liberté. » Des amis, il en avait une multitude, parmi les plus doués des artistes de sa génération. Federico Garcia Lorca, Man Ray, Foujita, Paul Fratellini et tant d'autres ont croisé et aimé Robert le diable, le Parigot aux colères flamboyantes, à l'insulte facile et aux passions inconditionnelles.

Deux femmes, Yvonne, la chanteuse aux yeux de violette, et Youki, la belle inconstante, lui inspirent ses poésies et ses lettres les plus poignantes. Il n'est pas toujours aimé en retour, mais ses passions ne s'embarrassent point de calculs, ni de jalousie. L'amoureux laisse aux femmes aimées cette précieuse liberté pour laquelle il bataille. Pour laquelle il mourra. Dominique Desanti, dans la biographie qu'elle consacre à son ami poète, raconte l'indignation étranglée de l'écrivain lorsque les troupes allemandes, en 1940, paradent dans sa chère capitale. Desnos s'emporte, couvre de jurons orduriers les soldats en tenue, jure que le pacifisme de ses vingt ans est définitivement oublié. C'est pour avoir dit « non » à ces soldats, pour avoir pris part, lui, le poète, à la guerre clandestine, que Desnos est mort en « maître de liberté ».

Violaine de Montclos

Vous les avez oubliés...

Quand nous avons publié dans *Marianne* un dossier consacré à « Ceux qui ont dit non » (et qui contenait la liste des cent quarante personnages répertoriés plus loin), nous avons reçu des centaines et des centaines de lettres. Certains de nos correspondants critiquaient des présences – Mustapha Kemal Ataturk (le « non » au cléricalisme), Céline (le « non » au classicisme romanesque), leurs méfaits leur apparaissant plus considérables que leurs apports – ou regrettaient des absences, en particulier, celle, en effet inexcusable, de Pierre Mendès France. Certains nous accusaient d'avoir systématiquement exclu les héros communistes, d'autres, au contraire, d'en avoir promu (ainsi Guy Môquet). Ici on exigeait Castro, là on l'excluait catégoriquement. Mêmes clivages pour Nasser, Lénine, Trotski ou Robespierre. Pourquoi Jimmy Hendrix et pas Jim Morrisson ? Mitterrand et pas Cioran ?

Toutes ces lettres nous ont été utiles et ont largement contribué à enrichir, parfois à corriger, notre travail.

Outre Mendès France, de Gaulle, Zola, Voltaire, Jean Moulin, il est apparu que certains « non » symbolisaient plus que d'autres la dialectique du refus salvateur : Socrate, l'abbé Grégoire, Louise Michel, Rosa Luxemburg, Rimbaud, Toussaint Louverture, Andreï Sakharov, le dalaï-lama, Charlotte Corday, Romain Rolland et... Jean-Pierre Chevènement !

Enfin, certaines propositions tout à fait valables nous ont été faites, que seule la nécessité de ne point concevoir un dictionnaire en plusieurs volumes ne nous a pas permis de retenir. Ainsi, en vrac : le philosophe Alain (pour qui « penser c'est dire non »), Théodore Monod, Malesherbes (le défenseur de Louis XVI : « non aux crimes politiques »), Michel de L'Hospital (le chancelier de Charles IX qui a dit « non » à l'intolérance), Moïse (« non » à Ramsès et à l'esclavage des Juifs), le chanteur Daniel Balavoine pour son coup de gueule face à Mitterrand, Boris Vian (pour « Le déserteur »), Pasteur, Flora Tristan, Rabelais (plutôt que Céline), le poète Armando Valladares (dissident cubain), Octavio Paz (« non » à la médiocrité), le philosophe Castoriadis (pour son « non » au nihilisme et au conformisme), Susan Georges (la pasionaria de l'antimondialisation), le Sud-Africain blanc Alan Nelson qui lutta contre l'apartheid (et partagea ses terres entre ses ouvriers noirs), Jean-Marie Djibaou (le défenseur non violent de la cause canaque), Henri III (« non » au parti clérical), Guy Debord (le situationnisme), l'historien Pierre Vidal-Naquet (« non » à la torture), Noam Chomsky (« non » à la bien-pensance), René Char (« non » aux stratèges), Pinel (le premier qui a dit « non » à l'enchaînement des fous), Oscar Wilde (« non » à l'ordre moral), Robert Badinter, Lucien Neuwirth (la contraception), Sacco et Vanzetti (« non » à l'erreur judiciaire), le professeur Dumont (« non » à la destruction de la planète), Federico Garcia Lorca, le peintre Goya (« non » à l'impérialisme napoléonien et à l'absolutisme), le patriote hongrois Sandor Petöfi (« non » à l'oppression des Habsbourg), le compositeur Debussy (« non » à l'académisme musical), Cézanne (« non » à la dictature dans l'art), Paul Nizan (intellectuel communiste qui rompit avec le parti par refus du pacte germano-soviétique), Léo Ferré, Grigoberta Manchu (pour sa défense des Indiens du Guatemala), Montaigne enfin, un précurseur du rejet de la pensée unique. Il faudrait un autre livre.

De quelques autres qui ont également dit « non »

ABD EL-KADER
(1808-1883), ÉMIR
« NON » À LA COLONISATION

Un guerrier farouche, doublé d'un mystique. Natif de Mascara, cet émir arabe, issu d'une famille religieuse, se consacre à l'étude assidue du Coran. La conquête française de l'Algérie met son pays à feu et à sang. Il prend les armes. Des tribus de l'Oranie le proclament sultan en 1832. Au début, les Français l'aident à asseoir son autorité sur les deux tiers de l'Algérie, dans l'idée d'établir un protectorat. Il met ce calcul à profit pour établir un État d'Arabie fondé sur l'islam. Il mène quinze ans de guerre sainte (*djihad*). Dix mille hommes combattent sous ses ordres. Le duc d'Aumale l'emporte, en capturant sa smala. Confit en dévotion, Abd el-Kader meurt à Damas.

Jean-Pierre Léonardini

SALVADOR ALLENDE
(1908-1973), CHEF D'ÉTAT
« NON » À PINOCHET

Depuis la victoire du candidat de l'Union populaire à l'élection présidentielle de 1970, le Chili traversait une crise politique aggravée par le chaos social. En effet, privé d'une majorité au Sénat, le socialiste Salvador Allende ne parvenait pas à faire passer son programme de réformes.

Le 11 septembre 1973, l'armée, sous les ordres d'une junte de généraux factieux conduite par Augusto Pinochet et soutenue par la CIA, attaquait le palais de La Moneda, siège de la présidence du Chili. Barricadés à l'intérieur, les derniers fidèles d'Allende se défendent l'arme au poing. Le *compañero presidente* fait lui-même le coup de feu depuis la fenêtre de son bureau. À 11 heures, les putschistes lui proposent un avion pour quitter librement le pays avec son entourage. Salvador Allende refuse et exige que tous les militaires rentrent dans leur caserne. Il obtient seulement que les femmes puissent évacuer le palais. Vers midi, l'aviation bombarde La Moneda et les troupes rebelles donnent l'assaut final. Peu importe que le président du Chili se soit suicidé ou ait été abattu par les soldats de Pinochet, il aura fait don de sa vie à la démocratie en disant « non ».

Périca Légasse

LES ANGLAIS
(1588-1940)
« NON » À L'INVINCIBLE ARMADA, À NAPOLÉON, À HITLER

Dans les guerres, les Anglais gagnent toujours la dernière bataille, la seule qui compte. Cette heureuse manie, jointe au sentiment rassurant d'être entourés d'eau, fait qu'ils tiennent bon en cas de besoin. Pour durer, Albion n'a ainsi eu besoin, pendant des siècles, que d'une flotte en état de marche et d'une diplomatie hostile, par nécessité, aux puissances d'Europe visant l'hégémonie. Plutôt que de rechercher la confrontation directe, elle a réussi à vaincre l'ennemi du moment par la périphérie. Cette technique a d'autant mieux marché que la mer, farouchement anglophile, a plus d'une fois sauvé la mise aux Grands-Bretons. L'*Invincible Armada* de Philippe II d'Espagne est ainsi détruite par la tempête, de même que la flotte française venue prêter main-forte, en 1798, aux insurgés irlandais. Le « non » des Anglais à la Révolution française est, d'ailleurs, moins unanime qu'on ne l'imagine. Charles Fox, le chef du parti whig, salue chaleureusement la prise de la Bastille et la Convention comptera, ensuite, de nombreux partisans dans le sud de l'Angleterre. En 1940, les Anglais ont donc suivi leur pente naturelle en rejetant catégoriquement les ultimatums de Hitler. Il est vrai qu'ils avaient Churchill – quand nous n'avions que Paul Reynaud – en plus de l'avantage de l'insularité. Face à un tel homme, la fraction non négligeable du Parti conservateur favorable à un armistice a préféré se faire oublier.

E.D.

ANTIGONE
PERSONNAGE DE LA MYTHOLOGIE GRECQUE
« NON » AUX PRÉJUGÉS DE LA CITÉ

Antigone est un personnage. De théâtre seulement. Mais si proche de nous que nous pourrions croire qu'elle a vécu tant elle incarne l'amour de la vie qui ne veut rien concéder à l'existence. Lorsque Créon exigea de laisser pourrir au soleil la dépouille du frère d'Antigone, Polynice, la jeune fille désobéit. Elle sortit de Thèbes pour recouvrir le corps de quelques poignées de sable, non par bravade, mais parce que les lois intemporelles ou divines sont plus respectables que n'importe quelles lois humaines. Elle pensait que sa rébellion ferme et douce finirait par détruire les préjugés de la cité. Son obstination mènera la fille d'Œdipe à la mort.

Même emmurée vivante, elle gardait en elle l'espérance joyeuse que les hommes peuvent changer. Même si elle s'est trompée, Antigone reste une des plus belles héroïnes de notre littérature. Et sans doute de notre civilisation. Elle n'est certes qu'un personnage qui a inspiré de nombreux dramaturges – Sophocle, Alfieri, Anouilh. Mais plus vivant que bien des hommes.

Olivier Maison

RAYMOND ARON
(1905-1983), PHILOSOPHE
« NON » AUX LENDEMAINS QUI CHANTENT À TOUT PRIX

Tellement simple en vérité d'être dans le vent des années 50, se refuser noblement à désespérer Billancourt, marcher avec le peuple et le peuple est rouge, allons, le communisme est l'avenir radieux de l'homme, la classe ouvrière ira au paradis, et les scrupules du penseur libéral sont suspects. Il est suspect, Raymond Aron, de réfléchir, de penser, de douter, de ne pas chanter leurs si beaux lendemains. Les modernes ne l'aiment pas, Aron, ceux qui ont l'avenir plein la bouche et les choses simples au cœur. Ils préfèrent Sartre, son cynisme de l'avenir, ses personnages aux épais dilemmes. « Mieux vaut avoir tort avec Sartre que raison avec Aron », disent les crétins.

Car Aron a raison, mais dans *Le Figaro*, quelle hérésie... à droite ! Chez les bourgeois. Il écrit dans *Le Figaro*, Aron – comment peut-on écrire dans *Le Figaro* ? Quand *Le Figaro* passe à Hersant au passé chargé, Aron émigre à *L'Express*, où il poursuit son magistère. Il préfère l'Amérique, la démocratie, l'État de droit, les protections individuelles, la réflexion, le quant-à-soi, les garde-fous de l'Université, des hiérarchies du savoir et de la recherche aux joyeux slogans, bruyants, paillards, simplistes, qui nourrissent les maîtres à penser.

Ni communiste, ni compagnon de route, ni stalinien, ni soixante-huitard, ni gauchiste, ni mao, ni libertaire, ni pourfendeur de l'Université « fasciste », ni thuriféraire de Staline, ni admirateur des Khmers rouges, ni supporter du Viêtnam rouge. Étrange Aron, immunisé contre l'imbécillité des temps – conservateur et libéral, humblement. Mais capable de se révolter contre les bourgeois, ses compagnons, ou – lui, l'Israélite français, tricolore et assimilé – d'interpeller de Gaulle quand celui-ci s'égare en une « petite phrase » sur le peuple juif : « sûr de lui et dominateur ». Un intellectuel, libre et posé. Le seul ?

En 1979, au bout des années trop simples, Aron retrouve son « petit camarade » Sartre pour une rencontre surréaliste avec le président Giscard d'Estaing, ce libéral inachevé. Sartre, revenu de tout, sauf de l'homme, a retrouvé Aron pour demander à la France de protéger les réfugiés du Sud-Est asiatique, victimes du communisme. Étrange fin. « On a bien fait les cons », soufflerait Sartre à Aron, prétendant ressusciter une complicité de la jeunesse. Comme si tout ceci n'avait été qu'un jeu pour esprits brillants. Mais non. Aron, lui, n'a jamais fait le con.

Claude Askolovitch

AUNG SAN SUU KYI
(NÉE EN 1945), FEMME POLITIQUE
NON AUX PRÉTORIENS BIRMANS

Derrière son sourire de madone, la dissidente birmane Aung San Suu Kyi dissimule la volonté farouche d'une empêcheuse d'assassiner en rond.

Diplômée d'Oxford, cette bouddhiste fervente, adepte de la non-violence, est venue par hasard à la politique. En 1988, elle fonde la Ligue nationale pour la démocratie qui remporte les élections de 1990. Les prétoriens birmans refusent de s'effacer et la rebelle est assignée à résidence. Elle ne bénéficiera même pas d'une permission de sortie pour recevoir, en 1991, le prix Nobel de la paix.

Aung San Suu Kyi décidera de ne pas se rendre au chevet de son mari, mort en Grande-Bretagne, par crainte de ne plus pouvoir rentrer en Birmanie...

Éric Diot

MARCEL AYMÉ
(1902-1967), ÉCRIVAIN
« NON » À LA HAINE

De sa butte Montmartre qu'il aime à réinventer dans ses nouvelles parigotes, il voit de drôles de choses, Marcel Aymé. En cette année 1945, les Allemands sont partis, la France est libre, mais elle se venge, et la vengeance lui déplaît. Sur sa Butte, il a connu des gens bien, il a vu la souffrance, il a écrit celle des juifs dans son recueil magistral, *Le Passe-Muraille*, publié sous l'Occupation, en 1942. Il n'a pas résisté, pas collaboré non plus, vécu simplement, écrit. La haine qu'exhalait le fascisme effarait cet humaniste ironique, la métamorphose de son ami Céline – autre personnage de ses nouvelles – en un antisémite forcené l'a stupéfié. Mais, quand vient l'heure de la Libération, Marcel Aymé n'aime pas voir les démocrates, les résistants, tuer à leur tour, au nom de la France. Au nom de la liberté retrouvée, de sa liberté, il se joint à Mauriac et aux intellectuels pétitionnaires qui demandent à de Gaulle la grâce du dévoyé Brasillach – collaborateur, antisémite, pronazi esthétisant, condamné à mort. De Gaulle refusera cette grâce.

C.A.

BEAUMARCHAIS
(1732-1799), DRAMATURGE
« NON » À LA NOBLESSE

Être espion, affairiste, truqueur, intrigant, profiteur du temps – mais aussi, écrire des pièces de théâtre, et posséder alors le talent de moquer son époque, et percer à jour les privilégiés de l'heure, leurs ridicules et leurs abus... En inventant un valet supérieur, Figaro, qui se joue d'un falot comte Almaviva, montrant un peuple sain qui l'emporte sur une noblesse égarée, Beaumarchais offre comme un avant-goût de la Révolution qui pointe – et qui emporte la vieille France, ses porcelaines, ses nobliaux, son inconséquence. Ironie de l'histoire : Beaumarchais, qui savait si bien saper la société qui le faisait vivre, perd son talent dans le monde nouveau d'après 1789, trop rigide, trop sérieux pour lui, et qu'il n'ose pas moquer. La monarchie finissante, qu'il exaspérait par sa verve, lui fut plus propice que la République – ce régime vertueux, mais n'offrant, alors, guère de prise à l'humour d'un trop léger génie.

C.A.

SIMONE DE BEAUVOIR
(1908-1986), ÉCRIVAINE
« NON » À LA NATURE FÉMININE

Soudain, s'opposant au mythe de la femme éternelle dans *Le Deuxième Sexe*, Simone de Beauvoir a proclamé : « On ne naît pas femme, on le devient. » En 1949, cinq ans seulement après que le droit de vote eut enfin été partagé, le livre fit scandale. Il s'en vendit plus de vingt-deux mille exemplaires la première semaine. Qu'avançait-elle, elle qui, jusqu'en 1971, ne se disait même pas féministe, qui fit protester la droite comme les communistes ? Que la maternité et le mariage ne pouvaient suffire à l'épanouissement et que la libération passait nécessairement par l'indépendance économique. Elle affirmait qu'il n'y a pas d'essence féminine, que l'éducation expliquait la condition des femmes, mais qu'il n'y avait rien là de « naturel ».

Il fait bon aujourd'hui se rappeler cette philosophie de la liberté. Contre toutes les pensées qui prétendent définir à nouveau la femme comme une essence et qui croient que se libérer signifierait faire surgir cette hypothétique nature féminine enfouie sous des siècles d'oppression masculine, il faut redire non, et réaffirmer que toute conscience est d'abord liberté de s'inventer.

Bélinda Cannone

THOMAS BECKET
(1118-1170), PRÉLAT
« NON » À HENRI II PLANTAGENÊT

Il arrive que la fonction transforme l'homme. Ou le révèle. Pour le meilleur ou pour le pire. Qu'elle le déchaîne. Ou qu'elle le transcende. En élevant sir Thomas Becket, son chancelier et jusqu'alors son compagnon de jeux, de débauches, de chevauchées, son inséparable complice et ami, à la dignité d'archevêque de Canterbury, primat d'Angleterre, Henri II Plantagenêt pensait faire d'une pierre deux coups : en récompensant un féal, il s'assurait l'allégeance de l'Église catholique. Dès lors qu'il eut quitté le service du roi pour le service de Dieu, Becket se donna tout entier à son nouveau maître sans se soucier que la cause de celui-ci contrariât les intérêts, les désirs ou la politique de celui-là.

La crise entre les deux hommes – les pouvoirs qu'ils représentaient – en vint au point que l'archevêque frappa d'interdit le souverain fornicateur, impie et violateur des droits de l'Eglise. Médusé et furibond, le roi crut devoir faire assassiner le prêtre. Becket y gagna son auréole. Henri II, huit ans après, manifeste un repentir trop tardif et contraint pour être sincère, en faisant amende honorable sur le parvis de Canterbury. Publiquement flagellé, il avait bien cherché les verges pour se faire fouetter.

Dominique Jamet

GEORGES BERNANOS
(1888-1948), ÉCRIVAIN
« NON » À FRANCO

Il n'y a pire aveugle qu'un homme qui ne veut pas voir et sans doute pire sourd qu'un intellectuel qui ne veut pas entendre. Le combat idéologique n'invite pas à la lucidité. Et il faut un certain courage pour, un jour, avouer ses erreurs. Georges Bernanos, catholique fervent, proche des thèses de Maurras, a applaudi des deux mains le coup d'État franquiste, en 1936. À ses yeux, il boutait loin d'Espagne les communistes. Il se trompait sur toute la ligne, mais le faisait avec talent et enthousiasme. Il faudra quelques mois seulement pour que les écailles idéologiques lui tombent des yeux et que les exactions franquistes lui apparaissent, enfin, comme une épuration et non comme une révolution. Il écrira dans l'urgence *Les Grands Cimetières sous la lune*, un pamphlet terrible contre le pouvoir de Franco, dont le titre est inspiré par le massacre de pauvres gens suspectés de manque d'enthousiasme pour le régime. « Il est vraiment providentiel que je sois venu ici à Majorque, avoue-t-il. J'ai compris. Je tâcherai de faire comprendre. »

Il quittera l'Espagne, terrain d'expérimentation militaire qui allait bientôt s'élargir à l'Europe entière, et renoncera au roman pour se consacrer aux écrits de combat. Bernanos s'est beaucoup trompé et continuera à le faire. La sincérité est mère de cécité. Mais rares sont les intellectuels qui ont connu leur chemin de Damas, ce chemin de la révélation de leur erreur. Bernanos, Gide et quelques autres. Le reniement est parfois la marque d'une conscience libre.

O.M.

LÉON BLOY
(1846-1917), ÉCRIVAIN
« NON » À TOUT

Léon Bloy, écrivain immense et trop méconnu encore, hélas, vécut dans la misère toute sa vie, payant le prix d'une indépendance d'esprit qui n'a jamais souffert la moindre concession mais qui n'évita pas, non plus, les « dérives ». La violence de ses invectives à l'encontre des médiocres de son temps, des imposteurs, des nantis et des journalistes, ces représentants de « la grande vermine », déclencha sur sa personne une « conspiration du silence » qui l'isola et le rapprocha de Dieu, son seul maître.

Yann Moix

LÉON BLUM
(1872-1950), HOMME POLITIQUE
« NON » À LA RÉVOLUTION VIOLENTE

Une voix frêle et forte pourtant, qui s'adresse aux camarades qui vont se perdre, les adjure de ne pas oublier la liberté, ce bien si précieux, de ne pas la sacrifier aux chimères révolutionnaires. Mais les camarades n'entendent pas et s'en vont créer le parti communiste, section française d'une Internationale communiste nouvellement créée autour de la jeune Union soviétique. En 1921, Lénine veut des partis « révolutionnaires » pour monter la garde autour de sa Russie rouge. Au congrès de Tours, la majorité des socialistes français adhère, accepte les « vingt et une conditions » posées par Moscou. Blum les refuse.

« En acceptant les conditions de Moscou, vous abdiquez votre liberté », lance-t-il aux partants. Et il leur décrit, avec un sens prophétique, ce qui leur arrivera – l'enthousiasme militant transformé en asservissement, ce que sera le stalinisme, et la suite. Jusque-là, Blum, esprit d'élite passé par Normale Sup, intellectuel dreyfusard et stendhalien, était une figure « de luxe » du mouvement ouvrier. À Tours, il s'impose comme le chef de la minorité, qui garde « la vieille maison », dit-il, la SFIO, le parti socialiste fondé en 1905, qui poursuit son aventure. Mais Blum devient surtout le plus bel orateur de l'alliance indispensable du socialisme et de la liberté, du refus de la dictature et de la révolution violente. Ses scrupules, sa moralité, son amour de l'homme nourriront ses éditoriaux du *Populaire*, le journal du parti, puis son action comme chef du gouvernement, en 1936, lors du Front populaire. Ses opposants lui reprocheront toujours ses prudence – comme à Tours. Ses admirateurs y verront, justement, la marque de la responsabilité.

C.A.

HUMPHREY BOGART
(1899-1957), ACTEUR
« NON » AU MACCARTHYSME

Face aux maccarthystes, « Bogey » fut, d'abord, à la hauteur des héros qu'il incarne : désabusé, mais courageux dès que l'essentiel est en jeu. En 1947, il prit ainsi publiquement la défense des *Hollywood Ten*, ces dix metteurs en scène privés de travail sous prétexte qu'ils avaient, dans leur jeunesse, appartenu au parti communiste. Il se rendit même à Washington avec son épouse, l'actrice Lauren Bacall, pour protester auprès du Congrès contre le climat de délation qui commençait à s'installer. Il qualifia d'« antiaméricaines » les activités de la Commission du même nom qui obligeait les acteurs à s'incriminer mutuellement.

Le magnat Jack Warner, patron de la Warner Bros, lui fit comprendre qu'il avait intérêt à se rétracter sous peine de passer lui-même pour un « rouge » et d'être lâché par le public. Bogart finit par obtempérer. « Il est difficile de rester de gauche quand on doit payer l'entretien d'un yacht de vingt mètres », ironisa Warner.

E.D.

MOHAMED BOUDIAF
(1919-1992), HOMME POLITIQUE
« NON » AUX ISLAMISTES... ET AUX « RENTIERS DU SYSTÈME FLN »

Alger, 1er juillet 1992 : le peuple algérien accompagne Mohamed Boudiaf au cimetière. Trois jours auparavant, le 29 juin 1992, à Annaba, lors d'une réunion publique devant de jeunes cadres et des chefs d'entreprise, Boudiaf a été assassiné par l'un des officiers chargés de sa sécurité rapprochée, conclura la commission d'enquête. Pendant les six mois où il exerça le pouvoir, Boudiaf incarna l'espoir de réformes dans un pays en crise. Surtout, il voulait en découdre avec un système paralysé et corrompu.

En janvier 1992, Mohamed Boudiaf représente le dernier atout maître des autorités algériennes affaiblies par plusieurs années de crise et qui veulent empêcher les islamistes du FIS, vainqueurs au premier tour des élections législatives de décembre 1991, d'accéder au pouvoir. Ex-dirigeant du FLN, exilé depuis 1964 au Maroc, Boudiaf fait alors figure, pour une partie du peuple algérien au moins, d'honnête homme et de démocrate sincère. Profondément musulman, il incarne aussi, pour beaucoup, l'intégrité politique et la tolérance. S'il jure ne pas être « le sauveur de l'Algérie », il apparaît comme l'homme providentiel qui peut éviter l'avènement d'une république islamique. Mais Boudiaf nourrit de véritables ambitions pour son pays. Après avoir réussi à contenir la déferlante intégriste, il s'attaque aux « rentiers du système FLN », qu'il qualifie de « mafia politico-financière ». Il prend à bras le corps les dossiers du Sahara occidental, de la lutte contre la corruption, de la réforme des institutions et du calendrier électoral. Boudiaf était devenu trop gênant.

Laurent Neumann

BERTOLT BRECHT
(1898-1956), DRAMATURGE
« NON » AUX NAZIS

Fuyant l'Allemagne en 1933, au moment où l'on brûle ses livres, Bertolt Brecht, poète à succès avec *L'Opéra de quat'sous*, « de sensibilité communiste », ne fait que traverser l'URSS pour s'embarquer vers les États-Unis. Prudence et ruse : les maîtres mots de l'auteur de *La Résistible Ascension d'Arturo Ui* – irrésistible mise en boîte de Hitler – à Hollywood, où il berne les juges de la Commission des activités antiaméricaines, comme à Berlin-Est où, écrivain officiel, il a soin d'avoir un passeport autrichien. « Malheur au pays, dit-il, qui a besoin de héros. »

J.-P. L.

JACQUES BREL
(1929-1978), CHANTEUR
« NON » AU STAR-SYSTEM

Voilà un homme qui, un jour, mit les voiles. Au zénith de sa gloire, Jacques Brel décida de se taire pour faire le tour du monde et voler vers d'autres cieux. Comme ses tours de chant tournaient en rond, il tourna le dos au monde, à la scène, pour échapper aux habitudes qui le corsetaient, les mêmes qu'il fustigeait dans ses chansons. Brel voulut aller jusqu'au bout de ses aspirations, de ses rêves d'enfant, se délester du poids de l'admiration facile. Il refusa de continuer dans un système où l'homme n'était plus à l'unisson avec l'artiste.

O.M.

PIERRE BROSSOLETTE
(1903-1944), JOURNALISTE RÉSISTANT
« NON » À LA TORTURE

De lui, on ne retient que sa mort atroce aux mains de la Gestapo. Son stoïcisme lorsqu'il se jette dans le vide pour ne livrer aucun nom. On oublie qu'il fut aussi la meilleure tête pensante de la France libre et le plus gaulliste des hommes de gauche ayant rallié le Général. Cet ancien normalien devenu journaliste était tout le contraire d'un dévot. Quel autre Français libre aurait osé reprocher à de Gaulle ses manières cassantes et son apparent mépris des hommes. « Il y a des sujets, lui écrira-t-il, sur lesquels vous ne tolérez aucune contradiction, aucun débat même... » Pedro – son pseudo dans la Résistance – souhaite, contre l'avis de Jean Moulin, la création, à la Libération, d'un grand rassemblement gaulliste où se fondraient toutes les formations issues de la Résistance. Par crainte d'être taxé de visées dictatoriales, de Gaulle tranche en faveur de Moulin. Brossolette demande à retourner en France dans les derniers mois de l'Occupation. La Gestapo n'a jamais été aussi efficace. Pedro ne verra pas la Libération et il manquera cruellement à de Gaulle.

E.D.

JOHN BROWN
(1800-1859), HOMME POLITIQUE
« NON » À L'ESCLAVAGE

Son nom deviendra une chanson de marche, entonnée par les troupes nordistes lors de la guerre de Sécession – les soldats bleus de la liberté des esclaves : « Le corps de John Brown repose dans la terre, mais son âme marche toujours. » L'âme de John Brown, militant antiesclavagiste, homme d'action, qui libère des esclaves, veut les inciter à la révolte, attaque un arsenal, se fait prendre – et est condamné à mort, assassiné légalement à Charleston, dans l'État de Virginie où les esclaves sont des sous-hommes, en 1859. Quelques années plus tard, Lincoln est élu président. Le Sud se rebelle, conduit par la Virginie, défend ses privilèges, fait sécession, et perd. Les esclaves sont libres. John Brown est vengé.

C.A.

GIORDANO BRUNO
(1548-1600), PHILOSOPHE
« NON » AU DOGMATISME CHRÉTIEN

Quatre siècles après la mort de Bruno, Jean-Paul II, qui ne lui pardonne toujours pas ses écarts théologiques, estime que sa condamnation à être brûlé vif était « pleinement motivée ». Frère Giordano s'est heurté très tôt à sa hiérarchie, a rompu avec son ordre et quitté l'Italie. Contraint d'errer en Europe à la recherche d'un asile, il fut tour à tour excommunié par les catholiques, les calvinistes et les luthériens. Au nom d'une conception multiple de la vérité, Bruno se bat contre le dogmatisme des « ânes bâtés ». Privé de tout soutien, accusé d'hérésie par le Saint-Office, il subit vingt-deux interrogatoires au cours desquels il refuse d'abjurer ses convictions. À l'aube du jeudi 17 février 1600, on le ligote au poteau du bûcher. Un philosophe est mort.

Marie Aldstadt

ALBERT CAMUS
(1913-1960), ÉCRIVAIN, PHILOSOPHE
« NON » AU STALINISME

« Notre XXe siècle est celui de la peur. » Le philosophe, résistant, journaliste, commentateur de l'actualité, écrit sur la mort – et la refuse, la mort, au nom du politique, au nom d'une idée. En 1945, il soutenait dans *Combat* les procès de l'épuration, au nom de la justice, pas de la vengeance – parce qu'il ne se sentait pas le droit de pardonner au nom des victimes. Deux ans plus tard, il refuse le sang des idées, l'embrigadement et l'odieux enthousiasme des aficionados de la radicalité politique. « Ni victimes ni bourreaux », écrit Albert Camus, en 1947, deux ans après la chute de Hitler, au moment où Staline emprisonne une moitié de l'Europe. Il se refuse à suivre une « révolution travestie », à justifier les camps soviétiques par les massacres de communistes grecs, à échanger les morts, à emboîter le pas aux compagnons de route qui dominent la scène intellectuelle – les compagnons du PC, ses amis. Camus écrit, choisit sa conscience et sa liberté et, ce faisant, perd ses amis. « Ayant dit un jour que je ne saurais plus admettre, après l'expérience de ces deux dernières années, aucune vérité qui puisse me mettre dans l'obligation, directe ou indirecte, de faire condamner un homme à mort, des esprits que j'estimais quelquefois m'ont fait remarquer que j'étais dans l'utopie [...]. Ces gens n'avaient pas d'imagination pour la mort des autres. » Il écrit, Camus, avoue ses doutes, affirme que l'homme vaut mieux que les idées, que la fin ne justifie pas les moyens – et les Trissotin, les staliniens, les sartro-staliniens, Sartre lui-même, moquent les scrupules de l'humaniste, le taxent de collaboration bourgeoise. Il se fâche, mais se refuse à blesser des gens qu'il a aimés. Il répond, quand même, à Emmanuel d'Astier de la Vigerie, grand résistant qui se vante de sa « complicité avec le Parti communiste », et l'attaque au nom du prolétariat. « Tant de fois, écrit Camus, la feuille où vous m'avez répondu et celles qui essaient de rivaliser avec elle dans le mensonge, m'ont présenté comme fils de bourgeois, qu'il faut bien, une fois au moins, que je rappelle que la plupart d'entre vous, intellectuels communistes, n'ont aucune expérience de la condition prolétarienne et que vous êtes mal venus de nous traiter de rêveurs ignorants des réalités. » Enfant du peuple, Camus se refuse à parler de « libertés bourgeoises », rompt avec la « pensée unique » de son temps, choisit la liberté et s'accepte mal-aimé d'une opinion de terroristes germanopratins, qu'on ne dit pas encore branchés. Il sera mendésiste, s'avouera déchiré, lui le pied-noir, par la guerre d'Algérie. Puis il mourra, d'un accident, trop tôt, en 1960 – et ceux qui lui ont reproché ses tourments l'affubleront *post mortem* d'un surnom moqueur : « philosophe pour classes terminales ». Le temps passe, heureusement. Aujourd'hui, Camus est un maître en humanité. La politique des droits de l'homme, qu'il théorisait avant l'heure, est une évidence partagée. Les staliniens, eux, on disparu dans les poubelles de l'histoire.

C.A.

GEORGES CANGUILHEM
(1904-1995), PHILOSOPHE
« NON » À PÉTAIN

« Le Cang », comme certains de ses élèves l'appelaient, était un homme de l'ombre. Il était le philosophe français le plus influent de l'après-guerre, une personnalité morale doublée d'une autorité imparable. Canguilhem avait dit « non » au maréchal Pétain. Dès l'été 1940, il écrivit au recteur d'académie pour lui signifier qu'il n'avait pas passé l'agrégation de philosophie pour enseigner « Travail, Famille, Patrie ». Il signa, avec Jean Cavaillès et Emmanuel d'Astier de la Vigerie, le premier tract du mouvement de résistance Libération. Il n'a pas hésité une seconde à s'engager. Par fidélité au rationalisme et parce qu'il ne pouvait en être autrement, il a combattu. Professeur dans l'âme, gaulliste convaincu, il fut le mentor de Michel

Foucault. Au soir de sa vie, il s'inquiéta, dans un article retentissant, de voir certains philosophes se pavaner à la télévision et se vendre aux entreprises. « Cang » croyait avant tout à la pensée et se méfiait du spectacle.

Philippe Petit

CATON D'UTIQUE
(95-46 AV. J.-C.)
« NON » À CÉSAR

Caton d'Utique était une sorte de Clemenceau antique redouté pour son intransigeance républicaine et son verbe acéré. Reclus dans une ville d'Afrique assiégée par César, il refusa de se soumettre à cet homme qui, à ses yeux, combattait pour sa gloire et contre la patrie. Un soir, Caton prit congé de ses amis avec calme et simplicité, s'enferma dans sa chambre avec un dialogue de Platon, puis s'ouvrit le ventre. Il se manqua. Quand les médecins voulurent le sauver, il les repoussa pour ouvrir à nouveau ses blessures et arracher ses entrailles. On dit que César lui envia cette mort qui lui volait son triomphe. Piètre politique, défait sur le champ de bataille, la morale en a pourtant fait un de ses modèles. Le stoïcisme, un de ces martyrs.

O.M.

JEAN CAVAILLÈS
(1903-1944), PHILOSOPHE
« NON » À L'HITLÉRISME

Un résistant par logique. « Un chef exécutant, un philosophe terroriste : voilà Cavaillès. » C'est ainsi que l'historien des sciences Georges Canguilhem qualifiait son ami et collègue. Cavaillès est un héros, une figure exemplaire de l'antinazisme. Il croyait par-dessus tout aux pouvoirs de la rigueur. En 1943, à Londres, il a dit à Raymond Aron : « Nous saisissons partout du nécessaire. Nécessaires les enchaînements des mathématiciens [...], nécessaire aussi cette lutte que nous menons. » Il ne faisait pas de distinction entre la logique implacable des concepts et celle de l'action. Son engagement inconditionnel dans la Résistance, dans le réseau Cahors qu'il fonda, son refus de l'hitlérisme n'ont d'égale que sa passion pour Spinoza et la logique mathématique. Cavaillès a vécu pleinement le risque de la liberté. Lorsque ses juges lui demandèrent d'expliquer ses mobiles, il dit combien il aimait l'Allemagne de Kant et de Beethoven. Il fut fusillé par les Allemands en août 1944.

Ph. P.

ARTHUR CAYLEY (1821-1895) ET
JAMES SYLVESTER (1814-1897), MATHÉMATICIENS
« NON » À L'ÉVIDENCE COMMUTATIVE

Le sens commun indique volontiers que 8 × 4 est la même chose que 4 × 8 et que, dans les deux cas, nous obtenons 32. En mathématiques, cela a un nom : la commutativité. Dans les structures algébriques communes, la commutativité est le plus souvent, pour ne pas dire toujours, respectée. Eh bien, les Anglais Arthur Cayley et James Sylvester, eux, dans les années 1860, ont trouvé le moyen d'inventer des nombres – très agaçants pour l'esprit – sur lesquels la commutativité ne fonctionne pas, autrement dit des nombres A et B pour qui le produit A × B n'est pas égal à B × A. Cayley et Sylvester, ainsi, ont dit « non » à cette loi élémentaire et ancestrale de l'algèbre. Ces entités bizarres s'appellent des « matrices » – ce sont en fait des sortes de tableaux. Sans ces nombres bizarres et nouveaux, dits « super abstraits », Heisenberg n'aurait peut-être pas pu accoucher de la mécanique quantique, qui les utilise tous les jours.

Y.M.

LOUIS CHEVALIER
(NÉ EN 1911), HISTORIEN
« NON » À L'ASSASSINAT DE PARIS

Normalien pétri de lettres classiques, Louis Chevalier a commencé par écrire plusieurs ouvrages d'histoire et de sociologie parisiennes : *Les Parisiens, Montmartre du plaisir et du crime*... Vers 1970, il s'avise que ce Paris tant aimé est soumis à une campagne de destruction sans précédent. D'où l'écriture de *L'Assassinat de Paris* [1], tentative désespérée de résistance au vandalisme d'État.

Chevalier s'en prend notamment à son condisciple de Normale Sup, Georges Pompidou. Bientôt, déplore-t-il, « plus personne n'aura la moindre idée de ce que Paris était ». En exergue du livre, une vieille citation latine : « Les villes aussi peuvent mourir. »

Benoît Duteurtre

1. *L'Assassinat de Paris*, éd. Ivrea.

CHRÉTIEN DE TROYES
(V.1135-V.1183), POÈTE ET ROMANCIER
« NON » À L'ADULTÈRE

Lorsque Chrétien de Troyes compose le poème *Cligès*, entre 1176 et 1177, il a une idée très précise de la galanterie : on ne partage ni son corps ni son cœur, qu'ils soient accordés à l'amant ou au mari. Cligès et Fénice sont les anti-modèles de Tristan et Iseult, dont la légende racontée oralement fait le bonheur des soirées. Cligès est aux antipodes du héros tristanien. Timide, il n'aspire qu'à une chose : le mariage, quand l'amour de Tristan, lui, n'admet qu'une solution, la mort. À l'heure où la romance de Tristan et Iseult triomphe, couronnant le règne de la passion envers et contre tout, Chrétien de Troyes oppose une morale dont la rigueur signe les prémices de l'idéal bourgeois.

Clara Dupont-Monod

LES CHRÉTIENS DE ROME
(Ier SIÈCLE), DISCIPLES DU CHRIST
« NON »... POSSUMUS !

Non possumus : nous ne pouvons pas. Cette phrase qui résonne comme un aveu de résignation était pourtant un arrêt de mort pour les hommes et les femmes qui la prononçaient. Les premiers chrétiens, en refusant de se soumettre au culte de l'empereur, acceptaient de devenir des martyrs, dont les dépouilles étaient jetées aux chiens, pour ne pas renier leur foi. Les persécutions dirigées par les empereurs romains firent d'ailleurs davantage pour la diffusion du christianisme que n'importe quelle apologie.

O.M.

CICÉRON
(106-43 AV. J.-C.), HOMME POLITIQUE
« NON » AU POPULISME

Ce Romain n'était pas un homme, moins encore un foudre de guerre. Cicéron préférait la toge aux armes, et la seule dont il usa jamais personnellement fut la parole. Sa seule force résidait dans son immense talent d'orateur. Il aimait les lettres, l'amitié, le luxe, sa belle maison de Rome et, plus encore, la splendide villa qu'il s'était fait bâtir à Tusculum grâce aux énormes revenus qu'il tirait de son métier d'avocat. Il aimait la vie.

Entré en politique, cet honnête homme, égaré dans un siècle de fauves, n'en prit pas moins à trois reprises des risques mortels pour la défense des institutions ou de ce qu'il en restait. Sans courage physique, Cicéron n'était pas dépourvu de conscience civique et n'était pas modérément républicain. Consul, il écrasa dans le sang la conjuration de Catilina, tentative de putsch mafioso-populiste qui fut à deux doigts de réussir.

Vingt ans plus tard, alors qu'il avait pris avec la majorité sénatoriale le parti de Pompée, César, vainqueur, l'épargna. César était magnanime par politique et par tempérament. Le général, qui se piquait d'écrire, avait de la considération pour l'écrivain Cicéron. César n'oubliait pas qu'il n'avait tenu qu'à la clémence de Cicéron qu'il ne fût pas éliminé avec les complices de Catilina.

Persuadé que le sénat n'aurait pas de mal à encadrer ni à contrôler le neveu de César, Cicéron prit avec fougue le parti d'Octave contre Antoine. Hélas, le futur Auguste n'était pas le bon petit jeune homme qu'il affectait d'être, mais un cynique absolu. Réconcilié avec Antoine, il lui abandonna sans scrupule la vie de celui qu'il appelait « mon père » ». Les mains et la tête tranchées, Cicéron mourut avec la République.

Benoît Duteurtre

MAURICE CLAVEL
(1920-1979), ÉCRIVAIN, PHILOSOPHE
« NON » À LA CENSURE

Janvier 1972 : les Français regardent la première chaîne où, dans le cadre de l'émission *À armes égales*, deux personnalités s'affrontent. Ce soir-là, l'écrivain et philosophe Maurice Clavel est opposé à Jean Royer, ministre du Commerce et de l'Artisanat dans le gouvernement de Pierre Messmer, connu pour ses idées réactionnaires en matière de mœurs. Le débat est précédé par un bref court métrage illustrant le propos des deux intervenants. Celui de Maurice Clavel, jugé irrespectueux envers le président Pompidou par la direction de l'ORTF, a subi une coupure. Furieux, Clavel abandonne le plateau en direct sous le regard médusé d'Alain Duhamel et de Jean Royer, leur lançant à haute voix : « Messieurs les censeurs, bonsoir ! »

P.L.

CASSIUS CLAY
(NÉ EN 1942), BOXEUR
« NON » À LA GUERRE DU VIÊTNAM

« Je n'ai pas de querelle avec ces Viêt-congs », dit le jeune homme, beau, drôle et tourmenté, et qui signe ainsi son divorce avec l'Amérique bien-pensante. Il est Cassius Clay, champion du monde de boxe – son arrogance, son rire, ses mimiques d'histrion des rings, une conscience, et une révolte.

Couronné en 1964, à vingt-deux ans, il se métamorphose ; le lendemain de sa victoire, il proclame qu'il abandonne son « nom d'esclave », Clay, devient Muhammad Ali. Il s'est converti à l'islam pour proclamer la rupture. Il n'oublie rien, ni ses ancêtres, ni ces Blancs du Sud qui le méprisaient, ni ces imbéciles qui l'insultèrent, lui refusant l'entrée d'un restaurant de Louisville, Kentucky, en 1960, alors qu'il revenait des Jeux olympiques de Rome, une médaille d'or en poche et la croyance naïve que le monde lui était ouvert. « Ce n'est pas un restaurant pour nègres », lui a dit le crétin d'une gargote où il réclamait un hamburger. Le jeune champion, dévasté, a jeté sa médaille inutile dans la rivière Ohio.

Champion du monde, *Black Muslim*, militant, il se venge, lance ses vérités et gagne pour ses causes, pour tout rattraper. Mais c'est l'histoire qui le happe à nouveau. L'Amérique fait la guerre au Viêtnam. Clay-Ali est appelé sous les drapeaux en 1967. Il refuse. « Je ne vais pas faire 15 000 km pour tuer et détruire un pays dans le seul but d'aider une nation blanche à continuer à dominer un peuple noir. » La réponse de l'Amérique est terrible : procès, condamnation. Le déserteur doit faire cinq ans de prison. Les instances de la boxe le déchoient de son titre. Ronald Reagan, alors gouverneur de Californie, l'interdit de séjour dans son État. Ali assume son choix. Il se bat. Heureusement, il existe une autre Amérique, qui célèbre le culte du droit. Le boxeur échappe à la prison. La Cour suprême lui rend honneur et dignité. Il obtient le droit de remonter sur le ring, en 1970. Il lui faudra quatre ans pour redevenir « le plus grand », le champion du monde en battant Foreman, son contraire absolu, lors d'un match légendaire à Kinshasa, au Zaïre. Foreman, géant taciturne, est un Noir comme l'Amérique blanche les aime, géant destructeur qui agitait, fiérot, un petit drapeau yankee aux Jeux olympiques de Mexico, en 1968, alors qu'Ali était un banni et que les sprinters noirs levaient le poing de la révolte sur leurs podiums.

Quand Ali abat la brute, il ne gagne pas seulement pour lui, pour ses frères de couleur, mais pour toute une Amérique progressiste, antiraciste et idéaliste, menée par l'écrivain libéral Norman Mailer – qui a trouvé son champion.

C.A.

GEORGES CLEMENCEAU
(1841-1929), HOMME POLITIQUE
« NON » AU DÉFAITISME ET AU DÉSORDRE

« La guerre est chose trop sérieuse pour être laissée aux militaires. » « Mon programme : la guerre. » Quelques autres bons mots, des rires de vieillard solide, une force, un entêtement, un patriotisme fanatique : voici Georges Clemenceau, président du Conseil en 1917, quand l'armée souffre, quand les soldats s'épuisent, quand les chefs dépassés font fusiller les mutins, quand le moral est en berne, quand la défaite se profile. Il tient le pays à bout de bras, visite des tranchées, galvanise les énergies. Il est la France qui va gagner dans le dernier quart d'heure.

Il a été de gauche, très à gauche, en son jeune temps, député des extrêmes radicales, puis journaliste, porteur d'une parole libre. Patron de *L'Aurore*, il a publié le manifeste dreyfusard de Zola, *J'accuse*. Puis, de la gauche, il est venu à l'État – inaugurant ainsi une longue lignée de politiciens troquant au fil du temps le rouge contre le tricolore, l'engagement social contre l'impératif national. Ministre de l'Intérieur, il se vante d'être « le premier flic de France » et fait tirer contre des grévistes, au nom de l'ordre. Pendant la guerre, son intransigeance fait merveille. Lui qui protestait contre les incohérences gouvernementales, baptisant son journal *L'Homme enchaîné* pour illustrer l'absurdité de la censure, devient, installé à l'hôtel Matignon, un autocrate démocratique, tenant le pays, écrasant les oppositions, faisant poursuivre et emprisonner son vieil adversaire politique Joseph Caillaux, « coupable » de chercher les moyens de sortir la France du massacre. Il gagne la guerre, évidemment. Mais le politique devenu guerrier ratera la paix, perdra la main lors de la conférence de Versailles, abandonnant le leadership des Alliés à l'Américain Wilson. En 1920, les politiques français, lassés de son autorité, le renvoient dans ses foyers, lui préférant le pâle et fragile Paul Deschanel pour président de la République. Il finira philosophe et bougon, ironisant sur l'ingratitude des siens.

COLUCHE
(1944-1986), HUMORISTE, COMÉDIEN
« NON » À LA BÊTISE ET À LA MISÈRE

Coluche était un semeur de merde et une tête de mule. Au moins, avec lui, on n'a que l'embarras du choix : il a dit « non » à tout et c'est pour ça qu'on l'aime, qu'il nous manque. Nous quitter, comme ça, un jour de juin 1986, sans mot dire, en pleine gloire, au moment où la France entière s'apprêtait à faire de lui une espèce de saint laïc.

« Non » à quoi ? « Non » à tout : au racisme, à l'intolérance, à la méchanceté – quitte à la pratiquer lui-même ; « non » à la guerre, aux militaires, aux princes qui nous gouvernent ; « non » à l'hypocrisie qui nous entoure, à la morale qui nous emmerde ; « non » aux limitations de vitesse ; « non » aux flics, au pape, aux catholiques, aux touristes, aux patrons, aux syndicats, au show-business, aux journalistes et aux hommes politiques ; « non » à la bêtise surtout, la vraie, la bonne grosse connerie crasse !

Et, pour finir, « non » à la misère, avant de partir. Les Restaurants du cœur furent sa manière à lui, élégante, de tirer sa révérence. La gloire ne lui a jamais fait oublier d'où il venait.

Aujourd'hui, tout le monde l'a récupéré, le show-business, les journalistes et les hommes politiques. C'est sans doute ça le plus comique.

L.N.

ANNE-MARIE COMPARINI
(NÉE EN 1947), FEMME POLITIQUE
« NON » À CHARLES MILLON

Il était son ami, Charles Millon. Ils avaient ensemble soutenu Raymond Barre, au nom d'une exigence publique. Ils avaient fait campagne ensemble. Elle l'avait soutenu, et aussi loin que possible, votant encore pour lui lors de sa réélection à la présidence du conseil régional Rhône-Alpes, au lendemain des élections troubles de mars 1998. Et puis, juste après le vote, Anne-Marie Comparini s'est reprise, effarée, bouleversée. Charles, l'ami, avait additionné à ses voix celles du Front national et se perdait. Elle ne se perdrait pas avec lui. Ainsi se font les ruptures. Ainsi naissent les combats perdus d'avance, que l'on finit par gagner, tant la justice triomphe, parfois.

Un an plus tard, Anne-Marie Comparini remplaçait son ex-ami Charles Millon à la tête de la région, élue par un bloc de gauche sacrifiant son intérêt propre, et par une minorité de conseillers de droite ayant choisi l'honneur, envers et contre tout. Ils sont quelques-uns en Rhône-Alpes à s'être fait détester par leurs compagnons, pour avoir refusé la *compromission*. L'UDF Comparini, Thierry Cornillet, UDF aussi, la RPR lyonnaise Marie-Thérèse Geffroy, gaulliste lyonnaise, qui résista jusqu'au bout aux injonctions de son parti qui voulait remplacer Millon par un ami de Millon, quelle différence. Ou la jeune Florence Kuntz, RPR proche de Pasqua, aujourd'hui députée européenne, montrant que le « national-républicanisme » se grandissait en se fondant sur l'antifascisme sans concession. La droite française, qui l'ignore sans doute, leur doit beaucoup.

C.A.

NICOLAS COPERNIC
(1473-1543), ASTRONOME
« NON » À L'ÉVIDENCE GÉOCENTRIQUE

Le Polonais Nicolas Copernic, astronome de formation, fut à la base d'une révolution intellectuelle sans précédent dans l'histoire des sciences, allant à l'encontre des évidences de son époque. Ses contemporains, selon le système de Ptolémée, octroyaient à la Terre une place centrale dans notre univers : le géocentrisme faisait autorité. Il y substitua, dans son célèbre ouvrage intitulé *De revolutionibus orbium caelestium libri VI*, une vision héliocentrique. Ce qui signifiait non seulement que les planètes ne tournaient plus autour de la Terre mais du Soleil, mais que la vitesse de révolution de celles-là est liée à la distance qui les sépare de ce dernier. Cette relativisation de la situation de la Terre dans l'Univers souleva un tollé au sein de l'Eglise et des principaux milieux scientifiques de l'époque. On ne reconnut la validité de ces thèses qu'une centaine d'années plus tard, au XVIIe siècle. Les astronomes, à l'aide de la loi de la gravitation universelle, calculeront le mouvement des planètes à partir de leur position, de leur vitesse et des différentes forces en interaction dans le système étudié. C'est ainsi que la théorie copernicienne, se révélant la plus simple quant aux équations obtenues, emportera l'adhésion définitive de l'ensemble de la communauté scientifique. Aujourd'hui, la plupart des spécialistes voient en Nicolas Copernic le père, non seulement de l'astronomie moderne, mais de toute la science moderne.

Y.M.

CHARLOTTE CORDAY
(1768-1793), HÉROÏNE RÉPUBLICAINE
« NON » À LA TERREUR

Charlotte de Corday d'Armont, toute petite déjà, envoie paître sa famille royaliste et s'enfuit avec ses convictions républicaines chez une vieille tante de Bretagne. Têtue comme une mule, d'après Michelet, elle se met en tête de rétablir la paix dans le monde, exercice qui porte un nom : la mort de Marat.

Le montagnard aigri, fanatique, pourtant l'Ami du peuple, sème la terreur. Après la fusillade du Champ-de-Mars, il demande huit cents potences pour huit cents députés de la Constituante ; sa campagne de presse aboutit aux massacres de septembre 1792 dans les prisons parisiennes ; il travaille sans relâche à la chute des girondins. Partout, il fait l'apologie de la dictature et se présente lui-même éperdu de pouvoir et de renommée. Comme personne n'ose s'attaquer à ce médecin aussi craint que populaire, au matin du 13 juillet 1793, Charlotte Corday achète, pour quarante sols, un couteau, s'introduit dans la salle de bains où Marat soigne son eczéma et lui enfonce l'arme dans la gorge. Immédiatement arrêtée, elle est parfaitement calme. Elle dira simplement, dans sa déposition : « J'ai tué un homme pour en sauver cent mille. »

C. D.-M.

GUY DEBORD
(1931-1994), ÉCRIVAIN
« NON » À LA SOCIÉTÉ DU SPECTACLE

Dès la fin des années 50, Guy Debord et l'Internationale situationniste ont vu venir ce que serait notre réalité dominante : une réalité entièrement recomposée par la logique autonome des médias. L'analyse faisant mouche, les « situs » jouèrent un rôle occulte et déclencheur, façon société secrète, dans le soulèvement de Mai 68. Il s'agissait alors que la révolte ne soit pas « récupérée ». Aussi Debord refusa-t-il toujours le jeu du narcissisme médiatique, auquel se complaisent les plumes qui se réclament haut et fort de la radicalité situationniste.

Jean-Philippe Domecq

DÉMOSTHÈNE
(384-322 AV. J.-C.), HOMME POLITIQUE
« NON » AU RENONCEMENT

Le parti de l'étranger est à l'œuvre, avec sa voix doucereuse, celle du renoncement, de l'abandon. L'or macédonien ruisselle. Devant l'agora, Eschine, que l'on dit vendu au roi Philippe, Phocion, qui juge la lutte trop inégale, Isocrate, qui souhaite l'unité de la Grèce, fût-ce sous un souverain à demi barbare, plaident avec éloquence pour la paix et la soumission. Il ne faut pas moins que la grande voix de Démosthène pour faire triompher le parti de la guerre. Hélas, les

Athéniens et leurs alliés thébains sont écrasés à Chéronée, puis de nouveau battus seize ans plus tard lorsqu'ils se soulèvent après la mort d'Alexandre le Grand. Démosthène se suicide alors, plutôt que de survivre à l'indépendance d'Athènes et à la démocratie.

D.J.

PAUL DIDIER
(1888-1958), MAGISTRAT
« NON » À VICHY

Ce héros républicain oublié fut l'honneur de la justice française sous la collaboration. Le 14 avril 1941, le gouvernement de Vichy impose aux magistrats le serment de fidélité et d'obéissance au Maréchal. Tous acceptent sauf un, Paul Didier. Il est révoqué par Joseph Barthélemy, garde des Sceaux, puis inquiété par la police. Le 23 août 1941, Vichy installe les Sections spéciales, cours d'exception censées juger les actes de résistance avec effet rétroactif, soit en violation absolue des fondements du droit français. Quelques rares juges refuseront de prêter leur concours, certains se déclarant « indignés qu'on ait pu penser à eux pour cette infamie juridique ».

P.L.

DIOGÈNE
(V. 410-V. 323 AV. J.-C.), MORALISTE
« NON » AUX BIENSÉANCES

Le plus célèbre des philosophes cyniques – du grec *kunikos*, « du chien » – avait surtout du chien la vigilance hargneuse. Ce génial provocateur né à Sinope, en Asie Mineure, vers 410 av. J.-C., s'est appliqué à jeter le soupçon sur tous les conformismes frileux, les conventions, les bienséances. Pratiquant la propagande par l'exemple et le bon mot, apatride militant et SDF par vocation, Diogène n'a laissé aucun écrit, seulement le souvenir de ses impertinences et de ses excentricités.

Céline Bruel

ALEXANDER DUBČEK
(1921-1992), HOMME POLITIQUE
« NON » À L'ARMÉE ROUGE

Dans la nuit du 20 au 21 août 1968, les chars soviétiques envahissent par surprise la Tchécoslovaquie. Sur les écrans du monde entier, Prague verse des larmes d'humiliation et de désespoir : Alexander Dubček, premier secrétaire du Parti, vient d'être arrêté. Son crime ? Avoir osé dire « non » aux Soviétiques. Très jeune pourtant, cet ingénieur, fils d'un charpentier communiste, a été élevé au lait de l'idéal socialiste. Mais il rêvait d'un socialisme éclairé, loin du stalinisme imposé aux « démocraties populaires ».

Dès 1963, il défend les intellectuels et réclame une plus grande liberté d'expression. En 1968, à la tête de la Tchécoslovaquie, il tente un pari intenable : rester fidèle au pacte de Varsovie tout en prônant un socialisme « à visage humain ». Le Printemps de Prague commence. Avec l'appui de son peuple, il abolit la censure, réhabilite les victimes du stalinisme, démocratise les structures du Parti, préconise le retour au profit économique. Quatre mois plus tard, Brejnev envoie l'Armée Rouge rétablir l'ordre à Prague. Le pays est très durement mis au pas. Dubček, dans l'esprit des Tchécoslovaques, est devenu, pour toujours, un héros national.

Violaine de Montclos

ALBERT EINSTEIN
(1879-1955), PHYSICIEN
TROIS FOIS « NON »

Non ! non ! non ! Albert Einstein a dit trois fois « non ». Deux fois à Isaac Newton et une fois à Mileva, sa femme qui s'occupait un peu trop de ses équations et pas assez du ménage, à son goût. Alors que le grand Albert n'était qu'un simple employé au Bureau des brevets de Berne, épaulé par sa moitié, fraîche émoulue, comme lui, de l'École polytechnique de Zurich, il a provoqué la révolution en 1905 : faisant table rase des vieux principes de Newton, il a annoncé la fin des temps où le temps était le même pour tous. À l'écouter, d'hypothétiques jumeaux qui se sépareraient un peu trop rapidement, l'un restant à terre, l'autre courant le vaste univers à une vitesse voisine de celle de la lumière, n'auraient plus le même âge en se retrouvant. Le sédentaire aurait pris des rides ; le voyageur seulement des risques. Avec cette relativité restreinte, même la notion de simultanéité perd son sens. Et les masses, en se déplaçant à des vitesses proches de celle de la lumière, prennent du « poids » et flirtent avec l'infini. Mais elles ne peuvent jamais dépasser la vitesse limite de 299 743 km/s, sous peine de « scratcher » la théorie.

Dix ans plus tard, Einstein s'oppose de nouveau au géant Newton. Toujours soutenu – dans ses calculs – par Mileva, il conteste la vision de la gravitation de son illustre prédécesseur : selon lui, l'espace et le temps sont unis pour l'éternité dans un espace-temps qui se courbe sous le fardeau de la matière, donc autour de chaque étoile, formant une véritable tôle ondulée sur laquelle les objets circulent en cahotant. Soumise au régime général, même la lumière épouse les sinuosités. L'éclipse du 6 novembre 1919 prouve qu'effectivement les rayons d'une étoile se plient en passant à côté du Soleil, de 1,74 seconde d'arc précisément, comme il l'a prédit.

Quatre ans plus tôt, Albert lui-même s'est éclipsé du domicile conjugal. En partant, il a promis à Mileva de lui abandonner la garde de ses deux fils et l'argent du Nobel qu'il n'a pas encore. En 1922, Einstein débarque à Paris au bras de sa cousine Elsa, sa seconde moitié. Sa venue, au lendemain de la guerre, soulève une vive polémique. *Le Journal du peuple* se réjouit de la visite du cerveau, appelant de ses vœux la création d'« une Internationale de la science et de la pensée ». Mais les théories de la relativité suscitent la méfiance de ce côté-ci du Rhin. Sont-elles seulement compatibles avec l'esprit français ? *L'Intransigeant* dresse un portrait franchement antisémite du savant : « Le type sémite de ce visage bouffi au teint terreux et huileux, le perpétuel et léger sourire qui flotte, tout cela, il faut bien le dire, déroute et contrarie. » La presse se déchaîne : « Aucune nation ne saurait grandir en dehors du temps et de l'espace : l'idée de patrie se compose d'une foi absolue en la réalité de cette double mesure. » Mais, dès sa première conférence au Collège de France, le 31 mars, Einstein a conquis Paris, et surtout les Parisiennes, qui ne jurent plus que par la relativité. Les physiciens, eux, restent sur leur réserve. Ils cherchent, sur terre comme au ciel, des preuves irréfutables et les amassent une à une. Soixante-dix-sept ans plus tard, l'univers entier, sauf peut-être Mileva dans sa tombe, crie : « Albert avait raison ! »

Anna Alter

SIGMUND FREUD
(1856-1939), PSYCHANALYSTE
« NON » À L'HÉRITAGE CARTÉSIEN

Jusqu'au début de notre siècle, la philosophie et les sciences humaines pouvaient douter de tout, mais pas de la conscience de l'homme qui fondait son existence. Le *cogito* cartésien était un bastion imprenable. Les théories de Freud ont balayé ces belles certitudes en établissant le rôle de l'inconscient dans notre vie : la raison était, en fait, fondée sur des sables mouvants. « L'humanité a toujours su qu'elle avait de l'esprit, disait-il, il m'appartenait de lui montrer qu'elle a aussi de l'instinct. » Ses révélations sur la fonction des rêves, la découverte du complexe d'Œdipe et l'affirmation que les enfants, images de la pureté, étaient en fait des « pervers polymorphes », lui valurent les pires insultes et quolibets de la part de moralistes et de philosophes. La révolution psychanalytique était dans l'air depuis quelques années, mais il fallait la venue d'un héraut qui saurait affronter les préjugés et les simplifications réductrices de détracteurs qui ne voyaient dans la psychanalyse que de la pornographie déguisée, pour que l'humanité remodèle la formule cartésienne : je rêve, donc je suis.

O.M.

LÉON GAMBETTA
(1838-1882), AVOCAT
« NON » À L'ORDRE MORAL

Pauvre Gambetta ! Interrogez un quelconque quidam sur les états de service du fondateur de la IIIe République, et il demeurera désespérément sec. Le nom lui est familier, car le gros Léon est, dans son genre, un recordman. Pas une ville ou presque qui ne possède au moins une impasse à son nom. Pour le reste, notre badaud imaginera un dignitaire radical, familier des banquets, des comices agricoles et des intrigues ourdies à la buvette de l'Assemblée. Une sorte de Charasse ou de Monory avant la lettre. Rien à voir avec le jeune avocat aux yeux de braise, défenseur des opposants à Napoléon III, qui avait la passion de la démocratie. Qui sait aussi que ce « Français de préférence », fils d'un immigré génois, joua, en 1871, le même rôle que de Gaulle en 1940 ? « Au bout de la route, il y a la gloire d'avoir su refuser l'abaissement et la trahison », disait le Général, du fond de l'abîme. Gambetta exhorte pareillement ses partisans lorsqu'il entreprend de lever, face aux Prussiens, une armée de francs-tireurs. Tel Saint-Just à Jemmapes, il galvanise la troupe et refuse toute compromission avec l'envahisseur. Ce n'est pas sa faute si les meilleures unités de l'armée française demeurent claquemurées dans les places fortes de l'Est. Après la défaite, il s'emploiera à populariser l'idée républicaine dans les campagnes, demeurées monarchistes par peur des « partageux ». Homme de cœur, il ne cessera de militer pour l'amnistie des communards.

JEAN GENET
(1910-1986), ÉCRIVAIN
« NON » À L'ORDRE MORAL

Il y a un malentendu tenace autour du cas Jean Genet : promu révolté en chef dès l'immédiat après-guerre – contre l'ordre sexuel, l'ordre moral, l'ordre tout court –, l'écrivain et homme de théâtre à qui Jean-Paul Sartre vouait un culte sans limites était aussi révolté contre la révolte. L'auteur de *Notre-Dame-des-Fleurs*, du *Journal du voleur* et surtout des *Nègres*, du *Balcon* et des *Paravents* n'a jamais rien voulu changer. Ni le système, ni la nature humaine, ni surtout lui-même. Toute sa vie, il s'est employé à sublimer le vice, la perversité, la trahison, bref, ce que l'homme porte de plus noir en lui.

Aucun engagement, politique ou philosophique, dans ce nihilisme tous azimuts : simplement, l'envie irrépressible de se servir de la littérature pour métamorphoser le démon en ange. « J'ai écrit mes livres, dira-t-il, pour le goût des mots, pour le goût des virgules, même de la ponctuation, par goût de la phrase. » Ses engagements divers – pendant les événements de 68, pour les Palestiniens, pour l'homosexualité – n'ont servi qu'à lui fournir la matière première de son œuvre. Sa façon à lui de dire « oui » au pire, au vil, à l'innommable, sans souci de promouvoir une quelconque nouvelle morale à rebours. Seul lui importait le résultat de cette transmutation des valeurs dans son œuvre. L'important, c'était la littérature. Le reste n'était que de la vie. C'est-à-dire rien.

Bernard Monot

ANDRÉ GIDE (1869-1951) ET
ANDRÉ BRETON (1896-1966), ÉCRIVAINS
« NON » À LA RÉVOLUTION TRAHIE

Il peut sembler étonnant, pour ne pas dire artificiel, de rapprocher les deux noms d'André Gide et d'André Breton. Leurs parcours intellectuels ne sont en effet en rien semblables. Mais tous deux partagent cette particularité d'avoir été un temps attirés par le communisme avant d'en rejeter la doctrine. Breton, grand admirateur de Trotski – qu'il rencontrera en 1939 à Mexico –, adhère au parti communiste dès 1927 et s'engage dans l'action politique. Gide, lui, guidé par l'altruisme, est séduit, mais s'engage à sa manière, sans militantisme ni démonstrativité forcenée. Dans *Retour de l'URSS*, écrit en revenant de chez les Soviets en 1936, il donne un témoignage lucide, parfois bouleversant, sur les coulisses du paradis rouge. Breton, plus agité, a pris ses distances un an plus tôt, en 1935, au terme d'une longue série de coups d'éclat au cours desquels le pape du surréalisme a dénoncé les aberrations d'un système auquel il s'en voulut d'avoir cru.

Y.M.

JACQUES GLASSMANN
(NÉ EN 1962), FOOTBALLEUR
« NON » AU FOOT CORROMPU

Grand et rigide, tête de mule d'Alsacien et honnête homme, drôle de race dans ce foot qui se débride, dont Bernard Tapie est le prophète en cette année 1993. Tapie, le boss, le flambeur, patron de l'Olympique de Marseille, qui va remporter dans quelques jours une coupe d'Europe, la première du football français.

Il a de drôles de méthodes, pourtant, le grand OM, et Glassmann tombe des nues. À quelques jours d'un match entre son club, Valenciennes, et Marseille, le voilà contacté, cajolé, on lui fait une proposition qu'il ne peut pas entendre : laisser filer le match, laisser gagner l'OM, en échange d'une coquette somme. Son univers bascule. Glassmann voit deux coéquipiers, Christophe Robert et Jorge Burruchaga, deux talentueux, deux doués – Burruchaga, champion du monde avec l'Argentine en 1986 – prêts à marcher dans la combine. Il n'est pas doué, lui, Glassmann, footballeur moyen, moins de talent, mais plus d'honneur. Le soir du match, il craque, balance l'affaire, et provoque ainsi la chute de Tapie. Celui qui dit la vérité, il sera exécuté...

À l'exception notable du patron de la Ligue nationale, Noël Le Graët, le football profond préfère l'OM à la justice. Glassmann, surnommé Monsieur Propre – un surnom méprisant –, est moqué, bafoué, vilipendé. Didier Deschamps, alors capitaine de l'OM, futur capitaine des champions du monde français, dira une série de choses pas bien malignes sur Glassmann à qui il ne serrerait pas la main, et sur le linge sale qu'on lave mieux en famille. Oublié aujourd'hui, Jacques Glassmann a pourtant sauvé le foot.

C.A.

KURT GÖDEL
(1906-1978), MATHÉMATICIEN
« NON » À LA CERTITUDE LOGIQUE

Le plus important de tous les mathématiciens du XXe siècle est, sans conteste possible, le logicien américain d'origine autrichienne Kurt Gödel, puisque, contrairement aux génies précédents, il ne s'est pas contenté de clamer son « non » : il l'a démontré. Il a démontré, en effet, que la certitude en mathématiques était impossible et que la logique ne serait jamais capable de prouver toutes les vérités logiques. Le théorème de Gödel, en 1931, fit un bruit énorme et continue de fasciner chercheurs et étudiants. Il a remis en question le fondement même des mathématiques : à cause de lui, en effet, tous les mathématiciens sont condamnés à travailler dans le doute, voire dans l'erreur, puisqu'il n'existe aucun moyen sûr de savoir qu'ils ne se trompent pas, que leurs découvertes, autrement dit, sont vraies. La plupart d'entre eux préfèrent donc ignorer et mépriser les résultats de Gödel pour continuer à travailler tranquillement.

Y.M.

WITOLD GOMBROWICZ
(1904-1969), ÉCRIVAIN
« NON » À TOUS LES CONFORMISMES

La liste est longue de tout ce à quoi Gombrowicz a dit « non » dans sa vie. D'ailleurs, on peut se demander à quoi il n'a pas dit « non » : « non à la dictature des politiques, « non » à celle des modes culturelles. Il a dit « non » à son temps, puisqu'il était toujours en avance de quelques années sur celui-ci. Il a essayé de dire « non » à la mort, en chantant notamment le drame de vieillir. Il a dit « non » aux habitudes, en quittant sa Pologne natale pour passer vingt-quatre années d'exil en Argentine où il a bâti cette œuvre qui dit « non » aux lieux communs, aux certitudes, au beau style, aux conventions, aux obligations morales de toutes sortes. Il a dit « non » à tout, sauf à lui-même, et c'est ce qu'il est resté jusqu'au bout.

Y.M.

JULIEN GRACQ
(NÉ EN 1910), ÉCRIVAIN
« NON » AU GONCOURT

En refusant, en 1951, le prix Goncourt pour *Le Rivage des Syrtes*, Louis Poirier, de son nom de plume Julien Gracq, professeur d'histoire géographie au lycée Claude-Bernard à Paris, inflige à l'institution littéraire par excellence un camouflet dont elle ne s'est pas tout à fait remise. C'est pourquoi, désormais, le Goncourt, c'est un peu comme la Légion d'honneur : on vous demande si vous en voulez bien. Tout le monde veut. Sauf Gracq. Les jurés auraient dû lire attentivement son essai, paru l'année d'avant, *La Littérature à l'estomac*. Ils auraient pu y prendre le pouls de son aversion pour toutes les chapelles d'écrivains prospérant dans l'après-guerre et de son mépris pour tout ce qui ne constitue pas l'art d'écrire au plus haut sens. Il ne s'est jamais départi de cette radicalité un peu hautaine, fruit singulier de sa fréquentation distante du surréalisme et d'une exigence d'ordre classique. Son phrasé ne se compare à nul autre, à la fois surveillé et emporté. Gracq, sûr de rester, s'avère pour longtemps sans égal dans sa sphère.

J.-P. L.

HANNIBAL
(247-183 AV. J.-C.), CHEF D'ÉTAT
« NON » À L'EXPANSIONNISME ROMAIN

L'expansionnisme et l'ambition sans limites de Rome étaient une menace mortelle pour Carthage. La seule existence de Carthage parut bientôt insupportable aux Romains. D'où un duel à mort, étalé sur cent vingt ans. Entre les deux villes, la balance n'était pas égale : la première industrie de Rome était la guerre, tandis que Carthage ne connaissait que le négoce et s'en remettait à des mercenaires pour la défendre. Seuls les Barca, Hamilcar, Hannibal, Hasdrubal, avaient compris que leur cité était condamnée si elle ne se dotait pas d'institutions démocratiques et d'une armée nationale.

Rome l'emporta en trois manches gagnantes, généralement appelées « guerres puniques ». La deuxième fut la plus disputée. Le génie militaire d'Hannibal en rendit longtemps l'issue incertaine. Pourtant, ce n'est pas le vainqueur du Tessin et de Cannes qui paraît le plus admirable, mais le vaincu de Zama qui, banni, trahi, traqué, sans argent, sans appui, sans espoir, poursuivait le combat contre l'hégémonie et dont le nom – le « non » – seul faisait encore trembler Rome.

D.J.

JIMI HENDRIX
(1942-1970), MUSICIEN
« NON » AU ROCK PLAN-PLAN ET À LA GUERRE DU VIÊTNAM

Mort à trente-huit ans après avoir avalé son cocktail habituel alcool-barbituriques, le chanteur et guitariste noir mâtiné cherokee Jimi Hendrix a réussi en un temps record – de 1966 à 1970, année de sa disparition – à chambouler complètement les schémas traditionnels de la musique rock. Usant et abusant de son instrument comme d'un symbole phallique, d'une *machine gun* – c'est le titre d'un de ses plus célèbres morceaux –, le léchant, le mordant, le déchiquetant, le brûlant même en scène, il a monté un cirque hystérique où il a dénoncé notamment l'une des ignominies de l'époque, la guerre du Viêtnam.

De Newport à l'île de Wight en passant par Woodstock, Hendrix a été de tous les orages qui ont éclaté dans le ciel du rock. À chaque concert, il arrivait comme le vent et frappait comme la foudre. C'est qu'il savait qu'à trop tirer sur sa six-cordes électrique il y aurait, un jour ou l'autre, cassure ou court-circuit. Et qu'il y laisserait sa vie. Mais pas sa renommée : près de trente ans après sa mort, Jimi le déjanté, l'idole des GI du Viêtnam, le novateur rétif à toutes les modes, continue à faire des étincelles.

B.M.

L'ÉQUIPE DE FOOT DE HONGRIE
(1956)
« NON » AU JOUG SOVIÉTIQUE

On l'appelait « l'équipe en or »...

L'histoire de la grande équipe nationale de football de Hongrie se confond avec celle du pays tout entier. Dans les années d'après guerre, un club dominait outrageusement le championnat hongrois : le Honved, le club de l'armée. À l'époque, le Parti et le ministère de la Défense avaient exigé que, pour le renforcer, on pillât toutes les autres équipes du pays. Et malheur à ceux qui voulaient partir monnayer leurs talents à l'étranger ! Szücs, l'arrière de l'équipe, fut arrêté à la frontière allemande et condamné à mort. Puskas et Boksis, les deux stars du club, tentèrent bien d'intercéder en sa faveur auprès du ministère de la Défense. En vain. Il avait été pendu à l'aube. Le Honved constituait l'armature de l'équipe nationale de Hongrie, qui devint championne olympique en 1952 en battant en finale la Yougoslavie de Tito. Aucun Ronaldo du monde n'arrivera jamais à la cheville de ces onze génies du ballon rond. Leurs noms ? Puskas, le buteur, surnommé « le major galopant » ; Kokcis, baptisé « Tête d'or » ; Boksis, le député footballeur, lumineux arrière central ; Hidegkuti, stratège de l'équipe et poète de la passe décisive ; Csibor, le fantasque ailier gauche, baptisé « le Fou » ; Lantos, le géant au pied gauche magique ; Loránt, « le Brigand » ; Budzanski, « le Roc », et Budaï, le chic type, et Zakarias, et ce gardien, Groszic, qu'on appelait « la Panthère noire ».

Ils étaient des héros de légende, capables de faire mordre la poussière aux impérialistes anglais (7 à 1, le 22 mai 1954 au Nepstadion de Budapest !). Les meilleurs footballeurs du monde, tout simplement. Invaincus pendant quatre ans... jusqu'à ce match scandaleux, injuste, contre l'Allemagne, un 4 juillet 1954 de triste mémoire, en finale de Coupe du monde à Berne, en Suisse : 2 à 2, à quelques minutes de la fin. Une pluie battante, un terrain boueux favorable aux chevaux de trait allemands, pas aux artistes hongrois. Et puis la malchance, quatre tirs sur le poteau, trois sur la barre. Et ce but allemand hors jeu : 3 à 2. Et cette égalisation hongroise juste avant le coup de sifflet final, refusée par l'arbitre, on ne saura jamais pourquoi. La Hongrie ne sera jamais championne du monde. Pour le régime, c'est un mythe qui s'effondre. Groszic, le gardien, sera même accusé de haute trahison. Le 23 septembre 1956, Csibor, « le Fou », marque à la quatre-vingt-septième minute le but victorieux contre l'URSS. Sur le terrain, l'ours soviétique capitule. Un mois plus tard, ses chars écraseront dans le sang l'insurrection hongroise à Budapest. En décembre, le régime demande à ses footballeurs, en tournée à l'Ouest, de revenir au pays. Certains rentrent pour revoir leur famille. D'autres non, qui ont réussi à faire passer femme et enfants de l'autre côté du Mur. Parmi eux, Kokcis et Puskas.

Ces onze footballeurs, ni traîtres, ni lâches, ni déserteurs, n'ont fait que leur métier, jusqu'au bout, pour l'honneur de leur peuple, martyrisé par dix années de dictature.

L.N.

LES IMPRESSIONNISTES
(1863)
« NON » À L'ART OFFICIEL

En cette année 1863, le Salon officiel refusa trois mille œuvres picturales sur cinq mille. Ces artistes recalés fondèrent le Salon des refusés. Napoléon III donna son accord, « voulant laisser le public juge de la légitimité des réclamations ». Trois mille tableaux ornèrent les murs de cette exposition politiquement incorrecte. Manet et Courbet, « les plus refusés des refusés », râlèrent de se voir placés à côté d'artistes médiocres. Et le public, conservateur, donna raison au jury du Salon officiel ! Qu'importe : la rupture entre l'art moderne et l'académisme était consommée. L'École impressionniste, qui commença réellement à se manifester en 1874, avait posé les bases de la révolte.

Sophie Lesort

ALEXANDRE JACOB
(1879-1954), ANARCHISTE
« NON » AUX CURÉS, AUX JUGES ET AUX MILITAIRES

Alexandre Jacob est un cas à part dans la sombre saga des anarchistes français. Ce Marseillais, engagé dès l'âge de dix ans comme mousse sur un bateau au long cours – ce qui lui fait découvrir les pans les moins présentables de la condition humaine –, devient typographe à son retour. Son recyclage le met en contact avec les milieux anarchistes parisiens qui ont colonisé les métiers de l'imprimerie. Et lui donne l'occasion de potasser les ouvrages de Kropotkine, l'imprécateur du mouvement libertaire. Il s'improvise tout naturellement voleur de bourgeois. Mais pas n'importe lesquels : ecclésiastiques, magistrats et militaires de haut rang sont ses cibles uniques. Et, en bon militant, il reverse aux journaux anarchistes ce qu'il n'a pas investi dans l'achat de matériel performant capable de forcer les portes ou d'ouvrir les coffres-forts. Arrêté en 1903 avec ses complices après une fusillade qui fait un mort, Jacob se distingue lors du procès en improvisant un vibrant éloge de la « reprise individuelle » et en ridiculisant les juges d'assez plaisante façon. Expédié à perpète aux îles du Salut, il voit sa peine réduite à la suite de la campagne d'Albert Londres contre la « barbarie » des bagnes. Libéré en 1928, il se retire dans une petite maison de Bois-Saint-Denis où il tient toujours table ouverte et litron débouché pour ses amis. Revenu de tout – sauf d'un amour tardif avec une jeunette –, il se suicide le 25 août

1954, laissant le souvenir d'un juste n'ayant jamais trahi son idéal. Le contraire, en somme, d'un Bonnot qui a confondu guerre aux riches et gangstérisme caractérisé au risque de tacher pour longtemps les plis du drapeau noir.

B.M.

JÉSUS-CHRIST
(V. 4-5 AV. J.-C. – V. 28-29)
« NON » AUX MARCHANDS ET AUX PRÊTRES

Les apôtres le sentent hésiter depuis quelques jours : Jésus-Christ douterait-il ? Il part s'isoler au jardin des Oliviers, d'où il redescend avec une détermination renforcée. Il va à Jérusalem, y pénètre un jour de marché. Un à un, il tire les draps des achalandages, se rend au Temple, renverse benoîtement les étalages installés sur les marches sacrées. La crucifixion est dans ce geste, les siècles suivants nous le confirment : a-t-on jamais vu qu'on s'en prenait impunément aux intérêts ?

Les hommes ne pensent qu'à ça, c'est ce qui les fait grouiller ensemble. Aussi le Christ, voyant un riche passer sur les remparts, avertit qu'à ceux-là les portes des cieux seront fermées. Propos à visée consolatrice pour les pauvres ? Pas seulement. Réactualisons le propos : on a mieux à faire qu'à perdre sa vie à la gagner. Nos richesses, nous ne les emporterons pas avec nous ; nos plaisirs, oui. Et nos méditations sur l'énigme du monde, que certains, dont le Christ, appellent Dieu.

Dieu, justement : Jésus-Christ entre au Temple. Là, ce sont les prêtres qu'il affronte, dans une discussion sur l'Ancien Testament. Le jeune théologien rebelle leur dame le pion et annonce une loi nouvelle : chaque homme est dépositaire de la volonté universelle – divine, dit-il –, le péché devient mépris de l'autre. Cette idée, si révolutionnaire qu'elle méritait bien un Chemin de croix, fera le tour de la planète, jusqu'aux droits individuels de l'homme.

J.-Ph. D.

JUAN CARLOS
(NÉ EN 1938), ROI D'ESPAGNE
« NON » AUX PUTSCHISTES

« Tout le monde à terre ! » Le 23 février 1981, le lieutenant-colonel de la Garde civile Tejero et ses hommes font irruption dans les

Cortès, le Parlement espagnol. Les députés sont pris en otages, les chars des militaires nostalgiques de la dictature sortent dans les rues. Le roi Juan Carlos, qui a hérité du pouvoir des mains de Franco à sa mort en 1975, mène avec peine la transition démocratique : le terrorisme basque fait rage, l'économie est en crise. Dans la nuit du 23 février, il affirme, une fois pour toutes, son autorité lors d'un bref discours télévisé, appelant à l'unité du pays autour de la Couronne et intimant l'ordre aux factieux de rendre les armes. Ce fut fait le lendemain.

Fred Royer

JUGURTHA
(V. 160-V. 104 AV. J.-C.), ROI
« NON » AU COLONIALISME

Ayant hérité d'une partie de la Numidie – à cheval sur l'Algérie et la Tunisie actuelles –, Jugurtha entreprit de s'agrandir aux dépens de ses cousins. Alliés, c'est-à-dire vassaux, de Rome, ceux-ci firent appel à leur protectrice. Que faire quand on est le plus faible ? Recourir à d'autres moyens que ceux de la guerre. Jugurtha acheta les commissaires de la République, ses généraux, ses élus. Contraint, il prit les armes et battit une armée romaine. Puis il prit le maquis. Il tint en échec pendant treize ans son puissant adversaire. Le Maghreb contemporain honore ce pionnier de la lutte anticoloniale.

D.J.

LES JUIFS DE MASSADA
(66-73)
« NON » À LA SERVITUDE

De la forteresse de Massada, plantée au sommet d'un plateau imprenable, sur la rive occidentale de la mer Morte, il ne reste plus aujourd'hui que quelques vestiges livrés aux appareils photo des touristes. Ce fut pourtant le dernier bastion de la résistance juive aux Romains. Sept années d'une guerre terrible (66-73) qui s'acheva par le suicide collectif des derniers défenseurs de la forteresse. La mort plutôt que la servitude.

L.N.

PIERRE CHODERLOS DE LACLOS
(1741-1803), ROMANCIER
« NON » À LA MORALE SEXUELLE

Comment un officier d'artillerie, capitaine dans un régiment de Toul mais détaché sur l'île d'Aix, au large de La Rochelle, pour superviser la construction d'un fort, a-t-il pu écrire de 1779 à 1782 un livre aussi sulfureux que *Les Liaisons dangereuses* ? Où Pierre Ambroise Choderlos de Laclos, militaire de noblesse récente et mari fidèle, condamné toute sa vie à la monotonie de garnisons provinciales, a-t-il trouvé la matière première de ce roman d'une sophistication extrême, censé transcrire les lettres échangées par deux libertins richissimes, la marquise de Merteuil et le vicomte de Valmont ? Mystère.

Ce que l'on sait seulement, c'est que Laclos a donné à la littérature française un brûlot érotique d'une folle audace où les arcanes du désir sexuel sont traités avec une liberté de ton qui fait fi des convenances et de la mode. À sa manière, l'auteur est déjà un révolutionnaire. Il le sera d'ailleurs pour de bon aux côtés du candidat régent Philippe d'Orléans, le cousin de Louis XVI, guillotiné en 1793.

Choderlos de Laclos s'en sortira de justesse et obtiendra de Bonaparte sa réintégration dans l'armée, où il poursuivra une carrière obscure, laissant intacte l'énigme d'un chef-d'œuvre éclatant de modernité.

B.M.

PAUL LAFARGUE
(1842-1911), ÉCRIVAIN, HOMME POLITIQUE
« NON » À LA TYRANNIE DU TRAVAIL

Les régimes communistes – à l'image du capitalisme – ont soumis les citoyens aux « impératifs » de l'économie et fait des stakhanovistes leurs héros vertueux. Tel n'était pas exactement le projet de Karl Marx ni de son gendre Paul Lafargue, auteur du *Droit à la paresse*, brève et cinglante démystification du travail.

Cet aventurier magnifique – né à Cuba, avant de s'illustrer pendant la Commune – ne croyait guère aux vertus de la souffrance, transformée en morale par les pouvoirs, politiques ou religieux. Pour lui, « prêtant l'oreille aux fallacieuses paroles des économistes, les prolétaires se sont livrés corps et âme au vice du travail ». Il faut lire et relire ce chef-d'œuvre d'intelligence et d'érudition. Lafargue s'y réfère à Cicéron : « Quiconque donne son travail pour de l'argent se vend lui-même et se met au rang des esclaves. » Dans la littérature politique, cette prose est l'une des rares qui fassent primer le goût de la vie sur les échafaudages théoriques. Lafargue en tira les conséquences, se suicidant avec sa femme à l'âge de soixante-dix ans pour échapper au naufrage de la vieillesse.

B.D.

JEAN DE LA FONTAINE
(1621-1695), POÈTE
« NON » À LOUIS XIV

La Fontaine a certes vécu parmi les animaux de la forêt, mais il a aussi fréquenté les fauves de la Cour. Lorsque Louis XIV fit arrêter le surintendant Fouquet en 1662, il fut l'un des seuls à protester dans une ode où il réclamait la clémence du roi pour son protecteur. Comme le roseau, il dut plier : il s'exila en province avant de revenir sans avoir rompu son pacte d'amitié avec Fouquet. La Fontaine ne finissait pas seulement ses fables par une morale. Il avait le bon goût de l'appliquer.

O.M.

FRITZ LANG
(1890-1976), CINÉASTE
« NON » AUX PROPOSITIONS NAZIES

Comment, en plein nazisme, un « demi-juif » engagé contre toute forme de dictature a-t-il pu se voir proposer de devenir le « Führer du nouveau cinéma allemand » ? C'est l'aventure inimaginable que connaît Fritz Lang, grand maître de l'expressionnisme. En 1933, l'année de la prise du pouvoir par Hitler, Lang sort *Le Testament du Dr Mabuse*, où il dénonce le terrorisme en vigueur, les vagues de crimes gratuits et le racisme. C'est pourtant à la suite de ce film que Goebbels, fasciné malgré lui par le charme ténébreux qui en émane et qui fait miroir à ses propres fantasmes, offre au réalisateur la direction du cinéma allemand. Ce cinéma est censé diffuser l'image et la propagande du IIIe Reich à l'échelle du monde. Fritz Lang n'hésite pas : sans un sou en poche, sans papiers, il s'exile en France, puis à Hollywood, où il connaîtra la gloire sans faillir à ses principes.

M.A.

LAWRENCE D'ARABIE
(1888-1935), AVENTURIER
« NON » À L'EXPANSIONNISME TURC

Dans le genre rebelle, Thomas Edward Lawrence, dit Lawrence d'Arabie, est un cas à part : c'est l'homme qui a dit « non » à ce qui lui tenait le plus à cœur par respect pour ses supérieurs. Officier des services de renseignement de l'armée britannique, il a largement contribué à organiser et à fédérer les pays arabes afin qu'ils s'opposent, à armes inégales mais victorieusement, à l'expansionnisme turc pendant la Première Guerre mondiale. Une mission qui s'est vite transformée en passion pour cette mosaïque fascinante de pays et de tribus déchirés par les conflits locaux et les révoltes ancestrales. Avec, comme décor, le sable et le soleil du désert où Lawrence a goûté auprès de ses chers bédouins l'indicible félicité de l'âme et du corps.

Il a pourtant quitté ses compagnons arabes la rage au cœur, mission terminée mais passion intacte, afin de laisser les dirigeants de Grande-Bretagne et de France se partager l'Empire ottoman, sans rien laisser ou presque aux Arabes. Le règlement, c'est le règlement : l'officier britannique Lawrence avait obéi aux ordres. Lui restaient la littérature, avec *Les Sept Piliers de la sagesse* – entre autres œuvres –, et la moto : c'est la seconde qui l'a tué.

B.M.

PHILIPPE LECLERC
(1902-1947), MARÉCHAL DE FRANCE
« NON » À LA RÉSIGNATION

Philippe de Hauteclocque, dit Leclerc, s'est distingué par sa résistance précoce aux nazis. Saint-cyrien, le militaire s'évade à deux reprises des geôles de l'ennemi pour continuer le combat. « Nous ne nous arrêterons que quand le drapeau français flottera aussi sur Metz et Strasbourg », avait-il déclaré en 1941, après la campagne de Tunisie. Le ton était donné. Son coup militaire le plus notoire demeure la libération de Paris, le 25 août 1944. La division Leclerc, débarquée d'Angleterre le 1er août, attaque les Allemands de la capitale au prix de combats meurtriers. Le général obtient la capitulation de son homologue allemand, Dietrich von Choltitz. Cette victoire est hautement symbolique : elle est l'œuvre de soldats français, et elle unit dans le combat les résistants intérieurs et les exilés. Leclerc poursuit son épopée en Indochine, avant de périr dans un accident d'avion.

LOUIS LECOIN
(1881-1971), ANARCHISTE
« NON » AU COMBAT

À quinze ans, il se destinait à l'agriculture et rêvait d'une grande carrière militaire. Rien ne laissait alors présager que Louis Lecoin deviendrait l'une des figures pacifistes les plus emblématiques de ce siècle. Militant pour la non-violence dès 1915, ce fervent lecteur de l'anarchiste Kropotkine refuse de prendre part aux combats, ce qui lui vaut d'être emprisonné. *Idem* en 1939. Pendant la guerre d'Algérie, Lecoin entame une grève de la faim qui aboutit à la reconnaissance d'un statut pour les objecteurs de conscience en 1963. Deux ans plus tard, l'exalté édite lui-même son autobiographie, *Le Cours d'une vie*, où, à quatre-vingts ans, il relate ses nombreux procès pour délits d'opinion et ses douze années passées en prison.

Peggy Olmi

SIMON LEYS
(NÉ EN 1935), SINOLOGUE, ÉCRIVAIN
« NON » À MAO ET... AUX MAOÏSTES

Simon Leys incarne la grandeur de l'intellectuel qui doute face au mensonge élevé au rang d'évidence. Certes, il est aisé aujourd'hui de louer le travail de Simon Leys, alias Pierre Ryckmans, sur la Chine, sa clairvoyance et son courage. Mais il y a trente ans, c'était une autre paire de manches. Rares furent ceux qui l'aidèrent dans son entreprise de démystification de la Chine maoïste.

En pleine Révolution culturelle, Simon Leys, soixante-cinq ans aujourd'hui, grand sinologue de nationalité belge, féru de culture classique, qui avait effectué son premier voyage en Chine à l'âge de vingt ans, a su dire « non » aux errances idéologiques des maoïstes germanopratins. « Non », Mao n'était pas « un phare de la pensée humaine », mais un tyran sanguinaire, assoiffé de pouvoir – n'en déplaise à Alain Peyrefitte et à Valéry Giscard d'Estaing. « Non », la Chine n'était pas ce continent mystérieux dirigé par une sorte de poète rêveur, mais bien l'enfer sur terre, où sévissait la plus sanglante des terreurs. « Non », le maoïsme n'était pas ce qu'il y avait de mieux pour les Chinois – *dixit* Philippe Sollers, qui, sur ce point, a depuis longtemps battu sa coulpe.

Pour avoir, avant tout le monde, dénoncé les horreurs de la Chine maoïste, Simon Leys n'a pas craint de se mettre à dos une bonne partie de l'élite intellectuelle française – André Malraux, Roland Barthes et tant d'autres –, du personnel politique de l'époque, droite et gauche confondues, et cette cohorte d'experts certains de détenir la vérité sur la Chine, « ces mammouths de la bêtise qui n'en finissent pas, depuis un quart de siècle, d'étirer leurs pondéreuses caravanes sur les rayons des librairies ».

L.N.

N. LOBATCHEVSKI (1792-1856), J. BOLYAI
(1802-1860), B. RIEMANN (1826-1866) ET
C. FRIEDRICH GAUSS (1777-1855), MATHÉMATICIENS
« NON » À L'ÉVIDENCE EUCLIDIENNE

Jusqu'à il y a cent cinquante ans, on pensait que la géométrie d'Euclide était la seule valable. Il était établi que, par un point situé en dehors d'une droite donnée, on ne pouvait tracer qu'une seule et unique droite parallèle à cette droite. Vers 1820, l'Allemand Gauss, le Hongrois Bolyai et le Russe Lobatchevski disent « non » au conformisme euclidien, et relativisent la portée de cette vérité éternelle, en la remplaçant par un autre postulat des parallèles se dressant contre le sens commun : « Par un point situé en dehors d'une droite donnée, il passe une infinité de droites parallèles à cette droite. » Ils créèrent un nouvel univers, dans lequel une ligne droite épouserait le dessin de deux trompettes accolées l'une à l'autre par le pavillon – monde pseudosphérique. Cette découverte induit que les mathématiques sont indépendantes du « bon sens ». Dans les années 1850, l'Allemand Riemann stipule, lui, que « par un point situé en dehors d'une droite donnée, on ne peut mener aucune parallèle à cette droite donnée ». Ce qui, là encore, va à l'opposé du sens commun : dans ce monde, une ligne droite devient un arc de cercle. Einstein utilisera cette géométrie pour montrer la courbure de l'espace-temps de l'univers à proximité des objets massifs.

Y.M.

MARTIN LUTHER
(1483-1546), THÉOLOGIEN
« NON » AU PAPE

Les quatre-vingt-quinze thèses de Martin Luther, écrites en 1517, marquèrent le début de la Réforme, et le plus grand mouvement de contestation jamais observé au sein de la chrétienté occidentale. Pour ce moine augustin, le salut des croyants ne dépend que de la volonté de Dieu. Les élus sont touchés par la grâce sans raison explicable : les chrétiens sont égaux devant Dieu. Tout excès de zèle est donc superflu. Les bonnes œuvres, le trafic des indulgences – ces billets que vendait l'Eglise pour obtenir une place au paradis –, la hiérarchie cléricale, le fonctionnement de l'Eglise catholique, tout cela ne sert donc à rien. Mis au ban de Rome par le pape Léon X, qui ne vit en Luther qu'un barbare notoire, condamné par la Sorbonne, par les facultés de Cologne et de Louvain, puis par la bulle papale du 15 juin 1520, il acheva sa dissidence en affirmant : « Nous sommes tous des prêtres, pour autant de chrétiens que nous sommes. » (*Manifeste à la noblesse chrétienne de la nation allemande.*) Il instaura l'idée d'indépendance au sein de la foi, mais aussi la démocratie religieuse, le système presbytéral, en un mot, l'armature théologique de la religion protestante.

C. D.-M.

MARTIN LUTHER KING
(1929-1968), PASTEUR
« NON » AU RACISME

Martin Luther King, pasteur baptiste américain, docteur en théologie, restera à jamais, comme martyr, le symbole de la lutte des Noirs pour leurs droits civiques et pour l'égalité au sein de l'Amérique. En 1957, il fonde, aidé par ses exceptionnels dons d'orateur, la Conférence des leaders chrétiens du Sud et s'attaque à la ségrégation, s'inspirant de l'exemple de Gandhi, prônant la non-violence. En 1963, il « fait un rêve » dans un discours devenu aussi célèbre que celui de Kennedy à Berlin ou d'Urbain II lançant les Croisades. Son obsession restera l'égalité raciale et, après son prix Nobel en 1964, le pacifisme sous toutes ses formes – il condamne sévèrement la guerre du Viêtnam – et la lutte contre la pauvreté. Une partie des militants radicaux noirs, se réclamant notamment de Malcolm X, le trouvent néanmoins trop mou envers les Blancs. Le 4 avril 1968, un Blanc l'assassine à Memphis.

Y.M.

NESTOR MAKHNO
(1889-1935), ANARCHISTE
« NON » AU TSARISME ET À LA TERREUR ROUGE

Non au tsarisme, « non » aux armées blanches, « non » à la terreur fasciste et antisémite, « non » au retour du despotisme ancien. Mais également « non » à l'horreur de la Tcheka, à la terreur rouge, au régime d'arbitraire et d'oppression qu'instaurent Lénine et Trotski. Ce que veut Nestor Makhno, c'est l'abolition de l'Etat, le partage des terres, tout le pouvoir aux conseils d'ouvriers et de paysans, le bonheur ici et maintenant, bref, le communisme utopique. Après avoir vainement essayé de réduire ce dangereux utopiste comme il l'a fait des marins de Kronstadt, le pouvoir bolchevique se résigne à reconnaître la légitimité de la « makhnovchtchina », dont le territoire s'étend sur la moitié de l'Ukraine. Les bandes de Makhno jouent un rôle décisif dans la défaite des armées blanches. Koltchak, Wrangel et Denikine éliminés, le tour de Makhno ne tarde pas. Le chef révolutionnaire et ses partisans calomniés, liquidés, les assassins de la mémoire effacent jusqu'à son souvenir. Aucune trace, dans les dictionnaires, de la seule expérience communiste populaire tentée au XXe siècle en Russie.

D.J.

MALCOLM X
(1925-1965), HOMME POLITIQUE
« NON » AU POUVOIR BLANC

Que s'est-il passé entre la naissance de Malcolm Little, le 19 mai 1925, septième enfant d'un couple de Noirs d'Omaha (Nebraska), et sa prise en charge par des Blancs de Lansing (Michigan) qui le fêtent comme leur propre fils quand il rentre de l'école locale avec les meilleures notes et les félicitations des professeurs ? Presque rien : la maison familiale des Little a été incendiée par les cagoulés du Ku Klux Klan, le père de Malcolm, pasteur baptiste, a été assassiné et sa mère est devenue folle. Jusqu'à la fin de son adolescence, ce premier de la classe va enfouir ce passé tragique au fond de sa mémoire. Jusqu'au moment où il s'aperçoit que ses diplômes ne lui permettent pas d'accéder à la réussite sociale : pour s'insérer dans l'élite américaine, il faut d'abord montrer patte blanche. Malcolm s'essaie à la délinquance, ce qui lui vaut sept ans de prison en 1946. Au contact de ses codétenus noirs, il se convertit à l'islam et s'enrôle chez les *Black*

Muslims, dont il devient rapidement le leader, avant de créer l'Organisation de l'unité afro-américaine.

Jetant aux orties son patronyme de Little – doublement péjoratif à ses yeux parce que signifiant « petit » et jadis octroyé à ses ancêtres par les Blancs –, il devient Malcolm X, chantre d'une nouvelle philosophie tentant de concilier la fraternité genre « United colors » et la violence, seule capable de l'imposer aux Blancs racistes. Il se lance dans des campagnes rugueuses où ses discours de plus en plus intransigeants en faveur d'une application stricte des droits civiques, théoriquement accordés aux Noirs en 1964 mais pas du tout respectés dans les États du Sud, finissent par exaspérer les proches des illuminés du Klan qui ont anéanti sa famille. Le 21 février 1965, il est assassiné à New York, juste après avoir prôné l'instauration d'un « pouvoir noir ». Ce *black power*, les héritiers de Malcolm X, les *Black Panthers*, le revendiqueront à leur tour avant d'être supplantés par des ultras encore plus radicaux dont le chef, Muma Abu Jamal, appelle à l'insurrection des Noirs. Entre-temps, Martin Luther King, le leader des Afro-Américains modérés, est lui aussi tombé sous les balles d'un tueur. Malcolm X le méprisait pour sa tiédeur. Mais leur double disparition a occulté les différences et convaincu leurs disciples respectifs que seule la violence noire viendrait à bout de la violence blanche. Un effrayant bilan qui n'a pas fini de véroler l'Amérique.

B.M.

NELSON MANDELA
(NÉ EN 1918), HOMME POLITIQUE
« NON » À L'APARTHEID

Combien d'années perdues, volées, ce corps en pleine santé, ce corps d'athlète aux joues pleines, ancien boxeur amateur, bel homme en vérité, mais retiré à la vie pour avoir voulu se battre pour les siens, pour la liberté. Nelson Mandela, prince xhosa, juriste anglophone, politicien moderne, incarnation de l'ANC, l'African National Congress, le bras du peuple noir sud-africain. En 1964, il est arrêté, jugé. Il harangue le tribunal au nom de la dignité de l'homme. Il est condamné à la prison à vie. Il a quarante-six ans. Matricule 466/64. Prisonnier sur l'île de Robben, au large du Cap. « Vous avez de la chance, Mandela, vous pourrez voir le ciel et la mer », lui a dit un garde-chiourme galonné. Il va rester prisonnier vingt-six ans, avant d'être libéré, en 1990, par l'État sud-africain à bout de souffle : les geôliers se sont rendus à leur prisonnier. Les dernières années de sa détention, les maîtres de l'apartheid le font extraire de sa cellule pour discuter avec lui, parler politique, avenir, s'il en est un. En 1990, Mandela, enfin libre, joues creusées, cheveux blanchis, silhouette de vieillard digne, solide, maigri, le regard malicieux, garde en son cœur une conviction absolue : seule la démocratie sera porteuse d'avenir, la vengeance est une catastrophe. Dans son autobiographie, il confesse avoir été un admirateur de la démocratie anglaise. Il le prouve. Il parle, rencontre, apaise, séduit : son peuple, mais aussi les Blancs, les leaders du Parti national – le parti de l'apartheid – et des militaires inflexibles, pétris de tant d'années d'orgueil et de paranoïa afrikaner, tel le général Viljœn, chef d'une droite dure avec lequel il conclut un pacte. À peine libre, il est déjà le chef du pays. Il faut attendre 1994, les premières élections démocratiques, pour que cette évidence devienne réalité juridique. Mandela, élu président de la nouvelle Afrique du Sud, adulé du peuple noir, garantie du peuple blanc, célébrant dans la foulée le titre mondial des Springboks – le rugby, sport symbole de l'arrogance blanche – puis la victoire des footballeurs – héros des foules noires –, a réussi la paix. Sa paix.

C.A.

BENOÎT MANDELBROT
(NÉ EN 1924), MATHÉMATICIEN
« NON » À L'ÉVIDENCE DIMENSIONNELLE

Avec sa théorie des fractales, élaborée au milieu des années 70, le mathématicien français d'origine polonaise Benoît Mandelbrot, travaillant au centre de recherche Watson d'IBM, à New York, a, contre le sens commun, dit « non » à un univers composé de dimensions exprimées par des nombres entiers – 1, 2, 3... –, pour montrer qu'il était mathématiquement possible de définir des objets de dimension fractionnaire – c'est-à-dire de dimension 1,5 ou 2,8 par exemple –, en suivant très précisément leurs contours. Le principe ? Grosso modo, la côte bretonne n'est pas la même vue d'avion que suivie millimètre par millimètre par un escargot. Le calcul de la dimension ne saurait donner le même résultat pour les deux observateurs. Mais les fractales, dans leur expression finale, ne doivent plus rien au point de vue de l'observateur et ce, quelle que soit son importance – microscopique, macroscopique, subatomique... Économistes, géographes, astrophysiciens, informaticiens, géologues et même artistes utilisent la théorie de Benoît Mandelbrot.

Y.M.

MITHRIDATE
(V. 132-63 AV. J.-C.), ROI
« NON » À ROME ET AU POISON

Héritier du royaume de Pont, dont il fit un temps l'État le plus puissant d'Asie Mineure, et sixième souverain à porter ce nom, on l'appelle le Grand bien qu'il ait perdu les trois guerres qu'il engagea contre Rome – il avait réussi à soulever la Grèce elle-même contre le joug romain, mais fut finalement vaincu par Pompée. Si son souvenir mérite de rester, ce n'est pas seulement pour avoir inventé la « mithridatisation » en habituant son organisme à tolérer des doses croissantes de poison – ciguë, belladone, digitale, arsenic –, mais parce qu'en ce prince raffiné qui refusait de s'incliner devant la force brute palpitait l'ultime flamme d'une civilisation – l'hellénisme – qui ne voulait pas mourir.

D.J.

FRANÇOIS MITTERRAND
(1916-1996), HOMME POLITIQUE
« NON » À DE GAULLE

Il avait dit « oui » à tout : à Vichy, à la Résistance, à la droite puis à la gauche, à la IVe République, à l'Algérie française... De 1944 à 1956, il avait été membre de bien des gouvernements. Il était programmé pour devenir le Premier ministre, forcément éphémère, d'un gouvernement du centre, quand, le 13 mai 1956, un coup d'Etat militaire à Alger provoqua l'effondrement du régime et le retour du général de Gaulle. Et, alors que toute la droite, les radicaux, la majorité des socialistes, le pouvoir économique, financier et intellectuel, la France entière, se rallient au grand homme qui se présente en sauveur, lui, François Mitterrand, avec Mendès France et une poignée d'irréductibles, lui, l'homme de toutes les compromissions et de tous les arrangements, il dit « non ».

Dans ce « non » qui le rejette hors de la sphère du pouvoir, qui transformera l'enfant gâté en paria et le dandy en tribun, il se maintiendra et se fortifiera pendant vingt-trois ans. Il lui devra tout, y compris ses résurrections après plusieurs naufrages. Ce seul « non » lui ouvrira la porte du pouvoir. Pour quatorze ans. Mais, jusqu'à sa mort, il devra se battre contre les fantômes accusateurs de tous ses anciens « oui ».

MOLIÈRE
(1622-1673), AUTEUR DRAMATIQUE ET COMÉDIEN
« NON » AUX DÉVOTS

Molière, pour être auteur, n'en fut pas moins homme et son écriture devait servir à d'autres fins que le simple divertissement du public. La comédie se devait aussi de participer aux combats de son temps. En 1664, à peine sorti d'une polémique autour des *Femmes savantes* et d'une accusation d'inceste après son mariage avec Armande Béjart, Molière écrit *Tartuffe*, où il s'attaque au pouvoir religieux et, en particulier, à celui des dévots de la Compagnie du Saint-Sacrement, soutenue par la reine mère et tolérée par Louis XIV.

Il ne supporte pas cette inquisition insidieuse qui manipule l'opinion et vise le pouvoir en recrutant ses membres dans les plus hautes sphères de la société. Dans sa pièce, il fustige l'hypocrisie, « ce vice à la mode », le sectarisme de cette compagnie et des directeurs de conscience qui prétendaient régenter les âmes et diriger les cœurs. Il fallait de l'audace pour écrire contre l'Église, l'institution la plus puissante d'une société qui reposait sur le pouvoir divin. Molière l'a fait, au risque de mettre en péril sa troupe et d'être accusé d'impiété.

Sa pièce fera scandale et sera interdite après une première représentation à Versailles, victime de la cabale des dévots. Mais, soutenu discrètement par le roi, Molière continuera son combat. Il lui faudra attendre cinq années pour qu'enfin son *Tartuffe* soit représenté et qu'il sorte vainqueur de sa lutte contre l'oppression religieuse. Cinq années pour que naisse un genre nouveau en France : la comédie politique.

O.M.

JEAN MONNET
(1888-1979), ÉCONOMISTE
« NON » AU NATIONALISME

Ennemi des systèmes, le « père de l'Europe » avait la passion du concret. Négociant en cognac, il se surprend à rêver d'une Europe unie et pacifiée à force de placer ses flaconnets entre Londres et Berlin. Dès 1920, il s'avise que la France et l'Allemagne sont condamnées à s'entendre sous peine de mourir dans un ultime spasme guerrier. En attendant, le nationalisme fait toujours rage et Monnet, l'homme pressé, collectionne, faute de mieux, les amitiés sur cinq continents. En 1940, il milite pour la fusion de la France et de la Grande-

Bretagne. Sa vie est un roman dont les protagonistes s'appellent Churchill, de Gaulle et Roosevelt. Il assurera, ensuite, l'intendance de la France libre en dépit de ses divergences avec le Général. En 1945, Monnet juge que les temps sont mûrs pour son grand dessein : la Communauté du charbon et de l'acier servira de base au traité de Rome, texte fondateur du Marché commun. « Son seul machiavélisme était de toujours dire exactement ce qu'il pensait », confie l'un de ses proches. Une suprême habileté lorsqu'on est entouré de fervents du double langage.

E.D.

JEAN MOULIN
(1899-1943), PRÉFET
« NON » À L'OPPRESSION

Il y a eu un Jean Moulin agent du Komintern, puis un « Max » payé par les services secrets américains pour aider Roosevelt à déboulonner de Gaulle. Un Jean Moulin donjuanesque ou, au contraire, ascète du combat clandestin. Gageons qu'on nous prépare un Jean Moulin agent triple, vendu à la Suisse, au Vatican et au Guomindang en même temps que la énième thèse sur la « trahison de Caluire » qui réduira en poussière tous les travaux précédents. La veine est d'autant plus inépuisable que, s'agissant de Jean Moulin, le délire interprétatif de quelques « historiens » sert les intérêts des maisons d'édition.

Ce faisant, on oublie l'essentiel : sans Max, de Gaulle aurait probablement perdu « sa » guerre, il n'aurait pas réussi à fédérer les tribus batailleuses et disparates de la Résistance intérieure. Autant dire qu'il n'aurait eu, alors, aucune autorité pour imposer aux Alliés la reconnaissance de la France libre. Au moins, Moulin est mort en sachant que, sur ce point, il avait rempli sa mission et que le Général aurait les coudées franches.

Au départ, l'entente entre les deux hommes ne coulait pas de source. Né à Béziers, le futur préfet de Chartres est un pur produit du « radicalisme-cassoulet ». Chez lui, on se méfie comme de la peste des « hommes providentiels » et des militaires qui se piquent de réfléchir. En 1936, ce brillant sujet est nommé chef de cabinet de Pierre Cot, ministre de l'Air et bête noire de la presse d'extrême droite. L'entrée de Moulin dans la Résistance date, en fait, de la guerre d'Espagne. Comme de Gaulle, il comprend que la victoire de Franco va parachever l'encerclement de la France par les puissances fascistes. Avec la complicité de l'administration des Douanes, il brave la non-intervention et fait livrer des avions de chasse aux républicains espagnols.

Une expérience précieuse pour reconnaître, ensuite, les fonctionnaires « sympathisants ».

Nommé préfet de Chartres, il assiste, la rage au cœur, à la débâcle de 1940. Les Allemands le somment de signer un procès-verbal qui attribue à des tirailleurs sénégalais le massacre de civils exécutés par les nazis. Enfermé dans une cave, le jeune préfet se tranche la gorge. Il en réchappera de justesse et prendra l'habitude de porter un foulard pour cacher sa cicatrice. On peut croire que l'anecdote avait fait le tour des réseaux lorsque Moulin fut nommé chef du Conseil national de la Résistance, et qu'elle n'était pas de trop pour l'aider à asseoir son autorité.

La légende dorée de la France combattante a longtemps escamoté les conflits entre gaullistes, communistes et giraudistes pour le partage des armes et des maigres fonds alloués par Londres ; la rivalité, aussi, entre les résistants de la zone occupée et ceux de la zone « libre ». Même la menace obsédante de l'arrestation ne réussit pas à mettre en veilleuse les querelles de personnes. Jean Moulin va rallier méthodiquement à de Gaulle les « fortes têtes », d'ailleurs admirables, qui dirigent leurs réseaux comme autant de fiefs intouchables. Jusqu'au jour fatal de juillet 1943 où il se rend à un ultime rendez-vous dans la villa du Dr Dugoujon à Caluire...

E.D.

WOLFGANG A. MOZART
(1756-1791), COMPOSITEUR
« NON » À COLLOREDO

Jusqu'au 9 mai 1781, Wolfgang Amadeus Mozart n'était qu'un employé de maison, placé hiérarchiquement entre les valets et les cuisiniers. Son « employeur », Hieronymus Colloredo, prince-archevêque de Salzbourg, n'ignorait pas les talents du jeune compositeur, mais il supportait mal les velléités d'affranchissement d'un artiste habitué, depuis l'enfance, aux cours européennes. D'où une série d'humiliations visant à rappeler au jeune Mozart sa servitude, tout en entravant le développement de sa carrière à l'extérieur de Salzbourg. La fureur contenue de Mozart transparaît dans la correspondance avec son père : l'archevêque de Salzbourg se voit traité d'« archicoquin ». Le 9 mai 1781, le conflit éclate entre les deux hommes : Colloredo insulte Mozart qui présente sa démission. Refusée. Quelques jours plus tard, nouvelle tentative : pour toute réponse, Mozart reçoit du comte Arco, majordome de l'archevêque, un « coup de pied au cul » qui met un terme définitif à sa carrière salzbourgeoise. Il part s'installer à Vienne et devient, à vingt-quatre ans, le premier musicien

« indépendant ». Paradoxe : Colloredo était un homme éclairé, admirateur de Voltaire et de Rousseau. Il souhaitait diminuer la place de la musique religieuse, à laquelle Mozart était attaché pour des raisons artistiques. Le « progressisme » de l'archevêque de Salzbourg ne l'empêcha pas d'adopter avec Mozart un comportement d'aristocrate méprisant, aveuglé par la certitude de sa supériorité.

B.D.

FRIEDRICH NIETZSCHE
(1844-1900), PHILOSOPHE
« NON » À DIEU

Friedrich Nietzsche a d'abord dit « non » à Wagner, en 1878, lui reprochant son nationalisme prussien. Solitaire, il s'orienta vers une remise en question fondamentale de la culture allemande et du système de la civilisation. À la quête du vrai, il préfère celle du sens. Nietzsche dit « non » à la généalogie des valeurs et des préjugés : la liberté de l'homme passe par son affranchissement des principes établis. Dans la foulée, il dit « non » à Dieu, celui du christianisme, et à l'homme, qui a perdu le sens de son propre dépassement. En fait, Nietzsche, plutôt que de dire « non » à tout, n'a dit « oui » à rien.

C. D.-M.

GEORGE ORWELL
(1903-1950), ÉCRIVAIN
« NON » AU « MEILLEUR DES MONDES »

À défaut de proposer du neuf, notre fin de siècle excelle à déboulonner les justes. *The Guardian*, en général mieux inspiré, a cru bon d'annoncer à sa une que George Orwell, au plus fort de la guerre froide, avait établi, pour le compte du gouvernement britannique, la liste des écrivains procommunistes susceptibles de collaborer en cas d'invasion soviétique. « Ainsi Orwell en a croqué ! Il a succombé aux travers qu'il ne cessait de dénoncer », jubilaient quelques niais. Il aurait ainsi été le *Big Brother* de la république des lettres. En fait, ladite liste n'avait rien d'infamant. L'auteur d'*Hommage à la Catalogne* se bornait à répertorier, pour le compte de la BBC, les intellectuels susceptibles de participer à des émissions destinées à l'Europe de l'Est. L'incident prouve, en tout cas, que, plus de quarante ans après sa mort, beaucoup de nobles cœurs continuent à lui en vouloir d'avoir eu raison avant tout le monde. D'avoir décelé que fascisme et communisme étaient les deux faces d'une même pièce, sans pour autant renier sa foi égalitaire. Orwell, en effet, aimait les humbles, les clochards parisiens et londoniens, dont il avait partagé l'existence, les miliciens rencontrés pendant la guerre d'Espagne, « qui mettaient, dit-il, un point d'honneur, quand on leur demandait une cigarette, à vous donner le paquet tout entier ». Une chair à canon, dupée et promise à l'équarrissage. La droite tenta bien d'annexer son chef-d'œuvre, *1984*, de faire de ce roman d'anticipation un réquisitoire contre le travaillisme ou toute tentative d'introduire un peu de justice sociale. George Orwell rassembla ses dernières forces pour clouer le bec aux sépulcres blanchis qui tentaient de s'approprier son œuvre. Aujourd'hui, l'adjectif « orwellien » vous pose. On l'utilisera en alternance avec le terme « kafkaïen » pour qualifier, aussi bien, un massacre au Kosovo qu'une erreur de fichier à la Sécurité sociale.

E.D.

JAN PALACH
(1947-1969), ÉTUDIANT
« NON » À L'HUMILIATION

À l'hiver 1969, quand les lampions de la fête se sont éteints, un jeune homme fait le don de sa vie pour dénoncer l'indifférence du monde. Jan Palach a vingt et un ans, une existence à venir, il pourrait faire comme les autres, tenir, patienter, oublier. Mais l'idéal le tenaille, le romantisme d'une *Mittel-Europa* asservie. Son pays, la Tchécoslovaquie, est occupé depuis l'été par les chars soviétiques, venus mettre fin à cette folie bohémienne : le socialisme dans la liberté, le socialisme « à visage humain » – allons donc ! *Dubček, Svoboda !*, scandaient les foules tchécoslovaques en août 1968, quand les camarades soviétiques étaient venus mettre fin à un si joli printemps. La jeunesse pragoise pleurait devant les tanks à l'étoile rouge, insultait les militaires – mais la puissance brute ne comprenait rien. Dubček, ce communiste qui a cru pouvoir humaniser le communisme, est vaincu, asservi par le « grand-frère » soviétique. Svoboda, le vieux général au beau patronyme – *Svoboda* signifie « liberté »... –, chef d'un État qu'il voulait rendre à son peuple, n'est plus qu'un symbole sans pouvoir. Tout est fini. Les collaborateurs normalisent. Le monde accepte. Que faire d'autre ? Le 16 janvier 1969, l'étudiant Jan Palach, dans Prague occupé, s'arrose d'essence et s'immole à la Liberté. Une image qui saisit le monde aux tripes. Et puis après ? Le visage humain de Palach se tord dans les flammes. Vingt ans plus tard, en 1989, la Tchécoslovaquie sort en douceur du communisme, le geôlier est mort d'épuisement. Jan Palach aurait eu quarante-deux ans.

C.A.

ROSA PARKS
(NÉE EN 1913), COUTURIÈRE
« NON » À LA SÉGRÉGATION RACIALE

Si l'on se rappelle que les États-Unis, grands donneurs de leçons universelles, se sont construits sur l'épuration ethnique des Indiens et l'esclavage des Africains, on ne s'étonne pas que le droit de vote n'ait été accordé aux Noirs qu'en 1965. Pour en arriver là dans cet autre pays de l'apartheid, il fallut qu'un jour de décembre 1955, une petite couturière noire de Montgomery (Alabama) refuse de laisser sa place de bus à un passager blanc. La ségrégation raciale étant alors légale – bien que l'« égalité » entre Noirs et Blancs fût aussi inscrite dans les textes –, Rosa Parks fut arrêtée et mise à l'amende pour avoir violé une disposition municipale. Les Noirs de la ville organisèrent alors un boycott des transports, sous l'impulsion d'un jeune pasteur local, Martin Luther King. Au bout d'un an, la Cour suprême des États-Unis supprima la ségrégation dans les transports publics.

F.R.

CHARLES PÉGUY
(1873-1914), ÉCRIVAIN
« NON » À TOUS LES « ISMES »

Charles Péguy a dit « non » au dogmatisme. Son « socialisme », il l'a inventé pour lui-même, sur mesure. De même que son « cléricalisme » et que son « nationalisme ». En réalité, Péguy n'a jamais été rien d'autre que « péguyste ». Sa volonté fut de savoir dire « non » à tous les « ismes » de son temps, du « luttisme de classisme », comme il disait lui-même, au « républicanisme » poussiéreux qu'on lui prête encore trop souvent. Péguy était un « acratiste » : opposé à la force aveugle, à la loi du plus fort, il s'est battu, avec ses modestes *Cahiers de la quinzaine*, pour la liberté et la raison. Son christianisme tardif résulte de cette volonté de s'inventer soi-même.

Y.M.

JEAN-MARC REISER
(1941-1983), DESSINATEUR
« NON » À LA CONNERIE

Les *Oreilles rouges*, c'est lui. Le *Gros Dégueulasse*, c'est encore lui. *Jeanine*, c'est toujours lui. Un gosse battu, un « beauf » ignoble, une mère de famille mi-salope mi-pitoyable : en gros, l'itinéraire de Jean-Marc Reiser, né de père inconnu, élevé à la va-comme-je-t'aime par une mère à éclipses, confronté très tôt à la veulerie éthylique des tyrans domestiques régnant sur ses familles d'accueil et lâché seul dans Paris, sans certif mais avec l'espoir de survivre grâce aux petits Mickey qu'il commençait à dessiner. Mal d'ailleurs.

Il faudra le ferme parrainage de Cavanna et de Georges Bernier, alias Professeur Choron, pour que le trait de Reiser se durcisse et s'affine dans le giron du mensuel *Hara-Kiri*, puis de *Hara-Kiri Hebdo* transformé en *Charlie-Hebdo* après la censure qui sanctionna la géniale manchette résumant l'incendie du Cinq Sept et la mort de De Gaulle : « Bal tragique à Colombey : 1 mort ». À partir de 1971, Reiser se déchaîne dans *Charlie*, *Hara-Kiri* mensuel (« menfuel » pour les initiés) et *La Gueule ouverte* : dans les deux premiers journaux, il dépeint au couteau à cran d'arrêt les tares de la société; dans le dernier, il s'émerveille et lutte pour la reconnaissance des énergies naturelles face au danger nucléaire. Après quelques incursions – vite interrompues pour cause d'audace excessive – dans la « grande presse », ce tendre rêveur déguisé en polémiste féroce meurt à quarante-deux ans d'un cancer des os. Il en aurait ri, s'il n'avait pas tant souffert.

B.M.

ARTHUR RIMBAUD
(1854-1891), POÈTE
« NON » AU ROMANTISME

« Intelligent tant que vous voudrez ; mais finira mal », avait noté l'un de ses professeurs. En classe de troisième, Rimbaud déjà se cabre : il fustige à voix haute l'immobilisme conservateur, manifeste un anticléricalisme radical et cherche absolument à révolutionner la poésie. Il dit « non » à Racine, ce « Divin Sot », à Lamartine, à Victor Hugo, à Musset, « quatorze fois exécrable » ! En un mot, il condamne le romantisme et ses règles classiques.

Proche des poètes du Parnasse, il va s'employer, toute sa vie, à trouver une nouvelle écriture, à faire du poète un « voyant » : il doit saisir « les nuits, les silences, l'inexprimable », perdre la conscience de lui-même – « Je est un autre » –, se perdre, afin d'accéder à la poésie, la vraie, « l'inconnue ».

Rongé d'amour pour Verlaine, ce hors-la-loi se saoule à l'absinthe le jour, et travaille la nuit à tout réinventer. Plus de rimes ni d'alexandrins, mais des cadences brisées, des assonances, des refrains, guidé par une voix intérieure qui murmure l'inexprimable. Rimbaud rejette les notions de bien et de mal, exècre toute idéologie, religieuse, sociale, morale et littéraire.

Avec *Une saison en enfer*, écrite à dix-neuf ans, suivie des *Illuminations*, il s'affranchit de toute norme, de tout système poétique, et invente le poème en prose, socle de la poésie moderne.

C. D.-M.

DAVID ROUSSET
(1912-1997), ÉCRIVAIN
« NON » AU GOULAG

D'autres, avant Rousset, avaient mis en cause « le pays du grand mensonge » et le mythe soviétique. Mais ils n'étaient pas tous du bois dont on fait les justes. Rebelle incurable, l'auteur des *Jours de notre mort* n'a jamais pactisé avec l'état des choses. Trotskiste, il rejoint la Résistance. Arrêté par la Gestapo, il écrira le meilleur témoignage – avec celui de Primo Levi – sur l'univers concentrationnaire. Dans l'après-guerre, sa dénonciation des bagnes staliniens lui vaut d'être accablé d'injures par le PCF au cours d'un procès retentissant. Rousset ralliera le gaullisme de gauche, au moins jusqu'en 1968 où la Commune étudiante ranimera sa fringale de grands soirs.

E.D.

IBRAHIM RUGOVA
(NÉ EN 1945), HOMME POLITIQUE
« NON » À L'ÉPURATION ETHNIQUE

« Je crois qu'une cohabitation entre Albanais et Serbes est possible dans un Kosovo indépendant », confiait Ibrahim Rugova en mars 1998. Un an exactement avant le déclenchement des frappes de l'OTAN. Cette phrase en dit long sur le « président » deux fois élu du Kosovo : nationaliste, certes, au sens de son affirmation identitaire ; mais ardent démocrate et fermement opposé à la violence. Contre les violences exercées par Belgrade, le « Gandhi des Balkans » a réussi, pendant près de dix ans, à unir les Albanais du Kosovo dans un projet de

« contournement » des violences subies. Il a inspiré l'institution d'un impôt populaire et volontaire, destiné à financer un système parallèle d'écoles, d'hôpitaux et de solidarité.

L'homme au foulard et à l'allure d'étudiant – un style adopté pendant son année d'études à Paris – a su critiquer le nationalisme serbe mais aussi albanais. Las ! Les résultats tardant, certains lui ont reproché sa passivité et son inaction. Certes, Rugova n'aura pas convaincu la communauté internationale, obsédée par le spectre de la grande Albanie. L'UCK y est parvenue. Mais à quel prix ?

Anne Dastakian

LE MARQUIS DE SADE
(1740-1814), ÉCRIVAIN
« NON » À LA MORALE

Aucune convention morale, sociale ou religieuse ne lui fut un obstacle. Rebelle au moindre ancrage idéologique, cet homme « sans dieu, sans principe, sans religion » défia la nature afin de mieux la nier. Toute sa vie, il lutta pour conserver son bien le plus cher, la liberté – indispensable à ses jouissives expériences. Il y fut aidé par le plus imprévu des complices, sa femme. Dès 1763, à peine vient-il de se marier qu'on enferme Donatien-Alphonse-François à Vincennes pour libertinage. Commence alors ce qui sera une constante de son existence : la prison, pendant, au total, trente ans. Là, il compose ses récits les plus subversifs contre une société qui l'opprime. Sa colère se meut en révolte absolue où la violence et l'injustice sont érigées en principe de tout désir. Sade appelle « solisme » la solitude radicale qui est la sienne, où sont rompus tous les liens qui peuvent rendre les hommes solidaires les uns des autres. Transmuant la réalité du cachot, il enferme ses personnages, libertins criminels et victimes innocentes, dans des châteaux forts. Il jouit d'écrire à travers eux « l'œuvre la plus impure qu'il ait jamais été faite depuis que le monde existe ».

M.A.

ISSAM SARTAOUI
(1940-1983), HOMME POLITIQUE
« NON » AU FANATISME

Ceux qui l'ont connu se souviennent d'une force de la nature, un homme habité par son peuple, un éclaireur et, finalement, un sacrifié. Dans les années 70, Israéliens et Palestiniens ne savent pas encore qu'ils devront se parler. Lui le sait. Fils d'une famille palestinienne de Saint-Jean-d'Acre ayant fuit en 1948, Issam Sartaoui est médecin, cardiologue, militant. Il a soutenu le terrorisme, lançant un commando contre un avion d'El Al, en 1970. Puis il est venu au dialogue. À partir de 1976, il s'avance, rencontre des représentants de la gauche pacifiste israélienne, clandestinement d'abord, au grand jour ensuite. Pierre Mendès France, l'homme politique français qui fit la paix en Indochine, les parraine. Membre du comité central de l'OLP, Sartaoui rend compte à Yasser Arafat, fait des allers-retours, s'épuise, s'obstine, mais il est trop tôt encore. Sartaoui se retrouve isolé, dans un *no man's land* d'espoir, entre deux peuples qui n'ont pas encore compris. Le 10 avril 1983, le bureau de l'Internationale socialiste l'invite à sa conférence, à Albufeira, au Portugal. Un Palestinien, membre du groupe extrémiste d'Abou Nidal, l'abat de deux balles dans la tête, dans le hall de l'hôtel du congrès. Shimon Peres, chef du Parti travailliste israélien, fait l'éloge du militant assassiné – qu'il avait pourtant refusé de rencontrer. Dix ans plus tard, Peres et Rabin serreront la main de Yasser Arafat.

C.A.

JEAN-PAUL SARTRE
(1905-1980), PHILOSOPHE
« NON » AU PRIX NOBEL

Le 22 octobre 1964, le journal télévisé s'ouvre sur cette séquence : le philosophe Jean-Paul Sartre, cueilli par les journalistes sur le boulevard Saint-Germain, qui leur répond, de sa voix éraillée de fumeur : « La jeunesse ne comprendrait pas. » Il vient de refuser le prix Nobel.

Dans ce refus des honneurs, il y a, pour Sartre, un autre honneur en jeu : son image posthume d'écrivain irréductible. Comment, en effet, accepter un prix « bourgeois » quand on a écrit : « J'ai voué à la bourgeoisie une haine qui ne finira qu'avec moi » ? « En refusant ce prix, disait-il, je n'ai rien fait. C'est en l'acceptant que j'aurais fait quelque chose, que je me serais laissé récupérer par le système. »

J.-PH. D.

ALEXANDRE SOLJENITSYNE
(NÉ EN 1918), ÉCRIVAIN
« NON » AU COMMUNISME

Dire aujourd'hui, en France, en 1999, qu'Alexandre Soljenitsyne est un vieux con réactionnaire, c'est enfoncer la porte ouverte des derniers salons où l'on ricane, c'est s'attirer l'approbation automatique et ravie de ceux qui ne savent plus qui fut cet homme et de ceux, plus nombreux qu'on ne le croit, qui, le sachant parfaitement, ne lui pardonneront pas. Vieux? Sans doute. Et mortel, si solide que soit ce chêne, comme le fut Victor Hugo. Pour le reste, dénier à cette victime insigne de l'effroyable tyrannie qui se réclamait du marxisme le droit d'être anticommuniste, à ce croyant qui ne tint que par les forces de l'esprit celui d'être religieux et même mystique, à ce Russe celui d'être patriote, à cet observateur doublé d'un moraliste celui de dénoncer la décadence matérielle et morale de son pays, à cet écrivain à la fois témoin et historien celui de cultiver quelques nostalgies, c'est cumuler l'intolérance et l'imbécillité.

Oublier le socle de souffrance, de courage et de talent sur lequel s'édifie cette œuvre, ignorer l'audace et le retentissement d'*Une journée d'Ivan Denissovitch*, du *Pavillon des cancéreux*, de *L'Archipel du Goulag*, ces coups terribles portés par un David en uniforme de zek au Goliath soviétique, ce n'est pas tant faire injure à Alexandre Soljenitsyne, qui est bien au-delà de ça, qu'insulter l'histoire et la liberté

D.M.

BORIS SOUVARINE
(1895-1984), HOMME POLITIQUE
« NON » AU MENSONGE

Pendant cinquante ans, Boris Souvarine aura tenté d'expliquer, dans l'indifférence générale, l'horreur du stalinisme. Insulté par le PCF – après avoir été l'un des fondateurs du Parti, au congrès de Tours –, ignoré par une droite trop respectueuse de l'institution étatique soviétique, il incarne, à côté de George Orwell, cette gauche intransigeante, marginalisée par son exigence de vérité. Né à Paris dans une famille de petits artisans juifs, militant pacifiste lors de la Première Guerre mondiale, emprisonné pour « complot contre la sûreté de l'Etat », Souvarine fut l'un des dirigeants de la IIIe Internationale, aux côtés de Lénine, Trotski et Zinoviev. Mais la persécution de Trotski et sa propre lucidité devaient le conduire à dénoncer la collectivisation, les camps, les purges... Son *Staline*, publié en 1935, fut l'un des premiers ouvrages à démonter le totalitarisme, sans renoncer pour autant à l'idéal communiste.

D.J.

BARUCH SPINOZA
(1632-1677), PHILOSOPHE
« NON » AUX FAUX-SEMBLANTS

Connaître, c'est comprendre. L'homme peut se sauver du malheur d'exister, par la puissance de la pensée. Ces deux propositions résument le programme de Spinoza. « On ne sait pas ce que peut le corps », résume sa philosophie. Le corps dépasse la connaissance qu'on en a, de même que la pensée dépasse la conscience qu'on en a. Le problème n'est donc pas de savoir que penser, mais comment penser, comment permettre au corps de se dépasser et à la pensée de s'exercer.

Ce fils de commerçants aisés, né à Amsterdam, rompit avec la communauté juive et les affaires. Il fut excommunié en 1656. Il hantait les pensions meublées, renonça à la succession de son père et dédaignait tout attachement. Dans le *Traité théologico-politique* (1670), il tente de répondre à ces deux questions : pourquoi le peuple est-il si profondément irrationnel ? Pourquoi se fait-il honneur de son propre esclavage ? Pourquoi, en effet, est-il si difficile d'être libre, d'être joyeux, de désirer la liberté ? Pourquoi les hommes se contentent-ils de si peu ? C'est qu'avant d'être une affaire de théorie, la vie est une manière d'être. Spinoza a dit « non » à tous les faux-semblants, « non » à la haine, « non » à la mort, « non » à la bassesse, car il aimait tout simplement la vie avec la pensée, le pourquoi avec le comment.

Ph. P.

COLONEL COMTE VON STAUFFENBERG
(1907-1944), OFFICIER
« NON » AU FÜHRER

Le 24 juillet 1944, le colonel comte von Stauffenberg, héros de l'armée allemande, décoré jusqu'à plus soif et grand mutilé de guerre – il a perdu un œil et un bras au cours de ses campagnes –, dépose une sacoche piégée sous la table de travail où Hitler s'apprête à étudier les cartes d'état-major établies par les principaux officiers supérieurs de la Wehrmacht. Mais le Führer s'éloigne de quelques mètres quelques secondes avant l'explosion et échappe à une mort certaine. Ce n'est pas la première fois que la baraka insensée de Hitler se manifeste, mais Stauffenberg est passé outre. Croyait-il vraiment à la réussite de son plan ? Rien n'est moins sûr.

Beaucoup d'historiens pensent aujourd'hui que cet aristocrate – qui a été fusillé après avoir été torturé lors de la répression sanglante qui a suivi l'attentat – a accompli une sorte d'acte gratuit. Pour la raison simple que le complot dont il a été l'exécutant avait été organisé sans espoir de succès par un agglomérat hétéroclite d'officiers sincèrement hostiles à la barbarie nazie, mais aussi par des nobles revanchards et des culs-bénits blasonnés nostalgiques de l'époque où la religion régnait sur l'Allemagne impériale. Cette frange très marginale de la société n'avait aucun relais populaire, donc pas la moindre possibilité de mettre sur pied de véritables réseaux de résistance. De plus, une éventuelle victoire des Alliés signifiait, pour ces membres de l'élite militaire, l'invasion du territoire allemand par les « hordes bolcheviques ». L'horreur, en somme. Le colonel von Stauffenberg a choisi d'en finir de façon radicale avec toutes ces contradictions insolubles. En se suicidant par procuration.

B.M.

JACQUES VACHÉ
(1896-1919), POÈTE
« NON » AUX « POHÈTES »

André Breton raconte comment, au cours de la représentation des *Mamelles de Tirésias* d'Apollinaire, Vaché « était entré dans la salle revolver au poing et parlait de tirer à balles sur le public ». Dandy insoumis, il sentait trop les mystifications du monde pour s'accommoder des « faiseurs de paraboles ». Son œuvre d'art à lui, c'est sa vie, à laquelle il mit fin en 1919 – il avait vingt-trois ans – dans un acte ultime de liberté totale, pour monter telle une étoile dans le ciel du surréalisme.

M.A.

VERCINGÉTORIX
(V. 72-46 AV. J.-C.), CHEF DE GUERRE
« NON » AU TRIBALISME

L'histoire ou, si l'on préfère, le destin de la France eussent sans doute été différents, notamment lors de la dernière guerre, s'il n'y avait pas eu de Gaulle. Mais de Gaulle lui-même n'aurait évidemment pas eu de destin s'il n'y avait pas eu la France. Le malheur et l'échec de notre grand ancêtre et cher compatriote Vercingétorix vinrent de ce qu'il tenta de dresser contre l'envahisseur un pays qui n'existait pas – pas encore. Il n'y avait pas une, ni même deux Gaules, mais bien soixante, autant que de tribus installées des Pyrénées à la mer du Nord et des Alpes à la pointe de la Bretagne. Ayant en commun la langue et la civilisation, les Gaulois n'avaient pas la volonté de vivre et de mourir ensemble. Aussi bien est-ce à la demande, avec le soutien ou la complicité de tel ou tel peuple, que César entreprit et mena à bien la conquête de ce qu'il appelle « les Gaules ».

Le mérite du chef arverne, dont le même César reconnaît qu'il ne se battait pas « par intérêt personnel mais pour les libertés publiques », n'en est que plus grand d'être parvenu, le temps d'une seule campagne, à coaliser contre les Romains l'ensemble des Gaulois. Coalition qui ne résista pas à l'épreuve. Plus encore que l'infériorité de l'armement, du commandement et de la discipline, l'inexistence politique et morale de la Gaule explique l'effondrement gaulois. Il peut y avoir sentiment national sans qu'il y ait nation, mais il ne peut y avoir nation là où il n'y a pas sentiment national. L'histoire et la tradition françaises ont prétendu donner par la suite à la geste de Vercingétorix sinon un sens, du moins un contenu qu'elle ne pouvait avoir.

D.J.

THÉOPHILE DE VIAU
(1590-1626), POÈTE
« NON » AUX BIGOTS

Qu'est-ce qu'un libertin érudit ? C'est un libre penseur qui refuse les jugements préfabriqués, ne prétend assurer aucun rôle social et prend l'argent d'où qu'il vienne. Un homme qui aime la bonne chère, le bon vin et les femmes, qui n'a d'autre dieu que la nature... Théophile de Viau est de cette trempe. Chaque soir, il retrouve ses amis, poètes et seigneurs, dans les tavernes, derniers refuges de la contestation, où l'on refait le monde comme il devrait aller. Poète affranchi, il écrit comme il vit, « à la moderne », en se laissant aller à sa « fantaisie » : là est le scandale et cette liberté, il va la payer au prix fort. À la cour d'un roi bigot, Louis XIII, les jésuites et autres bien-pensants n'auront pas de mal à le faire condamner au bûcher. Il s'enfuit, on le rattrape, on le boucle à la Conciergerie d'où il écrit des lettres cinglantes contre les bigots. On le relâche, on le bannit. Il meurt d'épuisement peu après sa sortie de prison.

M.A.

SIMONE WEIL
(1909-1943), PHILOSOPHE
« NON » À L'ESCROQUERIE DE L'ARGENT

Philosophe et mystique : seuls quelques élus réussissent une telle synthèse. Simone Weil est de ceux-là; elle réunit deux contraires inconciliables. L'auteur des *Réflexions sur les causes de la liberté et de l'oppression sociale* (1934), son meilleur texte, avait la haine du compromis. Elle était une femme entière, insoumise et rétive à toute forme d'aliénation. À peine nommée professeur de philosophie, elle épousa le syndicalisme révolutionnaire. Elle connut le travail en usine, fut fraiseuse chez Renault, vécut l'humiliation. Elle était à contre-courant de tout, du marxisme comme du judaïsme. Pacifiste, elle s'engagea en Espagne en août 1936, hésita à combattre Hitler, mais finit par rejoindre Londres. Par solidarité avec les affamés, elle choisit de ne pas manger et mourut dans un dénuement total. Toute sa vie, elle a dit « non » aux valeurs de l'*establishment* et à l'escroquerie de l'argent. Par idéal, vertu, et révolte.

Ph. P.

ORSON WELLES
(1915-1985), CINÉASTE, ACTEUR
« NON » À L'OBÉISSANCE ARTISTIQUE

En 1936 – il a vingt ans –, Orson Welles révolutionne le théâtre dans sa mise en scène de *Macbeth* : il remplace les trois fameuses sorcières shakespeariennes par une soixantaine de sorciers africains. Scandale. Triomphe aussi. En tout cas, acte de rébellion caractérisé dans cette société américaine imprégnée de racisme primaire. D'autant que la pièce a été montée au cœur du quartier noir de Harlem. Ce n'est qu'un début.

À peine cinq ans plus tard, ce jeune géant rigolard et révolté, classé progressiste dangereux par le FBI et qui a déjà tâté de la radio – il a semé la panique dans tous les États-Unis avec son adaptation de la *Guerre des mondes* de son presque homonyme H. G. Wells –, utilise le cinéma pour s'attaquer à l'un des magnats de presse les plus puissants et les plus mégalomanes du pays, Randolph William Hearst. C'est son premier long métrage en tant que scénariste et il a pour titre *Citizen Kane*. La ressemblance entre Hearst et Kane est lumineuse. La preuve : le modèle, furieux, propose de racheter le négatif plus cher que n'a coûté le film. Refus de Welles et du studio RKO, son producteur. Déchaînement orchestré de toute la presse Hearst contre le trublion.

En vain : malgré ce tir de barrage, le chef-d'œuvre poursuit sa carrière sur les écrans américains. Pour Welles, la gloire viendra tout de suite après.

Tout à la fois gamin amateur de provocations, homme de théâtre imprégné de Brecht et de Pirandello, cinéphage multifonctions capable d'écrire, de réaliser, de produire et de jouer, Orson Welles est avant tout un acharné de la désobéissance artistique. Il ne méprise pas ceux qui l'ont précédé, il sait même retenir le meilleur de leurs œuvres mais, ensuite, il en fait ce qu'il veut en l'assaisonnant à sa sauce personnelle. Du *Criminel* à *Mr. Arkadin* en passant par *La Dame de Shanghai et Falstaff*, toutes ses directions d'acteurs et tous les personnages qu'il a incarnés portent sa marque : celle d'un esprit libre qui préfère poser les bonnes questions plutôt que d'y répondre bêtement. Sa manière à lui de respecter ce monde plein de bruit et de fureur, qui semble raconté par un demeuré et qui, au fond, ne signifie rien. Exactement ce qu'écrivait Shakespeare, son auteur préféré qui était aussi son professeur de vie.

B.M.

STEFAN ZWEIG (1881-1942) ET
THOMAS MANN (1875-1955), ÉCRIVAINS
« NON » AU NAZISME

Dès le départ, l'attitude des deux écrivains diffère : au début des années 30, Thomas Mann comprend que, devant ce qui est en train de se mettre en place en Allemagne, il doit s'exiler. Mais cet exil, dramatique pour l'écrivain, est une période de lutte. Dès 1933, Stefan Zweig s'exile lui aussi. Mais, au contraire de Thomas Mann, il s'enfonce dans le silence. L'autodafé de Berlin, dans lequel on a brûlé ses livres avec ceux d'autres écrivains juifs, l'incite à rentrer dans l'ombre malgré les sollicitations de ses amis qui voudraient qu'il prenne part aux protestations. Il choisit d'« attendre, attendre, se taire et encore se taire », craignant que toute prise de position publique n'aggrave encore la situation de ceux qui sont restés. Un peu moins de dix ans plus tard, son exil l'a conduit au Brésil, à Petropolis, avec sa jeune et nouvelle épouse. Et là, il choisit, en 1942, de se donner la mort. Il ne pouvait survivre confronté à l'atrocité du nazisme. Plus combatif, Thomas Mann a pu traverser ces années noires car la révolte et la lutte, dans les temps de terreur, sont l'autre manière de rester humain et vivant.

B.C.

Index

Table

De quelques « non » hors schémas, pour le meilleur ou pour le pire

Achevé d'imprimer en mars 2001
sur presse Cameron
par ***Bussière Camedan Imprimeries***
à Saint-Amand-Montrond (Cher)
pour le compte des Éditions Plon

Imprimé en France
Dépôt légal : mars 2001.
N° d'édition : 13324. – N° d'impression : 011231/1.